Kunze · Tietzsch
Miethöhe und Mieterhöhung

Miethöhe und Mieterhöhung

Vertragsgestaltung · Mietänderung
Geschäfts- und Wohnraummiete

von

Dr. Catharina Kunze
Rechtsanwältin
Berlin

Dr. Rainer Tietzsch
Rechtsanwalt
Berlin

2006

Zitiervorschlag: *Kunze/Tietzsch*, Miethöhe, Teil IV Rz. 15

Bibliografische Information Der Deutschen Bibliothek
Die Deutsche Bibliothek verzeichnet diese Publikation in der Deutschen Nationalbibliografie; detaillierte bibliografische Daten sind im Internet über <http://dnb.ddb.de> abrufbar.

Verlag Dr. Otto Schmidt KG
Gustav-Heinemann-Ufer 58, 50968 Köln
Tel.: 02 21/9 37 38-01, Fax: 02 21/9 37 38-9 43
e-mail: info@otto-schmidt.de
www.otto-schmidt.de

ISBN 10: 3-504-45038-X
ISBN 13: 978-3-504-45038-0

© 2006 by Verlag Dr. Otto Schmidt KG

Das Werk einschließlich aller seiner Teile ist urheberrechtlich geschützt. Jede Verwertung, die nicht ausdrücklich vom Urheberrechtsgesetz zugelassen ist, bedarf der vorherigen Zustimmung des Verlages. Das gilt insbesondere für Vervielfältigungen, Bearbeitungen, Übersetzungen, Mikroverfilmungen und die Einspeicherung und Verarbeitung in elektronischen Systemen.

Das verwendete Papier ist aus chlorfrei gebleichten Rohstoffen hergestellt, holz- und säurefrei, alterungsbeständig und umweltfreundlich.

Umschlaggestaltung: Jan P. Lichtenford, Mettmann
Satz: WMTP, Birkenau
Druck und Verarbeitung: Bercker, Kevelaer
Printed in Germany

Vorwort

Mietverträge sichern den Wohnraum als Lebensmittelpunkt vieler Bürger und sind eine wichtige Grundlage vieler Geschäftsbetriebe. Für Grundstückseigentümer und sonstige Rechtsinhaber bildet die Vermietung von Wohn- und Geschäftsraum eine der bedeutendsten Formen nachhaltiger ertragsorientierter Grundstücksnutzung. Dabei realisieren sich ganz unterschiedliche Interessenlagen. Die Rechtsentwicklung der Geschäftsraummiete, des preisfreien und des preisgebundenen Wohnraums ist oft weit auseinander gelaufen. Das vorliegende Buch nimmt die Unterschiede auf und stellt zum Thema der Miethöhe und der Mieterhöhung praxisrelevante Informationen zusammen. Zugleich soll es den Blick für die gemeinsame Grundlage dieses Rechtsgebietes schärfen. Erfasst ist der Rechtsstand bis Ende 2005. Wir danken allen, die für dieses Projekt Zeit, Kraft und Energie gegeben haben, namentlich Rüdiger Donnerbauer, Bettina Holl, Alfons Kleinheinz, Udo Münch und Jörg Seppelt. Hinweise und Kritik sind uns wertvoll. Wir nehmen sie gern auch per E-Mail entgegen unter kunze@bkos.de oder miete@rainer-tietzsch.de.

Berlin, März 2006   Catharina Kunze
                                                          Rainer Tietzsch

Inhaltsübersicht

	Seite
Vorwort	V
Inhaltsverzeichnis	XI
Literaturübersicht	XIX

Teil I
Geschäftsraummiete

	Rz.	Seite
A. Bestandteile der Miethöhevereinbarung	1	1
B. Miete – Gestaltungsfreiheit – Regelungsmöglichkeiten	11	4
I. Festlegung für die gesamte Laufzeit	17	6
II. Umsatzmiete und Kostenelementklauseln	61	19
III. Mietanpassung während der Laufzeit	86	25
IV. Laufzeitbegrenzung, Anpassungs- und Verhandlungsklauseln	193	63
C. Nebenkosten	224	70
I. Instandhaltungskosten, Instandsetzungskosten	230	70
II. Betriebskosten	245	75
III. Heizkosten und Warmwasserkosten	253	77
IV. Verwaltungskosten, Bewachungskosten, Lieferannahme, Werbekosten	258	79
V. Neu hinzukommende Nebenkosten	271	83
D. Umsatzsteuer	274	84
E. Außerordentliche Vertragsanpassung	282	86
F. Grenzen der Gestaltungsfreiheit	303	93
I. § 134 BGB	305	93
II. § 138 BGB	309	94

	Rz.	Seite
III. Wirtschaftsstrafgesetz und Strafgesetzbuch	319	97
IV. §§ 305–310 BGB, AGB-Kontrolle	325	98

Teil II
Wohnraummiete

	Rz.	Seite
A. Bestandteile der Miethöhevereinbarung	1	106
I. Miete	6	107
II. Nebenkosten	11	108
III. Schönheitsreparaturen, Kleinreparaturen	15	110
IV. Zuschläge	27	113
V. Weitere Mieterleistungen	59	121
B. Preisfreier Wohnraum	66	124
I. Vertragliche Vereinbarungen über die Mieterhöhung	67	124
II. Vertraglicher Ausschluss von Mieterhöhungen	104	134
III. Vertragliche Vereinbarung künftiger Mieterhöhungen	118	139
IV. Vertragliche Begrenzung von Mieterhöhungen	165	154
V. Für den Mieter nachteilige Vereinbarungen	176	157
VI. Allgemeine gesetzliche Schranken von Mieterhöhungen	187	160
VII. Gesetzliche Mieterhöhungsregelungen	239	173
C. Preisgebundener Wohnraum	599	279
I. Bestandteile der Miete	608	283
II. Kostenmiete	640	293
III. Wirtschaftlichkeitsberechnung	650	296
IV. Vertragliche Vereinbarungen über die Mietänderung	665	303
V. Mietänderungstatbestände	682	308
VI. Mietänderungserklärung	745	325

	Rz.	Seite
VII. Wirkungszeitpunkt	763	332
VIII. Mieterrechte	773	336
IX. Dauer der Preisbindung	790	339
X. Sanktionen bei Verstößen gegen die Preisbindung	798	341
XI. Checkliste	815	347

Teil III
Außergerichtliche Streitbeilegung

	Rz.	Seite
A. Mediation	2	352
B. Schiedsgutachten	6	353
C. Schiedsgerichtsverfahren	13	355
D. Gesetzlich angeordnetes Schlichtungsverfahren	21	358
E. Schlichtung im Gerichtsverfahren	25	359

Teil IV
Gerichtliches Verfahren

	Rz.	Seite
A. Zuständigkeit	1	361
B. Parteien	10	363
C. Anwaltliche Vertretung	19	365
D. Klagearten	20	365
E. Rechtsmittel	28	367
F. Geschäftsraummiete	34	368
I. Zustimmungsklage	35	369
II. Auskunftsklage	44	370

	Rz.	Seite
III. Zahlungsklage	53	372
IV. Räumungsklage	67	375
V. Feststellungsklage	76	377
VI. Selbständiges Beweisverfahren	86	381
G. Preisfreier Wohnraum	99	384
I. Zustimmungsklage	100	384
II. Auskunftsklage	125	391
III. Zahlungsklage	134	393
IV. Räumungsklage	156	398
V. Feststellungsklage	165	400
VI. Selbständiges Beweisverfahren	169	401
H. Preisgebundener Wohnraum	181	404
I. Auskunftsklage	187	407
II. Zahlungsklage	202	409
III. Räumungsklage	218	412
IV. Feststellungsklage	219	412

Anhang

I. Verordnung über die Aufstellung von Betriebskosten (Betriebskostenverordnung – BetrKV)	416
II. Anlage 3 zu § 27 Zweite Berechnungsverordnung	419
III. Preisklauselverordnung (PrKV)	422
IV. Verordnung zur Berechnung der Wohnfläche (Wohnflächenverordnung – WoFlV)	425
V. Gesetz zur Regelung der Miethöhe (MHRG)	427
VI. § 15a EGZPO [Gütestellen]	436
VII. Art. 229 § 3 EGBGB [Übergangsvorschriften zur Mietrechtsreform]	437
Stichwortverzeichnis	440

Inhaltsverzeichnis

	Seite
Vorwort	V
Inhaltsübersicht	VII
Literaturübersicht	XIX

Teil I
Geschäftsraummiete

	Rz.	Seite
A. Bestandteile der Miethöhevereinbarung	1	1
B. Miete – Gestaltungsfreiheit – Regelungsmöglichkeiten	11	4
I. Festlegung für die gesamte Laufzeit	17	6
1. Festmiete	23	7
2. Flächenmiete	37	11
a) Reine Flächenmiete	39	12
b) Flächenmiete und Endbetrag	44	14
3. Staffelmiete	50	16
a) Betragsstaffel	54	17
b) Lineare Prozentstaffel	55	17
c) Dynamische Prozentstaffel	56	17
II. Umsatzmiete und Kostenelementklauseln	61	19
1. Umsatzmiete	62	19
2. Kostenelementklauseln	76	23
III. Mietanpassung während der Laufzeit	86	25
1. Wertsicherungsklauseln	90	26
a) Gleitklauseln	98	28
b) Spannungsklauseln	114	35
2. Leistungsvorbehalte	129	38
3. Leistungsbestimmung durch Dritte	158	47
a) Schiedsgutachten	163	48
b) Schiedsurteil	187	56
4. Durchführung und Prüfung der Mietanpassung	192	57

	Rz.	Seite
IV. Laufzeitbegrenzung, Anpassungs- und Verhandlungsklauseln	193	63
1. Begrenzte Laufzeit ohne Folgeabrede	202	64
2. Begrenzte Laufzeit mit Verlängerungsklausel	206	65
3. Begrenzte Laufzeit mit Optionsrecht	210	67
4. Mietvertrag auf unbestimmte Zeit	217	68
5. Langzeitverträge, formunwirksame Verträge, Gebrauchsfortsetzung	221	69
C. Nebenkosten	224	70
I. Instandhaltungskosten, Instandsetzungskosten	230	70
II. Betriebskosten	245	75
III. Heizkosten und Warmwasserkosten	253	77
IV. Verwaltungskosten, Bewachungskosten, Lieferannahme, Werbekosten	258	79
1. Verwaltungskosten	259	80
2. Bewachungskosten	262	81
3. Kosten gemeinschaftlicher Annahme von Lieferungen	265	82
4. Werbekosten	267	82
V. Neu hinzukommende Nebenkosten	271	83
D. Umsatzsteuer	274	84
E. Außerordentliche Vertragsanpassung	282	86
F. Grenzen der Gestaltungsfreiheit	303	93
I. § 134 BGB	305	93
II. § 138 BGB	309	94
III. Wirtschaftsstrafgesetz und Strafgesetzbuch	319	97
IV. §§ 305–310 BGB, AGB-Kontrolle	325	98

Teil II
Wohnraummiete

		Rz.	Seite
A.	**Bestandteile der Miethöhevereinbarung**	1	106
I.	Miete	6	107
II.	Nebenkosten	11	108
III.	Schönheitsreparaturen, Kleinreparaturen	15	110
IV.	Zuschläge	27	113
	1. Untermietzuschlag	29	113
	2. Möblierungszuschlag	35	115
	3. Schönheitsreparaturzuschlag, Kleinreparaturzuschlag	40	116
	4. Gewerbezuschlag	45	117
	5. Garage, Gartennutzung	51	119
V.	Weitere Mieterleistungen	59	121
B.	**Preisfreier Wohnraum**	66	124
I.	Vertragliche Vereinbarungen über die Mieterhöhung	67	124
	1. Ausdrückliche Vereinbarungen	75	126
	2. Konkludente Vereinbarungen	86	129
II.	Vertraglicher Ausschluss von Mieterhöhungen	104	134
III.	Vertragliche Vereinbarung künftiger Mieterhöhungen	118	139
	1. Staffelmiete § 557a BGB	120	140
	2. Indexmiete § 557b BGB	142	146
IV.	Vertragliche Begrenzung von Mieterhöhungen	165	154
V.	Für den Mieter nachteilige Vereinbarungen	176	157
VI.	Allgemeine gesetzliche Schranken von Mieterhöhungen	187	160
	1. § 5 WiStG	188	161
	2. § 291 StGB	222	169
	3. § 138 BGB	232	171
	4. §§ 305–310 BGB, AGB-Kontrolle	234	172
VII.	Gesetzliche Mieterhöhungsregelungen	239	173

Inhaltsverzeichnis

	Rz.	Seite
1. § 558 BGB Erhöhung wegen übersteigender ortsüblicher Vergleichsmiete	239	173
a) Tatbestandsmerkmale	239	173
aa) Ortsübliche Vergleichsmiete	241	174
(1) Mietspiegel, § 558c BGB	253	177
(2) Qualifizierter Mietspiegel	258	178
(3) Mietdatenbank	263	180
(4) Sachverständigengutachten	266	180
(5) Vergleichswohnungen	267	181
(6) Sonstige Begründungsmittel	268	181
bb) Derzeit gezahlte Miete	269	181
(1) Nettokaltmiete, Inklusivmiete	270	182
(2) Zuschläge	276	183
b) Rechtsfolge und Begrenzungen	280	184
aa) Jahressperrfrist	281	185
bb) Kappungsgrenze	286	186
cc) Anrechnung von Drittmitteln	294	189
dd) Vertragliche Vereinbarungen zur Begrenzung der Mieterhöhung	322	198
c) Mieterhöhungsverlangen § 558a BGB	323	198
aa) Vorüberlegungen	323	198
bb) Inhalt der Erklärung	343	203
cc) Notwendige Begründung	349	205
dd) Formalien des Mieterhöhungsverlangens	373	212
ee) Anlagen zum Mieterhöhungsverlangen	374	213
ff) Fristentabelle	386	216
d) Zustimmung und Wirkung § 558b BGB	388	216
aa) Prüfung des Erhöhungsverlangens	389	217
bb) Zustimmung, Teilzustimmung	392	218
cc) Wirkung der Zustimmung	400	220
dd) Minderung, Zurückbehaltungsrecht	401	220
e) Vorgehen bei mangelhaftem Erhöhungsverlangen	405	221
f) Kündigungsrecht des Mieters	411	224
g) Feststellung der ortsüblichen Miete im Prozess	415	225
2. § 559 BGB Erhöhung wegen Wohnwertverbesserungsmaßnahmen	421	227
a) Tatbestandsmerkmale	421	227
aa) Vermieter	422	227
bb) Wohnwertverbesserung	425	228
b) Rechtsfolge und Begrenzungen	441	234
aa) Mieterhöhung durch Kostenumlage	442	234
bb) Ankündigung und Duldung	445	235

		Rz.	Seite

        cc) Berechnung der Umlage 448 236
        dd) Anrechnung von Drittmitteln.............. 450 237
        ee) Vertragliche Vereinbarungen zur Begrenzung
            der Mieterhöhung....................... 465 242
        ff) Gesetzliche Begrenzungen 472 243
    c) Fallvarianten und Gestaltungsmöglichkeiten 473 243
    d) Mieterhöhungserklärung und Wirkung § 559b BGB . 477 245
        aa) Inhalt der Erklärung 478 245
        bb) Notwendige Begründung................. 479 246
        cc) Wirkungszeitpunkt...................... 489 249
        dd) Prüfung der Mieterhöhungserklärung 490 250
    e) Kündigungsrecht des Mieters.................. 501 253
    f) Gerichtliche Klärung 502 253
        aa) Gerichtliche Durchsetzung der Mieterhöhung . 503 254
        bb) Gerichtliche Abwehr der Mieterhöhung 511 255

3. § 560 BGB Mietanpassung wegen geänderter
   Betriebskosten 519 257
   a) Tatbestandsmerkmale 519 257
        aa) Betriebskosten 523 258
        bb) Betriebskostenpauschale................. 525 258
        cc) Betriebskostenvorauszahlungen 534 261
        dd) Brutto(kalt)- und Teilinklusivmiete 536 262
        ee) Vereinbarung der Erhöhungsmöglichkeit 542 263
        ff) Erhöhung von Betriebskosten 544 264
        gg) Senkung von Betriebskosten 547 264
   b) Betriebskostenabrechnung 554 266
   c) Wirtschaftlichkeitsgebot 556 267
   d) Umstellung auf verbrauchsabhängige Abrechnung . 559 268
   e) Mieterhöhungserklärung und Wirkung 562 269
        aa) Inhalt der Erhöhungserklärung 563 269
        bb) Notwendige Begründung................. 567 271
        cc) Wirkungszeitpunkt...................... 573 273
        dd) Prüfung der Erhöhungserklärung 577 274
   f) Gerichtliche Klärung 594 278

C. Preisgebundener Wohnraum 599 279

I. Bestandteile der Miete 608 283

1. Einzelmiete 609 283
2. Umlagen.................................... 613 284
3. Zuschläge 618 286

		Rz.	Seite
4.	Sonstige Vergütungen	630	290
II.	Kostenmiete	640	293
III.	Wirtschaftlichkeitsberechnung	650	296
IV.	Vertragliche Vereinbarungen über die Mietänderung	665	303
V.	Mietänderungstatbestände	682	308
1.	Änderung der Gesamtkosten	689	309
2.	Änderung der Wirtschaftseinheit	703	313
3.	Änderung der Finanzierungskosten	708	315
4.	Änderung der Bewirtschaftungskosten	724	319
5.	Neuentstehung oder Änderung von Zuschlägen	735	322
6.	Änderung infolge baulicher Maßnahmen	739	323
VI.	Mietänderungserklärung	745	325
VII.	Wirkungszeitpunkt	763	332
VIII.	Mieterrechte	773	336
IX.	Dauer der Preisbindung	790	339
X.	Sanktionen bei Verstößen gegen die Preisbindung	798	341
1.	Öffentlichrechtliche Sanktionen	800	341
2.	Rückzahlungspflicht	812	344
XI.	Checkliste	815	347

Teil III
Außergerichtliche Streitbeilegung

A.	Mediation	2	352
B.	Schiedsgutachten	6	353
C.	Schiedsgerichtsverfahren	13	355
D.	Gesetzlich angeordnetes Schlichtungsverfahren	21	358
E.	Schlichtung im Gerichtsverfahren	25	359

Teil IV
Gerichtliches Verfahren

		Rz.	Seite
A.	Zuständigkeit	1	361
B.	Parteien	10	363
C.	Anwaltliche Vertretung	19	365
D.	Klagearten	20	365
E.	Rechtsmittel	28	367
F.	Geschäftsraummiete	34	368
I.	Zustimmungsklage	35	369
II.	Auskunftsklage	44	370
III.	Zahlungsklage	53	372
1.	Zahlungsklage des Vermieters	53	372
2.	Rückzahlungsklage des Mieters	61	373
IV.	Räumungsklage	67	375
V.	Feststellungsklage	76	377
VI.	Selbständiges Beweisverfahren	86	381
G.	Preisfreier Wohnraum	99	384
I.	Zustimmungsklage	100	384
II.	Auskunftsklage	125	391
III.	Zahlungsklage	134	393
1.	Zahlungsklage des Vermieters	134	393
2.	Rückzahlungsklage des Mieters	151	397
IV.	Räumungsklage	156	398
V.	Feststellungsklage	165	400
VI.	Selbständiges Beweisverfahren	169	401
H.	Preisgebundener Wohnraum	181	404
I.	Auskunftsklage	187	407

		Rz.	Seite
1.	Auskunftsklage des Mieters	187	407
2.	Auskunftsklage des Vermieters	196	408
II.	**Zahlungsklage**	202	409
1.	Zahlungsklage des Vermieters	202	409
2.	Rückzahlungsklage des Mieters	205	410
III.	**Räumungsklage**	218	412
IV.	**Feststellungsklage**	219	412
1.	Feststellungsklage des Vermieters	219	412
2.	Feststellungsklage des Mieters	227	413

Anhang

I.	Verordnung über die Aufstellung von Betriebskosten (Betriebskostenverordnung – BetrKV)	416
II.	Anlage 3 zu § 27 Zweite Berechnungsverordnung	419
III.	Preisklauselverordnung (PrKV)	422
IV.	Verordnung zur Berechnung der Wohnfläche (Wohnflächenverordnung – WoFlV)	425
V.	Gesetz zur Regelung der Miethöhe (MHRG)	427
VI.	§ 15a EGZPO [Gütestellen]	436
VII.	Art. 229 § 3 EGBGB [Übergangsvorschriften zur Mietrechtsreform]	437

Stichwortverzeichnis 440

Literaturübersicht

Barthelmess, Wohnraumkündigungsschutzgesetz und Miethöhegesetz, 5. Aufl. 1995
Baumbach/Lauterbach/Albers/Hartmann, ZPO, 64. Aufl. 2006
Beuermann, Miete und Mieterhöhung bei preisfreiem Wohnraum, 3. Aufl. 1999
Blank/Börstinghaus, Neues Mietrecht, 2002
Börstinghaus, Mieterhöhungen bei Wohnraummietverträgen, 3. Aufl. 1997
ders., MietPrax – Mietrecht in der Praxis, Loseblatt
Börstinghaus/Eisenschmid, Arbeitskommentar Neues Mietrecht, 2001
Bub/Treier, Handbuch der Geschäfts- u. Wohnraummiete, 3. Aufl.

Dröge, Handbuch der Mietpreisbewertung für Wohn- und Gewerberaum, 3. Aufl. 2004

Eisenschmid/Rips/Wall, Betriebskostenkommentar., 2004
Emmerich/Sonnenschein, Miete, 8. Aufl. 2003

Fritz, Gewerberaummietrecht, 4. Aufl. 2005
Fischer-Dieskau/Pergande/Schwender, Wohnungsbaurecht

Kindhäuser/Neumann/Paeffgen, Kommentar zum StGB, 2. Aufl. 2005
Kinne/Schach/Bieber, Miet- und Mietprozessrecht, 4. Aufl. 2005

Langenberg, Betriebskostenrecht der Wohn- und Gewerberaummiete, 4. Aufl. 2005
Lützenkirchen, Anwaltshandbuch Mietrecht, 2. Aufl. 2003
ders., Wohnraummiete, 2002
Lützenkirchen/Löfflad, Neue Mietrechtspraxis, 2001

Neuhaus, Handbuch der Geschäftsraummiete, 2. Aufl. 2005

Palandt, BGB, 65. Aufl. 2005

Rips/Eisenschmid, Neues Mietrecht, 2001.

Staudinger, Kommentar zum BGB, Mietrecht Bd. 1 & Bd. 2, 2003
Schmid, Handbuch der Mietnebenkosten, 9. Aufl. 2005
Schmidt-Futterer, Mietrecht, 8. Aufl., 2003
Schönke-Schröder, StGB, 26. Aufl. 2001

Schubart/Kohlenbach/Bohndick, Wohnungsbau, Loseblatt
v. Seldeneck, Betriebskosten im Mietrecht, 1999
Sternel, Mietrecht aktuell, 3. Aufl. 1996
Sternel, Mietrecht, 3. Aufl. 1988

Tröndle/Fischer, Strafgesetzbuch, 53. Aufl. 2005

Wolf/Eckert/Ball, Handbuch des gewerblichen Miet- Pacht- und Leasingrechts, 9. Aufl. 2004

Zöller, ZPO, 25. Aufl. 2005

Teil I
Geschäftsraummiete

A. Bestandteile der Miethöhevereinbarung

Unter der Überschrift **Geschäftsraummiete** wird nachfolgend die Vermietung von Räumen zu anderen Zwecken als zum Wohnen behandelt. Es wird rechtlich nicht danach unterschieden, ob der Vermieter als solcher Gewerbetreibender ist oder nur vereinzelt als Vermieter auftritt, womöglich ohne die Absicht, dauerhaft Gewinn zu erzielen. Umgekehrt kommt es auch nicht darauf an, ob der Mieter in den gemieteten Räumen ein Gewerbe betreiben will oder betreibt, oder einen freien Beruf, oder ob er die Räume für eine bloße Liebhaberei ohne Ertragserzielungsabsicht anmietet.

Auszugehen ist vielmehr davon, dass nach dem **Mietrecht des BGB** innerhalb der Vorschriften über die Raummiete nur abzugrenzen ist, ob es sich um Mietverhältnisse über Wohnraum handelt, für welche in § 549 bis § 577a BGB besondere Regelungen festgelegt sind. Ihnen sind gegenübergestellt Mietverhältnisse über Räume, die **keine Wohnräume** sind. Für solche Räume gelten die allgemeinen Regeln des § 535 bis § 548 BGB unmittelbar. Aus den Vorschriften im Untertitel über Wohnraummiete sind gemäß § 578 Abs. 1 und 2 BGB entsprechend anzuwenden die §§ 550, 562 bis 562d, 566 bis 567b, 570 BGB sowie § 552 Abs. 1, § 554 Abs. 1 bis 4 und § 569 Abs. 1 BGB (sofern die Räume zum Aufenthalt von Menschen bestimmt sind), sowie § 569 Abs. 2 BGB.

Mietverträge, auch solche über Geschäftsräume, müssen nicht unbedingt schriftlich abgeschlossen werden. Soll ein Mietvertrag aber nicht auf unbestimmte Zeit abgeschlossen werden, sondern auf eine feste Mietzeit von mehr als einem Jahr, dann ist zur Umsetzung dieser Absicht gemäß §§ 578 Abs. 2, 550 BGB die Schriftform einzuhalten[1]. Nachträgliche Änderungen des Vertrages ohne Beachtung der Schriftform können auch einen ursprünglich formgerechten Vertrag zum formunwirksamen machen[2]. § 550 BGB ordnet an, dass ein Vertrag, mit welchem eine Überlassung für mehr als ein Jahr vorgesehen ist, der aber die gesetzliche Schriftform nicht einhält, stets als Vertrag auf unbestimmte

---

1 Wenn Schriftform erforderlich ist, trifft die Beweislast für deren Erfüllung die Seite, die daraus eine günstige Rechtsfolge ableiten will, OLG Rostock, Urt. v. 28.12.2001 – 3 U 173/00, NZM 2002, 955.
2 Eine mündliche, aber widerrufliche Herabsetzung der Miete reicht dafür nicht aus, BGH, Urt. v. 20.4.2005 – XII ZR 192/01, GuT 2005, 148.

Zeit anzusehen ist, kündbar mit gesetzlicher Frist, frühestens zum Ablauf eines Jahres nach Überlassung. Generell spricht für den Abschluss schriftlicher Verträge die Beweissicherheit, auch bezüglich des vereinbarten Vertragszwecks, der Miethöhe, der Mietentwicklung. Wird über den künftigen Mietvertrag mündlich verhandelt, dann kann dies zu einem verbindlichen Vertragsabschluss führen, es sei denn, es wäre – beweisbar – vereinbart, dass erst der schriftliche Vertragsabschluss verbindlich sein soll[1].

4 Die Frage, ob Wohnraummiete oder Geschäftsraummiete vorliegt, bedarf auch deshalb präziser Klärung, weil davon die **Gerichtszuständigkeit** abhängen kann: Zwar ist für alle Mietstreitigkeiten maßgeblich, in welchem Gerichtsbezirk die Räume liegen, § 29a ZPO. Für Streitigkeiten über Geschäftsraummiete ist aber zu unterscheiden: Ist der Streitwert nicht höher als 5000 Euro, dann ist das örtliche Amtsgericht zuständig, für darüber hinaus gehende Streitigkeiten das Landgericht, in dessen Bezirk die Räume liegen, § 23a Ziff. 1 GVG. Demgegenüber ist für Streitigkeiten aus Wohnraummietrecht erstinstanzlich stets das örtliche Amtsgericht zuständig[2].

5 Ob Räume als Geschäftsraum oder als Wohnraum vermietet sind, kann zweifelhaft sein. Maßgeblich ist, in erster Linie, welchen Nutzungszweck die Parteien im Vertrag bestimmen[3]. Die äußere Form des Vertrages, etwa die Überschrift als Wohnraummietvertrag[4] bzw. Geschäftsraummietvertrag[5], gibt einen Anhaltspunkt. Solche Hinweise können durch andere Regelungen über die **Zweckbestimmung** bekräftigt, aber auch entkräftet werden. Ebenso kann die objektive Ausstattung und Eignung der Räume für die eine oder die andere Zweckbestimmung sprechen. Haben die Parteien keine ausdrückliche Bestimmung getroffen, dann muss sie aus den Umständen geklärt werden. Sichere Ergebnisse sind in diesen Fällen nur zu erzielen, wenn die Beschaffenheit der Räume eindeutig für die Wohnnutzung oder gegen diese spricht.

6 Wird Wohnraum angemietet, aber nicht zu dem Zweck, dass der Mieter dort wohnt, sondern damit er den Wohnraum gewerblich an Bewohner

---

1 *Fritz*, Gewerberaummietrecht, Rz. 43 ff. m.w.N.
2 § 29a ZPO, § 23 Ziff. 2a GVG, siehe dazu auch Teil IV Rz. 4.
3 LG Hamburg, Urt. v. 9.10.1984 – 16 S 168/84, ZMR 1985, 54 m.w.N.; OLG Düsseldorf, Urt. v. 16.4.2002 – 24 U 199/01, WM 2002, 481 = ZMR 2002, 589; BGH, Urt. v. 3.7.1985 – VIII ZR 128/84, MDR 1986, 46; BGH, Urt. v. 16.4.1986 – VIII ZR 60/85, MDR 1986, 842.
4 KG Urt. v. 3.5.1999 – 8 U 5702/97, NZM 2000, 338; OLG Hamburg, Urt. v. 29.10.1997 – 4 U 61/97, NZM 1998, 507 = DWW 1998, 50.
5 Die bloße Überschrift entzieht aber einen Wohnraummietvertrag nicht dem Wohnraumschutz, LG Berlin, Urt. v. 10.9.1992 – 61 S 116/92, WM 1993, 396.

weiter vermietet, dann gilt für das Mietverhältnis zwischen dem ersten Vermieter (meist Grundstückseigentümer) und dem gewerblichen **Zwischenvermieter** Geschäftsraummietrecht[1]. Die (Unter-)Mietverträge, die der gewerbliche Zwischenvermieter mit den Bewohnern abschließt, unterfallen hingegen dem Wohnraummietrecht mit den entsprechenden Schutzrechten, und zwar auch dann, wenn der gewerbliche Zwischenvermieter durch die Beendigung seines Geschäftsraummietvertrages wegfällt, § 565 BGB.

Mischmietverhältnisse, also Verträge, durch welche eine Raumgesamtheit sowohl zu Wohnzwecken als auch zu anderen Zwecken vermietet wird, sind danach zu beurteilen, wo das Schwergewicht des Vertrages liegt. Überwiegt der Wohnzweck, dann ist Wohnraummietrecht anzuwenden, überwiegt der Zweck einer geschäftlichen Nutzung, dann wird Geschäftsraummietrecht angewandt. Dabei sind die Flächen- oder Mietanteile wiederum Anhaltspunkte, aber nicht allein entscheidend[2]. Im Hinblick auf den vom Gesetzgeber festgelegten besonderen Schutz für Wohnraummietverhältnisse und zur Vermeidung von Umgehungen ist bei der Zuordnung als Geschäftsraummietvertrag Vorsicht geboten[3]. 7

Für das Geschäftsraummietrecht gilt die Grundregel des § 535 BGB: Der Vermieter hat den Gebrauch zu gewähren, die Mietsache zu erhalten und die Lasten zu tragen (Abs. 1). Der Mieter hat die vereinbarte Miete zu entrichten (Abs. 2). Im Geschäftsraummietrecht gehören typischerweise zur Miethöhevereinbarung 8

– die Miete (Rz. 11 ff.);
– die Nebenkosten (Rz. 224 ff.);
– die Umsatzsteuer (Rz. 274 ff.).

Die Vertragsparteien sind grundsätzlich **in ihrer Mietgestaltung frei**. Die vertraglichen Festlegungen sind nur in besonderen Fällen durch außerordentliche Vertragsanpassung zu überwinden (Rz. 282 ff.). Grenzen für vertragliche Vereinbarungen können sich bei Verwendung von Allgemeinen Geschäftsbedingungen ergeben, im Übrigen nur bei Sittenwidrigkeit oder Wucher (Rz. 303 ff.). 9

---

1 OLG Celle, Urt. v. 3.3.1999, ZMR 1999, 470.
2 Siehe dazu *Fritz*, Gewerberaummietrecht, 3. Aufl. S. 3 f. m.w.N.; *Neuhaus*, Handbuch der Geschäftsraummiete, 2. Aufl. Rz. 7 ff. m.w.N.; *Wolf/Eckert/Ball*, Handbuch des gewerblichen Miet-, Pacht- und Leasingrechts, 9. Aufl. Rz. 19 ff. m.w.N.
3 Siehe dazu *Sternel*, Mietrecht, 2. Aufl. I, Rz. 156, gegenteiliger Ansatz bei *Bub/Treier/Reinstorf*, I 110, 112, jew. m.w.N.

10 Nach dem Gesetz sind Geschäftsraummietverhältnisse frei kündbar. Wenn nichts anderes vereinbart ist, muss lediglich eine knapp halbjährliche Kündigungsfrist zum nächsten Quartalsende eingehalten werden[1]. Daher sind gesetzliche Regelungen über die Mietanpassung überflüssig, weil die Vertragsparteien einen gewissen Zwang zu einer Neuregelung durch Kündigung der bisherigen Vereinbarung und Angebot des Neuabschlusses auslösen können. Umso bedeutender sind vertragliche Regelungen über die Mietgestaltung und die Vertragslaufzeit.

B. Miete – Gestaltungsfreiheit – Regelungsmöglichkeiten

11 Aus § 535 BGB lässt sich unmittelbar nicht ableiten, dass für die Überlassung von Räumen stets eine **Gegenleistung** geschuldet ist, vielmehr ist Voraussetzung dafür eine Vereinbarung[2]. Diese muss dargelegt und notfalls bewiesen werden. Wenn der Vermieter und der Mieter Kaufleute sind, spricht die Vermutung dafür, dass der Vermieter seine Leistung nur gegen Entgelt erbringen wollte und der Mieter dies auch so verstanden hat. Ob dies auf eine erweiternde Auslegung des § 354 HGB gestützt werden kann, wo dieser Grundsatz nur für Geschäftsbesorgungsprovisionen und Lagergeld aufgestellt wird[3], erscheint fraglich. Vermutungen aus dem Handelsrecht versagen zumindest dort, wo zwar der Mieter, aber nicht der Vermieter Kaufmann ist. In der Praxis wird es, auch wo die Rechtsdogmatik das nicht trägt, häufig darauf hinauslaufen, dass die Entgeltlichkeit unterstellt und dem Mieter zumindest die Darlegung des Gegenteils abverlangt wird.

12 Wenn nach diesen Überlegungen eine Vereinbarung der Entgeltlichkeit feststeht, also ein Mietvertrag geschlossen werden sollte, lässt sich daraus die Höhe der vereinbarten Miete noch nicht ableiten. Eigentlich gehört die Festlegung der **Miethöhe** zu den rechtlich notwendigen Vereinbarungen, damit ein Mietvertrag zustande kommt, die Miethöhe muss zumindest bestimmbar sein[4]. Der Rechtsgedanke aus § 612 Abs. 2 und § 632 Abs. 2 BGB, wonach bei Unklarheiten über die Höhe der vereinbarten Gegenleistung die ortsübliche geschuldet sei, soll auf Mietverträ-

---

1 § 580a Abs. 2 BGB: Die ordentliche Kündigung ist, wenn nichts anderes vereinbart ist, spätestens am 3. Werktag eines Kalendervierteljahres zum Ablauf des nächsten Kalendervierteljahres zulässig.
2 Ist nach der Vereinbarung eine Gegenleistung nicht zu erbringen, liegt keine Miete im Rechtssinne vor, sondern ein der Leihe ähnliches Nutzungsverhältnis.
3 So *Eckert* in Wolf/Eckert/Ball, Rz. 386.
4 BGH, Urt. v. 20.12.1989 – VIII ZR 203/88, WM 1990, 140.

ge zwischen Kaufleuten Anwendung finden[1]. In den meisten Fällen besteht die Gegenleistung des Mieters für die Überlassung der Räume in einer Geldzahlung, auch die Wortwahl des Gesetzes („Miete entrichten", nicht: „Gegenleistung erbringen") geht davon aus.

Während im Wohnungsmietrecht gesetzliche Regelungen für die Vereinbarung der Miethöhe bestehen und das Gesetz auch für laufende Wohnungsmietverträge **Mieterhöhungsmöglichkeiten** einräumt, hängt im Geschäftsraummietrecht alles von den vertraglichen Vereinbarungen ab. Die Vertragsparteien bestimmen frei darüber, wie langfristig sie eine vertragliche Bindung eingehen wollen, und zu welchem Mietpreis, und was sie bezüglich der Mietentwicklung festlegen. Bezüglich der Ausstattung der Mietsache gilt: Nicht nur der Mieter hat (wie überall im Mietrecht) keinen Anspruch darauf, dass die Mietsache modernisiert wird. Es gibt im Geschäftsraummietrecht[2] zwar unter Umständen einen gesetzlichen Anspruch des Vermieters, eine Modernisierung durchzuführen, aber kein Recht auf einseitige Mieterhöhung wegen durchgeführter Modernisierungen. Auch dieser Aspekt muss also bei Vertragsschluss geregelt werden; danach ist während der Vertragslaufzeit jede Seite auf das freiwillige Einverständnis der Gegenseite angewiesen. 13

Der **Mietvertragsinteressent** muss einschätzen, welche Miethöhe er bieten muss, um das Objekt anmieten zu können, welche anderen Angebote erreichbar sind, und andererseits, welche Miethöhe er mit der beabsichtigten Nutzung erwirtschaften kann. Hier spielen bei Betriebsneugründungen und -umzügen die Ertragserwartungen am neuen Standort eine Rolle, die oft nicht zuverlässig vorherzusagen sind, besonders aber die Kosten der Einrichtung des Betriebes, die für geraume Zeit die liquiden Mittel des Mieters erheblich beschränken können. 14

Der **Vermieter** muss beurteilen, wie günstig die Nachfragelage für ihn aktuell ist, wie wichtig dem Mietinteressenten der Standort ist, bis zu welcher Mietforderung der Interessent wohl mitgehen wird, und er sollte auch überlegen, ob diese Mietforderung aus der vorgesehenen Nutzung wirklich dauerhaft, zumindest für die vorgesehene Mietzeit zu erwirtschaften ist. Es kann vorteilhaft sein, eine kurzfristig erzielbare Spitzenmiete nicht auszuschöpfen und dafür die Immobilie für gewerbliche Mieter nachhaltig zu sichern[3]. 15

---

1 *Fritz*, Gewerberaummietrecht, Rz. 93.
2 In § 578 Abs. 2 BGB ist für die Geschäftsraummiete die entsprechende Anwendung von § 554 Abs. 1 BGB angeordnet, nicht aber auf § 559 BGB verwiesen.
3 Häufig kennt der Vermieter recht gut die mittelfristigen Ertragschancen in der vermieteten Lage.

16 Strukturell zu unterscheiden sind Regelungen, die bereits für die ganze Laufzeit des Vertrages eine bestimmte oder bestimmbare Gegenleistung des Mieters vorsehen (Rz. 17 ff.), Regelungen, die eine Mietveränderung vorsehen in Abhängigkeit von Bemessungsfaktoren im Bereich des Mieters oder des Vermieters (Rz. 61 ff.), und Regelungen, die keine vorweg bestimmbare Miete für die Zukunft festlegen, sondern Modelle zur Festlegung einer veränderten Miete zu späteren Zeitpunkten (Rz. 86 ff.). Und schließlich bestimmen die Regelungen über die Laufzeit, die Art einer Verlängerung oder eine vorgesehene Folgevereinbarung (Rz. 193 ff.) den wirtschaftlichen Rahmen.

I. Festlegung für die gesamte Laufzeit

17 In der Vertragspraxis finden sich – einzeln oder kombiniert – drei Grundmodelle einer abschließenden Regelung der Miethöhe für die gesamte Vertragslaufzeit:
 – die Festmiete (Rz. 23 ff.);
 – die Flächenmiete (Rz. 37 ff.);
 – die Staffelmiete (Rz. 50 ff.).

18 Bei der **Festmiete** wird für eine vertraglich bestimmte Nutzungszeit eine genau definierte Gegenleistung, in der Regel als Geldbetrag, vereinbart.

19 Bei der **Flächenmiete** wird für eine vertraglich bestimmte Nutzungszeit eine genau definierte Gegenleistung pro Flächeneinheit vereinbart.

20 Bei der **Staffelmiete** wird für aufeinander folgende Zeitabschnitte eine vorweg bestimmte Mietsteigerung vereinbart, entweder als Steigerung um festgelegte Steigerungsbeträge pro Zeitabschnitt, oder um einen Prozentsatz der Anfangsmiete, oder um einen Prozentsatz von der jeweils zuletzt gezahlten Miete.

21 Weitere Regelungsmodelle, die für die Laufzeit des Vertrages gelten, aber eine Veränderung der Miete vorsehen in Abhängigkeit von Bewertungsfaktoren im Bereich des Mieters bzw. des Vermieters, werden nachfolgend unter Rz. 61 ff. erörtert, siehe dort zur **Umsatzmiete** (Rz. 62 ff.) und zu **Kostenelementmietklauseln** (Rz. 76 ff.).

22 Möglich ist auch die Ergänzung von Festmiete, Flächenmiete und Staffelmiete durch Vereinbarung weiterer Zahlungen nach Kostenelementen oder Umsatz.

⊃ **Beispiel:**
Das Grundstück wird vermietet zum Betrieb einer Tankstelle für einen Festmietbetrag von 9000 Euro jährlich zuzüglich einer Umsatzmiete von 1,50 Euro monatlich je 100 Liter verkauften Kraftstoffs.

1. Festmiete

Eine **Festmiete** soll, begrifflich klar, fest bleiben, während der Vertragslaufzeit nicht veränderbar sein. Sie hat dennoch in einer Darstellung über Mieterhöhungen ihren Platz. Zum einen muss bei der Prüfung einer Mieterhöhung abgegrenzt werden, ob nicht in Wahrheit eine Festmiete vereinbart sein sollte, die Mieterhöhung aus diesem Grunde ausgeschlossen ist. Umgekehrt ist bei der Aushandlung von Verträgen zu bedenken, ob eine Festmietvereinbarung getroffen werden soll und wie diese aussehen muss, damit eine Mietveränderung wirklich ausgeschlossen ist.

Für Gewerbemietverträge mit **kurzer Laufzeit** soll meist die anfangs vereinbarte Miethöhe bis zum Vertragsende unverändert gelten. Eine Mietanpassung kann im Rahmen der Verhandlungen über eine Vertragsverlängerung oder einen Folgevertrag vorgenommen werden. Veränderungen im Zusammenhang mit den Nebenkosten sind häufig auch während kurzer Laufzeit vorgesehen.

Auch bei Verträgen **mittlerer Laufzeit** (mehr als ein oder zwei Jahre Laufzeit) kommen Festmietpreise vor. Wenn keine Regelung über die Veränderung der Miethöhe vereinbart wurde, ist in aller Regel davon auszugehen, dass die Vertragspartner voneinander keine Abweichung verlangen können, etwa wegen Veränderung der Mietpreisentwicklung, der Nebenkosten oder der Ertragslage des Gewerbebetriebs. Allerdings sind bei mittelfristigen Verträgen Klauseln über die Mietveränderung während der Laufzeit ziemlich häufig, ebenso die Kombination einer anfänglichen Festmiete mit einer Anpassungs- oder Neuverhandlungsklausel im Zusammenhang mit einem Optionsrecht oder sonstigen Vereinbarungen über Vertragsverlängerungen.

Bei **langfristigen Mietverträgen** werden fast stets Anpassungen der Miethöhe vorgesehen. Umgekehrt muss das Fehlen von Klauseln über die Änderung der Miethöhe nicht bedeuten, dass eine Veränderung strikt ausgeschlossen ist. In besonderen, ziemlich seltenen Fällen hat die Rechtsprechung auch ohne entsprechende Vertragsklauseln einen Anspruch auf Veränderung der Miethöhe gesehen[1].

---

1 Vgl. Rz. 282 ff.

Teil I Geschäftsraummiete

27 Im Einzelnen gibt das Gewerbemietrecht fast unbegrenzte Möglichkeiten, differenzierten Interessenlagen Rechnung zu tragen, durch Kombination von Vertragsdauer, Miethöhe, Anfangsinvestitionen und Nebenleistungen, die Festlegung von Änderungen der Miete und Nebenkosten, die Voraussetzungen einer Änderung, und durch Festlegung des Änderungsverfahrens. Bereits beim Abschluss des Mietvertrages muss Klarheit darüber geschaffen werden, wie die Entwicklung des Mietverhältnisses für die vereinbarte Vertragslaufzeit aussehen soll, weil es – anders als im Wohnraummietrecht – keine gesetzliche Auffangregelung gibt, auf die bei Fehlen entsprechender vertraglicher Regelungen zurückgegriffen werden kann.

28 Ob mit der Verabredung einer genau definierten Gegenleistung und einer vertraglich bestimmten Nutzungszeit ein **Ausschluss von Mieterhöhungen** während dieser Nutzungszeit vereinbart oder eine Mieterhöhung offen gehalten ist, also eine Festmietvereinbarung vorliegt oder nicht, darf nicht vorschnell behauptet, sondern muss sorgfältig ausgelegt werden.

29 Ein ausdrücklicher Ausschluss von Mieterhöhungen mag gelegentlich vorkommen. Er ist zulässig und in jedem Falle, auch bei gravierenden Veränderungen, verbindlich. Häufiger ist, dass der Mietvertrag zu möglichen Mieterhöhungen schweigt. Dann muss aus dem Gesamtzusammenhang der vertraglichen Regelung oder „den Umständen" ermittelt werden, ob eine Mieterhöhung ausgeschlossen sein sollte oder nicht[1].

30 Die Angabe eines festen Betrages kann auch kombiniert mit einer Flächenmiete vorkommen[2], etwa: „Die Fläche beträgt 250 m^2, die Miete beträgt 7,00 Euro/m^2, mithin 1750,00 (eintausendsiebenhundertfünfzig) Euro monatlich". Auch diese Angabe kann als Festmietvereinbarung zu verstehen sein. Maßgeblich ist neben dem Wortlaut der Vereinbarung die im Vertrag zum Ausdruck kommende Interessenlage der Parteien.

➲ **Beispiel:**
Vermietet wird die auf dem Grundstück ... stehende Halle wie sie steht und liegt als Lagerhalle für Möbel. Der Mietvertrag läuft vom 1.3.2005 bis 28.2.2006. Die Miete beträgt 5000,00 (fünftausend) Euro und ist im Voraus zahlbar.

Diese Mietvereinbarung dürfte jegliche Erhöhung ausschließen. Es handelt sich um eine kurze Mietvertragsdauer, es sind keinerlei Anhaltspunkte dafür genannt, was die Parteien als wesentliche preisbildende

---
1 Siehe dazu die Regelung in § 557 Abs. 3 BGB für das Wohnraummietrecht.
2 Siehe dazu Rz. 37 ff.

Faktoren ansehen, die Miete ist als einheitlicher Betrag genannt, sie ist sogar als ein Betrag im Voraus zu zahlen.

Wird eines oder werden mehrere dieser Elemente verändert oder treten weitere Elemente hinzu, dann kann dies die Festmietvereinbarung aufweichen, in besonderen Fällen kann eine **Öffnung der Festmietvereinbarung** für spätere Mieterhöhungen die Folge sein. 31

◯ **Beispiel:**
Vermietet wird die auf dem Grundstück ... stehende Halle wie sie steht und liegt mit einer vereinbarten Fläche von 1000 m² als Lagerhalle für Möbel. Der Mietvertrag läuft vom 1.3.2005 bis 28.2.2010. Die Miete beträgt 5000,00 (fünftausend) Euro jährlich und ist jeweils bis zum 10. März eines Jahres im Voraus zahlbar.

Hier ist immerhin die Fläche genannt, die ein preisbildender Faktor sein könnte. Wenn die tatsächliche Fläche von der vereinbarten deutlich abweicht, wird eine Anpassung der Miete in Betracht kommen. Sonstige Mieterhöhungsforderungen während der Vertragszeit dürften ausgeschlossen sein. Zwar ist die Vertragsdauer von 5 Jahren nicht mehr ganz kurz, die jährliche Zahlungsweise teilt diese Vertragsdauer in Tranchen auf. Üblicherweise planen aber Gewerbetreibende ihren Wirtschaftsbetrieb über einen mehrjährigen Zeitraum voraus, ein Zeitraum von 5 Jahren ist noch so überschaubar, dass jede Seite etwaige Kalkulationsirrtümer oder Fehleinschätzungen selbst wird tragen müssen. 32

Will der Vermieter sich die Mieterhöhung vorbehalten, muss er eine ausdrückliche Anpassungs- oder Änderungsklausel im Vertrag vereinbaren. Eine ausdrückliche Festschreibung („Während der Laufzeit des Vertrages sind Mieterhöhungen ausgeschlossen.") ist möglich. Ob sie in dieser Fallgestaltung überhaupt erforderlich ist oder der Ausschluss sich schon aus dem Fehlen einer Änderungsmöglichkeit ergibt, hängt von den Umständen des Einzelfalles ab. 33

◯ **Beispiel:**
Vermietet wird die auf dem Grundstück ... stehende Halle wie sie steht und liegt mit einer vereinbarten Fläche von 1000 m² als Lagerhalle für Möbel. Der Mietvertrag läuft vom 1.3.2005 bis 28.2.2010. Er verlängert sich um weitere fünf Jahre, wenn nicht eine der Parteien spätestens 6 Monate vor Ablauf der Mietzeit der Verlängerung widerspricht. Die Miete beträgt 5,00 Euro/m² jährlich, mithin 5000,00 (fünftausend) Euro jährlich und ist jeweils bis zum 10. März eines Jahres im Voraus zahlbar.

34 Hier liegt zwar ein Mietvertrag vor, dessen Grundmietzeit – siehe vorstehend – nicht mehr als ganz kurzfristig anzusehen ist. Durch die **Verlängerungsklausel** kann eine mittelfristige Bindung zustande kommen. Andererseits hat bei dieser Vertragskonstruktion jede Seite die Möglichkeit, der Verlängerung des Mietvertrags zu widersprechen, was sie mit dem Angebot einer Verlängerung zu verändertem Mietpreis verbinden kann. Auch hier spricht der Zusammenhang der Regelungen dafür, dass während der Grundlaufzeit und wiederum während der etwaigen Zeit einer Verlängerung Mieterhöhungen nicht verlangt werden können, weil nach fünf Jahren die Möglichkeit besteht, etwaige Ungleichgewichte zu verändern.

⮕ **Beispiel:**
Vermietet wird die auf dem Grundstück … stehende Halle wie sie steht und liegt mit einer vereinbarten Fläche von 1000 m² als Lagerhalle für Möbel. Der Mietvertrag läuft vom 1.3.2005 bis 28.2.2015. Die Miete beträgt 5,00 Euro/m² jährlich, mithin 5000,00 (fünftausend) Euro jährlich und ist jeweils bis zum 10. März eines Jahres im Voraus zahlbar.

35 Hier liegt ein **langfristiger Mietvertrag** vor. Es ist auch ein Quadratmeterpreis angegeben, und damit eine Kalkulationsgrundlage für den Mietpreis. Dies allein spricht aber nicht dafür, dass etwa ein orts- oder nutzungsüblicher Quadratmeterpreis angesetzt wurde, dass folglich bei gravierender Änderung dieses Parameters eine Mieterhöhung möglich sein soll. Zunächst spricht die vertragliche Formulierung nur dafür, dass die Parteien eine Flächenmiete frei vereinbart haben, diese für den gesamten Vertragszeitraum gelten soll, und allenfalls eine Änderung der Nutzungsfläche die Miete korrigieren könnte.

36 Haben die Parteien vor Vertragsschluss die orts- und nutzungsübliche Miete ermittelt und diese dann dem Vertrag zugrunde gelegt, dann könnte versucht werden, aus einer (gravierenden) Erhöhung dieser üblichen Werte das Recht zu einer Mieterhöhung während der Vertragslaufzeit abzuleiten. Die Rechtsprechung ist aber sehr vorsichtig, von etwaigen Kalkulationsgrundlagen auf eine beiderseits als verbindlich gemeinte Geschäftsgrundlage zu schließen und von dieser auf ein Recht zur Vertragsanpassung[1].

⮕ **Beispiel:**
Vermietet werden die im Erdgeschoss des Gebäudes … links belegenen Räume mit einer vereinbarten Fläche von etwa 280 m² zur Nutzung als Friseurgeschäft. Der Innenausbau wird vom Mieter

---

1 Dazu weiter unter Außerordentliche Vertragsanpassung Rz. 282 ff.

selbst auf seine Kosten vorgenommen. Der Mietvertrag läuft vom 1.3.2005 bis 28.2.2015. Die Miete beträgt 18,00 Euro/m² monatlich, insgesamt 5040,00 Euro monatlich und ist im Voraus bis zum 3. eines jeden Monats zahlbar.

Auf den hohen Investitionsaufwand für die Erstellung von Elektrik-, Wasser- und Abwasserversorgung auf eigene Kosten kann sich der Mieter wohl nur einlassen, wenn er darauf vertrauen kann, dass hiernach die Miete bis zum Ende der vereinbarten Vertragsdauer unverändert bleibt.

2. Flächenmiete

Vereinbarungen über die Miethöhe pro Flächeneinheit kommen in gewerblichen Mietverträgen recht häufig vor. Hier ist zunächst zu prüfen, ob allein eine Flächenmiete vereinbart ist oder diese mit der Angabe eines Endbetrages kombiniert ist. 37

Weiter ist zu beachten, dass es unterschiedliche **Definitionen** für Flächen gibt[1]. Die verschiedenen Berechnungsmethoden unterscheiden sich grundlegend danach, ob und wie die nutzbaren Innenflächen gemessen werden, oder ob die Wände teilweise oder ganz mit gerechnet werden; selbst (mögliche) Freischankflächen vor dem Mietobjekt oder außen liegende Verkaufsflächen können einbezogen sein. Keineswegs ergibt eine Verweisung im Vertrag auf DIN-Regelwerke oder auf Verbandsrichtlinien immer Maßstäbe, die für beide Vertragsseiten vernünftig sein müssen. Berechnungen nach DIN 277 (Grundflächen und Rauminhalte von Bauwerken im Hochbau) oder nach der „Richtlinie zur Berechnung der Mietfläche für Handelsraum"[2] sind tendenziell vermietergünstig, Berechnungen können aber auch eher auf die real nutzbare Fläche abstellen, wie in der früheren DIN 283 oder der Wohnflächen-Berechnungsverordnung[3]. Selbst innerhalb der einzelnen Regelwerke gibt es unterschiedliche Flächenmaßstäbe. Die Flächendefinition gemäß DIN 277 z.B. unterscheidet Haupt-, Neben- und Nutzfläche, Bruttogeschossflächen und Nettogeschossflächen. Die Nettogeschossfläche beschreibt die innen (ohne Verputz) gemessenen Flächen, diese sind aber keineswegs immer identisch mit den vom Mieter allein tatsächlich nutzbaren Flächen. 38

---

1 Siehe dazu *Dröge*, Handbuch der Mietpreisbewertung für Wohn- und Gewerberaum, 3. Aufl., S. 49 ff.
2 Veröffentlicht von der gif Gesellschaft für Immobilienwirtschaftliche Forschung e.V., www.gif-ev.de.
3 Siehe dazu BGH, Urt. v. 24.3.2004 – VIII ZR 44/03, WM 2004, 337 = NZM 2004, 454 = ZMR 2004, 501 = NJW 2004, 2230.

Eine präzise Klärung, welche Flächen für die Miethöhe maßgeblich sein sollen, sollte unmissverständlich in den Vertrag aufgenommen werden.

a) Reine Flächenmiete

39 Die alleinige Angabe einer Flächenmiete macht Sinn vor allem dann, wenn die reale Nutzungsfläche bei Abschluss des Mietvertrages noch nicht definitiv feststeht, oder wenn zwar die anfängliche Nutzungsfläche klar festgelegt ist, aber Vergrößerungen oder Verkleinerungen grundsätzlich möglich sein sollen. Eine endgültige Feststellung der vereinbarten Miete lässt sich in diesen Fällen nur treffen durch eindeutige Feststellung der Nutzungsfläche. Eine Festlegung der reinen Flächenmiete birgt vor allem in den Fällen der Neuerrichtung große Risiken, weil selbst kleinere Änderungen des Baukörpers zu gravierenden Flächenänderungen führen können.

⮕ **Beispiel**[1]:
Der Vermieter vermietet die nachstehend bezeichneten Räumlichkeiten der Liegenschaft D. Straße ... an den Mieter: Gesamtnutzfläche 10 014 m² (Netto-Grundfläche, NGF), PKW-Stellplätze: 150 Stück.

Die Flächenmaße wurden auf der Grundlage der Bauzeichnungen nach DIN 277 ermittelt. Die mietgegenständlichen Räumlichkeiten wurden anhand der Projektunterlagen und Mieterwünsche fertig gestellt. Größenabweichungen von +/– 3 % berechtigen keine der Vertragsparteien zur Änderung des Mietzinses. Die monatliche Miete beträgt (Bezugsbasis: Stellplatz 50,00 Euro pro Monat und Stück; 16,00 Euro pro m² Nutzfläche) insgesamt 167 724,00 Euro.

Selbst diese klar wirkende Regelung führte zum Streit, weil die Begriffe Nutzfläche und Nettogrundfläche parallel verwendet werden. „Gesamtnutzfläche" kann nach Ansicht des Bundesgerichtshofs bei Bezugnahme auf DIN 277 auch Verkehrs- und Funktionsflächen umfassen[2].

40 Möglich ist auch die Vereinbarung einer Gesamtfläche mit der Maßgabe, dass dem Mieter weitgehend überlassen wird, welche Flächen er für welche Art der Nutzung vorsehen will, und die Angabe von **Flächenpreisen**, je nachdem, für welche **Nutzungsart** die Flächen in Anspruch genommen werden. Es kann z.B. ein Anliegen des Vermieters sein, an einem Standort Produktionsstätten zu erhalten und dafür günstige Mie-

---

[1] Nach BGH, Urt. v. 27.10.2004 – XII ZR 175/02, NJW-RR 2005, 236 = NZM 2005, 63 = MDR 2005, 264.
[2] BGH, Urt. v. 27.10.2004 – XII ZR 175/02, NJW-RR 2005, 236 = NZM 2005, 63.

ten anzubieten, die reine Büronutzung aber mit höherer Miete zu belegen.

⊃ **Beispiel:**
Vermietet wird die auf dem Grundstück ... zu errichtende Halle mit einer vereinbarten Fläche von etwa 1000 m² als Lagerhalle für Möbel und für Büroräume. Der Innenausbau und die Aufteilung der Flächen werden von Vermieter und Mieter gesondert vereinbart und jeweils hälftig finanziert. Der Mietvertrag läuft vom 1.3.2005 bis 28.2.2015. Die Miete beträgt 2,00 Euro/m² jährlich für die Lagerflächen und 12,00 Euro/m² monatlich für die Büroflächen. Die anteilige Miete für Lagerflächen und die Miete für Büroflächen ist monatlich im Voraus bis zum 3. eines Monats zahlbar.

Hier muss also für die Feststellung der aktuell geltenden Miete zunächst ermittelt werden, welche Flächen tatsächlich als Lager bzw. als Büroräume genutzt werden. Maßgeblich wäre hier die (gesonderte) Vereinbarung der Parteien.

Es kommt auch vor, dass die Flächen nicht definitiv vereinbart werden, 41 sondern einer Seite ein **Bestimmungsrecht** eingeräumt ist.

⊃ **Beispiel:**
Vermietet wird die auf dem Grundstück ... zu errichtende Halle mit einer vereinbarten Fläche von etwa 1000 m² als Lagerhalle für Möbel und für Büroräume. Der Innenausbau und die Aufteilung der Flächen werden vom Mieter auf seine Kosten hergestellt. Der Mietvertrag läuft vom 1.3.2005 bis 28.2.2015. Die Miete beträgt 2,00 Euro/m² monatlich für die Lagerflächen und 12,00 Euro/m² monatlich für die Büroflächen. Die Miete für Lagerflächen und die Miete für Büroflächen ist monatlich im Voraus bis zum 3. eines jeden Monats zahlbar.

In diesem Fall kann die zum jeweiligen Preis vermietete Fläche nicht aus einer Vereinbarung, sondern nur durch konkretes Aufmaß ermittelt werden. Unklar bleibt bei dieser Vertragsgestaltung, nach welcher Methode die Flächen berechnet werden sollen.

In den beiden letzten Beispielen dürfte die vereinbarte Miete während 42 der Vertragslaufzeit nicht auf Grund **anderer Faktoren**, beispielsweise einer Veränderung der üblichen Mieten oder der Ertragslage, abänderbar sein. Zwar könnten die Langfristigkeit des Vertrages und die differenzierte Darstellung zweier Mietpreise für eine nachträgliche Abänderbarkeit der Miethöhe sprechen. Aber die Mietpreisfestlegung ist bestimmt bzw. bestimmbar genug. Wenn die Mieträume bei Vertragsschluss noch nicht errichtet sind oder dem Mieter die Innenaufteilung überlassen bleibt, kann die Mietangabe als Quadratmeterpreis bestimmt genug sein[1]. Die endgültige Miethöhe mag sich nach der letztlich festgestellten Größe bestimmen. Auch hier ist aber nicht von einer Öffnung der Miethöhevereinbarung für spätere Mieterhöhungen auszugehen. Die Parteien haben die Veränderbarkeit der Miete nur in Abhängigkeit von der konkreten Nutzung angelegt, das Maß der jeweiligen Nutzung soll vereinbart werden. Gegen eine Mieterhöhungsmöglichkeit des Vermieters spricht hier auch, dass der Mieter selbst sich an der Herrichtung der Mietsache finanziell beteiligt, also seinerseits langfristig kalkulieren muss, ob sich diese Investition lohnt oder nicht.

43 Die Vereinbarung einer reinen Flächenmiete besagt nach alledem nichts dafür, dass während der Vertragslaufzeit eine Mieterhöhung aus anderen Gründen als einer Flächenänderung möglich sein soll.

b) Flächenmiete und Endbetrag

44 In der Regel wird in dem Vertrag **neben einer Flächenmiete** weiter die zugrunde gelegte Fläche angegeben und ein **Endbetrag** genannt, wie in den obigen Beispielen.

45 Wenn die Nutzungsfläche zutreffend angegeben ist und auch aus tatsächlichen Gründen keine Veränderung der Nutzungsfläche in Frage kommt, ist eine solche Flächenmiete nicht anders zu behandeln als die Vereinbarung einer Festmiete. Die zusätzliche Festlegung der Nutzungsfläche und der Flächenmiete ist dann nur Berechnungsgrundlage für die Festmiete, ohne gesonderte rechtliche Bedeutung.

46 Wird der dargestellte Mietbetrag unter dem Vorbehalt vereinbart, dass eine Anpassung der Miete stattfinden soll, wenn die zugrunde gelegten Flächen sich als unzutreffend herausstellen, dann resultiert daraus ein entsprechender Anpassungsanspruch, es kann allenfalls zweifelhaft werden, ob die Bezugsgrößen klar genug definiert sind[2].

47 Problematisch werden die Fälle, in denen Festmiete und Flächenmiete angegeben sind, eine Anpassung nicht vertraglich vorgesehen ist, aber die zugrunde gelegte Fläche unzutreffend war. Die vom Bundesgerichts-

---

1 Selbst in vorformulierten Vertragsbestimmungen stellt das keine unangemessene Benachteiligung dar, *Eckert* in Wolf/Eckert/Ball, Handbuch des gewerblichen Miet-, Pacht- und Leasingrechts, 9. Aufl. S. 388 Fn. 9.
2 Siehe dazu oben Rz. 38 und BGH, Urt. v. 27.10.2004 – XII ZR 175/02, NJW-RR 2005, 236 = NZM 2005, 63.

hof ursprünglich für Wohnraum getroffene Entscheidung[1], dass eine Flächenabweichung ab 10 % als Mangel anzusehen ist und zu einer Mietminderung führt, wird mittlerweile auch auf Gewerbemietverträge angewandt[2]. Ist demnach im Vertrag eine größere Fläche vereinbart, als real vorhanden, dann hat der Mieter einen Anspruch auf entsprechende Mietsenkung[3]. Auch wenn die Abweichung weniger als 10 % beträgt, kann bei Darlegung erheblicher Beeinträchtigung ein Anspruch auf Mietsenkung in Betracht kommen[4]. Ob es auch im umgekehrten Fall einen Vertragsanpassungsanspruch des Vermieters gibt, wenn er sich zu seinen Lasten bei der Angabe der Mietfläche getäuscht hat, ist offen[5].

Wiederum spricht aber die Angabe einer Miete pro Flächeneinheit nicht dafür, dass die Miete – vom Fall einer festgestellten Flächenabweichung abgesehen – während der Vertragslaufzeit abänderbar sein soll. 48

Zusammengefasst spricht		49
gegen eine Erhöhungsmöglichkeit:	für eine Erhöhungsmöglichkeit:
– kurze Laufzeit (bis 5 Jahre) – Einmalzahlung der Miete – Widerspruchsmöglichkeit gegen Verlängerung – vereinbarte Investition des Mieters – differenzierte Darstellung von Mietpreisanteilen	– lange Laufzeit (ab 10 Jahre) – abschnittsweise Zahlung – Aufnahme ortsüblicher Preise in die beiderseitige Kalkulation – Aufnahme sonstiger Bewertungsfaktoren in die beiderseitige Kalkulation

---

1 BGH, Urteile v. 24.3.2004 – VIII ZR 44/03, WM 2004, 337 = NZM 2004, 454 = ZMR 2004, 501 = NJW 2004, 2230; – VIII ZR 133/03, WM 2004, 268 = NZM 2004, 456 = ZMR 2004, 500; – VIII ZR 295/03, WM 2004, 336 = NJW 2004, 1947 = NZM 2004, 453 = ZMR 2004, 495.
2 OLG Köln, Urt. v. 30.7.2003 – 2 U 103/99, GuT 2004, 55; OLG Düsseldorf, Urt. v. 2.12.2004, – I-10 U 77/04, GE 2005, 299; KG, Urt. v. 29.8.2005 – 22 U 279/04, GE 2005, 1190; BGH, Urt. v. 4.5.2005 – XII ZR 254/01, NJW 2005, 2152 = GE 2005, 86.
3 Nach KG, Urt. v. 29.8.2005 – 22 U 279/04, GE 2005, 1190 soll es möglich sein, derartige Minderungsansprüche durch Formularvereinbarung auszuschließen.
4 KG, Beschl. v. 15.8.2005 – 8 U 81/05, GuT 2005, 211.
5 Immerhin hat der Vermieter die Möglichkeit, vor Vermietung gründlich die Räume zu vermessen.

3. Staffelmiete

50 Wird in dem Vertrag für aufeinander folgende Zeitabschnitte ausdrücklich eine Mietsteigerung[1] vorweg bestimmt, spricht man von einer **Staffelmiete**[2]. Sie ist abzugrenzen von Anpassungsklauseln, durch welche künftige Änderungen der Miete nicht konkret festgelegt werden, sondern abhängig von externen Parametern eine Änderung möglich werden soll.

51 Staffelmieten sind im Gewerbemietrecht – während sie im Wohnungsmietrecht zeitweise ausgeschlossen waren – seit langem üblich und anerkannt.

52 Zu beachten ist, dass die Vereinbarung einer Staffelmiete jegliche **andere Mieterhöhung ausschließt**, wenn sie nicht ausdrücklich vorbehalten ist. Die Festlegung einer Staffelung ist auch als ausdrückliche Loslösung von externen Entwicklungen zu verstehen: Wenn die allgemeine Preisentwicklung oder die Entwicklung der Gewerbemieten steiler ansteigt als die in der Staffelung vereinbarten Steigerungen, kann der Vermieter dennoch keine Erhöhung der festgelegten Miete verlangen; umgekehrt ist der Mieter rechtlich verpflichtet, die Mieterhöhungen gemäß dieser Staffel bezahlen, auch wenn die allgemeine Preisentwicklung weit maßvoller verläuft[3]. Es ist auch nicht die in § 557a BGB für Wohnraum gegebene Kündigungsmöglichkeit nach vier Jahren entsprechend anzuwenden. Die lange Restlaufzeit des Vertrages reicht allein nicht aus, eine Anpassung zu begründen[4].

53 Staffelmieten kommen vor als Betragsstaffel, als lineare Prozentstaffel und als dynamische Prozentstaffel. Ist eine Staffelmiete nur für einen Teilzeitraum der vereinbarten Vertragslaufzeit festgelegt, kann dies entweder so zu verstehen sein, dass nach Ende des letzten Staffelzeitraums die Miete unverändert bleibt, oder es kann ein Neuverhandlungsanspruch bestehen. Maßgeblich sind die Einzelheiten der vertraglichen Regelung.

---

1 Auch eine stufenweise Mietsenkung wäre eine Staffelmiete, in der Praxis kommt das aber nicht vor.
2 Legaldefinition für Wohnraummiete in § 557a Abs. 1 BGB.
3 BGH, Urt. v. 8.5.2002 – XII ZR 8/00, NJW 2002, 2384.
4 BGH, Urt. v. 27.10.2004 – XII ZR 175/02, NJW-RR 2005, 236 = NZM 2005, 63. Etwas anderes gilt nur, wenn es (sehr selten) völlig unzumutbar wäre, den Vertragspartner an der Vereinbarung festzuhalten, vgl. Rz. 282 ff.

a) Betragsstaffel

Die Betragsstaffel legt fest, dass die ursprünglich vereinbarte Miete nach Abschluss eines Zeitabschnittes um einen konkret bestimmten Betrag steigt[1]. Weit verbreitet sind jährliche Steigerungsbeträge, aber anders als im Wohnraummietrecht (§ 557a Abs.2 BGB) gibt es keine gesetzliche Festlegung, wie lange die Miete jeweils unverändert bleiben muss.

⮕ **Beispiel:**
Vermietet wird die auf dem Grundstück ... stehende Halle wie sie steht und liegt mit einer vereinbarten Fläche von 1000 m² als Lagerhalle für Möbel. Der Mietvertrag läuft vom 1.3.2005 bis 28.2.2010. Die Miete beträgt 5000,00 (fünftausend) Euro jährlich. Sie erhöht sich jeweils zum 1.3. eines Jahres um 200,00 (zweihundert) Euro. Die Miete ist jeweils bis zum 10. März eines Jahres im Voraus zahlbar.

b) Lineare Prozentstaffel

Ist der Steigerungsbetrag nicht als Betrag ausgedrückt, sondern als Prozentsatz, der sich aber immer auf den gleichen Basisbetrag bezieht, dann spricht man von einer linearen Prozentstaffel.

⮕ **Beispiel:**
Vermietet wird die auf dem Grundstück ... stehende Halle wie sie steht und liegt mit einer vereinbarten Fläche von 1000 m² als Lagerhalle für Möbel. Der Mietvertrag läuft vom 1.3.2005 bis 28.2.2010. Die Miete beträgt 5000,00 (fünftausend) Euro jährlich. Sie erhöht sich jeweils zum 1.3. eines Jahres um 3 %. Die Miete ist jeweils bis zum 10. März eines Jahres im Voraus zahlbar.

Hier ist bei Abschluss der Vereinbarung nicht darauf geachtet worden, dass die Basisgröße, auf welche die Prozentsteigerung berechnet werden soll, genau erkennbar ist. Im Zweifel wird jedenfalls bei Formularvereinbarungen die Mietsteigerung linear vorzunehmen sein, also der angegebene Prozentsatz auf die vereinbarte Anfangsmiete zu berechnen und als jährlicher Erhöhungsbetrag (Mietentwicklung 5000 Euro, 5150,00 Euro, 5300,00 Euro usw.) hinzuzusetzen sein.

c) Dynamische Prozentstaffel

Eine dynamische Prozentstaffel liegt vor, wenn veränderliche Prozentsätze für die Mietsteigerung vereinbart sind oder zwar ein gleich bleibender Steigerungs-Prozentsatz genannt ist, dieser aber jeweils auf die

---
[1] Etwa in DM-Beträgen ausgedrückte Staffeln sind in Euro umzurechnen.

Teil I Geschäftsraummiete

zuletzt gezahlte, also die ggf. gegenüber der Ausgangsmiete bereits erhöhte Miete berechnet werden soll:

○ **Beispiel:**
Vermietet wird die auf dem Grundstück ... stehende Halle wie sie steht und liegt mit einer vereinbarten Fläche von 1000 m² als Lagerhalle für Möbel. Der Mietvertrag läuft vom 1.3.2005 bis 28.2.2015. Die Miete beträgt 5000,00 (fünftausend) Euro jährlich. Sie erhöht sich jeweils zum 1.3. eines Jahres um 4 % der zuletzt gezahlten Miete. Die Miete ist jeweils bis zum 10. März eines Jahres im Voraus zahlbar.

57 Die Mieterseite macht sich häufig nicht bewusst, welche konkreten Zahlungen aus einer exponentiellen Steigerung resultieren können. Da auch die Steigerungsraten der Inflation und der Wirtschaftsentwicklung in der Regel auf das Vorjahr bezogen werden, werden unerfahrene Mieter sich auf eine solche Regelung häufig unbedacht einlassen. Bleibt aber das Wirtschaftswachstum, oder auch nur die Ertragsentwicklung des eigenen Betriebes, hinter dieser Projektion zurück, dann kann dies den Betrieb in ernsthafte Schwierigkeiten bringen, wie folgendes Beispiel zeigt:

			Erhöhung	neue Miete
1. Jahr	5000,00	4 %	200,00	5200,00
2. Jahr	5200,00	4 %	208,00	5408,00
3. Jahr	5408,00	4 %	216,32	5624,32
4. Jahr	5624,32	4 %	224,97	5849,29
5. Jahr	5849,29	4 %	233,97	6083,26
6. Jahr	6083,26	4 %	243,33	6326,60
7. Jahr	6326,60	4 %	253,06	6579,66
8. Jahr	6579,66	4 %	263,19	6842,85
9. Jahr	6842,85	4 %	273,71	7116,56
10. Jahr	7116,56	4 %	284,66	7401,22

58 Im letzten Jahr des Mietvertrages muss der Mieter somit fast das Eineinhalbfache der Ausgangsmiete aufbringen ohne Rücksicht auf seine Ertragslage. Der Versuch, vereinbarte Mietstaffeln zu Fall zu bringen mit der Argumentation, es habe ein unvorhergesehenes Absinken des Mietpreisniveaus gegeben, die Geschäftsgrundlage sei weggefallen, ist rechtlich weitestgehend aussichtslos[1].

---

1 BGH, Urt. v. 8.5.2002 – XII ZR 8/00, GuT 2002, 134, = NJW 2002, 2384 = NZM 2002, 659; BGH, Urt. v. 27.10.2004 – XII ZR 175/02, NJW-RR 2005, 236 = NZM 2005, 63; siehe dazu auch Rz. 282 ff.

Eine Staffelmietvereinbarung muss eine konkret bestimmte oder bestimmbare Mietsteigerung nennen und den Zeitpunkt, von dem ab die Mietsteigerung eintreten soll. Sind diese beiden Festlegungen getroffen, dann tritt die **Mietsteigerung** in dem genannten Zeitpunkt **automatisch** ein. Es bedarf rechtlich keiner Mieterhöhungserklärung. Auch wenn der Vermieter die unveränderte Zahlung der Miete abweichend von einer durch Mietstaffel eingetretenen Veränderung lange hinnimmt, wird der Mieter nicht darauf vertrauen können, dass der Vermieter auf diese Mietsteigerung verzichten will. Eine Verwirkung solcher Forderungen dürfte nur selten eintreten, so dass der Vermieter grundsätzlich bis zum Ablauf der Verjährungsfrist die Mietdifferenz einfordern kann. 59

Fairer und für den vertragstreuen Umgang hilfreicher ist es freilich, den Vertragspartner auf eine geänderte Sollstellung hinzuweisen, auch wenn er sie selbst erkennen müsste. 60

II. Umsatzmiete und Kostenelementklauseln

Während Gleitklauseln und Spannungsklauseln auf Maßstäbe außerhalb des Leistungsverhältnisses der Parteien Bezug nehmen, stellen Vereinbarungen einer Umsatzmiete und Kostenelementklauseln gerade auf Parameter ab, die im Bereich eines der Vertragspartner zu finden sind. 61

1. Umsatzmiete

Bei der **Umsatzmiete** wird für eine vertraglich bestimmte Nutzungszeit eine Gegenleistung vereinbart, die von den vom Mieter erzielten Geschäftsumsätzen abhängen soll. Im Gegensatz zur Festmiete, zur Flächenmiete oder zur Staffelmiete stellt die Umsatzmiete ausdrücklich darauf ab, welchen Geschäftsumfang der Mieter auf den gemieteten Flächen hat[1]. 62

Eine solche Regelung reduziert für den Mieter das Risiko, durch schlechte Geschäftsentwicklung und hohe Fixkosten zur Zahlungsunfähigkeit gebracht zu werden. Dass der Vermieter bei günstiger Geschäftsentwicklung eine höhere Miete verlangen kann, scheint für den Mieter meist verkraftbar, denn in guten Jahren steht prinzipiell mehr Geld auch für Mietzahlung zur Verfügung. Allerdings ist auf Mieterseite sorgfältig auf den Unterschied zwischen Umsatz und **Ertrag** zu achten. Mög- 63

---

1 Ausgeschlossen ist eine derartige Vereinbarung bei der Vermietung von Räumen für eine Apotheke, § 8 ApothG, BGH, Urt. v. 22.10.1997 – XII ZR 142/95, NZM 1998, 192 = ZMR 1998, 137.

licherweise muss eine Umsatzbereinigung oder -gewichtung vereinbart werden. Wenn wahrscheinlich ist, dass ein hoher Umsatz dennoch mit einem niedrigen Ertrag einhergehen kann, ist eine Umsatzmiete ein ungeeignetes Regelungsmodell.

64 Für den Vermieter ist zunächst kaum einzusehen, warum er sich am Risiko der Geschäftsentwicklung seines Mieters beteiligen soll. Umsatzmieten werden von Vermieterseite vor allem angeboten, um Betriebsinhabern die Sorge vor finanzieller Überforderung in der Startphase zu nehmen und damit Betriebsgründungen anzulocken. Einen besonderen Sinn macht die Vereinbarung von Umsatzmieten, wenn Geschäftszonen neu entwickelt werden, denn hier ist oft das Engagement und Geschick des Vermieters bei der Auswahl und Platzierung anderer Betriebe entscheidend dafür, welche Umsätze und Erträge die einzelnen Geschäfte erzielen können[1].

⇨ **Beispiel:**
Der Mieter zahlt 7 % seines in den Miträumen erzielten Nettoumsatzes an den Vermieter.
Oder
Die Miete beträgt je 100 Liter verkauften Kraftstoffs 1,50 Euro.

65 Derartige Regelungen sind nicht leicht praktikabel, denn den tatsächlichen **Umsatz** kann der Mieter selbst erst am Ende einer Rechnungsperiode sicher **feststellen**, er müsste ihn dann dem Vermieter mitteilen, erst damit wäre für den Vermieter klar, welche Miete er für die abgeschlossene oder die kommende Rechnungsperiode zu erwarten hat. Eine monatsaktuelle Umsatzmiete kommt daher praktisch nur in Betracht, wenn dem Vermieter die Umsätze etwa im Wege der automatischen Datenübermittlung laufend zur Verfügung stehen und womöglich die Mietzahlung ebenfalls auf Grund dieser Daten automatisch errechnet und abgebucht wird.

66 Einer klaren Regelung bedarf auch, ob der Umsatz jeweils nur für die zukünftige Miethöhe eine Rolle spielen soll, oder ob auch für bereits abgelaufene Mietperioden Nachforderungen bzw. Rückforderungen möglich sein sollen.

67 Möglich ist, zunächst eine **vorläufige Miete** im Sinne von Abschlagszahlungen festzulegen, mit der zusätzlichen Abrede, dass nach endgül-

---

1 Ein Gesellschaftsverhältnis entsteht zwischen Vermieter und Mieter auch durch eine solche „Beteiligung" am Umsatz nicht. Siehe dazu BGH Urt. v. 28.10.1987 – VIII ZR 383/86, NJW-RR 1988, 417; *Eckert* in Wolf/Eckert/Ball, Handbuch des gesetzlichen Miet-, Pacht- und Leasingrechts, 9. Aufl., Rz. 394.

tiger Errechnung anhand der festgestellten Umsätze Nachzahlungen geleistet oder Überzahlungen erstattet werden.

⊃ **Beispiel:**
Der Mieter zahlt 7 % seines in den Mieträumen erzielten Nettoumsatzes an den Vermieter. Er zahlt hierauf zunächst 4700 Euro monatlich. Der Mieter verpflichtet sich, seinen Jahresumsatz bis zum 31.3. des Folgejahres von einem Steuerberater testieren zu lassen und die Bescheinigung dem Vermieter spätestens bis zum 30.4. des Jahres vorzulegen. Nachforderungen des Vermieters oder Rückforderungen des Mieters sind bis zum 30.6. des Jahres zu berechnen und geltend zu machen und innerhalb eines weiteren Monats zahlbar.

Gebräuchlich ist auch die Bestimmung der **Miete für die nächste Mietperiode** auf Grund der in einem vorangegangenen Zeitraum erzielten Umsätze. Starke Umsatzschwankungen können durch längere Referenzzeiträume abgemildert werden.

⊃ **Beispiel:**
Der Mieter zahlt an den Vermieter jeweils ab 1.6. eines Jahres eine Miete in Höhe von 9 % des durchschnittlich in den letzten drei abgeschlossenen Kalenderjahren erzielten Nettoumsatzes.

Diese Klausel birgt die Gefahr, dass der Mieter trotz einer zwischenzeitlich eingetretenen konjunkturellen Abschwächung oder eines sonstigen Umsatzrückgangs eine aus dem Vorzeitraum resultierende erhöhte Folgemiete zahlen muss, was gerade in Phasen wirtschaftlicher Schwäche einen unüberwindbaren Kostenfaktor bedeuten und zum Insolvenzrisiko führen kann.

In allen Fällen stellt sich das Problem der **Ermittlung des Umsatzes**. Der Mieter selbst kann den Umsatz zuverlässig nur rückschauend ermitteln. Der Vermieter ist auf die entsprechenden Auskünfte des Mieters angewiesen. Dabei ist anerkannt, dass der Mieter zur Auskunft und Rechnungslegung verpflichtet ist, selbst wenn dies nicht ausdrücklich geregelt ist. Es ist anzuraten, über die Art der Kontrollrechte und ihre Ausübung eine klare Regelung zu treffen. Häufig muss der Mieter eine vierteljährliche Umsatzmeldung für den Vermieter erstellen bzw. muss er jeweils eine Kopie seiner Umsatzsteuervoranmeldung dem Vermieter überlassen. Form und Frist der Auskunftserteilung sollten vereinbart werden, ansonsten gilt § 259 BGB. Unter Umständen ist die Aufnahme einer Schiedsklausel sinnvoll[1].

---

1 Vgl. Rz. 158 ff.

70 Die Regelung einer Umsatzmiete kann kombiniert werden mit einem Mindest- oder Höchstbetrag, es kann auch eine Bandbreite vereinbart werden, innerhalb derer die Umsatzentwicklung ohne Einfluss auf die Miethöhe sein soll.

➲ **Beispiel:**
Der Mieter zahlt 7 % seines in den Mieträumen erzielten Nettoumsatzes an den Vermieter, mindestens 4500 Euro monatlich, höchstens 6000 Euro monatlich.

71 Verbreitet ist auch die Vereinbarung einer Festmiete, Flächenmiete oder Staffelmiete als Sockelbetrag, ergänzt durch einen zusätzlichen umsatzabhängigen Mietbestandteil[1].

72 Welche **Wirkung** eine definitiv festgestellte Umsatzänderung hat, kann im Einzelnen unterschiedlich vereinbart werden. Ist die Regelung so zu verstehen, dass die **Anpassung** der Vertragspflichten **automatisch** erfolgt, ohne Willenserklärung beider Seiten, dann stellen die Vertragsparteien sozusagen nur nachträglich fest, welche Änderung der Miethöhe sich infolge der Umsatzänderung ergeben hat.

73 Solche Regelungen erfordern also unter Umständen Maßnahmen des Vermieters, die maßgeblichen Umsatzzahlen zu erfragen, aber kein Mieterhöhungsverfahren im eigentlichen Sinne. Deshalb ist es dem Vermieter – von Aspekten der Verjährung oder Verwirkung abgesehen – auch wenn er längere Zeit keine Umsätze erfragt oder eine sich daraus ergebende Mieterhöhung nicht geltend gemacht hat, nicht verwehrt, entsprechende Forderungen zu stellen, der Mieter darf sich keinesfalls darauf verlassen, dies werde nicht mehr geltend gemacht. Umgekehrt ist auch der Mieter nicht gehindert, eine Mietsenkung wegen gefallener Umsätze erst später rückwirkend geltend zu machen.

74 Ist hingegen ausdrücklich vereinbart, dass auf der Grundlage der Umsatzzahlen der Vermieter entscheiden kann, ob er eine entsprechende Mietanpassung verlangt, dann handelt es sich um einen **Leistungsvorbehalt**. Die Mietänderung entsteht dann erst dadurch, dass der Vermieter eine entsprechende Erklärung abgibt[2].

75 Wird im Vertrag die Miethöhe ausschließlich vom Umsatz abhängig gemacht, dann wird dies **Mieterhöhungen aus anderen Gründen** ausschließen; häufig sind allerdings neben der eigentlichen Miete Betriebskosten

---

1 Vgl. etwa BGH Urt. v. 1.10.1975 – VIII ZR 108/74 – WM 1975, 1131.
2 Siehe dazu Rz. 129 ff.

berechnet, für welche in der Regel die Möglichkeit separater Anpassung vereinbart wird[1].

2. Kostenelementklauseln

Kostenelementklauseln setzen die geschuldete Miete in eine Beziehung zu bestimmten Kosten des Vermieters oder des Mieters. Damit werden Positionen aus der Kalkulation der einen Vertragsseite, die normalerweise den Mietvertragspartner nicht interessiert, ausdrücklich durch die mietvertragliche Vereinbarung zu einem wertbestimmenden Maßstab für das Mietverhältnis erklärt. 76

Wird auf **Kosten des Vermieters** Bezug genommen, liegt der Vorteil für den Vermieter darin, dass er insbesondere die Steigerung solcher Kosten, die für seine Ertragskalkulation sehr bedeutsam sind, umstandslos an den Mieter weitergeben kann. Für den Mieter kann dies ebenfalls von Vorteil sein, weil der Vermieter im Hinblick auf diese vereinbarte Mietsteigerungsmöglichkeit davon absehen kann, von vornherein zum Abfangen einer möglichen Kostensteigerung, etwa im Bereich von Materialkosten oder Arbeitskräften, eine höhere Miete zu verlangen[2]. 77

Grundsätzlich stellt die Anbindung von Preisen an Preise anderer Güter ein Problem im Zusammenhang mit dem **Währungsschutz** dar. Seit dem 1.1.1999 ist dies durch das Preisangaben- und Preisklauselgesetz[3] geregelt, weitere Einzelheiten in der Preisklauselverordnung[4]. Diese Verordnung legt in § 1 bestimmte Klauseln fest, die dem währungsrechtlichen Verbot gar nicht unterfallen. Dann stellt sie zusammen, in welchen Fallgruppen und für welche Regelungen eine Genehmigung in Betracht kommt (§ 2 PrKV). Sie fingiert für definierte Regelungen die Genehmigung (§ 4 PrKV). 78

Kostenelementklauseln sind (in § 1 Ziff. 3 PrKV) insgesamt genehmigungsfrei gestellt, wenn auf Preise oder Werte für Güter oder Leistungen Bezug genommen wird, welche die **Selbstkosten des Vermieters** unmittelbar beeinflussen. 79

> **Beispiel:**
> Vermietet wird die auf dem Grundstück ... zu errichtende Halle. Die Miete ist kalkuliert auf der Grundlage der Baukostenschätzung,

---

1 Siehe dazu Rz. 224 ff., insbesondere Rz. 251 f.
2 BGH Urt. v. 7.10.1981 – VIII ZR 229/80, BGHZ 82, 21.
3 Gesetz vom 3.12.1984, BGBl. I 1429, in der Fassung der Änderung vom 9.6.1998, BGBl. I 1242.
4 Preisklauselverordnung vom 23.9.1998, BGBl. I S. 3043, i.d.F des Gesetzes vom 19.6.2001 BGBl. I 2001, S. 1149, wiedergegeben im Anhang, S. 422 ff.

die dem Mieter vorliegt. Sollten sich die Baukosten um mehr als 10 % erhöhen, so erhöht sich die Miete, jedoch nur um die Hälfte der quadratmeteranteiligen Baukostenerhöhung.

80 Eine Koppelung der Miete an die Kostensteigerung im Verhältnis 1 : 1 wäre zwar rechtlich möglich. Sie birgt aber die Gefahr, dass der Vermieter auf die Vermeidung von Kostensteigerungen gar nicht achtet, weil er sie weiterreichen kann. Erst recht gilt das, wenn die Errichtung durch Firmen erfolgt, die mit dem Vermieter persönlich, rechtlich oder wirtschaftlich verbunden sind.

81 Eine weitere Privilegierung[1] gilt für langfristige Miet- und Pachtverträge über Gebäude oder Räume[2]: Hier ist auch die Bezugnahme auf **Preise oder Werte** für Güter oder Leistungen zulässig, die der **Mieter** in seinem Betrieb erzeugt, veräußert oder erbringt. Solche Klauseln unterfallen zwar dem Verbotstatbestand (§ 1 PrKV), gelten aber im Wege einer gesetzlichen Fiktion als genehmigt, wenn (§ 4 Abs. 1 Ziff. 2 PrKV) der Mietvertrag vermieterseits mindestens zehn Jahre nicht ordentlich kündbar ist oder der Mieter berechtigt ist, den Vertrag auf diese Mietvertragsdauer zu verlängern[3].

➲ **Beispiel:**
Die Miethöhe für ein Gelände, auf dem eine Kachelfabrik betrieben wird, wird festgelegt als Gegenwert für 8000 Kacheln erster Wahl[4].

82 Allerdings gilt für diese, auf Preise des Mieters bezogenen Kostenelementklauseln, dass die Fiktion einer Genehmigung nach § 4 PrKV den **Genehmigungsrahmen** des § 2 PrKV nicht überschreiten darf. Dieser besagt, dass Klauseln **hinreichend bestimmt** sein müssen und nicht zu einer **unangemessenen Benachteiligung** einer Seite führen dürfen. Insbesondere wäre unzulässig eine Mieter-Kostenelement-Klausel, die nur bei einer Preissteigerung des Mieterprodukts eine Mietsteigerung auslösen würde, nicht auch bei einer Preissenkung eine Mietsenkung (§ 2 Abs. 2 Ziff. 1 PrKV), oder die zu überproportionaler Steigerung führen würde (§ 2 Abs. 2 Ziff. 2 PrKV).
Zur Veranschaulichung aus einem Vertrag über Anmietung einer Fernmeldeanlage:

---

1 Gemäß § 4 Abs. 1 Ziff. 1b) PrKV.
2 Soweit es sich nicht um Wohnraum handelt.
3 Siehe dazu Rz. 205 ff., 210 ff.
4 BGH, Urt. v. 30.6.1959 – VIII ZR 128/58, WPM 1959, 1160; diese Regelung wurde seinerzeit noch als genehmigungsbedürftig angesehen.

„Wird im Zusammenhang mit Lohnänderungen in der Fernmeldeindustrie die bei der Vermieterin übliche listenmäßige Miete erhöht oder ermäßigt, so ändert sich die Miete dieses Vertrages entsprechend. Die Mietänderung tritt ab Beginn des auf die Einführung des neuen Listenpreises folgenden Kalendervierteljahres ein, und zwar auch dann, wenn die Miete im voraus bezahlt ist."

Zumindest als Formularklausel in einem Verbrauchervertrag[1] wurde diese Kostenelementklausel von der Rechtsprechung als zu unbestimmt und damit unwirksam angesehen. Der Bundesgerichtshof führte aus: Wird eine auf Kostenelemente bezogene Preisänderungsklausel durch AGB eingebracht, dann muss die Regelung so präzise sein, dass sie die in Betracht kommenden Kostenelemente klar bezeichnet und nur die Weitergabe dieser Kostensteigerung erlaubt[2]. Inwieweit dies auch für kaufmännische Vertragspartner des Verwenders gilt, ist seinerzeit offen geblieben. Es spricht viel dafür, die Anforderungen auch in solchen Fällen nicht zu lockern. 83

Besondere Vorsicht ist geboten, wenn die in Bezug genommenen Kosten nicht eindeutig auf Faktoren beruhen, die außerhalb des **Einflussbereichs des Klauselverwenders** liegen, denn derartige Konstruktionen ermöglichen es der einen Vertragsseite, nachträglich ihren Gewinn zu erhöhen[3]. Das wäre als unangemessene Benachteiligung der anderen Seite anzusehen und daher sowohl unter Gesichtspunkten des Preisklauselgesetzes als auch wegen § 307 BGB unwirksam[4]. 84

Kostenelemente können auch als Anknüpfungspunkte dafür vereinbart werden, dass eine Vertragsseite eine Anpassung oder Neufestsetzung der Miete verlangen kann[5]. Dann handelt es sich um den Auslöser für einen Leistungsvorbehalt[6]. 85

III. Mietanpassung während der Laufzeit

Wer einen Mietvertrag mit Festmietvereinbarung oder festgelegter Mietstaffel schließt, muss versuchen, die allgemeine Entwicklung und 86

---

1 Siehe dazu Rz. 325.
2 BGH, Urt. v. 12.7.1989 – VIII ZR 297/88, ZIP 1989, 1196.
3 BGH, Urt. v. 12.7.1989 – VIII ZR 297/88, ZIP 1989, 1196.
4 Zu Regelungen in Allgemeinen Geschäftsbedingungen siehe auch Rz. 330 ff.
5 Siehe z.B. BGH, Urt. v. 2.2.1977 – VIII ZR 271/75, WM 1977, 418 = ZMR 1977, 150: Eine Steigerung des Bierpreises um 15 % soll ein Verlangen auf Pachterhöhung auslösen.
6 Vgl. Rz. 129 ff.

die Entwicklung des eigenen Betriebs zu **prognostizieren**. Hier können grobe Fehleinschätzungen eintreten.

87 Es gibt daher verbreitet (von Vermieter- und Mieterseite) das Bestreben, die Mietentwicklung zu **dynamisieren** unter Bezugnahme auf festgelegte, außerhalb des Einflussbereichs der Vertragsparteien liegende Anknüpfungspunkte.

88 Grundsätzlich kommen drei **Regelungsformen** in Betracht:
 – Es kann vereinbart werden, dass die Veränderung bestimmter Parameter automatisch eine entsprechende Veränderung der Miete zur Folge haben soll (Wertsicherungsklausel, Gleitklausel, Spannungsklausel, Rz. 90 ff.).
 – Es kann die Möglichkeit eines Änderungsverlangens vereinbart werden, also das Recht einer Seite oder beider Seiten, eine Anpassung zu verlangen, für den Fall, dass bestimmte Parameter sich ändern (Leistungsvorbehalt, Rz. 129 ff.).
 – Es kann schließlich vorgesehen werden, dass eine Veränderung von Parametern eine Neubestimmung der Leistung durch Dritte nach sich zieht (Schiedsverfahren, Schiedsgutachten, Rz. 163 ff., Schiedsurteil, Rz. 187 ff.).

Diese drei Regelungsmodelle sind unterschiedlich gebräuchlich und nützlich, je nachdem, welcher sachliche Anknüpfungspunkt für die Bemessung der Miete maßgeblich sein soll.

89 Nach den **Parametern** kann unterschieden werden, je nachdem, ob angeknüpft wird an
 – die allgemeine Preisentwicklung;
 – die Preisentwicklung für vergleichbare Leistungen;
 – die Preisentwicklung für nicht vergleichbare Leistungen;
 – die Kosten oder den Umsatz einer Vertragspartei.

Wer eine Mieterhöhung durchsetzen oder prüfen und abwehren will, muss zunächst sehr genau untersuchen, welcher Art die getroffene Regelung ist. Daraus ergeben sich dann die Folgerungen für die Durchführung der Mietanpassung (Rz. 192 ff.). Die verschiedenen Regelungsformen, die jeweils die unterschiedlichen Parameter aufgreifen können, werden nachfolgend erörtert.

1. Wertsicherungsklauseln

90 Dem Bestreben, eine zu Beginn des Mietverhältnisses vereinbarte Wertparität in den folgenden Jahren zu erhalten, kommt die Anknüpfung des

Mietpreises an andere Preisentwicklungen nach. Im Geschäftsraummietrecht waren Wertsicherungsklauseln oder Preisgleitklauseln schon lange weit verbreitet, aber nie unproblematisch, zumal dort häufig gerade eine automatische Mietanpassung an die externen Preisänderungen erfolge sollte[1].

Es ist einerseits gerade wegen der Vielgestaltigkeit der Interessen und Vertragsregelungen bei der Geschäftsraummiete nicht einfach, wirklich adäquate **Vergleichsmaßstäbe** zu finden[2]. 91

Andererseits stehen derartige Klauseln im Verdacht, Preisspiralen in Gang zu setzen und die **Geldentwertung** voranzutreiben. Sie waren daher nach dem Währungsgesetz grundsätzlich verboten, das Verbot konnte nur durch Genehmigung der Bundesbank überwunden werden[3]. 92

Seit dem 1.1.1999[4] sind das Verbot in § 2 Abs. 1 und der Genehmigungsvorbehalt in § 2 Abs. 2 des Preisangaben- und Preisklauselgesetzes[5] niedergelegt, die Lockerung des Verbots wird durch die Preisklauselverordnung näher geregelt. 93

Das Preisklauselgesetz selbst stellt in § 2 Abs. 1 PrKG lediglich den Grundsatz auf, dass der Betrag von Geldschulden nicht unmittelbar und selbsttätig durch den Preis oder Wert von anderen Gütern oder Leistungen bestimmt werden darf, die mit den vereinbarten Gütern und Leistungen nicht vergleichbar sind. Ausgenommen ist der Geld- und Kapitalverkehr (§ 2 Abs. 1 Satz 3 PrKG). Das Gesetz lässt für besondere Fälle eine Genehmigung des Bundesministeriums für Wirtschaft und Arbeit zu (§ 2 Abs. 1 Satz 2 PrKG). Es stellt in § 2 Abs. 1 Satz 4 PrKG „Verträge von gebietsansässigen Kaufleuten mit Gebietsfremden" vom Indexierungsverbot ausdrücklich frei. Ansonsten sollen alle Einzelheiten durch Verordnung der Bundesregierung geregelt werden (§ 2 Abs. 2 PrKG). 94

Die auf Grund dieser Ermächtigung erlassene Preisklauselverordnung[6] legt in § 1 bestimmte Klauselarten fest, die dem Verbot gar nicht unter- 95

---

1 Zur Verwendung von Preisvergleichen in Leistungsvorbehalten siehe Rz. 129 ff.
2 Siehe dazu *Dröge*, Handbuch der Mietpreisbewertung für Wohn- und Gewerberaum, 3. Aufl., S. 492 ff.
3 Etwaige bis 31.12.1998 erteilte Genehmigungen gelten fort.
4 Das Währungsgesetz ist durch das Gesetz über die Einführung des Euro entfallen, EuroEG vom 9.6.1998, BGBl. I 1242, § 9 Abs. 4.
5 Gesetz vom 3.12.1984, BGBl. I 1429, in der Fassung der Änderung vom 9.6.1998, BGBl. I 1242.
6 Preisklauselverordnung vom 23.9.1998, BGBl. I S. 3043, s. im Anhang, S. 422 ff.

fallen, insbesondere die Kostenelementklauseln[1], Spannungsklauseln[2] und die Leistungsvorbehalte[3]. Dann stellt sie zusammen, in welchen Fallgruppen und für welche Regelungen eine Genehmigung in Betracht kommt (§ 2 PrKV). Sie fingiert für definierte Regelungen die Genehmigung (§ 4 PrKV). In allen anderen Fällen, also für alle Klauseln, die weder nach § 1 außerhalb des Verbots gestellt werden, noch nach § 4 mit einer generellen Genehmigung privilegiert sind, muss eine Genehmigung beim Bundesamt für Wirtschaft und Ausfuhrkontrolle in Eschborn[4] beantragt werden gemäß § 3 PrKV. Ein Negativattest des Bundesamts mit dem Tenor, eine Genehmigung sei nicht erforderlich, ist auch für das streitentscheidende Gericht verbindlich, ebenso wie seine inhaltliche positive oder negative Ermessensentscheidung über den Genehmigungsantrag[5].

96 Unter den Wertsicherungsklauseln, die eine Mietänderung bewirken sollen, werden unterschieden
 – Gleitklauseln (Rz. 98 ff.), durch welche der Preis gekoppelt wird an die Preise andersartiger Güter oder Leistungen, und
 – Spannungsklauseln (Rz. 114 ff.), das sind Regelungen, welche den Preis koppeln an die Preise wesentlich gleichartiger Güter oder Leistungen.

97 Daneben gibt es die Wertsicherung durch Regelungen, in welchen – bei Veränderung vereinbarter Parameter – die Neubestimmung der Leistung vorbehalten wird, etwas nachlässig mit dem Schlagwort **Leistungsvorbehalt** belegt (siehe dazu Rz. 129 ff.).

a) Gleitklauseln

98 Automatische Gleitklauseln sind grundsätzlich verboten, das Verbot wird durch Genehmigung für festgelegte Fallgruppen oder im Einzelfall aufgehoben[6]. Voraussetzung jeder Genehmigung – ob Einzelfallgenehmigung oder generelle Genehmigungsfiktion – ist (§ 2 Abs. 1 PrKV), dass die Preisklausel **hinreichend bestimmt** ist. Es reicht nicht aus, all-

---

1 Siehe dazu Rz. 76 ff.
2 Siehe dazu Rz. 114 ff.
3 Siehe dazu Rz. 129 ff.
4 Bundesamt für Wirtschaft und Ausfuhrkontrolle, Postfach 5150, 65760 Eschborn (Tel.: 06196/908-0 Fax: 90835).
5 Die Entscheidung ist im Verwaltungsrechtsweg anfechtbar, jedoch wegen des eingeräumten Ermessens nur auf Ermessensfehler überprüfbar, BVerwG, Urt. v. 3.10.1972 – I C 36/68, NJW 1973, 529 = WPM 1973, 433.
6 § 2 des Preisangaben- und Preisklauselgesetzes sowie Preisklauselverordnung vom 23.9.1998, BGBl. I S. 3043, s. im Anhang, S. 422 ff.

gemein auf die Preisentwicklung zu verweisen, ohne dass klar ist, welche Preise und Werte bestimmend sein sollen. Eine zu unbestimmte Klausel ist stets unwirksam.

Weiter sind Klauseln gemäß § 2 Abs. 2 PrKV dann nicht genehmigungsfähig, wenn sie eine Partei **unangemessen benachteiligen**, z.B. weil sie nur eine Preiserhöhung bei steigendem Index vorsehen, keine Preisermäßigung, wenn der entsprechende Index sinkt (§ 2 Abs. 2 Satz 2 Ziff. 1). Ebenfalls nicht genehmigungsfähig sind Klauseln, die zwar auf einen Index Bezug nehmen, aber eine diesem gegenüber überproportionale Preisänderung erlauben (§ 2 Abs. 2 Satz 2 Ziff. 2). In der Praxis sind das vor allem Klauseln, die aus einer Änderung der Indexzahl eine Mieterhöhung um den numerisch gleichen Prozentsatz ableiten, z.B.: „Bei einer Indexerhöhung um 3 Punkte erhöht sich die Miete um 3 %." 99

Die Aufzählung in § 2 Abs. 2 PrKV ist nicht abschließend, wie sich aus der Formulierung „insbesondere" ergibt. Auch andere Mechanismen unangemessener Benachteiligung sind denkbar. 100

Generell gelten solche automatischen Mietanpassungsklauseln – wenn sie bestimmt genug sind und keine unangemessene Benachteiligung einer Vertragspartei enthalten – gemäß § 4 PrKV **als genehmigt**[1], 101

– die für einen Mietvertrag vereinbart werden, dessen Laufzeit sich von vornherein auf mindestens zehn Jahre erstreckt, vom Vermieter oder Verpächter während dieser Zeit nicht ordentlich gekündigt werden kann, oder dessen Laufzeit vom Mieter oder Pächter auf mindestens zehnjährige Laufzeit verlängert werden kann (§ 4 Abs. 1 Ziff. 2 PrKV) und

– die entweder auf einen Index Bezug nehmen, der ausdrücklich in § 3 Abs. 1 Satz 2 PrKV benannt ist (§ 4 Abs. 1 Ziff. 1a), also
  – den Preisindex für die Gesamtlebenshaltung – jetzt Verbraucherpreisindex – des Statistischen Bundesamts,
  – den Verbraucherpreisindex eines Statistischen Landesamts oder
  – einen vom Statistischen Amt der Europäischen Gemeinschaft ermittelten Verbraucherpreisindex[2],

– oder auf die Einzel- oder Durchschnittsentwicklung der Preise oder Werte für Güter oder Dienstleistungen, die der Mieter (!) in seinem Betrieb erzeugt, veräußert oder erbringt (§ 4 Abs. 1b).

---

1 Zu land- und forstwirtschaftlichen Nutzungen siehe § 4 Abs. 1 Ziff. 1c), für Wohnraummiete gilt ausschließlich § 557b BGB.
2 Zu alten Indizes siehe Rz. 111.

Teil I Geschäftsraummiete

◐ **Beispiel:**
Der Mietvertrag läuft vom 1.1.2000 bis 31.12.2005, er verlängert sich um denselben Zeitraum, wenn der Mieter spätestens drei Monate vor Ablauf dieses Vertragszeitraums die Erklärung abgibt, dass er die Vertragsverlängerung wünscht. Die Miete ändert sich jährlich am 1.1. eines Jahres im gleichen Verhältnis, in welchem sich der vom Statistischen Bundesamt für das Vorjahr gegenüber dem Basisjahr 2000 = 100 veröffentlichte Verbraucherpreisindex ändert.

102 Liegt eine der Voraussetzungen einer generellen Genehmigung nicht vor, dann muss die **Einzelgenehmigung** des Bundesamts eingeholt werden, die („können genehmigt werden, wenn") in das pflichtgemäße Ermessen der Behörde gestellt ist[1]. Solange die Genehmigung nicht erteilt ist, ist der Vertrag insoweit schwebend unwirksam, mit ihrer Erteilung wird die Klausel rückwirkend wirksam[2]. Bis zur Erteilung der Genehmigung tritt hinsichtlich des Erhöhungsbetrages keine Fälligkeit und kein Verzug ein[3]. Im Zivilrechtsstreit kann dies zu gravierenden Rechtsnachteilen führen: Kann eine Einzelgenehmigung nicht beigebracht werden, und hält das Zivilgericht weder eine Verbotsfreiheit nach § 1 noch eine gesetzliche Genehmigungsfiktion nach § 4 PrKV für gegeben, dann muss es die Klausel als unwirksam behandeln, es kann nicht selbst abwägen, ob sie währungsschädlich ist oder nicht. Wer die Einholung einer Einzelgenehmigung unterlässt, muss sich somit darauf einstellen, dass im Streitfall die Gleitklausel vollständig als unwirksam angesehen wird und darauf gestützte Ansprüche scheitern.

103 Kriterien für die Genehmigung, die aus den Regelungen des Währungsgesetzes und der dazu ergangenen Praxis der Bundesbank resultieren, sind – abgesehen von den Anforderungen des § 2, dass die Klausel bestimmt sein muss und nicht eine Partei unangemessen benachteiligen darf – in § 3 PrKV niedergelegt.

104 Inhaltlich bekräftigen sie für eine Einzelfallgenehmigung die für die generelle Genehmigung nach § 4 PrKV bereits erörterten **Grundsätze** und ergänzen diese:
– Es muss sich um ein langfristiges Vertragsverhältnis handeln. Während die generelle Genehmigung strikt auf Verträge beschränkt ist, deren Dauer sich auf mindestens zehn Jahre erstreckt (oder vom Mie-

---

1 Die Behördenentscheidung kann im Verwaltungsrechtsweg angegriffen werden, BVerwG, Urt. v. 3.10.1972 – I C 36/68, NJW 1973, 529.
2 Zur schwebenden Unwirksamkeit BGH, Urt. v. 17.9.1954 – V ZR 32/53, BGHZ 14, 313; zur Genehmigungswirkung BGH, Urt. v. 15.6.1960 – V ZR 105/59, BGHZ 32, 389; BGH, Urt. v. 30.6.1959 – VIII ZR 128/58, WPM 1959, 1160.
3 OLG Koblenz, Urt. v. 6.5.1988 – 2 U 240/87, NJW 1988, 3099.

ter erstreckbar) ist, erweitert § 3 PrKV die Genehmigungsmöglichkeit noch auf Verträge, die auf Lebenszeit des Vermieters oder des Mieters geschlossen werden (§ 3 Abs. 1 Satz 2 Ziff. 1 lit. a PreisKV), und Verträge mit Versorgungscharakter, also solche, deren Laufzeit begrenzt ist, bis zu dem Zeitpunkt, in dem der Vermieter Erwerbsfähigkeit erlangt oder in den Ruhestand tritt (§ 3 Abs. 1 Satz 2 Ziff. 2 und 3 PrKV). Auch für solche Verträge kann also eine Genehmigung für die automatische Preisanpassung beantragt werden.

- Bei Verträgen auf Lebenszeit oder bis zum Erreichen der Erwerbsfähigkeit, eines bestimmten Ausbildungszieles oder bis zum Beginn der Altersversorgung des Zahlungsempfängers kann auch die Bezugnahme auf die Durchschnittsentwicklung von Löhnen, Gehältern, Ruhegehältern oder Renten genehmigt werden (§ 3 Abs. 2).
- Für forst- und landwirtschaftliche Nutzung kann auch die Bezugnahme auf die Wertentwicklung von Grundstücken genehmigt werden (§ 3 Abs. 4).
- Die Verwendung weiterer Klauseln kann genehmigt werden, „wenn schutzwürdige Interessen eines Beteiligten dies erfordern" (§ 3 Abs. 5).

Wird die Genehmigung versagt oder reicht die Fiktion nicht ganz aus, dann ist damit aber nicht die gesamte Gleitklausel, oder gar der ganze Vertrag, unwirksam. Vielmehr nimmt die Rechtsprechung sehr weitgehend die **Möglichkeit ergänzender Vertragsauslegung** in Anspruch[1]. Sie geht davon aus, dass die Parteien, wenn sie die Unwirksamkeit der Klausel gekannt hätten, eine dieser möglichst nahe kommende, aber genehmigungsfreie oder genehmigungsfähige Klausel gewählt hätten[2]. Anknüpfungspunkt sind häufig salvatorische Klauseln im Mietvertrag[3].

105

Ist die Klausel genehmigungsfrei, eine Genehmigung fingiert oder im Einzelfall erteilt, oder ist sie im Wege der ergänzenden Vertragsauslegung geklärt, dann tritt die entsprechende Mieterhöhung ohne weiteres ein. Im Geschäftsraummietrecht[4] ist rechtlich **keine Mieterhöhungs-**

106

---

1 BGH Urt. v. 23.2.1979 – V ZR 106/76, NJW 1979, 1545, mit Verweis auf BGH NJW 1960, 525 = LM § 3 WährG Ziff. 10 und LM § 139 BGB Ziff. 51.
2 Siehe dazu BGH, Urt. v. 18.10.1985 – V ZR 144/84, NJW 1986, 932; *Wolf/Eckert/Ball*, Rz. 416 f.; *Fritz*, Gewerberaummietrecht, Rz. 110 ff.; *Neuhaus*, Handbuch der Geschäftsraummiete, Rz. 501.
3 Nach BGH Urt. v. 24.9.2002 – KZR 10/01, NJW 2003, 347, entbindet eine salvatorische Klausel nicht von der Prüfung, ob die Parteien das Geschäft als Ganzes verworfen hätten oder den Rest hätten gelten lassen.
4 Für das Wohnraummietrecht ordnet § 557b Abs. 3 BGB an, dass die Mieterhöhung schriftlich und unter Angabe der Tatsachen, aus denen sich die Erhöhung ableitet, geltend zu machen ist.

erklärung erforderlich[1], der Vertragspartner kann die Mietanpassung auch rückwirkend grundsätzlich bis zum Eintritt der Verjährung verlangen, eine Verwirkung des Anspruchs wird in aller Regel verneint[2].

◐ **Beispiel:**
Vertragsbeginn war am 1.9.2002, Miethöhe seither unverändert 4500,00 Euro, es wurde eine Indexklausel vereinbart mit einer Bezugnahme auf 2000 = 100 als Basisjahr.

Nach den Feststellungen des Statistischen Bundesamts betrug der Indexwert für September 2002 gegenüber dem Basisjahr 2000 103,4 Punkte (Ausgangspunktwert).

Für September 2004 wird ein Anstieg gegenüber dem Basisjahr 2000 auf 106,4 Punkte (Aktueller Punktwert) mitgeteilt.

Im November 2004 will der Vermieter die Indexerhöhung geltend machen. Zunächst ist die Punktdifferenz in Prozentanteile umzurechnen:

[(Aktueller Punktwert : Ausgangspunktwert) × 100] – 100 = Prozentsatz der Steigerung

[(106,4 : 103,4)*100] – 100 = 2,9 %

Um diesen Prozentsatz erhöht sich die bisherige Miete,
im Beispiel somit von   4500,00 Euro
um 2,9 % = 130,50 Euro auf   4630,50 Euro

107 Unterschiedlich regelbar ist schließlich, zu welchem **Zeitpunkt** eine etwaige Anpassung eintritt, und ob der Indexvergleich zu demselben Zeitpunkt vorgenommen werden muss oder etwa zu einem vorangehenden:

◐ **Beispiel:**
Die Miete ändert sich jeweils um den Prozentsatz, um welchen die Indexwerte des Verbraucherpreisindexes von dem des Basisjahres 2000 = 100 abweichen.

Hier soll die Mietänderung gleitend parallel zur Indexentwicklung eintreten, also ggf. sogar eine monatlich wechselnde Miethöhe vereinbart sein.

◐ **Beispiel:**
Die Miete ändert sich jeweils zum 1.6. eines Jahres um den Prozentsatz, um welchen die Indexwerte des Verbraucherpreisindexes

---
1 BGH, Urt. v. 10.10.1979 – VIII ZR 277/78, NJW 1980, 589 = WPM 1981, 66.
2 Siehe z.B. OLG Celle, Urt. v. 9.5.2001 – 2 U 236/00, GuT 2002, 41 m.w.N.

des Monats Juni des jeweiligen Jahres von dem des Basisjahres 2000 = 100 abweichen.

Hier soll die Mieterhöhung einmal jährlich im Juni eintreten, und zwar ausgehend von dem Index des Monats Juni. Unpraktisch hieran ist, dass beide Seiten vor Anfang Juni noch nicht wissen können, welche Miete im Juni im Voraus zu zahlen ist.

Sinnvoller ist eine zeitliche Abstufung:

➲ **Beispiel:**
Die Miete ändert sich jeweils zum 1.6. eines Jahres um den Prozentsatz, um welchen die Indexwerte des Verbraucherpreisindexes des Monats April des jeweiligen Jahres von dem des Basisjahres 2000 = 100 abweichen.

Hier besteht zwischen Bekanntgabe des Index und Erhöhungszeitpunkt ausreichend Zeit, dass sich beide Seiten darauf einstellen.

Verbreitet ist auch die Vereinbarung einer **Bandbreite**, innerhalb deren es überhaupt keine Anpassung geben soll: 108

➲ **Beispiel:**
Verändern sich die Indexwerte des Verbraucherpreisindexes gegenüber den im Zeitpunkt der letzten Miethöhevereinbarung gegebenen (Basisjahr 2000 = 100) um mehr als 5 Punkte, dann verändert sich die Miete vom Beginn des übernächsten Monats um den Prozentsatz, um welchen die Indizes abweichen.

Durch derartige Klauseln kann die Mietentwicklung verstetigt werden. Nicht jede Veränderung des Preisindexes führt zu Mietänderungen, sondern beide Parteien müssen lediglich im Auge behalten, wann der Index in die Nähe der 5 Punkte Abweichung kommt. 109

Einer Mieterhöhungserklärung bedarf es rechtlich nicht. Dem fairen Umgang im Vertragsverhältnis und der Sicherung vor Insolvenzrisiken des Vertragspartners dürfte es allerdings eher entsprechen, Mietänderungsforderungen zu artikulieren, wenn eine Seite darauf stößt, dass die Voraussetzungen dafür gegeben sind. Es ist sinnvoll, den Vertragspartner **schriftlich** auf die eingetretene Änderung und das daraus resultierende Mietsoll **hinzuweisen**. 110

Teil I Geschäftsraummiete

Nach unserem Vertrag verändert sich die Miete jährlich zum 1. Januar in demselben Maße wie die Veränderung des Verbraucherpreisindex im Monat September des Vorjahres gegenüber dem Stand bei Vertragsbeginn.	
Nach den Feststellungen des Statistischen Bundesamts betrug der Indexwert bei Vertragsschluss im September 2002 gegenüber dem Basisjahr 2000	103,4 Punkte.
Für September 2004 wird mitgeteilt ein Anstieg auf	106,4 Punkte.
Dies entspricht einer Steigerung um 2,9 %	
Demnach erhöht sich Ihre Miete ab 1.1.2005 von	4500,00 Euro
um 2,9 % = 130,50 Euro auf	4630,50 Euro.
Bitte passen Sie Ihre Überweisungen rechtzeitig an.	

111 Die maßgeblichen **Indizes** stellen das Statistische Bundesamt, das jeweilige Statistische Landesamt und die Europäische Statistische Behörde zur Verfügung[1], seit 1.1.2003 allerdings nur noch den Verbraucherpreisindex. Zahlreiche früher übliche Indizes werden nicht mehr fortgeführt[2]. Für diese Altverträge stellt sich das Problem einer Umrechnung. Teilweise ist vertreten worden, dies setze eine Vertragsänderung voraus, auf welche aber der Vertragspartner einen Anspruch habe[3]. Nach anderer Meinung soll dies unmittelbar durch ergänzende Vertragsauslegung berücksichtigt werden[4]. Rechnerisch muss zunächst der Indexwert festgestellt werden, den der im Vertrag genannte Index am 31.12.2002 erreicht hatte. (Teilergebnis: Von 2000 bis Dezember 2002 ergibt sich eine Steigerungsrate von 2,7854 %). Von diesem Zeitpunkt an ist mit dem Verbraucherpreisindex weiter zu rechnen. (Teilergebnis: Von Januar 2003 bis Juni 2005 ergibt sich eine Steigerungsrate von 3,789 %). Beide Teilergebnisse werden addiert, es ergibt sich eine Gesamtsteigerung von 2,7854 + 3,789 = 6,5744 %. Letztlich wird aufgerundet auf eine Dezimalstelle: 6,6 %.

112 Falls im Vertrag auf einen **Index mit einem anderen Basisjahr** als dem aktuell verwendeten Bezug genommen wird, müssen die Werte umgerechnet (umbasiert) werden. Hierfür stellt das Statistische Bundesamt

---

1 Im Internet: Statistisches Bundesamt: www.destatis.de; Eurostat: http://epp.eurostat.cec.eu.int/.
2 Siehe dazu die Hinweise des Statistischen Bundesamts in WM 2003, 134.
3 *Lützenkirchen*, NZM 2001, 835; *Schultz*, GE 2003, 721.
4 BGH, Urt. v. 6.12.1978 – VIII ZR 282/77, NJW 1979, 2250; BGH, Urt. v. 18.10.1985 – V ZR 144/84, NJW 1986, 932; *Börstinghaus* in Schmidt-Futterer, § 557b BGB Rz. 29.

die Umrechnungsfaktoren zur Verfügung[1], die für jeden speziellen Index unterschiedlich sind.

Ist im Vertrag vorgesehen, dass die Mietänderung nicht automatisch aus einer Indexveränderung folgt, dann dürfte es sich um einen Leistungsvorbehalt handeln[2]. 113

b) Spannungsklauseln

Zulässig ist es nach § 1 Ziff. 2 der Preisklauselverordnung, eine automatische Anpassung zu vereinbaren, wenn als Wertmesser „im wesentlichen gleiche oder zumindest vergleichbare" andere Güter oder Leistungen genommen werden. § 1 PrKV stellt diese so genannten Spannungsklauseln ausdrücklich außerhalb des Klauselverbotes[3]. 114

Unschädlich müsste es, anders als bei den Gleitklauseln, eigentlich sein, wenn eine Spannungsklausel **nur eine Erhöhung**, nicht aber eine Ermäßigung vorsieht. Da die Spannungsklauseln gemäß § 1 PrKV nicht vom Verbot erfasst werden[4], findet auch das Einseitigkeitsverbot des § 2 Abs. 2 PrKV auf sie keine Anwendung. In aller Regel sind aber Spannungsklauseln Teil von vorformulierten Vertragsbedingungen und damit, selbst zwischen Kaufleuten, an § 307 Abs. 1 BGB zu messen[5]. Dort wird verboten, den Vertragspartner des Verwenders entgegen den Geboten von Treu und Glauben unangemessen zu benachteiligen; dies wiederum ist der Obersatz in § 2 Abs. 2 PrKV, der durch das Einseitigkeitsverbot in § 2 Abs. 2 Ziff. 1 PrKV nur näher erläutert wird. 115

Auch die Anforderung, dass Spannungsklauseln **hinreichend bestimmt** sein müssen, ist nicht aus § 2 Abs. 1 PrKV abzuleiten, aber Voraussetzung für jede sinnvolle Anwendung und außerdem für vorformulierte Bedingungen vorgeschrieben durch das Transparenzgebot in § 307 Abs. 1 Satz 2 BGB. 116

Unabdingbar ist, dass die andere Leistung, an deren Preis die Geschäftsraummiete gekoppelt sein soll, dieser wirklich **wesentlich gleich oder vergleichbar** ist[6]. 117

---

1 Im Internet unter www.destatis.de; siehe dazu auch *Rasch*, DNotZ 2003, 730.
2 Vgl. Rz. 129 ff.
3 Siehe dazu auch § 2 Abs. 1 Satz 1 PrKG, oben Rz. 93 f.
4 BGH Urt. v. 26.11.1975 – VIII ZR 267/73, NJW 1976, 422 = WPM 1976, 33; BGH Urt. v. 23.2.1979 – V ZR 106/76, NJW 1979, 1545; BGH, Urt. v. 16.4.1986 – VIII ZR 60/85, WPM 1986, 912.
5 Siehe zu Allgemeinen Geschäftsbedingungen Rz. 325 ff.
6 Zweifelhaft daher OLG Koblenz, Urt. v. 27.2.1992 – 5 U 185/91, BB 1992, 2247, dazu *Eckert*, EWiR 1993, 125.

118 Der Bundesgerichtshof hat es nicht als genehmigungsfrei akzeptiert, die Miethöhe in Gewerbemietverträgen an die Entwicklung von Wohnraummieten zu koppeln, da diese Leistungen nicht in ausreichendem Maße vergleichbar seien[1]. Hier handelte es sich zwar um preisgebundenen Wohnraum, der einem besonderen Preisregime unterworfen ist[2]. Die Entwicklung von Gewerbemietraum und Wohnraum unterscheidet sich aber häufig sehr deutlich, in der Investitionstätigkeit, der Kostenstruktur und auch in der Mietentwicklung, und zwar auch dann, wenn Preisbindung keine Rolle spielt.

119 Auch eine Koppelung eines Erbbauzinses an die Entwicklung des Grundstücksverkaufswertes hat der Bundesgerichtshof als die Verbindung nicht gleichartiger Wertmesser und damit als nicht genehmigungsfrei angesehen[3]. Für die Geschäftsraummiete gilt das erst recht. Die bloße durch einen Mietvertrag eingeräumte Nutzung ist etwas grundlegend anderes als der Erwerb eines Grundstückes, und insofern können auch die Gegenleistungen für Nutzung und Erwerb nicht als gleichartig angesehen werden.

120 Hingegen liegt nach der Rechtsprechung des Bundesgerichtshofs „eine Vergleichbarkeit der Leistungen, die die Annahme einer genehmigungsfreien Spannungsklausel rechtfertigen, bei Erbbauverträgen, Miet- und Pachtverträgen über Grundstücke und Räume immer dann vor, wenn **Wertmesser** für den Erbbauzins bzw. den Miet- oder Pachtzins die Höhe des vom Erbbauberechtigten oder vom Mieter oder Pächter **seinerseits erzielten Erbbauzinses bzw. Miet- oder Pachtzinses** ist"[4].

121 So wurde als gleichartig i.S.d. § 1 Ziff. 2 PrKV angesehen, wenn der Erbbauzins und die Pachtzahlung für ein Grundstück steigen sollten in demselben Maße, in dem sich die Miete für die auf dem Grundstück befindlichen Garagen erhöht[5], und dies obwohl ein Teil des Grundstückes mit einer Tankstelle bebaut war.

Zur Veranschaulichung: Die nicht gerade glücklich formulierte Klausel lautete:

Der Erbbauzins von jährlich 6000 DM und die weitere Pachtsumme von 3000 DM steigen bei Währungszerfall im Verhältnis zu den steigenden Garagenmieten.

122 Ob eine Koppelung auch dann genehmigungsfrei möglich ist, wenn die dem Erbbauberechtigten eingeräumten Nutzungsrechte gänzlich anders

---
1 BGH Urt. v. 16.4.1986 – VIII ZR 60/85, WPM 1986, 912.
2 Siehe dazu Teil II Rz. 599 ff.
3 BGH Urt. v. 23.2.1979 – V ZR 106/76 – NJW 1979, 1545.
4 BGH Urt. v. 26.11.1975 – VIII ZR 267/73, NJW 1976, 422 = WPM 1976, 33.
5 BGH Urt. v. 26.11.1975 – VIII ZR 267/73, NJW 1976, 422 = WPM 1976, 33.

gestaltet sind, als die von ihm an den Geschäftsraummieter weitergegebenen, wäre zu prüfen.

Ebenfalls zulässig ist die **Koppelung** der Miete **an die Untermiete**, die der Mieter selbst erzielt. Im Untermietvertrag gibt der Hauptmieter (ganz oder teilweise) sein mit dem Hauptmietvertrag erlangtes Nutzungsrecht an den Untermieter weiter. Insofern ist es akzeptabel, die Hauptmiete im gleichen Maße steigen zu lassen wie die Untermiete. 123

⊃ **Beispiel:**
Die Miete erhöht sich in demselben Maße, in welchem sich die vom Mieter erzielte Untermiete erhöht, und zwar vom Beginn des Monats an, in welchem die erhöhte Untermiete erzielt wird.

Die Leistungen sind gleichartig i.S.d. § 1 Ziff. 2 PrKV[1]. Solche Klauseln bergen allerdings das Risiko, dass eine erhöhte Untermiete zwar vereinbart, aber letztlich vom Untermieter nicht gezahlt wird. Der Hauptmieter bleibt dann an der erhöhten Miete festgehalten, die durch die Erhöhung seines Untermietentgelts ausgelöst wurde, obwohl er diesen Ertrag gar nicht erhält. Es wäre daher aus Mietersicht eine Ergänzung durch eine weitere Klausel sinnvoll:

⊃ **Beispiel:**
Zahlt der Untermieter die erhöhte Miete über einen Zeitraum von mehr als 3 Monaten nicht, so verhandeln die Parteien über eine Herabsetzung der Miete.

Erwogen wird gelegentlich die Möglichkeit einer automatischen **Koppelung** der Miete **an andere** genau definierte **Geschäftsraummieten**. Es ist hier einerseits problematisch, wirklich gleichwertige andere Räume zu definieren, und andererseits leuchtet nicht ein, dass besondere Nachgiebigkeit eines anderen Mieters oder besonderes Verhandlungsgeschick des Vermieters diesem gegenüber einen geeigneten Wertmesser für die eigene Mietsache abgeben soll. Es ist daher zweifelhaft, ob hier wirklich eine genehmigungsfreie Klausel vorliegt. 124

Abgelehnt hat der BGH die Genehmigungsfreiheit, wenn in einer Spannungsklausel auf die Miete anderer Räume verwiesen wird, deren Mietentwicklung **selbst durch eine genehmigungspflichtige Klausel bestimmt** wurde[2]. 125

---

1 Eine Koppelung in der Weise, dass eine Steigerung der Untermiete eine überproportionale Steigerung der Hauptmiete auslöst, wäre zwar rechtlich möglich, da § 2 PrKV nicht gilt, ergibt aber praktisch nur Sinn, wenn erreicht werden soll, dass der Hauptmieter die Untermiete möglichst gar nicht erhöht.
2 BGH, Urt. v. 2.2.1983 – VIII ZR 13/82, ZIP 1983, 315 = WPM 1983, 364; BGH, Urt. v. 16.4.1986 – VIII ZR 60/85, WPM 1986, 912.

126 Wird die Klausel nicht als genehmigungsfreie Spannungsklausel angesehen, und liegt auch eine Genehmigung des Bundesamts nicht vor, dann ist damit nicht definitiv über die Folgen entschieden. Zwar ist die konkrete Klausel dann unwirksam. Der BGH hat aber für derartige Fälle recht weitgehend Ansprüche auf **Vertragsergänzung** zugesprochen, so dass die Parteien einander verpflichtet wären, anstelle einer genehmigungspflichtigen oder nicht genehmigungsfähigen Klausel eine solche mit genehmigungsfreiem oder genehmigungsfähigem Inhalt zu vereinbaren. Dies berücksichtigt der BGH dann im Wege der **ergänzenden Vertragsauslegung** unmittelbar[1].

127 Bei Spannungsklauseln ist davon auszugehen, dass die jeweils andere Seite die Bezugsgrößen nicht kennt, auf die es ankommt, denn weder wird dem Vermieter ohne weiteres die Höhe der Untermiete bekannt, noch erfährt umgekehrt der Mieter z.B. von einer Erhöhung des Erbbauzinses. Es kann vereinbart werden, dass der eine Vertragspartner den anderen über jede Änderung unverzüglich zu **informieren** hat. Aber auch ohne vertragliche Vereinbarung hat jede Vertragsseite einen entsprechenden Auskunftsanspruch gegen den Vertragspartner. Wird keine Auskunft erteilt, muss diese ggf. eingeklagt werden[2]. Auf den Zeitpunkt des rechtlichen Inkrafttretens der Mietänderung ist das ohne Einfluss, praktisch mag dies aber zu Erschwernissen führen.

128 Ist im Vertrag vorgesehen, dass die Mietänderung nicht automatisch aus einer Indexveränderung folgt, dann ist zu prüfen, ob es sich um einen Leistungsvorbehalt handelt (siehe nachfolgend).

2. Leistungsvorbehalte

129 Während automatische Preisgleitklauseln bewirken, dass eine Änderung des in Bezug genommenen Index reflexartig eine Änderung des Mietpreises zur Folge hat, werden bei der Vereinbarung eines Leistungsvorbehalts zwar äußere Parameter in den Vertrag einbezogen, sie sind aber nur **Auslöser eines neuen Bewertungsprozesses**. Die Parteien behalten sich vor, die (Gegen-)Leistung neu zu bestimmen. Definierte Änderungen festgelegter Parameter sollen den Vertragsparteien das Recht geben, eine Anpassung oder Neufestsetzung der Miete zu verlangen.

130 In diesen Fällen soll gerade keine Veränderung der Miethöhe ohne Mitwirkung der Parteien eintreten, die für die Preisstabilität gefährliche

---

1 BGH, Urt. v. 23.2.1979 – V ZR 106/76, NJW 1979, 1545, mit Verweis auf BGH, NJW 1960, 525 = LM § 3 WährG Ziff. 10 und LM § 139 BGB Ziff. 51.
2 Siehe dazu Teil IV Rz. 44 ff.

Automatik ist ausgeschaltet, das Verbot von Preisgleitklauseln erfasst solche Regelungen ausdrücklich nicht (§ 1 Ziff. 1 PrKV).

◌ **Beispiel:**
Ändert sich der Verbraucherpreisindex gegenüber dem bei Vertragsschluss (Basis 2000 = 100) um mehr als 5 Punkte, so kann jede Vertragsseite die Anpassung der Miete nach billigem Ermessen verlangen.

Eine erste Unterscheidung ist danach zu machen, ob im Vertrag die **Anpassung** oder die **Neufestsetzung** der Miete vereinbart wird[1]. Bezüglich des **Änderungsverfahrens** ist weiter entscheidend, wer letztlich den angemessenen Umfang der Vertragsänderung festlegen und wer die Vertragsänderung verbindlich vornehmen soll. Die Vertragsparteien können entweder selbst eine Einigung unternehmen und im Falle des Scheiterns sich an die Gerichte wenden, oder sie können vereinbaren, dass die Leistungsbestimmung durch Dritte (einen Schiedsgutachter[2] oder einen Schiedsrichter[3]) vorgenommen werden soll. 131

Mieter und Vermieter befürchten oft, sie seien durch derartige Klauseln der **Willkür** der anderen Seite ausgeliefert. Diese Sorge ist unberechtigt, denn letztlich kann jede Seite eine Vertragsanpassung nur durchsetzen, wenn sie entweder eine ausdrücklich bestimmte Schlichtungsstelle, einen Schiedsgutachter, einen Schiedsrichter oder ein Gericht davon überzeugt hat, dass und in welcher Höhe für das konkrete Mietverhältnis eine Anpassung oder Neufestsetzung **angemessen** ist. 132

Bei der **Vertragsanpassung** ist der Maßstab das ursprünglich vereinbarte Äquivalenzverhältnis. Eine Anpassung muss die maßgeblichen Anknüpfungstatsachen ermitteln, deren Veränderung auf das im Vertrag festgelegte Verhältnis von Leistung und Gegenleistung projizieren und eine diesem Verhältnis entsprechende Fortschreibung darstellen. 133

Ist eine **Neuverhandlung oder Neufestsetzung** vereinbart, dann könnte man auf die Idee kommen, das ursprüngliche Äquivalenzverhältnis spiele überhaupt keine Rolle mehr[4]. Bei Vertragsverlängerungen mit Neuverhandlungsklausel dürfte das richtig sein, nicht immer wird es gelten, wenn abhängig von bestimmten Parametern ein Anspruch auf Neuverhandlung während der Laufzeit vereinbart ist. 134

---
1 Grundsätzlich dazu BGH, Urt. v. 13.5.1975 – VIII ZR 38/73, BGHZ 62, 314 = WPM 1974, 569 = NJW 1974, 1235; BGH Urt. v. 4.6.1975 – VIII ZR 243/73, WPM 1975, 772.
2 Siehe dazu Rz. 163 ff.
3 Siehe dazu Rz. 187 ff.
4 BGH, Urt. v. 4.6.1975 – VIII ZR 243/72, NJW 1975, 1557.

135 Insgesamt kann es durchaus dazu kommen, dass eine externe Beurteilung (durch Schiedsgutachter, Schiedsrichter oder die staatliche Justiz) andere **Maßstäbe** anlegt als die Parteien sie gewählt hätten, zumindest besteht diese Gefahr, wenn sie über die Maßstäbe keine besondere Regelung getroffen haben.

136 Durch eine Klausel mit dem Wortlaut: „Ändern sich die Gewerbemieten im Gebiet ... um mehr als 10 %, dann kann jede Seite verlangen, dass über die Festsetzung der Miete neu verhandelt wird." wird ein Neuverhandlungsanspruch an eine Änderung der Gewerbemieten angeknüpft, so kann daraus abgeleitet werden, dass die zunächst vereinbarte Miete in einem gewissen (aber unbestimmten) **Verhältnis zu den gebietsüblichen Gewerbemieten** steht. Nicht unbedingt ist daraus abzulesen, dass die konkret vereinbarte Miete der gebietsüblichen entspricht, sie könnte auch von Anfang an oberhalb oder unterhalb dieser gebietsüblichen Miete liegen. Ohne die Feststellung dieses Abstands ist der Spielraum für Neuverhandlungen sehr weit. Es könnte aber aus der Regelung auch geschlossen werden, dass im Zweifel eine Zustimmung auf Neufestlegung der Miete in Höhe der aktuell gebietsüblichen Miete verlangt werden kann.

137 Leistungsvorbehalte können auch an Preis- oder Leistungsveränderungen anknüpfen, die nur die **Einnahmen** oder **Ausgaben** einer Vertragsseite betreffen[1].

○ **Beispiel:**
Verändert sich das Entgelt für Musikerzieher um mehr als 10 %, dann kann jede Seite eine Anpassung der Miete für die Unterrichtsräume verlangen, soweit dies der Billigkeit entspricht[2].

Aus einer Veränderung der gezahlten Entgelte um mehr als 10 % resultiert nicht zwangsläufig ein Anspruch auf Mieterhöhung um den gleichen Prozentsatz. Es könnte beispielsweise sein, dass die Entgelterhöhung lediglich anderweitig entstandene Zusatzkosten ausgleichen soll. Dann entspräche vielleicht nur eine wesentlich geringere Mieterhöhung der Billigkeit, oder sie könnte gar nicht verlangt werden.

138 Auch **andere Anknüpfungstatsachen** als Preis- oder Mietveränderungen anderer Objekte können für ein Neuverhandlungsverlangen maßgeblich gemacht werden.

---

1 Siehe zu Umsatz- und Kostenelementklauseln Rz. 62 ff., Rz. 76 ff.
2 Siehe auch BGH, Urt. v. 2.2.1997 – VIII ZR 271/75, WPM 1977, 418: Erhöhung des Bierpreises um 15 % als Maßstab für die Pacht einer Gaststätte.

⊃ **Beispiel:**
Wird die an dem Tankstellengelände vorbei führende Bundesstraße verlegt, dann wird über die Festsetzung der Miete neu verhandelt.

Auch hier bleibt **unklar**, welches **Maß** bei der Neubestimmung der Miete zugrunde zu legen ist. Deutlich wird lediglich, dass die Anbindung der Tankstelle an die Bundesstraße und vermutlich die damit gegebene Ertragsquelle maßgeblich war für die Festlegung der Miete im Vertrag, und dass die durch Verlegung der Straße folgende Veränderung der Ertragsquelle nach dem Willen der Vertragsparteien das Äquivalenzverhältnis neu gestaltet[1]. Es wäre also wahrscheinlich, dass bei rechtlicher Prüfung eines Verlangens auf Neufestsetzung der Miete ermittelt werden muss, welche **Ertragseinbuße** durch den Wegfall der Bundesstraße eintritt.

Da der Leistungsvorbehalt definitionsgemäß eine Entscheidung voraussetzt, muss eine entsprechende **Erklärung** abgegeben werden, die Verhandlungen auslösen soll. 139

⊃ **Beispiel:**
Wie Sie wissen, ist die Abfahrt der Bundesstraße 217, die bisher direkt an dem Gelände vorbeiführt, das wir zum Betrieb einer Tankstelle gemietet haben, um 8 km verlegt worden. In unserem Vertrag vom ... haben wir vereinbart, dass in einem derartigen Falle über die Grundstücksmiete neu verhandelt wird. Seit der Schließung der Abfahrt ist unser Umsatz um etwa 70 % zurückgegangen. Wir machen daher den Vorschlag, dass die Miete ab 1. Oktober dieses Jahres um 70 % gesenkt wird. Wir bitten Sie, sich bis zum 30.6. zu diesem Vorschlag zu äußern und ggf. einen Gegenvorschlag zu machen.

Ist im Vertrag vorgesehen, dass bei Veränderungen der Bezugsgrößen die Anpassung der Miete verlangt werden kann, dann könnte es sich um eine Anpassung ohne **Rücksicht auf die Billigkeit** handeln. Es wäre dann dem freien Willen der einen Vertragsseite überlassen, ob sie die Miete quasi automatisch der Veränderung der Bezugsgröße folgen lassen will. Das wäre insofern problematisch, als dann[2] das Leistungsbestimmungsrecht der einen Seite ungesteuert die Preisdynamik der Bezugsgröße fortsetzen würde und damit die Billigkeits-Prämisse des § 1 Ziff. 1 PrKV, auf Grund deren die Leistungsvorbehalte außerhalb des währungsrechtlichen Verbots gestellt sind, womöglich gar nicht erfüllt wä- 140

---
1 Ob auch ohne eine derartige Regelung ausnahmsweise eine Vertragsanpassung verlangt werden könnte, ist zweifelhaft, siehe Rz. 282 ff.
2 Trotz der in § 315 BGB niedergelegten Beschränkung.

re. Dann wäre für diese Klausel eine Genehmigung des Bundesamts für Wirtschaft einzuholen[1].

141 Sicherer ist bezüglich der währungsrechtlichen Genehmigungsfreiheit, ausdrücklich in die Klausel aufzunehmen, dass die Anpassung nur soweit verlangt werden kann, als es der Billigkeit entspricht.

142 **Reagiert die andere Vertragsseite** auf ein Neufestsetzungsangebot **nicht**, obwohl nach dem Vertrag eine Neuvereinbarung vorgesehen ist, dann steht der Seite, die eine nicht festgelegte Gegenleistung zu fordern hat, ein **Leistungsbestimmungsrecht** gemäß §§ 315, 316 BGB zu, zumal sie vertragstreu das Einigungsverfahren in Gang gesetzt hatte[2]. Die so erfolgte Leistungsbestimmung muss nach § 315 Abs. 3 BGB der Billigkeit entsprechen. Da ein Zahlungstitel nur durch gerichtliche Entscheidung zu erlangen ist, findet in dem Rechtsstreit die gerichtliche Bewertung statt, ob die Leistungsbestimmung billigem Ermessen entspricht, das Gericht setzt ggf. die Leistung nach seinem Ermessen neu fest.

143 Ist im Vertrag festgelegt, dass die Miete nur zu bestimmten **Zeitpunkten** der Veränderung eines Indexes – wenn das die Bezugsgröße ist – angepasst werden kann, dann muss die Erklärung vor dem jeweiligen Stichtag angegeben werden, und sie muss sich auf im Erklärungszeitpunkt bereits veröffentlichte Indexzahlen stützen.

➔ **Beispiel**[3]:
Der vereinbarte Miete von monatlich 1618,40 Euro basiert auf dem gegenwärtigen Stand der Lebenshaltungskosten in der Bundesrepublik Deutschland. Die Höhe des Mietzinses soll nach dem Willen der Vertragsschließenden hiernach abhängig sein von der Entwicklung dieses Verbraucherpreisindexes. Demzufolge wird vereinbart: Jede Partei ist berechtigt, jeweils zum 1.1. und 1.7. eines jeden Kalenderjahres eine Angleichung der vereinbarten Miete entsprechend der Entwicklung des Verbraucherpreisindexes nach Maßgabe der Veröffentlichung des Statistischen Bundesamts (Basis: 2000 = 100) zu verlangen, wenn der vorbezeichnete Index sich um mehr als 10 % verändert hat. Nach einer erfolgten Änderung der Miete ist die Voraussetzung für jede weitere Änderung wiederum eine Ver-

---

1 Siehe dazu Rz. 102 ff.
2 OLG Hamburg, Urt. v. 2.11.1994 – 4 U 228/93, NJW-RR 1997, 458, die dagegen eingelegte Revision wurde vom BGH nicht angenommen; BGH, Beschl. v. 15.10.1996 – XII ZR 33/95, NJW-RR 1997, 459; siehe auch BGH, Urt. v. 19.6.1974 – VIII ZR 49/73, NJW 1974, 1464 = WPM 1974, 775.
3 Nach BGH, Urt. v. 19.6.1974 – VIII ZR 49/73, NJW 1974, 1464 = WPM 1974, 775.

änderung um wenigstens 10 % seit derjenigen Veränderung, welche zuletzt zur Mietanpassung Anlass gab.

Wird in diesem Falle ein bindendes Mietänderungsverlangen nach dem 1.1. abgegeben, dann kann es erst zum 1.7. wirken; wird es erst nach dem 1.7. abgegeben, kann es eine Mieterhöhung erst zum 1.1. des Folgejahres auslösen. Wird – wie im vom BGH entschiedenen Fall – im Mai ein Erhöhungsverlangen übersandt, das ab 1.7. wirken soll, das aber nicht auf die bisher veröffentlichten Indexwerte Bezug nimmt, sondern auf eine erst im Juli erwartete Veröffentlichung, dann könnte es frühestens ab 1.1. des Folgejahres Wirkung entfalten.

Auch diese Wirkung entfällt aber, wenn bei Ausübung des Leistungsbestimmungsrechts die geforderte Leistung **nicht genau angegeben**, sondern einer künftigen Mitteilung oder Ermittlung anheim gegeben wird[1]. 144

Die Veränderung des Verbraucherpreisindexes nach den zuletzt im Januar veröffentlichten Werten entspricht einer Steigerung um 6,4 %, sie übersteigt die im Vertrag angesetzte Schwankungsbreite von 5 %. Wir machen daher von unserem Recht Gebrauch, zum 1.4. dieses Jahres die Miete anzupassen. Wir beschränken uns auf eine Mietsteigerung um 6 %. Dementsprechend fordern wir Sie auf, ab dem 1.4. dieses Jahres Ihre monatliche Mietzahlung wie folgt vorzunehmen:

Bisherige Miete	3800,00 Euro
Zuzüglich 6 %	228,00 Euro
Zu zahlen ab 1.4.	4028,00 Euro

Da Leistungsvorbehalte, wenn sie denn ausreichend das Element der Billigkeitsprüfung enthalten, vom währungsrechtlichen Klauselverbot gar nicht erfasst werden, gelten auch die Anforderungen des § 2 PrKV nicht. Ein Leistungsvorbehalt muss zwar in seiner Bezugnahme auf äußere Richtgrößen **tatbestandlich bestimmt** sein, aber nicht wegen der Regelung in § 2 Abs. 1 PrKV, sondern weil ein zu unbestimmter Bezug die gewünschte Rechtsfolge nicht auslösen kann. 145

Auch das Verbot unangemessener Benachteiligung des § 2 Abs.2 PrKV ist nicht anwendbar, allerdings findet sich ein vergleichbarer Maßstab darin wieder, dass eine Änderung **nach Maßgabe der Billigkeit** erfolgen soll. Insofern spricht viel dafür, dass ein Leistungsvorbehalt grundsätzlich die Korrektur der Miete auch nach unten ermöglichen muss. Eine Senkung der Miete bei fallender Bezugsgröße und fallender ortsüblicher 146

---

1 BGH, Urt. v. 19.6.1974 – VIII ZR 49/73, NJW 1974, 1464 = WPM 1974, 775.

Miete auszuschließen, dürfte sich mit Billigkeitsgrundsätzen nicht vereinbaren lassen.

147 Schwer zu handhaben sind **gegenläufige Tendenzen** der Bezugsgröße und der ortsüblichen Mieten.

◯ **Beispiel:**
Verändert sich der Verbraucherpreisindex gegenüber dem Stand bei Vertragsabschluss um mehr als 5 Punkte (Basis 2000 = 100), dann kann jede Seite eine Anpassung der Miete verlangen, soweit dies der Billigkeit entspricht.

148 Steigt die gewählte Bezugsgröße, sinken aber die ortsüblichen Mieten im gleichen Zeitraum, dann wird eine Erhöhung der Miete der Billigkeit nicht entsprechen. Sinkt die Bezugsgröße, während die ortsüblichen Mieten steigen, dann kann dies wiederum gegen eine Mietanpassung sprechen.

149 Wird auf **mehrere Bezugsgrößen** abgestellt, dann kann problematisch werden, welche von ihnen primär maßgeblich sein soll.

◯ **Beispiel**[1]**:**
1. Steigt oder fällt der Verbraucherpreisindex, festgestellt vom Statistischen Bundesamt auf der Basis 2000 = 100, gegenüber dem Stand bei Vertragsbeginn oder nach der letzten Neufestsetzung um mehr als 3 Punkte, so wird die Miete ab Beginn des folgenden Jahres der prozentualen Steigerung entsprechend angepasst.
2. Sollte die Anwendung des Verbraucherpreisindexes im Vergleich mit dem Index für gewerbliche Mieten die Mieterin oder den Vermieter benachteiligen, dann sind Vermieter und Mieterin gehalten, sich an der Entwicklung der Mieten für örtlich vergleichbare gewerblich genutzte Grundstücke zu orientieren.

Zumindest Teil 1 der Klausel bedarf einer Genehmigung des Bundesamts für Wirtschaft. Teil 2 der Klausel regelt eine Anpassungsverhandlung und enthält eine Unklarheit, ob mit dem Index für gewerbliche Mieten ein bundesweiter gemeint ist, oder ob der später genannte örtliche Mietpreis anzusetzen ist.

150 Ganz überraschende Ergebnisse können die Folge sein, wenn die Leistungsvorbehaltsklausel an die definierte Veränderung einer Bezugsgröße die Folge knüpft, dass eine **„Anpassung der Miete an die marktübliche"** verlangt werden kann. Dann könnte etwa eine in Bezug genommene Steigerung des durchschnittlichen Arbeitnehmereinkommens um 10 %

---
1 BGH, Urt. v. 25.9.2002 – XII ZR 307/00, NZM 2003, 107 = NJW-RR 2003, 227.

zu einem Verlangen auf Senkung der Miete führen, wenn die marktübliche Miete gesunken ist[1].

Als unangenehm wird bei Anpassungs- und Neuverhandlungsklauseln häufig angesehen, dass jede Seite die andere **in ein Änderungsverfahren zwingen** kann, ohne dass dies – wie bei den Staffelmieten oder festgelegten Verlängerungs- oder Verhandlungszeitpunkten – klar abzusehen ist. Richtig daran ist, dass ein Anpassungs- oder Neuverhandlungsbegehren für die andere Vertragsseite durchaus besonders ungelegen kommen kann, sie sich aber diesem Vorgang nicht dauerhaft entziehen kann. 151

Es läuft aber bei dieser Vertragsgestaltung – anders als bei den Staffelmieten und den Indexklauseln – keine Seite Gefahr, dass sich **unbemerkt das Mietsoll verändert** hat und Nachzahlungs- oder Rückzahlungsforderungen sich aufsummieren. Anpassungs- und Neuverhandlungsklauseln zwingen beide Seiten, die Karten – jedenfalls zum Teil – auf den Tisch zu legen und eine Abwägung über Leistung und angemessene Gegenleistung zu erörtern und zuzulassen. 152

Der Leistungsvorbehalt verweist die Parteien, wenn die festgelegten Voraussetzungen gegeben sind, auf einen **selbständigen Akt der Leistungsbestimmung**, der immer ein gewisses Ermessen enthalten muss. Ist die Bestimmung den Parteien selbst überlassen, führt ein Scheitern der Einigung zur richterlichen Leistungsbestimmung. Es liegt in der Natur der dabei zu treffenden Billigkeitsentscheidung, dass dabei ein Ergebnis kaum prognostizierbar ist. 153

Eine **abgemilderte Form des Leistungsvorbehalts** richtet sich darauf, auf Verlangen einer Seite ein Schiedsgutachten einzuholen, auf dessen Grundlage die Parteien dann weiter verhandeln können[2], oder es kann die Neubestimmung der Leistung zunächst oder endgültig in die Hände eines Schiedsgerichts gelegt werden[3]. 154

Reagiert die andere Vertragsseite auf ein vertraglich vorgesehenes Anpassungs- oder Neuverhandlungsbegehren zügig und kooperativ, und sind die Interessengegensätze nicht unüberbrückbar, dann kann eine kaufmännisch vernünftige Entscheidung beider Seiten den Vertrag für die nächste Zukunft neu austarieren. Die Parteien haben den Vorteil der **eigenen Gestaltungsfreiheit** und sollten diesen möglichst selbst nutzen. 155

---

1 Anders aber OLG Celle, 5.4.2001 – 2 U 196/00, NZM 2001, 468, das zur Vermeidung dieses Effekts die Überschrift „Wertsicherungsklausel" genügen lässt.
2 Siehe dazu Rz. 163 ff.
3 Siehe dazu Rz. 187 ff.

156 Reagiert die andere Vertragsseite nicht, dann muss das Anpassungs- oder Neuverhandlungsbegehren ggf. nachweisbar zugestellt werden. Der Gegenseite steht dann eine **Überlegungsfrist** zu; wenn vertraglich nichts anderes vereinbart ist, wird eine Monatsfrist ausreichen[1]. Je nachdem, welches weitere Verfahren die Parteien vereinbart haben, hat die Vertragsseite, die eine Änderung wünscht, dann die Möglichkeit, ein Schiedsgutachten einzuholen, eine Schiedsstelle oder ein Schiedsgericht anzurufen, oder sich an die ordentlichen Gerichte zu wenden.

157 **Checkliste:**
1. Ist im Vertrag eine Neubestimmung der Miethöhe vorbehalten?
2. Ist die Vereinbarung wirksam?
3. Kann jederzeit die Neubestimmung verlangt werden?
4. Oder ist ein Auslöser für das Neubestimmungsbegehren vereinbart?
   - Ein Zeitpunkt?
   - Ein Ereignis?
   - Eine Messmarke?
5. Ist der vereinbarte Auslöser gegeben?
6. Ist eine Neufestsetzung der Miete vereinbart?
   - Gibt es Anhaltspunkte, dass dabei das ursprüngliche Äquivalenzverhältnis beachtet werden muss?
7. Ist eine Anpassung der Miete vereinbart?
   - Was war für das Äquivalenzverhältnis ursprünglich maßgeblich?
   - Ist im Hinblick auf diese Äquivalenzfaktoren eine Änderung eingetreten?
8. Ist die Neubestimmung im Vertrag den Parteien überlassen? → Bei Nichteinigung ist dann der Rechtsweg zu beschreiten.
9. Oder ist eine Leistungsbestimmung durch Dritte vertraglich vorgesehen? → Dann ist diese einzuleiten.

---

1 OLG Schleswig, Urt. v. 9.6.1999 – 4 U 103/95, NZM 2000, 338.

10. Soll jetzt der Gegenseite eine Vereinbarung über Schiedsgutachten vorgeschlagen werden?
11. Ist eine Anpassungsforderung sinnvoll?
12. Muss dabei eine Frist eingehalten werden?

3. Leistungsbestimmung durch Dritte

Die Parteien des gewerblichen Mietvertrages können vereinbaren, dass für zukünftige Zeiträume, insbesondere bei Verlängerung der Mietvertragsdauer, aber auch während der Mietvertragslaufzeit bei Eintritt bestimmter Veränderungen, die Regelung der Miethöhe angepasst oder neu bestimmt werden soll. Dabei können sie einerseits die **Voraussetzungen** festlegen, wann überhaupt eine Anpassung oder Neufestsetzung der Miete in Betracht kommt, sie können andererseits die **Maßstäbe** festlegen, nach welchen die Mietänderung sich richten soll, und sie können schließlich regeln, ob die neue Miete von ihnen **selbst ausgehandelt** oder **von Dritten** bestimmt werden soll. 158

Vereinbaren sie die Bestimmung durch einen Dritten, ist zu unterscheiden[1] zwischen 159
- Schiedsgutachten (Rz. 163 ff.),
  das ist die Feststellung der maßgeblichen Tatsachen und ggf. Feststellung einer angemessenen Miete;
- Schiedsurteil (Rz. 187 ff.),
  das ist eine verbindliche vollstreckbare Entscheidung von Streitfragen durch einen Spruchkörper außerhalb der staatlichen Justiz.

Vereinbarungen darüber, dass bestimmte Tatsachen durch ein **Schiedsgutachten** geklärt oder Leistungen durch Schiedsgutachten bestimmt werden sollen, können **in jeder beliebigen Form** getroffen werden. Zur Sicherheit darüber, was genau Gegenstand des Schiedsgutachtens sein soll, welche Folgerungen aus dem Ergebnis gezogen werden und wie verfahren werden soll, ist eine schriftliche Festlegung dringend zu empfehlen. Diese kann z.B. bereits im Mietvertrag, in einer späteren Vertragsergänzung, in einem außergerichtlichen oder gerichtlichen Vergleich getroffen werden. 160

Wollen die Parteien hingegen sich umfassend einem vollstreckbaren Spruch eines **Schiedsgerichts** unterwerfen, dann müssen sie die Vereinbarung darüber gemäß § 1013 ZPO **schriftlich** treffen, entweder durch 161

---
1 Siehe dazu schon BGH Urt. v. 21.5.1975 – VIII ZR 161/73, WM 1975, 770, 771.

eine beiderseits unterzeichnete Vereinbarung oder (wenn kein Verbraucher beteiligt ist) durch den Austausch von Schreiben, Fernkopien, Telegrammen oder anderen Formen der Nachrichtenübermittlung, die einen Nachweis der Vereinbarung sicherstellen.

162 Die Parteien können allerdings auch durch ausdrückliche Vereinbarung nicht die Inanspruchnahme der **staatlichen Justiz** völlig ausschließen. Ein Schiedsgutachten kann (§ 319 BGB) als offenbar unbillig angegriffen werden. Überdies führt es nicht zu einem vollstreckbaren Titel, setzt also ggf. die Einschaltung der Justiz voraus, wenn auf die Vorlage des Schiedsgutachtens die Parteien sich über die Folgerungen nicht einig sind und eine Seite aus dem Schiedsgutachten Ansprüche ableiten will. Und auch ein Schiedsurteil kann, unter recht hohen Voraussetzungen, durch gerichtliche Klage gemäß § 1059 ZPO angegriffen werden.

a) Schiedsgutachten

163 Wird ein Leistungsvorbehalt vereinbart, also die Anpassung oder Neubestimmung der Miete nach Billigkeitsgrundsätzen, wenn bestimmte äußere Parameter sich verändern, dann kann es gelingen, die Bezugsgrößen klar und unmissverständlich zu definieren. Es bleibt aber immer noch das Problem, zwischen Vermieter und Mieter **übereinstimmende Maßstäbe** der Billigkeit zu finden. Die Gegensätzlichkeit der Interessen mag dem einen angemessen erscheinen lassen, was der andere für völlig unbillig hält.

164 Ein daraus resultierendes **gerichtliches Erkenntnisverfahren**, welche Miethöhe der Billigkeit entspreche, ist oft unbefriedigend, denn es ist zwar von der Neutralität der Gerichte auszugehen, sie kennen aber oft die wirtschaftlichen Abläufe nur von außen und die besonderen Gegebenheiten der jeweiligen Branche womöglich gar nicht.

165 Es liegt daher nahe, die Anrufung eines nicht justiziellen Schiedsgutachters zu vereinbaren, der besonderen **Sachverstand** aufweist und vielleicht den spezifisch kaufmännischen Abwägungen näher steht. Dieser kann von vornherein namentlich oder funktionell festgelegt werden oder es kann eine Bestimmung durch neutrale Stellen, z.B. die Industrie- und Handelskammer oder die Handwerkskammer, vereinbart werden.

⇨ **Beispiel:**
Untervermietet wird der Standplatz Nr. 7 in der Markthalle X gemäß beiliegendem Lageplan. Verändert sich der Preisindex der Gesamtlebenshaltung (2000 = 100) gegenüber dem Zeitpunkt des Vertragsabschlusses um mehr als 8 %, dann kann jede Seite die An-

passung der Untermiete verlangen, soweit dies der Billigkeit entspricht. Kommen die Parteien innerhalb von 4 Wochen nach Übermittlung dieses Verlangens nicht zu einer Einigung über die angemessene Höhe der Untermiete, dann soll der Vorsitzende der Marktgenossenschaft die angemessene Miete ab Beginn des nächsten Kalenderhalbjahres festsetzen.

Zunächst muss eine **Messmarke** vereinbart werden, deren Erreichung überhaupt ein Änderungsverlangen und – sofort oder nach einem weiteren Ereignis folgend – die Einschaltung eines Sachverständigen auslöst. Das kann ein vorher definierter Zeitpunkt sein, z.B. der Beginn des Vertrags-Verlängerungszeitraums, oder ein festgelegtes Ereignis, wie im vorstehenden Beispiel die Überschreitung einer Indexbandbreite. Die Vereinbarung sollte auch eine Festlegung enthalten, ob eine Änderung jederzeit oder nur zu bestimmten Zeitpunkten verlangt werden kann. 166

Weiter ist von hoher Bedeutung, ob die Parteien eine **Anpassung** der Miete **oder** eine **Neufestsetzung** vereinbaren. Während bei einer Anpassung Ausgangspunkt bzw. Bezugsgröße eine nachträglich eingetretene Äquivalenzstörung ist, gibt es eine derartige Bezugsgröße bei einer Neufestsetzung meist nicht, sondern es ist in der Regel so zu verfahren, als ob die Vertragsparteien erstmals in Miethöheverhandlungen treten[1]. 167

Die Parteien können detaillierte **Festlegungen für das Verfahren** treffen. Häufig vereinbaren sie, zunächst selbst einen Einigungsversuch zu unternehmen und erst dann den Schiedsgutachter einzuschalten. Ist vereinbart, dass der Schiedsgutachter seine Feststellungen nach Anhörung der Parteien zu treffen hat, dann muss er den Parteien ausreichendes rechtliches Gehör gewähren und sie über die von ihm vorgesehenen Bewertungskriterien informieren[2]. 168

○ **Beispiel**[3]:
(1) Beide Seiten haben während der festen Vertragsdauer das Recht, eine Überprüfung des Mietzinses zu verlangen, wenn sich der Verbraucherpreisindex während der Laufzeit des Mietvertrages um mehr als 10 Punkte verändert (2000 = 100). Dieses Recht kann erstmals nach zwei Jahren seit Beginn des Mietverhältnisses geltend gemacht werden. Die Veränderung des Lebenshaltungskostenindexes ist lediglich Bedingung für die Aufnahme von Verhandlungen über die Neufestsetzung des Mietpreises. Die Veränderung des bisher vereinbarten Mietpreises hat sich an der Veränderung der ortsübli-

---

1 BGH, Urt. v. 13.5.1975 – VIII ZR 38/73, BGHZ 62, 314 = WPM 1974, 569 = NJW 1974, 1235; siehe dazu auch Rz. 195 ff.
2 OLG Schleswig, Urt. v. 9.6.1999 – 4 U 103/95, NZM 2000, 338.
3 Nach BGH, Urt. v. 1.10.1997 – XII ZR 269/95, NZM 1998, 196.

chen Marktmiete für Geschäftsräume gleicher Art und Lage seit der letzten Festsetzung des Mietpreises zu orientieren.

(2) Das Begehren auf Überprüfung und Veränderung des Mietpreises ist der anderen Vertragspartei mindestens drei Monate vor dem Zeitpunkt anzuzeigen, von dem an der Mietpreis neu festgesetzt werden soll.

(3) Können sich die Mietparteien über die neue Miethöhe nicht einigen, so legt ein von beiden Parteien benannter und zu beauftragender Sachverständiger als Schiedsgutachter den neuen Mietpreis nach den Kriterien des Absatzes 1 letzter Satz verbindlich fest.

Hier ist eine Wartefrist von zwei Jahren vereinbart und eine Indexveränderung als Schwelle; erst wenn **beide Auslöser** gegeben sind, kann eine Veränderung verlangt werden. Der **Zeitpunkt** einer möglichen Mietänderung ist definiert durch die Übermittlung eines Änderungsbegehrens drei Monate zuvor. Ein Zeitraum, innerhalb dessen eine Einigung erfolgt sein muss, ist nicht festgelegt, es wird vorausgesetzt, dass die Parteien selbst das Scheitern der Einigung feststellen, sich dann aber immerhin auf einen Schiedsgutachter einigen können.

169 Als problematisch erwies sich aber die im vorstehenden Beispiel gewählte Formulierung **„ortsübliche Marktmiete"**, denn diese vermengt zwei Begriffe: Als Marktmiete wird eher die bei Neuvermietung am Stichtag erzielbare Miete bezeichnet, die ortsübliche Miete umfasst hingegen Neumieten und Bestandsmieten[1]. Mit dem Auftragsschreiben könnten die Vertragsparteien (sofern sie darüber einig sind) auch insoweit den Auftrag präzisieren.

170 Nach Erteilung des Auftrages hat der Schiedsgutachter die ihm übertragenen rechtlichen und tatsächlichen Feststellungen gemäß seiner Verpflichtung zur Neutralität **objektiv** und **nachvollziehbar** zu treffen. Die Parteien können detaillierte Maßstäbe festlegen, an welchen sich der Gutachter zu orientieren hat, und zwar nicht nur für das Verfahren, sondern auch für die inhaltliche Prüfung und Beurteilung[2].

171 Die Übertragung der Aufgabe, die Miete nach billigem Ermessen festzulegen, gibt dem Schiedsgutachter gerade keine Entscheidungsfreiheit, sondern eine **gebundene Entscheidung**, die von den verwendeten Begriffen gesteuert wird. Es macht daher einen erheblichen Unterschied, ob der Schiedsgutachter die (allgemein) „marktübliche", die (im konkreten

---

1 BGH, Urt. v. 1.10.1997 – XII ZR 269/95, NZM 1998, 196.
2 Wird der Auftragsinhalt kontrovers gesehen, ist eine Feststellungsklage zulässig, deren Ergebnis den Gutachter bindet, BGH, Urt. v. 3.3.1982 – VIII ZR 10/81, WPM 1982, 543 = NJW 1982, 1878.

Einzelfall) "angemessene" Miete oder eine konkret in Bezug genommene andere Größe "Durchschnittswert der im Bereich der F-Straße in den letzten zwei Jahren vereinbarten Mieten" feststellen soll. Nur ein Schiedsgutachten, das die von den Parteien vereinbarten Maßstäbe zugrunde legt, kann **verbindlich** werden.

Ist vereinbart, dass der Schiedsgutachter die **Miethöhe festlegt**, dann kann er sich nicht mit der Feststellung der ortsüblichen Miete begnügen, sondern muss die Miete für das konkrete Mietobjekt ermitteln[1]. Ist die Schiedsgutachtenvereinbarung auf die **Feststellung der konkret angemessenen Miete** beschränkt, dann kann dieser umgekehrt keine für die Parteien verbindliche Feststellung der ortsüblichen Miete treffen[2]. 172

Andererseits reicht die Durchführung theoretischer Verzinsungsberechnungen nicht aus: Ein für die Billigkeit entscheidender Faktor ist auch die **Preisentwicklung** für vergleichbare Objekte, theoretische Berechnungen sind praktisch unbrauchbar, wenn der Markt die errechneten Mieten nicht hergibt[3]. 173

Inwieweit die Feststellungen des Gutachters gerichtlich überprüfbar sein sollen, ergibt sich wiederum aus der geschlossenen Vereinbarung; maßgeblich ist zunächst, ob es sich um eine **Schiedsgerichtsabrede** oder eine **Schiedsgutachtenvereinbarung** handelt[4]. Eine Schiedsgerichtsabrede muss strengen Formanforderungen entsprechen, sie entzieht aber den Streit auch sehr weitgehend der staatlichen Justiz[5]. Demgegenüber reicht für eine Schiedsgutachtenvereinbarung eine erleichterte Form aus, das Gutachten kann aber von der staatlichen Justiz als unverbindlich angesehen werden, wenn es offenbar unbillig ist. Diese Abgrenzung ist also zunächst zu leisten. 174

⇨ **Beispiel**[6]:
Mit Rücksicht auf die voraussichtlich lange Mietdauer wird auf Wunsch des Vermieters folgende Wertsicherungsklausel vereinbart:
Sollte durch eine grundlegende Änderung der wirtschaftlichen Verhältnisse sich herausstellen, dass durch diese Änderung Leistung und Gegenleistung in einem offensichtlichen Missverhältnis zuei-

---

1 Siehe dazu *Dröge*, Handbuch der Mietpreisbewertung für Wohn- und Gewerberaum, 3. Aufl.
2 Etwa für die Nutzungsentschädigung nach Ende des Mietverhältnisses, BGH, Urt. v. 29.1.2003 – XIII ZR 6/00, NZM 2003, 358.
3 BGH, Urt. v. 2.2.1977 – VIII ZR 155/7, WPM 1977, 413 = NJW 1977, 801.
4 BGH, Urt. v. 19.6.1975 – VII ZR 177/74, WPM 1975, 1043.
5 BGH, Urt. v. 3.3.1982 – VIII ZR 10/81, WPM 1982, 543 = NJW 1982, 1878. Siehe dazu auch Teil III Rz. 13 ff.
6 BGH, Urt. v. 21.5.1975 – VIII ZR 161/73 – WPM 1975, 770.

nander stehen, so soll auf schriftlichen Antrag eines der beiden Vertragspartner der Mietzins erhöht oder ermäßigt werden.

Unberücksichtigt bleiben soll dabei der wirtschaftliche Aufschwung, den der Laden durch die erfolgreiche Arbeit des Mieters genommen hat. Der Antrag ist dem anderen Vertragspartner per Einschreiben mitzuteilen.

Ausgegangen werden soll dabei von dem Mietzins, wie er bei Bezugsfertigkeit des Ladenlokals gezahlt wird.

Sofern die zwischen den Parteien alsdann unverzüglich einzuleitenden Verhandlungen zu keinem Ergebnis führen, entscheidet über die zukünftige Miethöhe für das laufende Kalendervierteljahr und für die Zukunft endgültig und bindend ein fachkundiger Schiedsgutachter, der auf Antrag der einen oder der anderen Partei von der zuständigen Industrie- und Handelskammer zu benennen ist. Nachzahlungen oder Erstattungen für die Vergangenheit können jedoch nur für den Zeitraum verlangt werden, der vom 1. des Monats, in dem die spezifizierte begründete Erklärung der die Angleichung verlangenden Vertragspartei der anderen Partei per Einschreiben zugegangen ist, bis zur endgültigen Neufestsetzung des Mietzinses vergangen ist.

175 Der Bundesgerichtshof hat dies zu Recht **nicht** als umfassende **Schiedsvereinbarung** gemäß (nunmehr) §§ 1031 ff. ZPO angesehen, sondern als Vereinbarung über die Einholung eines Schiedsgutachtens. Der Schiedsgutachter, dessen Fachkunde ausdrücklich vorausgesetzt wird, soll hier zunächst feststellen, ob seit Vertragsschluss ein offensichtliches Missverhältnis entstanden ist (Gutachtenfrage 1), sodann soll die Miete entsprechend den eingetretenen Veränderungen neu festgesetzt werden (Gutachtenfrage 2). Damit war über § 319 BGB die weitergehende richterliche Überprüfbarkeit des Schiedsgutachtens eröffnet.

176 Eine Schiedsgutachten-Vereinbarung kann auch darin liegen, dass die Parteien eine Schiedsgerichtsvereinbarung (Rz. 187 ff.) treffen wollten, in dieser aber eine **Überprüfbarkeit der Feststellungen** nach § 319 BGB zugrunde legen[1].

177 Auch hier hat das Gericht, nach dem Wortlaut des § 319 BGB, zunächst nicht die Möglichkeit einer vollen Überprüfung. Es kommt vielmehr darauf an, ob die durch das Gutachten vorgenommene Leistungsbestimmung **offenbar unbillig** ist. Die Partei, die das Gutachten als offenbar unbillig und damit unverbindlich angreifen und daraus rechtliche Folge-

---

1 BGH, Urt. v. 4.6.1981 – III ZR 4/80 – WPM 1981, 1056.

rungen ziehen will, muss die Mängel des Gutachtens schlüssig vortragen[1]. Zur Mangelhaftigkeit von Schiedsgutachten haben sich **vier Fallgruppen** herausgebildet:
- Mangelnde Nachvollziehbarkeit des Ergebnisses aus dem Gutachten;
- gravierende methodische Mängel, die sich auf das Ergebnis auswirken;
- Fehlen einer nachvollziehbaren Begründung;
- offensichtliche Unrichtigkeit des Ergebnisses.

Im voran stehenden Beispiel – inhaltliche Vorgaben für die Festlegung einer Mieterhöhung waren in der Vereinbarung für den Gutachter nicht ausgesprochen – enthielt das Gutachten zwar einerseits theoretische Erörterungen und andererseits die Feststellung einer Mietsteigerung von 41 %. Der Bundesgerichtshof[2] vermisste aber im Gutachten eine **nachvollziehbare Verbindung** zwischen den theoretischen Ausführungen und der letztlich vom Gutachter mitgeteilten Festlegung einer Mietsteigerung um 41 % und sah aus diesem Grund das Gutachten als unverbindlich an. 178

Werden **Mängel** des Gutachtens vorgetragen, dann müssen sie von einer Art sein, dass sie sich letztlich auf das Ergebnis auch auswirken[3]. 179

Der Bundesgerichtshof erkennt in § 319 BGB auch die Anforderung, das Gutachten **nachvollziehbar zu begründen**. Ein Schiedsgutachten ist nicht nur dann offenbar unrichtig, wenn sich einem sachkundigen und unbefangenen Beobachter – sei es auch erst nach eingehender Prüfung – offensichtliche Fehler der Leistungsbestimmung aufdrängen, die das Gesamtergebnis verfälschen[4], sondern auch dann, wenn die Ausführungen des Sachverständigen so lückenhaft sind, dass selbst der Fachmann das Ergebnis aus dem Zusammenhang des Gutachtens nicht überprüfen kann[5]. Ein Gutachten, dessen materieller Gehalt sich einer Bewertung entzieht, ist als **offenbar unbillig** anzusehen. Kommt es auf die Bewertung nach Vergleichsobjekten an, dann müssen die Vergleichsobjekte, ihre Wertmerkmale und die Vergleichspreise mitgeteilt werden. Zur Feinsteuerung – z.B. Reduzierung eines aus den Vergleichsobjekten errechneten Steigerungssatzes von 11,11 auf 10 % – kann der Gutachter 180

---
1 BGH, Urt. v. 21.9.1983 – VIII ZR 233/81, WPM 1983, 1206.
2 BGH, Urt. v. 21.5.1975 – VIII ZR 161/73 – WPM 1975, 770.
3 BGH, Urt. v. 2.2.1977 – VIII ZR 155/77, WPM 1977, 413 = NJW 1977, 801.
4 BGH, Urt. v. 22.4.1965 – VII ZR 15/65, BGHZ 43, 374 = WPM 1965, 751; BGH, Urt. v. 9.7.1981 – VII ZR 139/80, BGHZ 81, 229.
5 BGH, Urt. v. 16.11.1987 – II ZR 111/87, ZIP 1988, 276 = WPM 1988, 276 = NJW-RR 1988, 506 m.w.N.

auf Erfahrungswissen zurückgreifen, ohne diese Quellen offen legen zu müssen[1].

181 Schließlich ist die vom Schiedsgutachter getroffene Bestimmung dann unverbindlich, wenn sie im Ergebnis **offenbar unrichtig** ist, wenn sich also die Unrichtigkeit einem Sachverständigen sofort aufdrängt[2].

182 In der Vereinbarung über Einholung eines Schiedsgutachtens sollte eine Regelung über die **Kostentragung** ausdrücklich getroffen werden. Verbreitet ist eine Kostenhalbierung oder eine Regelung, wonach die Kosten des Gutachtens die Parteien in dem Verhältnis tragen, in welchem die von ihnen aufgestellte Forderung zum vom Gutachter festgestellten Ergebnis steht.

183 Liegt ein überzeugend begründetes Schiedsgutachten vor, wird dies in der Praxis häufig von beiden Seiten **akzeptiert**. In diesem Falle beschränkt sich der Kostenaufwand der Parteien auf die Bezahlung des Sachverständigen (dessen Kosten auch bei gerichtlichem Streit angefallen wären) und ggf. ihrer eigenen Bevollmächtigten. Die Entscheidung des Sachverständigen liegt meist auch wesentlich rascher vor, als eine gerichtliche Entscheidung zu erlangen wäre. Sie kann – je nach Formulierung der Anpassungsklausel – auch auf den Zugang des Änderungsbegehrens, womöglich zuzüglich einer Überlegungsfrist von einem Monat[3], zurück wirken[4].

184 Akzeptieren die Parteien die gutachterliche Feststellung nicht, und können sie sich auch nicht anderweitig einigen, dann kann die Partei, deren Forderungen durch das Gutachten gestützt wird, gerichtliche **Klage** erheben. Das Gericht prüft dann, ob das Gutachten grob fehlerhaft oder sonst offenbar unbillig ist. Verneint es diese Frage, so legt es das Schiedsgutachten zugrunde. Im anderen Falle muss es Beweis erheben – wenn Vorklärungen durch fremde Sachkunde erforderlich sind – und nach Billigkeit entscheiden (§ 319 Abs. 1 Satz 2 BGB). Wird nicht innerhalb angemessener Frist Klage erhoben, dann soll das Gutachten nach Ansicht des OLG Frankfurt einstweilen, bis es durch ein gerichtliches Bestimmungsurteil nach § 319 Abs. 1 Satz 2 BGB ersetzt ist, bindend sein[5].

---

1 BGH, Urt. v. 16.11.1987 – II ZR 111/87, ZIP 1988, 276 = WPM 1988, 276 = NJW-RR 1988, 506 m.w.N.
2 BGH, Urt. v. 6.12.1975 – V ZR 95/73, WPM 1975, 256.
3 OLG Schleswig, Urt. v. 9.6.1999 – 4 U 103/95, NZM 2000, 338.
4 Siehe auch BGH, Urt. v. 1.3.1996 – V ZR 327/94, NJW 1996, 1748 = ZMR 1966, 371.
5 OLG Frankfurt/M., Urt. v. 3.12.1998 – 3 U 257/97, NZM 1999, 118 = ZMR 1999, 244.

Kommt eine Schiedsbegutachtung gar nicht zustande, weil eine Seite   185
entgegen ihren vertraglichen Verpflichtungen **nicht** am Verfahren **mitwirkt**, dann ist die andere Seite frei, die Festsetzung der Miete durch Gerichtsurteil zu beantragen[1].

Checkliste: 186
1. Ist für die Neubestimmung der Miete ein Schiedsgutachten vereinbart?
   – Im Vertrag selbst?
   – In einer separaten Vereinbarung?
2. Ist die Vereinbarung wirksam?
3. Kann jederzeit die Neubestimmung verlangt werden?
4. Oder ist ein Auslöser für das Neubestimmungsbegehren vereinbart?
   – Ein Zeitpunkt?
   – Ein Ereignis?
   – Eine Messmarke?
5. Ist der vereinbarte Auslöser gegeben?
6. Ist zunächst ein Einigungsversuch vereinbart?
7. Ist dieser schon erfolgt?
8. Ist der Schiedsrichter fest vereinbart?
9. Muss der Schiedsrichter bestimmt werden?
10. Wer bestimmt den/die Schiedsrichter?
11. Ist eine Aufforderung an den Gegner nötig?
12. – Ist eine Neufestsetzung der Miete vereinbart?
    – Gibt es Anhaltspunkte, das ursprüngliche Äquivalenzverhältnis zu beachten?
13. – Ist eine Anpassung der Miete vereinbart?
    – Was war für das Äquivalenzverhältnis ursprünglich maßgeblich?
14. – Ist für das Gutachten eine Aufgabenstellung/Zielbestimmung vereinbart?
    – Sind Maßstäbe genannt?
    – Soll der Gutachter ausdrücklich nach Ermessen entscheiden?
15. Muss/kann die Aufgabenstellung jetzt präzisiert werden?
16. Soll der Gutachter prüfen, ob der Auslöser gegeben ist?
17. Soll der Gutachter prüfen, welche Miete marktüblich ist?

---
1 BGH, Urt. v. 2.2.1997 – VIII ZR 271/75, WPM 1977, 418; BGH, Urt. v. 30.3.1979 – V ZR 150/77, NJW 1979, 1543.

18. Soll der Gutachter prüfen, welche Miete konkret angemessen ist?
19. Gibt es eine Kostenvereinbarung?
20. Hat das Gutachten gravierende Mängel? Welche?
    – Aufgabenstellung verfehlt
    – Ermessensmaßstäbe nicht beachtet
    – Keine nachvollziehbare Begründung des konkreten Ergebnisses
    – Gravierende ergebnisrelevante Methodenfehler
    – Keine nachvollziehbare Begründung
    – Offenbar unrichtiges Ergebnis
21. Ist nach der Vereinbarung die Festlegung des Gutachters definitiv?
22. Kann auf dieser Grundlage mit der Gegenseite verhandelt werden?
23. Ist ein gerichtliches Verfahren einzuleiten?
    – Zur Durchsetzung der Ergebnisse des Gutachtens
    – Zur Durchsetzung einer abweichenden Festsetzung nach richterlichem Ermessen
    – Zur Feststellung der Unbilligkeit bzw. Unverbindlichkeit des Gutachtens

b) Schiedsurteil

187 Während die Vertragsparteien bei Vereinbarung eines Schiedsgutachtens dieses auf Nachvollziehbarkeit und grobe Unbilligkeit prüfen können und zur Durchsetzung ihrer Forderungen weiter auf die Zivilgerichtsbarkeit angewiesen sind, soll das „echte" Schiedsverfahren, wie es heute in §§ 1025 bis 1059 ZPO geregelt ist, eine **vollstreckbare Entscheidung** als Ergebnis bringen. Die Parteien unterwerfen sich weitgehend der Bewertung durch das Schiedsgericht, und dessen Spruch ist nur unter den besonderen Voraussetzungen des § 1059 ZPO angreifbar[1].

188 Haben die Parteien eine Schiedsvereinbarung in der Form des § 1031 ZPO getroffen, dann richten sich die **Verfahrensregelungen** ebenfalls nach der Zivilprozessordnung. Die Parteien können allerdings Regelungen treffen, die zur Verbilligung und Beschleunigung des Verfahrens beitragen, etwa dadurch, dass sie abweichend von der Norm des § 1034 BGB nur einen Schiedsrichter bestellen.

189 Verbreitet ist auch ein **gestuftes Verfahren**, in dem die Parteien zunächst versuchen, gemeinschaftlich einen Schiedsrichter zu bestim-

---

1 Siehe dazu Teil III Rz. 13 ff.

men, beim Scheitern oder Nichtzustandekommen einer Einigung innerhalb festgelegter Frist aber jede Seite das Recht hat, die Bestellung eines Schiedsrichters durch eine dritte Seite zu beantragen.

Hier stellt sich die Frage, ob die Parteien gerade in der Konfliktsituation in der Lage sein werden, sich auf einen Schiedsrichter zu **einigen**, oder ob dieser Versuch nicht nur Zeitverschwendung darstellt. 190

Insgesamt ist zweifelhaft, ob allein für die Frage der Festlegung von Mieterhöhungen eine Schiedsgerichtsvereinbarung **sinnvoll** ist. Mit einer Schiedsgutachten-Vereinbarung dürfte den Parteien oft besser gedient sein. 191

4. Durchführung und Prüfung der Mietanpassung

Für Vermieter und Mieter gleichermaßen relevant sind die Fragen, ob und wann eine Mieterhöhung verlangt werden kann und wie hoch sie ausfallen kann. 192

Zunächst ist zu klären, ob das Mietverhältnis vor seinem vertraglichen Ende oder einem Abschnittsende steht (Punkte 1 bis 9) und welche Regelungen hierfür vorliegen.

Geht es um eine Mieterhöhung während der laufenden Mietvertrages, ohne derartige Abschnittswechsel, dann muss geprüft werden, welche Regelungen der Vertrag hierfür vorsieht (Punkte 10 bis 49).

Frage:	Folgerungen:
1. Steht das Ende des Mietverhältnisses bevor?	Dann sind die Parteien frei, eine Verlängerung zu neuen Bedingungen zu vereinbaren. Wenn nein: → Nr. 2
2. Ist eine Verlängerung vereinbart? Ist sie abhängig vom Eintritt einer Bedingung? Ist die Bedingung eingetreten?	Wenn die Verlängerung eine besondere Erklärung einer Vertragspartei voraussetzt: → Nr. 5 Sonst: → Nr. 3
3. Kann die Verlängerung durch Widerspruch oder Kündigung abgewendet werden? Bis zu welcher Frist kann der Verlängerung widersprochen werden? Ist die Frist schon abgelaufen?	Maßgeblich ist allein die vertragliche Vereinbarung. Wenn die Frist noch läuft, kann durch einen Widerspruch die Verlängerung ausgeschlossen werden. → Nr. 1 Wenn die Verlängerung durch Fristablauf eingetreten ist → Nr. 5

Teil I Geschäftsraummiete

Frage:	Folgerungen:
4. Ist eine Option zur Verlängerung vereinbart? Bis zu welcher Frist muss sie ausgeübt werden? Ist die Frist schon abgelaufen?	Wenn die Frist noch läuft, kann durch Optionsausübung der Vertrag verlängert werden. → Nr. 5 Wenn die Frist abgelaufen ist, läuft der Vertrag zum vorgesehen Ende aus. → Nr. 1
5. Ist für einen Options- oder Verlängerungszeitraum eine Änderung der Miete vorgesehen?	Wenn keine Änderung vorgesehen ist, kann das bedeuten, dass eine Mieterhöhung ausgeschlossen ist. Ist eine Änderung vorgesehen, kommt es an auf die Art der Vereinbarung. → Nr. 6
6. Ist eine Anpassung vorgesehen oder eine Neufestsetzung?	Die Anpassung muss das ursprüngliche Äquivalenzverhältnis berücksichtigen, die Neufestsetzung meist nicht.
7. Sind im Vertrag Maßstäbe für eine Mietänderung genannt?	Wenn keine Maßstäbe vereinbart sind, gilt entweder die ursprüngliche Miete oder die aktuell ortsübliche Miete als angemessen.
8. Soll nach dem Vertrag eine Mietregelung durch die Vertragsparteien erfolgen oder durch Dritte?	Wenn eine Festsetzung durch Dritte vereinbart ist, müssen diese eingeschaltet werden.
9. Besteht ein erhebliches Interesse an der Fortsetzung des Mietvertrages?	Darauf ist bei der Mietänderungsverhandlung Rücksicht zu nehmen.

Während der Laufzeit des Vertrages ist zu fragen:

10. Ist die Unveränderbarkeit der Miete während der Laufzeit vereinbart?	Maßgeblich sind der Wortlaut des Vertrages, seine Laufzeit, die weiteren Umstände. Wenn ja, scheidet eine Mieterhöhung i.d.R. aus.
11. Ist eine Veränderung der Miete ausdrücklich vorgesehen?	Flächenvariable Miete →Nr. 12 Staffelmiete → Nr. 13 Umsatzmiete → Nr. 17 Kostenelementklausel → Nr. 21
12. Ist eine Flächenänderung eingetreten?	Wenn eine Flächenänderung vorliegt, kann bei einer flächenvariablen Miete ein Anpassungsanspruch bestehen.

Durchführung und Prüfung der Mietanpassung **Teil I**

Frage:	Folgerungen:
13. Ist der Zeitabschnitt einer Mietstaffel erreicht?	Bei vereinbarter Staffelmiete tritt die Mietänderung mit Erreichen des vereinbarten Zeitpunkts automatisch ein.
14. Liegt eine Betragsstaffel vor?	Die Miete erhöht sich um den vereinbarten Betrag.
15. Liegt eine lineare Prozentstaffel vor?	Die Miete erhöht sich um den vereinbarten Prozentsatz der Ausgangsmiete.
16. Liegt eine dynamische Prozentstaffel vor?	Die Miete erhöht sich um den vereinbarten Prozentsatz der zuletzt bezahlten Miete.
17. Ist eine Umsatzmiete vereinbart?	
18. Steht die Umsatzänderung fest?	Wenn der maßgebliche Umsatz erst festgestellt werden muss, ist zunächst entsprechende Auskunft zu verlangen bzw. zu erteilen.
19. Erfasst eine Umsatzänderung nach dem Vertrag nur die Zukunft oder auch zurückliegende Zeiträume?	Wenn die gezahlte Miete einen Abschlag auf die geschuldete Umsatzmiete darstellt, kann eine Mieterhöhung auch rückwirkend eintreten. → Nr. 20
20. Ist eine Mietkoppelung vereinbart oder ein Anpassungsrecht?	Wenn eine automatische Koppelung der Miete an Umsätze vereinbart sind, die dem anderen Teil bekannt sind, kann eine Mietänderung ohne besondere Erklärung eintreten. Anpassungsrecht → Nr. 32 Erklärung → Nr. 48
21. Ist eine Abhängigkeit der Miete von Kostenelementen vereinbart?	Eine Bezugnahme auf Kosten des Vermieters ist zulässig, auf Kosten des Mieters nur bei langfristigen Mietverträgen. → Nr. 22
22. Stehen die Kosten der genannten Elemente fest?	Wenn die maßgeblichen Kostenelemente erst festgestellt werden müssen, ist zunächst entsprechende Darlegung/Auskunft zu verlangen bzw. zu erteilen.

Teil I Geschäftsraummiete

Frage:	Folgerungen:
23. Ist eine Mietkoppelung vereinbart oder ein Anpassungsrecht?	Wenn eine automatische Koppelung der Miete an Kosten vereinbart ist, die dem anderen Teil bekannt sind, kann eine Mietänderung ohne besondere Erklärung eintreten. Anpassungsrecht → Nr. 32 Erklärung → Nr. 48
24. Liegt eine Wertsicherungsklausel vor?	Zu unterscheiden sind Gleitklauseln → Nr. 25 und Spannungsklauseln → Nr. 28
25. Bei einer Gleitklausel: Ist eine Genehmigung des Bundesamts für Wirtschaft erforderlich?	Soweit Klauseln nicht durch § 1 der Preisklauselverordnung außerhalb des Verbots gestellt sind und nicht durch § 4 der Preisklauselverordnung generell genehmigt sind, ist eine Einzelgenehmigung erforderlich.
26. Ist eine Genehmigung des Bundesamts für Wirtschaft beantragt?	Anschrift siehe bei Randziffer 95
27. Liegt eine Genehmigung des Bundesamts für Wirtschaft vor?	Liegt nicht spätestens zur Gerichtsverhandlung eine Genehmigung vor, kann die Mietanpassung abgewiesen werden.
28. Liegt eine genehmigungsfreie Spannungsklausel vor?	Eine Koppelung der Miete an die Preise im Wesentlichen gleicher Güter oder Leistungen kann genehmigungsfrei sein.
29. Ist eine Bandbreite vereinbart, oberhalb derer eine Änderung eintreten kann?	Wenn eine Mietänderung voraussetzt, dass z.B. eine Indexabweichung von 10 Punkten eingetreten sein muss, ist zunächst dies zu prüfen. → Nr. 30
30. Ist eine vereinbarte Bandbreite überschritten?	Ist eine vereinbarte Bandbreite nicht überschritten, scheidet eine Mietanpassung aus. Ist sie überschritten, ist eine Mietanpassung möglich. → Nr. 31
31. Ist eine automatische Mietänderung vereinbart oder besteht lediglich ein Anpassungsrecht?	Wenn die Überschreitung festgelegter Parameter lediglich ein Anpassungsrecht auslöst, handelt es sich um einen Leistungsvorbehalt → Nr. 32

Durchführung und Prüfung der Mietanpassung Teil I

Frage:	Folgerungen:
32. Ist vereinbart, dass bei Eintritt festgelegter Bedingungen eine Änderung der Miete verlangt werden kann?	Zu unterscheiden ist, ob eine Anpassung → Nr. 41 oder eine Neufestsetzung → Nr. 43 der Miete vereinbart ist, und ob die Mietänderung durch die Vertragsparteien → Nr. 45 oder durch Dritte → Nr. 46 erfolgen soll.
33. Welches sind die Bedingungen, an die im Vertrag ein Mietänderungsverlangen geknüpft ist?	Angeknüpft wird z.B. an Zeitablauf → Nr. 34, an Flächen- bzw. Nutzungsänderungen → Nr. 35, an Umsatzänderungen → Nr. 36, an die Änderung von Kosten →Nr. 37, an Indexänderungen → Nr. 38.
34. Erlaubt nach dem Vertrag Zeitablauf ein Mietänderungsverlangen?	Wenn die vereinbarte Zeit abgelaufen ist, bleiben Umfang → Nr. 42 und Verfahren → Nr. 46 zu prüfen.
35. Sollen Flächen-/bzw. Nutzungsänderungen ein Mietänderungsverlangen ermöglichen?	Wenn Flächen oder Nutzungen sich ändern, bleiben Umfang → Nr. 42 und Verfahren → Nr. 45 der Mietänderung zu prüfen.
36. Wird ein Mietänderungsverlangen ausgelöst durch Umsatzänderungen?	Wenn die Umsatzänderungen feststehen, bleiben Umfang → Nr. 42 und Verfahren → Nr. 45 der Mietänderung zu prüfen.
37. Wird ein Mietänderungsverlangen ausgelöst durch Kostenänderungen?	Wenn die Kostenänderungen feststehen, bleiben Umfang → Nr. 42 und Verfahren → Nr. 45 der Mietänderung zu prüfen.
38. Wird ein Mietänderungsverlangen ausgelöst durch Indexänderungen?	Wenn die Indexänderungen feststehen, bleiben Umfang → Nr. 42 und Verfahren → Nr. 45 der Mietänderung zu prüfen.
39. Wird ein Mietänderungsverlangen ausgelöst durch sonstige Parameter?	Wenn die Änderung der Parameter feststeht, bleiben Umfang Nr. 42 und Verfahren → Nr. 45 der Mietänderung zu prüfen.
40. Ist eine Mietanpassung vereinbart oder eine Neufestsetzung?	Die Unterscheidung kann den Umfang einer Mietänderung wesentlich beeinflussen. → Nr. 41, → Nr. 43
41. Ist eine Mietanpassung vereinbart?	Eine Anpassung bedeutet eher die Fortschreibung des ursprünglichen Äquivalenzverhältnisses unter den neuen Bedingungen. Zu fragen ist weiter, wer die Anpassung vornimmt. → Nr. 45

Teil I Geschäftsraummiete

Frage:	Folgerungen:
42. Sind Maßstäbe für die Anpassung vereinbart?	Ausdrücklich vereinbarte Maßstäbe müssen beachtet werden. Maßstäbe können sich auch aus dem Gesamtzusammenhang des Vertrages ergeben.
43. Ist eine Neufestsetzung der Miete vereinbart?	Eine Neufestsetzung kann der Situation einer Neuaushandlung des Vertrages nahe kommen. Zu fragen ist weiter, wer die Neufestsetzung vornimmt. → Nr. 45
44. Sind Maßstäbe für die Neufestsetzung vereinbart?	Ausdrücklich vereinbarte Maßstäbe müssen beachtet werden. Maßstäbe können sich auch aus dem Gesamtzusammenhang des Vertrages ergeben.
45. Wer soll nach dem Vertrag die Mietänderung festlegen?	Ist den Vertragsparteien selbst die Änderung überlassen, können sie darüber verhandeln, im Streitfall entscheiden die Gerichte. Oder soll die Festlegung durch Dritte erfolgen? → Nr. 46
46. Sollen nach dem Vertrag Dritte Feststellungen treffen oder Ergebnisse festlegen?	Wenn vereinbart ist, dass eine Seite oder beide Seiten an einem Gutachterverfahren oder einem Schiedsverfahren teilnehmen, ist zunächst dieses zu absolvieren.
47. Haben die Vertragsparteien eine Verfahrensregelung getroffen?	Vereinbarte Verfahrensregelungen, z.B. über die schriftliche Geltendmachung der Forderung und die Beantwortung innerhalb bestimmter Frist, sind einzuhalten. Das gilt auch, wenn Festlegungen durch Dritte vorgesehen sind. → Nr. 46, → Nr. 48
48. Ist eine Mitteilung über die Mietänderung erforderlich? Muss eine Frist eingehalten werden? Muss eine Form eingehalten werden? Ist der Nachweis der Zustellung erforderlich?	Auch wenn sie rechtlich nicht erforderlich ist, ist sie meist zu empfehlen.
49. Gibt es außergewöhnliche Gründe, die für ein Mieterhöhungsverlangen sprechen?	Siehe dazu Rz. 282 ff.

IV. Laufzeitbegrenzung, Anpassungs- und Verhandlungsklauseln

Einen sozialen **Kündigungsschutz** wie im Wohnraummietrecht, der die Parteien auch ohne übereinstimmenden Willen am Vertrag festhalten kann, gibt es im Gewerbemietrecht ebenso wenig wie ein **Verbot**, den Mietvertrag zur Erzielung einer höheren Miete **zu kündigen**. 193

Umso wichtiger sind die Vereinbarungen über die **Laufzeit** des Mietvertrages. Diese bestimmen die Mietparteien im Geschäftsraummietrecht fast vollständig selbst, und sie stehen in einem engen **Verhältnis zum Regelungsbedarf bezüglich der Miethöhe**. Eine kurze Vertragslaufzeit macht Regelungen über mögliche Mieterhöhungen überflüssig, setzt allerdings beide Vertragsseiten dem Risiko aus, am Ende der Vertragszeit keine passende Anschlussnutzungsmöglichkeit zu finden. Kurze Vertragslaufzeiten sprechen auch im Zweifel dagegen, dass eine Änderung der Miethöhe während der Vertragsdauer möglich sein soll. Sehr lange Vertragslaufzeiten, an welchen sowohl Mieter als auch Vermieter Interesse haben können, machen eine Anpassung der Miethöhe im Lauf der Zeit oft unumgänglich, was dennoch fast ausnahmslos eine ausdrückliche Vereinbarung voraussetzt. Bei mittleren Laufzeiten hält sich das Bedürfnis, den Partner am Vertrag festzuhalten, oft die Waage mit dem Wunsch, auf veränderte wirtschaftliche Rahmendaten durch eine Anpassung der Miete reagieren zu können. 194

Außer den bereits behandelten Modellen der Mietstaffelung zu bestimmten Zeitpunkten (siehe Rz. 50 ff.) und der automatischen Anpassung an einen Index (siehe Rz. 98 ff.) während der Laufzeit eines Vertrages finden sich auch die Regelungsmodelle 195
– **Anpassung** der Miethöhe durch Einigung der Parteien oder Dritte
– **Neufestsetzung** der Miethöhe durch die Parteien oder Dritte.

Als **Anpassung** wird dabei die Veränderung der ursprünglichen Regelungen im Hinblick auf geänderte Rahmenbedingungen, aber unter Wahrung oder Fortentwicklung der beim damaligen Vertragsabschluss verfolgten Vorstellungen verstanden. 196

Ist hingegen eine **Neufestsetzung** vereinbart, dann kann das Äquivalenzverhältnis weitgehend frei neu bestimmt werden. 197

Regelungen über Mietanpassung oder Neufestsetzung der Miete kommen nicht nur, aber häufig in **Kombination mit der Laufzeitbestimmung** vor. Ist vereinbart, dass der Vertrag nach Ablauf der Grundmietzeit fortgesetzt werden soll, und schweigt der Vertrag über die dann geltende Miethöhe, dann ist zu ermitteln, welche Regelungswirkung 198 dieses Schweigen hat. Bezüglich der Laufzeit gibt es wiederum unterschiedliche Vertragsmodelle, je nachdem, ob die Laufzeit abschließend bestimmt wird, oder – mit oder ohne Handeln einer oder beider Seiten – verlängert werden soll.

199 Dadurch fächert sich die Palette der möglichen Regelungen weit auf. Bei der Prüfung, ob ein Wunsch auf Veränderung der Miethöhe nach dem Vertrag rechtlich Aussicht auf Erfolg hat und ob es wirtschaftlich sinnvoll ist, ihn zu verfolgen, muss das **Gesamtgefüge des Vertrags** geprüft werden, insbesondere auch, ob sich dessen Laufzeit dem Ende nähert, und was zu tun ist, um die Laufzeit gemäß den eigenen Wünschen und dem geschlossenen Vertrag zu verkürzen oder zu verlängern und möglichst die gewünschte Miethöhe zu erreichen.

200 In gleicher Weise muss bei der Gestaltung eines neuen Mietvertrages genau geprüft werden, welche Laufzeitregelungen und welche Mietanpassungsregelungen gewünscht sind.

Zu unterscheiden sind
- Begrenzte Laufzeit ohne Folgeabrede (Rz. 202 ff.);
- begrenzte Laufzeit mit Verlängerungsklausel (Rz. 206 ff.);
- begrenzte Laufzeit mit Optionsrecht (Rz. 210 ff.);
- Mietvertrag auf unbestimmte Zeit (Rz. 217 ff.);
- Langzeitverträge, formunwirksame Verträge, Gebrauchsfortsetzung (Rz. 221 ff.).

201 Insgesamt ist zu beachten, dass Vertragsergänzungen und Vertragsänderungen, wenn sie sich auf einen Vertrag mit einer festen Laufzeit von mehr als einem Jahr beziehen, gemäß § 550 BGB[1] **schriftlich** vereinbart werden müssen. Ergänzungen und Änderungen, die dieser Form nicht genügen, ändern unausgesprochen die Laufzeit des Vertrages, weil dieser dann als auf unbestimmte Dauer abgeschlossen, somit jederzeit mit gesetzlicher Frist kündbar anzusehen ist[2].

1. Begrenzte Laufzeit ohne Folgeabrede

202 Verträge mit begrenzter Laufzeit ohne Folgeabrede über eine Fortsetzung sind in ihrer zeitlichen Erstreckung für die Vertragsparteien genau **absehbar**. Ist eine Vereinbarung über Möglichkeiten der Änderung der Miethöhe getroffen, dann bleibt allenfalls abzuwägen, ob man die Rech-

---
1 Entspricht § 566 a.F. BGB.
2 Zuletzt BGH, Urt. v. 16.2.2005 – XII ZR 162/01, GE 2005, 607.

te auf Änderung der Miete in Anspruch nimmt oder auf das planmäßige Ende des Vertrages wartet.

Ein Mietänderungsverlangen, das rechtlich aussichtsreich ist, kann auch dazu führen, dass die Gegenseite einer **vorzeitigen Vertragsbeendigung** zustimmt. 203

Enthält der Vertrag, der eine Laufzeit ohne Verlängerungsklausel festlegt, keine Vereinbarung über Möglichkeiten zur Änderung der Miethöhe, dann ist grundsätzlich davon auszugehen, dass eine **Miethöheänderung** nicht beabsichtigt war und während der Laufzeit **ausgeschlossen** sein sollte[1]. 204

Bei kurzer und mittlerer Vertragslaufzeit gilt das ausnahmslos, nur bei sehr langer Laufzeit sind gelegentlich Versuche gemacht worden, ein Recht auf Vertragsanpassung aus dem Gesamtzusammenhang des Vertrages abzuleiten[2]. 205

2. Begrenzte Laufzeit mit Verlängerungsklausel

Sehr verbreitet sind Verträge über eine Grundmietzeit, verbunden mit einer Klausel, dass der Vertrag sich **verlängern** soll, wenn keine der Parteien **widerspricht** oder **kündigt**. 206

Der Vertrag läuft vom 1.2.2001 bis zum 31.3.2006. Er verlängert sich um fünf Jahre, wenn keine der Parteien widerspricht.

Die vorstehend zitierte Verlängerungsklausel, die keine Frist für den Widerspruch nennt, würde bewirken, dass noch am letzten Tag der Vertragslaufzeit ein Widerspruch eingehen kann und damit eine **sofortige Beendigung** des Mietverhältnisses eintritt. Üblich und sinnvoll ist die Vereinbarung von Widerspruchs- und Kündigungsfristen, so dass die andere Seite ggf. die Möglichkeit hat, anderweitig einen Anschlussvertrag zu schließen. 207

Unterbleibt ein Widerspruch, dann wird damit **der ursprüngliche Vertrag fortgesetzt**, nicht etwa ein neuer Vertrag geschlossen[3]. Bezogen auf **Mietanpassungsmöglichkeiten** müsste das eigentlich bedeuten: Entweder es ist im Vertrag ein Mechanismus zur Mietänderung vereinbart, 208

---

1 Siehe auch Rz. 28 ff.
2 Siehe dazu Rz. 282 ff.
3 BGH, Urt. v. 29.4.2002 – II ZR 330/00, GuT 2002, 110 m.w.N.

dann gilt dieser Mechanismus auch für den verlängerten Vertrag. Oder eine solche Regelung fehlt im Vertrag ganz, dann kann auch eine Verlängerung des Vertrages eine Mietänderungsmöglichkeit nicht aus sich heraus schaffen[1]. Nach der Rechtsprechung des Bundesgerichtshofs kann aber bei Fehlen einer Festlegung der Miethöhe die Auslegung des Vertrages auch ergeben, dass im Verlängerungszeitraum nicht die zuletzt gezahlte Miete unverändert bleibt, sondern die angemessene oder ortsübliche Miete zu zahlen ist[2].

209 Häufig wird die Verlängerungsklausel mit der Vereinbarung verbunden, dass die Miethöhe für die Verlängerungszeit **angepasst oder neu ausgehandelt** werden soll, dann kommen die vorstehend bei Rz. 195 ff. beschriebenen Regelungsmodelle zur Anwendung:

> Der Vertrag läuft vom 1.2.2001 bis zum 31.03.2006. Er verlängert sich um fünf Jahre, wenn keine der Parteien spätestens drei Monate vor Ablauf der Mietzeit widerspricht. Über die Miethöhe für den Verlängerungszeitraum einigen sich die Parteien.

Alternativ zum letzten Satz ist auch gebräuchlich:

> Die Miethöhe für den Verlängerungszeitraum wird entsprechend der marktüblichen Miete vereinbart.

Es kann weiter hinzu gesetzt werden:

> Einigen sich die Parteien nicht innerhalb von vier Wochen nach Eingang des Widerspruchs bei der anderen Vertragsseite, dann wird die Miethöhe für den Verlängerungszeitraum durch einen von der Industrie- und Handelskammer zu benennenden Schiedsgutachter nach billigem Ermessen bestimmt.

---

1 So OLG Düsseldorf Urt. v. 23.2.1995 – 10 U 77/94, ZMR 1995, 347 = WM 1995, 433; im Hinblick auf BGH, Urt. v. 2.10.1991 – XII ZR 88/90, NJW-RR 1992, 517, ist diese Position aber nicht aufrecht erhalten worden, OLG Düsseldorf, Urt. v. 28.10.1999 – 10 U 177/98, NZM 2000, 462.
2 BGH, Urt. v. 2.10.1991 – XII ZR 88/90, NJW-RR 1992, 517.

3. Begrenzte Laufzeit mit Optionsrecht

Während bei der Verlängerungsklausel eine Verlängerung des Mietvertrages nach Ablauf des Grundzeitraums bereits vereinbart ist und nur durch den Widerspruch einer Seite oder jeder Seite zu Fall gebracht werden kann, ist das Optionsrecht darauf angelegt, dass eine Seite durch positive Erklärung die Verlängerung des Mietverhältnisses erreichen kann[1]. 210

Einer der Unterschiede liegt in den **Folgen eines Versäumnisses**: Ein versäumter Widerspruch gegen die Verlängerung des Mietvertrages führt eben zu dessen Fortsetzung, zu gleichen oder zu veränderten Bedingungen. Ein Versäumen der Ausübung des Optionsrechts führt dazu, dass der Vertrag mit dem Ablauf der bisher vereinbarten Zeit beendet ist und allenfalls durch einen Neuabschluss wieder belebt werden kann. 211

Die **Optionserklärung** muss jedenfalls am letzten Tag der Vertragslaufzeit der Gegenseite vorliegen. Häufig ist allerdings eine frühere Optionsausübung vertraglich verlangt, und selbst ohne eine derartige Festlegung können die Gerichte auf die Idee kommen, das Optionsrecht müsse z.B. in ebensolcher Frist vor Ablauf der Vertragszeit ausgeübt sein, wie sie für eine Kündigung gilt. 212

Bezüglich der Miethöhe gibt es wiederum zwei Grundvarianten: 213
Es kann ein Optionsrecht eingeräumt werden, die Verlängerung des Vertrages **zu unveränderten Bedingungen** zu bewirken.

Der Mietvertrag endet am 30.6.2007. Die Mieterin kann spätestens einen Monat vor Ablauf die Option ausüben, den Mietvertrag zu denselben Bedingungen für weitere zwei Jahre fortzusetzen.

Bei solcher Konstellation sind Überlegungen über die Miethöhe oder etwaige Mietänderungsverlangen nicht aussichtsreich.

Es kann aber auch mit dem Optionsrecht die Regelung verbunden werden, dass für die durch Option erreichte Verlängerungszeit eine **neue Miete** ausgehandelt wird. Dann muss entweder die optionsberechtigte Partei vor Ausübung der Option versuchen, eine Klärung der zukünftigen Miete zu erzielen, oder sie muss mit Ausübung der Option das Risiko in Kauf nehmen, dass über die Miethöhe gestritten werden muss und sie sich mit ihren Vorstellungen letztlich nicht durchsetzt. 214

---

1 BGH, Urt. v. 20.3.1985 – VIII ZR 64/84, NJW 1985, 2581.

215 Möglich ist aber auch, dass der Vertrag zwar eine Option einräumt, aber **keine Aussage** zur Frage, welche Miethöhe nach Ausübung des Optionsrechts gelten soll, trifft. Dies müsste eigentlich dazu führen, dass der Vertrag fortgesetzt wird und ein Mietanpassungsrecht nicht besteht[1]. Gelegentlich wird aber versucht, aus dem Gesamtzusammenhang des Vertrages doch zu konstruieren, die Parteien hätten irgendeine Form der Anpassung der Miethöhe an die inzwischen veränderten Rahmenbedingungen gewollt.

216 Sieht der Vertrag einerseits eine Verlängerung über die Grundmietzeit hinaus vor, mit der Maßgabe, dass diese Verlängerung durch Widerspruch – normalerweise eine festgelegte Zahl von Monaten vor Ende der Mietzeit auszusprechen – ausgeschlossen werden kann, und andererseits die Möglichkeit einer Verlängerung des Vertrages durch Optionsausübung des Mieters, dann kann versucht werden, diese Klauseln in einer Weise auszulegen, dass sie nicht in **Widerspruch** geraten[2]. Kündigungsrecht, Verlängerungsklausel und Optionsrecht können nebeneinander auftreten, unter Umständen kann der Ausspruch einer Kündigung die unverzügliche Geltendmachung des Optionsrechts notwendig machen[3].

4. Mietvertrag auf unbestimmte Zeit

217 Der auf unbestimmte Zeit abgeschlossene Mietvertrag ist **jederzeit** mit der gesetzlichen Frist[4] kündbar. Weder muss sich der Mieter scheuen, den Vertrag zu kündigen, weil er ihm zu teuer vorkommt, noch muss der Vermieter andere Gründe vorschieben, wenn er lediglich eine höhere Miete erzielen will.

218 Die Kündigung kann also offen zu dem Zweck eingesetzt werden, eine **Veränderung** der Miete herbeizuführen, mit dem Ziel, einen erneuten Vertragsabschluss mit demselben Partner zu günstigeren Bedingungen abzuschließen.

219 Dies schließt aber nicht aus, dass auch in einem gewerblichen Mietvertrag, der auf unbestimmte Zeit laufen soll, **ausdrückliche Möglichkeiten der Mietanpassung** vorgesehen werden.

---

1 OLG Düsseldorf, Urt. v. 23.2.1995 – 10 U 77/94, ZMR 1995, 347 = WM 1995, 433.
2 OLG Düsseldorf, Beschl. v. 27.5.2004 – I-24 U 270/03, GuT 2004, 227.
3 BGH, Urt. v. 20.3.1985 – VIII ZR 64/84, NJW 1985, 2581.
4 § 580a Abs. 2 BGB: Die ordentliche Kündigung ist, wenn nichts anderes vereinbart ist, spätestens am 3. Werktag eines Kalendervierteljahrs zum Ablauf des nächsten Kalendervierteljahres zulässig.

Ohne klare und eindeutige Mietänderungsregelung im Vertrag wird aber bei solchen Verträgen ein Mietänderungsverlangen fast aussichtslos sein[1].

Ist ein Vertrag für einen Zeitraum von mehr als einem Jahr nicht schriftlich geschlossen worden, dann gilt er gemäß § 550 BGB als **auf unbestimmte Zeit** geschlossen.

220

5. Langzeitverträge, formunwirksame Verträge, Gebrauchsfortsetzung

Auch Verträge, die auf einen **über 30 Jahre hinausgehenden Zeitraum** abgeschlossen wurden, sind nach Ablauf von 30 Jahren kündbar wie solche, die auf unbestimmte Zeit abgeschlossen wurden (§ 544 BGB). Regelungen über eine Mietanpassung – oder deren Ausschluss – gelten zwar für die vereinbarte Laufzeit, sie können aber nach 30 Jahren durch Kündigung ausgehebelt werden.

221

Ebenfalls gelten – mit der Folge jederzeitiger Kündbarkeit mit der gesetzlichen Frist – solche Verträge als auf unbestimmte Zeit abgeschlossen, für welche eine **Schriftform** erforderlich gewesen wäre, aber **nicht eingehalten** wurde. Mietanpassungsregelungen gelten fort, solange der Vertrag nicht durch Kündigung beendet wird.

222

Hinzuweisen ist schließlich auf die Bestimmung des § 545 BGB[2]. Wird der **Mietgebrauch** nach Ablauf des Vertrages **fortgesetzt** und widerspricht keine der Vertragsparteien innerhalb von zwei Wochen[3], dann wird der Vertrag auf unbestimmte Zeit fortgesetzt[4]. Diese gesetzliche Rechtsfolge kann im Vertrag ausgeschlossen werden. In Geschäftsraummietverträgen sind entsprechende Klauseln sehr verbreitet, es ist aber zumindest bei der Verwendung von vorformulierten Klauseln gegenüber Verbrauchern zu prüfen, ob die vertragliche Regelung hinreichend transparent ist[5]; die bloße Bemerkung, § 545 BGB sei abbedungen, reicht nicht aus[6]. Mietanpassungsregelungen des ursprünglichen Mietvertrages erlöschen mit dem Übergang in den gesetzlich fingierten Vertragszustand.

223

---

1 Siehe dazu Rz. 282 ff.
2 Bis 31.8.2001: § 568 BGB.
3 Für den Mieter ab Fortsetzung des Gebrauchs; für den Vermieter ab Kenntnis von der Fortsetzung.
4 Zu den Einzelheiten vgl. *Wolf/Eckert/Ball*, Handbuch, 9. Aufl. Rz. 787 ff.
5 § 307 BGB.
6 OLG Schleswig, Beschl. v. 27.3.1995 – 4 RE-Miet 1/93, ZMR 1996, 254, zust. *Blank* in Schmidt-Futterer, § 545 Rz. 32; a.A. *Wolf/Eckert/Ball*, Handbuch, 9. Aufl. Rz. 793 ff.

C. Nebenkosten

224 Der Vermieter hat gemäß § 535 Abs. 1 Satz 3 BGB die auf der Mietsache ruhenden Lasten zu tragen. Er hat den Gebrauch der Mietsache zu gewähren (§ 535 Abs. 1 Satz 1 BGB), und der Mieter ist nach § 535 Abs. 2 Satz 1 BGB verpflichtet, dem Vermieter die vereinbarte Miete zu entrichten.

225 Nach dieser Konzeption umfasst somit die vereinbarte Miete grundsätzlich alles, was den Vermieter die Bereitstellung der Mietsache kostet, und den Gewinnaufschlag des Vermieters.

226 Wird im Mietvertrag keine andere Regelung getroffen, dann können vom Mieter keine weiteren Zahlungen verlangt werden (Inklusivmiete).

227 Tatsächlich soll aber der Mieter neben der eigentlichen Miete (vorstehend Rz. 11 ff.) häufig noch Nebenkosten bezahlen. Die Bedeutung dieser Regelung wird häufig unterschätzt. Für den Mieter kann sie eine Kostenposition bedeuten, die die Höhe der eigentlichen Miete erreicht oder sogar übersteigt. Für den Vermieter kann eine unzureichende Regelung bedeuten, dass er die entsprechenden Kosten selbst tragen muss, obwohl er sie in die Miete nicht einkalkuliert hatte.

228 Als Nebenkosten kommen in Betracht
 – Instandhaltungs- und Instandsetzungskosten (Rz. 230 ff.);
 – (kalte) Betriebskosten (Rz. 245 ff.);
 – Heizungs- und Warmwasserkosten (warme Betriebskosten) (Rz. 253 ff.);
 – Verwaltungskosten (Rz. 258 ff.).

229 Besonderer Prüfung bedarf, wer nach der vertraglichen Vereinbarung etwaige künftig neu entstehende Betriebskosten zu tragen hat (Rz. 271 ff.).

I. Instandhaltungskosten, Instandsetzungskosten

230 Als **Instandhaltung** bezeichnet man diejenigen Maßnahmen, die laufend erforderlich sind, um die Eignung der Mietsache für den Gebrauchszweck aufrecht zu erhalten, insbesondere die durch Alterung, Witterungseinwirkungen und Abnutzung eintretenden Beeinträchtigungen nachhaltig und auch vorsorgend zu beseitigen, einschließlich solcher, die infolge von Zerstörungshandlungen eintreten. **Instandset-**

zung ist die Maßnahme, die vorzunehmen ist, wenn bereits Schäden eingetreten sind[1].

Nach dem Leitbild des Gesetzes hat der Vermieter die Kosten von Instandhaltung und Instandsetzung zu tragen, § 535 Abs. 1 Satz 2 BGB. Dies gilt auch für die Vermietung von Geschäftsraum. Die Mietpartei hat Instandsetzungsmaßnahmen des Vermieters zu dulden. In § 578 Abs. 2 BGB ist für die Geschäftsraummiete auf § 554 Abs. 1 BGB verwiesen. 231

Anders als im Wohnraummietrecht besteht aber bei der Vermietung von Geschäftsraum die Möglichkeit, Instandhaltungs- und Instandsetzungsmaßnahmen in größerem Umfang auf den Mieter **abzuwälzen**. Erforderlich ist jedenfalls eine ausdrückliche Übernahme dieser Verpflichtung durch die Mietpartei. Selbst häufige Vornahme von Instandsetzungsarbeiten durch den Mieter kann ohne besondere **Vereinbarung** nicht so verstanden werden, dass er damit auch in Zukunft die Instandsetzung übernehme. 232

Durch **Individualvereinbarung** kann die Instandhaltungs- und Instandsetzungspflicht sogar vollständig auf die Mietpartei übertragen werden. Jedenfalls soweit Instandsetzungsbedarf bei Vertragsabschluss erkennbar ist, wird davon ausgegangen, dass dies in der Miethöhe berücksichtigt wird. Ebenso wie Grundstücke für einen Euro übereignet werden können, ist auch die Vermietung gegen äußerst geringes Entgelt bei Übernahme von Instandsetzungen möglich. Unberührt bleibt selbstverständlich die Haftung des Grundstückseigentümers nach außen, etwa im Rahmen der Verkehrssicherungspflicht. Hier kann sich der Vermieter zwar einen Freistellungs- oder Rückgriffsanspruch gegen die Mietpartei sichern, muss aber zunächst selbst für Schäden eintreten. 233

Häufig wird die Überwälzung von Instandsetzungs- und Instandhaltungspflichten oder von deren Kosten durch **Allgemeine Geschäftsbedingungen** i.S.d. §§ 305 bis 310 BGB vereinbart. Um solche handelt es sich immer dann, wenn die Klauseln von einer Seite für eine Vielzahl von Verträgen vorformuliert werden. Ist die andere Vertragspartei Verbraucher[2], was auch bei Geschäftsraummiete möglich ist, dann kann sogar die Vorformulierung für einen einzelnen Fall ausreichen[3]. 234

---

1 *Schmidt*, NZM 2003, 505, 507, weist zu Recht darauf hin, dass Instandsetzung ein Unterbegriff der Instandhaltung ist, und nimmt Bezug auf DIN 31051.
2 § 13 BGB.
3 § 310 Abs. 3 Ziff. 2 BGB, siehe dazu auch Rz. 327.

2.35 Die Verwendung vorformulierter Bedingungen gegenüber einem Unternehmer[1] unterliegt zwar gemäß § 310 BGB einer geringeren **Kontrolle**[2]. Es bleibt aber in jedem Falle anwendbar die Anforderung, dass die Klauseln klar und verständlich sein müssen (Transparenzgebot), § 307 Abs. 1 BGB, dass sie nicht überraschend sein dürfen, § 305c BGB, und dass sie nicht zu einer unangemessenen Benachteiligung der anderen Vertragsseite führen dürfen[3]. Da nach dem gesetzlichen Leitbild des § 535 BGB die Instandhaltungspflicht beim Vermieter liegt, wäre eine völlige oder weitestgehende Überwälzung dieser Pflichten oder ihrer Kosten auf den Mieter durch Allgemeine Geschäftsbedingungen problematisch, § 307 Abs. 2 BGB[4].

2.36 Unzulässig ist die Überwälzung der Pflicht zur Beseitigung von Schäden, die von Dritten, die nicht zum Risikobereich des Mieters gehören, herbeigeführt werden[5]. Die Instandhaltung und Instandsetzung gemeinschaftlich genutzter Flächen kann ohne betragsmäßige Begrenzung nicht durch Allgemeine Geschäftsbedingungen auf den Mieter abgewälzt werden[6].

2.37 Zulässig ist hingegen auch in Allgemeinen Geschäftsbedingungen die teilweise Überwälzung der Reparaturpflicht[7], sei es als Vornahmeverpflichtung oder als Kostentragungsklausel. Wird die Verpflichtung zur **Vornahme** der Instandsetzungs- oder Instandhaltungsmaßnahmen wirksam auf den Mieter abgewälzt, dann spielen die Kosten keine Rolle, sie treten auch nicht als neben der Miete geschuldete Zahlung des Mieters an den Vermieter in Erscheinung[8].

⮕ **Beispiel:**
Der Mieter übernimmt die Verpflichtung zur Instandhaltung des Gehweges vor dem Grundstück auf seine Kosten.

---

1 § 14 BGB.
2 Auch gegenüber juristischen Personen des öffentlichen Rechts oder öffentlich-rechtlichen Sondervermögen.
3 Für größte Zurückhaltung bei der Beurteilung von Klauseln in Geschäftsmietverträgen als intransparent *Wolf/Eckert/Ball*, Handbuch des gewerblichen Miet-, Pacht- und Leasingrechts, 9. Aufl. Rz. 351.
4 OLG Köln, Urt. v. 17.12.1993 – 19 U 189/93, NJW-RR 1994, 524.
5 Siehe dazu BGH, Urt. v. 15.5.1991 – VIII ZR 38/90, NJW 1991, 1750 (Wohnungsmietverträge); OLG Saarbrücken Urt. v. 3.4.1996 – 1 U 581/95-93, NJW-RR 1997, 248.
6 BGH, Urt. v. 6.4.2005 – XII ZR 158/01, GuT 2005, 213.
7 Zur Abwälzung, ohne Erörterung der AGB-Thematik, BGH, Urt. v. 25.2.1987 – VIII ZR 88/86, NJW-RR 1987, 906; BGH, Urt. v. 4.2.1987 – VIII ZR 355/85, NJW 1987 2072 = WM 1987, 154.
8 Bei einer Neubewertung der Miete ist allerdings dieser Aspekt von besonderer Bedeutung.

Liegt eine derartige Vereinbarung vor, dann kommt eine auf Instandsetzungskosten bezogene Mieterhöhung seitens des Vermieters gar nicht in Betracht.

Es ist auch möglich, die Vornahmepflichten hinsichtlich der Instandsetzung und Instandhaltung beim Vermieter zu belassen, dem Mieter aber die **Kosten** ganz oder teilweise aufzubürden. Das kann für den Vermieter Sinn machen, weil er die Gewährleistungsansprüche gegen ausführende Firmen unmittelbar erhält und übergreifende Maßnahmen ohne Begrenzung auf die einzelne Mietsache ausführen lassen kann. Nicht selten werden derartige Vereinbarungen auch dazu genutzt, die Instandsetzungsarbeiten von Firmen oder Personen ausführen zu lassen, mit denen der Vermieter persönlich, rechtlich oder wirtschaftlich verbunden ist. Selbst bei Rechnungsstellung in üblicher Höhe verbleibt damit auch der Gewinnanteil für die ausführende Firma auf der „Seite" des Vermieters. Es kann in dieser Konstellation aber auch zu beträchtlichen Kostenüberschreitungen kommen. Es ist daher darauf zu achten, dass gerade bei Überwälzung von Instandhaltungskosten eine Begrenzung auf die ortsüblichen Kosten vereinbart wird. Gegen überhöhte Rechnungsstellung des Fremdunternehmens gibt es sonst keinen effizienten Schutz. 238

◌ **Beispiel:**
Der Mieter hat dem Vermieter die Kosten der jährlichen Reinigung des Entwässerungskanals zu erstatten. Der Vermieter bemüht sich um kostengünstige Auftragsvergabe. Der Mieter schuldet höchstens die Erstattung der ortsüblichen Kosten.

Bei einer **Vereinbarung über Kostenerstattung** kommt eine formelle Mieterhöhung seitens des Vermieters nicht in Betracht. Der Vermieter gibt lediglich die ihm in Rechnung gestellten Kosten an den Mieter weiter. Steigen diese Kosten, steigt auch der weiterberechnete Betrag. 239

Instandsetzungs- und/oder Instandhaltungskosten können auch in Form einer **Pauschale** auf den Mieter abgewälzt werden: 240

Für die laufende Reparatur der Zaunanlagen zahlt der Mieter eine Pauschale von jährlich 2000 Euro.

Eine Pauschale soll die Kosten, für die sie angesetzt wird, definitiv abgelten. Ist sie vertraglich festgelegt, ohne dass eine Erhöhungsmöglich- 241 keit ausbedungen ist, dann bleibt diese Pauschale während der Laufzeit des Mietvertrages unverändert[1].

242 Möglich ist aber auch eine ausdrückliche Vereinbarung, dass der Vermieter die **Pauschale anheben** kann, wenn sie nicht mehr zur Deckung der Kosten ausreicht.

> Für die laufende Reparatur der Zaunanlagen zahlt der Mieter eine Pauschale von jährlich 2000 Euro. Der Vermieter ist berechtigt, diese Pauschale zu erhöhen, wenn sie zur Deckung der Kosten nicht ausreicht.

Besser:

> ...wenn sie im Durchschnitt der vergangenen drei Jahre zur Deckung der Kosten nicht ausgereicht hat.

Die Beispielsvariante macht deutlich: Da eine Pauschale auch dann zu zahlen ist, wenn im jeweiligen Jahr keine entsprechenden Kosten angefallen sind, dürfte es unangemessen sein, eine Erhöhung der Pauschale zuzulassen, wenn nur in einem Jahr die Kosten höher sind als die Pauschale.

243 Ist vertraglich die Möglichkeit der **Erhöhung der Pauschale** vereinbart, dann müssen die bisherigen und die jetzigen Kosten gegenübergestellt werden[2].

244 Schließlich gibt es auch für Instandhaltungs- und/oder Instandsetzungskosten die Möglichkeit, **Vorschüsse** zu vereinbaren. Über den Verbrauch der Vorschüsse ist abzurechnen. Wenn keine Abrechnungsfrist vereinbart ist, kann von einer Abrechnung binnen eines Jahres als allgemein üblich ausgegangen werden[3]. Wenn keine Anpassung der Vorschusshöhe an die realen Instandsetzungskosten ausdrücklich vereinbart ist, scheidet auch insofern ein Anpassungsanspruch aus.

---

1 §§ 556 ff. BGB gelten für den Gewerbemietvertrag nicht, somit auch nicht § 560 Abs. 1 BGB, der eine Erhöhung der Pauschale durch einseitige Erklärung zulässt.
2 OLG Hamm, Beschl. v. 2.7.1986 – 4 RE-Miet 4/85, NJW-RR 1987, 8 = ZMR 1986, 436; BayObLG, Beschl. v. 23.6.1988 – RE-Miet 3/88, ZMR 1988, 384 = NJW-RR 1988, 1293.
3 OLG Hamburg, Beschl. v. 2.11.1988 – 4 U 150/88, NJW-RR 1989, 82; OLG Düsseldorf, Urt. v. 11.11.1997 – 24 U 216/96, ZMR 1998, 219.

II. Betriebskosten

Unter Betriebskosten[1] versteht man die Kosten, die laufend zur Aufrechterhaltung des bestimmungsgemäßen Gebrauchs des Grundstücks anfallen, mit Ausnahme der Verwaltungskosten und der Instandhaltungskosten, vgl. § 1 Abs. 1 sowie § 1 Abs. 2 Ziff. 1 und 2 Betriebskostenverordnung (BetrKV)[2]. 245

Auch hier gilt: Ohne eine ausdrückliche **vertragliche Vereinbarung** besteht keine Pflicht für die Mietpartei, neben der Miete Zahlungen für Betriebskosten zu leisten. Der Bundesgerichtshof hat hingegen bei mehrjähriger Zahlung der jeweiligen laufenden Betriebskosten durch den Mieter nicht beanstandet, dass die Vorinstanzen von einer konkludenten Vertragsänderung ausgegangen waren[3]. 246

Sollen Betriebskosten auf den Mieter abgewälzt werden, dann muss die Vereinbarung klar festlegen, welche Betriebskosten dies sein sollen. Maßgeblich ist seit 1.1.2004 die Betriebskostenverordnung, die in § 2 folgende Betriebskosten nennt: 247

1. die laufenden öffentlichen Lasten des Grundstücks, namentlich die Grundsteuer;
2. die Kosten der Wasserversorgung,
3. die Kosten der Entwässerung,
4. die Heizkosten (siehe nachfolgend Rz. 253 ff.)
5. die Warmwasserkosten (siehe nachfolgend Rz. 253 ff.)
6. die Kosten verbundener Heizungs- und Warmwasserversorgungsanlagen (siehe nachfolgend Rz. 253 ff.)
7. die Kosten des Betriebs des Personen- oder Lastenaufzugs,
8. die Kosten der Straßenreinigung und Müllbeseitigung,
9. die Kosten der Gebäudereinigung und Ungezieferbekämpfung,
10. die Kosten der Gartenpflege,
11. die Kosten der Beleuchtung,
12. die Kosten der Schornsteinreinigung,
13. die Kosten der Sach- und Haftpflichtversicherung,
14. die Kosten für den Hauswart,
15. die Kosten
    a) des Betriebs der Gemeinschafts-Antennenanlage,
    b) des Betriebs der mit einem Breitbandkabelnetz verbundenen privaten Verteilanlage,

---
[1] Zu den Einzelheiten vgl. v. *Seldeneck*, Betriebskosten im Mietrecht; *Eisenschmid/Rips/Wall*, Betriebskostenkommentar.
[2] Zu den Änderungen der Betriebskostenverordnung gegenüber dem vorangehenden Recht siehe *Wall*, WM 2004, 10 ff.
[3] BGH, Beschl. v. 29.5.2000 – XII ZR 35/00, NZM 2000, 961.

16. die Kosten des Betriebs der Einrichtungen für die Wäschepflege,
17. sonstige Betriebskosten.

Die Betriebskostenverordnung enthält zu diesen Kategorien noch zahlreiche Erläuterungen und Abgrenzungen[1].

248 Zu beachten ist, dass die Rubrik **Sonstige Betriebskosten** nicht dazu dienen kann, Betriebskosten, die nicht unter die Kategorien 1 bis 16 passen, ohne ausdrückliche vertragliche Vereinbarung auf die Mietpartei zu überbürden. Gerade im Geschäftsraummietrecht können sehr beträchtliche Betriebskosten anfallen, die im Katalog der Nummern 1 bis 16 der BetrKV nicht erfasst sind, etwa die Kosten des Betriebs einer Klimaanlage. Solche Kostenarten müssen im Mietvertrag ausdrücklich aufgeführt werden. Sind sie es nicht, dann sind diese Kosten nicht vom Mieter zu tragen.

249 Nimmt eine mietvertragliche Vereinbarung, auch eine Formularklausel, wonach der Mieter die Betriebskosten tragen soll, auf die Betriebskostenverordnung Bezug oder auf die im Wesentlichen inhaltsgleichen Regelungen der Anlage 3 zu § 27 Abs. 1 der II. Berechnungsverordnung[2], dann ist damit eine ausreichende Bestimmung der abgewälzten Betriebskosten getroffen. Dies gilt allerdings nicht für die sonstigen Betriebskosten. Diese sind in der Betriebskostenverordnung ebenso wie zuvor in der II. Berechnungsverordnung nur als Kategorie angelegt, nicht inhaltlich bestimmt. Sonstige Betriebskosten, die nicht in der vertraglichen Vereinbarung definiert sind, sind nicht wirksam auf den Mieter abgewälzt, eine Beteiligung des Mieters an diesen Kosten kann nicht verlangt werden.

250 Ist eine Pauschale vereinbart und keine Erhöhungsmöglichkeit im Vertrag vorgesehen, dann hat der Vermieter keinen Anspruch auf eine Erhöhung der Pauschale.

251 Ist hingegen eine Pauschale vereinbart aber zugleich vorgesehen, dass diese vom Vermieter erhöht werden kann, dann kann der Vermieter in der Regel durch einseitige Erklärung gegenüber dem Mieter diese Erhöhung festsetzen. Er muss dafür aber eine Gegenüberstellung der bisherigen und der aktuellen Betriebskosten vorlegen.

---

1 Der vollständige Text der Betriebskostenverordnung ist abgedruckt im Anhang, S. 416 ff.
2 II. BV in der Fassung der Bekanntmachung vom 12.10.1990, BGBl. I S. 2178, zul. geänd. durch Gesetz vom 13.9.2001, BGBl. I S. 2376, vgl. dazu *Wall*, WM 2004, 10; *Schmid*, GuT 2004, 43.

In unserem Mietvertrag ist für die Betriebskosten eine monatliche Pauschale von 230,00 Euro vereinbart. Weiter ist vereinbart, dass diese Pauschale erhöht werden kann, wenn sie die Betriebskosten nicht deckt.
Die auf Ihre Miträume entfallenden Betriebskosten betrugen
gemäß beiliegender Berechnung 3220,00 Euro
Die vereinbarte Pauschale deckt aber nur 230,00 × 12 = 2760,00 Euro
Ich hebe daher ab Februar 2006 die Betriebskostenpauschale auf (3222,00/12) 268,50 Euro monatlich an.
Ihre monatliche Zahlungsverpflichtung beträgt ab 1.2.2006
Miete 324,00 Euro
Betriebskostenpauschale 268,50 Euro
Zusammen 592,50 Euro
Ich bitte Sie, Ihren Dauerauftrag rechtzeitig entsprechend anzupassen.

Sind für die Betriebskosten Vorschüsse vereinbart, dann ist über diese innerhalb eines Jahres nach Ende der Abrechnungsperiode eine nachvollziehbare Abrechnung vorzulegen, Belege sind auf Verlangen zur Einsicht vorzulegen. Ergibt die Abrechnung eine Nachzahlungsverpflichtung des Mieters, dann kann eine Erhöhung der Vorschüsse einseitig verlangt werden. Ergibt sich eine Überzahlung, kann der Mieter die Vorschüsse um den entsprechenden angemessenen Betrag senken. 252

Aus der mir vorliegenden Abrechnung der Betriebskosten ergibt sich eine Überzahlung für das vergangene Jahr in Höhe von 1674,00 Euro. Auch im Vorjahr waren schon beträchtliche Überzahlungen eingetreten. Ich werde daher meine monatlichen Vorauszahlungen für Betriebskosten auf ein Zwölftel des Betrages senken, auf den sich meine anteiligen Betriebskosten im vergangenen Jahr belaufen haben. Das sind 14 483,00/12 = 1206,92 Euro. Demnach zahle ich ab November 2005
Miete wie bisher 2700,00 Euro
Betriebskostenvorauszahlung 1206,92 Euro
Ich bitte Sie, Ihre Sollstellung entsprechend zu korrigieren[1].

III. Heizkosten und Warmwasserkosten

In Geschäftsraum-Mietverträgen gibt es verbreitet die Regelung, dass der Mieter selbst für die Beheizung des Objekts und die Versorgung mit 253

---

[1] Da Betriebskostenvorauszahlungen zur Miete zählen, sollten Unklarheiten über die geschuldeten Vorschüsse frühzeitig ausgeräumt werden.

Teil I Geschäftsraummiete

etwa benötigtem Warmwasser verantwortlich ist. Diese **dezentrale Versorgung** unterfällt weder der Betriebskostenverordnung[1] noch der Heizkostenverordnung[2]. Auch die Versorgung mit Fernwärme, bei welcher der Mietpartei sogar Instandsetzungsaufwand und Gewinnaufschlag des Fernwärmelieferanten auferlegt werden können, sind nicht nach diesen Regelungswerken erfasst, sondern durch die Fernwärmeverordnung[3].

254 Werden Heizung und Warmwasserversorgung hingegen **vom Vermieter gestellt**, dann werden für die Belieferung mit Heizwärme und Warmwasser in der Regel neben der Miete gesonderte Kosten erhoben. Sie gehören zu den Betriebskosten (siehe oben Rz. 247 die Auflistung aus der Betriebskostenverordnung, Nr. 4, 5 und 6). Sie werden üblicherweise aber gesondert erfasst und in den Verträgen ausgewiesen.

255 Die Heizkostenverordnung trifft hierfür besondere Regelungen, die auch für Geschäftsraum-Mietverträge anzuwenden sind. Danach sind Kosten für Heizung und Warmwasser **verbrauchsabhängig zu erfassen** und abzurechnen, Vereinbarungen über die Pauschalierung dieser Kosten sind nicht mehr zulässig. Wird eine gemeinsame Pauschale für alle Betriebskosten vereinbart, dann müssen die darin enthaltenen Kosten für Heizung und Warmwasser ausgegliedert, als Vorschüsse behandelt und abgerechnet werden[4]. Etwaige entgegenstehende privatrechtliche Vereinbarungen werden durch die Heizkostenverordnung verdrängt (§ 2 HeizKV), was sich praktisch auswirkt, sobald sich der Mieter darauf beruft.

256 Für die **Abrechnung** von Heizkosten- und Warmwasservorschüssen muss eine Abrechnung teils nach Verbrauch und teils nach dem Verhältnis der vom einzelnen Mieter genutzten Flächen im Verhältnis zur Gesamtfläche vorgenommen werden. Von den Gesamtkosten müssen[5] mindestens 50 %, höchstens 70 % nach dem Verbrauch abgerechnet werden, es ist aber auch eine vertragliche Vereinbarung möglich, dass ein höherer Anteil der Gesamtkosten, durchaus auch 100 %, verbrauchsabhängig umgelegt wird[6]. Die Abrechnung muss innerhalb ei-

---

1 Betriebskostenverordnung (BetrKV) vom 25.11.2003 (BGBl. I S. 2346). Der vollständige Text der Betriebskostenverordnung ist abgedruckt im Anhang, S. 416 ff.
2 Heizkostenverordnung (HeizkV) in der Bekanntmachung vom 20.1.1989 (BGBl. I S. 115).
3 Fernwärmeverordnung vom 20.6.1980 (BGBl. I S. 742).
4 Siehe dazu OLG Hamm, Beschl. v. 2.7.1986 – 4 RE-Miet 4/85, NJW-RR 1987, 8; Bay ObLG, Beschl. v. 23.6.1988 – RE-Miet 3/88, NJW-RR 1988, 1293.
5 § 7 HeizkV.
6 § 10 HeizKV.

nes Jahres nach Ende eines Abrechnungszeitraums vorliegen[1]. Erfolgt keine verbrauchsabhängige Erfassung, dann kann die Mietpartei die Ergebnisbeträge – je nachdem, für welchen Bereich keine Verbrauchserfassung erfolgte – für Heizung oder Warmwasser, oder für beides um 15 % kürzen, § 12 Abs. 1 HeizKV.

Für eine „Mieterhöhung" ist in diesem Zusammenhang kein Raum. Allerdings kann sich ein Ansatzpunkt für eine Änderung des insgesamt geschuldeten Zahlbetrages ergeben. Ergibt eine wirksame Abrechnung, dass die Vorschüsse unzureichend waren und eine Nachzahlung erforderlich ist, dann kann der Vermieter die **Erhöhung der Vorschusszahlungen** verlangen[2]. Umgekehrt hat der Mieter das Recht, die Vorschüsse zu senken, wenn die Abrechnung eine Überzahlung ausweist. 257

IV. Verwaltungskosten, Bewachungskosten, Lieferannahme, Werbekosten

Nach dem gesetzlichen Leitbild des Mietvertrages hat der Vermieter den Gebrauch der Sache zu gewähren, alles Notwendige zu tun, um die Gebrauchsfähigkeit aufrecht zu erhalten, und alle Kosten, die zur Verwaltung und zur Aufrechterhaltung der Betriebsfähigkeit erforderlich sind, selbst zu tragen, § 535 BGB. Deutlich weiter als im Wohnraummietrecht ist bei der Vermietung von Geschäftsräumen die Überwälzung von Instandhaltungskosten[3] und Betriebskosten[4] auf die Mietpartei möglich. Immerhin kann hierfür argumentiert werden, diese Kosten entstünden letztlich durch die Nutzung des Mieters, und er könne sie durch sorgsame Nutzung auch steuern[5]. Bei Geschäftsraumvermietung kommt es aber vor, dass auch Kosten vertraglich auf die Mietpartei überwälzt werden, die auf eine Verursachung durch den Mieter kaum zurückgeführt werden können. Häufig, aber nicht nur, erscheinen derartige Positionen bei der Vermietung von Gewerbeflächen in Einkaufszentren oder ähnlichen Großobjekten[6]. In den hierfür vorgelegten Verträgen wird eine Beteiligung der Mieter beispielsweise vorgesehen an 258

---

1 Es gilt allerdings nicht die Regelung des § 560 BGB, dass nach Ablauf dieses Jahres keine Nachzahlungsforderungen mehr gestellt werden können.
2 Ist die Abrechnung nicht prüffähig, kann die Erhöhung der Vorauszahlung verweigert werden, die Erhöhungsforderung muss dem Abrechnungsergebnis entsprechen, OLG Dresden, Urt. v. 12.3.2002 – 5/23 U 2557/01, GuT 2002, 87.
3 Siehe dazu Rz. 230 ff.
4 Siehe dazu Rz. 245 ff.
5 Wie viel dieser Ansatz mit der Realität zu tun hat, bedarf differenzierter Betrachtung.
6 Siehe hierzu *Joachim*, GuT 2005, 99 ff. und 135 ff. m.w.N.

- Verwaltungskosten (Rz. 259 ff.);
- Bewachungskosten (Rz. 262 ff.);
- Kosten gemeinschaftlicher Annahme von Lieferungen (Rz. 265 f.);
- Werbekosten (Rz. 267 ff.).

1. Verwaltungskosten

259 **Kosten der Verwaltung** der konkret gemieteten Flächen sind vergleichsweise geringfügig, diese Kosten sind normalerweise in den Mietpreis einkalkuliert und werden nicht gesondert ausgewiesen. Interessant für die Vermieterseite – und durchaus risikoträchtig für die Mietpartei – ist eine Vereinbarung, wodurch die Beteiligung des Mieters an Verwaltungskosten für das Gesamtobjekt geregelt wird. Hier kann von der Aquisition neuer Mieter und der Bearbeitung der Vertragsabschlüsse über die Erfassung, Anmahnung und Beitreibung von Mieten bis zur Bearbeitung behördlicher Verfahren usw. umfangreicher Aufwand entstehen. Welche Höhe diese Kosten erreichen, kann die Mietpartei nicht zuverlässig abschätzen. Häufig vergibt in diesen Fällen der Vermieter die Verwaltungstätigkeit nach außen, an eine wenigstens formell vom Vermieter selbst getrennte Einheit. Ob deren Aufwand notwendig und angemessen ist, ob übliche oder überhöhte Preise in Rechnung gestellt werden, kann die Mietpartei nicht übersehen.

260 Grundsätzlich gilt: Ohne eine **ausdrückliche Vereinbarung** sind Verwaltungskosten nicht vom Mieter zu tragen. Sind im Gewerbemietvertrag nur die Betriebskosten durch Bezugnahme auf die Betriebskostenverordnung auf den Mieter überwälzt, dann scheidet damit auch die Geltendmachung von Verwaltungskosten aus, denn diese sind in § 1 Abs. 2 Ziff. 1 BetrKV ausdrücklich ausgeschlossen. Wird hingegen im Vertrag bei der Überwälzung der Betriebskosten der Text des § 2 BetrKV wörtlich wiedergegeben, dann ist nicht ausgeschlossen, daneben ausdrücklich zu vereinbaren, dass die Verwaltungskosten anteilig vom Mieter getragen werden.

261 Es müssen aber jedenfalls bei einer Überwälzung durch Allgemeine Geschäftsbedingungen wegen des Transparenzgebots, § 307 BGB, die Kategorien von Positionen, die hierunter fallen sollen, einigermaßen klar bestimmt sein[1].

---

[1] KG, Urt. v. 8.10.2001 – 8 U 6267/00, GE 2002, 327 = NZM 2002, 954.

2. Bewachungskosten

Für die Bewachung der selbst gemieteten Geschäftsräume ist jeder Mieter selbst verantwortlich. Liegen diese Geschäftsräume aber in einem weitläufigen und unübersichtlichen Gesamtkomplex, dann ist es ohne eine Bewachung des Gesamtgeländes dem einzelnen Mieter häufig gar nicht möglich, eine ausreichende Sicherheit seiner Gewerbeeinheit zu gewährleisten. Nicht zuletzt beim Abschluss von Versicherungen kann dies dem Mieter Schwierigkeiten bereiten. Die Beteiligung der Mietpartei an **Bewachungskosten** kann sachlich also sinnvoll sein.

262

Für die Vermieterseite bietet eine derartige Regelung fast nur Vorteile. Er schuldet die Bewachung des Gesamtgeländes zwar dann auch vertraglich, gerade bei weitläufigen Anlagen in Gewerbegebieten oder außerhalb der Städte ist diese aber ohnehin erforderlich, um Schäden an seinem Eigentum abzuwenden. Für die Mietpartei kann außer dem Aspekt, dass er eine Sicherheit seiner Flächen anders gar nicht erzielen könnte, auch die Überlegung eine Rolle spielen, dass über die Einbeziehung in den Gesamtauftrag auch die Bewachung seiner Flächen kostengünstiger wird. Problematisch ist für ihn einerseits die damit eintretende Erhöhung der Fixkosten: Wenn der Betrieb wenig Erträge erwirtschaftet, können laufende Bewachungskosten sehr deutlich zu Buche schlagen. Andererseits ist dem Mieter häufig eine Kontrolle und Steuerung der vermittelten Bewachungsleistung und der Preisgestaltung der Bewachungsunternehmen kaum möglich. In der Praxis kommt bei Mietern vor allem Unwillen auf, wenn das Gesamtobjekt als vollvermietet mit hoher Ertragsaussicht angepriesen wurde, der Kundenzustrom sich nicht einstellt, Leerstand bleibt oder sogar zunimmt, womöglich auch die technischen Sicherungseinrichtungen vom Vermieter vernachlässigt werden.

263

Ohne **ausdrückliche Vereinbarung** hat der Mieter keine Verpflichtung, sich an Bewachungskosten zu beteiligen. Eine individualvertragliche Vereinbarung, wonach sich die Mietpartei an den Kosten der Bewachung beteiligt, ist möglich. Es ist aber auf die Regelung eines klaren Leistungsspektrums zu achten, es muss klar ersichtlich sein, ob und in welchem Umfang auch die selbst gemietete Fläche in die Bewachung einbezogen ist. Eine Begrenzung der umlegbaren Bewachungskosten auf die üblichen sollte vorgenommen werden. Wird die Beteiligung durch Allgemeine Geschäftsbedingungen auferlegt, dann ist besonders darauf zu achten, dass die Regelungen transparent und nicht überraschend sind.

264

3. Kosten gemeinschaftlicher Annahme von Lieferungen

265 Gelegentlich wird für große Gewerbekomplexe eine gemeinsame **Annahme von Warenlieferungen** vereinbart. Speziell geschulte Mitarbeiter können eingehende Lieferungen logistisch günstig im Annahmebereich parken, das Abladen überwachen, möglicherweise einen Sicherheitscheck vornehmen, die Empfänger benachrichtigen und – falls keine komplizierteren Abnahmehandlungen erforderlich sind – die Waren an die Empfänger weiterleiten. Hierfür wird dann eine Vergütung von der einzelnen Mietpartei verlangt. Für die Vermieterseite ist dies eine von der Gebrauchsgewährung grundsätzlich unabhängige Zusatzleistung[1].

266 Nur durch **ausdrückliche Vereinbarung** ist eine derartige Kostenbeteiligung des Mieters zu erlangen. Die genaue Angabe des Leistungsspektrums ist erforderlich. Notwendig wird auch die Klärung sein, ob die Mietpartei aus der Annahmegemeinschaft wieder ausscheiden kann, wenn sie mit der Leistung nicht zufrieden ist, und wie sie dann ihre Belieferung sicherstellen kann. Durch Allgemeine Geschäftsbedingungen dürfte die gemeinschaftliche Materialannahme nicht aufzuerlegen sein, denn dies ist eine von der Vermietung von Räumen sachlich recht weit entfernte Leistung und sehr unüblich.

4. Werbekosten

267 Vor allem bei der Vermietung von Flächen in größeren Handelskomplexen wird zunehmend der Beitritt des einzelnen Mieters zu **Werbegemeinschaften** und/oder die Beteiligung an deren Kosten verlangt. Für die Vermieterseite ist dies von Interesse, weil eine erfolgreiche Werbung für das Gesamtobjekt die Erträge der einzelnen Mieter – im Falle einer vereinbarten Umsatzbeteiligung auch den Ertrag des Vermieters – steigern kann, vor allem aber die Attraktivität der Anlage für Mieter und damit die Vermietbarkeit und der erzielbare Mietpreis zunimmt. Für die Mietpartei kann eine gelungene Gesamtwerbung durchaus einen verstärkten Kundenzustrom bringen.

268 Bei Werbemaßnahmen ist aber nur durch aufwendige Marktforschung zu ermitteln, welche Wirkung sie haben, insbesondere ob sie dem einzelnen Mieter überhaupt Kunden einbringen. Während Verwaltung und Bewachung grundsätzlich einen praktischen Zweck haben, können Werbekampagnen durchaus ohne jeden positiven Effekt bleiben. Selbst diese positive Wirkung grundsätzlich unterstellt, bleibt für die Mietpar-

---

[1] Derartige Vereinbarungen werden aber häufig deshalb angeboten, weil ein individueller Lieferverkehr räumlich gar nicht möglich wäre.

tei weitgehend uneinschätzbar, welcher Aufwand erforderlich und sinnvoll ist. Werbemaßnahmen können sogar, wenn der Stil für den konkret interessierenden Kundenkreis verfehlt wird, für einzelne Betriebe sich nachteilig auswirken. Dass ohne **ausdrückliche Vereinbarung** keine Beteiligung an Werbekosten verlangt werden kann, liegt auf der Hand. Sinnvollerweise wird man in einer individualvertraglichen Vereinbarung das Leistungsspektrum festlegen und womöglich eine Mitbestimmung der einzelnen Mitglieder der Werbegemeinschaft einräumen. Durch Allgemeine Geschäftsbedingungen kann eine Beitrittspflicht der Mietpartei zu einer Werbegemeinschaft nicht auferlegt werden. Hingegen soll es möglich sein, durch Allgemeine Geschäftsbedingungen einen Kostenbeitrag zur Werbegemeinschaft abzuverlangen, und zwar auch dann, wenn die Höhe des Beitrags von der Gemeinschaft bestimmt wird[1].

Liegt eine wirksame Vereinbarung vor, dann gilt für die Höhe und die Veränderung der entsprechenden Zahlungsverpflichtungen nichts anderes als für die gesetzlich vorgesehen Betriebskosten: Es können für derartige Leistungen **Pauschalen** vereinbart werden. Eine Möglichkeit zur Erhöhung einer vereinbarten Pauschale wegen Kostensteigerungen gibt es nur, wenn dies ausdrücklich ausbedungen ist. 269

Vorschussregelungen sind in diesem Bereich seltener. Wo sie vorkommen, lösen sie eine Abrechnungspflicht aus wie bei den anderen Betriebskosten[2]. 270

V. Neu hinzukommende Nebenkosten

Enthält der Vertrag keine Regelung über die **Neueinführung** von Nebenkosten, dann sind diese nach der gesetzlichen Regelung in § 535 Abs. 1 Satz 3 BGB vom Vermieter zu tragen 271

Grundsätzlich ist es möglich, im Geschäftsraummietvertrag auch die Möglichkeit vorzusehen, dass neu hinzukommende Betriebskosten oder sonstige Nebenkosten vom Mieter (anteilig) getragen werden[3]. Da dies auf ein **einseitiges Leistungsbestimmungsrecht** des Vermieters hinausläuft, muss auch dann, wenn eine derartige Vereinbarung individualvertraglich getroffen wurde, die Einführung neuer Betriebskosten der **Bil-** 272

---

1 OLG Hamburg, Urt. v. 21.1.2004 – 4 U 100/03, GuT 2004, 162 = GE 2004, 1590. Revision ist zugelassen zu BGH XII ZR 39/04.
2 OLG Hamburg, Urt. v. 21.1.2004 – 4 U 100/03, GuT 2004, 162 = GE 2004, 1590.
3 BGH, Urt. v. 13.6.1984 – VIII ZR 141/83, WPM 1984, 1007.

ligkeit entsprechen, selbst wenn die Parteien dies nicht ausdrücklich vereinbart haben, § 315 Abs. 1 BGB.

273 Fraglich ist, ob dieses Recht des Vermieters durch dessen **Allgemeine Geschäftsbedingungen** der Mietpartei auferlegt werden kann. Entsprechende Formularklauseln sind als nicht transparent und unangemessen angesehen worden, weil der Mieter nicht übersehen kann, welche Belastungen auf ihn zukommen[1].

D. Umsatzsteuer

274 Die Vermietung von Geschäftsräumen ist grundsätzlich **von der Umsatzsteuer befreit**. Der Mieter schuldet Zahlung von Umsatzsteuer – selbst wenn Vermieter und Mieter Kaufleute sind – zusätzlich zu Miete und etwaigen Betriebskosten nur, wenn dies ausdrücklich vereinbart ist, wobei eine Formularklausel ausreicht[2]. Andernfalls kann und muss der Mieter davon ausgehen, dass keine Umsatzsteuer anfällt und somit auch bei ihm ein Vorsteuerabzug nicht möglich ist.

275 Voraussetzung dafür, dass der Mieter Umsatzsteuer schuldet, ist auch bei ausdrücklicher Vereinbarung stets die **Umsatzsteuerpflicht** des Vermieters. Besteht diese tatsächlich nicht, kann auch vom Mieter keine Umsatzsteuer verlangt werden, etwa bezahlte Umsatzsteuer ist als rechtsgrundlose Zahlung rückforderbar gemäß § 812 BGB[3].

276 Eine Umsatzsteuerpflicht des Vermieters entsteht dadurch, dass dieser gegenüber dem Finanzamt eine entsprechende Erklärung abgibt, die so genannte **Umsatzsteuer-Optierung**. Auch dies ist aber nur möglich, wenn beim Mieter der Vorsteuerabzug nicht gesetzlich ausgeschlossen ist[4]. Liegen die Voraussetzungen für eine **Umsatzsteuer-Option** vor und wird sie vom Vermieter ausgeübt[5], so kann der Mieter den in der Miete enthaltenen Umsatzsteueranteil gegenüber dem Finanzamt als Vorsteuer geltend machen.

---

1 OLG Düsseldorf, Urt. v. 25.4.1991 – 10 U 178/90, BB 1991, 1150; a.A. *Wolf/Eckert/Ball*, Handbuch, 9. Aufl. Rz. 484.
2 BGH, Urt. v. 25.7.2001 – XII ZR 137/99, NZM 2001, 952.
3 BGH, Urt. 28.7.2004 – XII ZR 292/02, GuT 2004, 159.
4 §§ 9 Abs. 1 und 27 Abs. 2 Ziff. 3 UStG, siehe dazu OLG Düsseldorf, Urt. v. 8.12.2005 – I-10 U 146/01 (Arztpraxis).
5 Liegen beide Voraussetzungen nicht vor, dann kann der Mieter die gezahlte Umsatzsteuer zurückfordern, siehe dazu BGH, Urt. 28.7.2004 – XII ZR 292/02, GuT 2004, 159.

Der Vermieter ist **nicht verpflichtet**, für eine Umsatzsteuerpflicht **zu** 277
optieren, selbst wenn bei Unterlassung dem Mieter die entsprechende
Vorsteuer entgeht. Etwas anderes gilt nur, wenn ausdrücklich eine
Rechtspflicht des Vermieters zur Umsatzsteueroption im Vertrag niedergelegt ist.

Hat aber der Vermieter für eine Umsatzsteuerpflicht nach § 4 Ziff. 12a 278
UStG für Mieteinkünfte optiert, und ist er nach den vertraglichen Vereinbarungen dazu berechtigt, dann muss er im Vertrag oder einer nachfolgenden Erklärung die **Umsatzsteuer gesondert ausweisen**, ebenso in
jeder darauf folgenden Mietänderungserklärung.

... wir haben gegenüber dem Finanzamt mit Wirkung ab 1.1.2006 für die Umsatzsteuerpflicht optiert. Wie in unserem Mietvertrag Ziff. ... vorgesehen, ist daher ab 1.1.2006 zuzüglich zur Miete in Höhe von monatlich 2750,00 Euro die Umsatzsteuer in Höhe von 16 % zu entrichten. Damit ergibt sich für Sie ab 1.1.2006 folgende Mietänderung:

Nettomiete	2750,00 Euro
Umsatzsteuer 16%	440,00 Euro
Summe	3190,00 Euro

Voraussetzung für den **Vorsteuerabzug des Mieters** ist eine Rechnung 279
bzw. Vertragsgestaltung des Vermieters, die den Anforderungen des
Umsatzsteuergesetzes genügt.

Mietverträge, die nach dem 1.7.2004 geschlossen wurden, müssen nach 280
der Neufassung des Umsatzsteuergesetzes über die bisherigen Rechnungsanforderungen hinaus enthalten:
- die Steuernummer/Umsatzsteueridentifikationsnummer des Vermieters,
- den Steuersatz bzw. Hinweis auf etwaige Steuerbefreiung,
- eine fortlaufende Rechnungsnummer.

Üblicherweise wird in der vertraglichen Vereinbarung auf den jeweils 281
gültigen Umsatzsteuersatz verwiesen. Selbst wenn dies nicht geschieht,
lediglich die Zahlung der Umsatzsteuer vereinbart ist, besteht ein gesetzliches Anpassungsrecht aus § 29 UStG, entsprechend dem gestiegenen oder gesenkten Umsatzsteuersatz eine Angleichung der Zahlung zu
verlangen.

> Durch Gesetz vom ... ist mit Wirkung zum 1.1.2007 der Umsatzsteuersatz auf 19 % angehoben worden. Daraus ergibt sich für Sie folgende Mietänderung ab 1.1.2007:
>
> | | Bisher Euro | ab 1.1.2007 Euro |
> |---|---|---|
> | Nettomiete | 2400,00 | 2400,00 |
> | Betriebskostenvorschuss | 800,00 | 800,00 |
> | Umsatzsteuer | 512,00 | 608,00 |
> | Summe | 3712,00 | 3808,00 |

E. Außerordentliche Vertragsanpassung

282 Ist in einem gewerblichen Mietvertrag keine Anpassung der Miethöhe vorgesehen, dann gibt es grundsätzlich auch bei langer Vertragslaufzeit keinen Anspruch der einen oder anderen Seite, dass die **Miethöhe** veränderten Rahmenbedingungen oder den Bedürfnissen eines Vertragspartners **angeglichen** wird. Da beide Vertragsparteien rechtlich frei den Inhalt der Vereinbarungen bestimmen können, insbesondere frei das Verhältnis von Leistung und Gegenleistung festlegen können, ohne dass es auf deren Vernünftigkeit ankommt, müssen sie sich an diesen Regelungen auch festhalten lassen. Ein außerordentliches Kündigungsrecht wegen drastisch verschlechterter Wirtschaftlichkeit auf der eigenen Vertragsseite ist gleichfalls nur in besonders gelagerten **Ausnahmefällen** erwogen worden[1]. Der Grundsatz, dass die Vertragsparteien an ihren Vereinbarungen festzuhalten sind, wird im Geschäftsraummietrecht von der Rechtsprechung sehr konsequent verfolgt[2].

283 Grundsätzlich spielt es keine Rolle, ob nach dem Vertragsabschluss die **Kaufkraft** oder das **Mietniveau** sich stark verändert[3]. Das gilt auch bei langfristigen Verträgen[4]. Die Überlegungen dazu gehen auf die Rechts-

---

[1] Anders womöglich, wenn infolge veränderter öffentlichrechtlicher Bestimmungen der Betrieb nicht mehr in dem von den Parteien vorausgesetzten Umfang aufrecht erhalten werden kann, BGH, Urt. v. 7.7.1971 – VIII ZR 10/70, WPM 1971, 1300, 1301.
[2] BGH, Urt. v. 29.9.1969 – VIII ZR 3/68, WPM 1969, 1323; BGH, Urt. v. 1.10.1975 – VIII ZR 108/74, WPM 1975, 1131 (Kaufkraftschwund von 66 %). Siehe dazu auch *Bub/Treier*, Handbuch der Geschäftsraummiete, 3. Aufl.II Rz. 633 – 643; *Schultz* in Bub-Treier, III A Rz. 257–258.
[3] BGH, Urt. v. 29.9.1969 – VIII ZR 3/68, WPM 1969, 1323.
[4] BGH, Urt. v. 1.10.1975 – VIII ZR 108/74, WPM 1975, 1131: 17 Jahre nach Vertragsschluss; grundsätzlich auch ausdrücklich bezogen auf 99-jährige Laufzeit von Erbbauverträgen BGH, Urt. v. 23.1.1976 – V ZR 76/74, WPM 1976, 429, 430.

figur des Wegfalls der Geschäftsgrundlage zurück, die heute in § 313 BGB geregelt ist.

Es kann ohne ausdrückliche Vereinbarung dieses Inhalts keineswegs behauptet werden, es sei Geschäftsgrundlage der Vereinbarung beider Seiten gewesen, dass der Vermieter ein der Kaufkraft entsprechendes Äquivalent für die Überlassung der Mietsache erhalten soll, oder dass der Mieter nur (oder stets) einen dem angemessenen Entgelt entsprechenden Mietpreis zahlen soll. Im Gegenteil: Es gehört zum **freien** gewerblichen **Vertragsschluss** gerade, dass jede Seite versuchen darf, ihre Entwicklungsprognosen im Vertrag auch zu Lasten des anderen Teils zu realisieren. Hat die eine Seite mit ihrer Prognose Recht gehabt, darf sie den daraus erzielten Sondervorteil behalten, zu Lasten der anderen, die sich vielleicht bei ihrer Prognose getäuscht hat. Fehlt aber eine hierauf bezogene gemeinschaftliche Geschäftsgrundlage, dann kann auch über § 313 Abs. 1 BGB keine Vertragsanpassung wegen Wegfalls der Geschäftsgrundlage erreicht werden. 284

Der Bundesgerichtshof hat dazu erwogen: Ein Recht auf Mietanpassung könnte allenfalls in Betracht gezogen werden, wenn der vereinbarte **Nominalbetrag** auch **nicht annähernd mehr** als ein **Gegenwert** für die Leistung des Klägers angesehen werden könnte und wenn das Festhalten am Vertrag zu einem mit Recht und Gerechtigkeit nicht mehr zu vereinbarenden Ergebnis führen würde[1]. 285

In Einzelfällen hat die Rechtsprechung dennoch auch bei Fehlen entsprechender Regelungen im Vertrag zugunsten einer Vertragsanpassung entschieden. Dies wird stets als außergewöhnliche **Ausnahme** bezeichnet, auch wenn im Einzelfall nicht immer klar nachvollziehbar wird, inwiefern der entschiedene Einzelfall so unvergleichbar weit von den sonst häufig vorkommenden Äquivalenzstörungen entfernt liegen soll. 286

Vom Bundesgerichtshof ist ein derartiger Anspruch im Geschäftsraummietrecht bisher nicht zugesprochen worden. Es gibt zwar einige **Entscheidungen**, die eine Anpassung des Gegenleistungsanspruches trotz Fehlens entsprechender Vertragsklauseln gewähren. Diese beziehen sich aber z.B. auf vertraglich vereinbarte Pensionsansprüche oder auf Erbbauzinsansprüche. Es ist sehr fraglich, ob hieraus für den Bereich des Geschäftsraummietvertrags irgendein Argument übertragbar ist, insbesondere im Zusammenhang mit einer im Vertrag nicht vorgesehenen Anpassung der Miete. 287

---

1 BGH, Urt. v. 1.10.1975 – VIII ZR 108/74, WPM 1975, 1131, 1132 m.w.N.; BGH, Urt. v. 23.1.1976 – V ZR 76/74, WPM 1976, 429, 430.

288 Im Urteil des Bundesgerichtshofs vom 28.5.1973[1] ging es um Pensionsansprüche eines ehemaligen Vorstandsmitgliedes einer Aktiengesellschaft. Der 1935 geschlossene Dienstvertrag sah eine Pensionszahlung vor, die nach Dienstjahren gestaffelt, aber als Festbetrag ausgestaltet war. Diese Pension wurde durch starke Geldentwertung geschmälert, der Pensionär verlangte eine Anpassung. Der Bundesgerichtshof entschied, der **Versorgungszweck** sei gefährdet, wenn trotz sehr starker Geldentwertung eine Anhebung der Pension unterbleibe. Auch wenn der Vertrag eine Anpassung nicht vorsehe, sei sie daher vorzunehmen. Kern der Argumentation ist hier, die Merkmale von Versorgungszusagen im Unterschied zu anderen schuldrechtlichen Verpflichtungen bestünden darin, dass sie den Lebensunterhalt des Berechtigten sichern oder doch einen Beitrag dazu leisten sollen und die Zahlungen hierfür aus dem Ertrag des Unternehmens aufgebracht werden, dessen Grund der Pensionär während seiner Tätigkeit für das Unternehmen selbst gelegt hat[2]. Versorgungssicherung ist klarer Zweck der Vertragsregelung, und der eine Teil hat seine Leistung bereits erbracht. Beides trifft für den Geschäftsraummietvertrag nicht zu.

289 Etwas näher zum Geschäftsraummietrecht scheint die Rechtsprechung des Bundesgerichtshofs über die Anpassung des **Erbbauzinses** wegen drastischer Geldentwertung. Während zunächst eine Anpassung abgelehnt wurde nach einer Vertragslaufzeit von 15 Jahren[3] und im Urteil vom 17.12.1982[4] ein Anpassungsrecht verneint wurde bei einem Erbbaurechtsvertrag, der 1954 ohne Anpassungsklausel abgeschlossen war, haben einige spätere Entscheidungen des Bundesgerichtshofs einen Anspruch auf Vertragsanpassung auch bei Fehlen derartiger Klauseln zugebilligt:

290 In einem Urteil vom 24.2.1984[5] wurde eine Vertragsanpassung zugebilligt für einen im Jahre 1951 auf 99 Jahre abgeschlossenen Erbbaurechtsvertrag. Unter Berufung darauf, dass seit dem Vertragsabschluss schon bis zum Erhöhungsverlangen eine **Geldentwertung** um 3/5, also mehr als die Hälfte eingetreten sei, die sich seither während der Prozessdauer nochmals erheblich erhöht habe, hielt der Bundesgerichtshof hier aus-

---

1 BGH, Urt. v. 28.5.1973 – II ZR 58/71, BGHZ 61, 31 = NJW 1973, 1599 unter Aufgabe der vorhergehenden Rechtsprechung, Nw. siehe dort, und Bezugnahme auf Urteile des Bundesarbeitsgerichts BAG, Urt. v. 30.3.1973 – 3 AZR 26/72, WPM 1973, 566 = BB 1973, 522.
2 BGH, Urt. v. 28.5.1973 – II ZR 58/71, BGHZ 61, 31, 34.
3 BGH, Urt. v. 23.1.1976 – V ZR 76/74, WPM 1976, 429.
4 BGH, Urt. v. 17.12.1982 – V ZR 306/81, BGHZ 86, 167 = NJW 1983, 1309.
5 BGH, Urt. v. 24.2.1984 – V ZR 22/82, BGHZ 90, 227 = NJW 1984, 2212.

nahmsweise eine Anpassung für geboten. Das Gericht bekräftigt zwar[1], bei Verträgen mit einer sich über mehrere Jahrzehnte erstreckenden Laufzeit stehe eine Annahme der Gleichwertigkeit von Leistung und Gegenleistung unter der Einschränkung, dass die Vertragsparteien verständiger Weise nicht damit rechnen können, die Gleichwertigkeit werde für die ganze Vertragsdauer erhalten bleiben. Es falle unter das normale Risiko solcher Verträge, dass sich die den Wert der vereinbarten Leistung beeinflussenden Verhältnisse während der Vertragsdauer zugunsten des einen oder anderen Vertragspartners ändern. Bei dem festgestellten Ausmaß der Geldentwertung sei aber „die Grenze des für den Geldgläubiger Tragbaren überschritten".

291 In einem anderen Fall billigte der Bundesgerichtshof 1980[2] einen Anpassungsanspruch für den Erbbauzins eines 1939 abgeschlossenen Vertrages. Als maßgeblich wurde hier eine **Geldentwertung** von fast 70 % angesehen. Hingegen spielt in der Begründung keine entscheidende Rolle, dass der extrem niedrige Erbbauzins ausdrücklich im Zusammenhang mit der sozialen Aufgabe stand, bedürftigen Familien Wohnung zu gewähren, und diese Subventionierung nach der inzwischen erreichten wirtschaftlichen Stellung des Erbbaupächters – wie die Gemeinde als Erbbauverpächterin geltend gemacht hatte – nicht mehr vertretbar wäre.

292 Im Urteil vom 30.3.1984[3] reichten dem Bundesgerichtshof nach fast 50 Jahren Laufzeit etwa 61 % **Kaufkraftschwund**; im Urteil vom 3.5.1985[4] wird ausgeführt, grundsätzlich sei bei einem Kaufkraftschwund von 60 % ein Festhalten am vertraglich vereinbarten Erbbauzins nicht mehr zumutbar; dies wurde bestätigt in Urteilen vom 4.5.1990[5] und vom 18.9.1992[6] und kann seither im Erbbaurecht als ständige Rechtsprechung gelten.

293 Gegen die Übertragbarkeit dieser Rechtsprechung auf das Geschäftsraummietrecht spricht, dass Erbbaurechtsverträge durch Erbbaurecht dem Berechtigten eine – bis zur dinglichen Beleihbarkeit – eigentümerähnliche Stellung einräumen. Erbbaurechtsverträge können eine Ver-

---

1 BGH, Urt. v. 24.2.1984 – V ZR 22/82, BGHZ 90,227, 228; ebenso schon BGH Urt. v. 23.5.1980 – V ZR 20/78, BGHZ 77, 194, 198 = WPM 1980, 882 = NJW 1980, 2241.
2 BGH, Urt. v. 23.5.1980 – V ZR 20/78, BGHZ 77, 194 = WPM 1980, 882 = NJW 1980, 2241.
3 BGH, Urt. v. 30.3.1984 – V ZR 119/83, BGHZ 91, 32.
4 BGH, Urt. v. 3.5.1985 – V ZR 23/84, BGHZ 94, 257.
5 BGH, Urt. v. 4.5.1990 – V ZR 21/89, BGHZ 111, 214.
6 BGH, Urt. v. 18.9.1992 – V ZR 116/91, BGHZ 119, 220.

tragsdauer von weit mehr als dreißig Jahren erreichen, eine Dauer mithin, die bei Mietverträgen bereits gemäß § 544 BGB zur Kündbarkeit führt[1] und damit zur Möglichkeit, eine Leistungsanpassung auf diesem Wege herbeizuführen. Andererseits trifft die Erbbaurechtsverordnung in § 9a Abs. 1 Satz 2 selbst Anordnungen, wie eine Leistungsanpassung im Rahmen der Billigkeit vorzunehmen ist[2], der Gesetzgeber hat also dieses Problem ausdrücklich aufgenommen.

294 Will man darauf abstellen, ob ein Vertrag für einen Vertragsteil die wesentliche Versorgung sicherstelle und deshalb die Äquivalenzsicherung durchgesetzt werden müsse, dann muss zunächst gefragt werden, ob dies eine beiden Seiten **erkennbare Zweckrichtung** des Vertrages ist. Das wird meist nicht der Fall sein[3]. Selbst wenn der Vermieter den wesentlichen Teil seiner Versorgung aus der Vermietung des Grundstückes zieht, wird er dies dem Mieter wohl kaum beim Vertragsschluss offenbaren. Anders mag es beim Mieter liegen, der Gewerberäume anmietet, erkennbar zu dem Zweck, dass er im Wesentlichen allein darin seinen Lebensunterhalt verdient. Wäre dies eine gemeinschaftliche Grundlage des Geschäfts, dann wäre zu erwägen, ob eine hohe Miete im Verhältnis zu einem drastisch abnehmenden Ertrag für einen Anpassungsanspruch spricht. Dennoch verschafft eine **drohende Insolvenz** des Mieters wegen Verschlechterung seines Geschäfts, auch wenn dieses ersichtlich seine Existenzgrundlage ist, ihm nach der bisherigen Rechtsprechung keineswegs ein Recht auf Ermäßigung der Miete.

295 Der Bundesgerichtshof hat in diesem Zusammenhang wiederholt darauf hingewiesen, dass auch wesentliche Änderungen einer gemeinsamen Geschäftsgrundlage – etwa gegenüber der bei Vertragsschluss vorhandenen Vorstellung und Erwartung beider Parteien, die marktübliche Miete werde weiter ansteigen – nicht zur Anpassung des Vertrages führen,

---

1 Tatsächlich sind Anpassungsansprüche in den genannten Urteilen auch erst nach über 30-jähriger Vertragsdauer zugebilligt worden.
2 § 9a ErbbauVO: (1) Dient das auf Grund zugebilligt eines Erbbaurechts errichtete Bauwerk Wohnzwecken, so begründet eine Vereinbarung, dass eine Änderung des Erbbauzinses verlangt werden kann, einen Anspruch auf Erhöhung des Erbbauzinses nur, soweit diese unter Berücksichtigung aller Umstände des Einzelfalles nicht unbillig ist. Ein Erhöhungsanspruch ist regelmäßig als unbillig anzusehen, wenn und soweit die nach der vereinbarten Bemessungsgrundlage zu errechnende Erhöhung über die seit Vertragsabschluss eingetretene Änderung der allgemeinen wirtschaftlichen Verhältnisse hinausgeht.
3 Siehe dazu auch BGH, Urt. v. 1.10.1975 – VIII ZR 108/74, WPM 1975, 1131, 1132: „Die selbstverständliche Tatsache, dass jeder Vermieter altert und daher – möglicherweise – einmal auf die Einkünfte aus dem Mietvertrag angewiesen ist, macht einen gewöhnlichen Mietvertrag, wenn sonst nichts vorliegt, nicht zu einem Versorgungsvertrag, der... eine Anpassung des Mietzinses zuließe."

wenn sich durch die Störung ein **Risiko** verwirklicht, das eine Partei zu tragen hat[1].

Stellt man hingegen auf das Maß der Geldentwertung ab, dann ist festzuhalten, dass der Bundesgerichtshof erst bei sehr hohem Kaufkraftschwund ein Anpassungsrecht überhaupt erwägt. Andererseits ist zu bedenken, dass diese Argumentation zwangsläufig nur einer Vertragsseite zugute komme könnte, denn ein Kaufkraftgewinn entsprechenden Umfangs ist schlechterdings unvorstellbar. Ein Anpassungsanspruch der Mieterseite aus diesem Grunde wäre also stets ausgeschlossen. Es wäre daher sehr gewagt, aus einer Formulierung des Bundesgerichtshofs[2], es müsse darauf Rücksicht genommen werden, wenn „der unveränderte Fortbestand des Vertrages die Wirtschaftlichkeit des langfristig vermieteten Grundstückes gefährden" würde, auf ein außervertragliches Mietanpassungsrecht zu schließen. Ausdrücklich hat der Bundesgerichtshof ausgeführt: „Die **lange Restlaufzeit** des Vertrages ist ein Umstand, der für die Frage einer Anpassung von Bedeutung sein kann, reicht allein aber nicht, um eine Anpassung zu begründen. (...) Auch ein Rückgang der ortsüblichen Miete um mehr als 60 % (würde) nicht automatisch zur Überschreitung der Opfergrenze führen."[3]

296

Griffige Rechtsgrundsätze für das Geschäftsraummietrecht lassen sich aus der Rechtsprechung des Bundesgerichtshofs nicht ableiten. Mieter und Vermieter müssen sich darauf einstellen, dass ohne eine entsprechende Vereinbarung rechtlich eine Anpassung der Miete nicht verlangt werden kann. Eine Anpassung eines langfristigen Mietvertrags wegen einer nachträglich eingetretenen Äquivalenzstörung kann nur in besonderen Ausnahmefällen in Betracht kommen, z.B. wenn das Festhalten am Vertrag für eine Partei **existenzgefährdend** wäre, und dies auf billigerweise nicht vorhersehbare Umstände zurückzuführen ist[4].

297

Näher liegt in solchen Konstellationen ein **außerordentliches Kündigungsrecht**, das die Mietpartei von der Pflicht zur Zahlung einer untragbaren Miete befreien, aber auch den Vermieter nicht länger an den Vertrag binden und ihm Dispositionsfreiheit geben würde. Auch dieses Kündigungsrecht wird von der Rechtsprechung nur selten aus § 242 BGB zugesprochen, und zwar dann, wenn die Umstände, aus denen das

298

---

1 BGH Urt. v. 20.5.1970 – VIII ZR 197/68, NJW 1970, 1313; BGH, Urt. v. 1.6.1979 – V ZR 80/77, BGHZ 74, 370, 373 = NJW 1979, 1818; BGH, Urt. v. 16.2.2000 – XII ZR 279/97, NJW 2000, 1716; BGH, Urt. v. 8.5.2002 – XII ZR 8/00, NJW 2002, 2384.
2 BGH, Urt. v. 23.1.1976 – V ZR 76/74, WPM 1976, 429.
3 BGH, Urt. v. 27.10.2004 – XII ZR 175/02, NJW-RR 2005, 236 = NZM 2005, 63.
4 BGH, Urt. v. 8.5.2002 – XII ZR 8/00, NJW 2002, 2384; OLG München, Urt. v. 26.8.1994 – 21 U 3556/93, ZMR 1996, 256 m.w.N.

Kündigungsinteresse abgeleitet wird, in der Person oder zumindest dem Risikobereich des Kündigungsgegners begründet sind, nur in ganz seltenen Ausnahmefällen hingegen, wenn die kündigungsrelevanten Vorgänge dem Einfluss des Kündigungsgegners entzogen sind (Marktentwicklung)[1] oder gar im Einflussbereich des Kündigenden liegen[2]. Dies schließt aber keineswegs aus, Forderungen auf Abänderung der Miethöhe zu erheben, und diese können auch durchaus erfolgreich sein, vor allem, wenn die änderungswillige Seite in Aussicht stellen kann, den Vertrag in absehbarer Zeit zu beenden.

299 Ist die **Marktmiete** für Geschäftsräume stärker **gestiegen** als vereinbart, dann kann der Vermieter auch längere Zeit vor Ablauf der vereinbarten Mietzeit auf den Mieter zugehen und ihm einen längeren Vertragsbestand oder auch bestimmte Verbesserungen der Mietsache in Aussicht stellen, unter der Voraussetzung, dass der Mieter sich schon jetzt auf eine höhere Miete einlässt.

300 Der Mieter kann durch **schleppende Mietzahlung** dem Vermieter seine wirtschaftlichen Engpässe deutlicher machen und dadurch womöglich den Vermieter an den Verhandlungstisch bringen, zumal eine etwaige Insolvenz des Mieters auch für den Vermieter erhebliche Risiken birgt. Bei anderen Vermietern kann die schleppende Vertragserfüllung allerdings auch von vornherein jede Einigungsbereitschaft ausschließen. Aufschlussreich ist in diesem Zusammenhang auch der Verlauf eines Falles, den im Jahr 2000 der Bundesgerichtshof[3] zu entscheiden hatte. Gegenstand waren Mietflächen in einem Einkaufszentrum[4]. Versprechungen des Investors, der das Einkaufszentrum aufbaute und die Ladenflächen vermietete, wurden letztlich nicht als rechtliche Zusicherungen angesehen; eine hierauf und den Wegfall der Geschäftsgrundlage gestützte Kündigung scheiterte. Immerhin konnten die Mieter zuvor aber gemeinsam im Verhandlungswege eine Halbierung der vereinbarten Mieten erreichen.

301 Hat der Vermieter ein Interesse – sei es wegen ungünstiger Marktlage, sei es weil er einen Betrieb dieser Art auf dem Grundstück haben möchte –, den Mieter längerfristig zu halten, dann kann eine frühzeitige und glaubhafte Ankündigung des Mieters, er beabsichtige, die Räume nicht über die vorgesehene Mietzeit hinaus zu behalten, auch vorfristig eine Neuvereinbarung der Miethöhe erzielen. Hier handelt es sich um wirtschaftlich orientierte Verhandlungen, in denen sich die Vertragspartner

---

1 BGH, Urt. v. 13.12.1995 – XII ZR 185/93, ZMR 1996, 309.
2 BGH, Urt. v. 7.7.1971 – VIII ZR 10/70, WPM 1971, 1300.
3 BGH, Urt. v. 16.2.2000 – XII ZR 279/97, NJW 2000, 1716.
4 Siehe dazu *Joachim*, GuT 2005, 99–110 und 135–140 m.w.N.

über rechtlich verbindliche Vereinbarungen bewusst einvernehmlich hinwegsetzen.

Wenig aussichtsreich erscheint hingegen die Drohung mit einem Anpassungsrecht, denn hier wird die Gegenseite geradezu auf das juristische Feld der Auseinandersetzung gezwungen, jeder beratende Jurist wird feststellen, dass ein durchsetzbares Anpassungsrecht äußerst unwahrscheinlich ist. Damit können auch Einigungsmöglichkeiten, die im Interesse beider Seiten liegen, rasch verschüttet werden. 302

F. Grenzen der Gestaltungsfreiheit

Grundsätzlich gilt auch bei der Vermietung von Flächen, die nicht dem Wohnen dienen, dass Verträge, auch soweit sie die Miethöhe und Mietentwicklung regeln, nicht gegen die **guten Sitten** und die **Gesetze** verstoßen dürfen. 303

Der Gestaltungsspielraum von Vermieter und Mieter ist groß, weil es nur wenige zwingende einschlägige Vorschriften gibt. 304

Grundsätzlich kann die Wirksamkeit der Vereinbarungen beschränkt sein durch
– § 134 BGB wegen Verstoßes gegen ein gesetzliches Verbot (Rz. 305 ff.);
– § 138 BGB wegen Verstoßes gegen die guten Sitten, insbesondere § 138 Abs. 2 BGB wegen Wuchers, (Rz. 309 ff.);
– § 291 StGB, § 4 WiStG, die strafrechtlichen Vorschriften gegen Wucher, (Rz. 319 ff.);
– §§ 305 bis 310 BGB bei der Verwendung Allgemeiner Geschäftsbedingungen (Rz. 325 ff.).

I. § 134 BGB

Eine Vereinbarung, die gegen ein gesetzliches oder behördliches Verbot verstößt, ist gemäß § 134 BGB nichtig, soweit sich nicht aus dem Verbotsgesetz etwas anderes ergibt. Abgesehen von den separat zu erörternden Wucherverboten[1] und der möglichen Sittenwidrigkeit einschließlich der Vertragsgestaltungen zum Zwecke der Steuerhinterziehung[2] gibt es aber für die Miethöhe im Gewerbemietrecht nur wenige Verbotstatbestände. 305

---
1 Siehe dazu Rz. 310 ff., Rz. 322 ff.
2 Siehe dazu Rz. 309.

306 Strikt verboten ist die Vereinbarung einer Umsatzmiete bei Vermietung von Räumen zum Betrieb einer **Apotheke**[1].

307 Einer behördlichen Genehmigung bedarf gemäß § 144 Abs. 1 des Baugesetzbuches (BauGB) der Abschluss oder die Verlängerung eines Mietvertrags über mehr als ein Jahr, wenn das Grundstück in einem förmlich festgesetzten **Sanierungsgebiet** nach §§ 136 ff. BauGB liegt. Es handelt sich um ein gesetzliches Verbot mit Erlaubnisvorbehalt. Ein solcher Vertrag ist somit schwebend unwirksam, bis die Genehmigung vorliegt. Wird sie bestandskräftig versagt, folgt daraus die Nichtigkeit des Vertrages. Eine Umdeutung in einen nicht genehmigungsbedürftigen Vertrag ist nicht möglich.

308 Behördlicher Genehmigung bedürfen auch bestimmte für die Währungsstabilität als problematisch angesehene **Wertsicherungsklauseln**[2]. Ist eine Genehmigung erforderlich und wird diese nicht rechtzeitig erteilt, dann ist im Zivilrechtsstreit von der Unwirksamkeit der Klausel auszugehen. Es kann allerdings eine vertragsergänzende Auslegung in Betracht kommen, wenn davon auszugehen ist, dass die Vertragsparteien eine Wertsicherung vereinbaren wollten und in die Vereinbarung einer anderen, genehmigungsfreien oder genehmigungsfähigen Klausel eingewilligt hätten[3].

II. § 138 BGB

309 Gemäß § 138 Abs. 1 BGB ist ein Rechtsgeschäft, das gegen die guten Sitten verstößt, nichtig. Dies ist zum Geschäftsraummietrecht hinsichtlich der Miethöhevereinbarung insbesondere bestätigt worden, wenn ein Vertrag geschlossen wird in der Absicht, **Steuern zu hinterziehen**. Das kann dadurch geschehen, dass für eine Leistung gar keine Rechnung ausgestellt wird[4], oder auch in der Weise, dass ein schriftlicher Vertrag abgeschlossen wird, der nur eine wesentlich geringere Miete dokumentiert als sie mündlich tatsächlich vereinbart wurde[5]. § 139 BGB eröffnet zwar theoretisch die Möglichkeit, den Vertrag teilweise aufrecht zu erhalten. Das würde aber einen Willen beider Parteien voraus-

---

1 § 8 ApothG, BGH, Urt. v. 22.10.1997 – XII ZR 142/95, NZM 1998, 192 = ZMR 1998, 137.
2 Siehe dazu Rz. 90 ff.
3 BGH Urt. v. 23.2.1979 – V ZR 106/76 – NJW 1979, 1545, mit Verweis auf BGH NJW 1960, 525 = LM § 3 WährG Ziff. 10 und LM § 139 BGB Ziff. 51.
4 BGH, Urt. v. 3.7.1968 – VIII ZR 113/66, MDR 1968, 834; OLG Hamm, Urt. v. 18.11.1996, – 5 U 109/96, NJW-RR 1997, 722.
5 BGH, Urt. v. 2.7.2003 – XII ZR 74/01, NJW 2003, 2742 = NZM 2003, 716 = ZMR 2003, 731.

setzen, den Vertrag auch mit dem korrekten zu versteuernden Mietbetrag zu schließen.

Gemäß § 138 Abs. 2 BGB ist insbesondere nichtig ein Rechtsgeschäft, durch das jemand unter Ausbeutung der Zwangslage, der Unerfahrenheit, des Mangels an Urteilsvermögen oder der erheblichen Willensschwäche eines anderen sich oder einem Dritten für eine Leistung Vermögensvorteile versprechen oder gewähren lässt, die in einem auffälligen **Missverhältnis** zu der Leistung stehen. 310

Angesichts dessen, dass es keine anerkannten Gewerbemietspiegel gibt, fällt es schwer, ein auffälliges Missverhältnis von Leistung und Gegenleistung tatbestandlich überhaupt zu fassen. Immerhin wird ein Missverhältnis dann angenommen, wenn die vereinbarte Miete oder Pacht knapp doppelt so hoch ist wie der Wert der Gegenleistung, also der Marktwert der Nutzung der Mietsache. Berechnungen eines angemessenen Pachtwertes aus der **Ertragskraft** (so genannte EOP-Methode: Ertragsorientierte Pachtwertfindung) hat der Bundesgerichtshof als nicht geeignet verworfen[1]. 311

Es ist aber einigermaßen schwierig, den realen **Marktwert** sicher zu ermitteln. Grundsätzlich muss er aus der Feststellung vergleichbarer Objekte und der für sie bezahlten Mieten ermittelt werden. Dies ist sehr aufwendig. Handelt es sich um einen regional begrenzten Markt, kann es an einer hinreichenden Zahl wirklich vergleichbarer Objekte mangeln. Zwar hat der Bundesgerichtshof bestätigt, dass in solcher Konstellation ausnahmsweise auch andere Erfahrungswerte herangezogen werden können[2]. Die Anforderungen dafür liegen aber sehr hoch, und auch in diesen Ausnahmefällen muss eine Ortsüblichkeit und Marktüblichkeit festgestellt werden[3]. 312

Liegt ein auffälliges Missverhältnis schon bei Vertragsabschluss vor, dann wird es in der Regel durch etwaige **Mieterhöhungsvereinbarungen** noch verschärft. Zu beachten ist aber, dass bei veränderlichen Miethöhevereinbarungen für jede Stufe zum jeweiligen Zeitpunkt das Missverhältnis geprüft werden muss und auch die Zwangslage geprüft wird. 313

Weiter wird von der Rechtsprechung verlangt, dass dem Begünstigten das Missverhältnis subjektiv erkennbar war. Der Bundesgerichtshof bezeichnet zwar bei einem besonders auffälligen Missverhältnis den 314

---
1 BGH, Urt. v. 28.4.1999 – XII ZR 150/97, BGHZ 141, 257 = WM 1999, 527; BGH, Urt. v. 19.1.2001 – V ZR 437/99, BGHZ 146, 298 = NJW 2001, 1127; BGH, Urt. v. 14.7.2004 – XII ZR 352/00, GuT 2004, 225.
2 BGH, Urt. v. 28.4.1999 – XII ZR 150/97, BGHZ 141, 257 = WM 1999, 527.
3 BGH, Urt. v. 30.6.2004 – XII ZR 11/01, GuT 2004, 157.

Schluss auf eine **verwerfliche Gesinnung** des Begünstigten als nahe liegend[1]. Jedoch verlangt zumindest der XII. Zivilsenat letztlich den Nachweis einer verwerflichen Gesinnung des Begünstigten und setzt hierfür die Anforderungen ziemlich hoch an. So soll auch die Vereinbarung einer Unterpacht, die mehr als 160 % über der selbst bezahlten Pacht liegt, nicht ausreichen[2].

315 Es komme beim Abschluss von gewerblichen Miet- und Pachtverträgen nicht nur in Ausnahmefällen zu **Bewertungsschwierigkeiten**. Deshalb sei regelmäßig eine tatrichterliche Würdigung erforderlich, ob das auffällige Missverhältnis für den Begünstigten erkennbar war[3].

316 Auch der subjektive Tatbestand auf der Opferseite muss erfüllt sein. Die **Ausbeutung einer Zwangslage** des anderen Teils wird beim Neuabschluss eines gewerblichen Mietvertrages wohl nur äußerst selten in Betracht kommen, eher schon könnte man bei Verhandlungen über die Verlängerung, also nachdem der Mieter wesentliche Investitionen schon getätigt und seinen Gewerbebetrieb eingerichtet hat, daran denken. Erhebliche Willensschwäche dürfte bei Geschäftsfähigen kaum je zu bejahen sein. Das Opfer wucherischer Vereinbarungen kann sich also letztlich nur auf seine **Unerfahrenheit** oder seinen **Mangel an Urteilsvermögen** berufen. Ist etwa bei den Vertragsverhandlungen insofern ein Erfolg erzielt worden, als die ursprünglich noch höheren Forderungen herunter gehandelt wurden, dann kann dies schon gegen die Unerfahrenheit angeführt werden[4].

Insgesamt führt daher die Berufung auf die Nichtigkeit des Vertrages wegen eines wucherischen Missverhältnisses von Vermieterleistung und Miethöhe nur selten zum Erfolg.

317 Wird die Nichtigkeit der Mietpreisvereinbarung nach § 138 BGB bejaht, dann kann das die **Nichtigkeit des gesamten Vertrages** nach sich ziehen (§ 139 BGB)[5]. Zumindest beschränkt eine solche Feststellung die Mietzahlungspflicht für die Zukunft auf den angemessenen Betrag, ebenso für die Vergangenheit, und eröffnet entsprechende Rückforderungsansprüche gemäß § 812 BGB. Spätere Änderungen des Vertrages, die z.B. eine Reduzierung der ursprünglich vorgesehenen überhöhten Zahlungen auf einen noch immer überhöhten Betrag zum Gegenstand haben,

---

1 BGH, Urt. v. 30.5.2000 – IX ZR 121/99, NJW 2000, 2669.
2 BGH, Urt. v. 30.6.2004 – XII ZR 11/01, GuT 2004, 157.
3 BGH, Urt. v. 14.7.2004 – XII ZR 352/00, GuT 2004, 225.
4 OLG Naumburg, Urt. v. 31.5.2000 – 6 U 97/99, GuT 2002, 15.
5 Verfehlt allerdings insoweit KG, Urt. v. 19.11.2001 – 20 U 812/00, GE 2002, 328, das dem Vermieter, der eine um 100 % überhöhte Miete verlangt, den Räumungsanspruch zuspricht, weil die Sittenwidrigkeit zur Vertragslosigkeit und damit zur Herausgabepflicht des Mieters führe.

könnten als Bestätigung des nichtigen Geschäfts gemäß § 141 BGB angesehen werden[1].

Neben der zivilrechtlichen Nichtigkeit können Ordnungswidrigkeiten und strafrechtliche Verstöße vorliegen[2]. 318

III. Wirtschaftsstrafgesetz und Strafgesetzbuch

Gemäß § 4 des Wirtschaftsstrafgesetzes[3] (WiStG) handelt **ordnungswidrig**, wer in einem Gewerbe oder einem Beruf Entgelte für Leistungen des lebenswichtigen Bedarfs fordert, verspricht, annimmt oder gewährt, die infolge einer Beschränkung des Wettbewerbs oder infolge der Ausnutzung einer wirtschaftlichen Machtstellung oder einer Mangellage unangemessen hoch sind[4]. Der Verstoß führt dazu, dass die Miethöhevereinbarung gemäß § 134 BGB teilweise nichtig ist, die Abführung des Mehrerlöses kann angeordnet werden (§ 8 WiStG), weiter ist ein Bußgeld von bis zu 25 000 Euro angedroht. 319

Die **Beweispflicht** liegt bei der Bußgeldbehörde. Auch wenn diese einen Bußgeldbescheid erlässt und der Beschuldigte Einspruch einlegt, gilt im gerichtlichen Verfahren die Unschuldsvermutung. Soweit also dem Beschuldigten nicht nachgewiesen werden kann, dass er gegen § 4 WiStG schuldhaft verstoßen hat, bleibt sein Handeln sanktionslos. Probleme stellen sich fast bei jedem Tatbestandsmerkmal: Bei Geschäftsraummietverträgen ist schon fraglich, ob sie Leistungen des lebenswichtigen Bedarfs betreffen. Der Vermieter muss auch gewerblich handeln. Eine Mangellage kann zwar sicher nicht durchweg verneint werden[5], sie wäre aber für die jeweilige Gemeinde nachzuweisen. Liegt eine Mangellage vor, dann erweist sich als schwierig, die angemessene Miethöhe genau zu bestimmen. Das Gesetz benennt nicht, welche Überschreitung der ortsüblichen Miete als unangemessen hoch erachtet wird, die Rechtsprechung lässt eine Überschreitung um bis zu 50 % des obersten möglichen Wertes zu. 320

Selbst wenn eine unangemessene Überschreitung und eine Zwangslage belegt werden, verlangt die Rechtsprechung, es müsse auch eine ver- 321

---

1 BGH, Urt. v. 30.6.2004 – XII ZR 11/01, GuT 2004, 157.
2 Siehe Rz. 319 ff.
3 Gesetz zur weiteren Vereinfachung des Wirtschaftsstrafrechts in der Bekanntmachung vom 3.6.1975 (BGBl. I 1313), zul. geändert durch Gesetz vom 13.12.2001 (BGBl. I 3574).
4 Der Tatbestand der Mietpreisüberhöhung, § 5 WiStG, gilt nur für Wohnraumvermietung.
5 So aber *Wolf/Eckert/Ball*, Handbuch, 9. Aufl. Rz. 149.

werfliche Gesinnung des Vermieters bewiesen werden. Im Ergebnis ist festzustellen, dass Bußgeldverfahren wegen Überhöhung der Geschäftsraummiete nur in seltensten Fällen zu einer Verurteilung führen dürften.

322 § 291 des Strafgesetzbuchs (StGB) stellt den Wucher unter **Strafandrohung**. Voraussetzung ist, dass die Zwangslage, Unerfahrenheit, der Mangel an Urteilsvermögen oder die erhebliche Willensschwäche eines anderen ausgebeutet werden, indem Vermögensvorteile erwirkt werden, die in einem auffälligen Missverhältnis zur Leistung stehen. Ausdrücklich ist in § 291 Abs. 1 Ziff. 1 StGB zwar nur die Vermietung von Wohnräumen genannt, § 291 Abs. 1 Ziff. 3 StGB ordnet aber an, dass dies auch „für eine sonstige Leistung" gilt. Darüber ist auch die Geschäftsraumvermietung erfasst. Die Strafandrohung lautet auf Freiheitsstrafe bis zu drei Jahren oder Geldstrafe, in besonders schweren Fällen Freiheitsstrafe von sechs Monaten bis zu zehn Jahren.

323 Bezüglich der **Beweisschwierigkeiten**, die durch die Konstruktion des gesetzlichen Tatbestands angelegt und durch die Interpretation der Gerichte noch verschärft werden, kann auf die Ausführungen zum WiStG verwiesen werden. Verurteilungen wegen Mietwuchers sind ausgesprochen selten.

324 Die herrschende Auslegung und daraus resultierende Wirkungslosigkeit der Strafbestimmung werden teilweise heftig kritisiert: „Das Bestehen einer allgemeinen Not- und Mangellage, insbesondere in Krisenzeiten, begründet nach h.M. keine (individuelle) Zwangslage im Sinne von § 291 StGB; ihre Ausnutzung (Sozialwucher) unterfällt nur den OWi-Tatbeständen der §§ 3–5 WiStG 1954. Diese Ansicht ist dogmatisch kaum begründbar, denn die Zwangslage einer Person entfällt schwerlich dadurch, dass viele andere sie auch erleiden; die Auslegung beeindruckt eher im Hinblick auf die pragmatische Selbstverständlichkeit, mit welcher sie für Lagen allgemeiner Not den Schutz des Einzelnen zurücktreten lässt."[1]

IV. §§ 305–310 BGB, AGB-Kontrolle

325 Unter Allgemeinen Geschäftsbedingungen[2] versteht man vorformulierte Vertragsbedingungen, die von einer Vertragspartei, dem **Verwen-**

---

[1] *Tröndle/Fischer*, Strafgesetzbuch, 52. Aufl. 2004, Rz. 10a zu § 291 StGB.
[2] Früher geregelt im Gesetz über Allgemeine Geschäftsbedingungen, AGBG vom 9.12.1976 (BGBl. I S. 3317), aufgehoben durch Gesetz vom 26.11.2001 (BGBl. I S. 3138).

der[1], beim Abschluss des Vertrages gestellt werden. Der Verwender soll sich dadurch, dass er die Bedingungen formuliert hat, gegenüber der **anderen Vertragsseite** keine unangemessenen Vorteile verschaffen. Dem dienen einige gesetzliche Gebote und Verbote, §§ 305 bis 310 BGB. Eine besondere Bedeutung hat nach dem Gesetz, ob die andere Vertragsseite **Verbraucher**[2] ist; in diesem Falle ist eine vollständige Prüfung der Klauseln erforderlich. Ist die andere Vertragsseite hingegen **Unternehmer**[3], dann kommt gemäß § 310 Abs. 1 BGB nur ein eingeschränktes Kontrollprogramm zur Anwendung[4]. Als Unternehmer, nicht Verbraucher, gilt schon derjenige, der einen Vertrag im Zuge der Existenzgründung schließt[5].

Im Geschäftsraummietrecht ist die Vertragsgestaltung durch Allgemeine Geschäftsbedingungen schon lange sehr verbreitet[6]. Anders als bei der Wohnraumvermietung ist nicht ohne weiteres von einer größeren Geschäftserfahrung beim Vermieter als beim Mieter auszugehen. Es gibt Geschäftsraummieter, die eine Vielzahl von Mietverträgen mit unterschiedlichsten Eigentümern schließen. Daher kommen sowohl vom Vermieter gestellte als auch vom Mieter gestellte Allgemeine Geschäftsbedingungen vor. 326

Die Verwendung Allgemeiner Geschäftsbedingungen wird gesetzlich begrenzt. Die Kontrolle anhand der gesetzlichen Maßstäbe kann im Ergebnis dazu führen, dass die streitige Klausel insgesamt als unwirksam anzusehen ist. Die früher im AGB-Gesetz niedergelegten Maßstäbe sind nun als §§ 305 bis 310 BGB ins Bürgerliche Gesetzbuch übernommen worden[7]. Maßgeblich ist zunächst, ob überhaupt **Allgemeine Geschäftsbedingungen** vorliegen. Nach der Legaldefinition in § 305 BGB liegen Allgemeine Geschäftsbedingungen vor, wenn der Verwender sie für eine Vielzahl von Verträgen vorformuliert hat und sie der anderen Vertragspartei bei Vertragsabschluss stellt. Die formalen Grenzen sind sehr niedrig. Ist der Vertragspartner des Verwenders Verbraucher, dann kann bereits die einmalige Verwendung der Klausel ausreichen, § 310 Abs. 3 327

---

1 Privilegierte Verwender sind die Versorgungsunternehmen für Strom, Gas, Fernwärme und Wasser bezüglich ihrer Versorgungsbedingungen, § 310 Abs. 2 BGB.
2 § 13 BGB.
3 § 14 BGB.
4 Das Gleiche gilt für juristische Personen des öffentlichen Rechts oder öffentlichrechtliche Sondervermögen.
5 BGH, Urt. v. 24.2.2005 – III ZB 36/04, NJW 2005, 1273.
6 Vgl. *Borutzki-Pasing*, NZM 2004, 161.
7 Eine inhaltliche Änderung sollte damit nicht verbunden sein, BT-Ds. 14/6040, S. 153. Es ist aber bestritten, dass dies angesichts der Gesetzesformulierung in allen Punkten zutrifft, siehe dazu *Borutzki-Pasing*, NZM 2004, 161 (163).

Ziff. 2 BGB. Auch Umgehungen sollen erfasst werden (§ 306a BGB). Plastisch ist die Gegendefinition in § 305 Abs. 1 Satz 3 BGB: Allgemeine Geschäftsbedingungen liegen nicht vor, soweit die Vertragsbedingungen zwischen den Vertragsparteien im Einzelnen ausgehandelt sind. Dafür reicht es aber nicht aus, wenn der Verwender der anderen Vertragspartei die Unterzeichnung „freigestellt" hat. Voraussetzung für ein „Aushandeln" ist – jedenfalls bei einem nicht ganz leicht verständlichen Text –, dass der Verwender die andere Vertragspartei über den Inhalt und die Tragweite der Zusatzvereinbarung belehrt hat, oder sonstwie erkennbar geworden ist, dass der andere deren Sinn wirklich erfasst hat[1]. Gibt es für einen Regelungsgegenstand neben Allgemeinen Geschäftsbedingungen auch individuelle Vertragsvereinbarungen, dann gehen Letztere vor (§ 305b BGB), und zwar auch, wenn sie mündlich geschlossen werden[2].

328 Grundsätzlich ist weiter zu prüfen, ob die Allgemeinen Geschäftsbedingungen auf klare Weise in den Vertrag **einbezogen** worden sind (§ 305 Abs. 2 und 3 BGB). Die vorformulierten Klauseln müssen vor Vertragsabschluss deutlich zur Kenntnis gegeben worden sein, und die andere Vertragsseite muss sich klar mit ihrer Geltung einverstanden erklärt haben. Sind Klauseln nicht entsprechend diesen Maßstäben einbezogen worden, haben sie keine vertragliche Wirkung. Diese Anforderungen gelten aber nur mit Einschränkungen, wenn der andere Vertragsteil selbst Unternehmer ist, § 310 Abs. 1 BGB.

329 Sind die Klauseln in den Vertrag einbezogen, kann ihre Wirksamkeit noch daran scheitern (§ 305c Abs. 1 BGB), dass sie als **überraschend** anzusehen sind. Das ist der Fall, wenn sie nach den Umständen, insbesondere nach dem äußeren Erscheinungsbild des Vertrags, so ungewöhnlich sind, dass der Vertragspartner des Verwenders mit ihnen nicht zu rechnen brauchte. Überraschend kann eine Klausel auch dadurch sein, dass sie von dem abweicht, was zwischen den Parteien in den Verhandlungen festgelegt worden ist[3]. Dies gilt auch im Geschäftsraummietrecht, Unternehmern wird allenfalls ein schärferer Blick auf das äußere Erscheinungsbild des Vertrages zugemutet. Wirkungsschädlich ist auch die **Mehrdeutigkeit**, sei es dass die einzelne Klausel uneindeutig ist oder dass verschiedene Klauseln in ihrem Zusammenwirken zu einer Mehrdeutigkeit führen. Zweifel, die hierdurch entstehen, gehen zu Lasten des Verwenders (§ 305c Abs. 2 BGB). Allgemeine Geschäftsbedingungen sind so auszulegen, wie sie von verständigen und redlichen Vertrags-

---

[1] BGH, Urt. v. 19.5.2005 – III ZR 437/04, NJW 2005, 2543.
[2] BGH, Urt. v. 21.9.2005 – XII ZR 312/02, NJW 2006, 138 = GE 2005, 1546.
[3] OLG Köln, Urt. v. 20.4.2000 – 1 U 101/99, MDR 2000, 1365.

partnern unter Abwägung der Interessen der normalerweise beteiligten Verkehrskreise verstanden werden, wobei die Verständnismöglichkeiten des durchschnittlichen Vertragspartners des Verwenders zugrunde zu legen sind[1].

Absolut verboten und unwirksam sind gemäß § 307 BGB Klauseln, die den Vertragspartner des Verwenders entgegen den Geboten von Treu und Glauben **unangemessen benachteiligen**. Dies ist im Zweifel anzunehmen, wenn sie nicht aus sich heraus verständlich sind und damit dem **Transparenzgebot**[2] widersprechen (§ 307 Abs. 1 Satz 2 BGB), wenn (§ 307 Abs. 2 Ziff. 1 BGB) eine Bestimmung mit dem **gesetzlichen Leitbild** nicht zu vereinbaren ist oder wenn Rechte oder Pflichten so eingeschränkt werden, dass die Erreichung des **Vertragszwecks gefährdet** ist (§ 307 Abs. 1 Ziff. 2 BGB) bzw. wesentliche **Vertragspflichten ausgehöhlt** werden[3]. Dabei ist für die Beurteilung, ob eine unangemessene Benachteiligung vorliegt, stets von der kundenfeindlichsten Auslegungsmöglichkeit der Klausel auszugehen[4]. Für häufig vorkommende Verstöße gegen diesen Grundsatz stellt das Gesetz weitere Maßstäbe bereit: In § 308 BGB werden **Klauseln mit Wertungsmöglichkeit** genannt, das sind Klauseln, die unwirksam sind, wenn die konkrete Regelung als unangemessen anzusehen ist. § 309 BGB nennt **Klauseln ohne Wertungsmöglichkeit**; diese sind stets unwirksam. Auch hier gelten aber andere Maßstäbe, wenn der Vertragspartner des Verwenders kein Verbraucher, sondern Unternehmer ist.

330

Im Gewerbemietrecht ist häufig der Vertragspartner des Verwenders selbst **Unternehmer** oder eine juristische Person des öffentlichen Rechts[5]. In diesen Fällen ist gemäß § 310 BGB die Kontrolle der Allgemeinen Geschäftsbedingungen eingeschränkt, § 305 Abs. 2 und 3 BGB sowie die Klauselverbote der § 308 und § 309 BGB finden keine Anwendung. Von Unternehmern und öffentlichen Körperschaften wird erwartet, dass sie selbst auf die vorherige Prüfung aller Verträge achten. Daher sind die Kontrollen deutlich zurückgenommen. Was im Rahmen

331

---

1 BGH, Urt. v. 17.12.1987 – VII ZR 307/86, BGHZ 102, 384 = NJW 1988, 1261.
2 BGH, Urt. v. 24.11.1988 – III ZR 188/87, BGHZ 106, 42 = NJW 1989, 222; BGH, Urt. v. 10.7.1990 – XI ZR 275/89, BGHZ 112, 115 = NJW 1990, 2383; BGH, Urt. v. 19.9.1991 – IX ZR 296/90, BGHZ 115, 177 = NJW 1991, 3025, BGH, Urt. v. 5.12.1995 – X ZR 14/93, NJW-RR, 1996, 783, teilweise mit deutlichen Einschränkungen des Grundsatzes, dazu auch BGH, Urt. v. 3.6.1998 – VIII ZR 317/97, NZM 1998, 710.
3 BGH, Urt. v. 19.1.1984 – VI ZR 220/82, BGHZ 89, 363 = WPM 1984, 477; BGH, Urt. v. 20.6.1984 – VIII ZR 137/83, WPM 1984, 1053 = NJW 1985, 914.
4 Ständige Rechtsprechung, BGH, Urt. v. 1.4.1992 – XII ZR 100/91, NJW 1992, 1761, m.w.N.
5 Gleiches gilt für öffentlich-rechtliche Sondervermögen.

der Kontrolle nach §§ 308 und 309 zur Unwirksamkeit der Klausel führen würde, findet dennoch in dieser Konstellation Berücksichtigung bei der Prüfung im Rahmen des § 307 BGB, ob eine treuwidrige und unangemessene Benachteiligung vorliegt.

332 Die Unwirksamkeit oder Unangemessenheit von Klauseln kann sich auch aus ihrem Zusammenwirken ergeben. Klauseln, die allein möglicherweise noch wirksam wären, können durch einen **Summierungseffekt** zu einem unangemessenen Regelwerk führen. Sämtliche an dieser Summierung beteiligten Klauseln sind dann unwirksam[1]. Die Verteilung auf mehrere Klauseln führt auch leicht zu einem Verstoß gegen das Transparenzgebot.

333 Bezüglich der **Teilunwirksamkeit der Klauseln** gilt einerseits, dass die Rechtsprechung nicht eine unwirksame Klausel durch eine wirksame Formulierung ersetzen darf. Insbesondere kann nicht das Gericht dort, wo alternativ zu der unwirksamen Klausel mehrere Regelungsmöglichkeiten bestünden, eine passende und wirksame Regelung einsetzen[2]. Eine Rettung von Klauseln durch Ausgliederung des unwirksamen Teils ist nur möglich, wenn der „blue-pencil-test" positiv verläuft: Es werden probeweise Worte gestrichen, die zur Unwirksamkeit der Klausel führten. Bleibt hiernach eine sinnvolle Regelung in der Klausel übrig, dann wird die Klausel auf den dann noch bleibenden Text zurückgeführt und in dieser Form als Vertragsinhalt angesehen. Bleibt nach Streichung der unwirksamen Teile kein sinnvoller Klauseltext mehr übrig, ist die gesamte Klausel unwirksam[3].

334 Die Bestimmungen zur Begrenzung von Allgemeinen Geschäftsbedingungen setzen bei Gewährleistungs- und Haftungsrechten, den vertraglichen Gestaltungsrechten und den Nebenleistungen an. Werden abweichend vom gesetzlichen Leitbild durch vorformulierte Nebenabreden Pflichten umverteilt, dann ist dies an den §§ 305 bis 310 BGB zu messen[4]. Die eigentliche **Preisvereinbarung** als Verhältnis der wechselseitigen Hauptleistungen ist einer Prüfung nach AGB-Recht nicht zugäng-

---

[1] BGH, Beschl. v. 2.12.1992 – VIII ARZ 7/92, NJW 1993, 532 = GE 1993, 309 (Wohnraummiete); BGH, Urt. v. 6.4.2005 – XII ZR 308/02, GuT 2005, 160 = 1993, 532 (Geschäftsraummiete).
[2] Verbot der geltungserhaltenden Reduktion oder Umgestaltung von Klauseln.
[3] Mehrere Beispiele aus Wohnraummietverträgen in BGH, Urt. v. 15.5.1991 – VIII ZR 38/90, NJW 1991, 1750.
[4] BGH, Urt. v. 7.6.1989 – VIII ZR 91/88, BGHZ 108,1 = WM 1989, 324 = WPM 1989, 1028 = NJW 1989, 2247 (Kleinreparaturklauseln bei Wohnraum); BGH, Urt. v. 6.4.2005 – XII ZR 158/01, GuT 2005, 213 m.w.N. (Instandsetzungsüberwälzung bei Gewerberaum).

lich[1]. Im Zusammenhang mit dem Mietpreis stehende Aspekte sind aber durchaus von den Regelungen erfasst. AGB-rechtlich geprüft und auch im Geschäftsraummietverhältnis für unwirksam erachtet wurden zahlreiche Formularregelungen über die Nebenkosten, die Überwälzung von Kernpflichten des Mietvertrages auf die andere Vertragsseite und über die Veränderung der Miethöhe[2]. Eine **Verweisung** im Mietvertrag für die umlegbaren Betriebskosten auf Anlage 3 zu § 27 der II. Berechnungsverordnung oder die Betriebskostenverordnung soll der Wirksamkeit nicht schaden[3], ansonsten wird ein Verweis auf außerhalb des Vertrages niedergelegte Dokumente in der Regel als Verstoß gegen das Transparenzgebot und, wenn nicht im Vertrag und in den Anlagen präzise wechselseitig aufeinander Bezug genommen wird, gegen das Schriftformerfordernis – soweit dies gilt – anzusehen sein[4].

Die Nichtbeachtung gesetzlicher **Schriftform**, auch durch spätere Vertragsänderungen, führt dazu, dass eine vorgesehene feste zeitliche Bindung des Vertragspartners und damit die Gewähr für die vereinbarte Miethöhe entfallen[5]. 335

Unklare Regelungen über den **Vertragszweck** können dazu führen, dass Wohnraummietrecht anzuwenden ist. Die Überschrift „Gewerbemietvertrag" besagt für sich gesehen nichts[6]. 336

Flächendefinitionen, die nicht unmissverständlich sind, können zu Lasten des Verwenders ausgelegt werden[7]. 337

---

1 Sofern es sich nicht um gesetzlich festgelegte Preise handelt, BGH, Urt. v. 9.7.1981 – VII ZR 139/80, BGHZ 81, 229 = NJW 1981, 2351.
2 Siehe dazu etwa *Borutzki-Pasing*, NZM 2004, 161 ff., *Joachim*, GuT 2004, 207 ff.
3 BayObLG, Beschl. v. 26.2.1984 – RE-Miet 3/84, WM 1984, 104 = NJW 1984, 1761; OLG Frankfurt/M, Beschl. v. 10.5.2000 – 20 RE-Miet 2/97, NZM 2000, 757; OLG Braunschweig, Urt. v. 27.11.1998 – 5 U 85/98, WM 1999, 173; OLG Hamm, Beschl. v. 22.8.1997 – RE-Miet 2/97, NZM 1998, 186; umstritten, siehe dazu *Heinrichs*, WM 2002, 643, 647; *Borutzki-Pasing*, NZM 2004, 161, 163. *Schmidt*, NZM 2003, 506, dringt auf eine Beifügung und Übergabe aller maßgeblichen Regelungen.
4 BGH, Urt. v. 18.12.2002 – XII ZR 253/01, NZM 2003, 281.
5 Zur Reichweite des Schriftformzwanges und zur Auflockerungsrechtsprechung des BGH siehe die Nachweise bei *Heinrichs* in Palandt, 65. Aufl. § 126 Rz. 4 und 4a, sowie BGH, Urt. v. 21.9.2005 – XII ZR 312/02, NJW 2006, 138 = GE 2005, 1546.
6 KG, Urt. v. 3.5.1999 – 8 U 5702/97, NZM 2000, 338; OLG Hamburg, Urt. v. 29.10.1997 – 4 U 61/97, NZM 1998, 507 = DWW 1998, 50. Siehe auch Rz. 5 ff.
7 BGH, Urt. v. 27.10.2004 – XII ZR 175/02, NJW-RR 2005, 236 = NZM 2005, 63. Siehe auch Rz. 38 ff.

338 Ein Ausschluss von Mietänderungen wegen einer **Flächenabweichung** wird vom Kammergericht für wirksam gehalten, aber auch nur dann, wenn Veränderungen zu Gunsten beider Seiten ausgeschlossen werden[1].

339 Die wirtschaftlich bedeutenden Umlagen für **Nebenkosten** sind nur wirksam, wenn sie ausdrücklich und klar den Umfang der Leistungen beschreiben, für welche eine Umlage erhoben wird[2].

340 Formularmäßige Haftungsbegrenzungen, Zurechnung von Mängeln und Gewährleistungsbeschränkungen, Kündigungsausschluss, Beschränkungen des Zurückbehaltungsrechts und der Schadenersatzansprüche sowie Regelungen zum Konkurrenzschutz berühren die Miethöhe nicht unmittelbar. Werden **Schönheitsreparaturen** auferlegt, so betrifft das die vom Mieter geschuldete Gegenleistung insgesamt; entsprechende Klauseln können unwirksam sein, erst recht in ihrem Zusammenhang durch den Summierungseffekt.

341 Zu beachten ist: Im Mietrecht werden vorformulierte Bedingungen nicht nur im Mietvertrag verwendet. Auch **weitere Vereinbarungen** zwischen den Vertragsparteien, etwa Übergabe- und Abnahmeprotokolle[3], Vereinbarungen über Mieterhöhung oder Änderung der Mietstruktur oder über eine Modernisierung werden häufig durch die von einer Vertragsseite vorformulierten Regelwerke geschlossen. Vereinbarungen über eine Vertragsverlängerung und sogar die Vereinbarung einer Vertragsaufhebung oder sonstige Beendigung können in der Weise von einer Seite gestellt sein, dass über ihre Einzelheiten eine substantielle Verhandlung gar nicht erfolgt. Ist die andere Vertragsseite Verbraucher, dann reicht bereits die Vorformulierung durch den Verwender im einzelnen Fall. Ist die andere Vertragsseite Unternehmer, dann muss zwar die Absicht belegt werden, dass diese Klauseln in zahlreichen Fällen verwendet werden sollten; auch dies gelingt aber häufig. Ist die AGB-Eigenschaft dargelegt, dann kann die Klauselkontrolle einsetzen, gegenüber Unternehmern zwar eingeschränkt, aber immer noch deutlich.

342 Die rechtliche Begrenzung durch §§ 305 bis 310 BGB erfasst jegliche Verträge, unabhängig davon, wann sie abgeschlossen worden sind. Während nach dem AGB-Gesetz ältere Verträge nur eingeschränkt überprüft

---

1 KG, Urt. v. 29.8.2005 – 22 U 279/04, GE 2005, 1190.
2 KG, Urt. v. 8.10.2001 – 8 U 6267/00, GE 2002, 327 = NZM 2002, 954; dieser klare Grundsatz wird aber von der Rechtsprechung durch die Möglichkeit einer Verweisung auf Anlage 3 zu § 27 der II. BV bzw. die BetriebskostenVO stark aufgeweicht.
3 LG Köln, Beschl. v. 4.1.2002 – 1 T 501/01, ZMR 2002, 275.

werden konnten, fehlt zu den AGB-Regelungen im BGB eine spezielle Übergangsregelung. Demnach gilt die allgemeine Regel des Artikel 229 § 5 Satz 2 EGBGB[1]: Sämtliche Verträge über Dauerschuldverhältnisse sind nunmehr nach den ab 1.9.2003 geltenden gesetzlichen Maßstäben auszulegen und zu bewerten.

---

1 Einführungsgesetz zum Bürgerlichen Gesetzbuch vom 18. August 1896 (RGBl. Teil I 1896, S. 604), zuletzt geändert durch Gesetz vom 26.5.2005, BGBl. Teil I 2005, S. 1425.

Teil II
Wohnraummiete

A. Bestandteile der Miethöhevereinbarung

1 Hauptleistungspflicht des Vermieters ist es nach § 535 Abs. 1 BGB, den **Gebrauch** der Mietsache während der Mietzeit zu gewähren, die Mietsache in einem zum vertragsgemäßen Gebrauch geeigneten Zustand zu überlassen und zu erhalten und die auf ihr ruhenden Lasten zu tragen. Nach § 535 Abs. 2 BGB ist es Hauptleistungspflicht des Mieters, dem Vermieter die vereinbarte **Miete** für die Gebrauchsüberlassung der Mietsache zu entrichten[1].

2 Zum Abschluss eines Mietvertrages gehört nicht unbedingt eine Einigung über die Höhe der Miete, vielmehr genügt es, wenn die Parteien sich bindend über die **Entgeltlichkeit** der Überlassung des Gebrauchs der Mietsache einigen.

3 Mietbildung und Mietänderung richten sich im **preisfreien Wohnraum** (Rz. 66 ff.) vorrangig nach den **Vereinbarungen** der Parteien, die sich innerhalb der gesetzlichen Vorgaben bewegen müssen. Fehlt eine Festlegung über die Miethöhe, dann gilt eine angemessene oder ortsübliche Miete als vereinbart[2]. Kommt eine Einigung über Mietänderungen nicht zustande, dann steht das gesetzliche Instrumentarium der §§ 558 ff. BGB zur Verfügung, zum Ausgleich dessen, dass (Änderungs-)Kündigungen mit dem Ziel eines Neuabschlusses des Mietvertrages zu einer höheren Miete im Wohnraummietrecht nicht mehr zulässig sind.

4 Bei **preisgebundenem Wohnraum** (Rz. 599 ff.) richtet sich die Miethöhe nach anderen Parametern: Höchstens kann die Kostenmiete oder eine durch Förderzusage festgelegte Miete verlangt werden. Mietänderungen bedürfen für preisgebundenen Wohnraum, der nach dem II. Wohnungsbaugesetz gefördert wurde, einer Mietänderungserklärung nach § 10 des Wohnungsbindungsgesetzes[3]. Für preisgebundenen Wohnraum nach dem Wohnraumförderungsgesetz gelten die allgemeinen Regeln des

---

1 Gemäß § 546a BGB ist die vereinbarte oder die ortsübliche Miete auch nach Beendigung des Mietverhältnisses bei verspäteter Rückgabe als Entschädigung zu zahlen.
2 BGH, Urt. v. 2.10.1991 – XII ZR 88/90, NJW-RR 1992, 517, der offen lässt, ob im Wege ergänzender Vertragsauslegung oder entsprechend §§ 612 Abs. 2, 632 Abs. 2 BGB.
3 Vgl. Rz. 745 f.

preisfreien Wohnraums, ggf. eingeschränkt durch Regelungen in der Förderzusage. (Änderungs-)Kündigungen sind auch hier unzulässig, die Miete kann dennoch nicht frei ausgehandelt werden.

Bestandteile der Miethöhevereinbarung (mit Abweichungen im preisgebundenen Wohnraum) sind 5
- Miete (Rz. 6 ff.);
- Nebenkosten (Rz. 11 ff.);
- Schönheitsreparaturen, Kleinreparaturen (Rz. 15 ff.);
- Zuschläge (Rz. 27 ff.);
- weitere Mieterleistungen (Rz. 59 ff.).

I. Miete

Als Miete könnte eigentlich jede Art von **Gegenleistung** vereinbart werden. Typisch für nicht geldwerte Gegenleistungen ist etwa die Hausmeisterwohnung, deren Miete teilweise durch die Leistung von Hauswartsdiensten aufgebracht wird; weitere Beispiele sind die Erbringung von Gartenpflegearbeiten, Reinigungs- und Schneeräumarbeiten oder Mithilfe im Haushalt durch den studentischen Untermieter. 6

Im preisgebundenen Wohnraum nach altem Recht (Förderung nach dem II. Wohnungsbaugesetz)[1] gelten zahlreiche Einschränkungen; die zulässigen Mietbestandteile und Regelungen sind im II. Wohnungsbaugesetz, dem Wohnungsbindungsgesetz und weiteren Verordnungen abschließend bestimmt. Im preisfreien Wohnraum, und auch im preisgebundenen Wohnraum nach neuem Recht[2] (Förderung nach dem Wohnungsförderungsgesetz)[3], gilt: 7

Im Regelfall wird die Miete als monatliche laufende **Geldzahlung** erbracht. Welche Vermieterleistungen im Einzelnen damit abgegolten werden, legt das Gesetz nicht fest, sondern das bleibt den Parteivereinbarungen überlassen. Die gesetzliche Regelung geht davon aus, dass der Vermieter die Kosten, die er für die Gebrauchsüberlassung und für die Lastentragung aufbringen muss, bei der Mietenbildung einkalkuliert und aus den Mieteinnahmen zu bestreiten hat. Die gesetzlich vorgesehene Miete ist, wenn anderes nicht vereinbart ist, die Bruttomiete[4]. 8

---
1 Siehe dazu Rz. 601 ff.
2 Soweit die Förderzusage nichts anderes bestimmt.
3 Siehe dazu Rz. 604 ff.
4 *Eisenschmid* in Schmidt-Futterer, 8. Aufl., § 535 Rz. 552; vgl. auch *Weyhe*, MDR 1998, 379 (380).

9 Maßgeblich ist also die **vertragliche Vereinbarung** der Parteien, soweit nicht gesetzliche Regelungen entgegenstehen. In einigen besonderen Fällen (Fortsetzung des Mietverhältnisses nach Widerspruch, § 574a Abs. 2 Satz 1 BGB; Begründung eines Mietverhältnisses an der Ehewohnung nach § 5 Abs. 2 Satz 2 Hausratsverordnung[1]; Begründung eines Mietverhältnisses bei Kontrahierungszwang wegen Verstoßes gegen das Diskriminierungsverbot[2]) erfolgt die Mietfestsetzung ohne vertragliche Vereinbarung durch **richterlichen Gestaltungsakt**.

10 Regelmäßig – im preisgebundenen Wohnraum alten Rechts zwingend – wird auch die Zahlung von Nebenkosten vereinbart (Rz. 11 ff.). Weiter können dem Mieter Schönheitsreparaturen und Kleinreparaturen auferlegt werden (Rz. 15 ff.). Zusätzlich kommen verschiedene Zuschläge in Betracht (Rz. 27 ff.), ebenso weitere finanzielle Leistungen auf die Mietsache (Rz. 59 ff.); dafür gelten im preisgebundenen Wohnraum Besonderheiten (Rz. 618 ff.).

II. Nebenkosten

11 Nach dem gesetzlichen Leitbild für den preisfreien Wohnraum hat der Vermieter sämtliche Lasten zu tragen, und zwar die öffentlichrechtlichen (etwa Grundsteuer, Straßenreinigungsgebühren, Müllabfuhrkosten, Schornsteinfegergebühren) und die privatrechtlichen (etwa Zinsbelastungen). Die Regelung ist abdingbar, und in der Praxis ist es inzwischen zur Regel geworden, dass dem Wohnraummieter gemäß § 556 Abs. 1 BGB vertraglich die **Betriebskosten** auferlegt werden (wobei die abwälzbaren Betriebskosten und die Lasten i.S.d. § 535 Abs. 1 S. 3 BGB nicht deckungsgleich sind). Im preisgebundenen Wohnraum nach altem Recht (Förderung nach dem II. Wohnungsbaugesetz) müssen die Betriebskosten ausgegliedert und abgerechnet werden.

12 Betriebskosten sind:
– die laufenden öffentlichen Lasten des Grundstücks;
– die Kosten der Wasserversorgung;
– die Kosten der Entwässerung;
– die Kosten der Beheizung;
– die Kosten der Warmwasserversorgung;
– die Aufzugskosten;

---

[1] Verordnung vom 21.10.1944 (RGBl. I S. 256), zuletzt geändert durch Gesetz vom 11.12.2001 (BGBl. I S. 3513).
[2] *Derleder/Sabetta*, WM 2005, 3, 6.

- die Kosten der Straßenreinigung und Müllabfuhr;
- die Kosten der Hausreinigung und Ungezieferbekämpfung;
- die Kosten der Gartenpflege;
- die Kosten der Beleuchtung;
- die Kosten der Schornsteinreinigung;
- die Kosten der Sach- und Haftpflichtversicherung;
- die Kosten für den Hauswart;
- die Kosten für Gemeinschafts-Antennenanlagen oder Breitbandanschlüsse;
- die Kosten des Betriebs der maschinellen Wascheinrichtung;
- sonstige Betriebskosten[1].

Zu den Betriebskosten gehören demnach auch die sog. warmen Betriebskosten, nämlich die Kosten der Belieferung des Mietobjekts mit **Wärme** und Warmwasser.

Je nachdem, in welcher Form die Zahlung von Nebenkosten auf den Mieter übertragen ist, sind folgende **Mietstrukturen** (unabhängig zunächst von deren Voraussetzungen im Einzelnen und deren Zulässigkeit) denkbar: 13

- Brutto(warm)miete („Die Miete einschließlich sämtlicher Nebenkosten beträgt 500,00 Euro.")
- Brutto(kalt)miete („Die Miete einschließlich der Betriebskosten beträgt 500,00 Euro. Die Kosten der Gasetagenheizung trägt der Mieter gesondert.")
- Teilinklusivmiete („In der Miete von 500,00 Euro sind die anteiligen Kosten für Be- und Entwässerung, Straßenreinigung und Müllabfuhr nicht enthalten; der Mieter zahlt hierfür einen Vorschuss von 50,00 Euro monatlich.")
- Netto(kalt)miete und Betriebskostenvorauszahlung („Die Miete beträgt 400,00 Euro monatlich. Daneben zahlt der Mieter für die Betriebskosten gemäß Anlage zum Mietvertrag einen monatlichen Vorschuss von 100,00 Euro und für die Heizkosten von weiteren 50,00 Euro.")
- Netto(kalt)miete und Betriebskostenpauschale („Die Miete beträgt monatlich 400,00 Euro. Auf die Betriebskosten gemäß Anlage zum Mietvertrag zahlt der Mieter pauschal weitere 100,00 Euro. Die Kosten der Gasetagenheizung trägt der Mieter gesondert.")

---

1 Siehe dazu Rz. 528.

14 Eine Besonderheit gilt für die warmen Betriebskosten, die im Wohnraummietrecht wie im Geschäftsraummietrecht nach der Heizkostenverordnung[1] vom Vermieter verbrauchsabhängig zu erfassen und auf die Nutzer zu verteilen sind. Demzufolge dürfen diese Kosten (von Ausnahmen[2] abgesehen) nicht pauschal in die Miete (sog. Warmmiete) einbezogen werden.

III. Schönheitsreparaturen, Kleinreparaturen

15 Nach dem gesetzlichen Leitbild gehören sowohl sämtliche Reparaturen am Mietobjekt als auch dessen periodische Renovierung zur **Instandhaltungspflicht** des Vermieters.

16 Inzwischen ist es allgemein üblich, dass die Durchführung der **Schönheitsreparaturen** vertraglich auf den Mieter übertragen wird. Diese zusätzliche Mieterleistung ist nach ständiger Rechtsprechung des Bundesgerichtshofs Teil des Entgelts für die Mietsache[3].

17 **Typische Klauseln** dazu lauten[4]:

> Schönheitsreparaturen trägt der Mieter. Diese umfassen das Tapezieren und Streichen der Wände und Decken, das Streichen der Fußböden, Heizkörper einschließlich Heizrohre, der Innentüren sowie der Fenster und Außentüren von innen. Die Schönheitsreparaturen sind fachgerecht auszuführen.
>
> Im Allgemeinen werden Schönheitsreparaturen in den Mieträumen in folgenden Zeitabständen erforderlich sein:
>
> | | |
> |---|---|
> | Küche, Bad, WC | alle drei Jahre |
> | Wohn- und Schlafräume, Flure und Dielen | alle fünf Jahre |
> | andere Nebenräume | alle sieben Jahre. |

---

1 Verordnung über die verbrauchsabhängige Abrechnung der Heiz- und Warmwasserkosten in der Fassung der Bekanntmachung vom 20.1.1989 (BGBl. I S. 115).
2 § 11 HeizKV.
3 BGH, Urt. v. 25.6.1980 – VIII ZR 260/79, WM 1980, 241; BGH, Beschl. v. 30.10.1984 – VIII ARZ 1/84, WM 1985, 46; BGH, Beschl. v. 1.7.1987 – VIII ARZ 9/86, WM 1987, 306; BGH, Beschl. v. 6.7.1988 – VIII ARZ 1/88, WM 1988, 294; BGH, Urt. v. 3.6.1998 – VIII ZR 317/97, WM 1998, 592; zur berechtigten Kritik hieran vgl. die Nachweise bei *Wiek*, WM 2005, 10, 12 Fn. 42 bis 45 und *Hemming*, WM 2005, 165 m.w.N.
4 Zu Einzelheiten vgl. *Lützenkirchen*, Wohnraummiete, S. 181 ff.; vgl. weiter die Zusammenstellung problematischer Formularklauseln bei *Harsch* in Lützenkirchen, Anwaltshandbuch Mietrecht, 2. Aufl., H Rz. 261 ff. mit Rechtsprechungsnachweisen.

Weiter hat der Bundesgerichtshof bereits 1988 grundsätzlich mit gewissen Maßgaben die sog. Quoten- oder **Abgeltungsklauseln** gebilligt, wonach der Vermieter dann, wenn die dem Mieter übertragenen Schönheitsreparaturen bei Ende des Mietverhältnisses noch nicht fällig sind, einen Zahlungsanspruch auf die anteiligen Kosten der künftig fällig werdenden Schönheitsreparaturen erhält[1]. Die **typische Klausel** lautet hier: 18

> Endet das Mietverhältnis, bevor die Schönheitsreparaturen fällig sind, so ist der Mieter verpflichtet, die anteiligen Kosten für zukünftig fällig werdende Schönheitsreparaturen zu zahlen. Diese Kosten werden auf der Grundlage eines Kostenvoranschlages eines vom Vermieter auszuwählenden Malerfachbetriebs wie folgt berechnet: Liegen die letzten Schönheitsreparaturen für die Nassräume während der Mietzeit länger als ein Jahr zurück, so zahlt der Mieter 33 %, liegen sie länger als zwei Jahre zurück 66 %. Liegen die letzten Schönheitsreparaturen für die sonstigen Räume während der Mietzeit länger als ein Jahr zurück, so zahlt der Mieter 20 % auf Grund dieses Kostenvoranschlages an den Vermieter, liegen sie länger als zwei Jahre zurück 40 %, länger als drei Jahre 60 %, länger als vier Jahre 80 %. Der Mieter kann seiner anteiligen Zahlungsverpflichtung dadurch zuvorkommen, dass er die Schönheitsreparaturen vor dem Ende des Mietverhältnisses in Eigenarbeit ausführt.

Solche Klauseln sind **wirksam**, wenn der Kostenvoranschlag des Vermieters nicht ausdrücklich für verbindlich erklärt wird, wenn dem Mieter die Abwendung der Zahlungspflicht durch Eigenleistung nicht untersagt wird und sich der Kostenbeitrag an den üblichen Renovierungsfristen orientiert. Dem Mieter darf weiter nicht die Zahlung von 100 % der Kosten auferlegt werden. 19

Nach der Erfahrung in der Praxis wird diese Klausel vom Mieter bei Vertragsunterzeichnung überlesen oder nicht verstanden. Sie stellt eine unerwartete und ganz erhebliche zusätzliche **wirtschaftliche Belastung** dar, weil sie entweder zu Zahlungspflichten in vorher nicht absehbarem Ausmaß führt, obwohl der Mieter die laufenden Schönheitsreparaturen durchgeführt hat, oder aber dazu zwingt, vor Auszug doch die gesamte Wohnung zu renovieren, obwohl dies nicht fällig war, um der Zahlungspflicht zu entgehen. 20

Ebenso ist es zulässig und gebräuchlich, dass die Kosten für **Kleinreparaturen** dem Mieter vertraglich auferlegt werden. Dazu zählen gemäß der 21

---

1 BGH, Beschl. v. 6.7.1988 – VIII ARZ 1/88, WM 1988, 294; zuletzt BGH, Urt. v. 6.10.2004 – VIII ZR 215/03, WM 2004, 1452 = MietRB 2005, 62.

Definition in § 28 Abs. 3 S. 2 der II. Berechnungsverordnung[1] das Beheben kleinerer Schäden an Einrichtungsgegenständen, die dem häufigen Zugriff des Mieters ausgesetzt sind.

22 Als **Voraussetzungen** hierfür hat der Bundesgerichtshof[2] herausgearbeitet:
- Es dürfen nur Kosten für kleine Instandsetzungen übergebürdet werden, nicht deren Durchführung selbst, die Vermietersache bleibt.
- Die Vereinbarung darf nur solche Teile der Mietsache betreffen, die zum unmittelbaren Mietobjekt gehören und deren Zustand und Lebensdauer vom Umgang des Mieters mit ihnen abhängen.
- Der Höhe nach gilt eine zweifache Begrenzung: Je Einzelreparatur muss ein Höchstbetrag festgelegt sein, und für den Fall, dass mehrere Kleinreparaturen anfallen, muss ein (jährlicher) Gesamtbetrag festgelegt werden, der nicht überschritten werden darf. Im Einzelfall sind 75,00 Euro angemessen; höhere Beträge sind von der Rechtsprechung noch nicht zugebilligt worden, so dass es sich empfiehlt, diesen Betrag nicht zu überschreiten. (Hinweis: Kostet die Reparatur dann 76,00 Euro, so trägt der Vermieter diese Kosten allein und nicht etwa nur den überschießenden Betrag.) Ob es stattdessen zulässig ist, einen bestimmten prozentualen Anteil der Miete als Höchstbetrag je Reparatur festzulegen, ist nicht eindeutig geklärt, eine solche Klausel stellt möglicherweise einen Verstoß gegen § 307 BGB dar, weil sich die Miete erhöhen kann. Der Gesamtbetrag kann bei 6 % oder 8 % der Miete liegen, ob er auch höher liegen kann, wird unterschiedlich beurteilt.

23 Die „klassische" Klausel hierzu lautet:

> Der Mieter trägt die Kosten für kleine Instandhaltungsarbeiten während der Mietzeit, soweit die Schäden nicht vom Vermieter zu vertreten sind. Zu den kleinen Instandhaltungen zählen das Beheben kleiner Schäden an den Installationsgegenständen für Elektrizität, Wasser und Gas, den Heiz- und Kochvorrichtungen, den Fenster- und Türverschlüssen sowie den Verschlussvorrichtungen für Fenster und Rollläden. Eine kleine Instandhaltung liegt vor, wenn der Reparaturaufwand 75,00 Euro im Einzelfall nicht übersteigt. Der Jahreshöchstbetrag beläuft sich auf 200,00 Euro.

---

1 II. BV in der Fassung der Bekanntmachung vom 12.10.1990, BGBl. I, S. 2178, zul. geänd. durch Gesetz vom 13.9.2001, BGBl. I S. 2376 und Art. 3 der Verordnung vom 25.11.2003, BGBl. I S. 2346.
2 BGH, Urt. v. 7.6.1989 – VIII ZR 91/88, WM 1989, 324; BGH, Urt. v. 6.5.1992 – VIII ZR 129/91, WM 1992, 355.

Die genannten Einschränkungen gelten ebenso für Klauseln, mit denen dem Mieter **Wartungskosten** (etwa für eine Therme) übertragen werden. Ob durch Individualvereinbarung eine weitergehende Kleinreparaturkostentragung durch den Mieter festgelegt werden kann, ist bislang noch nicht entschieden. 24

Grundsätzlich ist es seit dem 1.9.2001 auch zulässig, eine derartige Klausel einer **Wertsicherung** zu unterstellen[1]. 25

Fallen Kosten für kleine Instandsetzungen oder Wartung an und sind sie vom Mieter zu tragen, handelt es sich um ein **zusätzliches Entgelt** für die Überlassung der Mietsache. 26

IV. Zuschläge

Im preisfreien Wohnraum fehlt – anders als im nach dem II. Wohnungsbaugesetz preisgebundenen Wohnraum, für den bestimmte Zuschläge[2] zur Miete gesetzlich zugelassen sind – eine gesetzliche Regelung. In der Praxis kommen folgende Zuschläge in Betracht[3]: 27

– Untermietzuschlag (Rz. 29 ff.);
– Möblierungszuschlag (Rz. 35 ff.);
– Schönheitsreparaturzuschlag, Kleinreparaturzuschlag (Rz. 40 ff.);
– Gewerbezuschlag (Rz. 45 ff.);
– Zuschlag für Garagen- oder Gartennutzung (Rz. 51 ff.).

Der sog. Modernisierungszuschlag ist kein Zuschlag im Wortsinne, sondern eine gesetzlich geregelte Möglichkeit, nach einer Standardverbesserung die hierfür investierten Kosten durch einseitige Erklärung mietwirksam zu machen[4]. 28

1. Untermietzuschlag

Der Vermieter kann sich unter Umständen als Gegenleistung für die **Erlaubnis**, einen Teil der Wohnung **unterzuvermieten**, einen **Zuschlag** ausbedingen. Inhaltlich rechtfertigen lässt sich dies im Grunde genom- 29

---

1 Vgl. die Beispielsformulierung bei *Harsch* in Lützenkirchen, Anwalts-Handbuch Mietrecht, 2. Aufl., H Rz. 22.
2 Siehe dazu Rz. 618.
3 Zur Frage der Vereinbarkeit dessen mit § 557 Abs. 4 BGB siehe Rz. 176 ff.
4 Siehe dazu im preisfreien Wohnraum Rz. 421 ff., im preisgebundenen Wohnraum Rz. 739 ff.

men nicht; der Vermieter erbringt keine zusätzliche Leistung, und auch der Gedanke, es finde eine erhöhte Abnutzung der Wohnung und ein Mehrverbrauch an Betriebskosten statt, greift zu kurz, weil es unbestrittenermaßen auch keinen Verheirateten-/Lebenspartnerzuschlag oder Kinderzuschlag gibt. Das Gesetz unterscheidet zunächst nur danach, ob der Mieter einen Anspruch auf die Untervermietungserlaubnis hat oder nicht.

30 § 553 Abs. 2 BGB sieht aber vor, dass der Vermieter die Erlaubnis zur teilweisen Gebrauchsüberlassung an einen Dritten davon abhängig machen kann, dass der Mieter sich mit einer angemessenen Erhöhung der Miete einverstanden erklärt, wenn dem Vermieter nur dann die **Überlassung zuzumuten** ist. Ein solcher Fall soll nur dann vorliegen, wenn durch die Gebrauchsüberlassung der Vermieter vermehrt belastet wird, etwa durch verstärkte Abnutzung der Räume oder Steigerung der Betriebskosten[1]. Diese Kriterien sind nicht überzeugend, da die Betriebskosten im Regelfall ohnehin vom Mieter getragen werden und von einer stärkeren Abnutzung realistischerweise kaum die Rede sein kann[2]. Andere Begründungen werden nicht diskutiert.

31 Im Fall des § 553 Abs. 2 BGB, unterstellt man ihn als möglich, hat der Mieter anders als in den Fällen des § 553 Abs. 1 Satz 1 BGB keinen Anspruch auf die Untervermietungserlaubnis, und der Vermieter hat keinen Anspruch auf Zustimmung zu einer Mieterhöhung, sondern das Gesetz legt ihnen nahe, eine **Vereinbarung** zu treffen, also nach § 557 Abs. 1 BGB zu verfahren.

32 Zur **Höhe** eines solchen Zuschlags finden sich kaum Angaben. Als angemessen wird in der Literatur ein Zuschlag von 10 % der Nettomiete oder 20 % der vereinbarten Untermiete betrachtet[3].

33 Da die Frage der Unzumutbarkeit von einer Prüfung der konkreten **Einzelfallumstände** abhängt, wäre eine Vereinbarung schon im Mietvertrag unzulässig, wonach für jede weitere Person, die in die Wohnung einzieht, zusätzlich monatlich ein Untermietzuschlag von 100,00 DM erhoben wird[4]. Ebenso wenig kann im Mietvertrag wirksam vereinbart

---

1 *Emmerich* in Emmerich/Sonnenschein, Miete, 8. Aufl., § 553 Rz. 11 m.w.N.
2 So zutreffend *Blank* in Schmidt-Futterer, Mietrecht, 8. Aufl., § 553 Rz. 16.
3 *Blank* in Schmidt-Futterer, Mietrecht, § 553 Rz. 17 m.w.N.
4 AG Langenfeld, Urt. v. 27.2.1992 – 23 C 515/91, WM 1992, 477; AG Hamburg-Altona, Urt. v. 18.11.1997 – 317b C 334/97, WM 1999, 600, wonach ein Zuschlag dieser Höhe ohnehin zur Abdeckung der Mehrkosten bei den verbrauchsabhängigen Nebenkosten sowie der größeren Abnutzung überhöht erscheint.

werden, dass die Erlaubnis zur Untervermietung nicht erteilt werden kann, wenn der Mieter sich nicht mit einer Mieterhöhung von 5 % einverstanden erklärt[1]. Dagegen kann ein Zuschlag (hier von 45,00 DM monatlich) angesichts eines konkreten Untermietverhältnisses ausgehandelt werden[2].

Der Höhe nach ist die vereinbarte Miete wie sonst auch nach §§ 138 Abs. 2 BGB, 5 WiStG, 291 StGB **begrenzt**[3]. Der Zuschlag wird **Mietbestandteil** und ist einheitlich mit der Miete nach den üblichen Regeln zu erhöhen[4] und in die Berechnung der Kappungsgrenze einzubeziehen[5]. Ob er entfällt, wenn die Untervermietung endet, unterliegt zunächst der Parteivereinbarung; diese kann beispielsweise vorsehen, dass der Zuschlag für die Erlaubnis zur Untervermietung oder für die tatsächliche Untervermietung anfällt, und der Zuschlag kann ausdrücklich ausgewiesen oder in der vereinbarten Miete mit enthalten sein. Lässt sich keine Parteivereinbarung feststellen, bleibt es im Zweifel dabei, dass der Zuschlag Mietbestandteil geworden ist[6].   34

2. Möblierungszuschlag

Ist die Wohnung ganz oder teilweise vom Vermieter möbliert, kann hierfür ein **Möblierungszuschlag** vereinbart werden. Hier wird tatsächlich eine zusätzliche Vermieterleistung erbracht.   35

Wie **hoch** dieser Zuschlag sein darf, wird in der Rechtsprechung[7] unterschiedlich beurteilt. Vorgeschlagen werden entweder der Ansatz einer jährlichen Abschreibung und Verzinsung, dies in unterschiedlicher Höhe, oder der Ansatz eines festen Prozentsatzes vom Zeit- bzw. Verkehrswert der Möbel.   36

Eine Entscheidung des Kammergerichts[8], die hierfür herangezogen wird und aussagt, dass für die Möblierung nur das **ortsübliche Entgelt** vereinbart werden darf, betrifft ein Objekt, das der früheren Mietpreisbindung   37

---

1 LG Hamburg, Beschl. v. 14.7.1989 – 74 O 139/89, WM 1990, 115.
2 AG Bremerhaven, Urt. v. 27.10.1993 – 50 C 1490/93, WM 1993, 738.
3 Siehe dazu Rz. 187 ff.
4 LG Berlin, Urt. v. 7.6.1991 – 63 S 118/91, MM 1991, 363; anders ohne überzeugende Begründung LG München I, Urt. v. 28.7.1999 – 14 S 7728/99, WM 1999, 575.
5 AG Hamburg, Urt. v. 7.11.1991 – 49 C 661/91, WM 1992, 257, sowie unten Rz. 286 ff.
6 Ebenso *Blank* in Schmidt-Futterer, Mietrecht, 8. Aufl., § 553 BGB Rz. 15.
7 Vgl. die Zusammenstellung bei *Börstinghaus* in Schmidt-Futterer, Mietrecht, 8. Aufl., § 558a BGB Rz. 67 sowie weiter die Nachweise bei *Blank* in Schmidt-Futterer, Mietrecht, 8. Aufl., Nach § 535 BGB Rz. 25.
8 KG, Urt. v. 1.3.1979 – 20 U 2992/78, GE 1980, 863.

(West-)Berlins unterlag; demzufolge sollte (richtigerweise) verhindert werden, dass durch Vereinbarung überhöhter Zuschläge für Nebenleistungen wie Möblierung die preisrechtlich zulässige Miete objektiv überschritten wurde. Die gleiche Überlegung liegt den gesetzlichen Beschränkungen im preisgebundenen Wohnraum nach dem II. Wohnungsbaugesetz zugrunde[1].

38 Liegt ein solcher Sonderfall nicht vor, wird sich der Möblierungszuschlag nur an den auch sonst geltenden Grenzen der §§ 138 Abs. 2 BGB, 5 WiStG, 291 StGB messen lassen müssen. Prozessual wird es sich jedenfalls im Streit über eine etwaige Mietpreisüberhöhung nach § 5 WiStG anbieten, ein **Sachverständigengutachten** einzuholen, um den Möblierungszuschlag insbesondere anhand der Art und Qualität der Einrichtung im Einzelfall festzustellen[2].

39 Der Zuschlag wird wie andere Zuschläge auch **Mietbestandteil**[3] und ist demzufolge bei der Ermittlung der Kappungsgrenze[4] zu berücksichtigen.

3. Schönheitsreparaturzuschlag, Kleinreparaturzuschlag

40 Hat der Vermieter nach der ausdrücklichen vertraglichen Vereinbarung die **Renovierung** der Wohnung durchzuführen, dann kalkuliert er dies bei der Mietpreisbildung ein.

◌ **Beispiel:**
In Mietverträgen für Bundesmietwohnungen ist die Klausel vorgesehen, dass die Vermieterin nach Maßgabe der Allgemeinen Vertragsbestimmungen die Schönheitsreparaturen auszuführen hat. Die AVB für Bundesmietwohnungen regeln, dass die Vermieterin die von ihr übernommenen Schönheitsreparaturen nach Maßgabe eines Fristenplanes für Anstriche und Tapezierungen auszuführen hat. Einzelheiten, etwa über Zuzahlungen des Mieters bei Verarbeitung teurerer Materialien, sind dann in einem vierseitigen Merkblatt enthalten.

41 Bei der Ermittlung der ortsüblichen Vergleichsmiete billigt die Rechtsprechung jedenfalls im Falle einer späteren Mieterhöhung einen ent-

---

1 Siehe dazu Rz. 618 ff.
2 Vgl. dazu *Blank* in Schmidt-Futterer, Mietrecht, 8. Aufl., Nach § 535 BGB Rz. 25 unter Hinweis auf LG Mannheim, Urt. v. 8.10.1999 – 4 S 93/99, WM 2000, 185. *Dröge*, Handbuch der Mietpreisbewertung für Wohn- und Gewerberaum, 3. Aufl. 2005, S. 660 ff., diskutiert verschiedene Berechnungsweisen und stellt S. 672 f. ein Lösungsmodell vor.
3 *Börstinghaus* in Schmidt-Futterer, Mietrecht, 8. Aufl., § 558a BGB Rz. 66.
4 Siehe dazu Rz. 286 ff.

sprechenden **Zuschlag** zu[1]. Der **Höhe** nach soll danach in Anlehnung an § 28 Abs. 4 der II. BV ein Betrag von 8,50 Euro je Quadratmeter Wohnfläche im Jahr zulässig sein[2].

Die Entscheidung des Oberlandesgericht Koblenz[3] betraf eine landeseigene Wohnung, deren Vermieter zu renovieren hatte. Da dem einschlägigen Mietspiegel wie üblich Mietverträge zugrunde lagen, in denen die Mieter renovierungspflichtig waren, sah das Oberlandesgericht die Notwendigkeit, einen entsprechenden **Zuschlag auf die Mietspiegelwerte** zu machen, um die Vergleichbarkeit zwischen Mietspiegelmieten und der ortsüblichen Miete für die konkrete Wohnung herzustellen. 42

Dieser Gedankengang passt jedenfalls nicht in denjenigen Fällen, wo die AGB-Kontrolle der Klauseln des Mietvertrags zu dem Ergebnis führt, dass die Schönheitsreparaturen dem Mieter nicht wirksam auferlegt sind. Wollte man auch hier einen Schönheitsreparaturzuschlag zubilligen, würde derjenige Vermieter prämiiert, der den Mieter durch die unwirksamen Klauseln übermäßig benachteiligen wollte, die Klauselkontrolle würde im Ergebnis den Mieter benachteiligen[4]. 43

Während ein derartiger Zuschlag ebenso wie die Verpflichtung zu Schönheitsreparaturen selbst einen **erheblichen wirtschaftlichen Wert** ausmachen kann, liegt es wegen der nur eingeschränkt möglichen Abwälzung von Kleinreparaturen auf den Mieter anders. Die Nichtabwälzung hat wirtschaftlich kaum einen Wert und rechtfertigt keinen Mietzuschlag[5]. 44

4. Gewerbezuschlag

Für die Erlaubnis, die Wohnung **teilweise gewerblich zu nutzen**, kann der Vermieter ebenfalls einen Zuschlag berechnen. Es geht dabei um 45

---

1 Grundlegend OLG Koblenz, Beschl. v. 8.11.1984 – 4 W – RE – 571/84, WM 1985, 15; neuerdings etwa LG Berlin, Urt. v. 18.11.1999 – 67 S 239/99, GE 2000, 472; LG Berlin, Urt. v. 13.10.2000 – 64 S 247/00, NZM 2001, 1029; LG München I, Urt. v. 15.5.2002 – 14 S 17806/01, NZM 2002, 945; vgl. weiter die Nachweise bei *Stürzer*, WM 2004, 512.
2 Zur berechtigten Kritik vgl. *Hemming*, WM 2005, 165 m.w.N. *Rave*, GE 2005, 221, diskutiert den Ausgleichsanspruch des Mieters, der auf Grund angenommener vertraglicher Verpflichtung renoviert, gegenüber dem Vermieter aus Bereicherung und will dem Vermieter die Tatsache, dass er im Vertrauen auf die Wirksamkeit der Renovierungsklausel eine günstigere Mietpreisgestaltung gewählt hat, durch einen Abzug vom Anspruch des Mieters gutbringen.
3 OLG Koblenz, Beschl. v. 8.11.1984 – 4 W – RE – 571/84, WM 1985, 15.
4 Hinweis von *Blank* auf dem Deutschen Mietgerichtstag 2005. Anders AG Frankfurt/M., Urt. v. 16.9.2005 – 33 C 2479/05 – 50, WM 2005, 722.
5 AG Dortmund, Urt. v. 29.9.2003 – 125 C 4802/03, MietRB 2004, 225.

solche Mischmietverhältnisse, in denen die Parteien das Überwiegen der Wohnnutzung vertraglich vereinbart und gewollt haben, weil es sich ansonsten ohnehin um (preisfreie) Gewerbemietverhältnisse handeln würde[1].

46 Nach einem älteren Rechtsentscheid[2] soll es möglich sein, dass ein Zuschlag für gewerbliche Nutzung nicht Teil der Miete wird und deswegen gesondert vereinbart und erhöht werden kann. Ist die Höhe des Zuschlags nicht vertraglich vereinbart, sondern hat sich der Vermieter einseitig einen Mietzuschlag für den Fall einer anderen Nutzung als der Wohnnutzung vorbehalten, könne im Streitfall die Höhe des Zuschlags richterlich nach § 315 BGB bestimmt werden. § 10 Abs. 1 MHG[3] (nunmehr § 557 Abs. 4 BGB) sollte dem nicht entgegenstehen, weil die Vorschriften des Miethöherechts nur für Wohnraum gelten, nicht aber für zusätzliche Entgelte, die für eine **andere Nutzung** gezahlt werden sollen.

47 Das lässt sich nicht verallgemeinern[4]. Im zugrunde liegenden Sachverhalt war vertragsgemäß allein eine Wohnung vermietet, und offenbar war der Mieter dann einseitig zu einer **allein gewerblichen Nutzung** übergegangen. Für diesen Fall hatte sich der Vermieter die Genehmigung und die Erhebung eines Zuschlags vertraglich vorbehalten. Diese Nutzungsänderung soll dazu führen, dass dann das Miethöherecht nicht mehr gilt, weil der Wohnraum nicht mehr als solcher genutzt wird. Von einem Zuschlag (zur Wohnraummiete) kann dann allerdings begrifflich nicht mehr die Rede sein.

48 Liegt dagegen ein **echtes Mischmietverhältnis** vor, so kann ein gesonderter Gewerbezuschlag zwar vereinbart, aber nicht mehr einseitig erhöht werden, sondern nur im Rahmen einer Erhöhung der ortsüblichen Miete insgesamt[5]. Voraussetzung ist, dass die eingeräumte (teil-)gewerbliche Nutzungsmöglichkeit über den Rahmen des vertragsgemäßen Gebrauchs einer Wohnraumnutzung hinausgeht[6], denn was der

---

1 Zu den Abgrenzungskriterien vgl. BGH, Urt. v. 16.4.1986 – VIII ZR 60/85, WM 1986, 274.
2 BayObLG, Beschl. v. 25.3.1986 – RE-Miet 4/85, WM 1986, 205.
3 Gesetz zur Erhöhung des Angebots an Mietwohnungen vom 20.12.1982, BGBl. I, 1912.
4 Anders wohl *Emmerich* in Emmerich/Sonnenschein, 8. Aufl., § 558a Rz. 17; LG München I, Urt. v. 28.7.1999 – 14 S 7728/99, WM 1999, 575, will den Rechtsentscheid auch auf einen Untermietzuschlag anwenden, weil dieser ein zusätzliches Entgelt für eine andere Nutzung sei.
5 LG Berlin, Urt. v. 3.7.1995 – 61 S 12/95, GE 1995, 1209.
6 Zur Abgrenzung vgl. etwa LG Schwerin, Urt. v. 4.8.1995 – 6 S 96/94, WM 1996, 214.

Mieter ohnehin erlaubnisfrei in der Mietwohnung tun darf, kann nicht Gegenstand eines Zuschlags sein[1].

Der Annahme einer grundsätzlichen Zulässigkeit eines Gewerbezuschlags liegt zugrunde, dass die teilweise gewerbliche Nutzung eine **erhöhte Inanspruchnahme** der Wohnräume mit sich bringt (was jedenfalls dann, wenn der Mieter wie üblich die Schönheitsreparaturen trägt, zu keinem Nachteil für den Vermieter führt), und dass etwa daraus resultierender Publikumsverkehr die Gemeinschaftsräume stärker abnutzt und die Mitmieter des Objekts belasten kann. Eine wirtschaftlich messbare **Gegenleistung** des Vermieters lässt sich dennoch nicht feststellen, zumal er sich vertraglich ausbedingen kann, dass Störungen der Mitmieter etc. unterbleiben müssen. Zumindest in (West-)Berlin ist der Teilgewerbezuschlag denn auch hauptsächlich dafür eingesetzt worden, die damalige Mietpreisbindung für Wohnräume zu unterlaufen[2]. Wirtschaftlich rechtfertigen lässt sich ein Zuschlag allenfalls damit, dass der Vermieter an einem durch Überlassung der Mieträume ermöglichten geschäftlichen Ertrag des Mieters beteiligt werden will. Wenn man diesem Ansatz folgt, kann man zur Bezifferung des Zuschlags die Differenz der Gewerberaummiete zur Wohnraummiete zugrunde legen[3]. Ob der Zuschlag entfällt, wenn der Mieter die Teilgewerbenutzung einstellt, ist umstritten[4].

49

Besondere Regelungen gelten für den preisgebundenen Wohnraum nach dem II. Wohnungsbaugesetz[5].

50

5. Garage, Gartennutzung

Die (Mit-)Vermietung einer **Garage** oder eines **Stellplatzes** zur Wohnung ist eine gesonderte Vermieterleistung, die auch gesondert berechnet werden kann. In der Regel liegt dann, wenn neben der Wohnung auch

51

---

1 LG Hamburg, Urt. v. 3.4.1998 – 311 S 245/97, WM 1998, 491.
2 Zu einem vergleichbaren Sachverhalt LG Hamburg, Urt. v. 3.4.1998 – 311 S 245/97, WM 1998, 491.
3 *Dröge*, Handbuch der Mietpreisbewertung für Wohn- und Gewerberaum, 3. Aufl. 2005, S. 342 f., zieht dafür RDM-Tabellen heran; siehe auch *Dröge*, Mustergutachten S. 693 ff. *Schach* in Kinne u.a., § 558 Rz. 34 will zur Festlegung des Zuschlags auf § 26 Abs. 2 NMV in analoger Anwendung zurückgreifen. Vgl. auch AG Wiesbaden, Grundurteil vom 13.12.1990 – 98 C 986/90 und LG Wiesbaden, Urt. v. 13.5.1991 – 1 S 40/91, beide WM 1991, 593.
4 Weiter zu zahlen ist der Zuschlag nach LG Berlin, Urt. v. 3.1.1995 – 63 S 231/94, GE 1995, 497; LG Berlin, Teilurteil v. 1.11.1996 – 65 S 175/96, GE 1997, 243; LG Berlin, Urt. v. 18.4.1997 – 64 S 13/96, GE 1997, 861; LG Berlin, Urt. v. 4.6.1998 – 61 S 444/97, GE 1998, 1091; a.A. LG Berlin, Urt. v. 29.8.1994 – 62 S 120/94, GE 1994, 1057.
5 Siehe dazu Rz. 620 ff.

eine auf dem Grundstück gelegene Garage vermietet wird, ein einheitlicher Wohnungsmietvertrag vor, auch wenn Wohnungs- und Garagenmietvertrag in getrennten Urkunden aufgesetzt werden und die Garagenvermietung erst zeitlich später ohne ausdrückliche Einbeziehung in den bisherigen Mietvertrag erfolgt[1]. Es bleibt den Parteien unbenommen, dies anders zu regeln.

52 Ist die Garagenmiete in diesen Fällen **gesondert** vereinbart, soll sie auch gesondert erhöht werden können[2], allerdings nur nach § 558 BGB auf die ortsübliche Miete für Garagen. Ist dagegen vereinbart, dass zur Wohnungsmiete ein Zuschlag für die Garagennutzung hinzukommt („Die Miete beträgt 400,00 Euro brutto kalt. Die Miete für die Garage beträgt 50,00 Euro."), kann die Miete nur für das **einheitliche** Wohnungsmietverhältnis erhöht werden[3].

53 Dasselbe gilt im Grunde genommen dann, wenn **Garten(mit)nutzung** vertraglich eingeräumt ist. In der Praxis kommen solche Zuschläge, jedenfalls ausdrücklich ausgewiesen, kaum vor, was daran liegen mag, dass es häufig Ein-Familienhäuser oder Doppelhaushälften betrifft und es dem Vermieter dort eher um Gartenpflegearbeiten durch den Mieter als Gegenleistung gehen wird.

54 **Zusammenfassung**: Die genannten Zuschläge führen **im preisfreien Wohnraum** in der Praxis ein gewisses **Schattendasein**. Das ist auch verständlich: Zu Beginn des Mietverhältnisses kann die vertragliche Miete in den Grenzen der §§ 138 Abs. 2 BGB, 5 WiStG, 291 StGB[4] ohnehin frei vereinbart werden. Dabei ist es zunächst ohne Auswirkungen, ob der Vermieter die Miete mit 50,00 Euro höher als die ortsübliche vereinbart oder ob er angibt, diese 50,00 Euro beträfen die Garagennutzung. Ist der Zuschlag einmal wirksam vereinbart, fließt er ohnehin in die Gesamtmiete ein und kann nur mit dieser zusammen, also nach den Vorgaben der §§ 558 ff. BGB, erhöht werden. Das ist jedenfalls für Untermietzuschlag, Gewerbezuschlag und Garagenzuschlag ganz überwiegende Meinung[5]. Ebenso ist der Zuschlag bei der Berechnung der Kappungsgrenze zu berücksichtigen[6]. Insofern ist es dann auch konsequent, anzu-

---

1 Grundlegend OLG Karlsruhe, Beschl. v. 30.3.1983 – 3 RE-Miet 1/83, WM 1983, 166.
2 *Börstinghaus*, MietPrax, Fach 6 Teil 1 C Rz. 128.
3 AG Bielefeld, Urt. v. 24.2.1993 – 17a (5) C 1411/92, WM 1993, 357.
4 Siehe dazu Rz. 187 ff.
5 Anders, mit dem Zusatz, es bleibe wohl nichts anderes übrig, *Emmerich* in Emmerich/Sonnenschein, Miete, 8. Aufl., § 558a Rz. 17, für Untermiet- und Gewerbezuschlag, die herausgerechnet werden und später der erhöhten Miete wieder hinzugerechnet werden müssten.
6 Siehe dazu Rz. 286 ff.

nehmen, dass der Zuschlag nicht wieder entfällt, wenn der Mieter einseitig die Voraussetzungen beseitigt (der Untermieter zieht aus, der Mieter stellt die Gewerbeausübung ein, der Mieter nutzt den Stellplatz nicht mehr).

Sicherlich nicht möglich ist die Vereinbarung eines Zuschlags, der später **einseitig** durch den Vermieter erhöht werden kann, weil dies das System der ortsüblichen Vergleichsmiete und des gesetzlichen *numerus clausus* der Mieterhöhungsmöglichkeiten unterlaufen würde und dem Verbot des § 557 Abs. 4 BGB widerspräche. 55

Eine Vereinbarung **während der Vertragslaufzeit**, wonach der Mieter künftig im Gegenzug für eine besondere zusätzliche Nutzungsmöglichkeit einen Zuschlag zahlt, ist nicht durch § 557 Abs. 1 BGB gesperrt, sondern wiederum nur durch §§ 138 Abs. 2 BGB, 5 WiStG, 291 StGB. 56

Im Rahmen einer solchen **Vereinbarung** können die Mietvertragsparteien entweder festlegen, dass es sich um einen festen Betrag handelt, der zusätzlich zur Miete zu zahlen ist und der entfällt oder nicht entfällt, wenn die besondere Nutzung eingestellt wird, oder sie können vereinbaren, dass der Zuschlag Mietbestandteil wird und dann den allgemeinen Regeln folgt[1]. 57

Im **preisgebundenen Wohnraum** nach dem II. Wohnungsbaugesetz haben die Zuschläge die Funktion, für Besonderheiten einer Wohnung ein Entgelt einzuräumen, die nicht über das System der durchschnittlichen Kostenmiete aller Wohnungen erfasst sind[2]. 58

V. Weitere Mieterleistungen

An weiteren **finanziellen Leistungen** des Mieters auf die Mietsache kommen in Betracht: 59

– Mietvorauszahlung;
– Mieterdarlehen;
– Baukostenzuschuss;
– sonstige Finanzierungsbeiträge;
– Mietermodernisierung;
– sog. Abstand;

---

1 In beiden Fällen handelt es sich um einen Teil der Miete i.S.d. § 543 Abs. 2 Ziff. 3 BGB.
2 Siehe dazu Rz. 625 ff.

Teil II Wohnraummiete

- Vertragsabschlussgebühr, Vertragsaufhebungsgebühr;
- Vermittlungsgebühr;
- Ein-/Auszugspauschalen;
- Kaution, Bürgschaft.

60 Die Vereinbarung von Mietvorauszahlungen, Mieterdarlehen, (anrechenbaren oder verlorenen) Baukostenzuschüssen und sonstigen **Finanzierungsbeiträgen** unterliegt im preisfreien Wohnraum gesetzlichen Beschränkungen lediglich hinsichtlich der Rückzahlung[1]. Regelungen für die Rückerstattung im Falle vorzeitiger Vertragsauflösung treffen §§ 346, 347 BGB (wenn der Vermieter die Vertragsbeendigung zu vertreten hat) bzw. §§ 547 Abs.1, 812 ff. BGB (wenn der Vermieter die Beendigung nicht zu vertreten hat). Bei verlorenen Baukostenzuschüssen richtet sich die Erstattung nach dem Gesetz über die Rückerstattung von Baukostenzuschüssen[2].

61 Im laufenden Mietverhältnis kommen Vereinbarungen vor, wonach der Mieter von ihm gewünschte zusätzliche Ausstattungsmerkmale der Wohnung auf eigene Rechnung herrichtet, dies im Wege der sog. **Mietermodernisierung** (Einbau einer Gasetagenheizung, Verbesserungen einschließlich Verfliesung des Bades etc.). Häufig wird keine weitere Regelung darüber getroffen, was aus den Ausstattungsmerkmalen bei Ende des Mietverhältnisses werden soll, so dass sie dann entschädigungslos in das Eigentum des Vermieters übergehen oder eine Regelung nach § 552 Abs. 1 BGB getroffen wird. Soweit öffentliche Förderprogramme für die Mietermodernisierung zur Verfügung stehen, regeln die entsprechenden Musterverträge eine abgestufte Entschädigung des Mieters, wenn dieser auszieht, bevor die Einrichtung abgeschrieben ist.

62 Unter dem Begriff **Abstands- oder Ablösevereinbarung** werden vor allem Zahlungen des Mieters an den Vermieter für die Übernahme von Einrichtungsgegenständen oder Inventar verstanden. Im preisgebundenen Wohnraum nach altem Recht (Förderung nach dem II. Wohnungsbaugesetz) sind solche Zahlungen grundsätzlich unzulässig[3]. Die Vereinbarung über ein solches Entgelt ist aber auch im preisfreien Wohnraum gemäß § 4a Abs. 2 Wohnungsvermittlungsgesetz (WoVermG)[4] unwirk-

---

1 Für preisgebundenen Wohnraum nach altem Recht gilt § 9 WoBindG, für Wohnraum, der dem Heimgesetz unterliegt, das Verbot des § 14 HeimG.
2 Art. VI des Gesetzes zur Änderung des Zweiten Wohnungsbaugesetzes, anderer wohnungsbaurechtlicher Vorschriften und über die Rückerstattung von Baukostenzuschüssen v. 21.7.1961, BGBl. I, 1041, zul. geänd. durch Gesetz vom 19.6.2001, BGBl I S. 1149, 1169.
3 § 9 Abs. 6 WoBindG, siehe dazu Rz. 631 ff.
4 Gesetz zur Regelung der Wohnungsvermittlung v. 4.11.1971, BGBl. I, 1745.

sam, soweit das Entgelt in einem auffälligen Missverhältnis zum Wert der Einrichtung oder des Inventarstücks steht. Das ist nach der Rechtsprechung des Bundesgerichtshofs[1] dann der Fall, wenn das vereinbarte Entgelt den objektiven Wert des Kaufgegenstands um mehr als 50 % überschreitet. Die vom Mieter an den Vermieter für besondere Einrichtungsgegenstände der Wohnung geleistete Abstandszahlung ist dann ein verlorener Baukostenzuschuss, wenn die Gegenstände nicht in das Eigentum des Mieters übergehen sollen oder seinem Wegnahmerecht unterliegen[2].

Im Rahmen von §§ 138, 242 BGB sind Einzelvereinbarungen etwa über die finanzielle **Abgeltung** der dem Mieter obliegenden Verpflichtung zur Durchführung von **Schönheitsreparaturen** wirksam. Dasselbe gilt für Zahlungen an den Vermieter als Ausgleich für die **vorzeitige Vertragsentlassung**. Eine formularvertraglich vereinbarte Pauschale hierfür (Vertragsaufhebungsgebühr) ist dagegen schon wegen § 309 Ziff. 5b BGB unwirksam[3]. Auch die sog. Ein- und Auszugspauschalen sind im preisfreien Wohnraum an dieser Vorschrift zu messen[4]. 63

Im preisfreien Wohnraum[5] kann wirksam eine **Bearbeitungsgebühr** für das Ausstellen des Mietvertrags vereinbart werden, solange diese Gebühr lediglich die Kosten deckt, weil es sich sonst um eine nach § 2 Abs. 2 Ziff. 2 WoVermG unzulässige Vermittlungsgebühr handeln würde[6]. Die hier für üblich und zulässig gehaltene Gebühr von 50,00 Euro bis 75,00 Euro bzw. in Höhe von einer Monatsmiete[7] dürfte angesichts der Einsatzmöglichkeit der EDV jedenfalls für Großvermieter eher überhöht sein. 64

Die Zulässigkeit von **Mietsicherheiten** ist in §§ 551, 554a Abs. 2 BGB geregelt. Die Rechtsprechung bejaht darüber hinaus die Zulässigkeit einer Sicherheit bei Anbringung einer Parabolantenne durch den Mieter[8]. 65

---

1 BGH, Urt. v. 23.4.1997 – VIII ZR 212/96, WM 1997, 380.
2 LG Köln, Beschl. v. 7.5.1990 – 10 T 42/90, WM 1990, 485.
3 Anders noch OLG Hamburg, Beschl. v. 17.4.1990 – 4 U 222/89, WM 1990, 244.
4 Im preisgebundenen Wohnraum verstoßen sie gegen § 9 WoBindG.
5 Anders im preisgebundenen Wohnraum nach dem II. WoBauG, § 9 Abs. 1 WoBindG.
6 Vgl. dazu AG Hamburg, Urt. v. 19.11.1998 – 37B C 298/98, NZM 1999, 460; AG Hamburg-Wandsbek, Teilurt. v. 27.5.2004 – 711 C 36/04, WM 2005, 47 mit Nachweisen der Redaktion zum Streitstand; vgl. weiter die Nachweise bei *Eisenschmid* in Schmidt-Futterer, Mietrecht, 8. Aufl., § 535 BGB Rz. 603.
7 *Eisenschmid* in Schmidt-Futterer, Mietrecht, 8. Aufl., § 535 BGB Rz. 603, unter Bezugnahme auf LG Hamburg, Urt. v. 29.11.1988 – 9 S 8/88, WM 1990, 62.
8 Vgl. die Nachweise bei *Eisenschmid* in Schmidt-Futterer, Mietrecht, 8. Aufl., § 535 BGB Rz. 395; *Emmert*, WM 2000, 578, 581.

B. Preisfreier Wohnraum

66 Im preisfreien Wohnraum gibt es keine gesetzliche Festlegung der Miethöhe. Die Kündigung des Mietvertrages zum Zwecke der Mieterhöhung ist gesetzlich nicht vorgesehen. Ob und in welchem Umfang die Parteien während eines laufenden Mietvertrages die Änderung der Miethöhe verlangen und durchsetzen können, richtet sich einerseits nach den vertraglichen Vereinbarungen, andererseits nach den gesetzlichen Vorgaben in §§ 557a bis 560 BGB. Vertragliche Vereinbarungen sind dabei teilweise Voraussetzung dafür, dass von gesetzlichen Erhöhungsmöglichkeiten überhaupt Gebrauch gemacht werden kann, andererseits können sie auch zu Einschränkungen des gesetzlichen Instrumentariums führen.

I. Vertragliche Vereinbarungen über die Mieterhöhung

Ausdrückliche Vereinbarungen (Rz. 75 ff.)
Konkludente Vereinbarungen (Rz. 86 ff.)
Vertraglicher Ausschluss von Mieterhöhungen (Rz. 104 ff.)
Vertragliche Vereinbarung künftiger Mieterhöhungen (Rz. 118 ff.)
Vertragliche Begrenzung von Mieterhöhungen (Rz. 165 ff.)
Verbot für den Mieter nachteiliger Vereinbarungen (Rz. 176 ff.)
Allgemeine gesetzliche Schranken von Mieterhöhungen (Rz. 187 ff.)

67 Nach **§ 557 Abs. 1 BGB** können die Parteien während des Mietverhältnisses eine Erhöhung der Miete **vereinbaren**. Was zunächst wie eine eher selbstverständliche Betonung der Vertragsfreiheit klingt, beinhaltet bei näherer Betrachtung etliche Schwierigkeiten. Es bleibt einerseits die Frage, **wann** eine Vereinbarung vorliegt, andererseits die Prüfung, ob eine Vereinbarung, wenn sie denn vorliegt, **wirksam** ist.

68 Zunächst zur **Gesamtaussage** des § 557 BGB:
Systematisch klarer aufgebaut war die **Vorläuferregelung** des § 10 MHG[1]. Dort war eingangs geregelt, dass die in den §§ 1 bis 9 MHG geregelten Mieterhöhungsmöglichkeiten zwingend waren, abweichende Vereinbarungen zum Nachteil des Mieters wurden deswegen für unwirksam erklärt. Es folgte die Ausnahmebestimmung „es sei denn, dass der Mieter während des Bestehens des Mietverhältnisses einer Miet-

---

1 Gesetz zur Erhöhung des Angebots an Mietwohnungen vom 20.12.1982, BGBl. I, 1912.

erhöhung um einen bestimmten Betrag zugestimmt hat". Anschließend war im Gesetz eingeräumt, dass abweichend von Absatz 1 eine Staffelmietvereinbarung schriftlich getroffen werden konnte, und es folgten genauere Vorgaben hierfür.

Diese **Systematik** sollte durch die Mietrechtsreform mit § 557 BGB im Wesentlichen unverändert übernommen werden. Man meinte, vorab das Prinzip der Vertragsfreiheit und der Privatautonomie stärker hervorheben zu sollen. Ursprünglich war die Formulierung vorgesehen, die Vertragsparteien könnten durch Vertragsänderung die Miete während des laufenden Mietverhältnisses um einen bestimmten Betrag erhöhen. Das wäre sinngemäß dieselbe Regelung wie § 10 Abs. 1 MHG gewesen, allerdings mit dem Unterschied, dass es sich nicht mehr um eine Ausnahme wie dort, sondern um den (gewünschten) Regelfall handeln soll, und dass es statt Zustimmung des Mieters Parteivereinbarung heißt. 69

Auf Vorschlag des Bundesrats und mit Zustimmung des Rechtsausschusses ist dann in § 557 Abs. 1 BGB allerdings der **Satzteil „um einen bestimmten Betrag" gestrichen** worden. Die Motivation hierfür war, dass man auch andere Gegenleistungen des Mieters als nur die Erhöhung der Miete um einen Festbetrag ermöglichen wollte, beispielsweise sollte der Mieter etwa die Schneebeseitigung künftig übernehmen dürfen, wenn die Parteien dies vereinbaren[1]. 70

Die Begründung des Kabinettsbeschlusses, die bekanntlich trotz Änderungen am Gesetzestext nicht mehr überarbeitet wurde, sondern die Amtliche Begründung geworden ist, führt weiterhin aus, es gehe nur um eine Mietänderung um einen bestimmten Betrag, ohne dass sich dies nun dem Gesetzestext in § 557 Abs. 1 BGB (oder anderweitig) entnehmen ließe. 71

In § 557 Abs. 2 BGB wird dann in Übereinstimmung mit dem früheren Recht die Vereinbarung einer **Staffelmiete** sowie, insoweit neu, die Vereinbarung auch einer **Indexmiete** zugelassen. Gemeint ist, dass diese beiden Mietformen sowohl vorab, also im Mietvertrag, als auch später, also einvernehmlich während des Vertragsverhältnisses, vereinbart werden können. 72

§ 557 Abs. 3 BGB hält den auch bisher bestehenden Grundsatz fest, dass einseitige Mieterhöhungen nur möglich sind, soweit sie **gesetzlich aus-** 73

---

1 *Börstinghaus* in Schmidt-Futterer, 8. Aufl., § 557 BGB Rz. 40, hält die Übernahme der Schönheitsreparaturverpflichtung durch den Mieter während der Vertragslaufzeit für eine Mietänderungsvereinbarung.

drücklich zugelassen sind und nach den Maßgaben des Gesetzes erfolgen, nämlich jetzt nach §§ 558 bis 560 BGB.

74 § 557 Abs. 4 BGB schließlich erklärt die Vorschrift für **nicht** zum Nachteil des Mieters **abdingbar**, will sagen: Sonstige Möglichkeiten, zu einer erhöhten Miete im Bestandsmietverhältnis zu kommen, gibt es nicht[1].

1. Ausdrückliche Vereinbarungen

75 Es fragt sich, ob sich die Regelung des § 557 Abs. 1 BGB nun in der Wiedergabe einer Selbstverständlichkeit erschöpft, ohne zu erwähnen, dass die Parteien natürlich auch eine Senkung der Miete vereinbaren können, und ungeachtet dessen, dass die Parteien auch den bisherigen Mietvertrag aufheben und einen neuen gleichen Inhalts zu einer erhöhten Miete schließen könnten[2]. Oder handelt es sich nur um einen systematisch ungeschickten Einleitungstext? Anders gefragt: **Welche Mietänderungsvereinbarungen** lässt die Regelung zu?

76 **Inhaltliche Vorgaben**, an welche Voraussetzungen eine derartige Vereinbarung gebunden sein könnte, macht die Vorschrift nicht. Das würde bei Auslegung nur nach dem Wortlaut bedeuten, dass beliebige Gegenleistungen des Mieters als „Erhöhung" vereinbart werden können, und auch prozentuale Erhöhungen; nach dem Wortlaut wären auch jederzeit, in beliebigem Abstand und mehrfach Erhöhungen möglich. Der Mieter wird (anders als in der Vertragsanbahnungssituation) nicht mehr für schutzbedürftig gehalten, denn er hat ja die Wohnung und lässt sich aus freien Stücken auf ein Erhöhungsangebot des Vermieters ein[3].

77 Dennoch werden **Einschränkungen** für richtig gehalten:
Die Kommentierung der Vorschrift geht einhellig davon aus, dass nur eine **einmalige** Erhöhung vereinbart werden darf[4]. Nach dem Wortlaut des § 10 MHG war das eindeutig so. Aus § 557 Abs. 1 BGB ergibt sich das nur dann, wenn man die Betonung auf „eine" Erhöhung legt. Demgegenüber lässt nur § 557 Abs. 2 BGB „künftige Änderungen", also mehr als eine, durch Vereinbarung zu[5], und zwar nur als Staffel- oder Index-

---

1 Zur weitergehenden Aussage des § 557 Abs. 4 BGB s. unten Rz. 176 ff.
2 *Artz*, WM 2005, 215, 217, bezeichnet die Vorschrift als Bekenntnis zu der Möglichkeit der kontinuitätswahrenden Umgestaltung bestehender Schuldverhältnisse, sie ist keine Kompetenznorm.
3 Die ebenfalls zulässige Variante, dass der Mieter eine Erhöhung anbietet, wird in der Praxis nur dann vorkommen, wenn der Mieter dafür eine andere Gegenleistung aushandeln will.
4 Vgl. nur *Börstinghaus* in Schmidt-Futterer, 8. Aufl., § 557 Rz. 5; *Weitemeyer* in Emmerich/Sonnenschein, 8. Aufl., § 557 Rz. 9.
5 *Weitemeyer* in Staudinger, § 557 BGB, Rz. 48.

miete. Systematisch lässt sich argumentieren, dass die Vereinbarung von mehreren Erhöhungen („Die Miete steigt ab dem 1.2.2006 um Euro 100,00 und ab dem 1.8.2006 um weitere 100,00 Euro") der Sache nach eine Staffelmietvereinbarung darstellt, die sich an § 557a BGB messen lassen muss[1].

(Eine) **prozentuale** Erhöhung kann nach allgemeiner Ansicht vereinbart werden („Die Miete erhöht sich ab dem 1.4.2007 um 10 %")[2], obwohl dies nicht der gesetzgeberischen Absicht bei Streichung des Satzteils „um einen bestimmten Betrag" entspricht und aus praktischen Gründen auch nicht zu empfehlen ist. 78

Die Erhöhung darf nicht der späteren **Berechnung** durch den Vermieter („Die Miete steigt ab dem 1.3.2006 auf den Höchstbetrag des Feldes D 3 des aktuellen Mietspiegels") oder Dritte, etwa einen Sachverständigen, überlassen bleiben. Zeitpunkt und Betrag der Erhöhung sind **Mindestinhalt** einer Vereinbarung nach § 557 Abs. 1 BGB. 79

Zum **Zeitpunkt** der Erhöhung wird vertreten, diese müsse sofort oder demnächst fällig sein, weil es sich sonst um eine an § 557 Abs. 2 BGB zu messende Vereinbarung einer künftigen Mietänderung handeln würde[3], die also nur als Staffel- oder Indexmietvereinbarung zulässig wäre. 80

Zur Vorläuferregelung des § 10 Abs. 1 MHG war vertreten worden[4], eine im Mietvertrag getroffene Vereinbarung sei **wirksam**, wonach sich die Miete für jede weitere Person, die in die Wohnung einziehen würde, um 80,00 DM erhöhen sollte. Dies sei die Vereinbarung eines bestimmten oder jedenfalls bestimmbaren Mietzinses unter der aufschiebenden Bedingung des Eintritts eines zukünftigen Ereignisses und deshalb keine Mieterhöhung i.S.d. Regeln über die einseitigen Mieterhöhungen. 81

Das ist jedenfalls nach früherem Recht sicherlich unzutreffend: Entweder wollten die Parteien die durch Aufnahme eines Dritten erhöhten Betriebskosten abgelten, dann stellt die Vereinbarung eine Umgehung der Regelung über die Veränderung von Betriebskosten (jetzt §§ 556, 560 BGB) dar; oder sie wollten eine Vereinbarung entsprechend § 553 Abs. 2 BGB treffen, haben aber die dortigen Voraussetzungen nicht ein- 82

---

1 Nach *Börstinghaus* in Schmidt-Futterer, 8. Aufl., § 557 BGB Rz. 37, ist die zweite Erhöhung eine „künftige" i.S.d. § 557 Abs. 2 BGB.
2 Vgl. die Nachweise bei *Weitemeyer* in Emmerich/Sonnenschein, 8. Aufl., § 557 Rz. 8 und bei *Börstinghaus* in Schmidt-Futterer, 8. Aufl., § 557 BGB Rz. 44.
3 *Börstinghaus* in Schmidt-Futterer, 8. Aufl., § 557 BGB Rz. 33 ff.
4 LG Köln, Urt. v. 11.1.1990 – 6 S 221/89, WM 1990, 219.

gehalten[1]. In beiden Fällen wurde gegen § 10 Abs. 1 MHG verstoßen, wonach mietvertragliche Vereinbarungen grundsätzlich unwirksam waren, wenn sie zur Folge haben, dass sich das für die Wohnnutzung geschuldete Entgelt außerhalb der Voraussetzungen der §§ 1 bis 9 MHG (jetzt §§ 558 bis 560 BGB) erhöht[2]. Da die Erhöhung außerdem **bereits im Mietvertrag** und nicht erst während des bestehenden Vertragsverhältnisses vereinbart war, war sie unwirksam. Die vereinbarte aufschiebende Bedingung ändert daran nichts[3].

83 Einen praktisch häufigen Fall der Vereinbarung einer späteren Mieterhöhung im bestehenden Mietverhältnis stellen **Modernisierungsvereinbarungen** dar. Eine solche Vereinbarung während des Mietverhältnisses, aber vor Durchführung der Maßnahme (oder auch danach) ist zulässig, solange die oben angeführten Voraussetzungen eingehalten werden (einmalige Erhöhung um einen bestimmten Betrag in zeitlicher Nähe zu einer festgelegten Baumaßnahme). Für den Vermieter kann dies den Vorteil haben, dass er sich von der Einhaltung der formellen Voraussetzungen für die Erhöhungserklärung nach §§ 559 ff. BGB freizeichnen kann und das Prozessrisiko entfällt, ebenso das sonst dem Mieter zustehende Kündigungsrecht nach § 561 BGB.

84 Die Vereinbarung hat für den Vermieter den weiteren Vorteil, folgt man insoweit der Rechtsprechung des Bundesgerichtshofs[4], dass bei der Berechnung der **Kappungsgrenze**[5] für eine spätere Mieterhöhung nach § 558 BGB eine Mieterhöhung unberücksichtigt bleiben soll, die zwar anlässlich einer Modernisierung vereinbart worden ist, aber nicht im Verfahren nach § 559 BGB geltend gemacht, sondern von den Vertragsparteien einvernehmlich vereinbart worden ist.

85 Geht man von diesem Ansatz aus, kann eine Modernisierungsvereinbarung **für den Mieter** wirtschaftlich **nachteilig** sein. Als vorteilhaft kann sich darstellen, dass die Mieterhöhung definitiv festgelegt wird und der Vermieter nicht mehr, wie nach § 559b Abs. 2 BGB möglich, einen höheren Modernisierungszuschlag berechnen kann als angekündigt.

---

1 Vgl. *Blank*, WM 1990, 219.
2 So *Blank*, WM 1990, 219.
3 So auch *Weitemeyer* in Emmerich/Sonnenschein, 8. Aufl., § 557 Rz. 7. Vgl. auch LG Köln, Urt. v. 28.4.1988 – 1 S 446/87, WM 1989, 24.
4 BGH, Urt. v. 28.4.2004 – VIII ZR 185/03, WM 2004, 344 = MietRB 2004, 256. Kritisch *Börstinghaus*, MietPrax, § 558 BGB Ziff. 4; *Kunze*, BGHReport 2004, 1000.
5 S. dazu unten Rz. 286 ff.

2. Konkludente Vereinbarungen

In unterschiedlichem Umfang lassen Rechtsprechung und Literatur aber nicht nur ausdrückliche Mietänderungsvereinbarungen im beschriebenen Sinne zu, sondern auch **konkludente Vereinbarungen** über die Erhöhung der Miete. Da Vereinbarungen durch den Austausch von Willenserklärungen erfolgen, und grundsätzlich eine Willenserklärung nur dann schriftlich abgegeben werden muss, wenn das Gesetz es verlangt, ist die Miethöhevereinbarung durch Austausch mündlicher Erklärungen oder durch schlüssiges Handeln zunächst nicht ausgeschlossen. 86

Das Gesetz schreibt die Schriftform nur für die auf die Zukunft gerichteten Erhöhungsvereinbarungen in §§ 557a und 557b BGB vor. Eine mündliche Vereinbarung über eine einmalige Mieterhöhung (oder Mietermäßigung) ab sofort oder einem nahe liegenden Zeitpunkt ist zweifellos wirksam, allenfalls die Beweisbarkeit kann fraglich sein. Es ist aber (auch) bei einer mündlichen Mietänderungsvereinbarung zu verlangen, dass Maß und Zeitpunkt der Mietänderung auf beiden Seiten **klar und eindeutig** erklärt werden und beide Erklärungen genau übereinstimmen. 87

Als konkludente Vereinbarung bezeichnet man es, wenn mindestens eine Seite keine ausdrückliche, auch keine mündliche Erklärung abgibt, sondern sich aus den **Umständen** ihr Rechtsbindungswille und ein konkreter Erklärungsinhalt ergeben. Es reicht nicht aus, dass ein Mieter aus unerfindlichen Gründen mehr Miete zahlt und der Vermieter dies, im Stillen dankend, entgegennimmt. Es reicht auch nicht aus, dass der Mieter kommentarlos weniger bezahlt oder der Vermieter mehr abbucht und die jeweils andere Seite sich nicht wehrt[1]. Auch hier müssen letztlich auf beiden Seiten Willenserklärungen abgegeben werden, die eindeutig sind und sich genau decken. 88

Macht der Vermieter ein ausdrückliches Angebot i.S.d. § 557 Abs. 1 BGB oder erklärt er ordnungsgemäß eine Mieterhöhung nach § 557b, §§ 558 ff. BGB und **zahlt** der Mieter daraufhin die veränderte Miete, dann wird davon ausgegangen, dass hiermit eine Mietänderung vereinbart worden ist, und zwar mit der ersten Zahlung[2]. Das wird damit begründet, dem Mieter habe es freigestanden, die ihm angesonnene Ver- 89

---

[1] Hier kann allenfalls eine Verwirkung für überschießende Ansprüche oder Rückforderungsansprüche eintreten.
[2] *Börstinghaus* in Schmidt-Futterer, Mietrecht, 8. Aufl., § 557 BGB Rz. 22 m.w.N.; *Sternel*, Mietrecht, 3. Aufl., I Rz. 422.

einbarung abzulehnen oder bei der einseitigen Mieterhöhung dieser nicht nachzukommen, ggf. sein Kündigungsrecht auszuüben[1].

90 Schwieriger sind die Fälle zu beurteilen, in denen der Vermieter eine aus welchen Gründen auch immer **unwirksame** Mieterhöhung oder Mietänderung geltend macht. Es kommen folgende **Fallkonstellationen** in Betracht:
– Die mietvertraglich oder später vereinbarte Staffelmiete ist nicht wirksam vereinbart;
– die Erklärung einer Mietänderung auf Grund vereinbarter Indexklausel nach § 557b misslingt;
– der Vermieter erbittet die Zustimmung zu einer nach §§ 558 ff. BGB unwirksamen Mieterhöhung;
– es wird eine nicht den Voraussetzungen der §§ 559 ff. BGB entsprechende Mieterhöhung nach Modernisierung berechnet;
– eine Betriebskostenveränderung wird geltend gemacht, ohne dass die Vorgaben des § 560 BGB eingehalten sind, oder nicht geschuldete Einzelpositionen werden in die Betriebskostenabrechnung eingestellt;
– es wird eine Mieterhöhung verlangt, die überhaupt nicht gesetzlich gerechtfertigt ist (beispielsweise auf Grund der Regelung im Mietvertrag: „Die Vermieter behalten sich vor, die Miete alle 2 Jahre zu prüfen u. evtl. neu festzulegen." und daraufhin erfolgende Erhöhung ohne Begründung)[2].

91 **Zahlt** der Mieter dann, einmal oder mehrfach, jedenfalls **vorbehaltlos** den berechneten erhöhten Mietbetrag, wird in der Rechtsprechung häufig ohne jegliche Differenzierung angenommen, in der Zahlung des Mieters liege dessen Zustimmung zur Änderungsvereinbarung[3]. Die Literatur[4] differenziert danach, ob der Vermieter eine Vertragsänderung

---

[1] Etwas widersprüchlich bleibt hier, darin eine konkludente Mietvertragsänderung zu sehen, aber dennoch einen materiellen und prozessualen Anspruch auf ausdrückliche Zustimmung zu bejahen.
[2] So der Fall LG Mannheim, Urt. v. 23.6.2004 – 4 S 182/03, WM 2004, 481 (mit Anmerkung *Börstinghaus*, WM 2005, 192), bestätigt durch BGH, Urt. v. 20.7.2005 – VIII ZR 199/04, WM 2005, 581.
[3] Das LG Berlin, Urt. v. 6.5.1997 – 64 S 564/96, ZMR 1989, 165, meint sogar, eine im Mietvertrag vereinbarte Inklusivmiete könne auch dadurch in eine Nettokaltmiete mit Betriebskostenvorauszahlung umgewandelt werden, dass der Mieter mehrfach der Erhöhung der Nettokaltmiete zustimmt und Betriebskostenabrechnungen akzeptiert.
[4] Teilweise auch die Rechtsprechung, vgl. etwa LG Berlin, Urt. v. 14.4.2003 – 61 S 341/02, GE 2003, 807; LG Mannheim, Urt. v. 23.6.2004 – 4 S 182/03, WM 2004, 481.

anbietet bzw. zur Zustimmung auffordert; er könne dann aus der Sicht des objektiven Empfängers in der exakten Zahlung der geforderten höheren Miete die Zustimmung erblicken[1]. Verlange der Vermieter dagegen einseitig eine Mieterhöhung, dürfe er die Zahlung des Mieters nicht als Willenserklärung verstehen, weil der Mieter im Zweifel nicht den Vertrag ändern, sondern nur eine vermeintliche Zahlungspflicht erfüllen wolle.

Die Frage ist, ob der eigentlichen Handlung, also der Überweisung der Miete auf das Vermieterkonto, ein weitergehender **Erklärungswillen** beizumessen ist. Denn für das Zustandekommen einer Vereinbarung sind zwei übereinstimmende Willenserklärungen erforderlich. Dabei muss dem Handelnden bewusst sein, dass er rechtsgeschäftlich tätig wird. 92

Auf den ersten Blick unterscheiden sich hier die Mieterhöhungsmöglichkeiten der Erhöhung auf die ortsübliche Miete einerseits, der Mieterhöhung nach Modernisierung andererseits. Die Mieterhöhung im Vergleichsmietensystem erfolgt durch Abschluss eines **Änderungsvertrags**, auf den der Vermieter einen gesetzlichen Anspruch hat, während der Vermieter nach Durchführung einer Modernisierung ein **einseitiges Gestaltungsrecht** innehat. Die überwiegende Meinung nimmt deswegen an, dass jedenfalls bei den einseitigen Erhöhungserklärungen nach §§ 559, 560 eine konkludente Annahme durch vorbehaltlose Zahlung nicht in Betracht kommt[2]. Die Gegenansicht stellt auf die Parallelen zwischen beiden Mieterhöhungsarten ab[3]: In beiden Fällen kann der Vermieter eine Vertragsänderung zwar antragen und deren Umfang bestimmen, läuft dabei aber Gefahr, dass der Mieter von seinem Sonderkündigungsrecht Gebrauch macht. Er kann also die Vertragsänderung nicht erzwingen. 93

Will man, wie es in der Rechtsprechung vorkommt, das gescheiterte gesetzesgestützte Mieterhöhungsverlangen so verstehen, dass der Mieter es durch Zahlung konkludent annehmen kann, so muss man es zunächst in einen **Antrag auf einvernehmliche Vertragsänderung** nach § 557 Abs. 1 BGB umdeuten. Die Ausübung eines Gestaltungsrechts nach § 559 BGB lässt sich nicht in eine Willenserklärung, gerichtet auf einvernehmliche Vertragsänderung, umdeuten[4]. Auch dem Mieter, der 94

---

1 *Weitemeyer* in Emmerich/Sonnenschein, 8. Aufl., § 557 Rz. 4; *Börstinghaus* in Schmidt-Futterer, 8. Aufl., § 557 Rz. 22.
2 *Weitemeyer* in Staudinger, § 557 BGB Rz. 34 m.w.N.
3 Dies wird zutreffend herausgearbeitet von *Artz*, WM 2005, 215 ff., dem die Darstellung hier folgt.
4 Zu den hier nicht gegebenen Voraussetzungen einer Umdeutung vgl. näher LG Berlin, Urt. v. 14.4.2003 – 61 S 341/02, GE 2003, 807, das auch noch die Möglichkeit eines Schuldbestätigungsvertrags nach § 781 BGB prüft und verwirft.

daraufhin zahlt, fehlt der Wille, über den Zweck der Zahlung hinausgehend rechtsgestaltend tätig zu werden. Er möchte den Vertrag nicht ändern, sondern meint, der Vermieter habe ihn bereits geändert.

95 Die Aufforderung zur Zustimmung zu einem unwirksamen Erhöhungsverlangen lässt sich eher dahin verstehen, dass der Vermieter die Anpassung der Miete auf das ortsübliche Niveau durchsetzen will, falls die gesetzlich vorgesehene Vertragsanpassung scheitert, dann eben einvernehmlich. Der Mieter dagegen zahlt, weil ihm sonst aus seiner Sicht nur die Alternative bleibt, das Mietverhältnis durch Kündigung zu beenden. Er will einem **vermeintlich bestehenden Anspruch** des Vermieters nachkommen. Im Ergebnis ist die einvernehmliche Vertragsänderung **kein Auffangtatbestand** für gescheiterte gesetzlich vorgesehene Änderungsversuche.

96 Das gilt entgegen dem Bundesgerichtshof[1] ebenso dann, wenn der Vermieter dem Mieter eine **Abrechnung der Betriebskosten** vorlegt, die unter anderem Kosten für eine Dachrinnenreinigung enthält, die der Mieter nicht zu zahlen hätte, aber dennoch zahlt. Auch hierin kann schon kein annehmbares Angebot zur einvernehmlichen Vertragsänderung liegen, ebenso wenig wie der Mieter allein durch die Zahlung den Vertrag zu seinen Ungunsten ohne Gegenleistung ändern will[2]. Hat der Vermieter in einer derartigen Konstellation selbst irrtümlich gehandelt, hatte er keinen rechtsgeschäftlichen Änderungswillen; war er sich dagegen der Änderung bewusst, ohne dies dem Mieter eindeutig kundzutun, kann er sich nicht auf einen Vertrauenstatbestand berufen, ohne arglistig zu handeln[3]. Das spricht auch gegen den Versuch, trotz fehlender rechtsgeschäftlicher Einigung dem Mieter, der langjährig die Erhöhung gezahlt hat, jetzt aber sich auf die Unwirksamkeit der Erhöhung berufen will, diesen Einwand unter Berufung auf § 242 BGB zu versagen[4].

97 Dasselbe Ergebnis gilt für den Fall der **fehlgeschlagenen Staffelmietvereinbarung**. Auch hier stellt die Zahlung keine Willenserklärung dar, weil der Mieter davon ausgehen wird, der Vertrag sei bereits geschlossen[5]. In einer auch jahrelangen Zahlung auf eine unwirksame Staffelmietvereinbarung ist keine Bestätigung im Sinne von § 141 BGB zu sehen, weil eine solche regelmäßig die Kenntnis der Nichtigkeit oder

---

1 BGH, Urt. v. 7.4.2004 – VIII ZR 146/03, WM 2004, 292 = MietRB 2004, 254 in wenigen Sätzen ohne dogmatischen Gehalt.
2 Vgl. statt vieler *Artz*, WM 2005, 215, 219 m.w.N.; *Schumacher*, WM 2005, 507, 508 m.w.N.
3 *Sternel*, Mietrecht, 3. Aufl., I Rz. 219; vgl. auch OLG Hamburg, Urt. v. 6.2.1985 – 4 U 30 + 42/84, WM 1986, 82.
4 So aber LG Berlin, Urt. v. 11.2.2000 – 65 S 210/99, WM 2000, 192.
5 *Weitemeyer* in Emmerich/Sonnenschein, 8. Aufl., § 557 Rz. 4.

zumindest Zweifel an der Rechtsbeständigkeit der Vereinbarung voraussetzt[1]. In einer Formulierung des Bundesgerichtshofs[2]:

„Eine konkludente Willenserklärung setzt jedoch in der Regel auch das Bewusstsein voraus, dass eine rechtsgeschäftliche Erklärung wenigstens möglicherweise erforderlich ist. Soweit einem tatsächlichen Verhalten auch ohne ein solches **Erklärungsbewusstsein** oder ohne einen **Rechtsbindungswillen** die Wirkungen einer Willenserklärung beigelegt werden, geschieht dies zum Schutze des redlichen Rechtsverkehrs und setzt einen **Zurechnungsgrund** voraus. Dieser ist nur dann gegeben, wenn der sich in missverständlicher Weise Verhaltende bei Anwendung der im Verkehr erforderlichen Sorgfalt hätte erkennen und vermeiden können, dass die in seinem Verhalten liegende Äußerung nach Treu und Glauben und der Verkehrssitte als Willenserklärung aufgefasst werden durfte, und wenn der Empfänger sie auch tatsächlich so verstanden hat (es folgen Nachweise)."[3]

98

Dagegen hat der 8. Senat in einer Entscheidung aus 1997[4] offen gelassen, ob eine konkludente Zustimmung i.S.d. § 10 Abs. 1 MHG dann angenommen werden kann, wenn der Mieter die erhöhte Miete in dem Glauben zahlt, rechtlich dazu verpflichtet zu sein. Der Senat hat ohne Begründung und ohne nähere Prüfung gemeint, auch wenn das betreffende Mieterhöhungsverlangen unwirksam gewesen sei, stünde dies der konkludenten Vereinbarung einer höheren Miete nicht entgegen; solche Vereinbarungen seien „**nicht stets unwirksam**".

99

In einer späteren Entscheidung[5] zu den Auswirkungen einer Flächenabweichung auf eine Mieterhöhung hat der 8. Senat an die vorstehend skizzierte Entscheidung angeknüpft und für den Fall eines formell unwirksamen Erhöhungsverlangens, dem ausdrücklich zugestimmt worden war, ausdrücklich **offen gelassen**, ob dies eine wirksame Mieterhöhungsvereinbarung darstellt. Ebenso ist die Frage in einem Urteil[6] zu einer unwirksamen Mieterhöhung nach Modernisierung, auf die gezahlt worden war, ausdrücklich offen gelassen worden. Dem vorlegenden LG[7] war es bei Zulassung der Revision um genau diese Frage gegangen, die es selbst mit ausführlicher Begründung verneint hatte.

100

---

1 LG Berlin, Urt. v. 14.11.2002 – 62 S 307/02, GE 2003, 325, unter Bezugnahme auf *Heinrichs* in Palandt, 58. Aufl., § 141 BGB Rz. 6; anders mit der lapidaren Bemerkung, es könne dahinstehen, ob sich der Mieter bei jeder Zahlung bewusst war, eine rechtsgeschäftliche Erklärung abzugeben, LG Berlin, Urt. v. 5.2.2002 – 63 S 268/01, GE 2002, 804.
2 BGH Urt.v. 16.9.1999 – III ZR 77/98, NJW-RR 2000, 57, 58, zitiert von LG Berlin, Urt. v. 14.11.2002 – 62 S 307/02, GE 2003, 325.
3 Vgl. auch BGH, Urt. v. 24.9.1980 – VIII ZR 299/79, WM 1981, 57, zur – verneinten – Umdeutung einer außerordentlichen Kündigung in ein Angebot zum Abschluss eines Mietaufhebungsvertrags.
4 BGH, Urt. v. 8.10.1997 – VIII ZR 373/96, WM 1998, 100.
5 BGH, Urt. v. 7.7.2004 – VIII ZR 192/03, WM 2004, 485.
6 BGH, Urt. v. 7.1.2004 – VIII ZR 156/03, WM 2004, 155 = MietRB 2004, 134.
7 LG Berlin, Urt. v. 14.4.2003 – 61 S 341/02, GE 2003, 807.

101 Im Urteil vom 20.7.2005 hat der Bundesgerichtshof[1] im Falle eines eindeutig unwirksamen einseitigen mietvertraglichen Erhöhungsvorbehalts („Die Vermieter behalten sich vor, die Miete alle 2 Jahre zu prüfen u. evtl. neu festzulegen.") entschieden, dass einer darauf gestützten Mieterhöhungserklärung nicht konkludent zugestimmt werden kann.

102 Aus Sicht des Vermieters hat das Mittel der einvernehmlichen Mietänderungsvereinbarung mehrere **Vorzüge**. Er ist von den Voraussetzungen des Mieterhöhungsrechts frei. Die Kappungsgrenze des § 558 Abs. 3 BGB braucht nicht eingehalten zu werden. Der Zeitpunkt des Eintritts der Mieterhöhung ist frei vereinbar, auch die Wartefrist des § 558 Abs. 1 entfällt, ebenso wenig gibt es Begründungs- oder Erläuterungspflichten. Dem Mieter steht das Kündigungsrecht des § 561 BGB nicht zu.

103 Bedacht werden muss hinsichtlich der **Rechtsfolgen**, dass
– die Erhöhung der Miete auf Grund der Änderungsvereinbarung ihrerseits die Jahressperrfrist des § 558 Abs. 1 BGB auslöst;
– die Erhöhung bei künftiger Berechnung der Kappungsgrenze bei einseitiger Mieterhöhung anzurechnen ist;
– die Änderungsvereinbarung nach §§ 312 f. BGB als Haustürgeschäft widerruflich ist, wenn sie dem Mieter vom gewerblich handelnden Vermieter in der Mietwohnung angetragen wird;
– eine konkludente Änderungsvereinbarung auf den zugrunde liegenden Mietvertrag die Auswirkung hat, dass dieser zu einem auf unbestimmte Zeit geschlossenen Vertrag wird, der nach Maßgabe von § 550 BGB frühestens zum Ablauf eines Jahres nach der Änderungsvereinbarung ordentlich kündbar ist;
– auch die Mieterhöhung auf Grund Änderungsvereinbarung durch § 138 Abs. 2 BGB, § 5 WiStG, § 291 StGB begrenzt wird.

II. Vertraglicher Ausschluss von Mieterhöhungen

104 Für einige **besondere Wohnverhältnisse** sind Mieterhöhungen nach dem BGB überhaupt ausgeschlossen, § 549 Abs. 2 und 3 BGB:
– Wohnraum, der nur zum vorübergehenden Gebrauch vermietet ist;
– möblierter Einliegerwohnraum;
– für Personen mit dringendem Wohnungsbedarf angemieteter Wohnraum;
– Wohnraum in einem Studenten- oder Jugendwohnheim.

---

1 BGH Urt. v. 20.7.2005 – VIII ZR 199/04, WM 2005, 581.

Weiter kann unter der Geltung der Vertragsfreiheit selbstverständlich 105
(§ 557 Abs. 3 BGB) eine ausdrückliche **Vereinbarung** dahingehend getroffen werden, dass sich die Miete während der Dauer eines Mietverhältnisses oder während eines bestimmten Zeitraums nicht erhöhen soll oder dass bestimmte Mieterhöhungen nicht stattfinden sollen. Das kann im Mietvertrag selbst geschehen oder später, etwa im Rahmen eines Nachtrags oder eines Vergleichs.

⊃ **Beispiele:**
Das Mietverhältnis beginnt am 1.7.2005 und endet am 30.6.2010, weil der älteste Sohn des Vermieters dann in die Wohnung einziehen soll. Für die Dauer des Mietverhältnisses beträgt die monatliche Miete 500,00 Euro zuzüglich monatlicher Heizkostenvorauszahlungen von 50,00 Euro.

Die Mietvertragsparteien sind sich darüber einig, dass sich die monatliche Nettokaltmiete ab dem 1.7.2006 auf 600,00 Euro erhöht und eine weitere Mieterhöhung frühestens zum 1.7.2008 verlangt werden kann.

Der Mieter duldet den mit Schreiben vom 1.4.2005 angekündigten Einbau der Zentralheizung in seiner Wohnung. Nach Abschluss der Arbeiten wird der Vermieter eine Mieterhöhung entsprechend den gesetzlichen Bestimmungen berechnen. Mieter und Vermieter sind sich darüber einig, dass weitere Mieterhöhungen wegen Modernisierung in den nächsten fünf Jahren nach Einbau der Heizung nicht erfolgen werden.

Von der überwiegenden Auffassung wird hier auch der Fall eingeordnet, 106
dass die Parteien im Mietvertrag eine kleinere **Wohnfläche** angeben, als tatsächlich vorhanden ist, mit der Folge, dass nur die vereinbarte geringere Fläche im Mieterhöhungsverfahren zugrunde gelegt werden darf[1].

Auch die vertragliche Vereinbarung einer **Inklusiv- oder Teilinklusiv-** 107
miete in Verträgen aus der Zeit vor dem 1.9.2001 stellte zugleich eine Ausschlussvereinbarung bezüglich Betriebskostenerhöhungen nach § 4 MHG dar[2]. Diese Frage hat sich inzwischen durch die Neufassung des § 560 BGB erledigt[3].

---

1 Vgl. die Nachweise bei *Börstinghaus* in MietPrax, Anm. zu § 558 e BGB Ziff. 9.
2 So die ältere Rechtsprechung, OLG Zweibrücken, Beschl. v. 21.4.1981 – 3 W 29/81, WM 1981, 153; OLG Karlsruhe, Rechtsentscheid v. 4.11.1980 – 10 W 47/80 (R), WM 1980, 56; OLG Stuttgart, Beschl. v. 13.7.1983 – 8 RE-Miet 2/83, WM 1983, 285; OLG Hamm, Beschl. v. 4.4.1984 – 4 RE-Miet 2/84, WM 1984, 121; bestätigt durch BGH, Urt. v. 21.1.2004 – VIII ZR 99/03, WM 2004, 151.
3 Siehe dazu Rz. 536 ff.

108 Schwieriger ist die ebenfalls in § 557 Abs. 3 BGB ausdrücklich vorgesehene weitere Möglichkeit, dass sich der Ausschluss einer Mieterhöhung **aus den Umständen** ergibt. Auch ein solcher Ausschluss kann für die Dauer des Mietverhältnisses vorgesehen sein, oder nur für bestimmte Arten von Mieterhöhungen, oder zeitlich begrenzt.

⊃ **Beispiele aus der Rechtsprechung:**
Bei einer **Genossenschaftswohnung** verlangt die durch das Genossenschaftsverhältnis begründete besondere Bindung des Vermieters an den Gleichbehandlungsgrundsatz, dass die für alle Mieter/Genossen beschlossene begrenzte Mieterhöhung auch allen gegenüber gilt[1].

Soweit die Verwaltungsvorschriften der Bundesrepublik Deutschland verwaltungsintern für die Vermietung **bundeseigener Wohnungen** unter anderem an Bundesbedienstete eine gewisse Obergrenze für ein Mieterhöhungsverlangen vorsehen, ist die Bundesrepublik in einem Wohnraummietverhältnis über eine solche Wohnung, die sie im Rahmen der Wohnungsfürsorge an einen Bundesbediensteten vermietet hat, nach dem Grundsatz der Gleichbehandlung regelmäßig auch gegenüber dem Mieter an diese Grenze gebunden[2].

Die Tatsache allein, dass der Vermieter dem Mieter eine **Werkmietwohnung** zu einer unterhalb der örtlichen Vergleichsmiete liegenden Miete überlassen hat, bedeutet keine bindende Festlegung auf Fortschreibung des ursprünglichen proportionalen Abstands zwischen Ausgangsmiete und ortsüblicher Vergleichsmiete[3].

Wird im Mietvertrag ausdrücklich vereinbart, dass es sich bei der Wohnung um eine **öffentlich geförderte Wohnung** (Sozialwohnung) oder eine sonst preisgebundene Wohnung handelt, haben die Parteien damit eine Mieterhöhung nach § 558 BGB stillschweigend ausgeschlossen, auch wenn die Wohnung wegen nachträglicher Aufhebung der Förderung als von Anfang an preisfrei gilt[4].

109 In jedem Falle muss bei der Prüfung, ob eine Erhöhung durch **schlüssige Vereinbarung** ausgeschlossen ist, der Mietvertrag insgesamt ausgelegt

---

1 LG Offenburg, Urt. v. 10.3.1998 – 1 S 191/97, WM 1998, 289.
2 BayObLG, Beschl. v. 16.12.1998 – RE-Miet 3/98, GE 1999, 443.
3 BayObLG, Beschl. v. 22.2.2001 – RE-Miet 2/00, NZM 2001, 373 = GE 2001, 487.
4 BGH, Urt. v. 21.1.2004 – VIII ZR 115/03, WM 2004, 282 = MietRB 2004, 199; zu den sog. Kostenklauseln in Mietverträgen ehemals gemeinnütziger Wohnungsunternehmen als Ausschlussvereinbarung vgl. BayObLG, Beschl. v. 17.3.1998 – RE-Miet 1/98, WM 1998, 274; LG Berlin, Urt. v. 22.2.2001 – 67 S 5/00, GE 2001, 555.

und gewürdigt werden, es sind alle Umstände heranzuziehen[1]. Eine Auslegungsregel dahin, dass im Zweifel das Vermieterinteresse an Erhöhung der Miete vorgeht und das Gegenteil nur ausnahmsweise in Betracht kommt, besteht nicht[2].

Rechtsprechung und Literatur haben in einigen **Fallgruppen Indizien** dafür gesehen, dass von einem Ausschluss einer Mieterhöhung nach den Umständen auszugehen ist. Soll der Berater hier eine Mieterhöhung vorbereiten oder deren Wirksamkeit beurteilen, lohnt sich die nähere Prüfung. Besteht eine Möglichkeit, auf die Vertragsgestaltung Einfluss zu nehmen, sollte von derartigen Regelungen i.S.d. Klarheit und Eindeutigkeit des Vertragswerks abgeraten werden. 110

1. Fallgruppe: Das Mietverhältnis ist auf **bestimmte Zeit** (auf fünf Jahre, auf Lebenszeit) abgeschlossen, oder das ordentliche Kündigungsrecht des Vermieters ist ausgeschlossen worden, es findet sich aber keine ausdrückliche oder konkludente Vereinbarung einer festen Miete. 111

Bis zur Mietrechtsreform 2001 gab es eine ausdrückliche gesetzliche Regelung in § 1 Satz 3 MHG, wonach bei Vereinbarung eines Mietverhältnisses auf bestimmte Zeit **mit fester Miete** eine Mieterhöhung im Regelfall ausgeschlossen war („Der Mietvertrag läuft auf fünf Jahre. Die Miete beträgt 600,00 DM."). Streitig war, ob der „feste Mietzins" schon durch Einsetzen eines bestimmten Betrags in das Vertragsformular vereinbart war oder ob darüber hinaus ausdrücklich vereinbart werden musste, dass dieser Mietzins unveränderbar sein sollte. Das Oberlandesgericht Stuttgart[3] hatte die Frage dahingehend entschieden, dass die Nennung eines bestimmten Mietzinses allein noch keine das Erhöhungsverlangen ausschließende Vereinbarung bedeute, denn diese Nennung gehöre zu den Vertragsessentialen und stelle nicht automatisch zugleich die Vereinbarung einer während der gesamten Vertragslaufzeit nicht änderbaren Miete dar. 112

Die Frage, was aus der **Streichung dieser Regelung** durch die Mietrechtsreform zu schließen ist, wird unterschiedlich beantwortet[4], Rechtsprechung gibt es dazu bisher nicht. Die Begründung des Regierungsentwurfs[5] hilft auch nicht weiter: Sie führt aus, die bisherige Ge- 113

---

1 BGH, Urt. v. 21.1.2004 – VIII ZR 115/03, WM 2004, 282 = MietRB 2004, 199.
2 So zutreffend *Sternel*, Mietrecht, 3. Aufl., III Rz. 533.
3 Beschl. v. 31.5.1994 – 8 RE-Miet 5/93, WM 1994, 420, mit Nachweisen zum Streitstand und mit kritischer Anm. *Blank*.
4 Vgl. etwa *Lützenkirchen/Löfflad*, Neue Mietrechtspraxis, Rz. 173.
5 Kabinettsbeschluss vom 19.7.2000, BR-Drs. 439/00 v. 18.8.2000; Beschlussempfehlung und Bericht des Rechtsausschusses, BT-Drs. 14/5663, zitiert nach *Rips/Eisenschmid*, Neues Mietrecht, S. 411.

setzesformulierung habe häufig zu Missverständnissen und Schwierigkeiten geführt, zitiert dann ausdrücklich den Rechtsentscheid des Oberlandesgericht Stuttgart[1] und fügt hinzu, letztendlich komme es für die Frage, ob ein Ausschluss vorliegt, entscheidend auf die konkrete Ausgestaltung des Vertrages, also allein auf die Umstände des Einzelfalles an. Unseres Erachtens spricht die Vereinbarung eines Kündigungsverzichts für einen bestimmten Zeitraum auch weiterhin dafür, dass die Miete während dieses Zeitraums nicht verändert werden soll.

114   2. **Fallgruppe:** Der Mieter hat einen **Finanzierungsbeitrag**, etwa eine Mietvorauszahlung, ein Mieterdarlehen oder einen Baukostenzuschuss, geleistet[2].

Die ältere Rechtsprechung des Bundesgerichtshofs zur Vorläuferregelung des § 19 Abs. 1 des 1. BMG[3] ging davon aus, dass Mieterdarlehen oder Mietvorauszahlungen in Verbindung mit einer festen Vertragslaufzeit lediglich gewichtige **Anzeichen** für den Ausschluss einer Mieterhöhung sein konnten. Im Einzelnen kommt es wohl auf Höhe und Zweckbestimmung des Finanzierungsbeitrags an. Je höher der Beitrag und der entsprechende Zinsvorteil des Vermieters sind, umso eher kann von einem Erhöhungsausschluss ausgegangen werden; ebenso dürfte gelten, dass bei einer wertsteigernden Investition des Betrags in das Mietobjekt der Mieter nicht gleichzeitig für die von ihm mitfinanzierten Werte erhöhte Mieten zu zahlen hat, dies jedenfalls so lange, bis der Betrag nicht abgewohnt ist[4].

115   3. **Fallgruppe:** Es hat Modernisierung und Instandsetzung mit **öffentlicher Förderung** stattgefunden.

116   4. **Fallgruppe:** Es ist eine **Gefälligkeitsmiete** vereinbart oder eine niedrigere Miete als die ortsübliche, ggf. verbunden mit einer sonstigen Gegenleistung des Mieters, vereinbart. Wenn die Parteien bewusst und gewollt abweichend zur ortsüblichen Miete Vereinbarungen treffen, kann das bedeuten, dass die **Relation** der ursprünglich vereinbarten zur ortsüblichen Miete bestehen bleiben soll, und zwar entweder für eine gewisse Zeit oder für die Laufzeit des Mietverhältnisses[5].

117   5. **Fallgruppe:** Der Vertrag enthält eine **unwirksame Staffelmietvereinbarung** oder eine unwirksame Gleit- oder Indexklausel.

---

1 Beschl. v. 31.5.1994 – 8 RE-Miet 5/93, WM 1994, 420.
2 Vgl. dazu Rz. 60.
3 Vgl. die Nachweise bei *Sternel*, Mietrecht, 3. Aufl., III Rz. 540.
4 *Sternel*, Mietrecht, 3. Aufl., III Rz. 541; *Beuermann*, 3. Aufl., § 1 MHG Rz. 26.
5 Vgl. dazu *Sternel*, Mietrecht, 3. Aufl., III Rz. 543; LG Freiburg, Urt. v. 4.6.1981 – 3 S 17/81, WM 1981, 212.

Die Einzelheiten sind hier streitig. In einem Fall des Landgerichts Berlin[1] scheiterte die Staffelmietvereinbarung an einem formellen Fehler, nämlich daran, dass die Erhöhungsbeträge nicht betragsmäßig ausgewiesen waren. Das Gericht nahm an, dass jedenfalls höhere Beträge als in der gewollten Vereinbarung nicht im Wege einzelner Mieterhöhungen verlangt werden könnten[2]. Die Gegenansicht[3] versteht den mutmaßlichen Parteiwillen in einer derartigen Vereinbarung so, dass eine **Umdeutung** der gescheiterten Vereinbarung in eine Mietsteigerungsbegrenzung nicht in Betracht komme, denn die unwirksame Staffelvereinbarung hätte nicht nur die Mietsteigerung begrenzt, sondern umgekehrt zugunsten des Vermieters auch eine automatische Mietsteigerung beinhalten sollen[4].

III. Vertragliche Vereinbarung künftiger Mieterhöhungen

§ 557 Abs. 2 BGB sieht vor, dass die Mietvertragsparteien künftige Änderungen der Miethöhe 118

– als **Staffelmiete** gemäß § 557a BGB (Rz. 120 ff.)

oder

– als **Indexmiete** gemäß § 557b BGB (Rz. 142 ff.)

vereinbaren können. Nur in diesen beiden Formen kann bereits im Mietvertrag eine Mieterhöhung, die erst zukünftig eintreten soll, vereinbart werden. Ebenso kann eine solche Vereinbarung später einvernehmlich zum Inhalt des Mietverhältnisses gemacht werden.

Die **Wirksamkeitsvoraussetzungen** der §§ 557a, 557b BGB müssen eingehalten werden. Geschieht das nicht, kommt die vorgesehene Mieterhöhung nicht zum Tragen, dem Vermieter bleibt nur, zu prüfen, ob eine der gesetzlich vorgesehenen Mieterhöhungsmöglichkeiten wahrgenommen werden kann (es sei denn, die Vertragsauslegung ergäbe, dass jegliche Mieterhöhung ausgeschlossen sein soll, s. dazu oben Rz. 104 ff.). 119

---

1 LG Berlin, Urt. v. 29.10.1991 – 64 S 87/91, WM 1992, 198.
2 Ebenso LG Bonn, Urt. v. 12.3.1992 – 6 S 453/91, WM 1992, 199; LG Frankfurt am Main, Urt. v. 8.7.1997 – 2/11 S 75/97, ZMR 1997, 473.
3 Ohne stichhaltige Begründung LG Berlin, Urt. v. 23.10.1992 – 65 S 115/92, GE 1993, 95 und ausführlicher LG Berlin, Urt. v. 24.9.2001 – 62 S 155/01, WM 2001, 612 = GE 2002, 54; *Reih*, ZMR 1999, 804; vgl. auch schon OLG Schleswig, Beschl. v. 24.3.1981 – 6 RE-Miet 1/80, WM 1981, 149; dagegen *Sternel*, Mietrecht, 3. Aufl., III Rz. 534.
4 Zur unwirksamen Gleit- oder Indexklausel vgl. OLG Frankfurt, 8.7.1997 – 2/11 S 75/97, ZMR 1997, 473.

1. Staffelmiete § 557a BGB

120 Staffelmietvereinbarungen sind seit dem 1.1.1983 (durch Einführung in § 10 Abs. 2 MHG) im Wohnungsmietrecht zulässig[1]. § 557a BGB lässt seit dem 1.9.2001 die vorherige Festlegung der für künftige Zeiträume jeweils zu zahlenden Mieten unter folgenden, in § 557a Abs. 1 und Abs. 2 Satz 1 BGB niedergelegten **Voraussetzungen** zu, und zwar unabhängig davon, ob ein Zeitmietvertrag oder ein Vertrag auf unbestimmte Zeit vorliegt:

- Die Vereinbarung muss **schriftlich** getroffen werden.
- Die jeweilige Miete oder der jeweilige Erhöhungsbetrag müssen **betragsmäßig** ausgewiesen sein (Rz. 121 ff.).
- Der **Zeitpunkt** für das Inkrafttreten der Mieterhöhung muss bestimmt sein (Rz. 123 ff.).
- Die vereinbarte Miete muss mindestens **ein Jahr** lang **unverändert** bleiben (Rz. 126).
- Die zulässige **Gültigkeitsdauer** muss **bei Altverträgen** beachtet werden (Rz. 127 f.).

Die **Rechtsfolgen** bei Einhaltung[2] und bei Nichteinhaltung[3] dieser Voraussetzungen werden am Ende besprochen, ebenso die Vor- und Nachteile solcher Vereinbarungen für Vermieter und Mieter[4].

121 **Betragsmäßige Festlegung:** Entweder die jeweilige Miete oder der jeweilige Erhöhungsbetrag müssen betragsmäßig ausgewiesen sein. Eine Abrede, wonach die Miete jährlich um 5 % steigt, wäre unwirksam.

⊃ **Beispiele:**
Die monatliche Netto- (oder Brutto-)Miete beträgt 600,00 Euro. Ab dem 1.1.2006 beträgt sie 630,00 Euro, ab dem 1.1.2007 670,00 Euro, ab dem 1.1.2008 710,00 Euro.

Die monatliche Nettomiete beträgt 600,00 Euro und erhöht sich ab dem 1.1.2006 und ab dem 1.1. eines jeden Folgejahres, letztmals ab dem 1.1.2010, jährlich um 50,00 Euro.

122 Die Möglichkeit, nur den Erhöhungs- und nicht den jeweiligen Endbetrag anzugeben, ist erst zum 1.9.1993 durch das Vierte Mietrechtsänderungsgesetz eingeführt worden; ob eine davor getroffene derartige

---

1 Eine vor diesem Zeitpunkt abgeschlossene Vereinbarung war unwirksam, wenn sie nicht später durch Neuvornahme gemäß § 141 BGB bestätigt wurde, LG Köln, Beschl. v. 2.2.1987 – 1 T 447/86, WM 1987, 362.
2 Siehe dazu Rz. 129 ff.
3 Siehe dazu Rz. 134 ff.
4 Siehe dazu Rz. 137 ff.

Vereinbarung auf Dauer **unwirksam** bleibt oder geheilt wird, ist streitig[1].

Zeitpunkt der Mieterhöhung: Der Zeitpunkt für das Inkrafttreten der jeweils erhöhten Miete oder des jeweiligen Erhöhungsbetrags muss bestimmt sein, es muss also angegeben werden, ab wann die erhöhte Miete zu zahlen ist. Der Zeitpunkt muss kalendermäßig bestimmt sein. **Am eindeutigsten** ist eine Regelung wie: 123

Die Miete beträgt ab dem 1. Mai 2005 450,00 Euro. Sie erhöht sich ab dem 1. Mai eines jeden Folgejahres um 50,00 Euro.

Ebenso kann aber auch festgelegt werden, dass die Miete per 1.5.2005 450,00 Euro beträgt und sich danach alle 12 Monate um 50,00 Euro erhöht.

Nach überwiegender Meinung liegt schon dann eine Staffelmietvereinbarung vor, wenn auch nur **eine einzige künftige Mieterhöhung** vereinbart wird („Die Miete beträgt ab Vertragsschluss für 2 Jahre 700,00 Euro. Danach beträgt sie 750,00 Euro")[2]. Die Gegenmeinung[3] weist darauf hin, dass einer solchen Vereinbarung das Ende der zweiten Staffel fehlt, was zur Konsequenz hat, dass eine solche am Ende offene Vereinbarung nach § 557 Abs. 2 BGB unzulässig ist. 124

Unwirksam mangels Bestimmung eines festen Zeitpunkts wäre etwa eine mietvertragliche Abrede, die vorsieht, dass der Vermieter eine Zentralheizung einbaut und sich danach die Miete um 100,00 Euro monatlich erhöht. Besteht das Mietverhältnis bereits, kann dagegen eine derartige Vereinbarung getroffen werden, weil dies „eine" einvernehmliche Mieterhöhung nach § 557 Abs. 1 BGB darstellen würde und die weiteren Voraussetzungen des § 557a nicht eingehalten zu werden brauchen[4]. 125

Die vereinbarte Miete muss gemäß § 557a Abs. 2 Satz 1 BGB jeweils (mindestens) **ein Jahr** lang **unverändert** bleiben, auch die erste Erhöhung darf also frühestens ein Jahr ab dem Abschluss der Vereinbarung eintreten. Eine Abrede in einem Mietvertrag vom 1.1.2006, wonach sich die 126

---

1 Für Unwirksamkeit LG Berlin, Urt. v. 5.12.1995 – 65 S 222/95, GE 1996, 471; *Reih*, ZMR 1999, 804 m.w.N.; vgl. weiter die Nachweise zum Streitstand bei *Börstinghaus* in Schmidt-Futterer, Mietrecht, 8. Aufl., § 557a BGB Rz. 42.
2 AG Rheinbach, Urt. v. 15.1.1987 – 3 C 561/86, WM 1987, 362; LG Braunschweig, Urt. v. 9.1.1995 – 7 S 157/94, ZMR 1995, XI – nur LS; ebenso jetzt BGH, Urt. v. 16.11.2005 – VIII ZR 218/04, GE 2006, 121; *Weitemeyer* in Emmerich/Sonnenschein, Miete, 8. Aufl., § 557 Rz. 17 und § 557a Rz. 5; *Börstinghaus* in Schmidt-Futterer, Mietrecht, 8. Aufl., § 557a Rz. 48, 49.
3 *Mersson*, ZMR 2002, 732.
4 *Weitemeyer* in Emmerich-Sonnenschein, Miete, 8. Aufl., § 557a Rz. 5.

Miete ab dem 1.7.2006 um 50,00 Euro erhöht, wäre unwirksam. Die Vereinbarung längerer Intervalle als zwölf Monate ist möglich.

127 Zulässige **Gültigkeitsdauer:** Nach der Rechtslage vom 1.1.1983 bis zum 31.8.2001 durfte eine Staffelmietvereinbarung **höchstens** einen Zeitraum von **zehn Jahren** ab Beginn der Vereinbarung (also nicht unbedingt des Mietvertrags) erfassen. War ein längerer Zeitraum vereinbart, so war streitig, ob die Vereinbarung dann insgesamt hinfällig war[1] oder ob nur diejenigen Staffeln entfielen, die über den 10-Jahres-Zeitraum hinausgingen[2].

128 Für Verträge, die seit der Mietrechtsreform abgeschlossen worden sind, gibt es diese zeitliche Begrenzung nicht mehr, es könnten also auch – in der Praxis unwahrscheinlich – **längere Zeiträume** vorgesehen werden. Ob diese Regelung auch rückwirkend für Verträge Bedeutung hat, die vor dem 1.9.2001 mit über zehnjähriger Staffel abgeschlossen worden sind, ist derzeit offen.

129 **Folgen einer wirksamen Staffelmietvereinbarung:** Hält die mietvertragliche oder spätere Vereinbarung die gesetzlichen Voraussetzungen ein, so tritt die jeweils erhöhte Miete zum angegebenen Zeitpunkt in Kraft. Einer **Erhöhungserklärung,** eines Hinweises o.Ä. bedarf es nicht, obwohl es sich in der Praxis sicher empfiehlt, den Mieter an die bevorstehende Erhöhung zu erinnern (insbesondere dann, wenn zusätzlich Nebenkostenvorauszahlungen vereinbart sind, kommt es immer wieder vor, dass Mieter die neue Gesamtmiete nicht zutreffend errechnen). Ist dem Vermieter eine Einzugsermächtigung erteilt, muss er die erhöhte Miete abbuchen, um sich nicht dem Einwand der Verwirkung oder des Verzichts auszusetzen[3].

130 Solange eine wirksame Staffelmietvereinbarung läuft, ist der Vermieter gemäß § 557a Abs. 2 Satz 2 BGB mit **Mieterhöhungen** wegen gestiegener ortsüblicher Vergleichsmiete oder Modernisierung **ausgeschlossen.** Diese Rechtsfolge lässt sich auch nicht durch vertragliche Vereinbarungen umgehen[4], der Vermieter kann sich auch kein Wahlrecht vorbehalten[5].

---

1 So LG Gießen, Urt. v. 18.5.1994 – 1 S 84/94, WM 1994, 693; LG Berlin, Urt. v. 6.2.2004 – 63 S 179/03, GE 2004, 625 m.w.N.
2 So *Börstinghaus* in Schmidt-Futterer, Mietrecht, 7. Aufl., § 10 MHG Rz. 111 m.w.N.
3 Bejaht von LG München I, Urt. v. 17.4.2002 – 14 S 17240/01, WM 2002, 517, bei Nichtgeltendmachung der Erhöhung zweieinhalb Jahre lang.
4 Vgl. LG Berlin, Urt. v. 25.1.1996 – 62 S 321/95, GE 1997, 555.
5 Vgl. AG Frankfurt, Urt. v. 13.10.1988 – 33 C 2984/88-29, WM 1989, 400.

Veränderungen von **Betriebskosten** können dagegen nach § 560 BGB weitergegeben werden. Bei einer vor dem 1.9.2001 abgeschlossenen Staffelmietvereinbarung mit Bruttomiete und Erhöhungsvorbehalt sind allerdings nur solche Betriebskosten im Wege einer Mieterhöhung umlagefähig, die sich nach der letzten Staffelstufe erhöht haben, und die Erhöhung ist bis zum Eintritt der nächsten Staffelstufe begrenzt[1]. Auch das setzt aber voraus, dass der Mietvertrag tatsächlich einen ausreichenden Erhöhungsvorbehalt enthält[2]. 131

Nach **Auslaufen der Vereinbarung** gilt die Miete in Höhe der letzten Staffel weiter, bis ein wirksames Erhöhungsverlangen nach den allgemeinen Vorschriften vorgenommen oder eine neue Vereinbarung getroffen wird. 132

§ 557a Abs. 3 BGB sieht vor, dass das **Kündigungsrecht** des Mieters seit Abschluss einer Staffelmietvereinbarung für längstens vier Jahre ausgeschlossen werden darf. Da der Sinn von Staffelmietvereinbarungen darin liegt, beiden Seiten Planungssicherheit und langfristige Kalkulationsmöglichkeiten zu geben, werden Verträge mit solchen Vereinbarungen häufig für längere Laufzeiten abgeschlossen werden. Bei Wohnungsmietverträgen kann das in Form eines echten Zeitmietvertrags nach § 575 BGB geschehen, oder aber es kann nach herrschender Meinung beidseits für einen gewissen Zeitraum auf die Ausübung des Kündigungsrechts verzichtet werden[3]. Aus Mieterschutzgesichtspunkten ist im Zusammenhang mit Staffelmietvereinbarungen vorgesehen, dass der Mieter nach vierjähriger Laufzeit in jedem Falle die Möglichkeit haben soll, einen solchen Vertrag mittels ordentlicher Kündigung zu beenden. Bei dieser Möglichkeit bleibt es, auch wenn vertraglich eine längere Laufzeit vorgesehen sein sollte[4]. 133

Das Mietverhältnis kann unter Einhaltung der gesetzlichen Kündigungsfrist bereits zum Ablauf der Vier-Jahres-Frist gekündigt werden[5]. Die Frist beginnt mit der Vereinbarung der Staffelmiete, also ggf. nach Abschluss des Mietvertrags und vor Beginn der Zahlungspflichten gemäß der Staffel[6].

---

1 LG Berlin, Urt. v. 1.11.2001 – 61 S 49/01, GE 2002, 399, unter Hinweis auf KG, Beschl. v. 5.8.1997 – 8 RE-Miet 8850/96, GE 1997, 1097 = NZM 1998, 68.
2 Vgl. Rz. 542 f.
3 Vgl. hierzu zuletzt BGH, Urt. v. 6.4.2005 – VIII ZR 27/04, WM 2005, 346.
4 LG Berlin, Urt. v. 18.6.1999 – 64 S 526/98, GE 2000, 207; LG Berlin, Urt. v. 25.1.2000, – 65 S 70/99, NZM 2000, 1051.
5 So schon zum früheren Recht, als dies noch nicht eindeutig im Gesetz geregelt war, OLG Hamm, Beschl. v. 11.8.1989 – 30 RE-Miet 3/88, WM 1989, 485; BGH Urt. v. 29.6.2005 – VIII ZR 344/04, WM 2005, 519.
6 Umgekehrt beginnt die Frist frühestens mit Beginn des Mietverhältnisses, LG Görlitz, Urt. v. 24.11.2004 – 2 S 56/04, GE 2005, 307.

134 **Folgen unwirksamer Staffelmietvereinbarungen:** Liegt einer der Unwirksamkeitsgründe vor (die Vereinbarung ist nur mündlich getroffen; sie beziffert die erhöhte Miete nicht ausreichend; sie soll zu einem unbestimmten Zeitpunkt in Kraft treten; die Abstände zwischen den Staffeln sind geringer als ein Jahr), so ist die gesamte Vereinbarung **nichtig**. Hat der Mieter dennoch auf Grund der Vereinbarung gezahlt, kann er grundsätzlich die Überzahlungen nach § 812 BGB zurückverlangen. Bevor dies vorschnell geschieht, sollte allerdings überprüft werden, wie sich die vereinbarte zur ortsüblichen Miete verhält; liegt Letztere höher, so empfiehlt es sich aus Mietersicht, zumindest zunächst bei der vereinbarten Staffelmieterhöhung zu bleiben, denn die Berufung auf die Unwirksamkeit führt dazu, dass der Vermieter prüfen wird, ob er nach den allgemeinen Regeln die Miete erhöhen kann.

135 Ein Rückforderungsrecht besteht nur dann nicht, wenn die Vereinbarung im Nachhinein ausdrücklich nach § 141 BGB **bestätigt** wird, was für die Zukunft der Schriftform bedarf. Die Frage, ob die Vereinbarung mit Rückwirkung auch konkludent bestätigt werden kann (mit der Folge, dass der Mieter seinen Rückforderungsanspruch verliert), ist anhand derselben Überlegungen zu verneinen, wie sie oben[1] für konkludente Vereinbarungen über die Miethöhe erörtert worden sind. Die Zahlung der erhöhten Miete allein kann keine nachträgliche Zustimmung zur Mieterhöhung bedeuten, weil der Mieter sie in der Annahme erbringt, dazu durch die unwirksame Staffelmietvereinbarung verpflichtet zu sein[2].

136 Ist eine Staffelmietvereinbarung unwirksam, so kann die Auslegung ergeben, dass die Parteien jedenfalls **sonstige Mieterhöhungen** ausschließen wollten[3].

137 **Vor- und Nachteile der Staffelmietvereinbarung für Mieter und Vermieter:** Die Möglichkeit, Staffelmietvereinbarungen abzuschließen, hat für beide Seiten den Vorteil der **Vorhersehbarkeit** und Planbarkeit der künftigen Mietentwicklung. Gleichzeitig besteht natürlich für beide Seiten das **Risiko**, sich bei der anzustellenden Prognose über die Entwicklung der ortsüblichen Miete zu verkalkulieren[4]. Für den Mieter ist günstig,

---

1 Rz. 86 ff.
2 Nachweise dazu bei *Weitemeyer* in Emmerich/Sonnenschein, § 557a BGB Rz. 10 Fn. 28.
3 Siehe dazu Rz. 104 ff. sowie LG Berlin, Urt. v. 29.10.1991 – 64 S 87/91, WM 1992, 198; LG Bonn, Urt. v. 12.3.1992 – 6 S 453/91, WM 1992, 199; anders LG Berlin, Urt. v. 23.10.1992 – 65 S 115/92, GE 1993, 95; LG Berlin Urt. v. 24.9.2001 – 62 S 155/01, WM 2001, 612.
4 Die Vermieter wissen nicht, ob die Inflation letztlich nicht über ihre Erwartungen hinausgeht, die Mieter nicht, ob sie die Mietsteigerungen aus (nominellen) Einkommenssteigerungen bezahlen können, so *Hamm*, DWW 1993, 321, 325.

dass er sich lediglich auf etwaige Betriebskostenerhöhungen einzurichten braucht. Dem Vermieter erspart die Vereinbarung insbesondere dort, wo kein einschlägiger Mietspiegel vorhanden ist, den Aufwand der regelmäßigen Überprüfung, ob eine Mieterhöhung auszusprechen ist, sowie Zeit und Kosten dafür, diese ggf. durchzusetzen. Die automatisch in Kraft tretende Erhöhung löst anders als die allgemeinen Mieterhöhungsmöglichkeiten **kein Sonderkündigungsrecht** des Mieters aus[1]. Wenn man annimmt, dass Mietminderungsrechte durch vorbehaltlose Weiterzahlung der Miete verwirkt werden können[2], stellt sich weiter die umstrittene Frage, ob ein verwirktes **Minderungsrecht** mit Wirksamwerden der nächsten Staffel wieder auflebt[3].

Für den Vermieter ist weiter von Vorteil, dass eine jährlich festgelegte Staffelerhöhung die ansonsten für Erhöhungen auf die ortsübliche Vergleichsmiete einzuhaltende **Wartefrist** von 15 auf 12 Monate verkürzen kann. Die für Erhöhungen nach § 558 BGB einzuhaltende **Kappungsgrenze** (höchstens 20 % Erhöhung in drei Jahren) gilt ebenfalls für Staffelmietvereinbarungen nicht. 138

Zugunsten des Mieters sind auch auf Staffelmietvereinbarungen die allgemeinen **Mietpreisbegrenzungen** der §§ 138 BGB, 5 WiStG, 219 StGB anwendbar. An einen als ungünstig erkannten Mietvertrag mit fester Laufzeit und Staffelmietvereinbarung ist er höchstens vier Jahre lang gebunden. 139

Die gesetzlich verlangte **Schriftform** ist für beide Seiten von Vorteil, weil sie eine gezielte Entscheidung ermöglicht, ob so kontrahiert werden soll. Dasselbe gilt für das Erfordernis der **klaren Angaben** zur jeweiligen Erhöhung, Dauer und Laufzeit. 140

Ein **typischer Fall**, in dem sich eine Staffelmietvereinbarung anbietet, ist der einer öffentlich geförderten Modernisierung eines Gebäudes, wobei der Fördervertrag vorsieht, dass die von der öffentlichen Hand gezahlten Beträge stufenweise abgebaut werden und der Vermieter die entsprechenden Erhöhungen, die ja von vornherein kalkulierbar sind, an die Mieter weitergeben will. Auch dabei ist aber die Mietvereinbarung so zu formulieren, dass sie den Anforderungen des § 557a BGB entspricht. Eine ähnliche Konstellation gibt es bei Wohnungen, die im 141

---

1 H.M., vgl. etwa *Blank/Börstinghaus*, Neues Mietrecht, § 561 BGB Rz. 7; a.A. *Nies*, WM 1995, 376.
2 Vgl. die Nachweise zum Streitstand bei *Emmerich/Sonnenschein*, Miete, 8. Aufl., § 536 Rz. 38, sowie jetzt BGH, Urt. v. 16.7.2003 – VIII ZR 274/02, WM 2003, 440, und BGH, Beschl. v. 16.2.2005 – XII ZR 24/02, NZM 2005, 303.
3 Bejahend *Emmerich*, NZM 2001, 690, 693.

sog. Dritten Förderungsweg (Vereinbarte Förderung) nach § 88d II. WoBauG errichtet worden sind[1].

2. Indexmiete § 557b BGB

142 Als zweite Form der vertraglich antizipierten Mieterhöhung lässt § 557 Abs. 2 BGB die Indexmiete gemäß § 557b BGB zu. Danach können die Vertragsparteien (im Mietvertrag oder später) vereinbaren, dass sich die Miete entsprechend dem Preisindex für die Lebenshaltung aller privaten Haushalte in Deutschland, jetzt in Form des **Verbraucherpreisindexes**, entwickelt.

143 Dies ist die einzige seit dem 1.9.2001 in der Wohnraummiete **zulässige Wertsicherungsklausel**. Unwirksam sind Vereinbarungen über sonstige Wertsicherungsklauseln, Spannungsklauseln, Leistungsvorbehalte oder Kosten(element)klauseln, wie etwa in folgenden Beispielen:

➲ **Beispiele:**
„Im Falle einer Erhöhung der Kapital- oder Bewirtschaftungskosten im Bereich des öffentlich geförderten Wohnungsbaues ist der Vermieter berechtigt, die Miete auf Anweisung des Ministers für Finanzen und Forsten entsprechend zu erhöhen. Die Mieterhöhung tritt am ersten Tag des auf den Zugang der Erhöhungsmitteilung folgenden übernächsten Monats in Kraft."[2]

„Nach Ablauf des ersten Jahres ist eine gleitende Anhebung vereinbart, die der Steigerung der Gehälter der Bundesbeamten entsprechen soll" bzw. ist „nicht ... die Anhebung der Beamtengehälter, sondern die durchschnittliche jährliche Inflationsrate anzusetzen"[3].

144 Ebenso wenig kann vereinbart werden, dass jeweils diejenige Miete geschuldet wird, die sich aus einer bestimmten Rubrik eines Mietspiegels ergibt[4]. Es können auch keine Leistungsvorbehalte vereinbart werden, wonach sich die Miete bei Veränderung einer bestimmten Bezugsgröße nicht automatisch, sondern durch Eröffnung eines Verhandlungsspielraums verändern soll[5].

145 Unwirksam sind in Wohnungsmietverträgen auch Kostenelementklauseln, das sind Vereinbarungen, wonach der Vermieter berechtigt ist, die

---

1 Vgl. hierzu AG Hamburg, Urt. v. 3.7.2001 – 48 C 67/01, WM 2001, 558.
2 LG Saarbrücken, Urt. v. 3.1.1983 – 13 S 68/82, WM 1983, 145.
3 AG Charlottenburg, Urt. v. 7.6.1988 – 8 C 570/87, GE 1990, 377.
4 Beispiel nach *Blank*, WM 1993, 503, 509.
5 Anders bei der Geschäftsraummiete, siehe dazu Teil I Rz.129 ff.

Miete zu erhöhen, wenn sich der Preis der unmittelbar für Herstellung und Unterhaltung der Mietsache maßgeblichen Faktoren ändert. Im Wohnraummietrecht können gestiegene Kosten nur in den Fällen der §§ 559 und 560 BGB weitergegeben werden.

Vom **1.1.1975** bis zum **31.8.1993** waren auch Indexklauseln im Wohnraummietrecht generell unzulässig und blieben dies auch ungeachtet der späteren Gesetzesänderungen[1]. Im Zeitraum **1.9.1993** bis **31.12.1998** konnte gemäß § 10a Abs. 1 MHG in Mietverträgen über Wohnraum vereinbart werden, dass die weitere Entwicklung des Mietzinses durch den Preis von anderen Gütern oder Leistungen bestimmt werden solle, wobei eine derartige Vereinbarung nur wirksam war, wenn die Genehmigung nach § 3 des Währungsgesetzes oder entsprechenden wohnungsrechtlichen Vorschriften erteilt wurde.

146

Nachdem § 3 des Währungsgesetzes durch das Gesetz zur Einführung des Euro (EuroEG)[2] zum **1.1.1999** aufgehoben bzw. nicht mehr anzuwenden war, musste die jeweilige Indexklausel in der Folgezeit den Voraussetzungen der Allgemeinen Genehmigung der Deutschen Bundesbank entsprechen, die diese unter dem 3.11.1998 erteilt hat. Zum gleichen Zeitpunkt wurde § 10a MHG durch das EuroEG dahingehend geändert, dass die Entwicklung des Mietzinses durch die Änderung eines von dem Statistischen Bundesamt ermittelten Preisindexes für die Gesamtlebenshaltung bestimmt werden konnte[3].

147

Die **Allgemeine Genehmigung** der Deutschen Bundesbank lautet:

148

Mietanpassungsvereinbarungen in Mietverträgen über Wohnraum (§ 10a des Gesetzes zur Regelung der Miethöhe, § 3 des Währungsgesetzes und entsprechende währungsrechtliche Vorschriften) vom 3.11.1998 (BAnz. S. 16640).

§ 10a Abs. 1 des Gesetzes zur Regelung der Miethöhe in der Fassung des Gesetzes vom 21.7.1993 (BGBl. I S. 1257) bestimmt, dass in Mietverträgen über Wohnraum schriftlich vereinbart werden kann, dass die weitere Entwicklung des Mietzinses durch den Preis von anderen Gütern oder Leistungen bestimmt werden soll (Mietanpassungsvereinbarung) und dass eine solche Vereinbarung nur wirksam ist, wenn die Genehmigung nach § 3 des Währungsgesetzes oder entsprechenden währungsrechtlichen Vorschriften erteilt wird.

Durch Art. 9 §§ 1–3 des Gesetzes zur Einführung des Euro vom 9.6.1998 (BGBl. I S. 1242) sind § 3 des Währungsgesetzes und die entsprechenden währungsrecht-

---

1 *Blank*, WM 1993, 503, 511; *Börstinghaus*, Mieterhöhungen, 3. Aufl., Rz. 98; anderer Ansicht LG Frankfurt/Main, Urt. v. 6.7.1997 – 2/11 S 75/97 (unwirksame Klausel als Erhöhungsbegrenzung nach § 1 Satz 3 MHG). Zur Entwicklung der Indexmiete näher *Grothe*, NZM 2002, 54 ff.
2 Gesetz v. 9.6.1998, BGBl. I, 1242.
3 Zu den Rechtsfolgen der fehlenden Übergangsvorschriften für die Gültigkeit älterer Vereinbarungen vgl. *Weitemeyer* in Emmerich/Sonnenschein, Miete, 8. Aufl., § 557b BGB Rz. 3.

lichen Vorschriften zum 1.1.1999 aufgehoben worden bzw. ab diesem Tag nicht mehr anzuwenden.

Genehmigungen nach diesen Vorschriften können nach dem 31.12.1998 deshalb nicht mehr erteilt werden.

Hierzu gibt die Deutsche Bundesbank Folgendes bekannt:

Nach § 3 des Währungsgesetzes und Art. 3 der Anlage I des Vertrages über die Schaffung einer Währungs-, Wirtschafts- und Sozialunion zwischen der Bundesrepublik Deutschland und der Deutschen Demokratischen Republik vom 18.5.1990 werden hiermit erlaubt Mietanpassungsvereinbarungen (§ 10a Abs. 1 des Gesetzes zur Regelung der Miethöhe in der Fassung des Gesetzes vom 21.7.1993 [BGBl. I S. 1257]), wenn

a) der Vertrag

- für die Lebenszeit einer der Parteien,
- für die Dauer von mindestens zehn Jahren,
- mit dem Recht des Mieters, die Vertragsdauer auf mindestens 10 Jahre zu verlängern,

oder

- in der Weise abgeschlossen ist, dass er vom Vermieter durch Kündigung frühestens nach Ablauf von 10 Jahren beendet werden kann,

es sei denn, dass

- einseitig ein Kurs-, Preis- oder Wertanstieg eine Erhöhung, nicht aber umgekehrt ein Kurs-, Preis- oder Wertrückgang eine entsprechende Ermäßigung des Zahlungsanspruchs bewirken oder nur der Gläubiger das Recht haben soll, eine Anpassung zu verlangen oder die Bezugsgröße zu bestimmen (Mindestklauseln, Einseitigkeitsklauseln), oder
- der geschuldete Betrag sich gegenüber der Entwicklung der Bezugsgröße überproportional ändern kann (z.B. durch Gleichsetzung von Indexpunkten mit dem Prozentsatz der Änderung der Geldschuld),

b) die Mietanpassungsvereinbarungen nach dem 31.8.1993 und vor dem 1.1.1999 abgeschlossen worden sind oder werden und

c) die Entwicklung des Mietzinses durch die Änderung eines Preisindexes für die Lebenshaltung bestimmt werden soll mit Ausnahme von vor dem 1.5.1997 abgeschlossenen Mietanpassungsvereinbarungen, in denen ein für die neuen Bundesländer einschließlich Ost-Berlin berechneter Preisindex für die Lebenshaltung als Wertmesser verwendet wird.

149 Im Zeitraum zwischen dem **1.1.1999** und dem **31.8.2001** bedurften Indexklauseln **keiner behördlichen Genehmigung** mehr, sofern sie den Anforderungen des § 4 der Preisklauselverordnung entsprachen[1]. Dieser lautet:

§ 4 Vertragsspezifische Klauseln

(1) Preisklauseln in Miet- und Pachtverträgen über Gebäude oder Räume, soweit es sich nicht um Mietverträge über Wohnraum handelt, gelten als genehmigt, wenn

---

1 Verordnung vom 23.9.1998 (BGBl. I S. 3043) i.d.F des Mietrechtsreformgesetzes v.19.6.2001 (BGBl. I S. 1149); abgedruckt im Anhang, S. 422 ff., s. dazu *Schultz*, NZM 1998, 905, mit Formulierungsbeispielen.

1. die Entwicklung des Miet- und Pachtzinses
   a) durch die Änderung eines von dem Statistischen Bundesamt oder einem Statistischen Landesamt ermittelten Preisindexes für die Gesamtlebenshaltung oder eines vom Statistischen Amt der Europäischen Gemeinschaft ermittelten Verbraucherpreisindexes,
   b) durch die Änderung der künftigen Einzel- oder Durchschnittsentwicklung der Preise oder Werte für Güter oder Leistungen, die der Schuldner in seinem Betrieb erzeugt, veräußert oder erbringt oder
   c) durch die künftige Einzel- oder Durchschnittsentwicklung des Preises oder des Wertes von Grundstücken, wenn sich das Schuldverhältnis auf die land- und forstwirtschaftliche Nutzung beschränkt, bestimmt werden soll und
2. der Vermieter oder Verpächter für die Dauer von mindestens zehn Jahren auf das Recht zur ordentlichen Kündigung verzichtet oder der Mieter oder Pächter das Recht hat, die Vertragsdauer auf mindestens zehn Jahre zu verlängern.

(2) Für Mietanpassungsvereinbarungen in Verträgen über Wohnraum gilt § 557b des Bürgerlichen Gesetzbuchs.

Neben dem Preisindex für die Lebenshaltung aller privaten Haushalte waren noch **andere Verbraucherpreisindizes** für drei verschiedene Haushaltstypen zulässig. Diese Indizes werden vom Statistischen Bundesamt **seit dem 1.1.2003 nicht mehr** errechnet[1]. Bei Verträgen aus diesem Zeitraum stellt sich also seitdem die Frage, ob und wie Mieterhöhungen auf Grund einer derartigen Klausel erfolgen können. 150

Die neue Bezugsgröße muss vertraglich vereinbart werden, da der zunächst vertraglich vereinbarte Index nicht mehr existiert. Beiden Parteien steht ein Anspruch auf Mitwirkung bei dieser **Vertragsänderung** zu[2]. Nach anderer Meinung soll dies unmittelbar durch ergänzende Vertragsauslegung berücksichtigt werden[3]. 151

Da es auch keinen Umrechnungsfaktor gibt, kann nicht ermittelt werden, welchen Wert der veraltete Index zu einem jetzigen Berechnungszeitpunkt gehabt hätte. Ebenso wenig kann der neue Index rückwirkend angewendet werden, weil er nicht vereinbart war. Es bleibt also nur die Möglichkeit, die Veränderung des alten Indexes bis zum 31.12.2002 festzustellen und die Entwicklung des jetzt nur noch zulässigen Indexes ab dem 1.1.2003 hinzuzuzählen. Das kann in Prozenten oder in Punkten geschehen, je nach Vereinbarung[4]. Um den Anspruch auf Vertragsanpassung geltend zu machen, sollte der Vermieter den Text einer angepass- 152

---
1 Siehe dazu die Hinweise des Statistischen Bundesamts in WM 2003, 134.
2 *Lützenkirchen*, Anwalts-Handbuch Mietrecht, 2. Aufl., E Rz. 280 und NZM 2001, 835; *Schultz*, GE 2003, 721; Muster bei *Löfflad*, MietRB 2004, 244, 246.
3 *Börstinghaus* in Schmidt-Futterer § 557b BGB Rz. 29.
4 Beispiele bei *Lützenkirchen*, Anwalts-Handbuch Mietrecht, 2. Aufl., E Rz. 284 f.

ten Vertragsklausel vorlegen[1], der auch die Vorgaben des § 557b Abs. 3 BGB beinhaltet.

153 Seit dem **1.9.2001** darf nach § 557b Abs. 1 BGB nur noch auf den Preisindex für die Lebenshaltung aller privaten Haushalte in Deutschland, der seit Februar 2003 vom Statistischen Bundesamt als **Verbraucherpreisindex** rückwirkend ab 2000 fortgeführt wird, Bezug genommen werden[2].

154 **Weitere Voraussetzungen** der Indexmietvereinbarung regeln § 557b Abs. 1 und 2 BGB:

Die Regelung muss **schriftlich** vereinbart werden (Abs. 1).

Die Miete muss jeweils **ein Jahr unverändert** bleiben (Abs. 2).

155 Entfallen sind die seit Einführung der Indexmiete im Wohnraummietrecht vom 1.9.1993 bis 1.9.2001 gestellten Anforderungen an die **Langfristigkeit** des Mietvertrages, nämlich Verzicht des Vermieters auf das Recht zur ordentlichen Kündigung für mindestens zehn Jahre bzw. Abschluss des Mietvertrages für die Lebenszeit eines Vertragspartners[3].

156 Die **notwendigen Inhalte** der Indexvereinbarung sind in § 557b BGB nicht ausdrücklich formuliert. Es wird aber angenommen, dass die Grundanforderungen aus den Genehmigungsgrundsätzen der Deutschen Bundesbank (nunmehr § 2 Preisklauselverordnung) erfüllt sein müssen:

– Es darf nicht nur bei einem Preisanstieg eine Mieterhöhung folgen, sondern es muss umgekehrt ein Preisrückgang eine entsprechende **Ermäßigung** bewirken.

Die Formulierung muss also die Möglichkeit einer Mietsenkung ausdrücklich eröffnen, sie darf nicht nur lauten „steigt" sondern „steigt oder fällt" oder „verändert sich".

– Der geschuldete Betrag darf sich gegenüber der Entwicklung der Bezugsgröße **nicht überproportional** ändern[4].

---

1 Vorschlag bei *Lützenkirchen*, Anwalts-Handbuch Mietrecht, 2. Aufl., E Rz. 288.
2 Nach *Rips/Eisenschmid*, Neues Mietrecht, S. 251 m.w.N., konnten schon vor dem 1.9.2001 mit Wirkung ab Inkrafttreten der Neuregelung solche Verträge geschlossen werden.
3 Die Frage, ob die Neuregelung solche Altverträge heilt, in denen die Mindestlaufzeit unterschritten wurde, ist streitig, vgl. dazu die Nachweise bei *Langenberg*, WM 2001, 523, 524; *Rips/Eisenschmid*, Neues Mietrecht, S. 251 f.; *Löfflad*, MietRB 2004, 244, 245.
4 Vgl. dazu *Grothe*, NZM 2002, 54 ff.

Falsch wäre daher die Gleichsetzung eines Anstiegs in Indexpunkten mit einer prozentualen Mieterhöhung um dieselbe Zahl, auch wenn sich rechnerisch keine allzu großen Differenzen ergeben.
- Die **Mietanpassung** muss **unmittelbar** aus der Indexveränderung folgen, es darf nicht z.B. ein Anspruch auf Neufestsetzung oder ein Verhandlungsspielraum oder eine Festsetzung durch Dritte vorgesehen werden.

Die aktuelle Gesetzesfassung schreibt auch nicht vor, in welcher Art die Indexvereinbarung formuliert sein muss. Da eine ungenaue **Formulierung** dazu führen kann, dass die Indexvereinbarung als unbestimmt und daher unwirksam angesehen wird, ist dringend zu empfehlen, folgende Elemente klar festzulegen:
- Das **Basisjahr**, welches für die Anwendung der Indexklausel angesetzt wird.

Das Statistische Bundesamt verwendete zuletzt die Basisjahre 1980, 1985, 1991, 1995, 2000. Von der Vereinbarung eines weit zurück liegenden Basisjahres ist abzuraten, da dies unter Umständen als überraschend im Rahmen einer AGB-Kontrolle oder gar als treuwidrig angesehen werden könnte[1].

Falls im Vertrag auf einen Index mit einem anderen Basisjahr als dem aktuell verwendeten Bezug genommen wird, müssen die Werte umgerechnet (umbasiert) werden. Hierfür stellt das Statistische Bundesamt die Umrechnungsfaktoren zur Verfügung[2], die für jeden speziellen Index unterschiedlich sind.
- Wenn nicht jede Veränderung des Indexes sofort zu einer Mieterhöhung führen soll, muss der **Schwellenwert** genau formuliert werden.
- Es muss klar hervorgehen, dass eine Mieterhöhung nicht automatisch eintritt, sondern durch **Erklärung** gemäß § 557b Absatz 3 BGB berechnet werden wird[3].

◌ **Beispiel:**
Die monatliche Miete von 520,00 Euro verändert sich im gleichen Verhältnis, in dem sich ab Vertragsbeginn jeweils der vom Statistischen Bundesamt festgesetzte Preisindex für die Lebenshaltung aller privaten Haushalte in Deutschland gegenüber seinem Stand von

---
1 *Löfflad*, MietRB 2004, 244, 245 m.w.N.
2 Im Internet unter www.destatis.de.
3 *Löfflad*, MietRB 2004, 244, empfiehlt weiter die Klarstellung, dass die Miete ein Jahr unverändert bleibt, die Aufnahme des Wirkungszeitpunkts einer Änderungserklärung und die Wiedergabe des Inhalts des § 557b Abs. 2 BGB und schlägt eine Musterformulierung vor.

Teil II Preisfreier Wohnraum

2000 = 100 Punkte verändert. Von Erhöhungen nach §§ 559 bis 560 BGB abgesehen, kann eine entsprechende Anpassung der Miete frühestens nach Ablauf eines Jahres seit der letzten Mieterhöhung verlangt werden, wobei die Berechnung jeweils den für den zweiten Monat vor der Mieterhöhungserklärung festgestellten Monatsindex zugrunde zu legen hat.

158 § 557b Abs. 3 BGB schreibt vor, dass im Wohnraummietrecht eine Indexerhöhung nicht automatisch eintritt, sondern durch **Erklärung** in Textform geltend gemacht werden muss.

Die Erklärung muss enthalten

- die Darlegung der Veränderung des Preisindexes, also
den Ausgangswert der Bezugsgröße bei Beginn des Mietverhältnisses oder bei der letzten Mieterhöhung und den aktuellen Wert dieser Bezugsgröße, weiter
- die Angabe der daraus resultierenden Veränderung der Miethöhe, und zwar entweder als Erhöhungsbetrag oder als Bezifferung der erhöhten Miete.

➲ **Beispiel:**
Vertragsbeginn war am 1.9.2002, Miethöhe seither unverändert 520,00 Euro, es wurde eine Indexklausel wie im vorstehenden Beispiel vereinbart, mit einer Bezugnahme auf 2000 = 100 als Basisjahr.

Nach den Feststellungen des Statistischen Bundesamts betrug der Indexwert für September 2002 gegenüber dem Basisjahr 2000 103,4 Punkte (Ausgangspunktwert).

Für September 2004 wird ein Anstieg gegenüber dem Basisjahr 2000 auf 106,4 Punkte (Aktueller Punktwert) mitgeteilt.

Im November 2004 will der Vermieter die Indexerhöhung geltend machen. Zunächst ist die Punktdifferenz in Prozentanteile umzurechnen:

[(Aktueller Punktwert : Ausgangspunktwert) × 100] − 100 = Prozentsatz der Steigerung

[(106,4 : 103,4)*100] − 100 = 2,9 %

Um diesen Prozentsatz erhöht sich die bisherige Miete, im Beispiel somit von 520,00 Euro um 2,9 % = 15,08 Euro auf 535,08 Euro.

Indexmiete **Teil II**

Muster einer Erhöhungserklärung: 159

Wir haben im Mietvertrag unter § 3 eine Mietanpassungsvereinbarung getroffen. Auf Grund dieser Vereinbarung wird Ihre Miete wie folgt angepasst:

Als Maßstab wurde vertraglich der Lebenshaltungskostenindex aller privaten Haushalte des Statistischen Bundesamts (Basis 2000 = 100) vereinbart. Der Index hat sich seit Mietvertragsabschluss (ggf.: seit dem ..., Datum der letzten Mieterhöhung) von 103,4 Punkten auf 106,4 Punkte im September 2004 erhöht. Dies entspricht einer Steigerung von 2,9 %. Um diesen Prozentsatz erhöht sich Ihre Miete, also von 520,00 Euro auf 535,08 Euro.

Bitte zahlen Sie die neue Miete	535,08 Euro
zuzüglich der bisherigen Betriebskostenvorauszahlungen	75,00 Euro
und der bisherigen Heizkostenvorauszahlungen	40,00 Euro
zusammen	650,08 Euro

ab dem übernächsten Monat seit Zugang dieses Schreibens.

Ein weiteres Problem entsteht, wenn die mietvertragliche Regelung eine **Bezugsgröße** zugrunde legt, die vom Statistischen Bundesamt aktuell gar **nicht mehr ermittelt** und mitgeteilt wird. Wäre im obigen Beispiel im Mietvertrag die Bezugsgröße Basisjahr 1985 = 100 vereinbart worden, dann könnte eine Punktdifferenz nicht aus der aktuellen Indextabelle abgelesen werden, weil diese auf dem Basisjahr 2000 = 100 beruht. In diesem Fall muss zuerst der Ausgangspunktwert von der ursprünglichen Bezugsgröße auf die jetzt zur Verfügung stehende Bezugsgröße umgerechnet werden. Dazu dienen Hilfstabellen, die das Statistische Bundesamt auf Anfrage zur Verfügung stellt[1]. 160

Die wirksame Erhöhungserklärung löst die **Zahlungspflicht** ab dem 1. des übernächsten Monats aus, § 557b Abs. 3 Satz 3 BGB. Nach überwiegender Ansicht in der Literatur ist eine vor Ablauf der einjährigen Wartefrist abgegebene Erhöhungserklärung, nach der die Mietänderung aber nach Ablauf der Jahresfrist eintreten soll, wirksam[2]. 161

Wenn man davon ausgeht, dass Mietminderungsrechte durch vorbehaltlose Zahlung **verwirkt** werden können[3], leben diese nach einer Index- 162

---

1 Bei Drucklegung auch über Internet auf der Seite www.destatis.de/wsk/.
2 Vgl. dazu die Nachweise zum Streitstand bei *Weitemeyer* in Staudinger, § 557b BGB Rz. 29.
3 Vgl. die Nachweise zum Streitstand bei *Emmerich/Sonnenschein*, Miete, 8. Aufl., § 536 Rz. 38, sowie jetzt BGH, Urt. v. 16.7.2003 – VIII ZR 274/02, WM 2003, 440, und BGH, Beschl. v. 16.2.2005 – XII ZR 24/02, NZM 2005, 303.

mieterhöhung wieder auf[1], was ausdrücklich geltend zu machen ist. Ein **Sonderkündigungsrecht** auf Grund der Mieterhöhung besteht **nicht**[2].

163 **Vor- und Nachteile der Indexmietvereinbarung für Vermieter und Mieter:** Infolge der anerkannten Bezugsgröße des Verbraucherpreisindexes leuchtet der Vorschlag, eine Mieterhöhungsvereinbarung nach § 557b BGB zu treffen, als **angemessen** ein[3]. Die Entwicklung ist in etwa kalkulierbar. Der Mieter braucht daneben nur mit Betriebskostenerhöhungen und ggf. mit einer Erhöhung dann zu rechnen, wenn der Vermieter bauliche Maßnahmen auf Grund von Umständen durchführen muss, die er nicht zu vertreten hat, § 557b Abs. 2 Satz 2 und 3 BGB. Erwartet der Vermieter, dass solche Baumaßnahmen auf ihn zukommen könnten, ist die Vereinbarung einer Indexmiete geeigneter als die einer Staffelmiete.

164 Andererseits muss hier anders als bei der Staffelmiete eine Mieterhöhungserklärung gefertigt werden, wobei im Vergleich zur Erhöhung nach § 558 BGB das **Verfahren einfacher** ist. Eine Kappungsgrenze gilt für diese Erhöhung nicht, die allgemeinen Schranken aus § 138 Abs. 2 BGB, § 5 WiStG, § 291 StGB gelten jedoch auch hier.

IV. Vertragliche Begrenzung von Mieterhöhungen

165 Durch Vereinbarungen können Mieterhöhungen im Verhältnis zu den gesetzlichen Mieterhöhungsmöglichkeiten **beschränkt** werden. Es sind verschiedene Konstellationen möglich, in denen beide Seiten hieran ein **Interesse** haben können.

166 Für den Mieter kann maßgeblich sein, dass er die Wohnung gern anmieten würde, aber definitiv für einen bestimmten Zeitraum **keine Einkommenserhöhung** erwarten kann. Auch wenn der Mieter Transferleistungen erhält, aber bestimmte Miethöhen – z.B. durch Festlegungen im Rahmen der Hartz-IV-Gesetzgebung – nicht überschreiten darf, hat er an einer entsprechenden Begrenzung ein Interesse.

167 Für den Vermieter kann – abgesehen von persönlichen Beweggründen – auch sachlicher Anlass bestehen, sich auf derartige Begrenzungen ein-

---

1 LG Düsseldorf, Urt. v. 27.5.1997 – 24 S 585/96, WM 1998, 20.
2 Die zum bisherigen Recht vertretene Mindermeinung, wonach eine Kündigung doch möglich sein sollte, dürfte sich durch die Neufassung erledigt haben, so ausdrücklich *Eisenschmid*, NZM 2001, 11; vgl. auch *Grothe*, NZM 2002, 54, 56 m.w.N. in Fn. 30–32.
3 Ein Inflationsausgleich wird häufig als fair empfunden, so *Hamm*, DWW 1993, 321, 327.

zulassen, zumal er damit das Risiko vermindert, dass der Mieter die Wohnung alsbald wieder aufgibt.

Bekannt sind Bemühungen, im Zuge der **Privatisierung** oder sonstigen Verkaufs von Wohnungsbeständen der öffentlichen Hand oder vormals gemeinnütziger Wohnungsbaugesellschaften, Mieter vor hohen Mietsteigerungen zeitweise zu bewahren und damit unter anderem politischen Widerstand gegen die Privatisierung zu vermindern. 168

So hat z.B. das Bundesministerium für Verkehr, Bau- und Wohnungswesen anlässlich der Privatisierung der Eisenbahn-Wohnungsgesellschaften des Bundeseisenbahnvermögens den Mietern, die aktuell oder früher Bahnmitarbeiter waren, zugesichert, dass für die Dauer von 10 Jahren die Mietsteigerung für Wohnungen, die noch unterhalb der ortsüblichen Vergleichsmiete lagen, nicht höher als 3 % pro Jahr zuzüglich Inflationsrate sein sollte. Beim Verkauf der ursprünglich landeseigenen Berliner Wohnungsgesellschaft GAGFAH wurde[1] u.a. eine Begrenzung von Mieterhöhungen auf 1,5 % über dem Verbraucherpreisindex für die ersten fünf Jahre, bezogen auf den Gesamtdurchschnitt, danach für einen weiteren Zeitraum auf 3,0 % vereinbart. In einem vergleichbaren Fall schränkt die Deutsche Bundesbank zugunsten ihrer Mieter, die aktive oder ehemalige Mitarbeiter sind, Mieterhöhungen nach § 559 BGB für zehn Jahre auf höchstens 1,40 Euro/m^2 monatlich ein. 169

Ist eine Wohnung **schwer vermietbar**, etwa weil sie über einer Gaststätte belegen oder die Lage unattraktiv ist, dann kann es für den Vermieter vorteilhaft sein, einen passenden Mieter durch ein wirtschaftlich vorteilhaftes Angebot zu binden. 170

Eine ähnliche Interessenlage ergibt sich, wenn der Mieter bereit ist, bestimmte **Zusatzleistungen** (Hauswartung, Herrichten der Wohnung, Gartenpflege) zu erbringen. 171

Vereinbaren Vermieter und Mieter die **Modernisierung** einer Wohnung bei gemeinschaftlicher Finanzierung oder Arbeitsleistung, dann kann eine Regelung sinnvoll sein, künftig nur einen Teil des erreichten Ausstattungsstandards mietwirksam werden zu lassen: 172

⊃ **Beispiel:**
Es wird eine Zentralheizung eingebaut, der Vermieter trägt die Materialkosten, der fachkundige Mieter baut die Heizungsanlage in der Wohnung ein. Hier kann vereinbart werden:

---

[1] Nach Mitteilung von *Rips*, WM 2005, 430, 434.

Die Wohnung gilt hinsichtlich der ortsüblichen Vergleichsmiete bis zum Ende des Mietvertrages weiterhin als „ohne Sammelheizung" i.S.d. Mietspiegels ausgestattet.

173 Entstehen während des Mietverhältnisses **Streitigkeiten** über die **Mietspiegeleinordnung**, über Zuschläge und Abschläge, dann kann auch darüber eine mietpreisbegrenzende Vereinbarung getroffen werden.

⊃ **Beispiele:**
Es sind öffentliche Mittel für die Modernisierung an den Vermieter geflossen. Die genaue Errechnung der dadurch bei Mieterhöhungen vorzunehmenden Abzüge wird dem Vermieter dadurch erspart, dass ein pauschaler Abzugsbetrag vereinbart wird.

Die Wohnung lässt sich wegen baulicher Besonderheiten nicht gut in den Mietspiegel einordnen. Die Mietparteien können (mietpreisbegrenzend) vereinbaren, dass nur der Mittelwert des einschlägigen Mietspiegelfeldes zugrunde gelegt wird.

Derartige Vereinbarungen können auch im Rahmen gerichtlicher Auseinandersetzungen getroffen werden.

174 Häufig übernehmen mietbegrenzende Regelungen auch Verpflichtungen, die der Vermieter zur Erlangung **öffentlicher Förderung** gegenüber der öffentlichen Hand eingegangen ist, in den Mietvertrag. Da die Rechtsprechung den öffentlichrechtlichen Vereinbarungen zuweilen ohne jede rechtsdogmatische Begründung die Drittwirkung zugunsten der Mieter versagt, sind diese das jeweilige Mietverhältnis betreffenden Regelungen von großer Bedeutung. Ihre Wirksamkeit ist in der Regel unabhängig davon, ob die zugrunde liegende öffentlichrechtliche Verpflichtung wirksam war oder nicht, weggefallen ist oder fortbesteht.

⊃ **Beispiele:**
Die Nettomiete darf bis zum Ende des siebten Jahres nach Abschluss der Baumaßnahmen den Betrag von 4,76 Euro/m² nicht überschreiten.

Im Bindungszeitraum darf die Miete den Durchschnittswert aus den Mietspiegelfeldern für Gebäude der Baujahre vor 1918, mit der Ausstattung mit Zentralheizung und Bad, für die Wohnungsgrößen 40–60 m² und 60–90 m² nicht überschreiten.

175 Solche Regelungen sind, da sie **zugunsten** des Mieters eingreifen, **wirksam**. Treten sie in Kombination mit Regelungen auf, die – unwirksam, § 558 Abs. 6 BGB – eine Erhöhung der Miete außerhalb der gesetzlichen Regelung zu Lasten des Mieters ermöglichen, aber innerhalb festgeleg-

ter Grenzen bleiben sollen, dann ist der den Mieter begünstigende Teil wirksam, der ihn benachteiligende Teil der Regelung unwirksam.

V. Für den Mieter nachteilige Vereinbarungen

§ 557 Abs. 4 BGB hält fest, dass die Vorschriften des § 557 Abs. 1 bis 3 zu Lasten des Mieters nicht dispositiv sind. Dem Mieter **nachteilige Vereinbarungen** sind **unwirksam**. Dies wiederholt das Gesetz[1] in § 557a Abs. 4 für die Staffelmiete, in § 557b Abs. 4 für die Indexmiete und in §§ 558 Abs. 6, 558a Abs. 5, 558b Abs. 4 BGB nochmals für Vereinbarungen, die eine Mieterhöhung abweichend vom System des Vergleichsmietenverfahrens vorsehen. Dasselbe regelt § 559 Abs. 3 BGB für Mieterhöhungen nach Modernisierung, auch diese müssen den gesetzlichen Vorgaben folgen. Nach § 560 Abs. 6 gilt das Gleiche für Betriebskostenveränderungen. Die Vorläuferregelung in § 10 Abs. 1 MHG war deutlicher, der Vereinbarungen für unwirksam erklärte, die zum Nachteil des Mieters von den Regeln der §§ 1–9 MHG abwichen.

176

Da es um Vereinbarungen geht, betrifft die Vorschrift des § 557 Abs. 4 BGB **nicht einseitige** (wirksame oder unwirksame) **Erklärungen** des Vermieters. Die Vorschrift schützt den Mieter, der sich mit einer Regelung einverstanden erklärt hat, die der Vermieter bei Beachtung der Mieterhöhungsvorschriften der §§ 557–561 BGB nicht hätte erreichen können. Ob sich eine derartige Regelung bereits im Mietvertrag befindet oder ob sie später getroffen wird, spielt keine Rolle.

177

Hier ist eine Abgrenzung in zweifacher Hinsicht erforderlich:

178

Da nur solche Vereinbarungen gemeint sind, bei denen es um das Mieterhöhungsrecht des Vermieters geht, sind **Abreden über sonstige Gegenleistungen** des Mieters, wie etwa der Umfang der übernommenen Schönheitsreparaturen, nicht an § 557 Abs. 4 BGB zu messen[2].

§ 557 Abs. 4 BGB betrifft auch nicht eine etwaige **Überhöhung der Ausgangsmiete**, sondern nur spätere Erhöhungen.

Die Kasuistik zu den Unwirksamkeitsregelungen wird im Zusammenhang mit den einzelnen Mieterhöhungsmöglichkeiten besprochen, soweit es direkt um diese geht. **Generelle Vereinbarungen**, die gegen § 557 Abs. 4 BGB verstoßen, sind folgende:

179

---

[1] Überflüssigerweise, so zutreffend *Börstinghaus* in Schmidt-Futterer, 8. Aufl., § 557 Rz. 72.
[2] Sondern an den allgemein geltenden Schranken, siehe dazu Rz. 187 ff.

180 Außer Staffel- und Indexmietvereinbarungen sind **Mietanpassungsklauseln** unzulässig[1]. Das sind Regelungen, wonach die weitere Entwicklung des Mietzinses durch den Preis von anderen Gütern oder Leistungen bestimmt werden soll. Es soll also die Veränderung einer zwischen den Parteien vereinbarten Bezugsgröße zu einer Mieterhöhung führen.
Dazu gehören

- **Wertsicherungsklauseln** („Ab dem 1.1.1979 kann der Mietzins entsprechend den prozentualen Veränderungen des Lebenshaltungsindexes des jeweiligen Vorjahres angeglichen werden"[2]; „Im Falle einer Erhöhung der Kapital- oder Bewirtschaftungskosten im Bereich des öffentlich geförderten Wohnungsbaues ist der Vermieter berechtigt, die Miete auf Anweisung des Ministers für Finanzen und Forsten entsprechend zu erhöhen. Die Mieterhöhung tritt am ersten Tag des auf den Zugang der Erhöhungsmitteilung folgenden übernächsten Monats in Kraft"[3]; „Nach Ablauf des ersten Jahres ist eine gleitende Anhebung vereinbart, die der Steigerung der Gehälter der Bundesbeamten entsprechen soll" bzw. ist „nicht ... die Anhebung der Beamtengehälter, sondern die durchschnittliche jährliche Inflationsrate anzusetzen"[4]).

- **Spannungsklauseln**, das sind Wertsicherungsklauseln, bei denen im Wesentlichen gleiche Leistungen miteinander verkoppelt werden, die Bezugsgröße ist also mit der Miete gleichartig, zumindest aber vergleichbar („Zwischen dem Vermieter und dem Mieter besteht Einigkeit darüber, dass, wenn sich die Gesamtbezüge eines nach der Besoldungsgruppe A 10 des Bundesbesoldungsgesetzes besoldeten Beamten gegenüber dem Stand bei Abschluss des Vertrages erhöhen oder vermindern, eine Anpassung des Mietzinses entsprechend den prozentualen Veränderungen des vorgenannten Beamtengehaltes zu erfolgen hat"[5]; es wird vereinbart, dass „jeweils diejenige Miete geschuldet wird, die sich aus einer bestimmten Rubrik eines Mietspiegels ergibt"[6]).

- **Leistungsvorbehalte**, wonach sich die Miete bei Veränderung einer bestimmten Bezugsgröße verändern soll, wobei dies aber nicht automatisch geschieht, sondern ein Verhandlungsspielraum verbleibt; es besteht entweder ein Anspruch auf Neuverhandlung, oder ein Dritter ist zur Festlegung der Miete befugt.

---

1 Sie können allerdings ggf. als mietbegrenzende Vereinbarungen aufrechterhalten bleiben, vgl. dazu Rz. 104 ff.
2 OLG Koblenz, Beschl. v. 5.6.1981 – 4 W – RE – 248/81, WM 1981, 207.
3 LG Saarbrücken, Urt. v. 3.1.1983 – 13 S 68/82, WM 1983, 145.
4 AG Charlottenburg, Urt. v. 7.6.1988 – 8 C 570/87, GE 1990, 377.
5 BGH, Urt. v. 2.2.1983 – VIII ZR 13/82, NJW 1983, 1909 m.w.N.
6 Beispiel nach *Blank*, WM 1993, 503, 509.

- **Kosten(element)klauseln**, wonach der Vermieter berechtigt ist, die Miete zu erhöhen, wenn sich der Preis der unmittelbar für Herstellung und Unterhaltung der Mietsache maßgeblichen Faktoren ändert; gestiegene Kosten können nur in den Fällen der §§ 559 und 560 BGB weitergegeben werden, also nur bei Modernisierung und Betriebskostenerhöhung, nicht wegen der Änderung anderer Bewirtschaftungskosten[1].

- **Schiedsgutachterklauseln**, wonach die angemessene Miete durch ein Mietwertgutachten festgestellt werden soll, und Schiedsgerichtsklauseln[2].

Unterliegt eine Wohnung der Mietpreisbindung, kann mietvertraglich nicht wirksam vereinbart werden, dass nach **Ablauf der Preisbindung** ein bestimmter höherer Betrag geschuldet sein soll, denn der Vermieter könnte dann die erhöhte Miete verlangen, ohne die Vorgaben der §§ 558 ff. BGB einhalten zu müssen[3]. 181

Unwirksam ist die vertragliche Regelung, wonach die Nutzungsgebühr auf Grund **vorläufiger Berechnung** 650,00 DM monatlich beträgt, verbunden mit dem Zusatz: „Die endgültige Höhe der Nutzungsgebühr wird Ihnen nach Abrechnung der Modernisierungsmaßnahmen bekannt gegeben"[4]. Hier hätte nur die Möglichkeit bestanden, einen Mietvorvertrag abzuschließen[5]. 182

Vergleichbar ist der Fall des **vorläufigen Mietverzichts**[6]: Die Wohnung war vor Vermietung mit öffentlicher Förderung modernisiert worden, es waren deswegen Mietobergrenzen einzuhalten. Im Mietvertrag wurde eine um den Modernisierungszuschlag erhöhte Nettokaltmiete angegeben, sodann ein „vorläufiger Mietverzicht" ausgesprochen und die sich daraus ergebende niedrigere Miete entsprechend der Mietbegrenzung vereinbart und gezahlt. Später teilte die Vermieterin mit, der Förderzeitraum sei nunmehr abgelaufen, und sie hebe den Mietverzicht auf. Nach diesem Vertrag sollte die Vermieterin das Recht haben, zu einem nicht 183

---

1 Früher war dies auch im Fall des § 5 MHG bei Erhöhungen von Kapitalkosten grundsätzlich zulässig.
2 *Sternel*, Mietrecht, 3. Aufl., III Rz. 519.
3 OLG Stuttgart, Beschl. v. 7.9.1989 – 8 RE-Miet 1 u. 2/89, WM 1989, 552; ebenso für den Fall, dass der Mietvertrag über eine preisfreie Wohnung der Vermieterin das Recht einräumt, die Kostenmiete zu erheben, AG Norderstedt, Urt. v. 6.1.1982 – 42 C 213/79, WM 1982, 157; weitere Beispiele bei *Sternel*, Mietrecht, 3. Aufl., III Rz. 520 f.
4 LG Karlsruhe, Urt. v. 23.12.1988 – 9 S 471/88, WM 1989, 335.
5 *Börstinghaus* in Schmidt-Futterer, 8. Aufl., § 557 BGB Rz. 79.
6 BGH, Urt. v. 12.11.2003 – VIII ZR 41/03, WM 2004, 29 = MietRB 2004, 97; Vorinstanz LG Berlin, Urt. v. 9.1.2003 – 62 S 365/02, GE 2003, 394.

näher bestimmten Zeitpunkt eine höhere Miete verlangen zu können, und zwar ohne Rücksicht auf die gesetzlichen Bestimmungen des MHG bzw. der §§ 558 ff. BGB. Nach § 558 BGB kann der Vermieter aber nur die Zustimmung zu einem berechtigten Mieterhöhungsverlangen beanspruchen, nicht aber die Miete einseitig festlegen, und er muss die Kappungsgrenze beachten.

184 Ebenso dürfte der Fall zu entscheiden sein, in dem vertraglich die Kostenmiete oder Vertragsmiete vereinbart ist, die sich wegen der Gewährung von Aufwendungsdarlehen und Aufwendungszuschüssen zunächst vermindert und dann durch Förderungsabbau schrittweise erhöht, wenn dann anschließend die Kostenmiete bzw. Vertragsmiete verlangt wird[1].

185 Die Unwirksamkeit derartiger Vereinbarungen bedeutet anfängliche **Nichtigkeit nur der Klausel**, nicht des Mietvertrags. Auch der Einwand, ohne die Klausel wäre der Mietvertrag überhaupt nicht abgeschlossen worden, verhilft nicht zur Wirksamkeit, da § 557 Abs. 4 BGB *lex specialis* gegenüber § 139 BGB ist[2]. § 557 Abs. 4 BGB ist ein Schutzgesetz zugunsten des Mieters. Ein Verstoß gegen dieses Schutzgesetz führt nur zur Unwirksamkeit der für den Mieter nachteiligen Vertragsbestimmung.

186 Weitere Rechtsfolge ist, dass der Vermieter nach den Vorschriften der §§ 812 ff. zur **Rückzahlung** von Beträgen verpflichtet ist, die der Mieter auf Grund einer unwirksamen Vereinbarung geleistet hat[3].

VI. Allgemeine gesetzliche Schranken von Mieterhöhungen

187 Gesetzliche Schranken für Mieterhöhungen ergeben sich aus
- § 5 Wirtschaftsstrafgesetz (WiStG) (Rz. 188 ff.);
- § 291 StGB (Rz. 222 ff.);
- § 138 BGB (Rz. 232 f.);
- §§ 305 bis 310 BGB (Rz. 234 ff.).

---

1 Anders noch KG, Beschl. v. 17.12.1990 – 8 RE-Miet 7064/90, WM 1991, 155; richtig LG Hamburg, Urt. v. 27.2.1990 – 16 S 137/89, WM 1990, 443, wonach der stufenweise Abbau eines zunächst gewährten Nachlasses außerhalb der Mieterhöhungsvorschriften unwirksam ist.
2 So OLG Koblenz, Beschl. v. 5.6.1981 – 4 W – RE – 248/81, WM 1981, 207; vgl. auch BGH, Urt. v. 12.11.2003 – VIII ZR 41/03, WM 2004, 29 = MietRB 2004, 97.
3 Vgl. die Nachweise bei *Weitemeyer* in Emmerich/Sonnenschein, Miete, 8. Aufl., § 557 Rz. 36. Anders ist es im preisgebundenen Wohnraum, wenn die formellen Voraussetzungen einer Erhöhung fehlen, materiell aber nur die Kostenmiete verlangt wird; vgl. dazu Rz. 813.

1. § 5 WiStG

Eine Mietpreisvereinbarung ist dann **teilweise nichtig** gemäß § 134 BGB, wenn sie gegen § 5 WiStG[1] verstößt[2]. Danach handelt ordnungswidrig, wer vorsätzlich oder leichtfertig für die Vermietung von Räumen zum Wohnen oder damit verbundene Nebenleistungen unangemessen hohe Entgelte fordert, sich versprechen lässt oder annimmt. Die Vorschrift soll die **Ausnutzung einer Wohnungsmangelsituation** zum Nachteil der Wohnungssuchenden verhindern. Sie gibt Obergrenzen vor, und zwar sowohl für die erstmalige vertragliche Miethöhevereinbarung als auch für später eintretende Mieterhöhungen, sei es eine einzelne Mieterhöhung während der Vertragslaufzeit oder eine automatische Erhöhung auf Grund einer Staffelmietvereinbarung. Bei Letzterer ist die jeweils gültige Staffel an den Voraussetzungen des § 5 WiStG zu messen.

188

Räume sind immer dann **zum Wohnen vermietet**, wenn dies der vertraglich vorgesehene Zweck ist, die Räumlichkeiten also dem Mieter in welchem Umfang auch immer und für welchen Zeitraum auch immer als **Lebensmittelpunkt** dienen sollen. Die Vorschrift schützt damit auch Schlafplätze, Einzelräume in Behelfsunterkünften und Räume, die zum Wohnen nicht geeignet, aber dennoch dafür vermietet sind, weiter Zweitwohnungen, vom Mieter nicht selbst genutzte oder vertragswidrig gewerblich genutzte Räume. Umgekehrt greift die Vorschrift dann nicht, wenn im Mischmietverhältnis die gewerbliche Nutzung überwiegt, und im Fall der gewerblichen Zwischenvermietung im Verhältnis zwischen Vermieter und gewerblichem Zwischenmieter. Auch bei Anmietung einer Wohnung in einer Wohnanlage des betreuten Wohnens gilt § 5 WiStG[3].

189

Nebenleistungen i.S.d. § 5 WiStG und des insoweit gleich lautenden § 291 StGB sind alle Leistungen, die dem Wohnzweck, wenn auch nur indirekt, dienen, typischerweise Strom, Wasser, Heizung, Reinigung, Garage und auch unübliche Nebenleistungen[4].

190

Mit der Auffächerung der Handlungsvarianten **fordern, sich versprechen lassen, annehmen** soll sowohl das aktive Verlangen nach einem über-

191

---

1 Gesetz zur weiteren Vereinfachung des Wirtschaftsstrafrechts (Wirtschaftsstrafgesetz 1954) i.d.F der Bekanntmachung vom 3.6.1975 (BGBl. I S. 1313), zul. geänd. d. Art. 23 des Gesetzes vom 13.12.2001 (BGBl. I S. 3574).
2 Einen gesonderten Ordnungswidrigkeitentatbestand für preisgebundenen Neubau enthält § 26 Abs. 1 Ziff. 4 WoBindG, vgl. dazu Rz. 802 f.
3 LG Koblenz, Urt. v. 15.12.2004 – 12 S 147/04, MietRB 2005, 113.
4 *Kindhäuser* in NOMOS Kommentar zum StGB, Stand Nov. 2003, § 291 Rz. 23; ebenso *Schönke-Schröder*, StGB, 26. Aufl. 2001, § 291 Rz. 5.

höhten Entgelt als auch das Entgegennehmen eines überhöhten Angebots des Mietinteressenten erfasst werden, ebenso das Annehmen von überhöhten Zahlungen ohne vertragliche Grundlage.

192 Nach der Legaldefinition des § 5 Abs. 2 Satz 1 WiStG ist ein **Entgelt** dann **unangemessen hoch**, wenn es die für vergleichbare Räume üblichen Entgelte um mehr als 20 % übersteigt (sog. Wesentlichkeitsgrenze). Üblich in diesem Sinne sind diejenigen Entgelte, die in der betreffenden Gemeinde oder vergleichbaren Gemeinden für die Vermietung vergleichbarer Räume (nach Art, Größe, Ausstattung, Beschaffenheit und Lage) oder damit verbundene Nebenleistungen in den letzten vier Jahren vereinbart oder (von Betriebskostenerhöhungen abgesehen) geändert worden sind.

193 Entgelt in diesem Sinne sind **alle geldwerten Mieterleistungen**[1]. Das führt dazu, dass bei unüblichen Mieterleistungen wie Baukostenzuschüssen o.Ä. deren Wert geschätzt werden muss, während die üblichen Mieterleistungen wie etwa die Übernahme der Schönheitsreparaturen sich in der ortsüblichen Miete ohnehin niederschlagen und deshalb bei der Bezifferung des Entgelts nicht separat bewertet werden müssen.

194 Danach ist zunächst die **ortsübliche Miete** zu ermitteln, wie sie in § 558 Abs. 2 BGB definiert ist[2]. Dies kann durch Anwendung des einschlägigen Mietspiegels[3] geschehen oder durch Einholung eines Sachverständigengutachtens.

195 Sind die Räume vermieterseits möbliert, ist ein ortsüblicher **Zuschlag** hierfür anzusetzen[4]. Ist die Möglichkeit teilgewerblicher Nutzung vereinbart, ist auch hierfür ein Zuschlag zu ermitteln[5]. Dasselbe gilt für die Erlaubnis zur Untervermietung[6].

196 Wird die so ermittelte ortsübliche Miete durch die konkrete Mietpreisvereinbarung bzw. die konkret gezahlte Miete **um mehr als 20 % überschritten**, so ist der überschießende Teil unangemessen hoch.

197 Hiervon macht § 5 Abs. 2 Satz 2 WiStG für einen Sonderfall eine Ausnahme, wenn das gezahlte Entgelt zur **Deckung der laufenden Aufwendungen** des Vermieters erforderlich ist, sofern es unter Zugrundelegung

---

1 Vgl. dazu Rz. 6 ff.
2 Siehe dazu Rz. Rz. 241 ff.
3 Im Rückforderungsprozess nach § 812 BGB kommt dem qualifizierten Mietspiegel nach § 558d BGB keine Vermutungswirkung zu.
4 Siehe dazu Rz. 35 ff.
5 Siehe dazu Rz. 45 ff.
6 Siehe dazu Rz. 29 ff.

des ortsüblichen Entgelts nicht in einem auffälligen Missverhältnis zur Leistung des Vermieters steht.

Diese **Ausnahmebestimmung** war in der Zeit ab dem 1.9.1993[1] auf zwei Gruppen von Mietverhältnissen beschränkt worden, nämlich auf ab dem 1.1.1991 fertiggestellten Wohnraum sowie solchen Wohnraum, für den das Entgelt vor dem 1.9.1993 über der 20-Prozent-Grenze liegen durfte. Seit dem 1.9.2001 ist die Bestimmung **auf alle Mietverhältnisse bezogen** worden[2]. Gesetzeszweck ist es, den Vermieter von freifinanziertem Wohnraum, falls er entsprechend hohe Aufwendungen hat, dieselbe Miete erzielen zu lassen, wie sie im preisgebundenen Wohnraum berechnet werden kann. Die Begründung des Kabinettsbeschlusses[3] sagt dazu: 198

„Die ... Beschränkung des Grundsatzes der Kostendeckung führt zu einer nicht sachgerechten Differenzierung zwischen Alt- und Neubauten. Gerade in den neuen Bundesländern sind Bestandsinvestitionen weiterhin dringend erforderlich und wirkt sich die Regelung investitionshemmend aus. Künftig soll sich der Vermieter daher auch bei Altbauten wieder auf die Deckung der laufenden Aufwendungen berufen können."

Zur **Berechnung** der laufenden Aufwendungen des Vermieters ist nach den Grundsätzen der §§ 8 Abs. 1, 8a, 8b WoBindG, §§ 18 bis 29 der II. BV zu verfahren[4]. Ansatzfähig sind danach die Kostenpositionen Eigenkapitalkosten, Fremdkapitalkosten, Abschreibung, (pauschalierte) Verwaltungskosten, Betriebskosten (soweit sie nicht gesondert umgelegt werden können), (pauschalierte) Instandhaltungskosten und Mietausfallwagnis[5]. 199

Ist eine entsprechend dieser Berechnung **kostendeckende Miete** vereinbart, so liegt eine Mietpreisüberhöhung erst dann vor, wenn ein **auffälliges Missverhältnis** zwischen Miete und Vermieterleistung besteht. Das ist wie bei § 291 StGB dann der Fall, wenn die ortsübliche Miete um mehr als 50 % überschritten wird. 200

---

1 Durch das Vierte Mietrechtsänderungsgesetz vom 21.7.1993, BGBl. I, 1257.
2 Ob die Neuregelung auch für Altfälle gilt, ist umstritten, vgl. dazu die Nachweise bei *Junker* in Lützenkirchen, Anwalts-Handbuch Mietrecht, 2. Aufl., D Rz. 153.
3 Kabinettsbeschluss vom 19.7.2000, BR-Drs. 439/00 v. 18.8.2000; zitiert nach *Rips/Eisenschmid*, Neues Mietrecht, S. 473.
4 Siehe dazu Rz. 650 ff.
5 Zu den ansatzfähigen laufenden Aufwendungen nach Modernisierung vgl. KG, Beschl. v. 22.1.1998 – 8 RE-Miet 5543/97, GE 1998, 293. Kritisch *Sternel*, Mietrecht, 3. Aufl., III Rz. 65 ff., der nur die Aufwendungen berücksichtigen will, die dem Vermieter tatsächlich laufend entstehen und einer ordentlichen Bewirtschaftung entsprechen.

201 § 5 WiStG setzt weiter voraus, dass eine **Angebotsknappheit** besteht und vom Vermieter **ausgenutzt** wird. Der Terminus Mangellage ist unscharf, da kein Wohnungsfehlbestand vorausgesetzt wird, aber gebräuchlich geblieben, obwohl er im Gesetzeswortlaut seit der Änderung des Wirtschaftsstrafgesetzes durch das Mietrechtsverbesserungsgesetz vom 4.11.1971[1] keine Verwendung mehr findet. Die Gesetzesverschärfung verfolgte die Absicht, den Mieter vor überhöhten Mieten nicht erst bei Vorliegen einer Mangellage, sondern schon bei Vorliegen eines geringen Angebots an Wohnraum zu schützen.

202 Die Angebotssituation ist für die unterschiedlichen Wohnungsgruppen, also nach **Teilmärkten** (Luxuswohnung, Durchschnittswohnung, Einfachwohnung, möblierte Wohnung, Dachgeschosswohnung) und nach **Mietergruppen** (Studenten, Wohngemeinschaften, Arbeitslose, kinderreiche Familien, Alleinerziehende, alte Menschen, Nichtdeutsche)[2] zu beurteilen. Ein geringes Angebot liegt dann vor, wenn das Angebot im jeweiligen Teilmarkt für die jeweilige Mietergruppe die Nachfrage nicht spürbar, d.h. um mindestens 5 % überschreitet[3].

203 Ob das der Fall ist, wurde bislang in der Regel anhand von **Indizien** beurteilt:
- die Wohnungsämter registrieren starkes Ansteigen der Nachfrage,
- es besteht eine hohe Zahl von Wohnungsnotfällen,
- es gibt erheblich mehr Nachfrage nach Sozialwohnungen als zur Verfügung stehen[4],
- die Miete bei Neuabschlüssen liegt 15 % über der ortsüblichen Miete,
- vermieterseits werden überwiegend Formularmietverträge verwendet,
- die Gemeinde ist als ein Gebiet mit gefährdeter Wohnraumversorgung im Sinne von § 577a Abs. 2 BGB bestimmt worden,
- es besteht eine Zweckentfremdungsverbotsverordnung,
- das Angebot an Billigwohnungen verringert sich wegen zunehmender Wohnungsmodernisierungen,
- das Mietpreisniveau entwickelt sich stärker als die allgemeinen Lebenshaltungskosten.

---

1 Gesetz vom 4.11.1971, BGBl. I, 1745.
2 OLG Hamm, Beschl. v. 13.3.1986 – 4 RE-Miet 1/85, WM 1986, 206.
3 Dies problematisiert neuerdings ausdrücklich entgegen der herrschenden Meinung BGH, Urt. v. 13.4.2005 – VII ZR 44/04, GE 2005, 790.
4 *Sternel*, Mietrecht, 3. Aufl., III Rz. 61, verweist auf die Statistik der Bewerber um eine Sozialwohnung nach § 5 WoBindG.

Die Verwendung von Indizien ist letztlich darauf zurückzuführen, dass es **keine Daten** über Angebot und Nachfrage auf den Teilmärkten, also über die „vergleichbaren Räume" i.S.d. Vorschrift gibt, da diese Teilmärkte nicht statistisch erfasst sind[1].

204

Das geringe Wohnraumangebot muss nach überwiegender Meinung[2] im **Zeitpunkt** des Mietvertragsabschlusses bestanden haben; eine spätere Verbesserung der Wohnungsmarktsituation ändert hieran nichts mehr. Eine Gegenmeinung hält eine Mietpreisüberhöhung dann nicht mehr für gegeben, wenn sich später eine Entspannung des Wohnungsmarkts ergibt[3].

205

Ausnutzen des geringen Wohnraumangebots durch den Vermieter bedeutet nach einer Ansicht[4] das bewusste sich Zunutze machen der Marktlage; einen weitergehenden **subjektiven Gehalt** hat das Tatbestandsmerkmal nach dieser Auffassung nicht. Ausgenutzt wird das geringe Angebot dann, wenn die überhöhte Miete auf einem ausgeglichenen Wohnungsmarkt nicht zu erzielen gewesen wäre.

206

Der BGH[5] hat sich der **Gegenansicht** angeschlossen. Er stellt zunächst darauf ab, dass die Vorschrift des § 5 WiStG Vertragsfreiheit und Eigentumsgarantie einschränkt, was unter verfassungsrechtlichen Gesichtspunkten nur insoweit gerechtfertigt ist, als durch die Sozialbindung des Eigentums, hier im Hinblick auf den Schutz des Mieters vor Ausnutzung einer bestehenden Mangellage, geboten. Durch die Sanktion der (Teil-)Nichtigkeit der Miethöhevereinbarung soll der Mieter davor geschützt und der Vermieter davon abgehalten werden, auf Grund einer unausgewogenen Lage auf dem Mietwohnungsmarkt eine unangemessen hohe Miete zu versprechen bzw. zu fordern. Es müsse deswegen zwischen der **Mangellage** und der Vereinbarung der **überhöhten Miete** ein **Kausalzusammenhang** bestehen. Das Gesetz schütze nur denjenigen Mieter, der sich auf die unangemessen hohe Miete allein deshalb einlasse, weil er sonst keine seinen berechtigten Erwartungen entsprechende Wohnung finden könne. Sei der Mieter dagegen unabhängig von der Lage auf dem Wohnungsmarkt bereit, eine verhältnismäßig hohe Miete zu bezahlen, fehle es an der notwendigen Kausalität.

207

---

1 *Eisenhardt*, WM 1998, 259. *Börstinghaus*, NZM 2000, 583, hatte vorgeschlagen, den Anwendungsbereich des § 5 WiStG durch Rechtsverordnung der Landesregierungen festsetzen zu lassen.
2 OLG Hamburg, Beschl. v. 3.3.1999 – 4 RE-Miet U 131/98, WM 1999, 209; OLG Frankfurt/M., Rechtsentscheid v. 15.8.2000 – 20 RE-Miet 1/99, WM 2000, 535; KG, Beschl. v. 1.2.2001 – 8 RE-Miet 10411/00, WM 2001, 184.
3 LG Frankfurt/M., Urt. v. 30.12.1997 – 2/11 S 271/97, WM 1998, 168.
4 *Blank* in Schmidt-Futterer, Mietrecht, 8. Aufl., § 5 WiStG Rz. 76 m.w.N.
5 Urt. v. 28.1.2004 – VIII ZR 190/03, WM 2004, 294 = MietRB 2004, 199.

208 Demzufolge dürfe bei der Prüfung des Tatbestandsmerkmals des „Ausnutzens" nicht allein auf das Vermieterverhalten und die objektive Lage auf dem maßgeblichen Markt abgestellt werden, sondern das Merkmal müsse sich auch auf die **Person des Mieters** beziehen. Wer die geforderte Miete ohne weiteres oder aus besonderen persönlichen Gründen zu zahlen bereit sei, eine objektiv bestehende Ausweichmöglichkeit also nicht wahrnehme, der werde nicht „ausgenutzt".

209 Die Frage, warum ein Mieter in einer bestimmten Situation einen Mietvertrag abgeschlossen habe, könne nicht nach den Grundsätzen des Anscheinsbeweises oder sogar mittels einer Beweislastumkehr bewertet werden. Vielmehr müsse der Mieter, wie sonst auch, darlegen und beweisen, ob **in seinem konkreten Fall** der Vermieter die Lage auf dem Wohnungsmarkt zur Vereinbarung einer unangemessen hohen Miete ausgenutzt habe. Er müsse also vortragen,

– welche Bemühungen er bei der Wohnungssuche unternommen habe,
– weshalb diese erfolglos geblieben seien, und
– dass er mangels einer Ausweichmöglichkeit auf den Abschluss des ihm ungünstigen Mietvertrags angewiesen war.

210 Zu einem solchen **Vortrag** dürfte es gehören, anzugeben, wie und wie lange sich der Mieter einen Überblick über das vorhandene Wohnungsangebot verschafft hat, welche Art von Wohnungen er wo gesucht hat, wieso er die bisherige Wohnung aufgegeben hat, welche Zeit ihm zur Wohnungssuche zur Verfügung stand, ob er bestimmte Vorstellungen über die gesuchte Wohnung hatte oder nehmen musste, was sich bot, was er konkret unternommen hat, um eine neue Wohnung zu finden, welche und wie viele Angebote ihm vorlagen oder ob die streitige Wohnung das einzige Angebot war, und warum bei mehreren Angeboten die Anmietung dann jeweils gescheitert ist, schließlich, wie sich die Vertragsverhandlungen mit dem Vermieter der streitigen Wohnung gestaltet haben[1].

211 Es liegt auf der Hand, dass ein derartiger Vortrag bestenfalls in **Ausnahmefällen** tatsächlich praktisch möglich sein wird, und zweifellos gerade denjenigen Mietergruppen nicht, die auf dem Wohnungsmarkt **benachteiligt** sind. Die Auffassung des Bundesgerichtshofs verkennt auch, dass § 5 WiStG nicht nur den Einzelnen vor Übervorteilung schützen will, sondern den Wohnungsmarkt insgesamt[2]. Da die Entscheidung aber einer schon seit einiger Zeit bestehenden Neigung der Instanzgerichte

---

1 *Scheff*, MietRB 2004, 200; LG Frankfurt/M., Urt. v. 9.9.1997 – 2/11 S 77/97, WM 1998, 167.
2 So zutreffend *Börstinghaus* in MietPrax, § 5 WiStG Ziff. 1.

folgt, die Anforderungen an den Sachvortrag des klagenden Mieters zu verschärfen[1], wird es voraussichtlich für die nächsten Jahre dabei bleiben.

Damit läuft die Vorschrift des § 5 WiStG praktisch leer. Die zuletzt im Zuge der Mietrechtsreform[2] erhobene Forderung, einen griffigen zivilrechtlichen Tatbestand der Mietpreisüberhöhung zu schaffen, ist bisher unerfüllt geblieben. 212

Rechtsfolgen: Eine Mietpreisvereinbarung, die gegen § 5 WiStG verstößt, ist insoweit **nichtig**, als die Wesentlichkeitsgrenze überschritten ist[3]. Die Rechtsauffassung, die Teilnichtigkeit trete schon ab dem Überschreiten der ortsüblichen Miete ein, wird soweit ersichtlich nicht mehr vertreten. 213

Die **Höhe** des teilnichtigen Betrages ändert sich zumindest rechnerisch jeweils dann, wenn sich die **jeweilige ortsübliche Miete verändert**. Nach überwiegender Auffassung ist die jeweilige ortsübliche Miete zuzüglich Wesentlichkeitsgrenze maßgebend[4], es ist nicht auf den Zeitpunkt der Vereinbarung der überhöhten Miete abzustellen, sondern auf den jeweiligen Fälligkeitszeitpunkt. 214

Die Gegenmeinung[5] weist darauf hin, dass diese Rechtsauffassung dazu führt, dass sich die geschuldete Miete einzig und allein infolge **Steigens** des ortsüblichen **Mietpreisniveaus** erhöht, ohne dass hierzu eine ausdrückliche Vereinbarung getroffen oder eine Mieterhöhung nach §§ 558 ff. BGB durchgeführt worden wäre. Aus dieser Sicht ist es konsequent, die Mietpreisüberhöhung anhand des Mietniveaus bei Abschluss der Vereinbarung oder bei Eintritt einer späteren Erhöhung zu prüfen. 215

---

1 *Junker* in Lützenkirchen, Anwalts-Handbuch Mietrecht, 2. Aufl., D Rz. 192; *Eisenhardt*, WM 1998, 259: „unerfüllbare Darlegungslast".
2 Etwa durch den Deutschen Mietgerichtstag mit Beschluss der außerordentlichen Mitgliederversammlung vom 20.5.2000, NZM 2000, 599, 604 f., und durch die Neue Richtervereinigung, undatierte Stellungnahme zur Mietrechtsreform, S. 2.
3 BGH, Beschl. v. 11.1.1984 – VIII ARZ 13/83, NJW 1984, 722 = WM 1984, 68; eine gegen diese Rechtsprechung gerichtete Verfassungsbeschwerde ist nicht angenommen worden, BVerfG, Beschl. v. 8.2.1994 – 1 BvR 1693/92, NJW 1994, 993.
4 OLG Hamm, Beschl. v. 3.3.1983 – 4 RE-Miet 9/82, WM 1983, 108; OLG Frankfurt, Beschl. v. 4.4.1985 – 20 RE-Miet 3/1985, WM 1985, 139; KG, Beschl. v. 20.4.1995 – 8 RE-Miet 242/95, WM 1995, 384.
5 *Blank* in Schmidt-Futterer, Mietrecht, 8. Aufl., § 5 WiStG Rz. 78 m.w.N.

216 Sinkt die ortsübliche Vergleichsmiete nachträglich ab, führt das nicht zur Unwirksamkeit einer späteren **Mietstaffel** nach § 5 WiStG, wenn die vereinbarte Miete zu einem früheren Zeitpunkt der Höhe nach zulässig war[1]. Überzeugend ist das jedenfalls dann nicht, wenn die Einstiegsmiete schon an der Obergrenze des Zulässigen lag, weil nicht einzusehen ist, dass der Vermieter, der darüber hinausgehende Staffeln verlangt, das Risiko der Mietpreisüberhöhung nicht tragen soll.

217 Der Mieter kann danach überzahlte Beträge nach § 812 BGB **zurückverlangen**, ebenso die **Senkung** der aktuell zu zahlenden Miete auf das zulässige Maß von ortsüblicher Miete zuzüglich 20 %. Wegen der diversen Unklarheiten und des entsprechenden Prozessrisikos für beide Seiten kann gerade in diesem Bereich eine außergerichtliche Einigung sinnvoll sein. Falls zur Anspruchsbezifferung Kenntnis der laufenden Aufwendungen erforderlich ist, besteht ein entsprechender **Auskunftsanspruch** gegenüber dem Vermieter[2].

218 Darüber hinaus stellt die Mietpreisüberhöhung eine **Ordnungswidrigkeit** dar. Im Bußgeldverfahren kann nach § 8 Abs. 1 WiStG die Abführung des Mehrerlöses, also der überzahlten Beträge, an die Landeskasse angeordnet werden, was zum Verlust des Mieteranspruchs führen würde; dieser kann aber nach § 9 Abs. 1 WiStG die Rückerstattung des Mehrerlöses an ihn beantragen.

219 Da § 5 WiStG Schutzgesetz i.S.d. § 823 Abs. 2 BGB ist[3], kommt auch ein Rückforderungsanspruch aus dieser Vorschrift in Betracht.

220 Dieselben Rechtsfolgen treten ein, wenn eine ansonsten zulässige **Mieterhöhung** zu einer gegen § 5 WiStG verstoßenden Miete führt. Dies ist für Erhöhungen nach § 558 BGB unbestritten. Ganz herrschende Meinung ist dasselbe auch für § 559 BGB; das Oberlandesgericht Karlsruhe[4] hatte dies unter Hinweis darauf entschieden, dass sich bei Nichtbeachtung der Wesentlichkeitsgrenze des § 5 WiStG im laufenden Mietverhältnis nach einer Modernisierung eine widersinnige Diskrepanz zu der bei Neuabschluss eines Mietvertrages zulässigen Miethöhe

---

1 KG, Beschl. v. 1.2.2001 – 8 RE-Miet 10411/00, WM 2001, 184.
2 *Blank* in Schmidt-Futterer, Mietrecht, 8. Aufl., § 5 WiStG Rz. 83; a.A. *Beuermann*, Miete und Mieterhöhung bei preisfreiem Wohnraum, 3. Aufl., § 5 WiStG Rz. 24c, unter Hinweis darauf, es müsse dem Vermieter überlassen bleiben, ob er sich auf die laufenden Aufwendungen berufen will. Siehe dazu Teil IV, Rz. 125 ff.
3 LG Köln, Urt. v. 12.1.1989 – 1 S 269/88, WM 1989, 311.
4 OLG Karlsruhe, Beschl. v. 19.8.1983 – 3 RE-Miet 3/83, WM 1983, 314.

ergeben würde¹. Für Mieterhöhungen auf Grund § 560 BGB gilt nichts anderes.

Dagegen soll der Vermieter preisgebundenen Neubaus nach **Aufhebung der Preisbindung** weiterhin die Kostenmiete verlangen können, auch wenn die ortsübliche Vergleichsmiete dadurch um mehr als 20 % überschritten wird; dasselbe soll nach Auslaufen der Preisbindung in den neuen Bundesländern gelten². 221

2. § 291 StGB

Hat der Vermieter kein geringes Angebot an vergleichbarem Wohnraum ausgenutzt, kann dennoch bei **Überschreitung der ortsüblichen Vergleichsmiete um mehr als 50 %** eine Teilnichtigkeit der Miethövereinbarung vorliegen. Eine Mietpreisvereinbarung ist gemäß § 134 BGB dann teilweise nichtig, wenn sie gegen § 291 StGB verstößt³. 222

§ 291 StGB stellt u.a. denjenigen unter Strafe, der die **Zwangslage**, die **Unerfahrenheit**, den **Mangel an Urteilsvermögen** oder die **erhebliche Willensschwäche** eines anderen dadurch ausbeutet, dass er sich oder einem Dritten für die Vermietung von Räumen zum Wohnen oder damit verbundene Nebenleistungen Vermögensvorteile versprechen oder gewähren lässt, die in einem auffälligen Missverhältnis zu der Leistung stehen (Wucher, hier in Form des **Mietwuchers**). Die Vorschrift bezweckt den Schutz einer bedrängten Einzelperson oder einer Gruppe von ihnen vor krasser wirtschaftlicher Übervorteilung; aber auch der sog. Sozialwucher, d.h. die Ausbeutung einer allgemeinen Mangellage, spielt eine gewisse Rolle⁴. 223

---

1 Dürften Mieterhöhungen nach Modernisierung über die nach § 5 WiStG zulässigen Grenzen hinaus erfolgen, so würde im Falle der Vertragsbeendigung der Vermieter, der von seinem neuen Mieter die bisherige, mehr als 20 % über der ortsüblichen Miete liegende Miete für die modernisierte Wohnung verlangen würde, nunmehr eine Ordnungswidrigkeit begehen, und die Preisvereinbarung wäre teilweise nichtig.
2 So ohne Begründung *Beuermann*, Miete und Mieterhöhung bei preisfreiem Wohnraum, 3. Aufl., § 5 WiStG Rz. 42 und 43a. Zum Sonderproblem nach Wegfall der Mietpreisbindung im Berliner Altbau ab dem 1.1.1988 vgl. KG, Beschl. v. 10.9.1991 – 5 Ws (B) 157/91, GE 1991, 1033, sowie die Nachweise bei *Beuermann*, Miete und Mieterhöhung bei preisfreiem Wohnraum, 3. Aufl., § 5 WiStG Rz. 43.
3 Entgegen § 139 BGB ist auch hier nicht der Mietvertrag insgesamt nichtig, sondern nur die Miethövereinbarung, soweit sie gegen das Gesetz verstößt.
4 *Tröndle/Fischer*, Strafgesetzbuch, 52. Aufl., § 291 Rz. 3.

224 Unter Vermietung von Räumen zum **Wohnen** ist dasselbe zu verstehen wie in § 5 WiStG[1].

225 Der Täter muss eine bestimmte **Schwäche**, die in der Person des Opfers oder in dessen besonderer Lage besteht, in bestimmter Weise ausbeuten.

226 Eine **Zwangslage** liegt dann vor, „wenn jemand eine Wohnung dringend benötigt und er sich einem überhöhten Mietverlangen ausgesetzt sieht, um überhaupt zu einer Wohnung zu gelangen. Der Mieter muss mithin sowohl im Hinblick auf die Wohnungsmarktlage als auch auf Grund seiner wirtschaftlichen Verhältnisse, die ihm ein Ausweichen auf einen anderen Teilmarkt nicht erlauben, und seiner persönlichen Verhältnisse, die die Anmietung einer Wohnung in dem betreffenden Gebiet erforderlich machen, außerstande sein, sich eine andere und günstigere als die vom Wohnungswucherer vermietete Wohnung zu beschaffen"[2]. Gleichgestellt ist die Ausbeutung einer intellektuellen Unterlegenheit des Mieters.

227 Tathandlung ist das Ausbeuten im Sinne von **Ausnutzen**; weitere subjektive Elemente sind für die zivilrechtlichen Folgen des Verstoßes gegen § 291 StGB ebenso wenig erforderlich wie bei § 5 WiStG.

228 Zwischen der angebotenen oder erbrachten Leistung und den versprochenen oder gewährten Vermögensvorteilen muss ein auffälliges **Missverhältnis** bestehen, wobei deren Wert den der Leistung so beträchtlich übersteigen muss, dass das Ausmaß, wenn auch erst nach genauer Prüfung, für den Kundigen ins Auge springt[3]. Bei preisfreien Räumen besteht dieses Missverhältnis dann, wenn die Vergleichsmiete um mehr als 50 % (sog. **Wuchergrenze**) überschritten wird. Eine gesetzliche Grenze gibt es nicht, die Anknüpfung an die Vergleichsmiete dient als Anhaltspunkt für ein im Einzelfall festzustellendes Missverhältnis zwischen Wert und Preis der Leistung.

229 Auf die eigenen Aufwendungen des Vermieters kommt es ebenso wenig an wie darauf, ob er selbst einen Gewinn erzielt; die 50%-Grenze gilt selbst dann, **wenn die Kostenmiete** infolge ungünstiger Bewirtschaftungskosten und Kapitalkosten **darüber liegt**. „Der Vermieter, der so hohe eigene Aufwendungen hat, dass er die ortsübliche Vergleichsmiete in derartigem Ausmaß überschreiten müsste, um zu einem wirtschaftli-

---

1 Vgl. Rz. 189.
2 *Sternel*, Mietrecht, 3. Aufl., III Rz. 50.
3 *Tröndle/Fischer*, Strafgesetzbuch, 52. Aufl., § 291 Rz. 16 m.w.N.

chen Ausgleich zu gelangen, muss entweder unter Inkaufnahme von Verlusten zu üblichen Bedingungen vermieten oder eine Weitervermietung unterlassen. Nur diese Auslegung bietet den vom Gesetzgeber erstrebten lückenlosen Rechtsschutz gegen wesentlich überhöhte (§ 5 WiStG) und gegen auffällig übersetzte (§ 302a Abs. 1 Ziff. 1 StGB[1]) Mietforderungen"[2]. Eine andere Handhabung würde dazu verführen, völlig unwirtschaftliche Mietobjekte auf angespanntem Wohnungsmarkt zu Lasten der Mieter anzubieten[3].

Bei der Prüfung des Mietwuchers ist auch den **spezifischen marktrelevanten Faktoren** des jeweiligen Falles Rechnung zu tragen (konkretes Risiko des Vermieters, Besonderheiten in der Person des Mieters und bezüglich der Abnutzung der Räume)[4]. 230

Liegt der objektive Tatbestand des § 291 StGB vor, so ist nach § 134 BGB der gesamte Teil der Miethöhevereinbarung, soweit die ortsübliche Vergleichsmiete überschritten wird, **nichtig.** Anders als bei § 5 WiStG schuldet der Mieter also nur die ortsübliche Miete und kann darüber hinausgehende Beträge in vollem Umfang nach § 812 BGB zurückverlangen, ebenso ggf. nach § 823 Abs. 2 BGB, weil auch § 291 StGB Schutzgesetz im Sinne dieser Vorschrift ist. 231

3. § 138 BGB

Sittenwidrigkeit der Miethöhevereinbarung nach § 138 Abs. 1 BGB kann dann vorliegen, wenn die Marktmiete, also die derzeit am Markt für ein vergleichbares Objekt zu erzielende Miete, um **mehr als 100 %** überschritten wird. Bei einer Überschreitung um 200 % kann die Vereinbarung sittenwidrig i.S.d. § 138 Abs. 2 BGB sein. 232

Rechtsfolge ist auch hier, dass der Vermieter nur Anspruch auf die Marktmiete hat, der übersteigende Teil vom Mieter also nicht geschuldet wird und in voller Höhe zurückgefordert werden kann. 233

---

1 § 302a StGB a.F. = § 291 StGB n.F.
2 BGH, Urt. v. 18.12.1981 – 1 StR 416/81, NJW 1982, 896, zum Mietwucher bei Vermietung von Schlafstellen an Asylbewerber.
3 *Kindhäuser* in NOMOS Kommentar zum StGB, Stand Nov. 2003, § 291 Rz. 48 m.w. Nw.; ebenso *Schönke-Schröder*, StGB, 26. Aufl. 2001, § 291 Rz. 13.
4 *Kindhäuser* in NOMOS Kommentar zum StGB, Stand Nov. 2003, § 291 Rz. 48; ebenso *Schönke-Schröder*, StGB, 26. Aufl. 2001, § 291 Rz. 13.

4. §§ 305–310 BGB, AGB-Kontrolle

234 Mietverträge werden häufig unter Verwendung von gedruckten Formularen abgeschlossen. Unter **Allgemeinen Geschäftsbedingungen**[1] versteht man aber darüber hinausgehend vorformulierte Vertragsbedingungen, die vom **Verwender** beim Abschluss des Vertrages gestellt werden. Der Verwender soll sich dadurch, dass er die Bedingungen formuliert hat, gegenüber der **anderen Vertragsseite** keine unangemessenen Vorteile verschaffen. Dem dienen die gesetzlichen Gebote und Verbote der §§ 305 bis 310 BGB. Wohnungsmietverträge werden in aller Regel von **Verbrauchern**[2] abgeschlossen. Das hat Konsequenzen sowohl für die Frage, wann Allgemeine Geschäftsbedingungen vorliegen, als auch für den Umfang der rechtlichen Kontrolle.

235 Ist der Vertragspartner des Verwenders Verbraucher, dann kann bereits die **einmalige Verwendung** der Klausel ausreichen, § 310 Abs. 3 Ziff. 2 BGB. Auch Umgehungen sollen erfasst werden (§ 306a BGB). Allgemeine Geschäftsbedingungen liegen dagegen nicht vor, soweit die Vertragsbedingungen zwischen den Vertragsparteien im Einzelnen **ausgehandelt** sind. Voraussetzung für ein „Aushandeln" ist –, jedenfalls bei einem nicht ganz leicht verständlichen Text – dass der Verwender die andere Vertragspartei über den Inhalt und die Tragweite der Zusatzvereinbarung belehrt hat, oder sonst wie erkennbar geworden ist, dass der andere deren Sinn wirklich erfasst hat[3].

236 Gibt es für einen Regelungsgegenstand neben Allgemeinen Geschäftsbedingungen auch individuelle Vertragsvereinbarungen, haben die individuellen Regelungen **Vorrang** (§ 305b BGB), und zwar auch, wenn sie mündlich geschlossen werden[4]. **Überraschende Klauseln** sind unwirksam, **Unklarheiten** gehen zu Lasten des Verwenders (§ 305c BGB).

237 Inhaltlich muss eine Kontrolle vorgenommen werden, ob die Klauseln, wenn sie wirksam einbezogen und klar sind, den Vertragspartner des Verwenders **unangemessen benachteiligen**, §§ 307 bis 309 BGB.

238 Im Wohnungsmietrecht sind folgende, die **Miethöhe** betreffende Klauseln unter AGB-Gesichtspunkten kritisch zu betrachten:

---

1 Früher geregelt im Gesetz über Allgemeine Geschäftsbedingungen, AGBG vom 9.12.1976 (BGBl. I S 3317).
2 § 13 BGB.
3 BGH, Urt. v. 19.5.2005 – III ZR 437/04, NJW 2005, 2543.
4 BGH, Urt. v. 21.9.2005 – XII ZR 312/02, NJW 2006, 138 = GE 2005, 1546.

Zulässig sind Klauseln über die Überwälzung der Schönheitsreparaturen auf den Mieter[1], ebenso darauf bezogene Abgeltungsklauseln unter einschränkenden Maßgaben[2].

Zulässig, jedoch mit erheblichen Beschränkungen, sind Klauseln, durch welche die Kosten für Kleinreparaturen dem Mieter vertraglich auferlegt werden[3].

Klauseln über Zahlungen an den Vermieter als Ausgleich für die vorzeitige Vertragsentlassung (Vertragsaufhebungsgebühr) sind unwirksam, § 309 Ziff. 5b BGB. Auch die sog. Ein- und Auszugspauschalen sind an dieser Vorschrift zu messen.

Bedenklich ist die Klausel über eine Bearbeitungsgebühr für die Ausstellung des Mietvertrages[4]. Klauseln, mit denen eine Mahnpauschale vereinbart wird, sind als Verstoß gegen die Auferlegung von Vertragsstrafen durch AGB anzusehen, § 309 Ziff. 6 BGB.

Grundsätzlich zulässig, aber im Einzelnen unter AGB-Gesichtspunkten oft misslungen, sind Klauseln, mit denen Betriebskosten auf den Mieter abgewälzt werden sollen[5].

VII. Gesetzliche Mieterhöhungsregelungen

1. § 558 BGB Erhöhung wegen übersteigender ortsüblicher Vergleichsmiete

a) Tatbestandsmerkmale

§ 558 Abs.1 BGB gibt dem Vermieter preisfreien Wohnraums im laufenden Mietverhältnis Anspruch darauf, die vom Mieter gezahlte Miete in periodischen Abständen unter im Einzelnen geregelten Voraussetzungen an die **ortsübliche Vergleichsmiete** anzupassen. Nach § 557 Abs. 1 BGB können die Parteien während des Mietverhältnisses eine Erhöhung der Miete vereinbaren, also vertraglich den Inhalt (hier die Miethöhe) des Schuldverhältnisses im Sinne des § 311 Abs. 1 BGB ändern. Der Sache nach ist ein Mieterhöhungsverlangen nach § 558 BGB also nichts anderes als ein besonders formalisierter Antrag nach § 145 BGB[6].

239

---

1 Siehe dazu Rz. 15 ff.
2 Siehe dazu Rz. 18 ff.
3 Siehe dazu Rz. 21 ff.
4 Siehe dazu Rz. 64.
5 Siehe dazu Rz. 543.
6 *Emmerich* in Emmerich/Sonnenschein, Miete, 8. Aufl., § 558a Rz. 2 m.w.N.

240 **Voraussetzungen** sind:
- Die derzeit gezahlte Miete muss **unter der ortsüblichen Miete** liegen;
- die bisherige Miete ist zum Zeitpunkt, zu dem die Erhöhung verlangt wird, **seit mindestens fünfzehn Monaten unverändert** geblieben (von etwaigen Erhöhungen nach §§ 559, 560 BGB abgesehen), es ist also ein Jahr lang keine Mieterhöhung nach § 558 BGB erfolgt (sog. Jahressperrfrist, § 558 Abs. 1 BGB);
- der **Erhöhungsspielraum** wird gewahrt (die Miete darf innerhalb von drei Jahren um höchstens 20 % erhöht werden, sog. Kappungsgrenze, § 558 Abs. 3, 4 BGB).

aa) Ortsübliche Vergleichsmiete

241 Nach der Rechtsprechung des Bundesverfassungsgerichts[1] ist die ortsübliche Vergleichsmiete ein **objektiver Maßstab**, der einen **repräsentativen Querschnitt** der üblichen Entgelte für vergleichbaren Wohnraum darstellen soll. Sie soll dem Vermieter einen angemessenen, an den marktüblichen Preisen orientierten Ertrag bringen, den Mieter dagegen vor überhöhten Mietforderungen schützen. Dem System der Vergleichsmiete liegt die gesetzgeberische Erwägung zugrunde, dass für Wohnungen mit vergleichbarem Wohnwert gleich hohe Mieten gezahlt werden sollen[2]. Dabei ist die ortsübliche Vergleichsmiete keine punktgenaue Einzelmiete, sondern eine Spanne[3].

242 Einigkeit besteht darüber, dass es sich um einen der Auslegung zugänglichen **unbestimmten Rechtsbegriff** handelt, der neben rechtlicher Auslegung der Feststellung einer Tatsachengrundlage bedarf. Zur Ermittlung der ortsüblichen Miete für ein bestimmtes Mietverhältnis ist zunächst im ersten Schritt das **allgemeine Mietniveau** für vergleichbare Wohnungen als Bezugsgröße zu ermitteln. Danach ist im zweiten Schritt in einer wertenden Entscheidung, die Elemente einer Schätzung nach § 287 ZPO enthält und die sich als Rechtsanwendung darstellt, die **Vergleichsmiete für das konkrete Mietverhältnis** festzustellen[4].

---

1 BVerfG, Beschl. v. 20.1.1981 – 1 BvR 709/80, WM 1981, 53.
2 BVerfG, Beschl. v. 12.3.1980 – 1 BvR 759/77, WM 1980, 123.
3 BGH, Urt. v. 20.4.2005 – VIII ZR 110/04, WM 2005, 394; BGH, Urt. v. 6.7.2005 – VIII 322/04, WM 2005, 516. Nach letzterer Entscheidung spielt es für die Erhöhungsmöglichkeit keine Rolle, wenn die Ausgangsmiete bereits innerhalb der Bandbreite der ortsüblichen Vergleichsmiete liegt.
4 KG, Beschl. v. 6.7.1994 – 2 Ss 101/93 – 5 Ws (B) 214–215/93, GE 1994, 991. *Sternel*, Mietrecht, III Rz. 35, merkt zum normativen Charakter des Vergleichsmietenbegriffs an, dass er entgegen der praktischen Erfahrung dazu zwingt, die Vergleichsmiete auf den Pfennig zu berechnen; diese Scheinexaktheit lasse sich aber aus Gründen der Rechtssicherheit und des gerechten Interessenausgleichs zwischen den Mietparteien rechtfertigen.

Zu den heranzuziehenden **Kriterien** gibt § 558 Abs. 2 BGB vor, dass die 243
ortsübliche Vergleichsmiete gebildet wird aus den üblichen Entgelten,
die in der Gemeinde oder einer vergleichbaren Gemeinde für Wohnraum vergleichbarer Art, Größe, Ausstattung, Beschaffenheit und Lage
in den letzten vier Jahren vereinbart oder (von Betriebskostenveränderungen abgesehen) geändert worden sind. Es handelt sich also nicht um
die bei Neuvermietung realisierbare Marktmiete, sondern es fließen
auch Bestandsmieten ein.

Das Wohnwertmerkmal **Art** bezeichnet die Struktur des Hauses und 244
der Wohnung, also Faktoren wie Alt- oder Neubau, Ein- oder Mehrfamilienhaus, Reihenhaus, Appartement oder Mehrzimmerwohnung, Keller- oder Dachgeschosswohnung, abgeschlossene oder nicht abgeschlossene Wohnung.

Größe meint die Quadratmeter- und die Zimmerzahl. 245

Das Merkmal **Ausstattung** beschreibt die Art der Beheizung, Charakte- 246
ristika von Bad, Toilette und Küche, Grundriss- und Zimmermerkmale,
Vorhandensein und Zuschnitt von Balkon, Terrasse, Loggia, Garten, alters- oder behindertengerechte Ausstattung, sonstige fest installierte
Einrichtungen der Wohnung wie Fenster, Medienanschluss, Abstellräume, Einbauschränke, Täfelung und Stuck, Gegensprechanlage, Sicherheitsausstattung, Art der Fußböden, Kamin, Installationen über oder
unter Putz, sonstige Erneuerungen oder Modernisierungen. Weiter gehören Räume außerhalb der Wohnung, die mitgenutzt werden können,
zur Ausstattung des Mietobjekts.

Mit **Beschaffenheit** ist vor allem das Baualter gemeint, die Bauweise, 247
der Instandhaltungsgrad und Art und Gestaltung der Umgebung, wobei
sich bei einzelnen Merkmalen, die hierher gerechnet werden, Überschneidungen zum Merkmal Ausstattung ergeben[1].

Die **Lage** meint sowohl die Belegenheit der Wohnung im Haus als auch 248
in der Gemeinde. Die Mietspiegel differenzieren hier häufig nach
schlechten, einfachen, mittleren und guten Wohnlagen. Hier spielen diverse Faktoren wie die Lärmbelastung des Umfelds, die Verkehrsanbindung, Nähe zu Geschäften und öffentlichen Einrichtungen etc. eine
Rolle.

---

1 In diesem Zusammenhang sind Ausstattung und Beschaffenheit im vertragsgerechten und mangelfreien Zustand gemeint; behebbare Mängel spielen für
die Ermittlung der ortsüblichen Miete keine Rolle.

249 In welchem Umfang sich die Mietpreisbildung auf den Wohnungsmärkten tatsächlich nach diesen Kriterien richtet[1], ist für die Praxis letztlich ohne Belang, nachdem sich der Gesetzgeber seit geraumer Zeit, nämlich seit 1971, auf diese Vorgaben festgelegt hat. Sie stellen ein **Grundraster** dar, das für die Erstellung von Mietspiegeln und die Anfertigung von Sachverständigengutachten berücksichtigt werden muss und bei der Einordnung einer Wohnung in das Vergleichsmietensystem eine erste Orientierung gibt. Einfluss auf den Wohnwert haben weitere Gegebenheiten wie der energetische Zustand (Art der Energieversorgung, Qualität der Wärmedämmung) des Gebäudes und die Wohndauer des Mieters.

250 Das zentrale Problem bei der Anwendung des Vergleichsmietensystems liegt in der Feststellung, wie hoch die ortsübliche Miete für die zu beurteilende Wohnung ist. Das Gesetz hilft hier nicht weiter. Es verlangt in § 558a Abs. 1 BGB lediglich, dass das Mieterhöhungsverlangen **zu begründen** ist, und nennt in § 558a Abs. 2 BGB die **Begründungsmittel**, mit denen ein Mieterhöhungsverlangen begründet werden kann, nämlich

– Mietspiegel, § 558c BGB,
– qualifizierter Mietspiegel, § 558d BGB,
– eine Auskunft aus einer Mietdatenbank,
– Sachverständigengutachten,
– Vergleichswohnungen,
– sonstige Begründungsmittel („insbesondere").

251 Damit ist noch keineswegs gesagt, dass diese Begründungsmittel auch die ortsübliche Miete im jeweiligen Fall richtig wiedergeben und zu beweisen vermögen. Die **Begründung des Erhöhungsverlangens** und der **Beweis der ortsüblichen Vergleichsmiete** im Rechtsstreit sind systematisch **zwei grundverschiedene Dinge**[2]. Kommt es im Anschluss an das Mieterhöhungsverlangen zum Prozess, weil der Mieter nicht zustimmt, hat das Mietgericht die Behauptung des Vermieters, die verlangte Miete übersteige nicht die üblichen Entgelte, die in der Gemeinde für vergleichbaren Wohnraum gezahlt werden, gemäß § 286 Abs. 1 ZPO unter Berücksichtigung des gesamten Inhalts der Verhandlungen und des Er-

---

[1] Kritisch etwa *Emmerich* in Emmerich/Sonnenschein, Miete, 8. Aufl., § 558 BGB Rz. 12, und in Staudinger, BGB, § 558 Rz. 19. Eine Aufzählung der subjektiven Einflussfaktoren auf das Mietniveau bringt *Dröge*, Handbuch, S. 188.

[2] *Emmerich* in Emmerich/Sonnenschein, Miete, 8. Aufl., § 558a BGB, mit Rechtsprechungsnachweisen; vgl. auch BVerfG, Beschl. v. 12.3.1980 – 1 BvR 759/77, WM 1980, 123.

gebnisses einer etwaigen Beweisaufnahme nach seiner freien Überzeugung zu entscheiden[1].

Eine **Ausnahme** gilt seit der Mietrechtsreform für das Begründungsmittel **qualifizierter Mietspiegel**. Diesen hat der Gesetzgeber, und das ist neu, in § 558d Abs. 3 mit einer gesetzlichen Vermutung dahingehend ausgestattet, dass ein solcher Mietspiegel die ortsübliche Vergleichsmiete wiedergibt.

252

(1) Mietspiegel, § 558c BGB

Ein Mietspiegel i.S.d. § 558c BGB ist eine Übersicht über die ortsübliche Vergleichsmiete, soweit sie von der Gemeinde oder von Interessenvertretern der Vermieter und der Mieter gemeinsam erstellt oder anerkannt worden ist. Er ist also eine **statistisch aufbereitete Sammlung von Mieten**. Er steht kostenlos zur Verfügung und beruht[2] von allen Begründungsmitteln auf der breitesten Datenbasis, was ihn im Hinblick auf Akzeptanz und Überprüfbarkeit überlegen macht.

253

Nach der Vorstellung des Gesetzgebers, wie sie in § 558c Abs. 4 zum Ausdruck kommt, sollen **vorrangig** die **Gemeinden** Mietspiegel **erstellen**. Als gleichwertig, also mit derselben Richtigkeitsgewähr[3] versehen, gelten Mietspiegel, die unter Beteiligung mindestens eines Interessenverbandes der Vermieter- und der Mieterseite erstellt worden sind, und zwar unabhängig davon, ob die Verbände lediglich Daten erheben und zusammenstellen oder den Mietspiegel „aushandeln". Eine weitere Möglichkeit ist die, dass lediglich ein Interessenverband den Mietspiegel erstellt und dieser dann von einem Interessenverband der anderen Seite oder von der Gemeinde anerkannt wird. Schließlich kann auch die Erstellung einem Dritten, etwa einem Forschungsinstitut, überlassen werden, solange der Mietspiegel dann entweder von der Gemeinde oder von mindestens je einem Interessenverband der einen und der anderen Seite anerkannt wird. Gibt es im Bereich einer Gemeinde mehrere Mieter- oder Vermieterverbände, müssen also nicht auf beiden Seiten sämtliche Verbände beteiligt werden.

254

Da ein Mietspiegel die ortsübliche Vergleichsmiete wiedergibt, darf er nur die **üblichen Entgelte** i.S.d. § 558 Abs. 2 BGB enthalten. Die einfließenden Mieten müssen dementsprechend in den letzten vier Jahren vereinbart (sog. Neuvertragsmieten) oder geändert (sog. geänderte Bestandsmieten) worden sein, und sie dürfen nicht Wohnraum betreffen,

255

---

1 KG, Beschl. v. 6.6.1991 – 8 RE-Miet 323/91, WM 1991, 425; BVerwG, Urt. v. 26.1.1996 – 8 C 19/94, NJW 1996, 204.
2 Jedenfalls in Form des Tabellenmietspiegels.
3 *Börstinghaus* in Schmidt-Futterer, 8. Aufl., §§ 558c, 558d BGB Rz. 52.

bei dem die Miethöhe durch Gesetz oder im Zusammenhang mit einer Förderzusage festgelegt worden ist. Ältere Mietspiegel haben beispielsweise noch Mieten aus dem sozialen Wohnungsbau des dritten Förderweges enthalten[1].

256 Sind diese Voraussetzungen eingehalten, kann der Mietspiegel als Begründungsmittel herangezogen werden. Weitere zwingende Maßgaben macht das Gesetz nicht. Es sieht lediglich als **Sollregelungen** vor, dass ein derartiger Mietspiegel im Abstand von zwei Jahren der Marktentwicklung angepasst wird, § 558c Abs. 3 BGB, und dass die Mietspiegel und ihre Änderungen veröffentlicht werden sollen, § 558c Abs. 4 S. 2 BGB. Den Erstellern steht auch frei, ob sie den Mietspiegel für das Gebiet einer Gemeinde, mehrerer Gemeinden oder nur für Teile von Gemeinden erstellen. So enthält der Berliner Mietspiegel 2003 (noch) getrennte Datentabellen für die östlichen und für die westlichen Bezirke.

257 § 558c Abs. 5 BGB beinhaltet eine Ermächtigung an die Bundesregierung, durch Rechtsverordnung mit Zustimmung des Bundesrates Vorschriften über den näheren Inhalt und das Verfahren zur Aufstellung und Anpassung von Mietspiegeln zu erlassen. Eine solche Verordnung gibt es nicht. Das Bundesministerium für Verkehr, Bau- und Wohnungswesen hat **Hinweise** zur Erstellung von Mietspiegeln 2002 erlassen[2], die informativ, aber nicht rechtsverbindlich sind.

(2) Qualifizierter Mietspiegel

258 Damit ein Mietspiegel die **zusätzliche Qualifikation** als qualifizierter Mietspiegel erhält, muss er nach § 558d BGB weitere **Voraussetzungen** erfüllen:
- Erstellung nach anerkannten wissenschaftlichen Grundsätzen;
- Anerkennung durch die Gemeinde oder durch Interessenvertreter der Vermieter und Mieter;
- Anpassung an die Marktentwicklung im Abstand von zwei Jahren;
- Neuerstellung nach vier Jahren.

259 Aus dem Erfordernis der **Erstellung nach anerkannten wissenschaftlichen Grundsätzen** lassen sich Mindestanforderungen ableiten. Der qualifizierte Mietspiegel muss auf repräsentativen Daten beruhen, es muss eine wissenschaftlich anerkannte Auswertungsmethode nachvollziehbar eingesetzt worden sein, die Anwendung anerkannter wissenschaftli-

---

[1] Solche Mietspiegel sind heute nicht mehr verwertbar, auch nicht über § 558a Abs. 4 S. 2 BGB, so zutreffend *Emmerich* in Staudinger, BGB, § 558c Rz. 7.
[2] Abgedruckt etwa bei *Schmidt-Futterer*, Mietrecht, 8. Aufl., Anhang zu §§ 558c, 558d BGB.

cher Methoden muss dokumentiert und überprüfbar sein und die Dokumentation muss öffentlich zugänglich sein. Ein solcher Mietspiegel kann demzufolge nicht ausgehandelt werden. In der Regel sind eigenständige Primärerhebungen auf der Basis von Zufallsstichproben durchzuführen, und die Daten werden dann nach der Regressions- oder der Tabellenmethode ausgewertet.

Bei **Anerkennung** durch die Gemeinde muss die entsprechende Willenserklärung von dem kommunalrechtlich zuständigen Organ der Gemeinde abgegeben werden. Für die mündliche oder schriftliche Anerkennung durch die Interessenverbände genügt auch hier, wenn auf beiden Seiten je ein Verband zustimmt. 260

Die Zwei-Jahres-Frist für die notwendige **Anpassung** beginnt mit dem Geltungszeitpunkt des jeweiligen Mietspiegels, den der Mietspiegelersteller festlegt oder der sich aus dem Veröffentlichungszeitpunkt ergibt[1]. Gesetzlich vorgesehen sind zwei Anpassungsmöglichkeiten, nämlich mittels Preisindex oder mittels Stichprobe. Erfolgt die Fortschreibung nicht pünktlich, verliert der Mietspiegel den Charakter als qualifizierter Mietspiegel, kann aber als einfacher Mietspiegel weiter herangezogen werden[2]. Dasselbe gilt, wenn der qualifizierte Mietspiegel nicht fristgerecht nach vier Jahren **neu erstellt** wird. 261

Liegt für die betreffende Gemeinde ein derartiger qualifizierter Mietspiegel vor, so hat das zwei **Rechtsfolgen:** 262
- Der Vermieter muss bei Abgabe eines Mieterhöhungsverlangens unabhängig davon, wie er es begründet, in dem Mietspiegel enthaltene Angaben für die Wohnung in dem Erhöhungsverlangen mitteilen, § 558a Abs. 3 BGB;
- es besteht seit der Mietrechtsreform eine gesetzliche Vermutung i.S.d. § 292 ZPO dafür, dass ein solcher Mietspiegel die ortsübliche Miete richtig wiedergibt, § 558d Abs. 3 BGB[3].

---

1 *Emmerich* in Emmerich/Sonnenschein, Miete, 8. Aufl., § 558d Rz. 7, will auf den Zeitpunkt der letzten Datenerhebung abstellen.
2 Ohnehin haben einfache Mietspiegel auch nach Einführung des qualifizierten Mietspiegels ihre Bedeutung als Erkenntnismittel im Rahmen der freien richterlichen Beweiswürdigung nicht verloren, so zutreffend LG Duisburg, Beschl. v. 24.1.2005 – 13 T 9/05, WM 2005, 460.
3 Entgegen *Wetekamp*, NZM 2003, 184, wird auch ein solcher Mietspiegel verwaltungsgerichtlich nicht überprüfbar sein, denn das BVerwG, Urt. v. 26.1.1996 – 8 C 19/94, NJW 1996, 2046, hat die verwaltungsgerichtliche Kontrolle nicht nur deswegen versagt, weil dem Mietspiegel seinerzeit noch keine Vermutungswirkung beigelegt war, sondern auch aus weiteren Gründen. Siehe zu der Problematik auch *Brüning*, WM 2003, 303.

(3) Mietdatenbank

263 § 558e BGB definiert eine Mietdatenbank als eine zur Ermittlung der ortsüblichen Vergleichsmieten fortlaufend geführte **Sammlung von Mieten**, die von der Gemeinde oder von Interessenvertretern der Vermieter und der Mieter gemeinsam geführt oder anerkannt wird und aus der Auskünfte gegeben werden, die für einzelne Wohnungen einen Schluss auf die ortsübliche Vergleichsmiete zulassen.

264 Dieses Begründungsmittel mag in Zukunft praktische Bedeutung erlangen; bisher existiert eine solche Datenbank nur in Hannover. Es handelt sich um eine Sammlung von Vergleichsmieten, wobei die **Anforderungen** an die Auswahl der Mietdaten dieselben sein sollen wie für die Erstellung eines Mietspiegels; da eine solche Datenbank laufend aktualisiert werden soll, hat sie den Vorzug größerer Aktualität, vermutlich aber den Nachteil geringerer Repräsentativität des Datenmaterials.

265 Es gibt diverse Mietdatensammlungen verschiedener **Interessenverbände**, die die Gefahr der Einseitigkeit nahe legen; wie sich eine Mietdatenbank davon abheben soll, scheint noch ungeklärt.

(4) Sachverständigengutachten

266 Als weiteres Begründungsmittel nennt § 558a Abs. 2 Ziff. 3 BGB das Sachverständigengutachten. Es muss von einem öffentlich bestellten und vereidigten Sachverständigen verfasst und mit Gründen versehen sein. Weitere Anforderungen stellt das Gesetz nicht[1]. Das Institut für Sachverständigenwesen hat einen **Leitfaden** für die Erstellung von Gutachten zur Ermittlung von Wohnraummieten verfasst, dem sich die Mindestansprüche an ein solches Gutachten entnehmen lassen[2]. Vom Bundesjustizministerium liegen als (unverbindliche) **Orientierungshilfe** Hinweise für die Erstellung eines Sachverständigengutachtens zur Begründung des Mieterhöhungsverlangens nach § 2 Abs. 2 MHG vor[3]. In der Praxis ist das private Sachverständigengutachten der teuerste Nachweis für ein Mieterhöhungsbegehren und hat deswegen zunehmend an Bedeutung verloren[4].

---

1 In der Rechtsprechung wird verlangt, das Gutachten dürfe jedenfalls nicht älter als zwei Jahre sein, LG Berlin, Urt. v. 3.2.1998 – 63 S 364/97, NZM 1998, 508.
2 Vgl. auch die Inhaltlichen Anforderungen an Gutachten für bebaute und unbebaute Grundstücke des DIHT v. September 1991, abgedruckt bei *Dröge*, Handbuch, Anhang I.
3 Abgedruckt in WM 1980, 189 und in *Schmidt-Futterer*, Mietrecht, 8. Aufl., Anhang zu § 558a BGB.
4 *Dröge*, Handbuch der Mietpreisbewertung für Wohn- und Gewerberaum, 3. Aufl. 2005, S. 176.

(5) Vergleichswohnungen

Zur Begründung eines Mieterhöhungsverlangens kann auch auf entsprechende Entgelte für einzelne vergleichbare Wohnungen Bezug genommen werden, wobei die Benennung von drei Wohnungen auch aus dem eigenen Bestand des Vermieters und aus demselben Gebäude genügt. Dies ist das Begründungsmittel mit der **geringsten Aussagekraft**. Das Gesetz stellt keine weiteren Voraussetzungen auf.

(6) Sonstige Begründungsmittel

Weitere Begründungsmittel für das Mieterhöhungsverlangen sind vom Gesetz zwar zugelassen, in der Praxis aber selten, weil sie in aller Regel qualitativ nicht an die ausdrücklich gesetzlich genannten Begründungsmittel heranreichen. In vereinzelten gerichtlichen Entscheidungen finden sich als Beispiele die **Offenkundigkeit** der Ortsüblichkeit einer bestimmten Miete, ein **Urteil** betreffend eine vergleichbare Wohnung oder ein **Gutachten**, das nicht für die Wohnung des Mieters erstellt ist, aber sich auf einen vergleichbaren Wohnungstyp bezieht[1]. Weiter werden genannt amtliche **Wohngeldstatistiken, Mietgutachten der Gemeinden**, substantiierte **Auskünfte von Gemeinden** oder zuständigen Behörden, **Mietwertgutachten** eines örtlich zuständigen Gutachterausschusses und die **Mietpreisübersicht** eines Finanzamts.

bb) Derzeit gezahlte Miete

Um den Erhöhungsbetrag ermitteln zu können, muss zunächst festgestellt werden, welches die bisherige Miete (sog. Ausgangsmiete) ist. Hier ist nicht nur der Betrag der Höhe nach von Interesse, sondern zunächst die Klärung, ob es sich bei der bisher vereinbarten und gezahlten Miete um eine Nettomiete, eine Bruttomiete oder eine Teilinklusivmiete handelt. § 558 BGB bezieht sich nicht auf eine bestimmte Mietstruktur, sondern ermöglicht die Erhöhung einer wie auch immer gebildeten Miete[2]. Das Erhöhungsverlangen des Vermieters muss sich nach dem **Mietzinsbegriff der Ausgangsmiete** richten[3]. Ausgangsmiete ist immer der Betrag, auf den sich die Parteien als Gegenleistung i.S.d. § 535 Abs. 2 BGB geeinigt haben; dazu gehören alle finanziellen oder geldwerten Leistungen des Mieters.

---

[1] Vgl. die Nachweise bei *Sternel*, Mietrecht aktuell, Rz. 645 f.
[2] OLG Hamm, Beschl. v. 4.4.1984 – 4 RE-Miet 2/84, WM 1984, 121.
[3] OLG Frankfurt, Beschl. v. 21.3.2001 – 20 RE-Miet 2/99, WM 2001, 231.

(1) Nettokaltmiete, Inklusivmiete

270 Da die Ausgangsmiete mit der ortsüblichen Vergleichsmiete verglichen werden muss, müssen sich beide in der **Struktur** entsprechen. Eine Brutto- oder Teilinklusivmiete ist also insgesamt unter Bezugnahme auf die ortsübliche Brutto- oder Teilinklusivmiete zu erhöhen, während umgekehrt eine Nettomiete nur auf die ortsübliche Nettomiete erhöht werden kann.

271 Wird das Erhöhungsverlangen mit **Vergleichswohnungen** begründet, müssen Angaben gemacht werden, falls die Mietstruktur der Vergleichswohnung von derjenigen der Mietwohnung abweicht. Diese Vorgaben muss auch ein **Sachverständigengutachten** berücksichtigen. Im praktisch wichtigsten Fall, der Bezugnahme auf einen Mietspiegel, entstehen dann Schwierigkeiten, wenn der **Mietspiegel** (wie es zunehmend üblich wird) **Nettomieten** ausweist, aber eine Brutto- oder Teilinklusivmiete erhöht werden soll. Ein direkter Vergleich der zu erhöhenden Miete mit dem Mietspiegelwert kann dann nicht durchgeführt werden, sondern die Vergleichbarkeit muss erst hergestellt werden. Dazu muss die vertragliche Bruttomiete in eine Nettomiete oder die Mietspiegelmiete in eine Bruttomiete umgerechnet werden.

272 Es gibt verschiedene Auffassungen dazu, wie das zu geschehen hat. Nach überwiegender Meinung muss der Vermieter den **konkreten**, im Zeitpunkt der Abgabe des Mieterhöhungsverlangens maßgeblichen **Betriebskostenanteil**, der in der vertraglichen Bruttomiete enthalten ist, ermitteln und **der Mietspiegel-Nettomiete hinzurechnen**. Das sind diejenigen Betriebskosten, die der Vermieter aktuell im Außenverhältnis zu tragen hat[1]. Die Berliner Rechtsprechung hatte es dagegen ausreichen lassen, wenn der Vermieter diejenigen pauschalen Betriebskostenbeträge ansetzte, die ein wissenschaftliches Institut (hier der Mietspiegelersteller) generell als üblich ermittelt hat[2]. Das kommt freilich nur in Betracht, wenn solche Daten überhaupt vorliegen, was eher die Ausnahme ist.

273 Allgemein wird davon ausgegangen, dass die Erhöhung einer Brutto- oder Teilinklusivmiete nach § 558 BGB es dem Vermieter ermöglichen soll, auch den darin enthaltenen **Betriebskostenanteil mit zu erhöhen**.

---

1 Grundlegend OLG Stuttgart, Beschl. v. 13.7.1983 – 8 RE-Miet 2/83, WM 1983, 285; aktuell KG, Urt. v. 20.1.2005 – 8 U 127/04, GE 2005, 180 m.w.N. und Anm. *Both* in WM 2005, 379; BGH, Urt. v. 26.10.2005 – VIII ZR 41/05, GE 2006, 46.

2 LG Berlin, Urt. v. 14.11.1996 – 62 S 179/96, GE 1996, 1547, unter Aufgabe der vorher vertretenen Ansicht in LG Berlin, Urt. v. 27.11.1995 – 62 S 263/95, GE 1996, 323; LG Berlin, Urt. v. 11.1.1999 – 62 S 389/98, GE 1999, 378; LG Berlin, Urt. v. 2.7.1999 – 65 S 491/98, WM 1999, 524, mit ausführlicher Begründung.

Rechnet man den in der geschuldeten Miete enthaltenen Betriebskostenanteil heraus und vergleicht die so gebildete Nettomiete mit der Mietspiegelnettomiete, führt das allerdings dazu, dass der in der tatsächlichen Miete enthaltene Stand der Betriebskosten „eingefroren" wird[1]. Das lässt sich vermeiden, wenn man umgekehrt zur Mietspiegelnettomiete die durchschnittlichen ortsüblichen bzw. die aktuellen tatsächlichen[2] Betriebskosten hinzurechnet und die so gebildete fiktive Mietspiegelbruttomiete mit der geschuldeten Bruttomiete vergleicht.

Das Oberlandesgericht Stuttgart[3] hat bereits darauf hingewiesen, dass **Ausnahmen** dann gelten können, wenn Art oder Umfang der vom Vermieter im Außenverhältnis getragenen Betriebskosten aus dem Rahmen des Üblichen fallen, oder wenn nach der ursprünglichen Miethöhevereinbarung bestimmte Betriebskosten weder unmittelbar zusätzlich zur Miete in Rechnung gestellt werden noch mittelbar über die Kalkulation der Miete auf den Mieter abgewälzt sein sollten. In solchen Fällen, deren Vorliegen der Mieter vorzutragen und zu beweisen hätte, könnte der konkret angefallene Betriebskostenanteil nicht maßgeblich sein. 274

Die beschriebenen Umrechnungswege zur Herstellung der Vergleichbarkeit zwischen Vertragsmiete und Mietspiegelmiete sind lediglich für die Begründung des Erhöhungsverlangens nach § 558 BGB von Bedeutung. Ein Recht des Vermieters, **einseitig die vereinbarte Mietstruktur** mit Geltung für die Zukunft **umzustellen**, besteht nicht[4]. 275

(2) Zuschläge

Trägt der Vermieter nach dem Mietvertrag die **Schönheitsreparaturen**, lässt die Rechtsprechung einen Zuschlag auf die Mietspiegelwerte zu[5]. 276

Sonstige zwischen den Mietvertragsparteien **vereinbarte Zuschläge** für Unterversicherung, Möblierung, teilgewerbliche Nutzung und Garagennutzung werden **Bestandteil** der Miete und sind nicht gesondert abzuziehen und dann wieder hinzuzurechnen[6], sondern sind bei der Ermitt- 277

---

1 LG Berlin, Urt. v. 2.7.1999 – 65 S 491/98, WM 1999, 524.
2 KG, Urt. v. 20.1.2005 – 8 U 127/04, GE 2005, 180; BGH, Urt. v. 26.10.2005 – VIII ZR 41/05, GE 2006, 46.
3 OLG Stuttgart, Beschl. v. 13.7.1983 – 8 RE-Miet 2/83, WM 1983, 285.
4 Vgl. die Nachweise bei *Emmerich* in Emmerich/Sonnenschein, Miete, 8. Aufl., § 558 Rz. 11.
5 Vgl. die Nachweise dazu Rz. 40 ff.
6 So z.B. AG Köln, Urt. v. 3.7.2003 – 222 C 204/03, MietRB 2004, 1, für den Garagenmietanteil; anders *Emmerich* in Staudinger, § 558a Rz. 30, der meint, es bleibe nichts anderes übrig, als die Zuschläge herauszurechnen, die verbleibende Grundmiete mit den Mietspiegelwerten zu vergleichen und anschließend dem Erhöhungsbetrag wieder zuzurechnen.

lung der ortsüblichen Vergleichsmiete zu berücksichtigen. Hierbei ist es hilfreich, wenn im Mietspiegel oder den Materialien dazu Hinweise enthalten sind[1]. Ist das nicht der Fall und lassen sich auch sonst keine Angaben darüber finden, welchen Einfluss diese besonderen Nutzungsarten auf die ortsübliche Miete haben, wird man davon ausgehen müssen, dass sie für die Bildung der ortsüblichen Miete keine Rolle spielen.

278 Im Übrigen ist es nach allgemeiner Ansicht nicht gerechtfertigt, sonstige **rechnerische Zuschläge** außer den genannten zu den Mietspiegelwerten zu machen, um besondere Ausstattungsmerkmale einer Wohnung, die im Mietspiegel keine Berücksichtigung gefunden haben, doch einzubeziehen. Streitig ist allerdings, ob Vermieter bzw. Gericht wegen der Steigerung der ortsüblichen Vergleichsmiete, die in der Zeit zwischen der Datenerhebung zum Mietspiegel und dem Zugang des Mieterhöhungsverlangens eingetreten ist (sog. **Stichtagsdifferenz**), einen Zuschlag zum Mietspiegelwert machen kann[2]. Zwingend ist eine solche Berücksichtigung nicht[3]. Sie dürfte jedenfalls in denjenigen Gemeinden, für die ein qualifizierter Mietspiegel vorliegt, auch nicht möglich sein.

279 In jedem Falle unzulässig wären Zuschläge für bestimmte **Teilmärkte**, also Wohnungen, die von bestimmten Mietergruppen wie Studenten, Wohngemeinschaften[4], Ausländern[5] oder Stationierungskräften[6] angemietet werden. Die ortsübliche Miete ist anhand objektiver Faktoren festzustellen.

b) Rechtsfolge und Begrenzungen

280 Liegt die geschuldete Miete unter der ortsüblichen Miete, steht dem Vermieter ein **materieller Anspruch** darauf zu, dass der Mieter einer Erhöhung der bisher geschuldeten Miete auf die ortsübliche zustimmt. Dieser Anspruch besteht aber nicht jederzeit, sofort und in voller Höhe, sondern

– die Jahressperrfrist (und die Wartefrist) ist zu beachten (Rz. 281 ff.);
– die Kappungsgrenze muss gewahrt werden (Rz. 286 ff.);

---

1 Die Hinweise zur Erstellung von Mietspiegeln 2002 verlangen Angaben dazu, wie Mieten, die Kosten für Schönheits- und/oder Kleinreparaturen enthalten, zu bereinigen sind, auch die Vermietung von Garagen bzw. Stellplätzen solle berücksichtigt werden.
2 So OLG Stuttgart, Beschl. v. 15.12.1993 – 8 RE-Miet 4/93, WM 1994, 58; OLG Hamm, Beschl. v. 30.8.1996 – 30 RE-Miet 1/96, WM 1996, 610; ablehnend etwa LG München II, Urt. v. 13.10.1998 – 12 S 3258/98, WM 1998, 726; *Börstinghaus* in Schmidt-Futterer, Mietrecht, 8. Aufl., § 558a BGB Rz. 70 m.w.N.
3 LG Berlin, Urt. v. 27.9.2001 – 62 S 1/01, GE 2002, 192.
4 OLG Hamm, Beschl. v. 3.3.1983 – 4 RE-Miet 9/82, WM 1983, 108.
5 OLG Stuttgart, Beschl. v. 26.2.1982 – 8 RE-Miet 5/81, WM 1982, 129.
6 OLG Hamm, Beschl. v. 28.12.1982 – 4 RE-Miet 5/82, WM 1983, 78.

– etwaige Drittmittel sind anzurechnen (Rz. 294 ff.);
– vertragliche Vereinbarungen betreffend die Mieterhöhung sind einzuhalten (Rz. 322 ff.).

aa) Jahressperrfrist

Die zu beachtende sog. **Jahressperrfrist** des § 558 Abs. 1 S. 2 BGB ist in der Regel einfach zu berechnen. Sie ist unbedingt zu beachten, ein verfrüht gestelltes Erhöhungsverlangen ist unwirksam[1]. Die **Frist beginnt** mit Vertragsabschluss oder mit dem Wirksamwerden der letzten Mieterhöhung nach § 558 BGB; die nächste Erhöhung darf erst nach Ablauf eines Jahres dem Mieter zugehen. Bei Eintritt eines weiteren Mieters in das Mietverhältnis beginnt erst ab diesem Zeitpunkt die Jahressperrfrist zu laufen[2]. Da die Sperrfrist den Mieter vor einer Vielzahl von in kurzer Zeit aufeinander folgenden Erhöhungen schützen soll, kann sie auch angewendet werden, wenn eine Vereinbarung über einen Untermietzuschlag getroffen wird[3].

281

Nach § 558b Abs. 1 BGB schuldet der Mieter die Erhöhung mit Beginn des dritten Monats nach Zugang des Erhöhungsverlangens. Faktisch liegen also zwischen dem Wirksamwerden der vorangegangenen und der jetzt auszusprechenden Mieterhöhung 15 Monate, die sog. **Wartefrist**.

282

◯ **Beispiel:**
Mietvertragsbeginn oder Wirksamwerden der letzten
Mieterhöhung   1.5.2005
Mieterhöhung darf frühestens ausgesprochen werden   1.5.2006
Mieterhöhung wird wirksam zum   1.8.2006

Dasselbe gilt, wenn eine mietvertragliche **Staffelmietvereinbarung** ausläuft, auch hier kann erst ein Jahr nach In-Kraft-Treten der letzten Staffel eine Erhöhung erklärt werden.

283

◯ **Beispiel:**
Vereinbarung im Mietvertrag: ... Die Miete erhöht sich zum 1.1.2004 auf 450 Euro und zum 1.1.2005 auf 480 Euro. (Für die Folgezeit ist keine Regelung vorgesehen.)
Mieterhöhung darf frühestens ausgesprochen werden   1.1.2006
Mieterhöhung wird wirksam zum   1.4.2006

---

1 BGH, Beschl. v. 16.6.1993 – VIII ARZ 2/93, WM 1993, 388; zur Ausnahme beim Auslaufen der Preisbindung OLG Hamm, Rechtsentscheid v. 9.10.1980 – 4 RE-Miet 2/80, WM 1980, 262; KG, Beschl. v. 29.1.1982 – 8 W RE-Miet 4902/81, WM 1982, 102; *Lützenkirchen*, WM 1995, 574.
2 LG Berlin, Urt. v. 9.1.1997 – 61 S 234/96, GE 1997, 185.
3 AG Schöneberg, Urt. v. 17.6.1997 – 15 C 84/97, MM 1998, 128.

284 Besonderheiten gelten beim **Wegfall der Mietpreisbindung**: Hier darf die ehemalige Kostenmiete noch während des Bindungszeitraums für den Zeitpunkt direkt nach Bindungswegfall erhöht werden[1].

285 Problematisch wird es dann, wenn der Mieter einer vorangegangenen Mieterhöhung nach § 558 BGB nur **teilweise zugestimmt** hat. Eine derartige Teilzustimmung ist grundsätzlich möglich („soweit", § 558b Abs. 1 BGB), da nach allgemeiner Ansicht im Mieterhöhungsverfahren nach § 558 BGB die Vorschrift des § 150 Abs. 2 BGB nicht gilt. Auch eine derartige Teilzustimmung löst die **Wartefrist** aus; nach einer auch in der Rechtsprechung vertretenen Meinung[2] gilt dies allerdings nicht, wenn das vorangegangene **Erhöhungsverlangen unwirksam** war. Will der Vermieter in einem derartigen Fall die einjährige Frist nicht abwarten, ist die (weitere) Zustimmung zu der früheren Erhöhung aber auch nicht eingeklagt worden, so sollte diese auf ihre Wirksamkeit überprüft und der Vermieter auf diese Rechtslage hingewiesen werden[3].

bb) Kappungsgrenze

286 Die **Kappungsgrenze** des § 558 Abs. 3 BGB stellt neben der ortsüblichen Vergleichsmiete selbst eine **zweite Obergrenze** für Mieterhöhungen dar. Ihre Einführung, zunächst in Höhe von 30 %, ab dem 1.1.1983[4] sollte rechtliche Hindernisse für Mieterhöhungsverlangen abbauen und einen Anreiz für Investitionen im Mietwohnungsbau schaffen, den Mieter aber zugleich vor abrupten Mietsteigerungen bewahren[5].

287 Seit dem 1.9.2001 beträgt die Kappungsgrenze **20 %**. Um eine korrekte **Berechnung** zu ermöglichen, also den Spielraum für die beabsichtigte Erhöhung, muss diejenige Miete bekannt sein, die für die betreffende Wohnung drei Jahre vor dem beabsichtigten In-Kraft-Treten der jetzt zu erstellenden Mieterhöhung gezahlt worden ist[6]. Miete in diesem Sinne,

---

1 Siehe dazu Rz. 676.
2 Vgl. etwa LG Frankfurt/Main, Urt. v. 17.11.1989 – 2/17 S 73/89, WM 1990, 224; LG Berlin, Urt. v. 25.10.1996 – 65 S 211/96, WM 1997, 51; *Kinne*, ZMR 2001, 775, 777 m.w.N.
3 Siehe dazu *Weitemeyer* in Staudinger, § 557 BGB, Rz. 45.
4 Durch das Gesetz zur Erhöhung des Angebots an Mietwohnungen v. 20.12.1982, BGBl. I, 1912.
5 Die Regelung ist verfassungskonform, BVerfG, Beschl. v. 4.12.1985 – 1 BvL 23/84 u.a., WM 1986, 101; auch die Reduzierung der Grenze von 30 % auf 20 % durch die Mietrechtsreform ist verfassungsgemäß, BGH, Urt. v. 28.4.2004 – VIII ZR 177/03, WM 2004, 348 = MietRB 2004, 257 und BGH, Urt. v. 28.4.2004 – VIII ZR 178/03, WM 2004, 345 = MietRB 2004, 257.
6 Vgl. dazu BVerfG, Beschl. v. 11.7.1995 – 1 BvR 1279/95, WuM 1995, 576; OLG Celle, Beschl. v. 31.10.1995 – 2 UH 1/95, WuM 1996, 86. Zur Berechnung bei Umstellung einer Brutto- in eine Nettomiete vgl. LG Berlin, Urt. v. 27.8.2002 – 63 S 404/01, GE 2002, 1433, mit Anmerkung *Blümmel*, GE 2002, 1374.

die der Ermittlung der Kappungsgrenze zugrunde liegt, ist der tatsächlich gezahlte Betrag, einschließlich etwaiger Modernisierungszuschläge, aber ohne etwaige Betriebskostenvorauszahlungen und Betriebskostenpauschalen, sei es eine Brutto-, eine Netto- oder eine Teilinklusivmiete[1].

○ **Beispiel:**
Beratungsgespräch   20.3.2006
Zugang der Mieterhöhung   31.3.2006
Wirksamwerden   1.6.2006
maßgebliche Miethöhe (hiervon 20% = Kappungsgrenze)   1.6.2003

Lag die Miete allerdings zu irgendeinem Zeitpunkt innerhalb dieser drei Jahre niedriger, so berechnet sich die Kappungsgrenze nach dieser niedrigsten Miete. Läuft der Mietvertrag noch keine drei Jahre, ist Ausgangsmiete die niedrigste seit Vertragsabschluss. Tritt ein neuer Mieter in den Mietvertrag ein, läuft ab dessen Eintritt eine neue Dreijahresfrist[2].

Notwendig ist weiter die Kenntnis aller etwaigen Mieterhöhungen nach § 558 BGB in der Zwischenzeit.

288

Im **Beispielsfall** wären alle Erhöhungen zwischen dem 1.6.2003 und dem 20.3.2006 dem Betrag nach von dem Betrag der Kappungsgrenze abzuziehen (Mieterhöhungen nach anderen Vorschriften spielen hier keine Rolle[3]). Betrug die Miete also am 1.6.2003 460,16 Euro, so liegt die Kappungsgrenze bei 92,03 Euro. Ist bereits zum 1.8.2004 eine Erhöhung um 40,90 Euro erfolgt, so liegt die Kappungsgrenze jetzt bei (92,03 Euro abzüglich 40,90 Euro =) 51,13 Euro. Sind zwischenzeitlich keine Erhöhungen erfolgt, bleibt es bei der Kappung von 92,03 Euro.

Ein diesbezüglicher **Auskunftsanspruch** gegen den Mieter besteht nicht; fehlen die genannten Angaben, müssen entsprechende Einwendungen vorab oder im Prozess vom Vermieter riskiert werden.

289

Ein Erhöhungsverlangen, das die **Kappungsgrenze nicht berücksichtigt**, ist nicht vollkommen unwirksam, sondern nur hinsichtlich des die Kappungsgrenze übersteigenden Betrages.

290

---

1 BGH, Urt. v. 19.11.2003 – VIII ZR 160/03, WM 2004, 153.
2 *Emmerich* in Staudinger, § 558 BGB Rz. 47.
3 So ausdrücklich für die früher zulässig gewesene Mieterhöhung wegen Kapitalkostensteigerung BGH, Urt. v. 28.4.2004 – VIII ZR 177/03, WM 2004, 348 = MietRB 2004, 257 und BGH, Urt. v. 28.4.2004 – VIII ZR 178/03, WM 2004, 345. Zum Sonderfall der einvernehmlichen Modernisierungsmieterhöhung s. weiter BGH, Urt. v. 28.4.2004 – VIII ZR 185/03, WM 2004, 344 = MietRB 2004, 256; kritisch *Börstinghaus*, MietPrax-AK, § 558 BGB Ziff. 4; *Glause*, WM 2004, 708; *Kunze*, BGHReport 2004, 1000.

291 In einem **Ausnahmefall** kommt es auf die Kappungsgrenze nicht an, nämlich bei den sog. **Fehlbelegern**, § 558 Abs. 4 BGB[1]. Dabei geht es um Fälle des **Übergangs** zur Vergleichsmiete nach Beendigung der gesetzlichen **Preisbindung** auf Grund des Wohnungsbindungsgesetzes: War der Mieter zu einer Ausgleichszahlung (Fehlbelegungsabgabe) nach dem Gesetz zum Abbau der Fehlsubventionierung im Wohnungswesen von 1981 oder nach §§ 34–37 des Wohnraumförderungsgesetzes verpflichtet und erlischt diese Verpflichtung nun, weil die öffentliche Bindung des Wohnraums wegfällt, so kann die Miete nach § 558 BGB ohne Rücksicht auf die Kappungsgrenze bis zur Höhe des Betrags der (entfallenen) Ausgleichszahlung erhöht werden (soweit die übrigen Voraussetzungen eingehalten sind). Der Mieter soll also keinen wirtschaftlichen Vorteil daraus ziehen können, dass die Bindung entfallen ist. Der Vermieter kennt in dieser Fallkonstellation zwar den Wegfall der Bindung, weiß aber nicht, ob und in welcher Höhe der Mieter die Abgabe zu leisten hatte; um ihm die Mieterhöhung ohne Einhaltung der Kappungsgrenze zu ermöglichen, billigt ihm § 558 Abs. 4 S. 2 BGB demzufolge einen **Auskunftsanspruch** gegen den Mieter zu. Die Auskunft kann frühestens vier Monate vor Bindungswegfall verlangt und muss ggf. gerichtlich erzwungen werden.

292 Erteilt der Mieter die Auskunft nicht (rechtzeitig), sollen dem Vermieter **Schadensersatzansprüche** zustehen[2]. Dieser Weg ist **unpraktikabel**, da er voraussetzt, dass der Vermieter seinen Auskunftsanspruch einklagt und ggf. gemäß § 888 ZPO vollstreckt. Erfolgt in dem Auskunftsbegehren der Hinweis, dass bei Nichterteilung der Auskunft unterstellt wird, der Mieter zahle den **Höchstbetrag** der Fehlbelegungsabgabe, kann der Vermieter ohne nachteilige Kostenfolge die Mieterhöhung bis zur Grenze des Höchstbetrages des Fehlbelegungsabgabe berechnen. Erteilt der Mieter im Zustimmungsprozess die Auskunft über eine geringere Fehlbelegungsabgabe, kann der Vermieter den Rechtsstreit insoweit in der Hauptsache für erledigt erklären mit der Folge, dass der Mieter die entsprechenden Kosten gemäß § 91a ZPO zu tragen hat[3].

293 Der Bundesgerichtshof[4] hält eine weitere Ausnahme von der Anwendbarkeit der Kappungsgrenze für möglich, nämlich in dem (Sonder-)Fall, dass eine Mieterhöhung nach den Grundsätzen des Wegfalls der Ge-

---

1 Nach *Blank*, WuM 1993, 503, 506, muss in der Mieterhöhungserklärung ausdrücklich auf diese Ausnahmeregelung Bezug genommen werden. Kritisch *Eisenschmid*, NZM 2001, 11, 12.
2 Vgl. *Börstinghaus*, Mieterhöhung, Rz. 223.
3 LG Köln, Beschl. v. 12.8.1998 – 10 S 169/98, ZMR 1998, 783 = WuM 2000, 255; *Lützenkirchen*, MDR 1998, R 25.
4 BGH, Urt. v. 22.12.2004 – VIII ZR 41/04, WM 2005, 132 = MietRB 2005, 143.

schäftsgrundlage zulässig ist, weil der Vermieter unverschuldet an der Durchführung gesetzlich vorgesehener Mieterhöhungen gehindert war.

cc) Anrechnung von Drittmitteln

Besonderheiten ergeben sich, wenn im Objekt bauliche Maßnahmen ganz oder teilweise **öffentlich gefördert** worden sind. Dies geschieht durch Förderprogramme der Länder, des Bundes – z.B. über Mittel der Kreditanstalt für Wiederaufbau[1] – und vereinzelt Programme der Kommunen[2]. 294

Nicht nur bei Mieterhöhungen auf Grund durchgeführter Modernisierung nach § 559 BGB sind **Drittmittel** i.S.d. § 559a BGB anzurechnen, sondern auch bei Mieterhöhungen auf die ortsübliche Vergleichsmiete nach § 558 BGB sind solche Drittmittel zu berücksichtigen. § 558 Abs. 5 BGB sieht vor, dass die Drittmittel „von dem Jahresbetrag, der sich bei einer Erhöhung auf die ortsübliche Vergleichsmiete ergäbe", abzuziehen sind. Das ist folgerichtig, denn nach Modernisierungsmaßnahmen hat der Vermieter die Wahl, ob er nach § 559 BGB vorgehen und die Miete um 11 % der für die Wohnung aufgewendeten Kosten erhöhen will, oder ob er gemäß § 558 BGB die ortsübliche Miete für eine Wohnung des modernisierten Standards geltend macht[3]. In beiden Fällen sollen nach dem Willen des Gesetzgebers öffentliche Mittel, mit denen die **Standardverbesserung subventioniert** worden ist, dem Mieter durch **Anrechnung** entsprechender Kürzungsbeträge zugute kommen. 295

Die Verpflichtung zur Berücksichtigung der Drittmittel (Baukosten- und Aufwendungszuschüsse, zinsverbilligte/zinslose Darlehen) ist dabei nicht an die **Person** des Mieters, sondern an die **Wohnung** gebunden. Die früher teilweise in der Rechtsprechung vertretene Auffassung[4], Kürzungsbeträge seien dann nicht mehr zu berücksichtigen, wenn eine modernisierte Wohnung neu vermietet worden sei und anschließend eine Erhöhung auf die ortsübliche Vergleichsmiete erfolgen solle, ist in- 296

---

1 BGH, Urt. v. 12.5.2004 – VIII ZR 235/03, WM 2004, 406. Nach einer Mitteilung in GE 2005, 1004 hat die KfW Förderbank seit dem 1.1.2005 Kredite in Höhe von über 700 Mio. Euro im KfW-Programm „Wohnraum Modernisieren" an knapp 20 000 Wohnraumsanierer ausgereicht.
2 In der Literatur wird diskutiert, ob Zulagen nach dem Investitionszulagengesetz 1999 unter § 559a BGB fallen (dafür *Emmerich* in Staudinger § 559a BGB Rz. 1, leider ohne Begründung; *Wüstefeld*, WM 2000, 283; dagegen *Both*, GE 2000, 102 und NZM 2001, 78, 84 f.).
3 Zu diesen Alternativen siehe Rz. 473 ff.
4 LG Berlin, Urt. v. 17.1.1997 – 65 S 313/96, GE 1997, 238; LG Berlin, Urt. v. 27.11.2000 – 62 S 163/00, GE 2001, 210; LG Berlin, Urt. v. 24.9.2001 – 62 S 155/01, WM 2001, 612.

zwischen überholt[1], wie nicht zuletzt die jetzt durch die Mietrechtsreform gewählte Formulierung „sind ... abzuziehen" deutlich zeigt.

297 Öffentliche Förderung wird für das **Objekt** gewährt. Da nach neuerer Rechtsprechung ein **Grundstückserwerber**, der das schon fertig modernisierte Objekt kauft, berechtigt ist, die Modernisierungsmieterhöhung für die Bestandsmietverhältnisse durchzuführen[2], trifft auch ihn die Verpflichtung zur Anrechnung der Kürzungsbeträge. Dasselbe gilt dann, wenn der Erwerber sich entscheidet, die Mieten auf die ortsüblichen Vergleichsmieten des modernisierten Standards zu erhöhen, und dies auch dann, wenn die Wohnung nach der Modernisierung neu vermietet worden ist.

298 Ist Förderungsempfänger eine **Gesellschaft bürgerlichen Rechts**, deren Gesellschafterbestand sich später ändert, muss auch die Gesellschaft in der neuen Zusammensetzung die Drittmittel anrechnen[3]. Dasselbe gilt, wenn die Verpflichtung zur Anrechnung vom Erwerber **rechtsgeschäftlich übernommen** worden ist oder er in eine entsprechende mietvertragliche Verpflichtung des Veräußerers eingetreten ist[4].

299 Der Drittmittelabzug erfolgt zunächst wohnungsspezifisch. Beim Vermieter und auch bei der Förderstelle liegen die Daten dazu vor, in welcher Höhe Zuwendungen erfolgt sind. Der **Kürzungsbetrag** in Euro/m² monatlich ergibt sich aus der **Formel**

$$\frac{\text{Zuschussbetrag} \times 11\,\%}{12 \times m^2\text{-Zahl der Wohnung}}$$

300 Aus dem für ein Haus insgesamt geleisteten Förderbetrag kann allerdings **nicht ohne weiteres** ein **einheitlicher Kürzungsbetrag** für alle Wohnungen des Hauses berechnet werden. Es werden teilweise nur einzelne Wohnungen modernisiert und gefördert, und auch die Modernisie-

---

1 LG Berlin, Urt. v. 27.1.2003 – 62 S 226/02 und 62 S 141/02 unter ausdrücklicher Aufgabe der früheren Ansicht (Fn. 4) und unter Hinweis auf KG, Beschl. v. 17.1.2002 – 8 RE-Miet 4/01, WM 2002, 144, sowie VerfGH Berlin, Beschl. v. 23.11.2000 – VerfGH 72/00, WM 2001, 12; wie hier auch LG Berlin, Urt. v. 20.4.200 – 61 S 323/99; LG Berlin, Urt. v. 18.2.2002 – 61 S 50/00, MM 2002, 329; LG Berlin, Urt. v. 7.7.2003 – 62 S 70/03, MM 2003, 35; LG Berlin, Urt. v. 21.8.2003 – 61 S 31/03, MM 2003, 33.
2 KG, Beschl. v. 17.7.2000 – 8 RE-Miet 4110/00, WM 2000, 482, unter ausdrücklicher Aufgabe der früheren Ansicht in KG, Beschl. v. 15.9.1997 – 8 RE-Miet 6517/96, WM 1997, 605; zustimmend *Schach*, GE 2004, 278 ff.
3 LG Berlin, Urt. v. 27.1.2003 – 62 S 226/02 und 62 S 141/02; LG Berlin, Urt. v. 12.6.2003 – 62 S 163/00.
4 KG, Beschl. v. 15.9.1997 – 8 RE-Miet 6517/96, WM 1997, 605; BGH, Urt. v. 8.10.1997 – VIII ZR 373/96, WM 1998, 100.

rungskosten und die Zuschüsse für die einzelnen Wohnungen können unterschiedlich sein.

⇨ **Beispiel:**
Für einen Altbau mit 1100 m² Gesamtfläche und teils größeren, teils kleineren Wohnungen werden 210 000 Euro Baukostenzuschuss für den Einbau von Bädern bewilligt. Das ergäbe einen Zuschussbetrag von 190,91 Euro/m² und damit nach der Formel einen Kürzungsbetrag von (190,91 × 11 % : 12) 1,75 Euro/m² monatlich.

Die Modernisierungsaufwendungen sind für die 50-m²-Wohnungen kaum niedriger als für die 80-m²-Wohnungen. Dementsprechend sind in der Regel auch in die Modernisierung der kleineren Wohnungen bezogen auf deren Fläche wesentlich höhere Zuschüsse geflossen. 301

⇨ **Beispiel:**
Für die 80-m²-Wohnung sind 12 000 Euro an Zuschuss gezahlt worden, für die 50-m²-Wohnung 10 000 Euro. Nach den konkret der jeweiligen Wohnung zuzuordnenden Kosten ergibt sich

80-m²-Wohnung 12 000 × 11 % : 12 : 80 = Kürzungsbetrag 1,375 Euro/m²
50-m²-Wohnung 10 000 × 11 % : 12 : 50 = Kürzungsbetrag 1,833 Euro/m².

Gemessen an durchschnittlich 1,75 Euro/m² monatlich sind die Unterschiede erheblich und können ausschlaggebend dafür sein, ob überhaupt in einem Jahr schon ein Mieterhöhungsspielraum besteht.

Der so ermittelte Kürzungsbetrag für die jeweilige Wohnung ist **von der ortsüblichen Miete abzuziehen**. 302

⇨ **Beispiel:**
Beträgt die ortsübliche Miete für die 80-m²-Wohnung 4,28 Euro/m², der Kürzungsbetrag 1,38 Euro/m² und die gezahlte Miete 2,70 Euro/m², so verbleibt ein Mieterhöhungsspielraum von 0,20 Euro/m². Für die 50-m²-Wohnung ist bei gleicher ortsüblicher und gezahlter Miete und dem Kürzungsbetrag von 1,83 Euro/m² keine Mieterhöhung möglich.
Steigt die ortsübliche Miete auf 4,60 Euro/m², so beträgt der Mieterhöhungsspielraum für die größere Wohnung 0,52 Euro/m², für die kleinere Wohnung beträgt er 0,07 Euro/m².

Da zusätzlich die **Kappungsgrenze** anzuwenden ist, ist abschließend zu prüfen, ob ein nach Vornahme der Drittmittelanrechnung verbleibender Mieterhöhungsspielraum überhaupt ausgeschöpft werden kann. 303

304 Für die oben zitierten Beispiele zweier Wohnungen, von denen die eine mit Baukostenzuschüssen von 12 000 Euro für 80 m², die andere mit 10 000 Euro für 50 m² gefördert wurde, ergibt sich bei verschieden hoher ortsüblicher Miete:

Große Wohnung: 12 000 Euro Zuschuss für 80 m² ergibt 1,38 Euro/m² Kürzungsbetrag							
	A:	B:	C:	D:	E:	F:	G:
ortsübliche Miete	4,04	4,28	4,60	4,80	5,10	6,10	7,10
Kürzungsbetrag	–1,38	–1,38	–1,38	–1,38	–1,38	–1,38	–1,38
gezahlte Miete	2,70	2,70	2,70	2,70	2,70	2,70	2,70
mögliche Erhöhung	0,00	0,20	0,52	0,72	1,02	2,02	3,02
Kappung 20 %	(0,54)	(0,54)	(0,54)	0,54	0,54	0,54	0,54
Mieterhöhung	0,00	0,20	0,52	0,54	0,54	0,54	0,54
Kleine Wohnung: 10 000 Euro Zuschuss für 50 m² ergibt 1,83 Euro/m² Kürzungsbetrag							
	A:	B:	C:	D:	E:	F:	G:
ortsübliche Miete	4,04	4,28	4,60	4,80	5,10	6,10	7,10
Kürzungsbetrag	–1,83	–1,83	–1,83	–1,83	–1,83	–1,83	–1,83
gezahlte Miete	2,70	2,70	2,70	2,70	2,70	2,70	2,70
mögliche Erhöhung	0,00	0,00	0,07	0,27	0,57	1,57	2,57
Kappung 20 %	(0,54)	(0,54)	(0,54)	0,54	0,54	0,54	0,54
Mieterhöhung	0,00	0,00	0,07	0,27	0,54	0,54	0,54

Bei einer ortsüblichen Miete von 4,80 Euro/m² wäre für die 80-m²-Wohnung rechnerisch eine Erhöhung um 0,72 Euro/m² möglich. Infolge der Kappungsgrenze des § 558 Abs. 3 BGB kann die bisherige Miete von 2,70 Euro/m² aber nur um 20 % = 0,54 Euro/m² erhöht werden. Für die 50-m²-Wohnung kann der Mieterhöhungsspielraum von 0,27 Euro/m² ausgeschöpft werden, die Kappungsgrenze bleibt eingehalten.

305 **Checkliste erforderliche Angaben** für die Erstellung eines Mieterhöhungsverlangens:
- Sind Wohnungsmerkmale mit öffentlicher Förderung/mit Drittmitteln erstellt worden?
- Welcher Teil dieser Mittel entfiel auf Modernisierung (nicht auf Instandsetzung)?
- Welcher Betrag ist konkret der vorliegenden Wohnung zuzuordnen?
- Wie hoch ist die ortsübliche Miete für die Wohnung?

– Wie hoch ist die bisher gezahlte Miete für die Wohnung?
– Falls sich ein Erhöhungsspielraum ergibt: Wie hoch ist die Kappungsgrenze?
– Sind weitergehende öffentliche Bindungen hinsichtlich von Mieterhöhungen eingegangen worden?

Musterformulierung: 306
Sehr geehrte Mieterin,
sehr geehrter Mieter,

gemäß § 558 BGB bitte ich Sie, der nachfolgend berechneten Erhöhung Ihrer Wohnungsmiete zuzustimmen.

Ihre Wohnung (Baujahr 1904) hat eine Wohnfläche von 50 m². Ihre aktuelle Nettokaltmiete beträgt 135,00 Euro, also 2,70 Euro/m².

Die ortsübliche Vergleichsmiete für Ihre Wohnung liegt bei 4,80 Euro/m² netto, wie sich aus dem Mietspiegel für ... vom ... ergibt. Ihre Wohnung ist in das Mietspiegelfeld ... einzuordnen.

Wie Ihnen bekannt ist, waren vor Ihrem Einzug in die Wohnung im Wege der Modernisierung im Jahr 2000 Zentralheizung und ein Bad eingebaut worden. An den Kosten hierfür hat sich die öffentliche Hand mit pauschal 10 000 Euro beteiligt. Diese Förderung ist gemäß § 558 Abs. 5 BGB von dem Betrag abzuziehen, der sich bei einer Erhöhung auf die ortsübliche Vergleichsmiete ergäbe. Rechnerisch beläuft sich der Abzug auf 11 % von 10 000 Euro, geteilt durch 12 Monate, geteilt durch Ihre Wohnfläche; das sind 1,83 Euro/m².

Zieht man diesen Betrag von der ortsüblichen Vergleichsmiete ab, ergeben sich 4,80 Euro – 1,83 Euro = 2,97 Euro/m². Ihre jetzige Miete von 2,70 Euro/m² wird also um 0,27 Euro/m² auf 2,97 Euro/m² erhöht, so dass Ihre Nettokaltmiete sich dann auf 148,50 Euro monatlich beläuft. Hinzu kommen die unveränderten bisherigen Nebenkosten.

Die erhöhte Miete wird ab dem ... berechnet.

Ihre letzte Mieterhöhung erfolgte zum ..., so dass die Jahressperrfrist gemäß § 558 Abs. 1 S. 2 BGB eingehalten ist. Auch hinsichtlich der Kappungsgrenze von 20 % in drei Jahren liegt die erhöhte Miete im gesetzlichen Rahmen, denn Ihre Miete betrug vor drei Jahren 135,00 Euro.

Bitte senden Sie mir die beigefügte Kopie dieses Schreibens unterzeichnet zurück. Ihre Zustimmungserklärung muss spätestens bis zum ...bei mir eingegangen sein.

Mit freundlichen Grüßen

...

Nur ein formwirksames Mieterhöhungsverlangen löst die **Überlegungsfrist** des § 558b Abs. 2 S. 1 BGB aus, und der Ablauf der Überlegungsfrist ist wiederum (besondere) **Sachurteilsvoraussetzung** für die Zustim- 307 mungsklage. Daher sind die Kürzungsbeträge in der geschilderten Form in jedem Falle abzuziehen. Will der Vermieter Zustimmungsklage auf der Grundlage eines Erhöhungsverlangens erheben, das diese Voraussetzungen nicht erfüllt, kann versucht werden, die Angaben in der Klageschrift **nachzuholen**. Wählt man diesen Weg, sollte ausdrücklich ein Hilfsantrag auf Zustimmung zum neu ermittelten Erhöhungsbetrag formuliert werden, um nicht die völlige Klageabweisung zu riskieren.

308 Nach § 558b Abs. 3 BGB kann ein Erhöhungsverlangen, das den Voraussetzungen des § 558a BGB nicht entsprochen hat, auch noch im Rechtsstreit (und zwar auch noch in der Berufung) **nachgebessert oder vollständig nachgeholt** werden[1]. Dies löst aber gemäß § 558b Abs. 3 S. 2 die Überlegungsfrist erneut aus, so dass hier das Risiko der Klageabweisung besteht, wenn die Frist im Zeitpunkt der letzten mündlichen Verhandlung noch läuft.

309 Anders als bei Darlehen verbleiben Baukostenzuschüsse dauerhaft dem Vermieter. Dennoch ist umstritten, wie lange solche Zuschüsse bei Mieterhöhungen in Abzug zu bringen sind. Unseres Erachtens ist es richtig, dass Baukostenzuschüsse **unbegrenzt zu berücksichtigen** sind[2].

310 Während der durch den Fördervertrag oder -bescheid auferlegten **öffentlichrechtlichen Bindungszeit** sind die Drittmittel in jedem Falle auch mietrechtlich zu berücksichtigen. Die öffentliche Förderung dient unter anderem der Wohnraumverbilligung, insofern handelt es sich um Verträge zugunsten der jeweiligen Bewohner, um **Verträge zugunsten Dritter** i.S.d. § 328 BGB. Hingegen wäre es unzutreffend, die dem Mieter durch § 558 Abs. 5 BGB zugesprochene Drittmittelanrechnung auf den Bindungszeitraum des zwischen Fördergeber und Eigentümer geschlossenen Vertrages – als Vertrag zu Lasten Dritter – zu beschränken[3].

311 Zutreffend erscheint uns der Ansatz, dass nicht entscheidend ist, welche Fördermittel dem Vermieter aktuell noch zufließen, sondern nur, **welche Förderbeträge aktuell noch wohnwerterhöhend** in der Ausstattung der Wohnung **vorhanden sind**[4].

---

1 Siehe dazu Rz. 118.
2 Ebenso *Bub/Treier*, 3. Aufl., III A Rz. 386 für Baukostenzuschüsse; LG Berlin, Urt. v. 21.08.2003 – 61 S 31/03, GE 2004, 298.
3 So aber LG Berlin, Urt. v. 6.1.1997 – 62 S 474/96, GE 1997, 240; Urt. v. 3.3.2003 – 62 S 256/01, GE 2004, 298, aufgehoben durch BGH, Urt. v. 25.2.2004 – VIII ZR 116/03, NZM 2004, 380 = GE 2004, 687 = WM 2004, 283.
4 LG Berlin, Urt. v. 21.8.2003 – 61 S 31/03, GE 2004, 298.

Nach der Auffassung des Bundesgerichtshofs müssen Kürzungsbeträge 312
auf Grund Inanspruchnahme öffentlicher Förderung in Mieterhöhungsverlangen nur so lange angegeben werden, wie eine **Bindung** des Vermieters **hinsichtlich der Miethöhe** besteht[1].

Der Bundesgerichtshof schließt sich zunächst der inzwischen allgemeinen Ansicht an, wonach die Angabe der Kürzungsbeträge des § 559a 313
BGB auch für Mieterhöhungen gemäß § 558 BGB[2] Wirksamkeitserfordernis ist, was aus dem Begründungszwang des § 558a Abs. 1 folgt. Im vorliegenden Fall hätten aber die Fördermittel deswegen nicht mehr angeführt zu werden brauchen, weil die Vermieter hinsichtlich der Miethöhe keiner Bindung mehr unterlagen. Ob die öffentliche Förderung in der Begründung des Erhöhungsverlangens enthalten sein müsse, richte sich danach, wie lange diese berücksichtigt werden müsse. Nach ihrem Wortlaut sehen die Vorschriften eine **zeitliche Befristung des Drittmittelabzugs** zwar nicht vor; es könne aber, so der Bundesgerichtshof, dem Eigentümer öffentlich geförderten Wohnraums nicht auf Dauer verboten sein, die ortsübliche Vergleichsmiete zu verlangen.

Der Bundesgerichtshof meint, zwar spreche der **Wortlaut** des Gesetzes 314
dafür, bei Mieterhöhungen Drittmittel, mit deren Hilfe der Standard geschaffen wurde, grundsätzlich unbegrenzt abzuziehen. Dies sei aber „nur vordergründig" der Fall. Der 8. Senat formuliert keinen Rechtssatz, sondern äußert sich mit Wendungen, die üblicherweise ein obiter dictum kennzeichnen: „Der Senat neigt zu der Ansicht", diese Wirkung sei **auf 12 Jahre zu begrenzen.**

Zwei Überlegungen werden in Ansätzen erkennbar: Zum einen sei eine Anrechnung von Drittmitteln für 12 Jahre erforderlich, um eine **Gleichbehandlung** des geförderten Eigentümers mit denjenigen zu erreichen, die den gleichen Standard selbst finanziert haben. Der andere Standpunkt führe dazu, dass eine Anrechnung auf ewig erfolgen müsse, und das widerspreche der Zielsetzung des Gesetzgebers, **Anreize für Modernisierungen** zu geben. Insofern sei das Gesetz (teleologisch?) so auszulegen, dass eine Anrechnung nur für 12 Jahre erfolge.

Wenn eine teleologische Auslegung nicht zu bloßer Beliebigkeit führen 315
soll, wäre es erforderlich, die ausdrücklichen **Motive des Gesetzgebers**[3] wenigstens zur Kenntnis zu nehmen:

---

[1] BGH, Urt. v. 25.2.2004 – VIII ZR 116/03, NZM 2004, 380 = GE 2004, 687= WM 2004, 283.
[2] Ebenso wie für Mieterhöhungen nach § 559 BGB.
[3] BT-Drs. 8. WP S. 1861, S. 5.

Teil II Preisfreier Wohnraum

„Durch ...diese Ergänzungen des § 2 Abs. 1 ... soll erreicht werden, dass bei der Erhöhung der Vergleichsmiete nach § 2 MHG Leistungen aus öffentlichen Haushalten oder des Mieters, die zur Modernisierung der Wohnung erbracht wurden, **in jedem Fall** durch entsprechende Kürzungsbeträge dem Mieter zugute kommen."

316   Der Bundesgerichtshof postuliert die **Zielsetzung**, der Gesetzgeber habe Modernisierung anreizen wollen. Das mag schon sein, jedoch erfolgt dies zum einen schon durch kräftige steuerliche Anreize, zum anderen durch das Vergleichsmietensystem, wonach derjenige, der höheren Standard (selbst finanziert) schafft, auch eine höhere Miete erzielen kann, und weiter durch die Möglichkeit, auch im laufenden Mietverhältnis eine Duldung der Modernisierung zu erzwingen, und schließlich durch das dem Vergleichsmietensystem fremde Recht, Modernisierungskosten durch einseitige Erklärung umzulegen. Nirgendwo wird hier jedoch erkennbar, der Gesetzgeber wolle nicht nur die „selbst finanzierte" Modernisierung in dieser Weise begünstigen, sondern auch die aus öffentlichen Kassen direkt bezuschusste. Im Gegenteil: Es ist anerkannt, dass ein **vom Mieter selbst geschaffenes Standardmerkmal** sowohl bei einer Erhöhung der Miete auf die ortsübliche als auch bei einer Umlage von Modernisierungskosten **dauerhaft** außer Ansatz zu bleiben hat. Für ein **von der öffentlichen Hand geschaffenes Standardmerkmal** kann nichts anderes gelten.

317   Mit seiner Überlegung, der geförderte Eigentümer dürfe nicht besser abschneiden als der nicht geförderte, verengt der Bundesgerichtshof die Zielsetzung ganz unangemessen. Dies kann als Mindestbedingung für die Angemessenheit einer Regelung formuliert werden, aber nicht als deren äußere Grenze. Wenn die öffentliche Hand dem Eigentümer öffentliche Mittel zur Wohnungsmodernisierung zur Verfügung stellt, dann verfolgt dies stets auch das Ziel, die **Verteuerung des Wohnraums** nachhaltig zu bremsen. Denn gerade für die ärmsten Schichten der Bevölkerung bedeutet jede Verteuerung des Wohnraums prinzipiell eine spürbare Verschlechterung ihrer ökonomischen Gesamtsituation mit der Folge etwa, dass für einen wirtschaftsfördernden Konsum weniger zur Verfügung steht, und der Konsequenz höherer Wohngeldzahlungen für die öffentliche Hand. Solche Zielsetzungen der Allgemeinheit und der öffentlichen Hände nimmt der Bundesgerichtshof überhaupt nicht zu Kenntnis.

318   Die **ratio legis** stellt sich unseres Erachtens anders dar: Der Eigentümer, der ausschließlich mit eigenen Mitteln modernisiert, erhält nach 9,1 Jahren sein eingesetztes eigenes Kapital zurück; wenn er fremdfinanzieren muss, dauert es etwa 12 Jahre. Der Eigentümer betreibt aber die Modernisierung nicht deshalb, weil er Kapital verbauen will, sondern weil

er auf diese Weise über die Erhöhung des Wohnwerts aus der Modernisierung eine dauerhafte Rendite erhält. Diese Renditephase beginnt, wenn die Refinanzierungsphase beendet ist, sie beginnt also erst nach 9,1 bzw. 12 Jahren und sie ist im Prinzip unbegrenzt. Das Maß der Rendite kann man ablesen an dem Unterschied zwischen der ortsüblichen Miete im modernisierten und der im unmodernisierten Zustand. Wenn der Bundesgerichtshof die Betrachtung just bei 9,1 (bzw. bei 12 Jahren) kappt, verschließt er sich den Blick auf das, was dem Eigentümer Dreh- und Angelpunkt seiner unternehmerischen Betrachtung ist. Dem Fördergeber hingegen geht es nicht nur darum, sein Kapital zurückzuerhalten, sondern darum, dass die Allgemeinheit durch nachhaltige Senkung der Miete an der Rendite der Unternehmung beteiligt wird.

Insofern verstößt die Entscheidung auch gegen den Gleichheitssatz. Dieser bedeutet nicht nur, Gleiches gleich zu behandeln, sondern auch Ungleiches entsprechend seinen wesentlichen Unterschieden ungleich. Es wird nun einmal **nicht ein öffentliches Darlehen** gegeben, sondern ein **öffentlicher Zuschuss**. Dem Vermieter wird durchaus nicht für 12 Jahre ein Verzicht abverlangt, sondern er erhält gerechterweise keine Gegenleistung für den Teil seiner Mietsache, den er nicht mit eigener Leistung geschaffen hat. Der Vermieter muss nicht auf eigene Mittel verzichten, um die Rückzahlung zu bedienen, sondern der Zuschuss nebst Finanzierungsvorteil verbleibt ihm dauerhaft. Die öffentliche Hand erhält ihre Mittel gerade nicht zurück. 319

Allerdings bleibt im Urteil des BGH, der einmal von Aufwendungsdarlehen spricht, dann von Baukostenzuschüssen, unklar, inwieweit er zwischen diesen Förderleistungen unterschieden und deren Wirkung zu Ende gedacht hat[1]. Nach den Bruchstücken des Fördervertrags, die er zitiert, haben die Vermieter Baukostenzuschüsse von 2 283 784 DM erhalten und Vorauszahlungsmittel von 1 560 374 DM. Die im Vertrag vereinbarte Bindungszeit lief bis 2005. Eine 1995 abgeschlossene Zusatzvereinbarung verhielt sich nur zu den Vorauszahlungsmitteln, legte nämlich fest, dass diese zurückzuzahlen sind, erklärte weiter, nunmehr seien Mieterhöhungen nach § 2 MHG möglich (was nichts darüber sagt, in welcher Höhe). Der Bundesgerichtshof erkennt an, dass die Zusatzvereinbarung die Auswirkungen der Rückzahlung der Vorauszahlungsmittel von 1 560 374 DM regelt. Dass diese nunmehr bei Mieterhöhungen nach § 2 MHG außer Betracht bleiben müssen, ist nachvollziehbar. Warum die Baukostenzuschüsse, die gar nicht Gegenstand der Zusatzvereinbarung waren, nun nicht mehr zu berücksichtigen sein sollen, erschließt sich nicht und wird auch nicht angesprochen. Das Land- 320

---

1 Zur Terminologie siehe Rz. 451.

gericht[1] hatte aber richtigerweise gerade diese zur rechnerischen Ermittlung des Kürzungsbetrags herangezogen.

321 In nachfolgenden Entscheidungen hat der 8. Senat des BGH **offen gelassen**, ob der Zeitraum, in dem Kürzungsbeträge von der Mieterhöhung abzusetzen sind, auf 10 oder auf 12 Jahre festzulegen sei. Jedenfalls beinahe 25 Jahre nach mittlerer Bezugsfertigkeit und mehr als 18 Jahre nach Gewährung des letzten Förderbetrages sei die gewährte Förderung durch die verminderte Mieterhöhung aufgezehrt[2].

dd) Vertragliche Vereinbarungen zur Begrenzung der Mieterhöhung

322 Sowohl im Mietvertrag als auch in späteren Vereinbarungen, etwa in einem Vergleich anlässlich eines Rechtsstreits, können die Parteien Mieterhöhungen gemäß § 558 BGB **einschränken** oder – auf Dauer oder für einen festgelegten Zeitraum – **ausschließen**.

➲ **Beispiel:**
Für den Zeitraum bis zum 31.12.2007 werden Mieterhöhungen gemäß § 558 BGB ausgeschlossen.

➲ **Beispiel:**
Für künftige Mieterhöhungen nach § 558 BGB sind die Parteien darüber einig, dass das vorhandene Bad nicht als vom Vermieter gestellte Ausstattung berücksichtigt wird.

c) Mieterhöhungsverlangen § 558a BGB

aa) Vorüberlegungen

323 Zur Erstellung eines wirksamen Erhöhungsverlangens sind einige **tatsächliche Informationen** über die Mietwohnung erforderlich, nämlich deren Fläche und weitere Wohnungsmerkmale.

324 Die Miete wird bezogen auf Quadratmeter erhöht. Die **Wohnfläche** ergibt sich in der Regel aus dem Mietvertrag oder aus früheren Mieterhöhungserklärungen. Solche Angaben sind aber nicht immer richtig, sie können veraltet oder geschätzt sein oder auf Planungsunterlagen beruhen. Weichen die tatsächliche und die mietvertraglich vereinbarte Fläche voneinander ab, so gilt:

---

1 LG Berlin, Urt. v. 3.3.2003 – 62 S 256/01, GE 2004, 298.
2 BGH, Urt. v. 23.6.2004 – VIII ZR 282/03, 283/03, 284/03, 285/03, alle WM 2004, 484.

Ist die tatsächliche Fläche **niedriger** als die vereinbarte, so kommt es allein auf die wirkliche Fläche an[1]. Der verlangte Quadratmeterpreis, bezogen auf die niedrigere Fläche, ergibt deswegen einen geringeren Erhöhungsbetrag. 325

Ist die tatsächliche Wohnfläche **größer** als die mietvertraglich vereinbarte, gibt es Meinungsverschiedenheiten darüber, auf welche Fläche es ankommen soll. Teilweise wird hier die vereinbarte Fläche für ausschlaggebend gehalten[2]. Die Gegenmeinung stellt darauf ab, ob es sich bei der Angabe der Wohnfläche im Mietvertrag um eine rechtsgeschäftlich bindende Vereinbarung oder eine einseitige Zusicherung des Vermieters handelt, oder ob es sich um eine bloße Beschaffenheitsangabe oder unverbindliche Beschreibung handelt[3]. Im letzteren Fall soll es dann bei dem Grundsatz bleiben, dass die Ermittlung der ortsüblichen Vergleichsmiete auf der Basis der tatsächlichen Wohnfläche zu erfolgen hat. 326

Unter Umständen enthält der Mietvertrag (aus Vermietersicht durchaus sinnvoller Weise) **keine Flächenangabe**, oder der Mietvertrag ist beim Vermieter nicht auffindbar (etwa bei im Wege der Zwangsversteigerung erworbener Eigentumswohnung). In solchen Fällen kann überlegt werden, ob sich über Treu und Glauben ein Anspruch gegen den Mieter auf Vorlage des Mietvertrags begründen lässt[4]. 327

Ob die Kosten eines sachverständigen **Aufmaßes** einer Kosten-Nutzen-Prüfung standhalten, muss der Vermieter entscheiden. Eigene Aufmaße erweisen sich häufig als unzuverlässig. 328

Nach welchen **Kriterien** im Streitfall die Wohnfläche im freifinanzierten Wohnungsbau zu **berechnen** ist, ist gesetzlich nicht geregelt. Der Begriff der Wohnfläche ist auslegungsbedürftig, ein allgemeiner, völlig eindeutiger Sprachgebrauch für den Begriff der Wohnfläche hat sich nicht entwickelt. Es liegt auf der Hand, dass ein erhebliches praktisches Bedürfnis für die Anwendung eines allgemein anerkannten Maßstabes für die Wohnflächenberechnung besteht[5]. 329

---

1 H.M., OLG Hamburg, Beschl. v. 5.5.2000 – 4 U 263/99, WM 2000, 348 m.w.N.; vgl. auch die Nachweise bei *Pauly*, WM 1998, 469, 472 Fn. 31.
2 Vgl. die Nachweise bei *Pauly*, WM 1998, 469, 472 Fn. 33; LG Berlin, Urt. v. 7.6.2001 – 62 S 407/00, GE 2002, 263.
3 LG Berlin, Urt. v. 30.11.1999 – 65 S 292/99, GE 2000, 208; LG Berlin, Urt. v. 29.3.2005 – 65 S 358/04, GE 2005, 617; LG Berlin, Urt. v. 3.2.2005 – 62 S 96/04, GE 2005, 619.
4 So AG Stolzenau, Beschl. v. 3.2.1998 – 3 C 619/97, WM 1998, 212, für den Zwangsverwalter.
5 Instanzrechtsprechung hierzu bei *Dröge*, Handbuch der Mietpreisbewertung für Wohn- und Gewerberaum, 3. Aufl., S. 43 ff.

330 Der Bundesgerichtshof hat hierzu festgestellt, dass zur Ermittlung der tatsächlichen Größe bei freifinanziertem Wohnraum auf die bis zum 31.12.2003 geltenden Bestimmungen der §§ 42–44 der **II. BV** und ab dem 1.1.2004 auf die im Wesentlichen gleich lautenden Bestimmungen der **Verordnung zur Berechnung der Wohnfläche** vom 25.11.2003[1], die auf Grund von § 19 Abs. 1 Satz 2 Wohnraumförderungsgesetz (WoFG) erlassen worden ist, zurückgegriffen werden kann[2]. Direkt anwendbar ist die Verordnung nur für Wohnraum, der nach dem Wohnraumförderungsgesetz errichtet wird[3]. Die vom Bundesgerichtshof weiter angesprochene DIN 283 Teil 2[4], die bis 1983 im freifinanzierten Wohnungsbau anwendbar war, stimmt im Wesentlichen mit den vorgenannten Regelungen überein[5].

331 Für die Begründung der Erhöhung sind unabhängig vom Begründungsmittel neben der Größe auch die **Ausstattung, Beschaffenheit** und **Lage** der Wohnung von Bedeutung (wobei auch andere wohnwertbestimmende Faktoren eine Rolle spielen können, die der einschlägige Mietspiegel nicht als Kriterien nennt).

332 Dies macht Angaben zur **Baualtersklasse** (des Gebäudes, nicht der einzelnen Wohnung) notwendig, die sich aus Hausakten oder behördlichen Unterlagen ermitteln lässt, aber auch dazu, ob **Bad** und **Sammelheizung** vorhanden sind. Je nach den Kriterien des örtlich einschlägigen Mietspiegels, der Mietdatenbank, des begutachtenden Sachverständigen oder der heranzuziehenden Vergleichswohnungen kann es auf zahlreiche weitere bauliche Einzelheiten ankommen, die Einfluss auf den Wohnwert haben.

333 Etwaige **Mängel** der Wohnung werden in diesem Zusammenhang nicht mit bewertet, behebbare Mängel bleiben bei der Feststellung der ortsüblichen Vergleichsmiete außer Betracht, weil dem Mieter die Gewährleistungsansprüche zur Verfügung stehen[6] und solche Mängel keine dauerhaften Charakteristika einer Wohnung sind.

---

1 BGBl. I 2003, 2346.
2 BGH, Urt. v. 24.3.2004 – VIII ZR 44/03, WM 2004, 337 m.w.N; vgl. auch *Bieber*, MietRB 2004, 331 und *Eisenschmid* in MietPrax, § 536 BGB Ziff. 2.
3 *Dröge*, Handbuch der Mietpreisbewertung für Wohn- und Gewerberaum, 3. Aufl., S. 19, macht auf das Problem aufmerksam, dass die bis zum 31.12.2003 erstellten Mietspiegel und vereinbarten Mieten auf einem früheren Flächenmaßstab beruht haben und es deswegen mit der Vergleichbarkeit Schwierigkeiten geben kann.
4 Abgedruckt bei *Dröge*, Handbuch, Anhang D; die DIN 277 findet sich dort Anhang C.
5 Die Norm ist seinerzeit nur deswegen zurückgezogen worden, weil man meinte, es bestehe kein Regelungsbedürfnis, vgl. dazu *Langenberg*, NZM 2003, 177.
6 Allg. Ansicht, grundlegend OLG Stuttgart, Beschl. v. 7.7.1981 – 8 RE-Miet 1/81, WM 1981, 225, siehe auch *Weitemeyer* in Staudinger, § 558 BGB, Rz. 36.

Für die Möglichkeit, derartige **Wohnungsmerkmale** wohnwerterhöhend heranzuziehen, ist ausschlaggebend, ob Vermieter oder Mieter die entsprechenden Wohnungsmerkmale **geschaffen** haben. Einrichtungen des Mieters, die den Wohnwert erhöhen, sind bei der Ermittlung der ortsüblichen Vergleichsmiete nicht zu berücksichtigen, es sei denn, Vermieter und Mieter hätten etwas anderes vereinbart oder der Vermieter hätte die vom Mieter verauslagten Kosten erstattet[1]. Ist die Einrichtung weder vom Vermieter noch vom Mieter, sondern von einem Vormieter geschaffen worden, gilt sie als vom Vermieter gestellt, es sei denn, der Mieter hätte sie vom **Vormieter** entgeltlich übernommen[2]. Zu klären ist also z.B.: Hat der Mieter die Gasetagenheizung eingebaut? Auf wessen Kosten ist das Bad verfliest worden? Aus dem Mietvertrag ergibt sich dies in den wenigsten Fällen, eher schon aus früheren Besichtigungs- oder Wohnungsabnahmeprotokollen; entscheidend sind im Streitfall ohnedies wieder die tatsächlichen (und beweisbaren) Verhältnisse.

334

Haben zur Herstellung eines Standardmerkmals **Vermieter und Mieter zusammen gewirkt**, entweder durch Aufteilung der Arbeiten oder durch Teilung der Kosten, und keine klare Vereinbarung getroffen, dann ist das unproblematisch, wenn es zu Parametern eines Mietspiegels passt: Z.B. könnte die Ausstattung mit Badewanne Vermieterleistung sein und deswegen mieterhöhend wirken, die anschließend vom Mieter vorgenommene Verfliesung hingegen außer Betracht zu lassen sein. Wird dagegen ein Ausstattungsmerkmal von beiden finanziert, so wird man dieses Merkmal nicht mieterhöhend werten können, weil es nicht allein vom Vermieter geschaffen ist.

335

Wem eine Ausstattung zuzuordnen ist, kann sich aber auch aus **Regelungen des Mietvertrags** ergeben. Die mietvertragliche Vereinbarung, dass der Mieter die Kosten für die Instandhaltung einer Gasetagenheizung einschließlich der Wartung auf eigene Kosten zu übernehmen habe, führt dazu, dass die Wohnung nicht als vermieterseits mit einer Sammelheizung ausgestattet gelten kann[3].

336

Kennen weder der Vermieter selbst noch Dritte (Handwerker, Hausmeister, Reparaturfirmen) die Wohnungsmerkmale, so kann in Ausnahmefällen ein einklagbarer **Auskunftsanspruch** gegen den Mieter bestehen. Ein Anspruch auf **Besichtigung** der Wohnung durch den Vermieter wird sich nicht mit der Begründung durchsetzen lassen, man wolle die Voraussetzungen für ein Mieterhöhungsverlangen feststellen. Allerdings wird in der Literatur vertreten, der Mieter habe die Wohnungs-

337

---

1 BayObLG, Beschl. v. 24.6.1981 – Allg. Reg. 41/81, WM 1981, 208.
2 *Weitemeyer* in Staudinger, § 558 BGB, Rz. 34 m.w.N.
3 LG Berlin, Hinweis vom 17.1.2005 – 67 S 273/04, MM 2005, 146.

besichtigung durch einen Sachverständigen zur Feststellung des Mietwerts zu dulden[1]. Im Rahmen eines gerichtlichen Verfahrens ist dagegen nichts einzuwenden. Ein Recht auf außergerichtliche Ausforschung besteht dagegen nicht[2].

338 Wenn dieser Weg zu langwierig ist, kann man nach Erfahrungsgrundsätzen eine Mieterhöhung, gestützt auf Mietspiegel, Mietdatenbank oder Vergleichswohnungen, durchführen und ggf. **abwarten**, welche **Einwendungen** im Prozess bezüglich der Wohnungsmerkmale vorgetragen werden.

339 Ausgangspunkt für die Erhöhungserklärung ist die **bisher gezahlte Miete**, deren Struktur also bekannt sein muss[3]. Sind Zuschläge enthalten[4], müssen diese festgestellt und ggf. im Erhöhungsverlangen ausdrücklich bezeichnet werden[5]. Die bisherige Miete wird dann rechnerisch an die **ortsübliche Miete** angeglichen. Maßgeblicher **Zeitpunkt** für die Feststellung der ortsüblichen Vergleichsmiete ist der Zugang des Erhöhungsverlangens[6]. Das Ergebnis ist ggf. zu **kürzen**, wenn die Kappungsgrenze[7] greift oder Drittmittel anzurechnen sind[8].

340 Weiter ist zu überlegen, wie die Mieterhöhung **begründet** werden soll, welches der vorgegebenen Begründungsmittel also herangezogen werden soll[9].

341 Sofern in Betracht kommt, auch eine Mieterhöhung wegen durchgeführter **Modernisierung** vorzunehmen, muss bei der anwaltlichen Überprüfung und Beratung abgewogen werden, auf welche Weise sich der Vermieter günstiger steht. Die Fragestellung wird unten[10] besprochen.

---

1 *Kraemer* in Bub/Treier, Handbuch, 3. Aufl., III Rz. 1127; *Emmerich* in Staudinger, § 558a BGB Rz. 41.; *Sternel*, Mietrecht, 3. Aufl., III Rz. 674; *Kinne/Schach/Bieber*, Miet- und Mietprozessrecht, 4. Aufl. § 535 Rz. 73, bejahen ein Besichtigungsrecht des Vermieters selbst.
2 *Eisenschmid* in Schmidt-Futterer, § 535 Rz. 153 ff., nennt bei der Auflistung der Zutrittsrechte des Vermieters diesen Fall nicht.
3 Siehe dazu Rz. 270 ff.
4 Siehe dazu Rz. 276 ff.
5 Zum Klageantrag in diesen Fällen s. OLG Frankfurt, Beschl. v. 21.3.2001 – 20 RE-Miet 2/99, WM 2001, 231.
6 BayObLG, Beschl. v. 27.10.1992 – RE-Miet 3/92, WM 1992, 677, u. allgemeine Ansicht. Auf das Niveau der ortsüblichen Miete im Zeitpunkt der mündlichen Verhandlung kommt es entgegen verbreiteter Praxis nicht an.
7 Siehe dazu Rz. 286 ff.
8 Siehe dazu Rz. 294 ff.
9 Siehe dazu Rz. 250, Rz. 349 ff.
10 Siehe dazu Rz. 473 ff.

Häufig besteht vermieterseits im Zusammenhang mit der beabsichtigten Erhöhung der Wunsch, z.B. die bisher vereinbarte Bruttokaltmiete **umzustellen** in eine (zu erhöhende) Nettokaltmiete zuzüglich Betriebskostenvorschüsse. In der Praxis findet sich auch immer wieder der Versuch, dies „stillschweigend" zu tun, ohne also ausdrücklich darauf aufmerksam zu machen, dass eine solche Änderung vereinbart werden soll. Einseitig kann eine solche Umstellung nicht durchgeführt werden, und es besteht ein erhebliches Risiko, die gesamte Erhöhung unwirksam zu machen, wenn dies versucht wird[1]. Auch eine Mietvertragsklausel, wonach die Mietstruktur einseitig geändert werden darf, führt hier nicht weiter, sie ist nach § 308 Ziff. 4 BGB unwirksam[2]. Wenn überhaupt, sollten dem Mieter deutlich die beiden in Frage kommenden Alternativen erläutert und explizit gebeten werden, sich mit der Umstellung einverstanden zu erklären. 342

bb) Inhalt der Erklärung

Formale Voraussetzungen für die Mieterhöhung sind, dass das Verlangen vom richtigen Vermieter an den richtigen Mieter gerichtet wird und in der richtigen Form abgegeben und begründet wird. 343

Checkliste: **Mindestinhalt** Erhöhungsverlangen 344
– Absenderangabe wie im Mietvertrag/Grundbuch; bei juristischer Person sind genaue Angaben zu machen, bei BGB-Gesellschaft sind alle Gesellschafter zu nennen;
– falls ein Vertreter des Absenders die Erklärung abgibt, muss er Vertretungsmacht haben und auf das Vertretungsverhältnis hinweisen; da die Einzelheiten hier umstritten sind, sollte vorsorglich der Name des Vermieters ausdrücklich angegeben werden;
– Adressatenangabe wie im Mietvertrag; auf eine Empfangsvollmachtsklausel im Formularmietvertrag sollte man sich nicht verlassen[3];
– Ausgangsmiete, Erhöhungsbetrag und Höhe der verlangten Miete („von ... um ... auf");
– Begründung, warum die verlangte Miete ortsüblich ist;

---

[1] OLG Hamburg, Beschl. v. 20.12.1982 – 4 U 25/82, WM 1983, 49; *Schultz* in Bub/Treier, Handbuch, 3. Aufl., III Rz. 332 m.w.N.; vgl. auch *Hannemann*, NZM 1998, 612 m.w.N. in Fn. 5.
[2] *Sternel*, NZM 1998, 833; vgl. näher *v. Seldeneck*, Betriebskosten im Mietrecht, Rz. 1144 ff.
[3] Vgl. dazu BGH, Beschl. v. 10.9.1997 – VIII ARZ 1/97, WM 1997, 599 = NZM 1998, 22; *Sternel*, Mietrecht, III Rz. 553 m.w.N.; *Schultz* in Bub/Treier, Handbuch, III Rz. 370 m.w.N.

- Angaben aus dem qualifizierten Mietspiegel, falls ein solcher vorliegt[1];
- im Falle öffentlicher Förderung: Angaben zu den Kürzungsbeträgen;
- Aufforderung zur Zustimmungserklärung.

345 Schon aus Dokumentations- und Beweisgründen ist davon abzuraten, Mieterhöhungserklärungen (nur) in **Textform** abzugeben, auch wo das Gesetz dies jetzt zulässt. Auch hier muss unter anderem die Person des Erklärenden genannt werden, dafür ist bei einer juristischen Person die Angabe notwendig, welche natürliche Person die Erklärung abgegeben hat[2]. Verträge mit längerer Laufzeit als einem Jahr, die nach § 550 BGB der Schriftform bedürfen, können durch eine lediglich in Textform abgegebene Mieterhöhungserklärung jederzeit mit gesetzlicher Kündigungsfrist kündbar werden, eine Folge, die bedacht werden sollte[3].

Bei den nachfolgenden zusätzlichen Angaben ist in der Rechtsprechung z.T. streitig, ob sie notwendiger Erklärungsinhalt sind; sinnvoll sind die Angaben in jedem Falle.

346 Checkliste: **Zweckmäßige weitere Angaben**
- der neue Quadratmeterpreis, um bei den Begründungsmitteln Mietspiegel und Vergleichswohnungen die Erhöhung verständlich begründen zu können;
- Zeitpunkt, ab dem die Erhöhung verlangt wird[4];
- Begründung dafür, dass die Kappungsgrenze eingehalten ist (eine Mindermeinung hält das Zustimmungsverlangen sonst für unwirksam);
- Hinweis, dass die Wartefrist eingehalten ist (ggf.: durch andere, nicht anzurechnende Erhöhungen nicht ausgelöst wird)

347 Eine **Klageandrohung**, wie sie sich in der Praxis häufig findet, ist nicht notwendig und häufig kontraproduktiv, weil sie nicht als Hinweis auf die Rechtslage, sondern als Drohung empfunden wird. Wenn nicht darauf verzichtet werden soll, empfiehlt sich eine **Formulierung** wie: „Sollten Sie dem Erhöhungsverlangen nicht wie erbeten zustimmen, so lässt uns das Gesetz nur die Möglichkeit, Ihre Zustimmung gerichtlich einzufordern, was wir gern vermeiden möchten".

---

1 D.h. der „Schattenpreis", so plastisch *Haber*, NZM 2001, 305, 310; vgl. LG München I, Urt. v. 12.6.2002 – 14 S 21762/01, WM 2002, 427.
2 LG Berlin, Urt. v. 23.6.2003 – 62 S 52/03, GE 2003, 1156; LG Berlin, Urt. v. 11.8.2003 – 62 S 126/03, WM 2003, 568.
3 Vgl. dazu *Nies*, NZM 2001, 1071, 1072.
4 OLG Koblenz, Beschl. v. 11.3.1983 – 4 W-RE-69/83, WM 1983, 132.

Falls für die Erklärung **Formulare** oder Vordrucke verwendet werden sollen, ist hier erhöhte Sorgfalt erforderlich. In keinem Falle sollte das Zustimmungsverlangen mit anderen vertragsändernden Erklärungen verbunden werden[1]. 348

cc) Notwendige Begründung

Die **Anforderungen** an die Begründung eines wirksamen Mieterhöhungsverlangens auf die ortsübliche Vergleichsmiete finden sich in § 558a BGB: 349

– Erklärung in Textform;
– Begründung in Textform;
– Angaben zum qualifizierten Mietspiegel.

Die Abgabe der Erklärung (nur) in **Textform**, § 126b BGB, hat sich in der Praxis bisher nicht durchgesetzt und ist schon aus Dokumentations- und Beweisgründen auch nicht empfehlenswert. Immerhin erledigt die Einführung der Textform aber etliche frühere Streitfragen wie etwa die, ob es der bisher gesetzlich geforderten Schriftform genügt, wenn die beigefügte Auflistung der Vergleichswohnungen nicht unterschrieben ist. 350

Die Begründung muss dem Mieter nahe bringen, dass die verlangte erhöhte Miete die ortsübliche Vergleichsmiete nicht übersteigt. Dazu müssen **überprüfbare Tatsachen** mitgeteilt werden, die schlichte Behauptung, dem sei so, genügt nicht. Erst recht genügt natürlich nicht ein Hinweis auf allgemeine Preissteigerungen, Finanzierungsbedarf für das Objekt o.Ä. 351

Der Mieter soll durch die **Wahl des Begründungsmittels** in den Stand versetzt werden, die sachliche Berechtigung der Erhöhung zu überprüfen, damit er sich ein eigenes Bild machen und entscheiden kann, ob er zustimmt. Er soll über die Mietpreislage informiert werden und Anhaltspunkte für ein sachliches Gespräch mit dem Ziel einer gütlichen Einigung bekommen. Der Begründungszwang soll also vor allem eine **streitvermeidende Funktion** haben: Die Möglichkeit außergerichtlicher Einigung soll gefördert, überflüssige Klagen sollen vermieden werden; der Mieter soll vor ungerechtfertigten Erhöhungen geschützt, der berechtigte Anspruch des Vermieters aber möglichst ohne Rechtsstreit durchsetzbar sein. 352

---

[1] Vgl. etwa LG Wiesbaden, Urt. v. 29.4.1991 – 1 S 2/91, WM 1991, 698.

353 Da seit der Neuregelung in § 558a Abs. 3 BGB dann, wenn ein **qualifizierter Mietspiegel** vorhanden ist[1], dessen Angaben für die Wohnung in jedem Falle mitgeteilt werden müssen, bietet es sich an, einen solchen Mietspiegel zur Begründung heranzuziehen, wenn es ihn gibt. Infolge der Vermutungswirkung, die § 558d Abs. 3 BGB dem qualifizierten Mietspiegel beilegt, wird das Gericht ihn im Streitfall auch zur inhaltlichen Feststellung der ortsüblichen Miete anwenden. Der Nachweis, dass eine höhere Miete als die im qualifizierten Mietspiegel aufgeführte Miete ortsüblich ist, ist zwar möglich, aber ein sehr aufwendiges Unterfangen, das sich nur bei sehr grundsätzlichen Erwägungen lohnen kann.

354 Auch ein **einfacher Mietspiegel** ist von der Zugänglichkeit und Überzeugungskraft her den sonstigen Begründungsmitteln überlegen, auch seine Werte werden vom Gericht im Streitfall jedenfalls in Betracht gezogen werden, und vorgerichtlich wird der Mieter bzw. dessen Berater ihn zur Prüfung des Erhöhungsverlangens heranziehen.

355 Um dem Erhöhungsverlangen zugrunde gelegt werden zu können, muss der Mietspiegel **im Einzelfall anwendbar** sein. Dazu gehört zunächst, dass er für die betreffende Gemeinde erstellt, also örtlich anwendbar ist. Für mehrere Gemeinden erstellte Mietspiegel müssen die ortsübliche Miete für jede Gemeinde getrennt ausweisen. Weiter muss er sachlich einschlägig sein. Das bedeutet, dass in den erhobenen Daten auch diejenigen vergleichbarer Wohnungen eingeflossen sind, die konkrete Wohnung muss eine Chance gehabt haben, in die für den Mietspiegel erhobene Stichprobe zu kommen[2]. Wenn bei der Datenerhebung keine oder nicht ausreichende Daten für entsprechende Wohnungen erhoben worden sind, etwa weil Wohnungen dieses Baujahrs oder dieser Größe nicht erfasst sind, kann der Mietspiegel nicht zur Begründung dienen.

356 Ferner muss der einschlägige Mietspiegel nicht nur grundsätzlich anwendbar sein, sondern er muss darüber hinaus auch für die konkrete Wohnung **Daten enthalten**. Findet sich in der entsprechenden Kategorie ein leeres Rasterfeld, kann der Mietspiegel nicht zur Begründung einer Erhöhung herangezogen werden, weil sich die ortsübliche Miete für eine Wohnung dieses Typs dann nicht aus ihm herleiten lässt[3]. Soweit der Mietspiegelersteller es vorsieht, durch bestimmte **Zu- oder Abschläge** die ortsübliche Miete für eine bestimmte Wohnungsart zu ermitteln, muss sich das aus dem Mietspiegel selbst ergeben, der Anwender kann

---

1 Eine alphabetische Auflistung mit Links für die im Internet zugänglichen Mietspiegel findet sich unter www.mietrb.de.
2 *Börstinghaus* in Schmidt-Futterer, Mietrecht, 8. Aufl., § 558a BGB Rz. 40.
3 H.M., vgl. etwa LG Berlin, Urt. v. 1.2.1990 – 61 S 353/89, WM 1990, 158.

nicht durch irgendwelche Rechenoperationen, Analogieschlüsse o.Ä. die für ortsüblich gehaltene Miete herleiten.

Hinweis: Hier sind nicht die gesondert zu behandelnden **Zuschläge** für Untervermietung, Möblierung, teilgewerbliche Nutzung, Garagennutzung und vom Vermieter zu tragende Schönheitsreparaturen[1] gemeint, sondern im jeweiligen Mietspiegel selbst aufgeführte Zu- und Abschläge. Der Berliner Mietspiegel 2003 etwa sah Zuschläge unterschiedlicher Höhe dann vor, wenn die Wohnung mit hochwertigem Bodenbelag, einer modernen Einbauküche, einem modernen Bad, einer nutzbaren Dachterrasse, einem Innenkamin, wohnungsbezogenen Kaltwasserzählern oder einer von der Badewanne getrennten Duschtasse ausgestattet ist. Der Berliner Mietspiegel 2005 enthält nicht mehr alle diese Kategorien. 357

Die Rechtsprechung hält es teilweise für möglich, dass ein Mietspiegel für bestimmte **Ausreißerwohnungen** die ortsübliche Miete nicht wiedergibt, weil sie zwar in die entsprechende Kategorie fällt (Art, Größe, Ausstattung, Beschaffenheit und Lage der Wohnung sind im Mietspiegel erfasst, beispielsweise Wohnung in einem Mehrfamilienhaus, bezugsfertig bis 1918, mit Sammelheizung, Bad und Innentoilette in guter Wohnlage, 60 bis 90 Quadratmeter groß), aber so untypische Merkmale aufweist (denkmalgeschützte Wohnanlage, gärtnerisch gestaltetes Wohnumfeld), dass der Mietspiegel sie nicht erfasst. Kann der Vermieter die verlangte Miethöhe nicht mit dem Mietspiegel begründen, steht es ihm frei, auf andere Begründungsmittel zuzugreifen. Besteht allerdings ein qualifizierter Mietspiegel, der die Wohnung erfasst, müssen dessen Angaben für die Wohnung auch im Mieterhöhungsverlangen angegeben werden. 358

Für die Begründung des Erhöhungsverlangens muss bei Anwendung eines Mietspiegels dann subsumiert werden, also erläutert, **wie die Wohnung** nach Auffassung des Vermieters in den Mietspiegel **einzugruppieren ist**, auf Grund welcher Tatsachen der Vermieter also welches Mietspiegelfeld für einschlägig hält[2] („Ihre Wohnung hat das Baujahr 1986, ist 64 Quadratmeter groß und liegt nach dem Straßenverzeichnis in mittlerer Wohnlage, so dass sie nach der Berliner Mietspiegeltabelle 2005 in das Feld H 9 einzuordnen ist."). 359

---

[1] Vgl. dazu Rz. 27 ff.
[2] LG Berlin, Urt. v. 14.7.2005 – 62 S 120/05, GE 2005, 1063 (Revision zugelassen), hält ein Mieterhöhungsverlangen für formell unwirksam, wenn der Vermieter ein falsches Rasterfeld des Mietspiegels angibt.

360 Enthält der Mietspiegel **Spannen**, liegt also die ortsübliche Miete für die Wohnung etwa zwischen 4,87 Euro und 7,19 Euro/m² netto, so genügt es gemäß § 558a Abs. 4 Satz 1 BGB zur Begründung, wenn die verlangte Miete innerhalb der Spanne liegt, also etwa mit 7,00 Euro/m² angegeben wird. Es muss also nicht die genaue Einordnung innerhalb der Spanne vorgenommen werden, dies ist eine Frage der Begründetheit des Erhöhungsverlangens. Die Gesetzesformulierung legt den Umkehrschluss nahe, dass ein Mieterhöhungsverlangen formal unwirksam ist, bei dem zwar auf den Mietspiegel Bezug genommen wird, aber eine Miete verlangt wird, die oberhalb der Spanne liegt. Der Bundesgerichtshof[1] sieht das anders und hält ein solches Mieterhöhungsverlangen bis zu dem im Mietspiegel angegebenen Höchstbetrag für formell wirksam, weil der Mieter ohne weiteres in der Lage sei, die Berechtigung des Mieterhöhungsbegehrens zu überprüfen.

361 Liegt ein entsprechend den gesetzlichen Vorgaben aktualisierter Mietspiegel nicht vor, kann der Vermieter nach § 558a Abs. 4 Satz 2 BGB einen **anderen Mietspiegel** zur Begründung heranziehen, insbesondere einen veralteten Mietspiegel oder denjenigen einer vergleichbaren Gemeinde. Solche Mietspiegel können also dann herangezogen werden, wenn in der eigenen Gemeinde für die konkrete Wohnung kein aktueller Mietspiegel vorhanden ist[2]. Ist auch kein derartiger Mietspiegel als Begründungsmittel vorhanden, muss überlegt werden, auf Sachverständigengutachten oder Vergleichswohnungen zurückzugreifen. Die Verwendung sonstiger Begründungsmittel dürfte in aller Regel praktisch ausscheiden.

362 Für das Begründungsmittel **Sachverständigengutachten** verlangt § 558 Abs. 2 Ziff. 3 BGB nur, dass das Gutachten mit Gründen versehen und der Gutachter öffentlich bestellt und vereidigt sein muss. Weitere formale Erfordernisse (etwa Kenntnis des örtlichen Wohnungsmarkts, Verwendung nur selbst erhobener Daten, konkrete Angaben zu Vergleichswohnungen etc.) bestehen nicht, letztlich handelt es sich ja (nur) um ein Parteigutachten. Das Gutachten ist i.S.d. Vorschrift „mit Gründen versehen", wenn der Sachverständige in einer für den Mieter verständlichen und nachvollziehbaren Weise dargetan hat, warum die nunmehr begehrte Miete seiner Auffassung nach der ortsüblichen Miete entspricht; es ist also eine Aussage über die tatsächliche ortsübliche Ver-

---

1 BGH, Urt. v. 12.11.2003 – VIII ZR 52/03, WM 2004, 93 = MietRB 2004, 135.
2 *Börstinghaus* in Schmidt-Futterer, Mietrecht, 8. Aufl., § 558a BGB Rz. 46 m.w.N. Eine Auswahl von Rechtsprechung dazu, welche Gemeinden in diesem Sinne für vergleichbar oder unvergleichbar gehalten worden sind, findet sich bei *Börstinghaus* in Schmidt-Futterer, Mietrecht, 8. Aufl., § 558a BGB Rz. 51.

gleichsmiete zu treffen und die zu beurteilende Wohnung in das örtliche Mietpreisgefüge einzuordnen[1].

Ein Sachverständigengutachten ist vor allem von Großvermietern in Betracht zu ziehen, die einen hohen Bestand an **ähnlichen Wohnungen** haben, für die das Gutachten Verwendung finden kann. Ansonsten verbietet sich die Einholung eines Gutachtens schon aus Kostengründen, denn selbst bei erfolgreicher Durchsetzung der Mieterhöhung auf Grund eines solchen Gutachtens dauert es im Regelfall Jahre, bis auch nur die Kosten des Gutachtens wieder realisiert sind. Die Sachverständigenkosten können nach ganz allgemeiner Auffassung[2] auch bei vollem Obsiegen des Vermieters im Rechtsstreit **nicht als Vorbereitungskosten** i.S.d. § 91 ZPO geltend gemacht werden, denn das Gutachten dient der Begründung des Erhöhungsverlangens, also der Herbeiführung des Zustimmungsanspruchs, und nicht der Vorbereitung des Prozesses. Es ist auch keineswegs gesichert, dass sich das Gericht im nachfolgenden Rechtsstreit den Inhalt des Gutachtens zu Eigen macht. Weiter **relativiert** wird der Wert eines Sachverständigengutachtens durch die Vermutungswirkung, die das Gesetz jetzt dem qualifizierten Mietspiegel beimisst: Liegt die vom Sachverständigen ermittelte ortsübliche Vergleichsmiete höher als diejenige des qualifizierten Mietspiegels, muss das Gutachten, bereits um der Darlegungslast des Vermieters zu genügen und die Vermutungswirkung des qualifizierten Mietspiegels zu entkräften, den vollen Beweis dafür erbringen, dass der qualifizierte Mietspiegel die ortsübliche Vergleichsmiete nicht zutreffend wiedergibt. Liegt die vom Gutachter als ortsüblich ermittelte Miete dagegen unter derjenigen des Mietpiegels, stellt sich die Einholung des Gutachtens im Nachhinein als sinnlos heraus. 363

Auf **Vergleichswohnungen** abzustellen, hat den Reiz, kostengünstig und einfach zu sein, wenn die notwendigen Daten zugänglich sind. **Folgende Angaben** sind **notwendig** und müssen im Mieterhöhungsverlangen enthalten sein: 364

Anzahl: Es sind mindestens **drei** Vergleichswohnungen zu nennen. Eine Höchstzahl von Nennungen gibt es nicht[3], allerdings ruft erfahrungs- 365

---

1 So grundlegend BVerfG, Beschl. v. 14.5.1986 –1 BvR 494/85, NJW 1987, 313 = WM 1986, 237, und davor OLG Karlsruhe, Beschl. v. 20.7.1982 – 3 RE-Miet 2/82, WM 1982, 269. Die Rechtsprechung des BVerfG zur Offenlegung der Befundtatsachen wird ausführlich diskutiert von *Dröge*, Handbuch der Mietpreisbewertung für Wohn- und Gewerberaum, 3. Aufl. 2005, S. 131 ff.
2 Vgl. die Nachweise bei *Börstinghaus* in Schmidt-Futterer, Mietrecht, 8. Aufl., § 558a BGB Rz. 99; *Emmerich* in Staudinger, § 558a BGB Rz. 44; LG Mainz, Beschl. v. 20.1.2004 – 3 T 16/04, NZM 2005, 15.
3 BayObLG, Beschl. v. 25.9.1991 – RE-Miet 3/91,WM 1992, 52.

gemäß eine allzu umfangreiche Auflistung Irritationen beim Mieter und ggf. auch beim Gericht hervor, so dass es geschickter ist, eine Auswahl zu treffen.

366 **Bezeichnung:** Die Wohnungen sind nach Anschrift und Lage im Gebäude **auffindbar** zu bezeichnen, so dass der Mieter sie ohne weitere Rückfragen oder Nachforschungen finden kann[1]. Die Angabe der Namen der Vergleichswohnungsmieter ist unnötig; es kommt auch nicht darauf an, ob diese Mieter bereit sind, eine Besichtigung ihrer Wohnungen auf tatsächliche Vergleichbarkeit hin zuzulassen oder Auskünfte zu geben[2].

Die Vergleichswohnungen können aus dem Bestand **desselben Vermieters** stammen und können sich auch im **gleichen Wohnhaus** befinden[3]. Grundsätzlich sollen sie in derselben Gemeinde liegen[4].

367 **Vergleichbarkeit:** Die **Mieten** der Vergleichswohnungen sind entweder als Quadratmeterpreis anzugeben, oder es sind der Gesamtmietpreis und die Fläche der Vergleichswohnung zu nennen[5]. Weitere Angaben zu den Vergleichswohnungen sind nicht mehr erforderlich[6], wobei es die Qualität des Erhöhungsverlangens sicher steigert, noch Zusatzangaben (Art der Wohnung, Beheizung, sonstige Charakteristika) zu machen. Falls die **Mietstruktur** einer Vergleichswohnung von derjenigen der Mietwohnung abweicht (etwa Netto- statt Bruttokaltmiete), ist dies anzugeben.

Hinsichtlich der **Flächen** der Vergleichswohnungen sind Abweichungen von der Wohnungsfläche der in diesem Einzelfall zu prüfenden Wohnung akzeptabel und beeinträchtigen die Zulässigkeit des Mieterhöhungsverlangens nicht[7].

368 **Miethöhe:** Die Mieten von mindestens drei der Vergleichswohnungen müssen **höher** sein als diejenige der Wohnung, deren Miete erhöht werden soll. Teilweise wird es für zulässig gehalten, auch in der Miete billigere Vergleichsobjekte zu nennen, was aber dazu führt, dass das Erhöhungsverlangen der Höhe nach insoweit unwirksam ist, als es die

---

1 So zuletzt BGH, Urt. v. 18.12.2002 – VIII ZR 72/02, GE 2003, 318.
2 OLG Schleswig, Beschl. v. 31.10.1983, 6 RE-Miet 1/83, WM 1984, 23.
3 OLG Frankfurt/Main, Beschl. v. 20.3.1984 – 20 RE-Miet 2/84, WM 1984, 123; BVerfG, Beschl. v. 12.5.1993 – 1 BvR 442/93, WM 1994, 139.
4 BVerfG, Beschl. v. 14.12.1993 – 1 BvR 361/93, WM 1994, 136.
5 BayObLG, Beschl. v. 1.4.1982 – Allg. Reg. 68/81, WM 1982, 154; OLG Schleswig, Beschl. v. 3.10.1986 – 6 RE-Miet 1/86, WM 1987, 140.
6 BVerfG, Beschl. v. 8.9.1993 – 1 BvR 1331/92, WM 1994, 137.
7 BayObLG, Beschl. v. 1.4.1982 – Allg. Reg. 68/81, WM 1982, 154, unter Bezugnahme auf BVerfG, Beschl. v. 12.3.1980 – 1 BvR 759/77, WM 1980, 123; bestätigt von OLG Schleswig, Beschl. v. 3.10.1986 – 6 RE-Miet 1/86, WM 1987, 140. *Barthelmess*, § 2 MHG Rz. 112 weist zutreffend darauf hin, dass ganz wesentliche Abweichungen mit einer Änderung des Wohnungstyps verbunden sind.

Miete für die Vergleichswohnung mit der niedrigsten Miete überschreitet[1].

Hinweis: Die geschilderte Benennung von Vergleichswohnungen ist lediglich ein **formelles Begründungsmittel** von geringem Informationswert[2] und stellt keinen Beweis dafür dar, dass die Mieten der Vergleichswohnungen ortsüblich wären. Dementsprechend erfolgt im Prozess grundsätzlich keine Beweisaufnahme über die Vergleichbarkeit der herangezogenen Wohnungen. 369

Ein besonderes **Begründungserfordernis** leitet die Rechtsprechung daraus ab, dass nach §§ 558 Abs. 5, 559a BGB Kürzungsbeträge abzuziehen sind, wenn der Vermieter **Drittmittel** in Anspruch genommen hat[3], jedenfalls dann, wenn der Vermieter hinsichtlich der Miethöhe (noch) einer Bindung unterliegt[4]. Der Bundesgerichtshof entnimmt dies direkt dem gesetzlichen Begründungserfordernis und der Tatsache, dass die Kürzungsbeträge abzuziehen sind, weiter dem Gesetzeszweck, der erfordere, dass dem Mieter alle Faktoren bekannt gegeben werden müssen, die für die Mieterhöhung von Bedeutung sind. 370

Mit genau derselben Argumentation ließe sich belegen, dass auch die sonstigen gesetzlichen Voraussetzungen des § 558 BGB für eine Mieterhöhung in der Begründung aufzuführen sind, namentlich außer der Ortsüblichkeit der verlangten Miete die Einhaltung der 15-Monats-Frist, die Beachtung der Jahressperrfrist und die Einhaltung der Kappungsgrenze. Dies verlangt die Rechtsprechung aber nicht. Sie stellt **keine weiteren Begründungserfordernisse** auf. 371

Das Bundesverfassungsgericht hat immer wieder[5] betont, der grundrechtliche Bezug der Regelungen über Mieterhöhungen verbiete es, **überhöhte Anforderungen** an die Begründungspflicht des Vermieters zu stellen, durch restriktive Handhabung des Verfahrensrechts die Eigentumsbeschränkung zu verstärken und den aus Art. 14 GG sich ergebenden Anspruch auf die gerichtliche Durchsetzung der gesetzlich zulässigen Miete zu verkürzen. Gerade im Hinblick auf die streitvermeidende 372

---

1 OLG Karlsruhe, Beschl. v. 15.12.1983 – 9 RE-Miet 2/83, WM 1984, 21; BayObLG, Beschl. v. 19.7.1984 – RE-Miet 4/83, WM 1984, 276.
2 So zutreffend schon OLG Frankfurt/Main, Beschl. v. 20.3.1984 – 20 RE-Miet 2/84, WM 1984, 123, 124.
3 BGH, Urt. v. 25.2.2004 – VIII ZR 116/03, WM 2004, 283; BGH, Urt. v. 12.5.2004 – VIII ZR 234/03, WM 2004, 405; BGH, Urt. v. 12.5.2004 – VIII ZR 235/03, WM 2004, 406.
4 Siehe dazu Rz. 294 ff.
5 Grundlegend BVerfG, Beschl. v. 12.3.1980 – 1 BvR 759/77, NJW 1980, 1617 = WM 1980, 123 m.w.N.; BVerfG, Beschl. v. 14.5.1986 – 1 BvR 494/85, NJW 1987, 313 = WM 1986, 237 m.w.N.

Funktion des Begründungserfordernisses ist dennoch eine genaue Handhabung geboten.

dd) Formalien des Mieterhöhungsverlangens

373 Muster einer Erhöhungserklärung

> Ort, Datum
>
> (Absender)
>
> (Empfänger)
>
> Sehr geehrte Mieterin, sehr geehrter Mieter,
>
> gemäß § 558 BGB bitte ich Sie, der nachfolgend berechneten Erhöhung Ihrer Wohnungsmiete zuzustimmen.
>
> Ihre Wohnung (Baujahr 19...) hat eine Wohnfläche von ... m². Ihre aktuelle Nettokaltmiete beträgt insgesamt ... Euro, also ... Euro/m² monatlich.
>
> Diese Miete wird um ...Euro je Quadratmeter Wohnfläche erhöht, so dass Ihre Nettokaltmiete sich dann auf ... Euro/m², insgesamt also auf ... Euro beläuft. Hinzu kommen die unveränderten bisherigen Nebenkosten, so dass sich Ihre Gesamtmiete wie folgt zusammensetzt:
>
> | | |
> |---|---|
> | Nettokaltmiete | ... Euro |
> | Betriebskostenvorschuss | ... Euro |
> | Heizkostenvorschuss | ... Euro |
> | sonstiges (Stellplatz) | ... Euro |
> | | **... Euro** |
>
> Die erhöhte Miete wird ab dem 1. ... 2006 berechnet.
>
> Damit wird die ortsübliche Vergleichsmiete für Ihre Wohnung nicht überschritten, denn diese liegt bei mindestens ... Euro/m². Dies ergibt sich aus dem Mietspiegel vom ...; Ihre Wohnung ist in das Mietspiegelfeld ... einzuordnen, wonach ... Euro/m² ortsüblich sind.
>
> *oder*
>
> dem beigefügten Gutachten der öffentlich bestellten und vereidigten Sachverständigen Frau ... vom ...
>
> *oder*
>
> den Mieten, die gemäß der beigefügten Liste für vergleichbare Wohnungen gezahlt werden, und zwar
>
> 1. ...
>
> 2. ...
>
> 3. ...
>
> Die Jahressperrfrist gemäß § 558 Abs. 1 S. 2 BGB für das vorliegende Mieterhöhungsverlangen ist eingehalten, da Ihre letzte Mieterhöhung zum 1. ... 2004 erfolgte.

Die erhöhte Miete liegt auch hinsichtlich der Kappungsgrenze von 20%, bezogen auf drei Jahre, gemäß § 558 Abs. 3 BGB im gesetzlichen Rahmen, denn Ihre Miete betrug vor drei Jahren ... Euro

oder

Ihre Miete betrug vor drei Jahren ... Euro. Die jetzige Mieterhöhung darf höchstens 20 % hiervon betragen, das wären ... Euro. Da sich Ihre Miete vor zwei Jahren bereits um ... Euro erhöht hat, ist dieser Erhöhungsbetrag in Abzug zu bringen, so dass der Erhöhungsspielraum nur noch ... Euro beträgt. Dieser Spielraum (sog. Kappungsgrenze) ist eingehalten.

Bitte senden Sie mir die beigefügte Kopie dieses Schreibens unterzeichnet zurück. Ihre Zustimmungserklärung muss spätestens am Ende des zweiten Kalendermonats, der auf den Zugang dieses Schreibens folgt, also bis zum ... 2006 bei mir eingegangen sein.

Mit freundlichen Grüßen

(Unterschrift)

ee) Anlagen zum Mieterhöhungsverlangen

Wenn die Erklärung nicht durch den Vermieter selbst, sondern anwaltlich, durch eine Hausverwaltung oder sonstige Dritte abgegeben wird, ist eine **Originalvollmacht** beizufügen[1]. Eine Ausnahme gilt dann, wenn die Hausverwaltung schon früher ihre Vollmacht nachgewiesen hat und dem Mieter bekannt ist; die Außenvollmacht kann etwa auch im Mietvertrag enthalten sein. Ein Zwangsverwalter fügt eine Kopie des gerichtlichen Bestellungsbeschlusses bei. 374

Wird die Erhöhung mangels Vollmacht zurückgewiesen, § 174 BGB, kann sie unter Beifügung der Vollmacht wiederholt werden. In diesem Fall laufen die Fristen aber neu, so dass ein **Haftungsrisiko** des Erstellers der Erhöhungserklärung gegenüber dem Vermieter wegen des Mietausfalls besteht. 375

Der einschlägige **Mietspiegel** oder ein Auszug daraus braucht **nicht** beigefügt zu werden, wenn der Mietspiegel allgemein zugänglich ist[2]; falls das nicht der Fall ist, ist er beizufügen, ebenso, wenn anzunehmen ist, dass dessen Kenntnis streitvermeidend wirkt. 376

---

1 OLG Hamm, Beschl. v. 28.5.1982 – 4 RE-Miet 11/81, WM 1982, 204.
2 Vgl. die Nachweise bei *Emmerich/Sonnenschein*, Miete, 8. Aufl., § 558a Rz. 14.

377 Das **Sachverständigengutachten** ist beizufügen[1], wobei eine einfache Kopie reicht. (Das Gutachten kann nachgereicht werden, dann muss aber die Erklärung wiederholt werden und wird erst später wirksam.)

378 Die Auflistung der **Vergleichswohnungen** ist beizufügen, sie braucht nicht unterschrieben zu sein[2]. Soweit sonstige Begründungsmittel gewählt werden, sind sie ebenfalls dem Erhöhungsverlangen beizufügen[3].

379 Notwendig ist eine (möglichst aktuelle) **Aufstellung** der **Betriebskosten**, wenn eine Bruttokaltmiete unter Bezugnahme auf einen Nettomietspiegel erhöht werden soll; bei einer Teilinklusivmiete beschränkt sich die Aufstellung auf die in der Grundmiete enthaltenen Betriebskosten.

380 Nicht notwendig, aber evtl. hilfreich, sind weiter Darlegungen zur Spanneneinordnung, falls der Mietspiegel Spannen vorsieht, und ggf. die Darstellung der Rechenschritte.

381 Übersichtlich ist z.B. die Berechnung, die auf der Internetseite der Senatsverwaltung für Wohnen in Berlin angeboten wird:

Berliner Mietspiegel 2005
Mietspiegelabfrage

Berechnung der ortsüblichen Vergleichsmiete (Nettokaltmiete)

Adresse: N. straße (Friedrichshain-Kreuzberg)
Stadtgebiet: Berlin West
Wohnlage: EINFACH
Gebäudeart: Altbau
Gebäudealter: bezugsfertig bis 1918
Größe: 90,32 m^2
Ausstattung: mit SH, Bad und IWC
Unterer Spannenwert: 2,81
Mittelwert: 4,12
Oberer Spannenwert: 5,90
Datenlage für das Mietspiegelfeld: ausreichend

---

1 OLG Braunschweig, Beschl. v. 19.4.1982 – 1 UH 1/81, WM 1982, 272.
2 KG, Beschl. v. 22.2.1984 – 8 W RE-Miet 194/84, WM 1984, 101; siehe dazu nunmehr § 126b BGB.
3 *Emmerich* in Staudinger, § 558a BGB Rz. 54.

Saldoberechnung für die Merkmalgruppen		
Merkmalgruppe	es überwiegen	daher (+/−)
1: Bad/WC	wohnwertmindernde Merkmale	−20 %
2: Küche	wohnwerterhöhende Merkmale	+20 %
3: Wohnung	wohnwerterhöhende Merkmale	+20 %
4: Gebäude	wohnwerterhöhende Merkmale	+20 %
5: Wohnumfeld	wohnwerterhöhende Merkmale	+20 %
	Saldo	+60 %

Berechnung der ortsüblichen Vergleichsmiete	
Mittelwert	4,12 Euro/m² mtl.
Berücksichtigung der zusätzlichen Merkmale: zuzüglich +60 % von 1,78 Euro/m² mtl.	+ 1,07 Euro/m² mtl.
Die Anwendung der empfohlenen Orientierungshilfe ergibt eine ortsübliche Vergleichsmiete um	**5,19 Euro/m² mtl.**
Für die von Ihnen gewählte Wohnungsgröße von **90,32 m²** ergibt sich eine ortsübliche Vergleichsmiete um	**468,58 Euro mtl.**

Erläuterungen

unterer Spannenwert: 2,81	Mittelwert: 4,12	oberer Spannenwert: 5,90
1,21 Unterschied		1,78 Unterschied

Aus praktischen Gründen sollte ein **Doppel** der Erklärung zur Unterschrift oder eine vorbereitete Zustimmungserklärung (Text: „Das Mieterhöhungsverlangen vom ... habe ich erhalten. Ich stimme der Mieterhöhung zu.") beigefügt werden.

382

Im Bestreitensfalle muss der **Zugang** des Schriftstücks nachweisbar sein, denn nur durch den Zugang werden die Fristen in Lauf gesetzt. Will der Vermieter selbst zustellen lassen, geschieht dies in der Regel durch Einwurf des Erhöhungsschreibens in den Haus- oder Wohnungsbriefkasten durch einen **Zeugen**, der den Inhalt des Schreibens zuvor zur Kenntnis genommen hat; der Vorgang sollte dokumentiert werden (z.B. Liste für Hausmeister; Kopie mit Zeugenunterschrift). Entgegen einer häufigen Annahme ist es unnötig, sondern irritiert erfahrungsgemäß nur, auf dem Schreiben „durch Boten" zu vermerken. Von einer Übergabe an den Mieter in der Wohnung ist abzuraten, weil es zu

383

Schwierigkeiten mit dem Widerrufsrecht bei Haustürgeschäften kommen kann.

384 Kann nicht durch Zeugen zugestellt werden, ist **Gerichtsvollzieherzustellung** gem. § 132 BGB die einzige andere beweiskräftige Möglichkeit ohne anwaltliche Hilfe (die häufig empfohlene Zustellung mittels eingeschriebenem Brief weist den Inhalt des zugegangenen Briefs nicht nach).

385 Die Übersendung per **Einschreiben/Rückschein** ruft das Risiko hervor, dass der Mieter die Sendung nicht annimmt und/oder sie nach Ablauf der Lagerfrist von 7 Tagen zurückgesendet wird. Beim **Einwurf-Einschreiben** kann der Zugang nicht mit der erforderlichen Sicherheit nachgewiesen werden, weil die Dokumentation der Post AG unzuverlässig ist. Soll (wovon abzuraten ist) die Zustellung per **Telefax** erfolgen, können Beweisschwierigkeiten nur vermieden werden, wenn das Protokoll der Sendung so ausgestaltet ist, dass die Sendung, also das Mieterhöhungsschreiben, als versandt dokumentiert wird. Bei Übersendung von Anwalt zu Anwalt kann die Zustellung durch **Empfangsbekenntnis** nachgewiesen werden.

ff) Fristentabelle

386

Vorangegangene Mieterhöhung nach § 558 BGB war wirksam	zum
Vorbereitung Erhöhungserklärung	bis zum
Erhöhung ausgesprochen	am/bis zum
Erklärung wird wirksam	zum
Zustimmungsfrist für Mieter läuft	bis zum
Klagefrist läuft ab	am
erneute Erhöhungserklärung möglich	ab
erneute Erhöhung wird wirksam	zum

387 Bei anwaltlicher Bearbeitung des Erhöhungsverlangens müssen unter Vorsorge- und **Haftungsgesichtspunkten** mindestens die **Klagefrist notiert** werden, sinnvollerweise auch die vorangehende **Zustimmungsfrist**, weil es sich anbieten kann, kurz vor oder nach deren Ablauf beim Mieter noch einmal zu erinnern und ggf. gerichtliches Vorgehen anzukündigen.

d) Zustimmung und Wirkung § 558b BGB

388 Soweit der Mieter der Mieterhöhung zustimmt, schuldet er nach § 558b Abs. 1 BGB die erhöhte Miete ab dem dritten Monat nach Zugang. Dem

Mieter ist eine **Überlegungsfrist** bis zum Ablauf des zweiten Kalendermonats nach Zugang des Verlangens eingeräumt, § 558b Abs. 2 Satz 1 BGB. Soweit er nicht bis zum Ablauf dieser Frist zustimmt, kann der Vermieter gemäß § 558b Abs. 2 BGB auf Zustimmung klagen, und zwar innerhalb von drei weiteren Monaten. Lehnt der Mieter vor Ablauf der Überlegungsfrist endgültig die Zustimmung ab, braucht der Vermieter mit der Klageerhebung nicht zuzuwarten[1].

aa) Prüfung des Erhöhungsverlangens

Ob dem Mieterhöhungsverlangen zugestimmt werden soll, richtet sich zunächst danach, ob es formell ordnungsgemäß ist und materiell begründet erscheint. 389

Notwendige Informationen zur Überprüfung der Mieterhöhung nach § 558 BGB: 390

– Mietvertrag;
– falls vorhanden: Schriftverkehr über Wechsel der Mietvertragsparteien; über Umstellung von Brutto- auf Nettokaltmiete;
– Mieterhöhung, die zu der vor drei Jahren berechneten Miete geführt hat;
– alle Folgemieterhöhungen;
– jetzige Mieterhöhung mit allen Anlagen;
– örtlicher Mietspiegel;
– falls einschlägig: Orientierungshilfen für die Spanneneinordnung (ausgefüllt), Angaben zu Sondermerkmalen;
– ggf. Grundbuchauszug; Hausverwaltervollmacht;
– Angabe, ob und wann die Wohnung mit öffentlicher Förderung modernisiert worden ist.

Prüfungsschritte: 391

– Ist der Absender des Mieterhöhungsverlangens berechtigt, diese auszusprechen?
– Handelt es sich um eine preisfreie Wohnung i.S.d. §§ 557 ff. BGB, liegt also keine Ausnahme nach § 549 Abs. 2 und 3 BGB vor?
– Wird eine Betriebskostenumstellung vorgenommen?
– Ist die Mieterhöhung ausgeschlossen, § 557 Abs. 3 BGB?
– Weist das Erhöhungsverlangen formale Fehler auf?
– Ist die einjährige Sperrfrist eingehalten?

---

1 *Emmerich* in Staudinger, § 558b BGB Rz. 14 m.w.N.

- Ist die Kappungsgrenze eingehalten oder entfällt sie ausnahmsweise (Fehlbelegerfall)?
- Wären Kürzungsbeträge abzuziehen, und ist dies geschehen?
- Ist ein zulässiges Begründungsmittel angegeben?
- Stimmen die formalen Voraussetzungen des herangezogenen Begründungsmittels?
- Ist ein qualifizierter Mietspiegel vorhanden und in diesem Fall auf ihn hingewiesen, § 558a Abs. 3 BGB?
- Ist die richtige Wohnfläche zugrunde gelegt?
- Ist der Wirksamkeitszeitpunkt richtig ermittelt?
- Besteht ein Zurückbehaltungsrecht am Mieterhöhungsbetrag?

bb) Zustimmung, Teilzustimmung

392 **Ausgangsmiete**: Die geschuldete teilweise oder vollständige Zustimmung des Mieters zu einem berechtigten Mieterhöhungsverlangen bezieht sich nicht auf den geforderten Erhöhungsbetrag, sondern auf den Betrag der künftig zu zahlenden Miete. Hier muss also vorab geprüft werden, ob der Ausgangsbetrag korrekt ist, was nicht immer der Fall sein muss, etwa dann, wenn ein gerichtliches Verfahren über die Berechtigung eines vorangegangenen Erhöhungsverlangens noch anhängig ist oder eine Erhöhung wegen gestiegener Betriebskosten vorangegangen ist, die nicht gerechtfertigt war.

393 **Nachvollziehen der Berechnung**: Wenn sich ergibt, dass die Ausgangsmiete zutreffend ist, ist die Zustimmung zur Mieterhöhung die richtige Reaktion, wenn das Erhöhungsverlangen formal in Ordnung, inhaltlich begründet und der Höhe nach korrekt berechnet ist. Ob die Erhöhung letztlich der Höhe nach korrekt ist, lässt sich häufig nicht mit 100-prozentiger Sicherheit feststellen, weil es auch bei der Anwendung eines (qualifizierten) Mietspiegels in Einzelpunkten Auslegungsdifferenzen geben kann und der Inhalt eines etwaigen Sachverständigengutachtens natürlich auch nicht prognostiziert werden kann.

394 Eine **Teilzustimmung** ist dann geschuldet, wenn das Erhöhungsverlangen der Höhe nach nur zum Teil berechtigt ist. In letzterem Fall muss der Berater denjenigen Betrag errechnen, auf den die Miete erhöht werden kann.

395 In folgenden Fällen kommt eine Teilzustimmung in Betracht:
- Kappungsgrenze nicht eingehalten;
- Ausgangsmiete falsch/überhöht;

- abweichende Spanneneinordnung/Bewertung Sondermerkmale durch Mieter;
- falsches Mietspiegelfeld;
- Mieten der Vergleichswohnungen enthalten Zuschläge;
- Mietspiegelmiete liegt unter Mieten der Vergleichswohnungen;
- Wohnfläche ist tatsächlich niedriger als angegeben;
- Wohnfläche laut Mietvertrag ist niedriger als angegeben.

Formulierungsvorschlag für Teilzustimmung: 396

> Ihrem Mieterhöhungsverlangen vom ... stimme ich in Höhe eines Teilbetrags, nämlich ... Euro, zu. Ich werde also ab ... eine Miete von ... Euro zahlen.

Eine **Begründung**, warum nur teilweise zugestimmt wird, ist nicht geboten, kann aber streitvermeidend sein. Zu bedenken ist, dass bezüglich des überschießenden Teils der Mieterhöhung dem Vermieter die Zustimmungsklage offen bleibt. Hier kann der Berater in seine Überlegung einbeziehen, ob ein entsprechendes Urteil berufungsfähig wäre, was von der Höhe des überschießenden Teils abhängt. 397

Abgabe der (Teil-)Zustimmung: Die von allen Mietern unterzeichnete Zustimmungserklärung muss spätestens am Tage des Ablaufs der Überlegungsfrist dem Vermieter bzw. dessen Vertreter zugehen. Falls der Rechtsanwalt beauftragt ist, die Erhöhung zu prüfen und ggf. die Zustimmung zu erklären, muss die Frist notiert und überwacht werden, falls nicht, ist jedenfalls in der Beratung auf die Frist ausdrücklich hinzuweisen. Es empfiehlt sich, den **Zugang** der Zustimmungserklärung nachweisen zu können (quittieren lassen, durch Zeugen abgeben lassen), um keine Klage infolge nicht zugegangener Zustimmung zu riskieren. Ein Anspruch des Vermieters, früher zu erfahren, ob der Mieter die Erhöhung ganz oder teilweise akzeptiert, besteht nicht. Die in der Praxis immer wiederkehrende Aufforderung, sich zu erklären, kann also vor Ablauf der Überlegungsfrist vom Mieter getrost ignoriert werden. 398

Konkludente (Teil-)Zustimmung: Lediglich die geforderte erhöhte Miete zu zahlen (auch „unter Vorbehalt"), ohne ausdrücklich die Zustimmung zu erklären, birgt ebenfalls das Klagerisiko. Umgekehrt bedeutet mehrmalige vorbehaltlose Zahlung die Zustimmung, wobei umstritten ist, wie oft derartige Zahlungen erfolgen müssen (die Rechtsprechung reicht hier von „einmal genügt" bis zu „fünfmal genügt nicht")[1]. Eben- 399

---
[1] Vgl. dazu Rz. 89.

so umstritten ist, ob einem unwirksamen Erhöhungsverlangen durch Zahlung konkludent zugestimmt werden kann.

cc) Wirkung der Zustimmung

400 Die erhöhte Miete ist dann ab dem in der Erklärung genannten Monat zu zahlen, bei fehlerhafter Berechnung des **Wirksamkeitszeitpunktes** ab dem richtig berechneten Zeitpunkt, wobei dies anlässlich der Zustimmung mitgeteilt werden sollte.

➲ **Beispiel:**
Ihr Mieterhöhungsverlangen vom 29.9.2005 ist mir erst am 3.10.2005 zugegangen. Ich bin mit der Mieterhöhung einverstanden, zahle die Erhöhung aber anders als in Ihrem Schreiben angegeben erst ab dem 1.1.2006.

dd) Minderung, Zurückbehaltungsrecht

401 Liegen bei Zugang des Erhöhungsverlangens **Mängel** der Mietwohnung vor, die der Vermieter nicht oder noch nicht behoben hat, wird eine Mieterhöhung in der Praxis häufig als ungerecht empfunden. Der Berater muss dem Mieter vermitteln, dass er seine Gewährleistungsansprüche ggf. durchsetzen muss, und zwar unabhängig von der Frage der Berechtigung der Mieterhöhung, für die es auf behebbare Mängel nicht ankommt.

402 Stimmt der Mieter der Erhöhung zu, hat dies zur Folge, dass er ein **Mietminderungsrecht** wegen Wohnungsmängeln, welches zuvor durch Zeitablauf möglicherweise **verwirkt** war[1], wieder geltend machen kann, wenn der zugrunde liegende Mangel fortbesteht; das Minderungsrecht „lebt wieder auf", der Höhe nach allerdings nach bisher überwiegender Meinung[2] begrenzt auf den Betrag der Mieterhöhung selbst. Dies wird damit begründet, dass die Verwirkung eines nicht ausgeübten Minderungsrechts darauf beruht, dass dem Mieter die Mietsache trotz ihrer Mängel den vereinbarten Mietpreis wert ist; steigt dieser jedoch, gilt dies nicht mehr.

➲ **Beispiel:**
Bei einer Bruttokaltmiete von 250 Euro sind mehrere Fenster der Mietwohnung seit längerem feuchtigkeits- und zugluftdurchlässig,

---

1 Vgl. die Nachweise zum Streitstand bei *Emmerich/Sonnenschein*, Miete, 8. Aufl., § 536 Rz. 38, sowie jetzt BGH, Urt. v. 16.7.2003 – VIII ZR 274/02, WM 2003, 440, und BGH, Beschl. v. 16.2.2005 – XII ZR 24/02, NZM 2005, 303.
2 Vgl. etwa *Börstinghaus* in Schmidt-Futterer, Mietrecht, 8. Aufl., § 536b. Ob sich diese Rechtsauffassung nach der neuen Rechtsprechung des BGH noch halten wird, bleibt abzuwarten.

was eine Minderung von 10 % rechtfertigen soll. Der Vermieter verlangt gerechtfertigt eine Erhöhung auf 300 Euro. Folge: Die erhöhte Miete kann um 30 Euro monatlich bis zur Mängelbeseitigung gemindert werden. Verlangt der Vermieter eine Erhöhung auf 270 Euro, so kann die Minderung nicht in voller Höhe von 27 Euro, sondern nur in Höhe von 20 Euro geltend gemacht werden.

Liegt ein derartiger Fall vor, empfiehlt es sich, die Zustimmung in voller (oder teilweiser) Höhe zu erklären und gleichzeitig mitzuteilen, dass bis zur Mängelbeseitigung eine (zu beziffernde) Minderung durchgeführt wird.

Nach inzwischen gefestigter Rechtsprechung ist der Mieter nicht berechtigt, an der **Zustimmungserklärung** selbst ein **Zurückbehaltungsrecht** auszuüben („Ich stimme der Mieterhöhung erst zu, wenn Sie die Fenster repariert haben")[1], sondern er ist lediglich berechtigt, den Erhöhungsbetrag selbst ganz oder teilweise im Wege der Minderung einzubehalten („Ich stimme der Mieterhöhung zu, zahle sie aber erst, wenn Sie die Fenster repariert haben")[2]. 403

Bei betragsmäßig nicht allzu hohen Erhöhungsverlangen kann man überlegen, unabhängig von der Berechtigung der Erhöhung dieser zuzustimmen, um das Minderungsrecht ausüben zu können. Ein entsprechender **Vorbehalt** muss mit der Zustimmung zusammen oder unverzüglich danach erklärt werden. 404

e) Vorgehen bei mangelhaftem Erhöhungsverlangen

Typische Fehler, die das Erhöhungsverlangen **unwirksam** machen: 405
- Vollmacht fehlt (wenn Vermieter und Absender nicht identisch sind);
- Mieterhöhung ist ausgeschlossen (§ 557 Abs. 3 BGB);
- die Mieterhöhung lässt den Absender nicht klar erkennen;
- nicht sämtliche Vermieter sind als Absender angegeben;
- Textform ist nicht eingehalten;
- bei juristischer Person haben nicht die/alle berechtigt handelnden Personen unterschrieben;
- die Mieterhöhung ist nicht an alle Mieter gerichtet;
- Erhöhungsbetrag oder Betrag der neuen Miete ist nicht genannt;

---

1 A.A. *Weitemeyer* in Staudinger, § 558 BGB, Rz. 36, die meint, der Mieter könne dann nur Zug um Zug gegen Beseitigung der Mängel zur Zustimmung verurteilt werden.
2 Vgl. etwa LG Berlin, Urt. v. 11.1.1999 – 62 S 389/98, GE 1999, 378.

- Nettokaltmieterhöhung erfolgt unter Bezugnahme auf Bruttomietspiegel;
- Bruttokaltmiete wird unter Bezugnahme auf Nettomietspiegel erhöht;
- Mieterhöhung beinhaltet auch Umstellung von Brutto- auf Nettokaltmiete;
- jegliche Begründung fehlt, oder die Angaben zur Begründung sind unverständlich oder widersprüchlich;
- kein zulässiges Begründungsmittel angegeben;
- kein Mietspiegelfeld und keine Kriterien für die Einordnung in den Mietspiegel genannt;
- nicht genügend Vergleichswohnungen genannt/identifizierbar/vermietet/tatsächlich vergleichbar;
- Quadratmeter-Miete der Vergleichswohnung(en) nicht angegeben/berechenbar;
- Sachverständigengutachten nicht beigefügt;
- Gutachter ist kein öffentlich bestellter und vereidigter Sachverständiger;
- Gutachten ist nicht nachvollziehbar;
- auf vorhandenen qualifizierten Mietspiegel wird nicht hingewiesen
- Jahressperrfrist ist nicht eingehalten;
- es wird keine Zustimmung verlangt (fälschlich etwa: „Ihre neue Miete beträgt ab ... ... Euro").

406 Fehler, die **möglicherweise** die Erhöhungserklärung **unwirksam** machen (die Einzelheiten sind hier streitig):
- bei Mietermehrheit wird nur ein Mieter angeschrieben, der Mietvertrag enthält aber eine Bevollmächtigungsklausel;
- die Ausgangsmiete ist überhöht angegeben;
- Wohnung ist mit öffentlicher Förderung instand gesetzt/modernisiert, die Erhöhungserklärung nennt aber keine Kürzungsbeträge;
- Angabe eines falschen Mietspiegelfeldes, wenn der Mieter die für die Einordnung in das richtige Feld notwendigen Daten (z.B. Baujahr) nicht kennt;
- Oberwert des einschlägigen Mietspiegelfeldes wird ohne nähere Erläuterung überschritten.

407 Taktik bei **eindeutig mangelhaftem** Mieterhöhungsbegehren: Liegen die genannten Mängel vor, so kann mit guter Erfolgsaussicht die etwaige

Zustimmungsklage des Vermieters abgewartet werden (einzige Ausnahme: Fehlen der Vollmacht, dieser Mangel muss unverzüglich gerügt werden, § 174 BGB). Es besteht keine Verpflichtung, die Ablehnung ausdrücklich zu erklären, geschweige denn zu begründen, aber auch kein Rechtsschutzbedürfnis für eine eigene (negative) Feststellungsklage.

Taktik bei **zweifelhaftem** Mieterhöhungsbegehren: Liegen keine oder nur unbedeutende Mängel der Erklärung vor, sondern ist lediglich unklar, wie hoch die ortsübliche Miete im Einzelfall ist, so kann ebenfalls die gerichtliche Klärung abgewartet werden. Im Hinblick auf eine mögliche längere Prozessdauer (etwa falls das Gericht ein Sachverständigengutachten einholt) und die Möglichkeit des Vermieters, derweil weitere Mieterhöhungen auszusprechen (deren Wirksamkeit dann ebenfalls streitig sein kann), ist der Mieter gut beraten, die Erhöhungsbeträge anzusparen. Weitere Konsequenzen (außer den Verfahrenskosten), als im Verurteilungsfalle diese Beträge nachzahlen zu müssen, drohen dem Mieter (der dies oft fürchtet und darüber belehrt werden sollte) nicht, sondern das Gesetz sieht eben den Weg der Zustimmungsklage, aber auch nur diesen, vor. 408

In jedem Falle empfehlen sich folgende **prozessvorbereitende Überlegungen**: 409

– Ist Kostenschutz der Rechtsschutzversicherung oder Prozesskostenhilfe zu erlangen?
– Falls nicht: Will der Mieter das Kostenrisiko tragen?
– Führt der Rechtsstreit zu einer ungewollten Belastung des Mietverhältnisses?
– Ist er wirtschaftlich sinnvoll?
– Gibt es „Schwachpunkte", die der Rechtsstreit aufdecken könnte (ungenehmigte Mietermaßnahmen, Mieterwechsel ohne Kenntnis des Vermieters o.Ä.)?
– Sind für die ausschlaggebenden Fragen (Anfangszustand der Wohnung, mietereigene Einbauten u.a.) Beweismittel vorhanden und greifbar?

Mögliche Inhalte eines **Einigungsvorschlags**: Unabhängig von der Wirksamkeit des Erhöhungsverlangens kann der Berater des Mieters es zum Anlass nehmen, mit dem Mieter zu besprechen, ob hier eine außergerichtliche Einigung angestrebt werden soll. Die teilweise oder vollständige Zustimmung zur Erhöhung selbst und zu der bei Brutto- oder Teilinklusivmieten vom Vermieter regelmäßig gewünschten Umstellung auf Nettomiete zuzüglich Betriebskostenvorschuss kann im Vergleichswege angeboten werden im Gegenzug für sonstige Festschreibungen oder Vorteile, an denen der Mieter Interesse hat. 410

⊃ **Beispiele:**
- die Erhöhung wird erst zu späterem Zeitpunkt wirksam;
- der Wirksamkeitszeitpunkt für Folgemieterhöhung wird hinausgeschoben;
- Übergang auf eine Staffelmietvereinbarung;
- die Kündigungsfrist wird verkürzt oder verlängert;
- eine Genehmigung wird erteilt (zur Untervermietung, zu Mietermodernisierungsmaßnahmen);
- ein Mieterwechsel wird vereinbart (getrennt lebender Ehepartner wird aus dem Mietverhältnis entlassen, Lebensgefährte wird Hauptmieter);
- Vermieter führt gewünschte Arbeiten an der Wohnung durch.

f) Kündigungsrecht des Mieters

411 Das Zustimmungsverlangen nach § 558 BGB gibt dem Mieter ein **Kündigungsrecht** nach § 561 BGB, und zwar unabhängig davon, ob das Erhöhungsverlangen wirksam ist. Das Mietverhältnis kann bis zum Ablauf des zweiten Monats nach Zugang der Mieterhöhungserklärung außerordentlich zum Ablauf des übernächsten Monats gekündigt werden.

412 Das bedeutet praktisch:
Zugang Erhöhungsverlangen im Zeitraum: bis 31.7.2006
Kündigung möglich im Zeitraum: bis 30.9.2006
Kündigung wirkt: zum 30.11.2006

413 Im Falle der Kündigung bleibt die **Erhöhung unbeachtlich**, sie braucht also auch nicht etwa während der Restlaufzeit des Mietverhältnisses gezahlt zu werden. Die Kündigung muss nicht begründet, aber wegen § 568 Abs. 1 BGB schriftlich erklärt werden.

414 Die in § 573c Abs. 1 BGB geregelte dreimonatige Kündigungsfrist bewirkt nicht generell, dass die Kündigungsmöglichkeit des § 561 BGB uninteressant wäre. Es sind mehrere Fälle denkbar, wo dieses Kündigungsrecht noch **Bedeutung** hat. Das betrifft den echten Zeitmietvertrag neuen Rechts gemäß § 575 BGB; die – nicht formularmäßige – Vereinbarung längerer als der gesetzlichen Kündigungsfristen; Verträge, die Kündigungen nur zu einem bestimmten Zeitpunkt erlauben; möglicherweise Verträge mit (zulässigem)[1] Kündigungsverzicht für bestimmte Zeiträume und Zeitmietverträge alten Rechts.

---

1 Vgl. dazu BGH, Urt. v. 6.4.2005 – VIII ZR 27/04, WM 2005, 346.

g) Feststellung der ortsüblichen Miete im Prozess

Stimmt der Mieter dem Mieterhöhungsverlangen nicht oder nur teilweise zu, dann kann der Vermieter sein Begehren nur durch Erhebung einer **Zustimmungsklage** weiter verfolgen. Das Gericht muss dann in diesem Verfahren prüfen, ob die formalen und materiellen Voraussetzungen erfüllt sind, insbesondere, ob die verlangte Miete der ortsüblichen entspricht.

415

Auf Vermieter- wie auf Mieterseite ist vor dem Eintritt in einen Rechtsstreit zur Mieterhöhung im Rahmen des § 558 BGB – wie bei allen anderen Prozessarten – das **Prozessrisiko** abzuwägen und hierbei im Regelfall der zu erwartende Gewinn mit den zu erwartenden Kosten zu vergleichen. Häufig ist anwaltliche Beratung und Vertretung unabdingbar, so dass die entsprechende Kostenbelastung einzukalkulieren ist.

416

Für den **Vermieter** stellt sich die Frage der Kosten besonders deshalb, weil im Bereich der Mieterhöhungsklage in der Regel die erwartete Mieterhöhung, bezogen auf den Erhöhungszeitraum von ca. 15 Monaten (vorher ist eine weitere Mieterhöhung gemäß § 558 BGB auf die ortsübliche Vergleichsmiete nicht möglich), in der Regel dann durch die Kosten des Gerichtsverfahrens aufgebraucht wird, wenn der Vermieter nicht völlig obsiegt. Hat der Mieter bereits eine Teilzustimmung erklärt, kann es wirtschaftlich sinnvoll sein, auf eine vielleicht berechtigte weitergehende Mieterhöhung zu verzichten, allein um das Kostenrisiko zu minimieren. Hat der Mieter jedoch das Mieterhöhungsverlangen bereits vorprozessual spezifiziert bestritten und handelt es sich um eine grundsätzliche, auch für die Zukunft klärungsbedürftige Frage, kann es selbst dann, wenn der Vermieter nicht voll obsiegt und mit einem gerichtlich eingeholten Gutachten zu rechnen ist, sinnvoll sein, diese Frage für die Zukunft gerichtlich klären zu lassen.

417

Auch der **Mieter** ist entsprechend zu beraten. Unter Umständen ist eine Teilzustimmung sinnvoll, um das Prozessrisiko möglichst gering zu halten und weitestgehend dem Vermieter aufzubürden. Auch der Mieter ist darauf aufmerksam zu machen, dass das Kostenrisiko erheblich ist und in der Regel in keinem vertretbaren Ausmaß zum denkbaren Erfolg steht. Dies gilt vor allem für Differenzen über die Wohnungsgröße oder Lage, die angesichts der ohnehin großen Spannbreiten und Unwägbarkeiten in der Regel nicht dazu führen, dass hier eine günstige Prozessprognose abgegeben werden kann.

418

○ **Beispiel:**
Bei einer Mieterhöhung um monatlich 50,00 Euro beträgt der Streitwert 600,00 Euro (vgl. § 16 Abs. 5 GKG). Es entstehen auf jeder Seite Anwaltsgebühren, die sich wie folgt berechnen:

Gegenstandswert: 600,00 Euro

Verfahrensgebühr,	§§ 2, 13 RVG, VV Ziff. 3100 – 1,3	58,50 Euro
Terminsgebühr,	§§ 2, 13 RVG, VV Ziff. 3104 – 1,2	54,00 Euro
Post- und Telekommunikationspauschale,	VV Ziff. 7002	20,00 Euro
16 % Mehrwertsteuer,	VV Ziff. 7008	21,20 Euro
Summe		153,70 Euro

Für die Beurteilung des Kostenrisikos ist dieser Betrag für zwei Anwälte zu berechnen, so dass also insgesamt 307,40 Euro zu berücksichtigen sind. Drei Gerichtsgebühren nach dem Streitwert von 600,00 Euro betragen 105,00 Euro, und die Kosten eines gerichtlichen Gutachtens sollen hier mit 1000,00 Euro angenommen werden. Es ergeben sich damit insgesamt Kosten von 1412,40 Euro.

Obsiegt der Mieter nur i.H.v. 10%, hat er also Kosten von mindestens 1271,16 Euro zu tragen. Dieser Betrag sollte dem wirtschaftlichen Erfolg (Mieterhöhung um monatlich nur 45,00 Euro) gegenübergestellt werden.

419 Liegt nach **Ablauf der Überlegungsfrist**[1] keine Zustimmung des Mieters zur Mieterhöhung vor, so gibt es zur Durchsetzung nur den Weg der Zustimmungsklage[2]. Eine Klageerhebung vor Ablauf der Überlegungsfrist ist möglich, setzt aber den Vermieter dem Risiko aus, dass die Zustimmung des Mieters noch fristgerecht erfolgt und die Klage unschlüssig macht, oder aber dass die mündliche Verhandlung, auf die vom Gericht entschieden wird, noch innerhalb der Überlegungsfrist liegt, so dass die Klage unzulässig bleibt[3]. Zuständig ist das Amtsgericht nach § 29a ZPO, § 23 Abs. 2a) GVG.

420 Die Klage muss innerhalb der **Ausschlussfrist** von weiteren drei Monaten nach Ablauf der Zustimmungsfrist erhoben werden, § 558b Abs. 2 Satz 2 BGB. Im Falle der „Zustellung demnächst" im Sine des § 167

---
1 Bei endgültiger Zustimmungsverweigerung des Mieters auch früher, KG, Beschl. v. 12.1.1981 – 8 WRE-Miet 4154/80, WM 1981, 54; *Emmerich* in Staudinger, § 558b BGB Rz. 14 m.w.N.
2 Siehe dazu Teil IV Rz. 100 ff.
3 Siehe dazu *Emmerich* in Staudinger, § 558b BGB Rz. 16 m.w.N.

ZPO genügt die fristgerechte Klageeinreichung. Die Kürze dieser Frist birgt Haftungsrisiken für den Rechtsanwalt und Kostenrisiken für den Vermieter in denjenigen Fällen, wo die Zustimmung des Mieters nicht eindeutig erklärt wird (Beispiele: Nur einer von zwei Mietern unterzeichnet die Zustimmung; die Mieterin zahlt ein oder zwei Teilbeträge). Hier empfiehlt es sich dringend, schriftlich unter Hinweis auf die sonst zu erhebende Klage zu erinnern bzw. um Klärung zu bitten.

2. § 559 BGB Erhöhung wegen Wohnwertverbesserungsmaßnahmen

a) Tatbestandsmerkmale

Hat der Vermieter wertverbessernde Maßnahmen an der Mietwohnung oder am Wohngebäude durchgeführt, oder sonstige Arbeiten i.S.d. § 554 Abs. 2 BGB, kann er die dafür aufgewendeten Kosten nach § 559 BGB mietwirksam machen. 421

aa) Vermieter

Nach § 559 Abs. 1 BGB muss der **Vermieter** selbst **Bauherr** sein, die baulichen Maßnahmen also im eigenen Namen und auf eigene Rechnung durchführen (lassen). Dies ist grundlegend in einem Rechtsentscheid[1] von 1983 herausgearbeitet worden und lässt sich insbesondere mit der Entstehungsgeschichte der Vorschrift begründen: Mit der Einführung der Regelung 1974 war die **Verbesserung der Altbausubstanz** bezweckt. Der Vermieter in Person sollte zu den für dringend erforderlich gehaltenen Modernisierungsinvestitionen in den seinerzeit zum Teil erheblich überalterten Baubestand motiviert werden. In der Begründung der Bundesregierung zum Gesetzentwurf[2] wurde ausgeführt: 422

„Durch die Vorschrift soll es den Vermietern ermöglicht werden, die Kosten, die sie für Verbesserungen der Mietsache, besonders für Modernisierungen, aufgewendet haben, in angemessenem Umfang auf die Mieter umzulegen. An der Modernisierung der Altbauwohnungen, aber auch vieler nach dem Krieg gebauter Wohnungen besteht ein allgemeines dringendes Interesse. Eine Modernisierung ist jedoch oft nur bei einer entsprechenden Mieterhöhung möglich. Bei einer Erhöhung bis zur ortsüblichen Vergleichsmiete nach § 2 (jetzt § 558 BGB) ist zwar der Wohnwert nach der Modernisierung maßgebend. Die danach mögliche Erhöhung reicht jedoch zur angemessenen Deckung der Modernisierungskosten oft nicht aus."

Demzufolge ist § 559 BGB unanwendbar, wenn die baulichen Maßnahmen von **Dritten** durchgeführt werden, etwa von einer GmbH, auch wenn deren alleinhaftender Gesellschafter der Vermieter ist[3]. 423

---
1 OLG Hamm, Beschl. v. 30.5.1983 – 4 RE-Miet 2/83, WM 1983, 287.
2 Zitiert von OLG Hamm, Beschl. v. 30.5.1983 – 4 RE-Miet 2/83, WM 1983, 287.
3 LG Berlin, Urt. v. 28.11.1989 – 64 S 344/89, GE 1990, 371.

424 Nicht zu verwechseln ist dies mit denjenigen Fällen, wo ein **Grundstückserwerber** nach § 566 BGB (= § 571 BGB a.F.) oder nach § 1922 BGB in das Mietverhältnis eintritt, nachdem der frühere Eigentümer Modernisierungsmaßnahmen durchgeführt hat. Hier kann der Erwerber die Mieterhöhung nach § 559 BGB durchführen, unabhängig davon, ob seine Eintragung ins Grundbuch noch vor Abschluss der Arbeiten[1] oder erst danach[2] erfolgt.

bb) Wohnwertverbesserung

425 **Modernisierung** ist die Verbesserung von Wohnungen durch bauliche Maßnahmen, die den Gebrauchswert der Wohnungen nachhaltig erhöhen oder die allgemeinen Wohnverhältnisse auf die Dauer verbessern[3]. Abzugrenzen davon ist die **Instandsetzung**, also die Behebung von baulichen Mängeln, insbesondere von Mängeln, die infolge Abnutzung, Alterung, Witterungseinflüssen oder Einwirkungen Dritter entstanden sind, durch Maßnahmen, die in den Wohnungen den zum bestimmungsgemäßen Gebrauch geeigneten Zustand wieder herstellen[4].

426 **Gebrauchswertverbesserungen** sind nach dem inzwischen aufgehobenen ModEnG[5] insbesondere Maßnahmen zur Verbesserung

– des Zuschnitts der Wohnung;
– der Belichtung und Belüftung;
– des Wärmeschutzes;
– des Schallschutzes;
– der Energieversorgung, der Wasserversorgung und der Entwässerung;
– der sanitären Einrichtungen;
– der Beheizung und der Kochmöglichkeiten;
– der Funktionsabläufe in Wohnungen;
– der Sicherheit vor Diebstahl und Gewalt.

---

1 KG, Beschl. v. 8.5.2000 – 8 RE-Miet 2505/00, WM 2000, 300.
2 KG, Beschl. v. 17.7.2000 – 8 RE-Miet 4110/00, WM 2000, 482; vgl. weiter *Sternel*, NZM 2001, 1058, 1065.
3 So schon § 3 Abs. 1 des Wohnungsmodernisierungsgesetzes (WoModG) vom 23.8.1976 (BGBl. I 2429).
4 § 3 Abs. 2 WoModG.
5 § 4 Abs. 1 des Gesetzes zur Förderung der Modernisierung von Wohnungen und von Maßnahmen zur Einsparung von Heizenergie (ModEnG) in der Fassung der Bekanntmachung vom 12.7.1978 (BGBl. I, 993), aufgehoben durch Art. 4 des Gesetzes zur Reform des Wohnungsbaurechts vom 13.9.2001 (BGBl. I, 2376).

Das ModEnG führte ergänzend aus: 427
Zu den baulichen Maßnahmen, die den **Gebrauchswert der Wohnungen** erhöhen, kann der Anbau gehören, insbesondere soweit er zur Verbesserung der sanitären Einrichtungen oder zum Einbau eines notwendigen Aufzugs erforderlich ist. Der Gebrauchswert von Wohnungen kann auch durch besondere bauliche Maßnahmen für Behinderte und alte Menschen erhöht werden, wenn die Wohnungen auf Dauer für sie bestimmt sind.

Bauliche Maßnahmen, die die **allgemeinen Wohnverhältnisse** verbessern, sind insbesondere die Anlage und der Ausbau von nicht öffentlichen Gemeinschaftsanlagen wie Kinderspielplätzen, Grünanlagen, Stellplätzen und anderen Verkehrsanlagen. 428

Bauliche Maßnahmen, die nachhaltig **Einsparungen von Heizenergie** bewirken (energiesparende Maßnahmen), sind insbesondere Maßnahmen zur 429
- wesentlichen Verbesserung der Wärmedämmung von Fenstern, Außentüren,
- wesentlichen Verminderung des Energieverlustes und des Energieverbrauchs der zentralen Heizungs- und Warmwasseranlagen,
- Änderungen von zentralen Heizungs- und Warmwasseranlagen innerhalb des Gebäudes für den Anschluss an die Fernwärmeversorgung, die überwiegend aus Anlagen der Kraft-Wärme-Kopplung, zur Verbrennung von Müll oder zur Verwertung von Abwärme gespeist wird,
- Rückgewinnung von Wärme,
- Nutzung von Energie durch Wärmepumpen- und Solaranlagen.

§ 554 Abs. 2 Satz 1 BGB bezieht auch die **Einsparung von Wasser** ein[1]. 430

Auflistung üblicher Modernisierungsmaßnahmen[2]: 431
- Installation einer Gemeinschaftsantennenanlage, eines Breitbandkabelanschlusses, einer Parabolantenne;
- Einbau einer Gegensprechanlage;
- Energieeinsparmaßnahmen: Wärmedämmung von Außenfassaden, Dachisolierung; Dämmung des Dachbodens, der Kellerdecken;
- Einbau von Wasserzählern;

---

1 Ebenso § 13 Abs. 3 WoFG.
2 Einzelnachweise bei *Lützenkirchen*, Anwalts-Handbuch Mietrecht, 2. Aufl., E Rz. 161.

- Bad: erstmaliger Einbau eines Badezimmers, einer Innentoilette, einer Badewanne, eincr verfliesten Badewanne, einer Dusche, eines zusätzlichen Waschbeckens, eines FI-Schalters, von Strukturheizkörpern als Handtuchwärmer; Verfliesung von Wänden und Fußboden;
- erstmaliger Anbau eines Balkons;
- behindertengerechter oder altengerechter Umbau von Wohnungen;
- Verbesserung von Fußböden: Parkett, Teppichboden statt Linoleum, Dielen;
- Einbruchssicherungsmaßnahmen;
- Einbau von Rollläden;
- Verbesserung der Elektroinstallation, Verstärkung der elektrischen Steigeleitung;
- Verlegung von Leitungen unter Putz;
- Fahrstuhleinbau;
- Fenster: Isolierverglasung; Vergrößerung der Fensterflächen; Schallschutzfenster;
- Küche: Verfliesung; Installation eines moderneren oder leistungsfähigeren Herds; Einbau einer Dunstabzugshaube, eines Ventilators; Installation einer Einbauküche;
- erstmalige Anlage eines Gartens;
- Verbesserung des Hofs oder Wohnumfelds: Begrünung, Fahrradständer, Sitzplätze, Gestaltung der Müllstandsfläche;
- Einrichtung eines Kinderspielplatzes;
- Verbesserung des Wohnungszuschnitts;
- Einbau einer Zentralheizung; Umstellung von Einzelöfen auf Gasetagenheizung oder Zentralheizung; Umstellung von Koks- auf Ölzentralheizung, von Koks- oder Ölheizung auf Fernwärme;
- Einbau von Heizkörperventilen, von Heizkostenverteilern;
- erstmalige Herrichtung einer Warmwasserversorgung.

432 Für die **Mieterhöhung** unterscheidet § 559 Abs. 1 BGB zwischen Maßnahmen, die
- den Gebrauchswert der Mietsache nachhaltig erhöhen,
- die allgemeinen Wohnverhältnisse auf Dauer verbessern,
- nachhaltig Einsparungen von Energie oder Wasser bewirken,
- anderen baulichen Maßnahmen, die der Vermieter auf Grund von Umständen durchführt, die er nicht zu vertreten hat.

Eine trennscharfe **Abgrenzung** der Maßnahmen dahingehend, in welche 433
der ersten drei der genannten Kategorien sie fallen, ist praktisch oft
nicht möglich und rechtlich auch nicht erforderlich, weil die **Voraussetzung der Nachhaltigkeit** allen gemeinsam ist und die Rechtsfolgen die
gleichen sind. Mit den anderen baulichen Maßnahmen sind etwa gemeint

- Anschluss des Gebäudes an die öffentliche Kanalisation;
- Nachrüstarbeiten an Heizungen auf Grund neuer gesetzlicher Vorgaben;
- Austausch von Herden wegen Umstellung von Stadtgas auf Erdgas;
- Maßnahmen auf Grund verschärfter Immissionsschutzwerte oder Umweltstandards;
- Arbeiten infolge denkmalschutzrechtlicher Anordnungen;
- Maßnahmen auf Grund eines Modernisierungsgebots nach § 177 BauGB.

Die Kosten der Wertverbesserungsmaßnahmen müssen durch prüffähige **Rechnungen** belegt sein. Sind Arbeiten pauschal oder auf Grund von 434
Kostenvoranschlägen abgerechnet worden, so ist es für Zwecke der
Mieterhöhung notwendig, sie aufzugliedern und nachvollziehbar aufzulisten[1].

Häufig werden gleichzeitig **Modernisierungs- und Instandsetzungsmaß-** 435
nahmen durchgeführt. So wird erstmals eine Klingel- und Gegensprechanlage eingebaut, gleichzeitig erhält das Treppenhaus einen neuen Anstrich und neuen Fußbodenbelag; es erfolgt eine Wärmedämmung der
Fassade zugleich mit Umgestaltung des Innenhofs (Begrünung, Fahrradständer).

Da sich nur die Kosten der Modernisierung mieterhöhend auswirken 436
können, müssen die Kosten voneinander abgegrenzt werden. Es ist darauf zu achten, dass die Arbeiten **detailliert** genug **beschrieben** sind, um
beide Kostenarten genau auseinander halten zu können. Dies gilt auch
für die evtl. angefallenen **Baunebenkosten** wie Kosten behördlicher Genehmigungen, Architektenhonorare[2], Gerüstaufstellungskosten, Rei-

---

1 LG Berlin, Urt. v. 8.3.2003 – 67 S 306/02, GE 2003, 883.
2 Unter welchen Voraussetzungen diese überhaupt ansatzfähig sind, ist umstritten, s. dazu die Nachweise bei *Kossmann*, ZAP Fach 4, 563, 569, und bei *Börstinghaus* in Schmidt-Futterer, 8. Aufl., § 559 Rz. 154.

nigungs- und Malerkosten. Im Zweifel sind nicht eindeutig zuzuordnende Kosten nicht umlegbar[1].

437 Ein gängiger Streitpunkt sind die sog. **fiktiven Instandsetzungskosten**. Werden beispielsweise Holzfenster gegen Isolierglasfenster ausgetauscht, ist damit oft eine Instandsetzung eingespart worden, die sonst an den Holzfenstern fällig gewesen wäre; mit der Wärmedämmung einer schadhaften Fassade erledigen sich ansonsten nötige Verputzarbeiten[2]. Die Rechtsprechung lässt in diesen Fällen den vollständigen Ansatz der aufgewendeten Kosten nicht zu, sondern nur derjenigen Kosten, die die „reine" Wertverbesserung betreffen, also nicht derjenigen Kosten, die ohnehin für Instandsetzungsarbeiten hätten aufgewendet werden müssen[3]. Diese Kosten müssen nachvollziehbar belegt werden. Eine Angabe wie „**abzgl. pauschal 20 % für ersparte Instandsetzungskosten**" reicht jedenfalls dann **nicht aus**, wenn der Ansatz mieterseits bestritten wird. Anerkannt ist der Abzug fiktiver Kosten für bereits fällige Instandsetzungen[4], umstritten ist, ob auch ein Abzug für fiktive künftige Instandsetzungskosten vorzunehmen ist[5]. Für die Berücksichtigung auch der künftig anfallenden Reparaturkosten wird angeführt, andernfalls könne der Vermieter anstelle demnächst auf eigene Kosten durchzuführender Reparaturen eine Modernisierung auf Kosten der Mieter vornehmen.

438 Insbesondere bei baulichen Maßnahmen zur nachhaltigen **Einsparung von Energie** oder Wasser ist ein häufiger Streitpunkt der, ob solche Einsparungen tatsächlich zu erwarten sind bzw. eintreten, und wenn ja, in welcher Höhe. Grundsätzlich müssen solche Maßnahmen nach bisher überwiegender und richtiger Auffassung **wirtschaftlich** sein[6]. Die Tatsache, dass der Mieter im Regelfall nach § 554 Abs. 2 BGB Maßnahmen zur Einsparung von Energie oder Wasser dulden muss, ohne dass es auf einen individuellen Gebrauchsvorteil ankommt, rechtfertigt sich allein

---

1 Zu Einzelheiten vgl. LG Görlitz, Urt. v. 17.10.2001 – 2 S 61/01, WM 2001, 613; zur – umstrittenen – Frage, ob an den Mieter gezahlter Aufwendungsersatz umlegbar ist, vgl. die Nachweise bei *Börstinghaus* in Schmidt-Futterer, 8. Aufl., § 559 BGB Rz. 155.
2 Vgl. hierzu etwa LG Berlin, Urt. v. 19.8.1997 – 64 S 268/97, GE 1997, 1469.
3 *Emmerich* in Staudinger, § 559 BGB Rz. 43.
4 *Emmerich* in Staudinger, § 559 BGB Rz. 43 m.w.N.
5 Gegen den Abzug: OLG Hamm, Beschl. v. 27.4.1981 – 4 RE-Miet 2/81, WM 1981, 129; OLG Celle, Beschl. v. 16.3.1981 – 2 UH 1/80, WM 1981, 151; OLG Hamburg, Beschl. v. 6.10.1982 – 4 U 133/82, WM 1983, 13; für den Abzug: *Emmerich* in Staudinger, § 559 BGB Rz. 44 m.w.N.
6 Grundlegend hierzu OLG Karlsruhe, Beschl. v. 20.9.1984 – 9 RE-Miet 6/83, WM 1985, 17; vgl. weiter die Nachweise bei *Börstinghaus* in Schmidt-Futterer, 8. Aufl., § 559 BGB Rz. 81.

daraus, dass Energie- und Wassereinsparung gesamtwirtschaftlich und ökologisch sinnvoll ist. Hieraus kann der Vermieter beispielsweise im Fall der Umstellung der Heizung von zentraler Ölheizung auf Fernwärme zunächst nur einen Duldungsanspruch herleiten und das Recht, nach der Umstellung der Heizanlage über die hierfür anfallenden Kosten abzurechnen. Dem Mieter wird im Interesse der Heizenergieeinsparung zugemutet, auch die hierfür anfallenden Mehrkosten zu übernehmen, auch wenn die Nutzung der energiepolitisch sinnvollen Energiequelle im Ergebnis die teurere Variante der Beheizung ist. Das bedeutet aber nicht, dass der Mieter über die auf der Beheizung seiner Wohnung beruhenden laufenden Kosten hinaus auch für die Baukosten der Umstellung unbegrenzt einzustehen hat. Vielmehr muss die bauliche Maßnahme objektiv wirtschaftlich vertretbar sein. Stehen die Kosten der vom Vermieter berechneten Modernisierungsmieterhöhung nicht in einem **vernünftigen Verhältnis** zu den Auswirkungen der Maßnahme auf die Kosten der neuen Wärmeversorgung, muss der Mieter nicht im Interesse der Gesamtwirtschaft und der Energiepolitik sämtliche Kosten ohne Rücksicht auf seine persönlichen Belange übernehmen[1].

Der Bundesgerichtshof[2] hat hierzu jetzt gegenteilig entschieden. Seines Erachtens ist die **Mieterhöhung** wegen energiesparender Modernisierungsmaßnahmen im Grundsatz **nicht** durch das Verhältnis zu der erzielten Heizkostenersparnis **begrenzt**. Für eine solche Begrenzung nach Art einer Kappungsgrenze bestehe keine gesetzliche Grundlage, und eine Begrenzung der Mieterhöhung folge auch nicht aus dem Grundsatz von Treu und Glauben. Vielmehr habe der Gesetzgeber von einer begrenzenden Regelung bewusst abgesehen. 439

Das Kammergericht[3] hatte für einige Aufregung dadurch gesorgt, dass es für die Mieterhöhungserklärung nach Modernisierung durch **Wärmedämmmaßnahmen** gefordert hatte, in der Erklärung durch eine **Wärmebedarfsberechnung** darzulegen, in welchem Maß Heizenergie eingespart werde. Der Bundesgerichtshof[4] hat dazu klargestellt, dass es 440

---

1 LG Berlin, Urt. v. 17.3.2000 – 65 S 352/99, NZM 2002, 64 m.w.N.; vgl. weiter die ausführlichen Nachweise zum Streitstand bei *Börstinghaus* in Schmidt-Futterer, Mietrecht, 8. Aufl., § 559 Rz. 81.
2 BGH, Urt. v. 3.3.2004 – VIII ZR 149/03, WM 2004, 285. Die Entscheidung betrifft zwar direkt nur den preisgebundenen Wohnraum, aus den Gründen ergibt sich aber, dass der BGH hier keine Unterschiede zum preisfreien Wohnraum sieht.
3 KG, Beschl. v. 17.8.2000 – 8 RE-Miet 6159/00, WM 2000, 535.
4 BGH, Beschl. v. 10.4.2002 – VIII ARZ 3/01, WM 2002, 366 = NZM 2002, 519; Urt. v. 12.3.2003 – VIII ZR 175/02, WM 2004, 154 = MietRB 2003, 3; Urt. v. 7.1.2004 – VIII ZR 156/03, WM 2004, 155 = MietRB 2004, 134.

ausreichend ist, Tatsachen darzulegen, aus denen sich eine dauerhafte Energieeinsparung ergibt, was eben nicht unbedingt gerade in Form einer Wärmebedarfsberechnung erfolgen muss.

b) Rechtsfolge und Begrenzungen

441 Hat der Vermieter als Bauherr Baumaßnahmen i.S.d. § 559 Abs. 1 BGB durchgeführt, so kann er die jährliche Miete um **11 % der** für die Wohnung aufgewendeten **Kosten** erhöhen. Bei baulichen Maßnahmen für mehrere Wohnungen sind die Kosten angemessen aufzuteilen, § 559 Abs. 2 BGB.

aa) Mieterhöhung durch Kostenumlage

442 Betreffen die Arbeiten nur eine Wohnung, so sind die aufgewendeten Kosten, bereinigt um Instandhaltungs- und fiktive Instandhaltungskosten, zusammenzustellen und hiervon 11 % zu berechnen. Dies ist der Jahresbetrag der Erhöhung. Geteilt durch 12 Monate ergibt sich der **monatliche Modernisierungszuschlag**. Um diesen Zuschlag erhöht sich die Miete **auf Dauer**, obwohl die Investition des Vermieters (von dessen Verzinsung abgesehen) nach etwas über neun Jahren durch den Zuschlag abgegolten ist. Finanzierungs- und Kapitalbeschaffungskosten selbst können nicht in Rechnung gestellt werden.

443 In mehreren Gesetzesinitiativen ist versucht worden, übermäßige **Mieterhöhungen**, die aus Modernisierungen resultieren können, **einzuschränken**. Bereits im Regierungsentwurf zu § 3 MHG war eine Kappungsgrenze vorgeschlagen, wonach die infolge der Modernisierungsmaßnahmen erhöhte Miete die ortsübliche nicht um mehr als 10 % übersteigen dürfe[1]. Der Ausschuss für Raumordnung, Bauwesen und Städtebau wollte in § 3 MHG eine Härteklausel einfügen, wonach der Vermieter insoweit nicht zu einer Mieterhöhung wegen Modernisierung berechtigt sein sollte, als die Mieterhöhung in einem erheblichen Missverhältnis zu den von den Mietern zu erwartenden Vorteilen stehe[2]. Die Rechtsprechung hatte die Höhe des Modernisierungszuschlags, jedenfalls bei Energiesparmaßnahmen, der erstrebten Einsparung gegenübergestellt und damit die Mieterhöhung unter dem Gesichtspunkt der Wirtschaftlichkeit auf 200 % des Einsparungsbetrages begrenzt. Auch im Rahmen der Mietrechtsreform war vom Bundesrat vorgeschlagen worden[3], die Aufnahme dieser Begrenzung in das Gesetz zu prüfen. Dies

---

1 BT-Drucks. 7/2011, S. 5 (11 f.).
2 BT-Drucks. 8/1782, S. 6.
3 BR-Drucks. 439/00, S. 24.

ist nicht Gesetz geworden, und der Bundesgerichtshof lehnt eine Prüfung am Grundsatz der Wirtschaftlichkeit ab[1].

Betreffen die baulichen Veränderungen mehrere Wohnungen, so gibt das Gesetz nur vor, dass die aufgewendeten Kosten „**angemessen**" auf die einzelnen Wohnungen **aufzuteilen** sind. Die Umlage nach **Quadratmetern** ist der üblicherweise gewählte Maßstab, je nach Art der Arbeiten bieten sich aber auch andere Verteilungsschlüssel an oder sollten zumindest in Betracht gezogen werden. So sind Kosten des **Kabelanschlusses** nach Zahl der angeschlossenen Wohnungen zu verteilen, der Einbau von **Wasseruhren** ggf. nach Stückzahl, Kosten des **Fahrstuhleinbaus** können nach Geschosslage der Wohnungen gewichtet verteilt werden, weil die Mieter der höheren Etagen stärker profitieren als diejenigen der unteren Wohnungen. Bei **Wärmedämmmaßnahmen** sind die entstehenden Gebrauchsvorteile für verschiedene Wohnungen möglicherweise zu differenzieren. Sich hierüber im Vorfeld Gedanken zu machen, zahlt sich schon deswegen aus, weil der gewählte Verteilungsmaßstab ggf. begründet werden muss und es sich dann, wenn eine Mietpartei ihn erfolgreich angreift, als unmöglich herausstellen kann, nachträglich zu Lasten anderer Mietparteien den einmal gewählten Schlüssel zu ändern. Das Gericht kann über § 315 Abs. 3 S. 2 BGB den Verteilungsmaßstab **korrigieren**. 444

bb) Ankündigung und Duldung

§ 559 BGB beantwortet lediglich die Frage, in welcher Weise sich die Aufwendungen des Vermieters nach durchgeführten Wertverbesserungsmaßnahmen mieterhöhend auswirken können. Die logisch und historisch vorgelagerte Frage, unter welchen Umständen der Mieter diese Maßnahmen zu dulden hatte, beantwortet sich nach § 554 BGB und ggf. nach § 242 BGB. Das Recht des Vermieters zur Mieterhöhung richtet sich nach allgemeiner Ansicht allein danach, ob der Mieter **zur Duldung** der durchgeführten Maßnahmen **verpflichtet** war[2]. Hat der Mieter der Maßnahme nicht ausdrücklich zugestimmt, ist bei Arbeiten **innerhalb** der Mietwohnung ausreichend, dass er deren **Durchführung geduldet** hat, indem er den Handwerkern Zutritt gegeben hat. Ob die Modernisierungsankündigung ordnungsgemäß war, spielt dann keine Rolle mehr[3] und braucht bei der Fallbearbeitung nicht untersucht zu werden. 445

---

1 BGH, Urt. v. 3.3.2004 – VIII ZR 149/03, WM 2004, 285.
2 Grundlegend OLG Hamm, Beschl. v. 27.4.1981 – 4 RE-Miet 2/81, WM 1981, 129.
3 Grundlegend OLG Stuttgart, Beschl. v. 26.4.1991 – 8 RE-Miet 2/90, WM 1991, 332; bestätigt durch OLG Frankfurt/Main, Beschl. v. 5.9.1991 – 20 RE-Miet 3/91, WM 1991, 527.

446 Bei **Außenarbeiten** wie Fassadendämmung oder Fahrstuhleinbau, die keinen Zutritt zur Mietwohnung erfordern, also ohne Duldung des Mieters durchgeführt werden können, setzt die Mieterhöhung nach § 559 BGB voraus, dass der Mieter

- entweder ebenfalls ausdrücklich **zugestimmt** hat
- oder **zur Duldung** der Maßnahme **verpflichtet** war[1].

447 Nur im letztgenannten Fall müssen also die materiellen Voraussetzungen der Duldungspflicht nach § 554 BGB geprüft werden. Dies ist insoweit allgemeine Ansicht. Umstritten ist dagegen, ob die materielle Duldungspflicht ihrerseits auch voraussetzt, dass dem Mieter eine – die Duldungspflicht überhaupt erst auslösende – **form- und fristgerechte Ankündigung** zugegangen ist[2]. Nach richtiger Auffassung[3] ist in diesen Außenmodernisierungsfällen eine Mieterhöhung nach § 559 BGB nicht möglich, wenn eine Modernisierungsankündigung völlig unterblieben oder fehlerhaft gewesen ist[4]. § 559b Abs. 2 Satz 2 BGB regelt dagegen nur den Fall, dass der Mieterhöhungsbetrag nicht oder um mehr als 10 % zu gering angekündigt worden ist.

cc) Berechnung der Umlage

448 Die mögliche Mieterhöhung ermittelt sich aus den **umlagefähigen Kosten**, nachdem eventuelle Instandsetzungskosten ausgegliedert und ggf. fiktive Instandsetzungskosten abgezogen worden sind.

⮕ **Beispiel:**
Modernisierungsmaßnahme Verbesserung des Wärmeschutzes
(Übersicht über die voraussichtlichen Baukosten)
Wärmedämmung VH Hofdurchfahrt/HH Eingangsbereich
und Wärmedämmverbundsystem Fassade Brandwand

---

[1] KG, Beschl. v. 1.9.1988 – 8 RE-Miet 4048/88, WM 1988, 389.
[2] So ausdrücklich KG, Beschl. v. 1.9.1988 – 8 RE-Miet 4048/88, WM 1988, 389; LG Berlin, Urt. v. 19.4.2002 – 63 S 239/01, GE 2002, 930; LG Berlin, Urt. v. 5.8.2002 – 61 S 466/01, GE 2003, 187; *Emmerich* in Staudinger, BGB, § 559 Rz. 5; dagegen *Bub/Treier*, Handbuch, 3. Aufl., III Rz. 555 ff.
[3] Vgl. dazu im Einzelnen AG Tiergarten, Urt. v. 30.9.1997 – 6 C 650/96, GE 1998, 46, in NZM 1998, 478 zitiert mit dem Aktenzeichen 228/97; vgl. weiter *Sternel*, NZM 2001, 1058, 1068 ff., und KG, Beschl. v. 16.7.1992 – 8 RE-Miet 3166/92, WM 1992, 514.
[4] *Emmerich/Sonnenschein*, Miete, 8. Aufl., § 559 Rz. 3; *Sternel*, Mietrecht aktuell, 3. Aufl., Rz. A 86 ff.; *Kossmann*, ZAP Fach 4, 563, 576; *Börstinghaus/Eisenschmid*, Arbeitskommentar Neues Mietrecht, zu § 559b BGB; a.A. die Begründung zum Referentenentwurf zu § 559 BGB mit dem – unzutreffenden – Hinweis, es bleibe bei der bisherigen Rechtslage; *Lützenkirchen*, Neue Mietrechtspraxis, Rz. 315.

Gesamtkosten für diesen Bauabschnitt	28 072,00 Euro
Ersparte Instandhaltung 30 % Putz Brandwand	−5359,20 Euro
umlagefähige Kosten	22 712,80 Euro

Gesamtwohnfläche des Hauses 1359,32 m²
Modernisierungskosten je m² Wohnfläche 16,71 Euro

| Für Ihre WE (34,82 m²) demnach jährlich | 581,84 Euro |

11 % der Modernisierungskosten von 581,84 Euro werden jährlich auf Ihre Miete aufgeschlagen.

| Das ergibt einen monatlichen Wertverbesserungszuschlag von | **64,00 Euro** |

Der Ansatz von Prozentsätzen für ersparten Instandhaltungsaufwand ist praktisch üblich und reicht aus, wenn der Ansatz mieterseits nicht bestritten wird. Erfolgt das doch, ist die Kostenersparnis konkret zu beziffern.

Eine Kappungsgrenze[1] gibt es für den Modernisierungszuschlag nicht. 449

dd) Anrechnung von Drittmitteln

Ist die Modernisierung mit öffentlicher Förderung durchgeführt worden, so sind nach § 559a BGB die hierfür vereinnahmten **Fördermittel in Abzug zu bringen**. Geschieht dies überhaupt nicht, ist das Erhöhungsverlangen nach richtiger und überwiegender Auffassung unwirksam[2]. 450

Hierbei ist zunächst zu klären, in welcher Weise öffentliche Förderung gewährt wurde bzw. wird. Folgende Möglichkeiten kommen in Betracht: 451

Baukostenzuschuss	Eine Zuwendung, durch die Baukosten für festgelegte Maßnahmen ganz oder teilweise von der öffentlichen Hand erstattet werden, und die nicht zurückgezahlt werden muss. Sie wird meist in mehreren Teilbeträgen je nach Baufortschritt gezahlt. Der Zuschuss bleibt dem Eigentümer dauerhaft.
Baukostendarlehen	Eine Zuwendung, durch die die Baukosten für festgelegte Maßnahmen ganz oder teilweise von der öffentlichen Hand erstattet werden, die aber zurückgezahlt werden muss. Der Darlehensbetrag bleibt dem Eigentümer nicht dauerhaft, es bleibt ihm aber ein Finanzierungs-

---

1 Siehe dazu Rz. 286 ff.
2 Vgl. *Beuermann*, GE 1996, 1514, 1521; *Kunze/Tietzsch*, WM 1997, 308 ff.; *Börstinghaus*, MDR 1998, 933, 935.

	vorteil. Es gibt unverzinsliche und niedrig verzinsliche Darlehen.
Vorbehaltsmittel	Eine Zuwendung, durch die die Baukosten für festgelegte Maßnahmen ganz oder teilweise von der öffentlichen Hand erstattet werden, mit der Maßgabe, dass nach einem festgelegten Zeitablauf durch den Fördergeber entschieden wird, ob der Eigentümer sie zurückzahlen muss oder endgültig behalten darf. Je nach Ausgang der Entscheidung sind die Mittel entweder als Baukostenzuschuss oder als Baukostendarlehen zu behandeln.
Aufwendungszuschuss	Eine Zuwendung, die gezahlt wird, um bestimmte laufende Aufwendungen auszugleichen, und die der Eigentümer dauerhaft behalten darf[1].
Aufwendungsdarlehen	Eine Zuwendung, die gezahlt wird, um bestimmte laufende Aufwendungen zeitweise auszugleichen, die der Eigentümer aber zurückzahlen muss.

452 § 559a BGB schreibt für die Anrechnung der verschiedenen Fördermittel die Berechnungsweise im Einzelnen vor:

453 **Zinsverbilligte und zinslose Darlehen:** § 559a Abs. 2 Satz 1 BGB befasst sich mit den Fällen, in denen die Verbesserung nicht oder nicht vollständig aus Eigenkapital des Vermieters bezahlt wurde und der Vermieter auch nicht die Fremdfinanzierung – etwa durch ein Darlehen, das aus einer Hypothek auf das Grundstück besichert wird – selbst zahlt, sondern in denen ihm von der öffentlichen Hand zinsverbilligte oder zinslose Darlehen zur Verfügung gestellt werden. Solche Darlehen sind ein klassisches Mittel des Staates, **Anreize für Verbesserungsmaßnahmen** zu geben. Eigentümer sollen dazu gebracht werden, die Verbesserungsmaßnahmen überhaupt vorzunehmen, auch nicht darauf zu warten, bis sie ausreichend Eigenkapital angesammelt haben. Gerade kapitalschwache Eigentümer sollen damit in die Lage versetzt werden, die im öffentlichen Interesse gewünschten Maßnahmen bald auszuführen; Eigentümer, die davor zurückschrecken, langfristige Kreditver-

---

1 Die in Berliner Altbaumodernisierungsprogrammen teilweise gewährten „Aufwendungszuschüsse" sind in der Regel genau genommen keine Aufwendungszuschüsse, sondern zusätzliche Baukostenzuschüsse, denn sie decken keine abgrenzbaren zusätzlichen Aufwendungen des Eigentümers ab.

pflichtungen einzugehen, sollen durch Kreditverbilligung u.U. in den Genuss verkürzter Laufzeiten kommen.

Diese öffentliche Finanzierung **begünstigt** den Eigentümer deutlich gegenüber den nicht geförderten Eigentümern: Er muss eben nicht die deutlich höheren Kapitalzinsen zahlen, wie sie bei ordnungsgemäßer Bewirtschaftung und Beleihung seines Grundstücks anfallen, sondern nur die niedrigeren Zinsen gegenüber der Investitionsbank/Landesbank. Würde bei dieser Sachlage gestattet, dass der Vermieter die **Baukosten uneingeschränkt** (nach den Regeln des § 559 Abs. 1 BGB) auf den Mieter **umlegen** kann, dann würde letztlich der Mieter die Vergünstigung des Eigentümers bezahlen: Obwohl der Vermieter gar nicht (renditeschmälernd) eigenes Kapital freimachen muss, dieses ersparte Kapital also weiter zur eigenen Vermögensmehrung einsetzen kann, könnte er gegenüber dem Mieter in voller Höhe die Kosten umlegen. Der Grundansatz, eine Umlage von 11 % demjenigen zu gewähren, der Verbesserungen aus eigenen Mitteln finanziert, würde damit verlassen. Deshalb sieht das Gesetz vor, den Vermieter so zu stellen, als habe er die fehlenden Mittel am Kapitalmarkt selbst besorgt, wobei aus Gründen der Vereinfachung (insofern durchaus ungerecht gegenüber Grundstücken mit unterschiedlicher Schuldenlast) nur die **Kosten** eines durch **erststellige Hypothek** gesicherten Darlehens anzusetzen sind. Der Vermieter muss diese Ersparnis beim Geltendmachen der Modernisierungsumlage darlegen und umlageminderd berücksichtigen. 454

Im Ergebnis zeigt sich klar: Die Finanzierungskosten, wie sie für „erststellige Hypotheken im Zeitpunkt der Beendigung der Maßnahmen" anfallen, hat der Vermieter stets und auf Dauer selbst zu tragen. Gleiches gilt gemäß § 559a Abs. 3 Satz 1 BGB, falls der Mieter dem Vermieter ein zinsgünstiges Darlehen gewährt hat. 455

Aufwendungszuschüsse: § 559a Abs. 2 Satz 4 **erste Alternative** BGB betrifft Aufwendungszuschüsse. „Aufwendungen" im Sinne dieser Vorschrift sind nicht die Baukosten, sondern nur die „laufenden Aufwendungen", also **Kapitalkosten und Bewirtschaftungskosten**. Zuschüsse für laufende Aufwendungen werden stets zeitlich begrenzt gewährt. Hier – und nur hier – macht es Sinn, davon zu sprechen, dass sie nur „so lange" an den Mieter „weitergegeben" werden können, wie sie dem Vermieter zufließen. 456

Von zentraler Bedeutung für die Beurteilung ist, dass außerhalb des Sozialen Wohnungsbaus „Aufwendungszuschüsse" häufig neben echten Baukostenzuschüssen (siehe Rz. 460 ff.) gewährt werden. Beispielsweise wurde nach Berliner Förderungsbestimmungen bis in die Neun- 457 ziger Jahre von den nach Vorabprüfung zu erwartenden Baukosten zunächst berechnet, was bei Umlage mit 11 % p.a. zu einer höheren Miete führen würde als der im jeweiligen Förderprogramm politisch festgelegten „**Finanzierungsmiete**". Dieser überschießende – in aller Regel weitaus höhere – Teil der Baukosten wurde dann durch Baukostenzuschüsse vollständig vom Land übernommen. Nur den geringeren Anteil der Baukosten, der bei elfprozentiger Umlage gerade zu einem Erreichen der „Finanzierungsmiete" führen würde, musste der Eigentümer selbst tragen. Auf diesen Teil wurden sodann nochmals die vorbezeichneten „Aufwendungszuschüsse" über mehrere Jahre gewährt.

458 **Aufwendungsdarlehen**: Auch § 559a Abs. 2 Satz 4 **zweite Alternative** BGB behandelt laufende Aufwendungen. Wird hierfür dem Eigentümer nicht ein Zuschuss gewährt, der ihm endgültig verbleiben soll, sondern ein zinsverbilligtes Darlehen, so muss der Vermieter die **Ersparnis an Darlehenszinsen** an den Mieter **weitergeben**. Auch hier wird zur Berechnung der Jahresbetrag des Darlehens eingesetzt, wie vorstehend bei den zinsverbilligten bzw. zinslosen Darlehen entwickelt.

459 Den bisher beschriebenen Förderungsvarianten ist gemeinsam, dass der Vermieter im Rahmen dieser Zuschüsse immerhin die gesamten Baukosten letztlich selbst tragen muss, er erhält **nur günstigere Zinskonditionen** und muss dafür für eine bestimmte Zeit öffentliche Bindungen, etwa ein Belegungsrecht der Gemeinde, übernehmen. Umgekehrt bedeutet dies, dass die Verbesserungskosten selbst nicht von der öffentlichen Hand, sondern vom Eigentümer getragen werden, beziehungsweise im Wege der Umlage letztlich vom Mieter.

460 **Baukostenzuschuss**: § 559a Abs. 1 **dritte Alternative** BGB regelt den Fall, dass die **Kosten der Baumaßnahmen selbst** von der öffentlichen Hand getragen werden. Hier trägt der Eigentümer letztlich die anteiligen Kosten für die Verbesserungsmaßnahmen gar nicht. Es versteht sich hiernach eigentlich von selbst, dass er Kosten, die er nicht gehabt hat, nicht an den Mieter weitergeben darf. Die umlegbaren Kosten sind auf Dauer um den Betrag zu mindern, der nicht vom Vermieter selbst getragen wird.

461 In der Berliner Förderungspraxis kommen – etwas komplizierend – auch so genannte „**Vorbehaltsmittel**" oder „Vorauszahlungsmittel" vor. Hier gewährt die Öffentliche Hand Zahlungen an den Eigentümer, die nach Art von Baukostenzuschüssen berechnet sind, behält sich aber für einen

späteren Zeitpunkt[1] die Entscheidung vor, ob diese Beträge zurückzuzahlen sind oder dem Eigentümer verbleiben. Auch dies lässt sich sauber unter die beiden Rechtsbegriffe **Darlehen oder Zuschuss** subsumieren: Zunächst handelt es sich um ein zins- und tilgungsfreies Darlehen, das gemäß § 559a Abs. 2 Satz 1 BGB mit Kürzungsbeträgen in Höhe der jährlichen Zinsdifferenz zu marktüblichen Darlehen anzusetzen ist. Nach der Entscheidung über die Umwandlung in einen Zuschuss liegt ein Baukostenzuschuss gemäß § 559a Abs. 1 dritte Alternative BGB vor; der darlehensbezogene Kürzungsbetrag entfällt von nun an, an seiner Stelle ist ein (normalerweise etwas höherer) Kürzungsbetrag von 11 % des Zuschusses anzusetzen. Es ist Sache des Vermieters, der als einziger den entsprechenden Bescheid der Förderungsstelle erhält, darzulegen, ob die Mittel noch unter Rückzahlungsvorbehalt stehen, oder der Vorbehalt durch „Umwidmungserklärung" bzw. durch Zeitablauf erloschen ist und die Zahlungen endgültig als Zuschuss in sein Vermögen übergegangen sind.

Ohne Einfluss auf die rechtliche Beurteilung als Zuschuss oder Darlehen bleibt hingegen, ob der gesamte Zuschussbetrag auf einmal gewährt wird oder in verschiedenen Tranchen, oder ob jährliche Zuschussabschnitte gebildet werden. Dies ist einerseits üblich, um sicherzustellen, dass Förderung nur nach Baufortschritt gewährt wird, und andererseits, um dem Eigentümer die Möglichkeit zu geben, die ihm verbleibenden Kosten steuerlich optimal abzuschreiben. 462

§ 559a Abs. 3 BGB stellt **Mieterdarlehen und Mieterzuschüsse** den öffentlichen Mitteln gleich und bekräftigt, dass auch Mittel der Finanzierungsinstitute des Bundes und der Länder als öffentliche Mittel anzusehen sind. 463

Da die Mietberechnung **wohnungsbezogen** erfolgt, sind auch Zuschüsse und Darlehen primär bei den Wohnungen zu berücksichtigen, in die sie geflossen sind, öffentliche Mittel für wohnungsübergreifende Modernisierungen sind (§ 559 Abs. 2 analog) angemessen auf die einzelnen Wohnungen aufzuteilen. Ist das nicht möglich, sind sie nach § 559a Abs. 4 BGB nach dem Verhältnis der für die einzelnen Wohnungen aufgewendeten (Modernisierungs-)Kosten aufzuteilen. 464

---

1 Siehe z.B. für Berlin „Richtlinien über die Förderung der Modernisierung und Instandsetzung von Wohngebäuden – ModInstRL 90" vom 5.4.1990, ABl.1990, S. 684 ff., dort Ziff. 7 „im Zuge der Abrechnung der Gesamtmaßnahme", oder die „Richtlinien über die abschließende Bestimmung von Mitteln, die unter dem Vorbehalt der Bestimmung nach Maßgabe des § 177 Abs.4 und 5 BauGB eingesetzt wurden" vom 11.12.1996, ABl. 1997, S. 58, dort Ziffer 3.1.: „spätestens 10 Jahre nach Fertigstellung".

ee) Vertragliche Vereinbarungen zur Begrenzung der Mieterhöhung

465 Eine Mieterhöhung nach § 559 BGB kann durch vertragliche Vereinbarungen der Parteien in mehreren Fällen **eingeschränkt** oder **ausgeschlossen** sein.

466 Ausdrücklich geschieht dies dann, wenn die Parteien im **Mietvertrag** selbst oder durch spätere **gesonderte Vereinbarung** festlegen, dass auf Grund einer Vermietermodernisierung keine oder nur eine begrenzte Mieterhöhung erfolgen soll.

467 In Fällen „flächendeckender" Modernisierungen einer Vielzahl von Gebäuden durch Großvermieter stellt sich häufig das Problem, dass einzelne Mietparteien **wirtschaftlich nicht in der Lage** sind, den vollen Modernisierungszuschlag aufzubringen, sodass hier dann Einigungen dahingehend erfolgen, dass nur eine reduzierte Mieterhöhung gezahlt werden soll. Der Vermieter kann auch im Interesse der Beschleunigung des gesamten Verfahrens bereit sein, einzelnen Mietern durch eine Verringerung der Umlage, bzw. die Nichtumlegung der Kosten für einzelne Maßnahmen entgegenzukommen.

⊃ **Beispiel: Vereinbarung über Fahrstuhleinbau:**
Der geplante Einbau eines Aufzuges führt zu keiner zusätzlichen Erhöhung der in § 6 dieser Vereinbarung genannten Miete und Mietentwicklung. Dem Mieter entstehen durch den Aufzugeinbau keine Mehrkosten in der Betriebs- und Nebenkostenabrechnung. Sollte der Mieter dies wünschen, ermöglicht der Vermieter ihm den Zugang und die Nutzung der durch ein Schlüsselsystem gesicherten Aufzugsanlage. In diesem Fall sind die anfallenden anteiligen Betriebskosten des Aufzugsbetriebes vom Mieter zu übernehmen. Die anteiligen Betriebskosten der den Aufzug nicht nutzenden Mietparteien werden dabei vom Vermieter getragen.

468 Es gibt auch Konstellationen, in denen der Vermieter nicht erst anlässlich konkreter Modernisierungsabsichten, sondern **im Vorhinein** Mieterhöhungen nach § 559 BGB einschränkt oder ausschließt.

⊃ **Beispiel:**
Die Mustervereinbarung über die Durchführung von Mietermaßnahmen der Berliner Senatsverwaltung für Bau- und Wohnungswesen[1] sieht unter anderem vor:

---
1 Anlage 2 zur Berliner Richtlinie über die Gewährung von Zuwendungen für die Wohnungsmodernisierung durch Mieter vom 30.6.1999, ABl. Ziff. 45 v. 3.9.1999, S. 3438.

§ 2 Abs. (4): Der Vermieter verpflichtet sich, für die Dauer von mindestens 10 Jahren die geförderten Maßnahmen nicht durch eigene Maßnahmen zu ersetzen und für die Dauer von ... Jahren weitere Modernisierungsmaßnahmen in der Wohnung nur mit Zustimmung des Mieters durchzuführen.

Hat der Mieter geförderte Maßnahmen durchgeführt und will oder muss der Vermieter später eigene weitere Maßnahmen durchführen, an denen der Mieter ein Interesse hat, bietet es sich an, die Zustimmung mit der Maßgabe zu erteilen, dass ein geringerer oder überhaupt kein Modernisierungszuschlag vereinbart wird. 469

Haben die Parteien eine **Staffelmietvereinbarung** getroffen, schließt diese gemäß § 557a Abs. 2 BGB modernisierungsbedingte Mieterhöhungen aus. 470

Ist eine **Indexmiete** vereinbart, kann eine Mieterhöhung nach § 559 BGB nur verlangt werden, soweit der Vermieter bauliche Maßnahmen auf Grund von Umständen durchgeführt hat, die er nicht zu vertreten hat, § 557b Abs. 2 Satz 2 BGB. 471

ff) Gesetzliche Begrenzungen

Gesetzlich begrenzt ist die Erhöhung durch § 5 WiStG[1] und § 291 StGB. Die Darlegung der **Tatbestandsvoraussetzungen** in solchen Fällen ist praktisch allerdings schwierig, denn es müssen zum Wirkungszeitpunkt der Mieterhöhung die ortsüblichen Mieten für vergleichbare neu modernisierte Wohnungen ermittelt werden[2]. 472

c) Fallvarianten und Gestaltungsmöglichkeiten

Die bisher erörterten Überlegungen betreffen die Möglichkeit, über § 559 BGB 11% der aufgewendeten Kosten jährlich als Modernisierungszuschlag auf die Mieten umzulegen. Rechtlich möglich und ggf. wirtschaftlich sinnvoller ist es dagegen, eine Mieterhöhung nach § 558 BGB durchzuführen bzw. beide **Erhöhungsmöglichkeiten** zu **verbinden**[3]. 473

---

[1] KG, Beschl. v. 22.1.1998 – 8 RE-Miet 5543/97, WM 1998, 208.
[2] Zu den Einzelheiten vgl. *Börstinghaus* in Schmidt-Futterer, Mietrecht, 8. Aufl., § 559 BGB Rz. 175 ff.
[3] Grundlegend dazu OLG Hamm, Beschl. v. 30.10.1982 – 4 RE-Miet 6/82, WM 1983, 17 und OLG Hamm, Beschl. v. 30.12.1992 – 30 RE-Miet 2/91, WM 1993, 106; ausführlich LG Berlin, Urt. v. 18.12.2000 – 62 S 325/00, GE 2001, 279.

474 Dabei ist Folgendes zu berücksichtigen:
Zulässig ist es jedenfalls, nach § 558 BGB eine Erhöhung auf die ortsübliche Vergleichsmiete für die Wohnung in dem nicht modernisierten Zustand durchzuführen und anschließend oder gleichzeitig über § 559 BGB den Modernisierungszuschlag umzulegen. Umgekehrt kann zunächst nach § 559 BGB die Miete erhöht und dann – wenn diese Miete einschließlich Modernisierungszuschlag noch unter der ortsüblichen Miete für den modernisierten Wohnraum liegt – eine Erhöhung nach § 558 BGB verlangt werden. **Ausgeschlossen** ist es lediglich, die Modernisierungsarbeiten dadurch **doppelt mietwirksam** zu machen, dass vor der Erhöhung nach § 559 BGB die ortsübliche Miete für den modernisierten Wohnraum über § 558 BGB geltend gemacht wird. Welches der beiden Verfahren der Vermieter im Ergebnis auch wählt, die sich ergebende Miete darf nicht höher sein als die **Ausgangsmiete + 20% hiervon + Modernisierungszuschlag**.

475 Für die Erhöhung nach § 559 BGB gelten weder eine Kappungsgrenze noch eine Wartefrist, die Modernisierungsmaßnahmen müssen lediglich **abgeschlossen** sein. Grundsätzlich werden Modernisierungszuschläge Bestandteil der Miete, gehen also in die Berechnung der Kappungsgrenze für die Erhöhung nach § 558 BGB ein. Dies gilt jedoch nicht für Modernisierungszuschläge, die in dem für § 558 BGB maßgeblichen 3-Jahres-Zeitraum angefallen sind; solche werden bei der Berechnung der Kappungsgrenze nicht berücksichtigt[1]. Auch für die Wartefrist spielen Erhöhungen nach § 559 BGB keine Rolle.

476 Wie das folgende Beispiel zeigt, empfiehlt sich eine **Prüfung der Mietentwicklung** der letzten drei Jahre und die Feststellung der ortsüblichen Miete für die nichtmodernisierte und die modernisierte Wohnung, um die Erhöhungsmöglichkeiten auszuloten – es sei denn, der Vermieter beschränkt sich ausdrücklich darauf, (nur) den Modernisierungszuschlag geltend zu machen.

➲ **Berechnungsbeispiel**
Miete für die Wohnung ohne Zentralheizung jetzt   420 Euro
Miete für die Wohnung ohne Zentralheizung vor 2 Jahren   400 Euro
Kappungsgrenze jetzt: 20% von 400 Euro = 80 Euro

---

1 Siehe auch für die früher zulässig gewesene Mieterhöhung wegen Kapitalkostensteigerung BGH, Urt. v. 28.4.2004 – VIII ZR 177/03, WM 2004, 348 = MietRB 2004, 257, und BGH, Urt. v. 28.4.2004 – VIII ZR 178/03, WM 2004, 345. Zum Sonderfall der einvernehmlichen Modernisierungsmieterhöhung s. weiter BGH, Urt. v. 28.4.2004 – VIII ZR 185/03, WM 2004, 344 = MietRB 2004, 256; kritisch *Börstinghaus*, MietPrax, § 558 BGB Ziff. 4; *Kunze*, BGHReport 2004, 1000.

abzüglich zwischenzeitlicher Mieterhöhung um 20 Euro = 60 Euro
ortsübliche Miete für Vergleichswohnung
ohne Heizung jetzt   480 Euro
Modernisierungszuschlag für Zentralheizungseinbau   180 Euro
ortsübliche Miete für Vergleichswohnung
mit Heizung jetzt   650 Euro

Alternative 1
Erhöhung nach § 559 BGB: 420 Euro + 180 Euro =   600 Euro
dann Erhöhung nach § 558 BGB: 600 Euro + 50 Euro =   650 Euro

Alternative 2
Erhöhung nach § 558 BGB: 420 Euro + 60 Euro =   480 Euro
dann Erhöhung nach § 559 BGB: 480 Euro + 180 Euro =   660 Euro

Kontrollrechnung für beide Alternativen:

- Kappungsgrenze:
  420 Euro + 20% hiervon = 84 Euro + Modernisierungszuschlag = 180 Euro = 684 Euro sind nicht überschritten
- § 5 WiStG:
  650 Euro + 20% hiervon = 130 Euro = 780 Euro sind nicht überschritten

d) Mieterhöhungserklärung und Wirkung § 559b BGB

§ 559b Abs. 1 BGB verlangt, dass die in Textform abzugebende **Mieterhöhungserklärung** die Erhöhung auf Grund der entstandenen Kosten **berechnet** und entsprechend den Voraussetzungen der §§ 559 und 559a BGB **erläutert**. § 559 BGB gibt dem Vermieter abweichend von allgemeinen Grundsätzen des Vertragsrechts die Möglichkeit, eine Mieterhöhung durch einseitige Erklärung durchzusetzen. Gegengewicht zu dieser Befugnis ist die Berechnungs- und Erläuterungspflicht des Vermieters, die dem Mieter eine umfassende **Nachprüfung** der Berechtigung des geltend gemachten Anspruchs ermöglichen soll[1]. 477

aa) Inhalt der Erklärung

Daraus ergeben sich folgende **Anforderungen** für den **Mindestinhalt** der Erhöhungserklärung[2]: 478
- Bezeichnung der durchgeführten Maßnahmen und Begründung, inwieweit hierdurch eine Wertverbesserung, Energieeinsparung herbei-

---
1 KG, Beschl. v. 17.8.2000 – 8 RE-Miet 6159/00, GE 2000, 1179.
2 Zur umfangreichen Kasuistik vgl. die Nachweise bei *Emmerich* in Staudinger, BGB, § 559b Rz. 11.

geführt worden ist oder vom Vermieter nicht zu vertretende Arbeiten vorliegen
- Zusammenstellung der aufgewendeten, möglichst detailliert aufgegliederten Kosten für jede Maßnahme
- Angabe der einzelnen Rechnungspositionen der ausführenden Firmen abzüglich der Kosten tatsächlich ausgeführter Instandsetzungsarbeiten
- ggf.: Mitteilung und Abzug ersparter (fiktiver) Instandsetzungskosten
- Angabe und ggf. Erläuterung des zugrunde gelegten Verteilungsmaßstabes
- rechnerische Verteilung der Gesamtkosten nach dem gewählten Verteilungsmaßstab
- ggf.: Abzug vereinnahmter öffentlicher Förderungsbeträge
- ggf.: Bezifferung neuer Mietnebenkosten
- Angabe des Zeitpunktes, ab dem die Erhöhung verlangt wird.

Ein ausdrücklicher Hinweis auf das Recht des Mieters, die Unterlagen einzusehen, ist nicht nötig.

bb) Notwendige Begründung

479 Der **Umfang** der gemäß § 559b Abs. 1 Satz 2 BGB geschuldeten **Erläuterungen** richtet sich danach, welcher Art die durchgeführten Wertverbesserungsarbeiten sind, und welche Besonderheiten bei der Berechnung der Modernisierungsumlage eine Rolle spielen.

480 **Einführung neuer Mietnebenkosten**: Modernisierungsmaßnahmen führen häufig dazu, dass nicht nur der Wertverbesserungszuschlag selbst zur bisherigen Miete dazukommt, sondern zusätzlich Nebenkosten neu entstehen. Der Vermieter, der eine Zentralheizung eingebaut hat, will Heizkostenvorschüsse erheben; durch den Einbau eines Fahrstuhls ergeben sich Betriebskosten für diesen. Eine gesetzliche Regelung hierzu fehlt. Es ist von einer vertraglichen Nebenpflicht des Mieters auszugehen, mit dem Vermieter eine Vereinbarung über die Vorauszahlung und Abrechnung der neu entstandenen Nebenkosten zu treffen[1]. Der gut beratene Vermieter wird sich hierzu bereits in der Modernisierungsankündigung erklären. In die Mieterhöhungserklärung nach § 559b BGB müssen die entsprechenden Angaben aufgenommen werden.

---

1 Allg. Ansicht, vgl. etwa *Scholz*, WM 1995, 87, 90; LG Frankfurt/Oder, Urt. v. 18.12.1998 – 16 S 185/98, WM 1999, 403; LG Berlin, Urt. v. 29.7.2004 – 62 S 111/04, GE 2004, 1395.

Fertigstellung der Arbeiten: Die Wertverbesserungsmaßnahmen müssen vollständig abgeschlossen sein, die Wohnung also für den Mieter wieder in vollem Umfang nutzbar sein[1]. Eine bereits zuvor abgegebene Erhöhungserklärung ist unwirksam und muss nach Fertigstellung der Arbeiten wiederholt werden. Erst recht unwirksam ist die gelegentlich anzutreffende Vereinbarung eines späteren Modernisierungszuschlags für den Fall einer Modernisierung schon im Mietvertrag[2]. 481

Berechnungsgrundlage: Die Rechnungen müssen vorliegen, nach Schätzkosten ist die Mieterhöhung nicht möglich. Liegen erst einige Rechnungen vor, so kann die Erhöhung auf Grund dieser Rechnungsbeträge bereits verlangt werden[3], wobei sich der ausdrückliche Vorbehalt empfiehlt, eine weitere Erhöhung nach Vorliegen der abschließenden Rechnungen verlangen zu wollen. 482

Bestehen die baulichen Maßnahmen aus **verschiedenen Gewerken**, müssen die Kosten auf die einzelnen Gewerke aufgegliedert werden (Elektroarbeiten, Tischlerarbeiten, Malerarbeiten). Haben Baumaßnahmen an mehreren Häusern stattgefunden, sind die Kosten so weit auf die einzelnen Gebäude aufzuschlüsseln, dass die Berechnung für den Mieter des jeweiligen Gebäudes nachvollziehbar wird[4]. 483

Begründung bei **Energiesparmaßnahmen**: Bei derartigen Maßnahmen genügt es nach der Rechtsprechung des Bundesgerichtshofs[5] dem Begründungserfordernis, wenn der Vermieter in der Mieterhöhungserklärung neben einer schlagwortartigen Bezeichnung der Maßnahme und einer Zuordnung zu den Positionen der Berechnung diejenigen Tatsachen darlegt, anhand derer überschlägig beurteilt werden kann, ob die bauliche Maßnahme eine nachhaltige Einsparung von Heizenergie bewirkt; die Vorlage einer Wärmebedarfsberechnung ist nicht erforderlich. 484

Anders als die Erhöhungserklärung nach § 558 BGB ist die vorliegende, ihre Richtigkeit vorausgesetzt, **einseitig vertragsändernd** wirksam, so dass nicht ausdrücklich um Zustimmung des Mieters gebeten zu wer- 485

---

1 Allg. Ansicht, vgl. etwa LG Berlin, Urt. v. 15.2.1990 – 61 S 385/89, WM 1990, 311; *Emmerich/Sonnenschein*, Miete, 8. Aufl., § 559b BGB Rz. 1 m.w.N.
2 LG Köln, Urt. v. 28.4.1988 – 1 S 446/87, WM 1989, 24; *Kossmann*, ZAP Fach 4, 563, hält dies unter sehr engen Voraussetzungen für möglich.
3 Vgl. *Sternel*, NZM 2001, 1058, 1065.
4 Zum Umfang der Rechnungslegung bei Großprojekten vgl. LG Kiel, Urt. v. 23.9.1999 – 1 S 65/99, WM 2000, 613.
5 BGH, Beschl. v. 10.4.2002 – VIII ARZ 3/01, WM 2002, 366; BGH, Urt. v. 12.3.2003 – VIII ZR 175/02, MietRB 2003, 3; BGH, Urt. v. 7.1.2004 – VIII ZR 156/03, WM 2004, 155 = MietRB 2004, 134.

den braucht. Eine Bitte um Bestätigung ist natürlich zur Klarheit möglich, für den Mieter aber nicht verpflichtend. Klagcankündigung bzw. -androhung ist nicht erforderlich.

486 **Anlagen** sind der Erhöhungserklärung nicht beizufügen, es sei denn, ein Dritter gibt die Erklärung in Vertretung des Vermieters ab, so dass eine Vollmacht vorzulegen ist. Falls die durchgeführten Maßnahmen allerdings nicht nochmals im Einzelnen aufgeführt werden, sondern hierfür auf das Ankündigungsschreiben Bezug genommen wird, muss das Schreiben selbst noch einmal beigefügt, mit der Erhöhungserklärung fest verbunden und von der Unterschrift des Vermieters gedeckt sein[1].

487 Wie auch sonst, sollten der **Zugang** und dessen Zeitpunkt beweisbar gemacht werden.

488 **Muster einer Erhöhungserklärung nach § 559 BGB**

Ort, Datum

(Absender)

(Empfänger)

Sehr geehrte Mieterin,
sehr geehrter Mieter,

entsprechend meiner Modernisierungsankündigung vom ... (Datum), die ich diesem Schreiben noch einmal in Kopie beifüge, sind inzwischen die Maßnahmen am Gebäude und in Ihrer Wohnung fertiggestellt.

1. Für den Fahrstuhleinbau hat mir die Firma A mit Rechnung vom ... (Datum) ... Euro berechnet, und zwar im Einzelnen: ...
2. Die Elektroarbeiten hierfür haben gemäß Rechnung der Firma B vom ... (Datum) ... Euro gekostet.
3. Die Kosten des Einbaus der Zentralheizung haben laut Rechnung der Firma C vom ... (Datum) ... Euro betragen, und zwar im Einzelnen: ...
4. Für den Einbau von Isolierglasfenstern sind je Fenster pauschal ... Euro gemäß Rechnung der Firma D vom ... (Datum) angefallen. Die Firma D hat einen Kostenvoranschlag vom ... (Datum) vorgelegt, wonach die Instandsetzung der vorhandenen Einfachfenster ... Euro pro Stück betragen hätte. Auf die reine Wertverbesserung entfällt danach je Fenster die Differenz von ... Euro.

---

1 Vgl. LG Berlin, Urt. v. 17.7.1998 – 64 S 353/97, GE 1998, 1213; LG Berlin, Urt. v. 18.12.2001 – 64 S 292/01, GE 2002, 398; dagegen lässt der BGH, Urt. v. 7.1.2004 – VIII ZR 156/03, WM 2004, 155 = MietRB 2004, 134, die reine Bezugnahme zu.

5. Für Malerarbeiten, die durch den Heizungs- und Fenstereinbau in den Wohnungen des Hauses notwendig geworden sind, sind laut Rechnung der Firma E vom ... (Datum) ... Euro aufgewandt worden.

Die Gesamtkosten des Fahrstuhleinbaus einschließlich der Elektroarbeiten lege ich, wie angekündigt, den drei Erdgeschosswohnungen nicht zur Last, weil die dortigen Mieter allenfalls geringfügige Vorteile von dem Fahrstuhl haben. Die Kosten verteilen sich vielmehr auf die 12 Wohnungen der 1. bis 4. Etage. Dies ergibt je Wohnung ... Euro.

Die Gesamtkosten des Zentralheizungseinbaus und der Malerarbeiten belaufen sich bei einer Quadratmeterfläche des Hauses von ... m² auf ... Euro/m². Dies ergibt bei Ihrer Wohnfläche von ... m² einen Betrag von ... Euro.

In Ihrer Wohnung sind vier Isolierglasfenster eingebaut worden. Dies ergibt Kosten von ... Euro.

Insgesamt entfallen auf Ihre Wohnung also ... Euro. Gemäß § 559 BGB können hiervon 11 % pro Jahr auf Ihre Miete aufgeschlagen werden, so dass sich die monatliche Mieterhöhung mit ... Euro : 100 × 11 : 12 = ... Euro berechnet.

Die Heizkosten werden erfahrungsgemäß rund 0,80 Euro/m² betragen, so dass ich Ihnen einen Heizkostenvorschuss von 0,80 Euro × ...m² Wohnfläche = ... Euro berechnen möchte. Die Abrechnungsperiode setze ich vom 1.5. des Jahres bis zum 30.4. des Folgejahres an und werde spätestens zum 31.10. jeden Jahres über Ihre Heizkostenvorschüsse abrechnen, wobei 60 % der Kosten nach Ihrem individuellen Verbrauch und 40 % der Kosten verbrauchsunabhängig abgerechnet werden. Ich behalte mir vor, Ihre Vorauszahlung angemessen zu erhöhen, sollte sie nicht kostendeckend sein.

Bitte zahlen Sie also ab dem 1. ... 2006 folgende Miete:

bisherige Miete	... Euro
Modernisierungszuschlag	... Euro
Heizkostenvorauszahlung	... Euro
	... Euro

Ich mache darauf aufmerksam, dass auch Kosten des laufenden Fahrstuhlbetriebs anfallen werden. Sobald mir hierzu Zahlenangaben vorliegen, werde ich Ihnen einen entsprechenden Betriebskostenvorschuss berechnen.

Mit freundlichen Grüßen

...

(Unterschrift)

cc) Wirkungszeitpunkt

Die Erhöhungserklärung wirkt zum 1. des 3. Monats nach ihrem **Zugang**, den der Vermieter im Streitfall nachweisen muss. Eine Ausnahme begründet § 559b Abs. 2 Satz 2 BGB: Ist dem Mieter die zu erwartende Mieterhöhung nicht in der Modernisierungsankündigung mitgeteilt worden oder überschreitet der geforderte Erhöhungsbetrag denjenigen aus der Modernisierungsankündigung um mehr als 10 %, so tritt die Erhöhung erst **sechs Monate später** in Kraft.

dd) Prüfung der Mieterhöhungserklärung

490 **Ausschluss** von Mieterhöhungen wegen Modernisierung: Zunächst ist hier, wie auch sonst, zu überprüfen, ob Mieterhöhungen wegen Modernisierung i.S.d. § 557 Abs. 3 BGB ausgeschlossen sind[1]. Dies ist beispielsweise bei Vorliegen einer Staffelmietvereinbarung der Fall, bei einer Indexmietvereinbarung mit Einschränkung, aber auch, wenn etwa zu einem früheren Zeitpunkt Mietermodernisierungsmaßnahmen durchgeführt worden sind und im Zusammenhang hiermit vereinbart wurde, dass für einen Ausschlusszeitraum Vermietermodernisierungsmaßnahmen nicht mietwirksam werden.

491 **Bauherr** der Modernisierungsmaßnahme: Die baulichen Maßnahmen müssen vom Vermieter durchgeführt worden sein. In Veräußerungsfällen, in denen der frühere Vermieter Bauherr der Modernisierungsmaßnahmen war und diese vor oder nach Eintragung des Rechtsnachfolgers in das Grundbuch abgeschlossen sind, kann der Erwerber die Mieterhöhung geltend machen[2].

492 **Duldung** der Maßnahme: Bei Arbeiten **innerhalb** der Mietwohnung ist ausreichend, dass der Mieter deren Durchführung geduldet hat, indem er den Handwerkern Zutritt gegeben hat. Bei **Außenarbeiten** wie Fassadendämmung oder Fahrstuhleinbau, die keinen Zutritt zur Mietwohnung erfordern, also ohne Duldung des Mieters durchgeführt werden können, setzt die Mieterhöhung nach § 559 BGB voraus, dass der Mieter
– entweder ebenfalls ausdrücklich zugestimmt hat
– oder zur Duldung der Maßnahme verpflichtet war[3].

Nur im letztgenannten Fall müssen also die materiellen Voraussetzungen der Duldungspflicht nach § 554 BGB geprüft werden. Dabei ist umstritten, ob die materielle Duldungspflicht ihrerseits auch voraussetzt, dass dem Mieter eine – die Duldungspflicht überhaupt erst auslösende – form- und fristgerechte Ankündigung zugegangen ist. Nach richtiger Auffassung ist in diesen Außenmodernisierungsfällen eine Mieterhöhung nach § 559 BGB nicht möglich, wenn eine Modernisierungsankündigung völlig unterblieben oder fehlerhaft gewesen ist.

---

1 Siehe dazu Rz. 104 ff.
2 Vgl. dazu Rz. 424.
3 Vgl. dazu Rz. 445 ff.

Abschluss der Arbeiten: Solange die Arbeiten noch nicht abgeschlossen 493
sind, ist keine Mieterhöhung möglich[1]. Dies führt in der Praxis vor allem in denjenigen Fällen zu Auseinandersetzungen, in denen zwar die
Maßnahmen wie Zentralheizungs- oder Fenstereinbau stattgefunden
haben, die Mietwohnung aber noch nicht (vollständig) wiederhergerichtet ist, weil etwa Anstrich der Heizkörper, Ersatz beschädigter Tapeten
oder Lackierung der neuen Fensterbretter noch fehlen. Klare Maßgaben
der Rechtsprechung zu diesen Fragen gibt es nicht, so dass der Mietervertreter – wenn das Mieterhöhungsverlangen sonst in Ordnung ist –
raten sollte, anzukündigen, dass der Modernisierungszuschlag gezahlt
wird, sobald die im Einzelnen aufzuführenden Restarbeiten erledigt
sind.

Öffentliche Förderung: Ist die Modernisierung mit öffentlicher Förderung durchgeführt worden, so sind nach § 559a BGB die hierfür 494
vereinnahmten Fördermittel in Abzug zu bringen. Geschieht dies überhaupt nicht, ist das Erhöhungsverlangen nach richtiger und überwiegender Auffassung unwirksam[2]. Umstritten ist lediglich, ob und inwieweit die Kürzungsbeträge nach Ablauf der Bindungsfrist aus dem
Fördervertrag noch abzuziehen sind[3].

Bei **fehlerhafter Berechnung des Abzugs** sollte sich der Mieter nicht auf 495
die gänzliche Unwirksamkeit der Erhöhungserklärung verlassen, sondern eine Korrektur verlangen. Hierzu ist ggf. die Vorlage einer Kopie
des Fördervertrags zwischen Bauherrn und öffentlicher Hand zu verlangen, und es sind die zugrunde liegenden jeweiligen Förderrichtlinien heranzuziehen, die häufig Aufschluss über die Mietenbildung seitens des
Förderungsempfängers geben.

Mietpreisüberhöhung, § 5 WiStG, § 291 StGB: Nach inzwischen herrschender Meinung auch der Literatur ist § 5 WiStG auch auf Mieterhö- 496
hungen nach § 559 BGB anzuwenden[4], dasselbe gilt für § 291 StGB.
Übersteigt die verlangte Miete also die ortsübliche Vergleichsmiete für
Wohnraum des modernisierten Standards um mehr als 20 bzw. 50%,
kann der übersteigende Betrag nicht verlangt werden.

---

1 Allg. Ansicht, vgl. etwa LG Berlin, Urt. v. 15.2.1990 – 61 S 385/89, WM 1990, 311; *Emmerich/Sonnenschein*, Miete, 8. Aufl., § 559b BGB Rz. 1 m.w.N.
2 Siehe dazu Rz. 370.
3 Siehe dazu Rz. 309 ff.
4 OLG Karlsruhe, Beschl. v. 19.8.1983 – 3 RE-Miet 3/83, WM 1983, 314; OLG Karlsruhe, Beschl. v. 20.9.1984 – 9 RE-Miet 6/83, WM 1985, 17; *Scholz*, WM 1995, 87, 90 f.; *Schultz* in Bub/Treier, Handbuch, III Rz. 550, 589, unter Aufgabe der früheren gegenteiligen Auffassung und m.w.N.; vgl. auch die Nachweise bei *Kossmann*, ZAP Fach 4, 172.

497 Liegt für die Gemeinde ein **Mietspiegel** vor, so lässt sich die hier durchzuführende Vergleichsrechnung relativ einfach bewerkstelligen. Ist das nicht der Fall, hilft nur die Heranziehung von Erfahrungswerten und bei greifbarem Verdacht die gerichtliche Überprüfung; hierbei ist die Behauptung der **Mietpreisüberhöhung** allerdings vom Mieter durch Sachverständigengutachten zu beweisen, was im Misslingensfall zur Belastung auch mit den durchaus beträchtlichen Sachverständigenkosten führt.

498 **Höhe** der Umlage: Auch aus anderen Gründen kann die verlangte Mieterhöhung nicht dem Grunde, aber der Höhe nach ungerechtfertigt sein (z.B. nicht ansatzfähige Kosten; Rechenfehler; Kostenaufwand unwirtschaftlich). Will sich der Mieter darauf berufen, es seien **fiktive Instandsetzungskosten** überhaupt oder in höherem Umfang als geschehen abzuziehen, so muss er damit rechnen, dass ihm die **Substantiierungs- und Beweislast** auferlegt wird, deren Erfüllung auf erhebliche praktische Schwierigkeiten stoßen kann. In dem einer Entscheidung des Bundesgerichtshofs[1] zugrunde liegenden Fall war ein Fassadenvollwärmeschutz angebracht worden; gegen den Betrag der Mieterhöhung wandten die Mieter ein, beim Anbringen des Außenputzes habe es sich um Instandsetzungsarbeiten gehandelt. Dazu hatten sie allerdings nur vorgetragen, der frühere Putz sei rissig, schmutzig und bereits 30 Jahre alt gewesen, ohne dies näher zu schildern, Fotografien vorzulegen o.Ä. Das hielt der Bundesgerichtshof für nicht ausreichend substantiiert.

499 **Verwirkung:** In manchen Fällen kommt noch eine Verwirkung des Mieterhöhungsrechts des Vermieters nach § 559 BGB in Betracht, und zwar bei einem Erhöhungsverlangen mehrere Jahre nach Abschluss der Maßnahme[2]. In diesem Fall bleibt dem Vermieter die Möglichkeit, die Miete nach § 558 BGB entsprechend dem Standard der modernisierten Wohnung an die ortsübliche Miete anzugleichen.

500 **Überprüfung der Erhöhungserklärung** nach § 559 BGB:
 – Ist die Erhöhung vertraglich ausgeschlossen?
 – Ist der Vermieter Bauherr der Maßnahme?
 – War im Falle von Außenarbeiten die Modernisierungsankündigung ordnungsgemäß, oder hat der Mieter zugestimmt?
 – Hat das Erhöhungsverlangen den notwendigen Mindestinhalt?

---

1 BGH, Urt. v. 12.3.2003 – VIII ZR 175/02, WM 2004, 154 = MietRB 2003, 3.
2 LG Hamburg, Urt. v. 4.4.1989 – 16 S 345/88, WM 1989, 308: Jedenfalls nach vier Jahren; zustimmend *Schultz* in Bub/Treier, III Rz. 588; *Sternel*, Mietrecht, Rz. 681.

- Handelt es sich um reine Wertverbesserungsmaßnahmen?
- Sind mit durchgeführte Instandsetzungsmaßnahmen ausgegliedert worden?
- Sind die Arbeiten tatsächlich durchgeführt worden und abgeschlossen?
- Bestehen Zweifel an der Höhe der angesetzten Kosten? (Rechnungskopien anfordern!)
- Sind etwa abgezogene fiktive Instandsetzungskosten korrekt beziffert? (Nachweise verlangen!)
- Sind die Kosten angesichts der zu erwartenden Energie- bzw. Wassereinsparungen wirtschaftlich vertretbar und verhältnismäßig?
- Sind die Arbeiten öffentlich gefördert gewesen? Ist dies berücksichtigt?
- Ist der Verteilungsmaßstab für die Kosten in Ordnung? Ist die Erhöhung rechnerisch korrekt? Entspricht der Betrag demjenigen aus der Modernisierungsankündigung?
- Liegt eine Mietpreisüberhöhung vor?
- Ist die Erhöhung verwirkt?
- Ab wann ist die Erhöhung fällig?

e) Kündigungsrecht des Mieters

Auch das Mieterhöhungsverlangen nach § 559 BGB löst ein **Sonderkündigungsrecht** aus, § 561 Abs. 1 BGB. Der Mieter kann es bis zum Ablauf des zweiten Monats nach Zugang der Erhöhungserklärung ausüben, und zwar bis zum Ablauf des übernächsten Monats. Geht die Erhöhung also etwa am 10. April zu, dann kann bis Ende Juni gekündigt werden, das Mietverhältnis endet am 31. August.

501

f) Gerichtliche Klärung

Anders als bei § 558 BGB gibt es für die Mieterhöhung nach Modernisierung kein gerichtliches Zustimmungsverfahren, sondern bei Nichtzahlung des Mieters sind die sich aus dem Erhöhungsverlangen nach § 559 BGB ergebenden Beträge einzuklagen. Das Verfahren wird beschrieben in

502

- Gerichtliche Durchsetzung der Mieterhöhung nach § 559 BGB (Rz. 503 ff.)
- Gerichtliche Abwehr der Mieterhöhung nach § 559 BGB (Rz. 511 ff.)

aa) Gerichtliche Durchsetzung der Mieterhöhung

503 **Klagevorbereitung**: Wird der Rechtsanwalt beauftragt, eine mieterseits nicht befolgte Mieterhöhungserklärung nach § 559 BGB gerichtlich durchzusetzen, wird er zunächst anhand der o.g. Kriterien prüfen, ob die Erhöhungserklärung grobe **Fehler** aufweist. In diesem Falle wird er raten, sie in ordnungsgemäßer Weise zu wiederholen. Erweist sich das Erhöhungsverlangen als im Wesentlichen in Ordnung, sollte der Mieter vorsorglich vor Klageerhebung noch einmal ausdrücklich unter Androhung gerichtlichen Vorgehens in **Verzug** gesetzt werden, wobei ggf. absehbare oder bereits geäußerte Einwände entkräftet werden können. Möglicherweise ist die Mieterhöhung übersehen worden, oder der Mieter lässt sich von einem anwaltlichen Schreiben beeindrucken. Dem Mandanten sollten die Risiken zweifelhafter Positionen aufgezeigt werden, damit er die Entscheidung über eine eventuelle (teilweise) **Reduzierung** eines Erhöhungsverlangens treffen kann.

504 **Zahlungsklage**: Bleibt es bei der Zahlungsverweigerung, so ist Zahlungsklage wegen der bereits aufgelaufenen Mietrückstände zu erheben[1]. Für eine etwaige Feststellungsklage des Vermieters, dass die Mieterhöhung geschuldet ist, würde nach überwiegender Ansicht das Rechtsschutzbedürfnis fehlen[2]. Eine Kündigung und Räumungsklage wegen der nicht gezahlten Erhöhungsbeträge verbieten sich nach ganz überwiegender und richtiger Ansicht, weil § 569 Abs. 3 Ziff. 3 BGB davon ausgeht, dass eine Kündigung wegen Nichtzahlung von Mieterhöhungsbeträgen erst nach Ablauf von zwei Monaten nach rechtskräftiger Verurteilung zu deren Zahlung möglich sein soll.

505 **Berufungsfähigkeit**: Hier bietet sich die taktische Überlegung an, ob mit der Klageerhebung zugewartet werden soll, bis die Höhe des Rückstands 600,00 Euro erreicht und die Sache somit berufungsfähig macht. Dieselbe Überlegung spielt im Prozessverlauf eine Rolle für die Frage, ob und in welchem Umfang die Klage wegen der hinzugekommenen Rückstände erweitert werden soll.

506 **Mehrere Mieter**: Zahlen Mieter mehrerer Wohnungen eines modernisierten Gebäudes nicht, muss mit dem Mandanten besprochen werden, ob im Kosteninteresse zunächst nur eine Mietpartei verklagt werden soll. Dies kann dann sinnvoll sein, wenn nach dem Geschäftsverteilungsplan des zuständigen Amtsgerichts ohnehin dieselbe Abteilung oder jedenfalls dieselbe Berufungskammer des Landgerichts für alle Zahlungsklagen zuständig ist.

---

1 Siehe dazu Teil IV Rz. 134 ff.
2 Siehe dazu Teil IV Rz. 165 ff.

Für die **Formalien** der Klage gelten keine Besonderheiten.

Mindestinhalt einer Klagebegründung: 507
- Bestehen eines Mietverhältnisses zwischen den Parteien;
- Vermieter hat Wertverbesserungsmaßnahmen durchgeführt, und zwar ...;
- Mieter hat diesen zugestimmt oder sie geduldet oder war verpflichtet, sie zu dulden;
- die in Bezug genommene Mieterhöhung ist ausgesprochen worden;
- Zugangszeitpunkt der Mieterhöhungserklärung;
- Mieter hat seit Fälligkeit nicht gezahlt, so dass ein Rückstand von Erhöhungsbetrag × Monate = Klageforderung aufgelaufen ist.

Die Klage ist **begründet**, wenn 508
- eine bauliche Maßnahme des Vermieters geduldet worden ist oder (bei Außenarbeiten) nach § 554 BGB geduldet werden musste
- und eine formal und inhaltlich korrekte Mieterhöhung erfolgt, aber nicht gezahlt worden ist.

Einen weiteren etwas kuriosen Begründungsweg, der sich in der Praxis 509 bislang nicht durchgesetzt hat, aber der Vollständigkeit halber erwähnt werden soll, hat das Kammergericht[1] gesehen. Im zugrunde liegenden Fall hatte sich der Mieter in Kenntnis dessen, dass der Vermieter einen Aufzug einbauen wollte, passiv verhalten, insbesondere also nicht widersprochen; die Modernisierungsankündigung war fehlerhaft. Die spätere Benutzung des Aufzugs durch den Mieter hielt das Gericht für eine **ungerechtfertigte Bereicherung** auf Kosten des Vermieters, dem also kein Anspruch aus § 559 BGB, sondern aus §§ 812, 818 BGB (in Höhe des üblichen Entgeltes) zustehe.

Für sämtliche formellen und materiellen Voraussetzungen des Erhö- 510 hungsanspruchs ist der Vermieter **darlegungs- und beweispflichtig**. Insbesondere die nachhaltige Energieeinsparung sollte nachvollziehbar vorgetragen werden, die Bezugnahme auf ein noch einzuholendes Sachverständigengutachten ist unzureichend.

bb) Gerichtliche Abwehr der Mieterhöhung

Der Mieter hat verschiedene Möglichkeiten, mit einer Mieterhöhungs- 511 erklärung nach § 559 BGB umzugehen.

---

1 KG, Beschl. v. 16.7.1992 – 8 RE-Miet 3166/92, WM 1992, 515; ablehnend etwa LG Leipzig, Urt. v. 14.3.2000 – 01 S 7409/99, WM 2002, 94.

512 Der Mieter, der die Mieterhöhung nicht für gerechtfertigt hält, kann sich darauf beschränken, die **Zahlungsklage abzuwarten** und abzuwehren. Das Risiko einer fristlosen Kündigung wegen nicht gezahlter Erhöhungsbeträge und nachfolgender erfolgreicher Räumungsklage besteht nicht. (Ausnahme: Es bestehen bereits andere Mietrückstände, § 569 Abs. 3 Ziff. 3 BGB).

513 Will der Mieter eine baldige Klärung, während der Vermieter zunächst auf die Nichtzahlung des Erhöhungsbetrages nicht reagiert, bietet sich die **negative Feststellungsklage** an[1]. Erst recht gilt dies, wenn der Erhöhungsbetrag voraussichtlich jedenfalls teilweise geschuldet ist. Wenn der Mieter aus Unsicherheit über die Rechtslage den Erhöhungsbetrag zunächst – mit oder ohne Vorbehalt – gezahlt hat, kann der Feststellungsantrag für die Zukunft mit dem Zahlungsantrag auf Rückforderung der bereits gezahlten Beträge verbunden werden. Möglich ist es schließlich, der Zahlungsklage des Vermieters die negative Feststellungsklage als Widerklage entgegenzusetzen.

514 Gelegentlich lehnen Rechtsschutzversicherer den Deckungsschutz für eine Feststellungsklage wegen § 569 Abs. 3 Ziff. 3 BGB mit dem Argument zunächst ab, da der Vermieter ja nicht kündigen könne, sei dem Mieter ein Abwarten auf dessen Zahlungsklage zumutbar. Hier hilft in der Regel der Hinweis weiter, dass angesichts der unsicheren Rechtslage eine Klärung notwendig ist, schon damit der Mieter nicht „zur Unzeit" einer Klage ausgesetzt wird und auf unabsehbare Zeit Beträge ansparen muss.

515 Der **Antrag** kann etwa lauten,

> festzustellen, dass der Mieter keinen Wertverbesserungszuschlag wegen (es folgt Bezeichnung der durchgeführten Arbeiten) schuldet, hilfsweise: ... lediglich einen Wertverbesserungszuschlag von ... Euro schuldet

oder

> festzustellen, dass sich durch die Erhöhungserklärung vom ... 2005 die geschuldete Miete für die Wohnung in ... nicht geändert hat.

---

1 Siehe dazu Teil IV Rz. 165 ff.

Besonders bei nicht rechtsschutzversicherten Mandanten sollte der Einwand, dass **fiktive Instandsetzungskosten** abzuziehen wären, gut überlegt werden. Der Abzug lässt sich möglicherweise nur über ein kostspieliges Sachverständigengutachten beziffern und beweisen. Ob es sinnvoll ist, hierzu im Vorfeld ein selbständiges Beweisverfahren durchzuführen[1], erscheint zweifelhaft. Im Einzelfall schwierig kann auch die Erfüllung der dem Mieter obliegenden Darlegungs- und Beweislast dafür werden, dass und in welcher Höhe **Kürzungsbeträge** abzuziehen wären. 516

Für eine mögliche außergerichtliche oder gerichtliche **Einigung** gelten dieselben Überlegungen wie sonst im Mieterhöhungsverfahren. Ein denkbarer Gegenvorschlag des Mieters kann es auch sein, selbst die beabsichtigte Maßnahme (ggf. als öffentlich geförderte Mietermodernisierung) durchführen zu wollen. Ein Entgegenkommen des Vermieters kann darin liegen, für einen gewissen Zeitraum zuzusagen, keine weiteren Wertverbesserungsarbeiten durchzuführen, oder eine Mieterhöhung nach § 558 BGB zu unterlassen oder zu begrenzen. 517

Unterliegt der Mieter im Verfahren, ist auch hier auf die Frist des § 569 Abs. 3 Ziff. 3 BGB für die **Nachzahlung** zu achten, nämlich von zwei Monaten nach rechtskräftiger Verurteilung zur Zahlung, um eine Kündigung wegen Mietrückstands zu vermeiden. 518

3. § 560 BGB Mietanpassung wegen geänderter Betriebskosten

a) Tatbestandsmerkmale

Die Umlage von Betriebskostenerhöhungen setzt immer voraus, dass dies ausdrücklich sowohl dem Grunde nach als auch nach der Art der abzuwälzenden Kosten **vereinbart** ist, die gesetzliche Regelung des § 535 Abs. 1 S. 3 BGB also wirksam abbedungen ist[2]. 519

Nach § 560 Abs. 1 BGB kann der Vermieter bei einer **Betriebskostenpauschale** Erhöhungen der Betriebskosten anteilig auf den Mieter umlegen, soweit dies im Mietvertrag vereinbart ist. Gestiegene Bewirtschaftungskosten für das Wohngebäude können also weitergegeben werden, wenn 520

– der Mieter vertraglich die Betriebskosten zu tragen hat (Rz. 523 f.);
– hierfür die Zahlung einer Pauschale vereinbart ist (Rz. 525 ff.);

---

1 Wie *Kossmann*, ZAP Fach 4, 563, 579, vorschlägt.
2 Allgemeine Meinung, vgl. etwa die Nachweise bei LG Saarbrücken, Urt. v. 19.12.1997 – 13 BS 244/97, WM 1998, 722. Zu den zahlreichen missglückten Klauseln siehe die Zusammenstellung bei *Schmid*, Handbuch der Mietnebenkosten, 9. Aufl. Rz. 3018 ff.

- vereinbart ist, dass diese Pauschale erhöht werden kann (Rz. 542 f.);
- die Betriebskosten tatsächlich gestiegen sind (Rz. 544 ff.).

Sinken die Betriebskosten, ist die Pauschale entsprechend herabzusetzen, § 560 Abs. 3 BGB (Rz. 547 ff.).

521 Auch wenn **Betriebskostenvorauszahlungen** vereinbart sind (Rz. 534 f.), sind diese je nach Abrechnungsergebnis zu erhöhen oder herabzusetzen, § 560 Abs. 4 BGB.

522 Ist eine **Inklusivmiete** vereinbart. können Betriebskostensteigerungen nur bei vor dem 1.9.2001 abgeschlossenen Verträgen zu einer Mietänderung führen (Rz. 536 ff.).

aa) Betriebskosten

523 Im Wohnraummietrecht können die in § 19 Abs. 2 S. 1 Wohnraumförderungsgesetz und in der Verordnung über die Aufstellung von **Betriebskosten**[1] genannten Betriebskosten vertraglich auf den Mieter abgewälzt werden. Bisher fand sich die entsprechende Auflistung in der Anlage 3 zu § 27 Abs. 1 der II. Berechnungsverordnung[2], die in Mietverträgen aus der Zeit vor Inkrafttreten der Betriebskostenverordnung regelmäßig in Bezug genommen wird. § 1 Abs. 1 Satz 1 BetrKV definiert Betriebskosten als die Kosten, die dem Eigentümer oder Erbbauberechtigten durch das Eigentum oder Erbbaurecht am Grundstück oder durch den bestimmungsmäßigen Gebrauch des Gebäudes, der Nebengebäude, Anlagen, Einrichtungen und des Grundstücks laufend entstehen. Nach § 1 Abs. 2 BetrKV gehören dazu nicht Verwaltungskosten und Instandhaltungs- und Instandsetzungskosten.

524 **§ 2 Betriebskostenverordnung** spezifiziert die infrage kommenden Betriebskosten[3].

bb) Betriebskostenpauschale

525 Nach § 556 Abs. 1 BGB können die Mietvertragsparteien vereinbaren, dass **der Mieter Betriebskosten trägt**. Das Gesetz gibt hierzu keine eigene Begriffsbestimmung, sondern verweist hierfür auf § 19 Abs. 2 des Wohnraumförderungsgesetzes (WoFG). Diese Betriebskosten müssen im Mietvertrag bezeichnet sein, wofür mindestens eine ausdrückliche

---

1 BetrKV v. 25.11.2003, BGBl. I S. 2346, 2347.
2 II. BV in der Fassung der Bekanntmachung vom 12.10.1990, BGBl. I, S. 2178, zul. geänd. durch Gesetz vom 13.9.2001, BGBl. I S. 2376, und Art. 3 der Verordnung vom 25.11.2003 (BGBl. I S. 2346).
3 Abgedruckt im Anhang, S. 416 ff.

Bezugnahme auf § 27 der II. BV bzw. § 19 WoFG erforderlich ist. Nach herrschender Meinung genügt hierfür die bloße Verweisung auf diese Vorschriften im Mietvertrag[1]. Der Mieter muss erkennen können, welche Kostenarten umgelegt werden. Es gibt hierzu diverse Vertragsformulierungen, deren Wirksamkeit fragwürdig ist[2].

Die (einzig) klare und eindeutig **wirksame Formulierung** lautet: 526

Der Mieter hat neben der Miete folgende Betriebskosten gemäß § 19 WoFG zu tragen: (folgt spezifizierte Auflistung der einzelnen Kostenarten).

Zählt der Mietvertrag ausdrücklich die in Frage kommenden Betriebskostendaten auf, so verbleibt es dabei, „neue" **Betriebskosten** können dann nicht „eingeführt" werden. Eine Ausnahme hierzu gilt bei der modernisierungsbedingten Neueinführung von Betriebskosten[3]. 527

Ein Sonderproblem stellen in diesem Zusammenhang noch die „**sonstigen Betriebskosten**" dar, die in § 2 Ziff. 17 BetrKV, Ziff. 17 der Anlage 3 zu § 27 der II. BV angesprochen werden. Wenn der Mietvertrag es bei diesem Hinweis belässt, also nicht konkret auflistet, welche „sonstigen" Betriebskosten anfallen und abgewälzt werden sollen, reicht dies nach richtiger Auffassung nicht aus, dem Mieter diese nicht näher spezifizierten Kosten aufzuerlegen[4]. Der Bundesgerichtshof[5] hält es allerdings in einem solchen Fall für möglich, dass eine Umlegung einzelner sonstiger Betriebskosten auch auf Grund jahrelanger Zahlung durch stillschweigende Vereinbarung erfolgt. 528

Dies gilt natürlich auch für vermietete **Eigentumswohnungen**, wo sich gelegentlich vermieterseits der Versuch findet, diejenigen Kosten über- 529

---

[1] BayObLG, Beschl. v. 26.2.1984 – RE-Miet 3/84, WM 1984, 104; OLG Hamm, Beschl. v. 22.8.1997 – 30 RE-Miet 3/97, WM 1997, 542; OLG Düsseldorf, Urt. v. 25.1.2000 – 24 U 111/99, ZMR 2000, 603; OLG Frankfurt/Main, Beschl. v. 10.5.2000 – 20 RE-Miet 2/97, WM 2000, 411; OLG Jena, Urt. v. 16.10.2001 – 8 U 392/01, NZM 2002, 70. Erhebliche AGB-rechtliche Bedenken hiergegen äußern zutreffend *Sternel*, NZM 1998, 833, 834, und *v. Seldeneck*, Rz. 2107 ff.
[2] Vgl. die Beispiele bei *Kinne*, GE 1998, 838, 840 f. und *Schmid*, Handbuch der Mietnebenkosten, 9. Aufl. Rz. 3018 ff.
[3] Siehe dazu Rz. 480.
[4] Vgl. die Nachweise bei *Wall*, WM 1998, 524, 529 Fn. 87 und 93; *v. Seldeneck*, Rz. 2116 ff.; BGH, Urt. v. 7.4.2004 – VIII ZR 167/03, WM 2004, 290.
[5] BGH, Urt. v. 7.4.2004 – VIII ZR 146/03, WM 2004, 292; zu Recht kritisch etwa *Schumacher*, WM 2004, 507.

zubürden, die in der Wohngeldabrechnung dem Wohnungseigentümer abverlangt werden[1].

530 § 556 Abs. 2 Satz 1 BGB sieht vor, dass Betriebskosten vorbehaltlich anderweitiger Vorschriften als Pauschale oder als Vorauszahlung ausgewiesen werden. Die Möglichkeit der Vereinbarung einer **Betriebskostenpauschale** ist erstmals seit dem 1.9.2001 ausdrücklich gesetzlich vorgesehen. Gemeint ist damit, dass der Mietvertrag für die Betriebskosten einen bestimmten Betrag ausweist, den der Mieter unabhängig vom tatsächlichen Verbrauch bzw. den tatsächlich angefallenen Kosten zu zahlen hat.

◌ **Beispiel:**
Die monatliche Miete wird mit 540,00 Euro vereinbart. Daneben zahlt der Mieter für die in der Anlage 1 zu diesem Mietvertrag aufgeführten Betriebskosten unabhängig von deren tatsächlicher Höhe monatlich einen pauschalen Betrag von 80,00 Euro. Insgesamt sind also 620,00 Euro zu zahlen.

531 Der **Unterschied zur Vorauszahlung** besteht also darin, dass bei einer Vorauszahlung eine Abrechnung vorgenommen wird, während bei einer Pauschale eine spätere Abrechnung gerade nicht erfolgt. Der Unterschied zur (früheren) Bruttomiete wiederum soll der sein, dass die Betriebskosten überhaupt getrennt von der Grundmiete betragsmäßig besonders ausgewiesen sind[2].

532 Belässt es der Mietvertrag bei einer Regelung wie im Beispiel, ist keine Umlage von **Betriebskostenerhöhungen** möglich. Dies setzt vielmehr zusätzlich voraus, dass im Mietvertrag, also nicht später während des Mietverhältnisses[3], **ausdrücklich vereinbart** ist, dass die Pauschale erhöht werden kann.

533 Es spricht wenig dafür, dass sich die Betriebskostenpauschale ohne oder mit vereinbarter Erhöhungsmöglichkeit in der Praxis durchsetzen wird. Der vermeintliche Vorteil der Pauschale für den Vermieter, sich die Abrechnung über die Betriebskosten zu ersparen, wird schon durch § 560

---

1 Dagegen schon OLG Koblenz, Beschl. v. 7.1.1986 – 4 W-RE-720/85, WM 1986, 50.
2 So die Begründung zu § 556 BGB im Kabinettsbeschluss vom 19.7.2000, BR-Drs. 439/00 v. 18.8.2000, zitiert nach *Rips/Eisenschmid*, Neues Mietrecht, S. 407; zu Einzelheiten der Pauschalenvereinbarung *Schmid*, ZMR 2001, 761, 763 f.; *Lützenkirchen*, Wohnraummiete, Erläuterungen zu § 6 Ziff. 5.
3 Vgl. dazu *v. Seldeneck*, NZM 2001, 64, 67; anderer Ansicht ohne Begründung *Schmid*, ZMR 2001, 761, 763, und *Weitemeyer* in Staudinger, BGB, § 560 Rz. 15.

Abs. 3 BGB konterkariert[1]. Allerdings kann es aus Unachtsamkeit zur Vereinbarung von Pauschalen ohne Erhöhungsmöglichkeit kommen, nämlich immer dann, wenn die Parteien eine **misslungene Betriebskostenvereinbarung** treffen. Das ist etwa dann der Fall, wenn vereinbart wird: „Zur Deckung der Nebenkosten wird von dem Pächter eine monatliche Vorauszahlung von 500 DM geleistet", aber die umlagefähigen Kosten selbst nicht spezifiziert sind. Eine derartige Vereinbarung kann bei Anwendung von §§ 305c Abs. 2, 556 Abs. 4 BGB entweder so verstanden werden, dass eine wirksame Nebenkostenvereinbarung völlig fehlt und der Mieter/Pächter deswegen keinerlei Betriebskostenzahlungen schuldet[2], oder aber dahingehend, dass damit eine nicht abzurechnende Nebenkostenpauschale vereinbart ist[3]. Im Zweifel ist eine Betriebskostenklausel als Vereinbarung einer Pauschale anzusehen[4].

cc) Betriebskostenvorauszahlungen

In Wohnungsmietverträgen neueren Datums ist es zur Regel geworden, dass eine Nettomiete, verbunden mit einer **Vorauszahlung** auf die Betriebskosten, vereinbart wird. Eine Vorauszahlung ist vereinbart, wenn der Mieter die konkret anfallenden Betriebskosten auf der Grundlage einer späteren Abrechnung tragen soll und als Abschlag hierauf einen bestimmten Betrag im Voraus an den Vermieter zahlt. 534

○ **Beispiel:**
Der Mieter zahlt an den Vermieter eine Grundmiete von 500,00 Euro. Er zahlt weiter als monatliche Vorauszahlung auf die Betriebskosten 80,00 Euro und als monatliche Vorauszahlung auf die Heizkosten 50,00 Euro. Die Gesamtmiete beträgt also 630,00 Euro.
Neben der Grundmiete trägt der Mieter sämtliche Betriebskosten i.S.d. § 2 der BetrKV. Der Vermieter rechnet über die Vorauszahlungen hierfür jährlich ab. Für die Abrechnung gilt § 556 Abs. 3 BGB.

Zu dieser Modalität der Umlage der Betriebskosten findet sich in § 560 Abs. 4 nur ergänzend der Hinweis, dass nach einer Abrechnung jede Vertragspartei eine **Anpassung** der Vorauszahlung auf eine angemessene Höhe vornehmen kann[5]. 535

---

1 So zutreffend *Emmerich*, NZM 2001, 777, 781.
2 So OLG Dresden, Urt. v. 20.6.2000 – 23 U 403/00, NZM 2000, 827; zustimmend *Schmid*, NZM 2000, 1041, und *Weitemeyer* in Emmerich/Sonnenschein, Miete, 8. Aufl., § 556 Rz. 31; ablehnend *Langenberg*, NZM 2000, 801.
3 So OLG Düsseldorf, Urt. v. 23.5.2002 – 10 U 96/01, GE 2002, 858; *Lützenkirchen*, Neue Mietrechtspraxis, Rz. 121 f., 321 m.w.N.
4 *Weitemeyer* in Emmerich/Sonnenschein, Mietrecht, 8. Aufl., § 556 Rz. 38 m.w.N.
5 Siehe dazu Rz. 555.

dd) Brutto(kalt)- und Teilinklusivmiete

536 Bei einer reinen **Brutto(kalt)miete** sind sämtliche Betriebskosten in der Miete enthalten. Sieht ein Wohnungsmietvertrag als Miete nur einen bestimmten Betrag vor, ggf. zuzüglich Heiz- und Warmwasserkosten, ist nach ständiger obergerichtlicher Rechtsprechung[1] eine **Mieterhöhung** wegen gestiegener Betriebskosten **ausgeschlossen**[2]. Die Literatur war bis zur Mietrechtsreform ganz überwiegend gegenteiliger Meinung[3].

537 Seit der Mietrechtsreform hat sich dieser Streit durch die Formulierung des § 560 Abs. 1 BGB erledigt: Es bedarf immer einer vertraglichen Abrede, und zwar in Form einer Betriebskostenpauschale, die Betriebskostenerhöhungen ausdrücklich gestattet. Das bedeutet, dass seit dem 1.9.2001 Brutto- und Teilinklusivmietverträge zwar weiter abgeschlossen werden können, aber in solchen Verträgen nicht mehr wirksam vereinbart werden kann, dass gestiegene Betriebskosten zu einer Mieterhöhung führen. Möglich ist in solchen Fällen nur die **Erhöhung der Gesamtmiete** nach § 558 BGB.

538 An dieser Stelle ist auf die eher versteckte Regelung des Art. 229 § 3 Abs. 4 EGBGB hinzuweisen. Diese lautet:

Auf ein am 1.9.2001 bestehendes Mietverhältnis, bei dem die Betriebskosten ganz oder teilweise in der Miete enthalten sind, ist wegen Erhöhung der Betriebskosten § 560 Abs. 1, 2, 5 und 6 des BGB entsprechend anzuwenden, soweit im Mietvertrag vereinbart ist, dass der Mieter Erhöhungen der Betriebskosten zu tragen hat; bei Ermäßigungen der Betriebskosten gilt § 560 Abs. 3 BGB entsprechend.

Damit hat der Reformgesetzgeber der in § 560 BGB direkt gesetzlich geregelten Betriebskostenpauschale die Bruttomiete und die Teilinklusivmiete in solchen Bestandsverträgen gleichgestellt.

539 Wenn die Betriebskosten **vollständig im Mietbetrag enthalten** sind, spricht man von einer Brutto(kalt)miete.

➲ Beispiel:
Die monatliche Miete beträgt 600,00 Euro. In diesem Betrag sind die anteilig auf die Wohnung entfallenden Betriebskosten nach dem

---

1 OLG Zweibrücken, Beschl. v. 21.4.1981 – 3 W 29/81, WM 1981, 153; OLG Karlsruhe, Rechtsentscheid v. 4.11.1980 – 10 W 47/8 (R), WM 1980, 56; OLG Stuttgart, Beschl. v. 13.7.1983 – 8 RE-Miet 2/83, WM 1983, 285; OLG Hamm, Beschl. v. 4.4.1984 – 4 RE-Miet 2/84, WM 1984, 121.
2 Ebenso jetzt BGH, Urt. v. 19.11.2003 – VIII ZR 160/03, WM 2004, 153; BGH, Urt. v. 21.1.2004 – VIII ZR 99/03, WM 2004, 151.
3 Vgl. die Nachweise bei *Börstinghaus* in Schmidt-Futterer, Mietrecht, 7. Aufl., § 4 MHG Rz. 19.

Stand vom 31.12.2003 enthalten, nämlich die Kosten für (folgt spezifizierte Auflistung). Erhöhen sich diese Kosten, so kann die Miete entsprechend erhöht werden.

Sind die Betriebskosten **teilweise im Mietbetrag enthalten**, liegt eine Teilinklusivmiete vor. 540

⊃ **Beispiel:**
In der monatlichen Miete von 470,00 Euro sind die für das Wohngebäude anfallenden kalten Betriebskosten mit enthalten, mit Ausnahme der Kosten für Be- und Entwässerung, Müllabfuhr und Betrieb des Personenaufzugs. Diese Kosten trägt der Mieter gesondert und leistet dafür eine monatliche Vorauszahlung von 60,00 Euro, über die der Vermieter jährlich abrechnet. Für die Heizkosten zahlt er ebenfalls eine monatliche Vorauszahlung in Höhe von 50,00 Euro. Erhöhen sich die in der Miete enthaltenen kalten Betriebskosten, so kann der Vermieter deswegen die Miete erhöhen.

Eine Erhöhung ist im vorstehenden Beispiel allerdings nicht möglich, wenn die Vereinbarung mit diesem Wortlaut nach dem 1.9.2001 abgeschlossen wurde, der Erhöhungsvorbehalt ist unwirksam.

Zu demselben Ergebnis führt es, wenn der Vertragsvordruck vorsieht, dass die auf den Mieter zu übertragenden Betriebskosten anzukreuzen sind, dies aber nicht vollständig geschieht, oder wenn in einer Auflistung nur einige Positionen genannt und weitere vergessen werden. 541

ee) Vereinbarung der Erhöhungsmöglichkeit

Soweit im Mietvertrag vereinbart ist, dass der Mieter Erhöhungen der Betriebskosten zu tragen hat, können Erhöhungen nur bei solchen Brutto- und Teilinklusivmietverträgen erfolgen, die bis zum 1.9.2001 abgeschlossen worden sind. Bei der Vereinbarung einer **Betriebskostenpauschale** kann in jedem Falle vorgesehen werden, dass diese sich bei Kostensteigerungen erhöht. 542

Problematisch kann sein, ob eine solche **Erhöhungsvereinbarung wirksam** ist. Unwirksam ist etwa die Klausel „Soweit zulässig, ist der Vermieter bei Erhöhung bzw. Neueinführung von Betriebskosten berechtigt, den entsprechenden Mehrbetrag vom Zeitpunkt der Entstehung umzulegen"[1]. Ebenso unwirksam sind die Klauseln „Wenn durch die Erhöhung der Grundstückskosten eine Mehrbelastung des Vermieters eintritt, hat der Mieter einen der vereinbarten Miete zur Gesamtmiete des Grundstücks entsprechenden Anteil zu übernehmen, sofern nicht 543

---
1 BGH, Urt. v. 20.1.1993 – VIII ZR 10/92, WM 1993, 109.

durch Gesetz oder sonstige behördliche Vorschriften eine andersartige Umlegung vorgeschrieben ist" und „Alle durch gesetzliche oder behördliche Regelungen allgemein oder im konkreten Fall zugelassenen Mieterhöhungen oder Erhöhungen bzw. Neueinführungen von Nebenkosten und Grundstücksumlagen jeder Art sind vom Zeitpunkt der Zulässigkeit ab vereinbart und zahlbar"[1].

ff) Erhöhung von Betriebskosten

544 Die Umlage von Betriebskostenerhöhungen setzt voraus, dass der **Gesamtbetrag** der umlagefähigen Betriebskosten gestiegen ist; auf die einzelnen Betriebskostenpositionen kommt es in diesem Zusammenhang (noch) nicht an. Es sind also gegenüberzustellen
- die jährlichen Betriebskosten bei Mietvertragsabschluss oder bei Abgabe der letzten Erhöhungserklärung
- die jetzt im Jahr anfallenden Betriebskosten.

545 Ebenso gut kann natürlich eine Mieterhöhung erfolgen, wenn lediglich eine Betriebskostenposition gestiegen ist. Anders als Mieter häufig meinen, gibt es keine Einschränkung dafür, wie oft und in welchen **Zeitabständen** Erhöhungen nach § 560 BGB durchgeführt werden können.

546 Auf den Grund für die Erhöhung kommt es nicht an. Eine Grenze ergibt sich aber aus dem Gebot der Wirtschaftlichkeit in § 560 Abs. 5 BGB[2].

gg) Senkung von Betriebskosten

547 Der Anspruch auf **Senkung** von Betriebskosten besteht gemäß § 560 Abs. 3 BGB für die Betriebskostenpauschale, und zwar selbst dann, wenn umgekehrt die Erhöhung der Pauschale nicht vereinbart ist[3]. Kraft der Verweisung in Art. 229 § 3 Abs. 4 EGBGB gilt diese Regelung für am 1.9.2001 bestehende Mietverhältnisse, bei denen die Betriebskosten ganz oder teilweise in der Miete enthalten sind (Bruttokaltmieten oder Teilinklusivmieten).

548 Ebenso wie die Erhöhung setzt die Ermäßigung eine **Veränderung der Gesamtkostenlast** voraus[4] und ist dem Mieter unverzüglich mitzuteilen, wozu es keine besonderen formalen oder inhaltlichen Vorgaben gibt.

---

1 BGH, Urt. v. 21.1.2004 – VIII ZR 99/03, WM 2004, 151.
2 Siehe dazu Rz. 556 ff.
3 *Langenberg*, WM 2001, 523, 531, und allg. Ansicht; streitig ist allerdings, ob der Anspruch eine vorherige Erhöhung der Pauschale voraussetzt, vgl. dazu etwa *Sternel*, ZMR 2001, 937, 943.
4 *Langenberg*, WM 2001, 523, 530, und allg. Ansicht.

⊃ **Beispiel:**
Die Betriebskosten der Verwaltungseinheit, zu der Ihre Wohnung gehört, sind gegenüber dem Kosten- und Verbrauchsstand von 2003 gesunken. Die Änderungen der Betriebskosten entnehmen Sie bitte der beiliegenden Aufstellung, die Bestandteil dieses Schreibens ist.
Wir senken Ihre Miete gemäß § 560 BGB.
Bei einer Wohnfläche von 123,04 m² stellt sich die Neuberechnung Ihrer monatlichen Miete wie folgt dar:

	bisher	Änderung Betriebskosten	neu
Nettokaltmiete (inkl.)	346,77 Euro		346,77 Euro
Betriebskosten (inkl.)	172,25 Euro	1,22 Euro × Wohnfläche	150,10 Euro
Miete	519,02 Euro	Gesamtmiete ab 1.1.2005	496,87 Euro

Der Herabsetzungsanspruch führt in der Praxis ein Schattendasein, weil Betriebskosten nur in seltenen Fällen (jedenfalls im Saldo) tatsächlich sinken (oder bei Beachtung des Wirtschaftlichkeitsgebots gesenkt werden könnten oder müssten) und der Mieter hierfür in noch selteneren Fällen Anhaltspunkte hat. Hat er solche Anhaltspunkte, so steht ihm ein Auskunftsanspruch über die tatsächliche Entwicklung der Betriebskosten zu[1]. Jedenfalls gilt dies für Betriebskostensenkungen, die seit der letzten Mieterhöhung eingetreten sind. Die Frage ist allerdings, ob auch ein Mieterhöhungsverlangen gemäß § 558 BGB und die Zustimmung hierzu die gesetzlichen Mietsenkungsansprüche abschneiden können, wenn im Mieterhöhungsverlangen nicht die realen Betriebskosten offen gelegt worden sind.

549

Der **Auskunftsanspruch**, der sich aus § 560 Abs. 3 BGB herleiten lässt[2], sollte nicht unterschätzt werden. Immerhin kann er als Druckmittel gegen den Vermieter eingesetzt werden, um ein anderes Ziel (z.B. Entlassung aus dem Mietvertrag) zu erreichen. Dabei ist aber auch zu bedenken, dass der Vermieter dadurch möglicherweise erst gezwungen wird, sich über die Zusammensetzung der Kosten ein Bild zu verschaffen. Deshalb sollte mieterseits auch das Risiko einer Erhöhung der Pauschale abgewogen werden, das natürlich nicht besteht, wenn es an dem Erhöhungsvorbehalt nach § 560 Abs. 1 BGB fehlt.

550

---

1 *Blank/Börstinghaus*, Neues Mietrecht, § 560 BGB Rz. 12; *Langenberg*, WM 2001, 523, 530; *Sternel*, ZMR 2001, 937, 943, billigt einen Anspruch auf Auskunft über die Zusammensetzung der Pauschale zu.
2 *Lützenkirchen/Löfflad*, Neue Mietrechtspraxis, Rz. 331.

551 **Anhaltspunkte** für eine mögliche Senkung der Gesamtkosten sind etwa
- Änderung der Grundsteuerbemessungsmaßstäbe;
- Wechsel des Maßstabs für Straßenreinigungsgebühren;
- Verbilligung bei Wahl anderer Müllgefäße;
- Sprengwasserabzug.

552 Steht ein Herabsetzungsanspruch fest, stellt sich die Frage, ab wann sich die Miete entsprechend reduziert. Maßgeblich ist der **Zeitpunkt der objektiven Ermäßigung** der Kosten, nicht deren Mitteilung durch den Vermieter. Auszugehen ist von der zuletzt vom Vermieter vorgelegten Zusammenstellung, wenn nicht der Vermieter einen späteren Herabsetzungszeitpunkt darlegt[1].

553 Von der Rechtsprechung noch nicht beantwortet ist die in der Literatur[2] diskutierte Frage, was zu gelten hat, wenn sich der Vermieter eine **unangemessen hohe Pauschale** ausbedingt. Ein gewisser Sicherheitszuschlag bei der Höhe der Pauschale ist sicher zulässig, schon weil die Pauschale auch künftige Betriebskosten abdecken soll. Dieser nicht durch die tatsächlichen Betriebskosten gedeckte Anteil, der sich im Regelfall mit der Zeit verringert, ist rechtlich als zusätzlicher verdeckter Nettomietanteil[3] einzuordnen. Im Umkehrschluss aus § 556 Abs. 2 Satz 2 BGB lässt sich vertreten, dass es keine Begrenzung der Höhe nach gibt, abgesehen von den immer für die Gesamtmiete geltenden Grenzen der Regelungen in § 138 BGB, § 5 WiStG, § 291 StGB.

b) Betriebskostenabrechnung

554 Der Anpassungsanspruch des § 560 Abs. 4 BGB für Betriebskostenvorauszahlungen setzt eine vorangegangene Abrechnung der vertragsgemäß vom Mieter geleisteten Betriebskostenvorschüsse voraus. Will der Vermieter die Vorauszahlungen erhöhen, muss er eine formell wirksame und aktuelle Abrechnung vorlegen, die zu einer Nachforderung führt[4]. Die **Mindestanforderungen** für eine derartige Abrechnung hat der Bundesgerichtshof[5] bereits 1981 geklärt:
- eine Zusammenstellung der Gesamtkosten,
- die Angabe und Erläuterung der zugrunde gelegten Verteilerschlüssel,
- die Berechnung des Anteils des Mieters,
- der Abzug der Vorauszahlungen des Mieters.

---

1 AG Schöneberg, Urt. v. 22.1.2003 – 104 C 541/02 A, MM 2004, 222.
2 Vgl. die Nachweise bei *Langenberg* in Schmidt-Futterer, 8. Aufl. § 556 Rz. 25 f.
3 *Langenberg* in Schmidt-Futterer, 8. Aufl. § 556 Rz. 25.
4 *Weitemeyer* in Emmerich/Sonnenschein, Miete, 8. Aufl., § 560 Rz. 37 m.w.N.
5 BGH, Urt. v. 23.11.1981 – VIII ZR 298/80, WM 1982, 207.

Der Mieter muss die ihm angelasteten Kosten bereits aus der Abrechnung klar ersehen und überprüfen können, so dass die Einsichtnahme in dafür vorliegende **Belege** nur noch zur Kontrolle und zur Behebung von Zweifeln erforderlich ist[1]. Ergibt sich danach eine Nachzahlung für den Mieter, kann der Vermieter diesen Betrag, erhöht um einen gewissen Sicherheitszuschlag, geteilt durch 12, monatlich auf die bisherige Vorauszahlung aufschlagen. Ergibt sich ein Guthaben des Mieters, kann dieser verlangen, dass seine Vorschusszahlungen monatlich um ca. 1/12 des Guthabens gesenkt werden.

555

c) Wirtschaftlichkeitsgebot

Liegen die vertraglichen Voraussetzungen für die Weitergabe von Betriebskostenerhöhungen an den Mieter vor, und sind die Kosten gestiegen, kann der Vermieter durch einseitige Erklärung die Erhöhung umlegen. Er muss dabei nach § 560 Abs. 5 BGB den Grundsatz der **Wirtschaftlichkeit** beachten.

556

Die in den letzten Jahren ganz erheblichen Kostensteigerungen gerade auch bei den öffentlichen Versorgungsunternehmen[2] und das Gebot umweltverträglicher und sparsamer Nutzung der vorhandenen Ressourcen führen zu Überlegungen, wie die Betriebskostenbelastung **gesenkt** oder zumindest ihr Anstieg gebremst werden kann. Dies liegt im gemeinsamen Interesse von Mietern und Vermietern und wird auch so gesehen. § 560 Abs. 5 BGB schreibt jetzt ausdrücklich auch für den preisfreien Wohnungsbau vor, dass bei Veränderungen von Betriebskosten der Grundsatz der Wirtschaftlichkeit zu beachten ist. Damit ist rechtlich mehr verbunden als ein bloßer Appell: Betriebskosten, die nur deshalb entstehen, weil der Vermieter nicht ordnungsgemäß wirtschaftet, dürfen nicht als Betriebskosten umgelegt werden[3]. Die vorsätzliche oder fahrlässige Verletzung dieser Verpflichtung begründet Schadensersatzansprüche (§ 280 Abs. 1 BGB).

557

Als Faustformel zur Überprüfung der Wirtschaftlichkeit gilt die Frage, ob der Vermieter die Betriebskosten auch dann verursacht hätte, wenn er sie selbst tragen müsste und nicht auf die Mieter abwälzen könnte[4]. Die Rechtsprechung hat sich bisher des Themas nur sehr zögerlich an-

558

---

1 Zu den Einzelheiten siehe insbesondere *v. Seldeneck*, Betriebskosten im Mietrecht; *Eisenschmid/Rips/Wall*, Betriebskostenkommentar.
2 Vgl. hierzu etwa die Angaben bei *Bohlen*, WM 1998, 332, 335.
3 *v. Seldeneck*, Rz. 2643, und zum Gebot der Wirtschaftlichkeit im Einzelnen Rz. 2600 ff.; *ders.*, ZMR 2002, 393; *Schmid*, GE 2000, 160.
4 *Eisenschmid/Rips/Wall*, Betriebskostenkommentar, Vor §§ 556, 556a und 560 BGB Rz. 170.

genommen, so dass zur Vertiefung im Wesentlichen auf die Spezialliteratur verwiesen werden muss[1].

d) Umstellung auf verbrauchsabhängige Abrechnung

559 Nach § 556a Abs. 2 BGB kann der Vermieter bezüglich solcher Betriebskosten, deren Verbrauch oder Verursachung erfasst werden (derzeit also Be- und Entwässerung, Müllabfuhrkosten), einseitig die verbrauchsabhängige Abrechnung einführen. Dies gilt völlig unabhängig davon, in welcher Weise sonst die Betriebskosten vertraglich geregelt sind[2], also unabhängig von der sonstigen Mietstruktur, setzt allerdings voraus, dass dem Mieter überhaupt wirksam Betriebskosten überbürdet sind. Die entsprechende Erklärung kann in Textform erfolgen und muss vor Beginn der betreffenden Abrechnungsperiode abgegeben werden. Obwohl das Gesetz in § 556a Abs. 2 BGB nichts darüber sagt, ob der Vermieter infolge der Umstellung berechtigt ist, nunmehr Vorauszahlungen zu verlangen, wird das allgemein ohne Problematisierung bejaht[3]. Immerhin wird damit dem Vermieter in diesem Fall ein Recht auf eine einseitige Änderung der Mietstruktur zugebilligt, was sonst allgemein für ausgeschlossen gehalten wird.

560 Waren die betreffenden Kosten zuvor ganz oder teilweise in der Miete enthalten, ist diese entsprechend herabzusetzen. Praktisch geschieht dies dadurch, dass der feststehende letzte Jahresbetrag (etwa die Wasserkosten des Vorjahres) zu ermitteln, durch die Gesamtquadratmeter des Objekts sowie durch 12 Monate zu teilen und dann mit der Wohnfläche zu multiplizieren und dieser Betrag dann abzuziehen ist[4].

➲ Beispiel:
Die Bewässerungskosten haben im Jahre 2005 für das Objekt 34 396,45 Euro betragen. Dieser Betrag war bislang in Ihrer Bruttomiete mit einkalkuliert. Nachdem per 1.1.2006 Wasseruhren eingebaut worden sind und die Wasserkosten künftig nach tatsächlichem Verbrauch abgerechnet werden können, möchten wir die anteiligen

---

1 Kasuistik zu einzelnen Verstößen gegen den Wirtschaftlichkeitsgrundsatz bei *Eisenschmid/Rips/Wall*, Betriebskostenkommentar, Vor §§ 556, 556a und 560 BGB Rz. 186 ff.; vgl. weiter *Langenberg* in Schmidt-Futterer, § 560 Rz. 71 ff.
2 *Lützenkirchen*, Neue Mietrechtspraxis, Rz. 162; *Rips/Eisenschmid*, S. 233; *Langenberg*, NZM 2001, 783, 791.
3 Vgl. etwa *Schmid*, ZMR 2001, 761, 762; *Blank*, WM 1993, 503, 508; *Weitemeyer* in Emmerich/Sonnenschein, § 556a Rz. 38; *Langenberg* in Schmidt-Futterer, § 556a Rz. 136.
4 *Börstinghaus* in Schmidt-Futterer, § 4 MHG Rz. 112, zur Vorläuferregelung des § 4 Abs. 5 S. 3 MHG.

Wasserkosten aus Ihrer Bruttomiete ausgliedern und künftig hierfür eine (etwas aufgerundete) Vorauszahlung verlangen.

Die Kosten von 34 396,45 Euro betreffen die Gesamtwohnfläche von 12 079,92 m². Das ergibt einen Betrag von 2,8474 Euro/m² im Jahr, monatlich also 0,2372 Euro/m². Bezogen auf Ihre Wohnfläche von 63,69 m² sind das 15,11 Euro im Monat.

Ihre Bruttokaltmiete beträgt bisher	332,46 Euro
abzgl. anteilige Wasserkosten	−15,11 Euro
Neue Bruttokaltmiete	317,35 Euro
zzgl. neuer Wasserkostenvorschuss	16,00 Euro
neue Kaltmiete gesamt	333,35 Euro

Bitte zahlen Sie diesen neuen Gesamtbetrag ab dem 1. ... 2006.

561 Nach seinem eindeutigen Wortlaut und Sinn betrifft § 556a Abs. 2 BGB allerdings nur solche Betriebskosten, deren **Verbrauch oder Verursachung erfasst** werden kann. Die Regelung ermöglicht es also nicht, sonstige Betriebskosten neu in das bestehende Vertragsverhältnis einzuführen[1] oder für nicht verbrauchsabhängig erfasste Kosten Vorschüsse geltend zu machen. Ebenso wenig kann der Vermieter nach dieser Vorschrift Betriebskosten, die Teil der Inklusivmiete sind, durch einseitige Vertragsänderung künftig flächenabhängig abrechnen[2].

e) Mieterhöhungserklärung und Wirkung

562 Soll eine Betriebskostenpauschale, deren Erhöhung vertraglich vereinbart ist, oder eine Bruttokalt- oder Teilinklusivmiete aus einem vor dem 1.9.2001 abgeschlossenen Mietvertrag wegen gestiegener Betriebskosten erhöht werden, so richtet sich dies nach folgenden Maßgaben[3].

aa) Inhalt der Erhöhungserklärung

563
- Absender,
- Adressat,

---

1 Insoweit missverständlich BGH, Urt. v. 7.4.2004 – VIII ZR 167/03, WM 2004, 290, wonach der Vermieter „neue Betriebskosten mittels einer entsprechenden schriftlichen Erklärung nach § 4 Abs. 2 MHG (jetzt: § 560 Abs. 1 BGB) auf den Mieter verlagern" könne; kritisch *Blümmel*, GE 2004, 585, und *Schmid*, GE 2004, 736.
2 LG Augsburg, Urt. v. 17.12.2003 – 7 S 3983/03, WM 2004, 148.
3 Eine Abrechnung über Vorauszahlungen i.S.d. § 556 Abs. 3 BGB, die hier nicht Gegenstand ist, folgt teilweise anderen Regeln. Zu den Einzelheiten siehe insbesondere *v. Seldeneck*, Betriebskosten im Mietrecht; *Eisenschmid/Rips/Wall*, Betriebskostenkommentar.

- Wirtschaftseinheit,
- vollständige Betriebskosten „alt",
- vollständige Betriebskosten aktuell,
- Erhöhungsbetrag,
- Begründung für die Erhöhung,
- Umlagemaßstab,
- ggf. Vorwegabzug,
- auf den Mieter anteilig entfallender Betrag,
- Erhöhung zum (Datum).

564 Für die **Formalien** Absender, ggf. Vollmacht, Adressat und Zustellungsnachweis gilt nichts Besonderes. Die Erhöhung einer Betriebskostenpauschale kann in Textform erfolgen, es ist also keine Unterschrift erforderlich.

565 Als **Wirtschaftseinheit** muss nicht das jeweilige Wohngebäude gewählt werden (eine einzelne Eigentumswohnung ist keine Wirtschaftseinheit), sondern es können mehrere Objekte zusammengefasst werden, solange folgende Kriterien[1] erfüllt sind:
- die Gebäude gehören demselben Eigentümer oder werden zusammen verwaltet;
- sie stehen in einem örtlichen Zusammenhang und sind nach demselben bautechnischen Standard errichtet;
- sie haben dieselbe Bauweise und Ausstattung;
- sie dienen einer gleichartigen Nutzung und haben dieselbe Nutzungsart.

In der Praxis führt die Bildung von Wirtschaftseinheiten häufig zu Irritationen bei den Mietern. Lässt sich also darstellen, dass dies zu Kostenreduzierungen führt (Ganztagsstelle für einen Hauswart statt mehrerer Teilzeitkräfte), sollte das entsprechend erläutert werden.

566 Die **Betriebskosten „alt"** sind diejenigen nach dem Stand der letzten Erhöhungserklärung (bei Altverträgen nach § 2 MHG oder nach § 4 Abs. 2 MHG, je nachdem, welche später liegt); bei erstmaliger Erhöhung sind es diejenigen bei Mietvertragsabschluss. Die **Betriebskosten aktuell** sind zweckmäßigerweise die des vorangegangenen Kalenderjahres, sofern nicht ausnahmsweise die Kosten des laufenden Jahres bereits nachgewiesen werden können. Fallen Kosten für eine Leistung an, die innerhalb der Abrechnungsperiode bezahlt worden sind, während die

---

1 Vgl. OLG Koblenz, Beschl. v. 27.2.1990 – 4 W – RE 32/88, WM 1990, 268.

Leistung über mehrere Abrechnungsperioden fortwirkt (**aperiodische Kosten**), so müssen die Kosten auf mehrere Jahre verteilt werden[1]. Wird etwa der Spielsand im Kinderspielplatz des Objekts alle drei Jahres ausgetauscht, können jährlich 1/3 der hierfür anfallenden Kosten angesetzt werden. Beide Betriebskostenbelastungen müssen **vollständig gegenübergestellt** werden, auch wenn sich teilweise keine Änderungen ergeben haben. Der Erhöhungsbetrag ist je Position und insgesamt anzugeben.

bb) Notwendige Begründung

Zur **Begründung** (Floskeln wie „Tariferhöhung", „allgemeine Kostensteigerung" etc. reichen nicht) kann zunächst auf den Inhalt der gegenüberzustellenden Belege zurückgegriffen werden. Ggf. müssen Angaben von Vertragspartnern und Versorgungsunternehmen dazu eingeholt werden, worauf die Kostensteigerungen zurückzuführen sind. 567

Beispiele:

– Anstieg der Schornsteinfegergebühren ab dem ... gemäß der Verordnung ...;

– Neueinführung der Sozialversicherungspflicht für den Hauswart durch das Gesetz zur Neuregelung der geringfügigen Beschäftigungsverhältnisse;

– Erhöhung der Versicherungssteuer um ...% ab dem ....

Falls Kostenvergleiche angestellt worden sind, ist deren Mitteilung zur Begründung hilfreich. Im Ergebnis muss ein durchschnittlicher, wohnungswirtschaftlich nicht vorgebildeter Mieter die Gründe für die Kostensteigerungen nachvollziehen können.

Das weitere, von der Rechtsprechung früher entwickelte Erfordernis, die **Daten** der jeweils zugrunde liegenden Rechnungen in der Erhöhungserklärung anzugeben, ist inzwischen überholt[2], obwohl damit eine wesentliche Erschwerung der Belegeinsicht für den Mieter verbunden ist. 568

Für den **Umlagemaßstab** kommt es in erster Linie auf die vertragliche Vereinbarung an[3]. Praktisch ist Umlagemaßstab in aller Regel, wie § 556a Abs. 1 Satz 1 BGB es vorsieht, die (tatsächliche) Quadratmeter- 569

---

[1] Vgl. dazu *Lützenkirchen*, Anwalts-Handbuch Mietrecht, 2. Aufl., L Rz. 185, 190.
[2] KG, Beschl. v. 28.5.1998 – 8 RE-Miet 4877/97, WM 1998, 474, unter Hinweis auf die grundlegende Entscheidung des BGH, Urt. v. 23.11.1981 – VIII ZR 298/80, WM 1982, 207.
[3] BGH, Urt. v. 26.5.2004 – VIII ZR 169/03, WM 2004, 403, am Beispiel eines vereinbarten Umlegungsmaßstabs für Grundsteuer.

zahl des Mietobjektes, bezogen auf die Quadratmeterzahl der Wirtschaftseinheit, es sei denn, Verbrauch/Verursachung wurden gesondert erfasst. Kosten, die für jede Wohneinheit einmal anfallen, wie diejenigen des Kabelanschlusses, werden zweckmäßig auf die Wohnungsanzahl verteilt. Zulässig ist jeder sachlich gerechtfertigte Maßstab, und zwar unabhängig davon, nach welchem Maßstab das jeweilige Versorgungsunternehmen seinerseits gegenüber dem Vermieter abrechnet.

570 **Geändert** werden darf der Maßstab nur für die Zukunft und bei sachlichem Grund. Ein Anspruch des Mieters auf Änderung besteht nur ausnahmsweise, und zwar dann, wenn die Beibehaltung des bisherigen Maßstabs zu einem nicht mehr zumutbaren Ungleichgewicht zwischen den einzelnen Mietern bzw. zu grober Unbilligkeit führt[1]. Leer stehende Wohnungen und Hauswartswohnungen müssen in die Gesamtfläche einbezogen werden, so dass die dafür anfallenden Betriebskosten im Ergebnis nicht von den Mietern der übrigen Wohnungen mit getragen werden. Betriebskosten, die nur bei einzelnen Mietern anfallen, müssen herausgerechnet und dürfen nur diesen Mietern in Rechnung gestellt werden.

571 In zwei Fallkonstellationen kommen **Vorwegabzüge** von den insgesamt entstandenen Betriebskosten in Betracht. Bei **Mischnutzung** des Objekts (es sind außer Wohnungen noch Gewerberäume, Garagen, Tiefgaragen und/oder Stellplätze vorhanden) muss überprüft werden, ob insbesondere bei den Kostenarten Grundsteuer, Versicherungen, Entwässerung und ggf. bei sonstigen Verbrauchskosten eine unterschiedliche Kostenverteilung, also nicht nach Quadratmetern, erforderlich ist, weil die nicht dem Wohnen dienenden Flächen andere Kosten verursachen als die Wohnflächen[2]. Kalkuliert beispielsweise der Wohngebäudeversicherer seine Prämien unterschiedlich nach der jeweiligen Nutzung der Flächen, ist aus den Gesamtversicherungskosten vorab der auf die Gewerbeflächen entfallende Teilbetrag herauszuziehen und nur der verbleibende Kostenanteil auf die Wohnflächen zu verteilen. Auch wenn Versicherungsprämien oder Steuern nach dem Gesamtertrag des Grundstücks berechnet sind, die Gewerbeflächen aber, wegen höherer Mieten, mit einem höheren als dem flächenentsprechenden Anteil zu diesem Gesamtertrag beitragen, verursacht dies „besondere Kosten" in diesem Sinne.

---

1 Instruktiv hierzu LG Bonn, Urt. v. 27.11.1997 – 6 S 274/97, WM 1998, 353.
2 Zu den Einzelheiten vgl. *Lützenkirchen*, Anwalts-Handbuch Mietrecht, 2. Aufl., L Rz. 76 ff.; *Eisenschmid/Rips/Wall*, Betriebskostenkommentar, § 2 bei den jeweiligen einzelnen Kostenarten.

Weiter sind Betriebskosten grundsätzlich von den **Instandsetzungs- und Verwaltungskosten** abzugrenzen, was bei den Positionen Hausmeisterkosten und Wartungsverträge einen regelmäßigen Streitpunkt darstellt[1]. Entfällt beispielsweise ausweislich des (Voll-)Wartungsvertrags für den Fahrstuhl ein gewisser Prozentsatz auf reine Instandhaltungsarbeiten, so ist dieser Kostenanteil abzuziehen, er kann nicht als Betriebskosten umgelegt werden.

572

cc) Wirkungszeitpunkt

Die erhöhte Betriebskostenpauschale[2] wird zum übernächsten Monat nach Zugang der Erhöhung **fällig**, § 560 Abs. 2 Satz 1 BGB. Die Zusendung sollte wie sonst auch nachweisbar gemacht werden.

573

Beruht die Erhöhungserklärung darauf, dass sich Betriebskosten **rückwirkend** erhöht haben, kann dies unter den einschränkenden Voraussetzungen des § 560 Abs. 2 S. 2 BGB geltend gemacht werden. Voraussetzung ist zunächst, dass die Erhöhung tatsächlich rückwirkend, d.h. vor Kenntnis des Vermieters von seiner Pflicht zur Tragung erhöhter Kosten, eingetreten ist. Praktisch wird dies vor allem bei Grundsteuererhöhungen[3]. Der Vermieter muss in diesem Fall innerhalb einer Frist von drei Monaten nach Kenntnis von der eingetretenen Kostensteigerung dem Mieter gegenüber die Erhöhungserklärung abgeben. Wird diese Frist nicht eingehalten, wirkt die Erhöhung (wie sonst auch) nur für die Zukunft.

574

Wird die Frist dagegen eingehalten, tritt die erhöhte Zahlungspflicht des Mieters ab dem Zeitpunkt ein, zu dem auch der Vermieter die Kostensteigerung aufzubringen hatte, dies allerdings höchstens ab dem 1. Januar des Jahres vor der Erhöhungserklärung.

575

Versuche, diese Rechtslage **formularvertraglich abzubedingen**, sind zwecklos. Klauseln wie „Soweit zulässig, ist der Vermieter bei Erhöhung bzw. Neueinführung von Betriebskosten berechtigt, den entsprechenden Mehrbetrag vom Zeitpunkt der Entstehung umzulegen", sind unwirksam[4].

576

---

1 Vgl. dazu im Einzelnen *Lützenkirchen*, Anwalts-Handbuch Mietrecht, 2. Aufl., L Rz. 92 ff.; *Eisenschmid/Rips/Wall*, Betriebskostenkommentar, § 2 Ziff. 7 Rz. 10 ff., Ziff. 14 Rz. 1 ff.
2 Bzw. die Erhöhung der Bruttokalt- oder Teilinklusivmiete.
3 Vgl. dazu *Weitemeyer* in Staudinger, § 550 BGB, Rz. 5.
4 BGH, Urt. v. 20.1.1993 – VIII ZR 10/92, WM 1993, 109; vgl. auch LG Limburg, Urt. v. 10.12.1997 – 3 S 77/97, WM 1999, 219.

dd) Prüfung der Erhöhungserklärung

577 Bei der Überprüfung einer Erhöhungserklärung nach § 560 Abs. 1 BGB ist es sinnvoll, zunächst eine **Plausibilitätskontrolle** durchzuführen, um festzustellen, ob die Erklärung grobe Fehler aufweist oder ob in eine nähere Prüfung eingetreten werden muss. Hierzu ist es hilfreich, wenn nicht nur der Mietvertrag, sondern auch ein oder zwei frühere Betriebskostenerhöhungen vorliegen.

578 Zur ersten Orientierung kann man durchsehen:
– Stimmt die Wohnfläche?
– Entspricht die Gesamtfläche des Objekts derjenigen früherer Erhöhungen?
– Ist die Erhöhung rechnerisch richtig?
– Sind die vertraglich vorgesehenen Betriebskostenarten aufgeführt?
– Sind bei den Beträgen Stellen „hinter dem Komma" angesetzt?
– Ist eine nachvollziehbare Begründung für jede Erhöhungsposition gegeben?
– Stimmen die Betriebskosten „alt" mit denen in der vorangegangenen Erklärung überein?
– Entspricht der Gesamtbetrag (nicht der Erhöhungsbetrag!) der aufgeführten Betriebskosten, auf Quadratmeter Wohnfläche und Monat bezogen, in etwa den Erfahrungswerten?

579 Die **Erfahrungswerte** unterliegen naturgemäß je nach den örtlichen Verhältnissen starken Schwankungen, so dass sich ein Berater, der öfter mit diesen Fragen zu tun hat, die entsprechenden Zahlen besorgen sollte. Sie werden teilweise von Mieter- und Vermieterverbänden mitgeteilt, auch in Mietspiegeln finden sich zuweilen dazu Angaben[1].

580 Bei Bejahung dieser Fragen ist im zweiten Schritt mit dem Mieter zu besprechen, ob sich der Zeit- und Kostenaufwand für eine weitere Überprüfung lohnt. Hierfür müssen (alle oder nur die problematischen) Betriebskostenpositionen der Höhe nach überprüft werden. Zwei Möglichkeiten stehen zur Verfügung:
– die **Originalunterlagen** werden beim Vermieter eingesehen;
– es werden Kopien der Unterlagen angefordert.

---

[1] Zum Betriebskostenspiegel der Stadt Regensburg s. *Schmidt*, WM 2002, 359 ff.; der Berliner Mietspiegel 2005 enthält eine Tabelle der jeweiligen kalten Betriebskosten für die verschiedenen Wohnungskategorien.

Auf beides besteht ein Recht, allerdings nur alternativ, so dass es bei der einmal gewählten Möglichkeit bleibt[1]. Die Einsichtnahme durch einen Rechtsanwalt verursacht Kosten, die in aller Regel außer Verhältnis zu der verlangten Mieterhöhung stehen, während dem Mieter selbst häufig die Sachkunde fehlt, die eine Unterlagensichtung ergiebig macht. Die Anforderung von Kopien verursacht Kosten von bis zu 0,50 Euro je Kopie (die eine Rechtsschutzversicherung nicht trägt), so dass es sich bestenfalls lohnt, ausgewählte und konkret bezeichnete Kopien zu einzelnen auffallenden Positionen zu verlangen, wobei es auch auf den Vergleich mit den Rechnungsposten des früheren Zeitraums ankommen kann. Es lohnt auch, wenn sich mehrere Mieter zwecks Einsichtnahme zusammentun. 581

Typische **Fehler** von Betriebskostenerhöhungen: 582
- Die Belege lassen sich der Wirtschaftseinheit nicht zuordnen.
- Belege fehlen.
- Der Abrechnungszeitraum ist nicht durch Belege abgedeckt (z.B. sind die Jahresabschlagszahlungen an Versorgungsunternehmen eingerechnet, es fehlt aber die Schlussrechnung).
- Der frühere Vergleichszeitraum ist von den Beträgen her zu niedrig angesetzt oder umfasst kein volles Abrechnungsjahr (mit der Folge, dass die Erhöhung zu hoch ausfällt).
- Vorwegabzüge sind nicht korrekt ermittelt.
- Einzelne Betriebskostenpositionen sind in voller Höhe angesetzt, obwohl Abschläge zu machen wären (z.B. ein prozentualer Anteil für Instandhaltungskosten bei Aufzugswartungsverträgen).
- Die Position „Sonstiges" beinhaltet nicht ansatzfähige Kosten.

Der Einwand der **Unwirtschaftlichkeit** ist in der Praxis für den Mieter(vertreter) schwierig zu begründen, weil er Kenntnisse über die Kostenkalkulation und insbesondere über Alternativen zu der vorhandenen Bewirtschaftung voraussetzt, die sich jedenfalls durch schlichte Belegeinsicht nicht beschaffen lassen. Möglicherweise gerät diese Problematik jetzt durch die ausdrückliche Normierung des Wirtschaftlichkeitsgebots in § 560 Abs. 5 BGB in Bewegung; die Aufstellung von Betriebskostenspiegeln und die Veröffentlichung von Erfahrungswerten sind immerhin Schritte in die richtige Richtung[2]. 583

---

1 Neuerdings entwickelt sich allerdings eine Instanzrechtsprechung dahingehend, dass auf Kopienübersendung kein Anspruch bestehen soll.
2 Der Deutsche Mieterbund hat im November 2005 einen bundesweiten Betriebskostenspiegel bekannt gemacht, siehe www.mieterbund.de, und will 2006 gesonderte Übersichten für die einzelnen Bundesländer vorlegen.

584 Die Erhöhung nach § 560 Abs. 1 BGB ist der Höhe nach nicht durch eine Kappungsgrenze oder die ortsübliche Vergleichsmiete **begrenzt**, aber durch § 5 WiStG[1]. Bei auffallenden Kostensteigerungen wird der Berater also jedenfalls dann, wenn ein örtlicher Mietspiegel vorliegt, das Erhöhungsverlangen mit der Mietspiegelmiete (zuzüglich 20 % bzw. 50%) abgleichen.

585 Auch für Betriebskostenerhöhungen ist ein etwaiger **Ausschluss** nach § 557 Abs. 3 BGB zu prüfen[2].

586 Ansonsten fehlen verlässliche Kriterien dafür, bei welcher „Fehlerschwelle" eine Betriebskostenerhöhung absolut **unwirksam** ist und deswegen zurückgewiesen werden kann und in welchen Fällen der Mieter gehalten ist, selbst den korrekten Erhöhungsbetrag zu ermitteln. Unwirksam sind Erhöhungen ohne jegliche oder mit nur floskelhafter Begründung; eine **Eigenkorrektur** wird dagegen sicherlich dann verlangt werden können, wenn leicht korrigierbare Rechenfehler vorliegen oder nur Einzelpositionen (weil nicht ansatzfähig oder nicht belegt) herauszurechnen sind. Im Zweifel empfiehlt es sich, im Wege der außergerichtlichen Korrespondenz die Nachbesserung vom Vermieter anzufordern.

587 Solange angeforderte Belege nicht übersandt werden oder auf substantiierte Nachfragen vermieterseits nicht geantwortet wird, besteht ein **Zurückbehaltungsrecht** an der geforderten Erhöhung. Es empfiehlt sich, sich hierauf ausdrücklich zu berufen.

➲ **Beispiel:**
Bitte übersenden Sie mir die Belege für die angesetzten Hauswartskosten in Kopie. Für die Kosten stehe ich ein. Bitte erläutern Sie mir auch, warum die Kosten der Gartenpflege derart sprunghaft angestiegen sind. Bis zur Erledigung werde ich die geforderte Mieterhöhung nicht zahlen.

588 Der Mieter muss auf seine Nachzahlungspflicht hingewiesen werden, die besteht, falls sich die Erhöhung als ordnungsgemäß herausstellt; ein Kündigungsrisiko besteht nicht.

589 Anspruch auf **Betriebskostensenkung** bzw. **Pauschalenermäßigung** besteht gemäß § 560 Abs. 3 BGB für die Betriebskostenpauschale und kraft der Verweisung in Art. 229 § 3 Abs. 4 EGBGB auch weiterhin bei

---

1 *Schultz* in Bub/Treier, Handbuch, III Rz. 649, unter Aufgabe der früheren Auffassung und m.w.N.
2 Siehe dazu Rz. 104 ff.

Altverträgen, und zwar bei der Vereinbarung einer Pauschale selbst dann, wenn umgekehrt deren Erhöhung nicht vereinbart ist[1].

Erfahrungsgemäß machen Mieter immer wieder geltend, bei **anderem** **Umlagemaßstab** oder verbrauchsabhängiger Abrechnung finanziell günstiger wegzukommen (z.B. Wasserverbrauch nach Wasseruhr oder Köpfen je Haushalt). Ein durchsetzbarer Anspruch auf Änderung des Verteilerschlüssels oder Umstellung auf verbrauchsabhängige Abrechnung besteht nur in Ausnahmefällen[2]. 590

Ein weiteres gängiges Mieterargument ist der Hinweis darauf, die Aufwendungen für Betriebskosten kämen dem Mieter nicht zugute („Der Hauswart ist nie da"; Schneebeseitigung findet praktisch nicht statt). Ein Zurückbehaltungsrecht oder Abstriche von der Betriebskostenerhöhung lassen sich auf derartige Beanstandungen im Allgemeinen nicht stützen, sondern allenfalls eine **Mietminderung**. Wenn sich allerdings in einer derartigen Konstellation konkret ein Verstoß gegen das Wirtschaftlichkeitsgebot nachweisen lässt, können diese Kosten zu reduzieren oder herauszurechnen sein. 591

§ 561 BGB räumt für Erhöhungen nach § 560 Abs. 1 BGB kein **Kündigungsrecht** ein. 592

Angesichts der vielen Unwägbarkeiten bei der Prüfung der Wirksamkeit von Betriebskostenerhöhungen lohnt auch hier für beide Seiten die Überlegung, ob eine einvernehmliche Regelung möglich ist. 593

Mögliche Inhalte eines **Einigungsvorschlags**
- Hinausschieben der Fälligkeit der Erhöhung;
- Einführung verbrauchsabhängiger Abrechnung der Be- und Entwässerungskosten;
- Einbau von Wasseruhren ohne Leasingkosten oder Modernisierungszuschlag oder bei teilweiser Kostenübernahme durch den Mieter;
- Einholung der vorherigen Zustimmung der Mieter, wenn Arbeiten auf Fremdfirmen verlagert werden sollen;
- Eigenvornahme einzelner Arbeiten durch Mieter;
- Senkung der Hausbeleuchtungskosten durch Nutzung von Energiesparleuchten;
- getrennte Müllentsorgung und Senkung des Volumens der Restmülltonnen;

---

1 Siehe dazu Rz. 547 ff.
2 Vgl. LG Düsseldorf, Urt. v. 5.7.1994 – 24 S 66/94, WM 1996, 777.

- Überprüfung der Versicherungskosten auf Notwendigkeit und Einsparmöglichkeiten;
- Leistungsverbesserungen;
- Änderung des Verteilerschlüssels;
- Änderung der Mietstruktur;
- sonstige Festlegungen für künftige Betriebskostenerhöhungen (Häufigkeit, Fälligkeit, Begründungsgenauigkeit).

f) Gerichtliche Klärung

594   Bei ausdrücklicher Zurückweisung oder stillschweigender Nichtbeachtung der Mieterhöhung durch den Mieter kommt nur die **Zahlungsklage**[1] in Betracht; einer Feststellungsklage würde das Rechtsschutzbedürfnis fehlen, und eine Kündigung und Räumungsklage wegen der nicht gezahlten Erhöhungsbeträge ist in der Regel ausgeschlossen.

595   Während des Prozessverlaufs kann die **Klage** wegen weiterer Rückstände der Folgemonate **erweitert** werden. Falls mehrere Mieter nicht zahlen, ist auch hier zu überlegen, ob zunächst nur ein Mieter gerichtlich in Anspruch genommen werden soll.

596   Für die **Formalien** der Klage gilt nichts Besonderes. Die **Begründung** braucht inhaltlich zunächst nicht mehr zu enthalten als die Erhöhungserklärung selbst und den Vortrag, dass nicht gezahlt worden ist.

597   Ein **pauschales Bestreiten** des Mieters, dass die erhöhten Betriebskosten angefallen wären, reicht nicht aus und erhöht die Darlegungslast des Vermieters nicht. Nach Auffassung vieler Gerichte wird dem Mieter ein substantiiertes Bestreiten häufig nur möglich sein, wenn vorab die **Betriebskostenunterlagen eingesehen** worden sind. Eine generelle Obliegenheit dazu besteht aber nicht, und es hilft in vielen Fällen auch nicht weiter, den Beleg eingesehen zu haben, wenn dieser nur einen schlichten Nachweis der angesetzten Kostenposition erbringt. Vorsorglich wird sich der Vermietervertreter in derartigen Fällen nicht darauf zurückziehen, dem Mieter sei ja Belegeinsicht angeboten worden, sondern er wird die Belege in Kopie zur Gerichtsakte übermitteln. Wird **mangelnde Wirtschaftlichkeit** substantiiert gerügt, muss vermieterseits hierzu ebenso substantiiert vorgetragen werden, dasselbe gilt bei Ansatz **ungewöhnlich hoher Kosten**.

---

1 Siehe dazu Teil IV Rz. 134 ff.

Dem Mieter steht die (negative) **Feststellungsklage**[1] dahingehend zu, keinen oder nur einen niedrigeren Erhöhungsbetrag zu schulden. Legt der Vermieter einen unangemessenen Verteilungsmaßstab zugrunde, kann weiter Gestaltungsklage auf gerichtliche Bestimmung eines der Billigkeit entsprechenden Umlagemaßstabs erhoben werden, ebenso wie ein Herabsetzungsanspruch oder -betrag auf diesem Weg verfolgt werden kann. Bei vermutetem Herabsetzungsanspruch ist **Auskunftsklage**[2] möglich, ist der Anspruch bezifferbar, auch **Zahlungsklage**[3].

598

C. Preisgebundener Wohnraum

Als **preisgebunden** bezeichnet man Wohnraum, der mit öffentlichen Mitteln im Rahmen des Sozialen Wohnungsbaus[4] geschaffen worden ist; unter bestimmten Umständen kann auch eine Preisbindung für steuerbegünstigten Wohnungsbau auferlegt sein[5]. Bis zum 31.12.2002 war[6] die Grundlage dafür das II. Wohnungsbaugesetz[7] (im Folgenden: II. WoBauG) bzw. das Wohnungsbaugesetz für das Saarland[8]. Die Regelungen über die Miethöhe und weitere Folgen der öffentlichen Förderung waren in diesem Gesetz (§§ 72 II, 87a, 88b des II. WoBauG), im Woh-

599

---

1 Siehe dazu Teil IV Rz. 165 ff.
2 Siehe dazu Teil IV Rz. 125 ff.
3 Siehe dazu Teil IV Rz. 151 ff.
4 Zur historischen Entwicklung der Wohnraumförderung im westlichen Teil Deutschlands nach 1945 vgl. *Schubart/Kohlenbach/Bohndick*, Wohnungsbau, Einführung vor II. Wohnungsbaugesetz.
5 Ähnliche Regelungen gelten für die Bestände der Bundes-, Landes- und Kommunaldienstherren, die aus Wohnungsfürsorgemitteln errichtet worden sind, und für die aus Lastenausgleichsmitteln errichteten Wohnungen, siehe § 16 NMV, § 17 NMV und § 88 des II. WoBauG.
6 Regelungen des I. Wohnungsbaugesetzes vom 27.4.1950 (BGBl. I S. 83), zuletzt geändert durch Gesetz vom 25.8.1953 (BGBl. I S. 1037), weitgehend aufgehoben durch Gesetz vom 11.7.1985 (BGBl. 1277), können hier außer Betracht bleiben, weil die Preisbindungen für die nach diesem Gesetz geförderten Wohnungen längst erledigt sind.
7 Zweites Wohnungsbaugesetz i.d.F. der Bekanntmachung vom 19.8.1994 (BGBl. S. 2137), zuletzt geändert durch Gesetz vom 19.6.2001 (BGBl. I S. 1149), aufgehoben durch Gesetz vom 13.9.2001 (BGBl. I S. 2376).
8 Das als partielles Bundesrecht aufrechterhaltene und etwa parallel zum II. WoBauG weiter entwickelte Gesetz galt zuletzt in der Fassung der Bekanntmachung vom 20.11.1990, Amtsblatt des Saarlandes, S. 273, jedoch galten dort nicht die Neubaumietenverordnung 1970 und die II. Berechnungsverordnung. Das Gesetz ist aufgehoben durch Gesetz vom 13.9.2001 (BGBl. I S. 2376), einzelne Bestimmungen gelten gemäß § 49 WoFG fort.

nungsbindungsgesetz[1] (§ 8, 8a WoBindG) sowie in zwei Ausführungsverordnungen, der Neubaumietenverordnung 1970[2] (NMV 1970) und der II. Berechnungsverordnung[3] (II. BV) niedergelegt. Diese Vorschriften gelten für den **bis zum 31.12.2002 nach dem II. Wohnungsbaugesetz geschaffenen Wohnraum** auch weiterhin.

600 Das Rang- und Abgrenzungsverhältnis zwischen den Normen besteht wie folgt:

601 Das **II. Wohnungsbaugesetz** regelt bundesgesetzliche Vorgaben der Wohnraumförderung als öffentliche Aufgabe, bezeichnet generell die Zielrichtung der Förderung, definiert Grundbegriffe bezüglich des Wohnraums und den begünstigten Personenkreis (etwa die maßgeblichen Einkommensgrenzen in § 25 bis § 25d) und die Mechanismen der von Bund und Ländern bereitzustellenden öffentlichen Förderung[4]. Bezüglich der Miethöhe ist dort lediglich eine Beschränkung auf die Kostenmiete festgelegt (§§ 72, 87a, 88b).

602 Das **Wohnungsbindungsgesetz** soll die Zweckbestimmung der Sozialwohnungen sichern und enthält neben Regelungen über das Vorkaufsrecht des Mieters und die Belegungsbindung in §§ 8, 8a und 8b WoBindG genauere Definitionen der Kostenmiete, Regelungen über die Formalien der Mieterhöhung sowie öffentlichrechtliche Zwangsmittel und Bußgeldvorschriften, z.B. für den Fall einer Falschbelegung oder einer Überschreitung der zulässigen Miete. In § 28 WoBindG findet sich die Ermächtigung für die Bundesregierung, mit Zustimmung des Bundesrates weiter detaillierende Verordnungen zu erlassen.

---

[1] Gesetz zur Sicherung der Zweckbestimmung von Sozialwohnungen vom 19.8.1994 (BGBl. I S. 2166, ber. S. 2319) in der Fassung der Bekanntmachung vom 13.9.2001 (BGBl. I S. 2404).

[2] Verordnung über die Ermittlung der zulässigen Miete für preisgebundene Wohnungen (Neubaumietenverordnung 1970 – NMV 1970) in der Fassung der Bekanntmachung v. 5.4.1984 (BGBl. I S. 579). Neubekanntmachung der ab 29.8.1990 geltenden Fassung der Bekanntmachung vom 12.10.1990 (BGBl. I S. 2203); zuletzt geändert durch Art. 4 VO zur Berechnung der Wohnfläche, über die Aufstellung von Betriebskosten und zur Änderung anderer Verordnungen vom 25.11.2003 (BGBl. I S. 2346).

[3] Zweite Berechnungsverordnung vom 17.10.1957 (BGBl. I S. 1719) i.d.F der Neubekanntmachung vom 12.10.1990 der ab 29.8.1990 geltenden Fassung (BGBl. I S. 2178); zuletzt geändert durch Art. 3 VO zur Berechnung der Wohnfläche, über die Aufstellung von Betriebskosten und zur Änderung anderer Verordnungen vom 25.11.2003 (BGBl. I S. 2346).

[4] *Schubart/Kohlenbach/Bohndick*, Wohnungsbau, Einführung vor II. Wohnungsbaugesetz, weisen darauf hin, dass etwa seit 1985 der Bund sich weitgehend aus der Wohnraumförderung zurückgezogen hat, das II. WoBauG damit faktisch zu einem Rahmengesetz geworden ist, das die Länder mit Durchführungsbestimmungen ausfüllen.

Die **Neubaumietenverordnung** definiert in allgemeinen Grundsätzen, 603
wie die Kostenmiete nach §§ 8 bis 8b WoBindG im sozialen Wohnungsbau zu errechnen ist, und trifft ebensolche Regelungen für den steuerbegünstigten preisgebundenen Wohnraum. Die **II. Berechnungsverordnung** beschreibt in Teil II die Einzelheiten der Wirtschaftlichkeitsberechnung.

Am 1.1.2002 ist das **Wohnraumförderungsgesetz** in Kraft getreten[1]. Es 604
ist stets anzuwenden auf Wohnungen, die **seit dem 1.1.2003 geschaffen** worden sind. Es ist grundsätzlich auch anzuwenden für Wohnraum, für welchen die **Förderzusage nach dem 31.12.2001** erteilt wurde. Allerdings gab es übergangsweise bis zum 31.12.2002 noch die Möglichkeit, Förderung für Wohnraum nach altem Recht, nach den Regelungen des II. WoBauG, zu bewilligen. Für die nach neuem Recht geschaffenen Wohnungsbestände gilt bezüglich der Miethöhe das Vergleichsmietensystem, es ist insoweit auf die im Teil „Preisfreier Wohnraum" dargelegten Bestimmungen zu verweisen. Zwar sehen die Förderzusagen häufig eine Höchstmiete vor, die dann auch nicht überschritten werden darf, eine gesetzliche Preisbindung besteht für diese Wohnungsbestände hingegen nicht. Das Inkrafttreten des Wohnraumförderungsgesetzes hat aber an den besonderen Vorschriften für den bis zum 31.12.2001 (bzw. bis 31.12.2002) fertig gestellten Wohnraum nichts geändert.

Nicht dem preisgebundenen Wohnraum zuzurechnen sind Wohnungen, 605
für deren Errichtung oder Instandsetzung und/oder Modernisierung **außerhalb des Sozialen Wohnungsbaus** öffentliche Zuschüsse oder Darlehen (Mittel des Bundes, z.B. von der Kreditanstalt für Wiederaufbau, Landesmittel und auch kommunale Mittel) gewährt wurden[2]. Im Zusammenhang mit diesen öffentlichen Zuwendungen sind in der Regel öffentlichrechtliche Vereinbarungen mit den geförderten Eigentümern geschlossen worden, die besondere Regelungen über die Entwicklung der Miethöhe enthalten. Die Einhaltung der öffentlichrechtlichen Verpflichtungen soll meist durch Behörden des Fördergebers überwacht und ggf. durchgesetzt werden, z.B. durch Vereinbarung von Vertragsstra-

---

1 Gesetz über die soziale Wohnraumförderung vom 13.9.2001, verkündet als Art. 1 des Wohnungsbaurechts-Reformgesetz v. 13.9.2001 (BGBl. I S. 2376); Inkrafttreten gem. Art. 28 Abs. 1 dieses Gesetzes am 1.1.2002 mit Ausnahme des § 9 Abs. 3, der gem. Art. 28 Abs. 2 am 20.9.2001 in Kraft getreten ist. Zuletzt geändert durch Art. 4 Zweites Änderungsgesetz vom 15.12.2004 (BGBl. I S. 3450). Siehe dazu *Schubart/Kohlenbach/Bohndick*, Wohnungsbau, Einführung vor Wohnraumförderungsgesetz.
2 Siehe dazu die Darstellung der Landesprogramme und der KfW-Programme bei *Schubart/Kohlenbach/Bohndick*, Wohnungsbau, Teil II Wohnungsbau- und Modernisierungsförderung.

fen oder Vorbehalt der Rückforderung der Zuwendungen im Falle eines nachhaltigen Verstoßes. Insgesamt sind im Verhältnis zwischen Vermieter und Mieter die Regelungen des BGB maßgeblich, so dass auch insoweit auf den Teil „Preisfreier Wohnraum" zu verweisen ist[1].

606 Gegenstand dieses Kapitels ist nur der preisgebundene Wohnraum i.S.d. oben genannten Definition, also Wohnraum, der mit öffentlichen Mitteln im Rahmen des Sozialen Wohnungsbaus geschaffen worden ist. Die Regelungen über die Preisbindung legen für den preisgebundenen Wohnraum **nach altem Recht** fest, dass der Vermieter maximal eine kostendeckende Miete von den Mietern verlangen darf. Um diesen Grundsatz handhabbar zu machen, werden im Gesetz definiert:

- Bestandteile der Miete (Rz. 608 ff.);
- Kostenmiete (Rz. 640 ff.);
- Wirtschaftlichkeitsberechnung (Rz. 650 ff.).

607 Die Regelungen der Preisbindung bestimmen zunächst die **Höchstmiete**, zu welcher der Wohnraum während der Dauer der Preisbindung neu vermietet werden darf, und zwar nach altem Recht durch die Kostenmiete, deren Höhe nach gesetzlichen Maßstäben zu ermitteln ist. Nach neuem Recht wird sie durch die Förderzusage unmittelbar und abschließend geregelt. Auch für die weitere **Mietentwicklung** gelten aber besondere Regelungen. Vereinbarungen über die Miethöhe sind – nach altem Recht durch das WoBindG, nach neuem Recht durch die Förderzusage und das WoFG – eingeschränkt. Hingegen gewährt das Wohnungsbindungsgesetz für die preisgebundenen Bestände nach altem Recht dem Vermieter unter bestimmten materiellen Voraussetzungen das **Recht auf einseitige Mietänderung** bei Beachtung besonderer formeller Anforderungen an die Mietänderungserklärung, und zwar meist für die Zukunft, aber teilweise auch rückwirkend. Der Mieter hat gegenüber den einseitigen Mieterhöhungsrechten nur die Möglichkeit, die Berechtigung – ggf. gerichtlich – überprüfen zu lassen, und das Recht zu einer außerordentlichen Kündigung. Alle Bindungen sind zwar auf sehr lange Zeiträume erstreckt, aber doch zeitlich begrenzt, daher ist die Dauer der Preisbindung von besonderer Bedeutung, ebenso die Frage, wie mit dem Wohnraum nach Ende der Preisbindung zu verfahren ist. Verstöße gegen die Preisbindungsvorschriften können neben Rückforderungsansprü-

---

[1] Enthält der Mietvertrag klare Regelungen, welche die öffentlichrechtlichen Vereinbarungen widerspiegeln, dann sind diese auch zivilrechtlich ohne weiteres verbindlich. Aber auch ohne direkte Übernahme in den Mietvertrag könnten viele der zwischen Öffentlicher Hand und Vermieter geschlossenen Fördervereinbarungen auch als Regelungen zugunsten der jeweils betroffenen Mietpartei i.S.d. § 328 BGB verstanden werden.

chen auch Bußgelder und eine Bestrafung nach sich ziehen. Daraus ergeben sich für die Wohnungsbestände folgende Themen:
- Vereinbarungen über die Miethöhe (Rz. 665 ff.);
- Tatbestände einer Änderung der Miethöhe (Rz. 682 ff.);
- Mietänderungserklärung (Rz. 745 ff.);
- Zeitliche Wirkung der Änderung (Rz. 763 ff.);
- Mieterrechte (Rz. 773 ff.);
- Dauer der Preisbindung (Rz. 790 ff.);
- Bußgeld- und Strafdrohung (Rz. 798 ff.);
- Checkliste (Rz. 815 ff.).

I. Bestandteile der Miete

Wie im allgemeinen Wohnraummietrecht (Rz. 1 ff.) sind im Preisgebundenen Wohnraum zu unterscheiden 608
- Einzelmiete (Rz. 609 ff.);
- Umlagen (Rz. 613 ff.);
- Zuschläge (Rz. 618 ff.);
- sonstige Vergütungen (Rz. 630 ff.).

Für jeden dieser Bestandteile trifft das Recht des Preisgebundenen Wohnraums Regelungen, die teilweise von den allgemeinen Bestimmungen des Mietrechts im BGB abweichen.

1. Einzelmiete

Wohnraum, der mit öffentlichen Mitteln nach dem II. Wohnungsbaugesetz gefördert wurde, war dazu bestimmt, nach Größe, Ausstattung und Miete der Wohnungsversorgung der breiten Schichten des Volkes zu dienen[1]. Der Aktivierung privaten Kapitals für die Wohnungsversorgung steht eine staatliche Gewähr gegenüber, dass der Vermieter eine sog. **Kostenmiete** erhält, zu beschreiben als diejenige Miete, die ihm seine Gestehungskosten, seine Finanzierungskosten, Bewirtschaftungskosten und (teils pauschalierte) sonstigen Aufwendungen sowie eine Eigenkapitalverzinsung einbringt. Andererseits soll der Vermieter während der Preisbindung auch nicht mehr erhalten als diese Kostenmiete. Diese Konzeption ist niedergelegt vor allem in §§ 72, 87a, 88b des II. WoBauG, §§ 8, 8a, 8b WoBindG, der II. Berechnungsverordnung und der 609

---
1 § 1 des II. WoBauG.

Neubaumietenverordnung[1]. Der Ansatz der Kostenmiete setzt insbesondere eine detaillierte und formalisierte Wirtschaftlichkeitsberechnung und eine Genehmigung der – durch Landesrecht zu bestimmenden – Bewilligungsstelle voraus. Gegenstand dieser Genehmigung ist zunächst die für ein bestimmtes Objekt **im Durchschnitt** pro Quadratmeter Wohnfläche errechnete Nettomiete. Betriebskosten bleiben dabei unberücksichtigt, sie werden als Vorschuss erhoben, über den abzurechnen ist[2].

610 § 8 Abs. 3, § 8a Abs. 6 WoBindG sehen ergänzend vor, dass der Vermieter, wenn eine umfassende Wirtschaftlichkeitsberechnung für das konkrete Objekt nicht vorliegt, auch eine Berechnung auf Basis einer **Vergleichsmiete** vornehmen kann. Auch hier handelt es sich aber nicht um die Vergleichsmiete, wie sie im preisfreien Wohnraum angesetzt wird[3], sondern es gilt dann die Kostenmiete, die für vergleichbaren öffentlich geförderten Wohnraum genehmigt worden ist; ein späterer Übergang zur Kostenmiete – mit Genehmigung der Bewilligungsstelle – ist in den Vorschriften eröffnet.

611 Aus diesen Durchschnittsmieten hat der Vermieter gemäß § 8a Abs. 5 WoBindG, § 3 Abs. 3 NMV 1970 in eigener Verantwortung die **Einzelmiete** für jede Wohnung nach deren Wohnfläche zu errechnen. Die Summe der Einzelmieten darf den Betrag nicht übersteigen, der sich ergibt aus der Vervielfältigung der Durchschnittsmiete mit der Summe der Wohnflächen, auf die sich die Wirtschaftlichkeitsberechnung bezieht. Dennoch kann die Einzelmiete einer Wohnung abweichen von einer mit ihrer Wohnfläche multiplizierten Durchschnittsmiete, denn bei der Berechnung der Einzelmiete ist der unterschiedliche Wohnwert der Wohnungen, insbesondere ihre Lage, ihre Ausstattung und ihr Zuschnitt zu berücksichtigen. Die Einzelmieten der Wohnungen werden von der Bewilligungsstelle nicht vorab genehmigt.

612 Zur aus der Durchschnittsmiete abgeleiteten Netto-Einzelmiete treten weiter Umlagen, und Zuschläge, die aus Besonderheiten der einzelnen Wohnung bzw. Mietpartei resultieren.

2. Umlagen

613 Neben der Einzelmiete sind gemäß § 20 Abs. 1 NMV 1970 Umlagen zulässig, und zwar die Umlage der Betriebskosten i.S.d. § 27 der II. Berech-

---

1 Siehe dazu im Einzelnen Rz. 640 ff.
2 Vgl. Rz. 613 ff.
3 Siehe dazu Rz. 241 ff.

nungsverordnung und die Erhebung eines Umlageausfallwagnisses. Weiter detaillierende Regelungen werden getroffen
- zur Umlegung der Kosten der Wasserversorgung und Entwässerung in § 21 NMV 1970;
- zur Umlegung der Kosten der Versorgung mit Wärme und Warmwasser in § 22 NMV 1970 mit Verweis auf die Heizkostenverordnung[1];
- zur Umlegung der Kosten der Müllabfuhr in § 22a NMV 1970;
- zur Umlegung der Kosten des Betriebs der zentralen Brennstoffversorgungsanlage in § 23 NMV 1970;
- zur Umlegung der Kosten des Betriebs von Aufzügen in § 24 NMV 1970;
- zur Umlegung der Kosten des Betriebs der mit einem Breitbandkabelnetz verbundenen privaten Verteilanlage und der Gemeinschaftsantennenanlage in § 24a NMV 1970;
- zur Umlegung der Betriebs- und Instandhaltungskosten der Einrichtungen für Wäschepflege in § 25 NMV 1970;
- zum Umlageausfallwagnis in § 25a NMV 1970.

Wegen der Einzelheiten der Betriebskostenberechnung ist auf die Spezialliteratur zu verweisen[2].

Betriebskosten dürfen nur umgelegt werden, soweit sie bei gewissenhafter Abwägung aller Umstände und bei ordentlicher Geschäftsführung gerechtfertigt sind (§ 20 Abs. 1 Satz 2 NMV 1970). Dies entspricht dem mittlerweile auch für den preisfreien Wohnraum ausdrücklich im Gesetz niedergelegten **Wirtschaftlichkeitsgebot**[3]. Nachdrücklich ist aber darauf hinzuweisen, dass Betriebskosten nur geltend gemacht werden können, wenn und soweit dies **vertraglich vereinbart** ist; die Betriebskosten sind nach Art und Höhe dem Mieter **bei Überlassung** der Wohnung bekannt zu geben (§ 20 Abs. 1 Satz 3 NMV 1970).

614

---

1 Verordnung über Heizkostenabrechnung in der Fassung der Bekanntmachung vom 5.4.1984 (BGBl. I S. 592), geändert durch Artikel 1 der Verordnung vom 19.1.1989 (BGBl. I S. 109).
2 Siehe insbesondere v. Seldeneck, Betriebskosten im Mietrecht; *Eisenschmid/Rips/Wall*, Betriebskostenkommentar.
3 § 556 Abs. 3 Satz 1 BGB.

615 Üblich ist die Vereinbarung von monatlichen **Vorauszahlungen**. Dies ist zulässig, soweit die Vorauszahlungen angemessen sind (§ 20 Abs. 3 Satz 1 NMV 1970). Über diese Vorschüsse ist jährlich **abzurechnen**, die Abrechnung muss der Mietpartei spätestens ein Jahr nach Ablauf des Abrechnungsjahres vorliegen, für Nachforderungen des Vermieters ist dies im Sozialen Wohnungsbau bereits seit 1990 eine Ausschlussfrist (§ 20 Abs. 3 NMV)[1].

616 Für die Thematik der Mieterhöhung im Preisgebundenen Wohnraum wirken sich Nebenkosten letztlich nur in der Weise aus, dass aus einer Gegenüberstellung der geleisteten Vorauszahlungen mit den anteilig zu tragenden Betriebskosten sich eine **Nachzahlungsforderung** des Vermieters ergeben kann. Resultiert dies nicht nur daraus, dass die Mietpartei im abgerechneten Jahr keine zwölf Monats-Vorauszahlungen geleistet hat, entsteht also bei planmäßiger Zahlung aller Vorschüsse eine Unterdeckung, dann kann hieraus eine angemessene **Erhöhung der Vorauszahlungen** abgeleitet werden, und zwar durch eine Mietänderungserklärung des Vermieters. § 20 Abs. 4 NMV verweist für die Erhöhungen auf § 4 Abs. 7 und § 8 NMV 1970, dort wird auf die Formen und Fristen des § 10 Abs. 1 WoBindG verwiesen (siehe dazu Rz. 745 ff.).

617 Erhebliche **Einwände** gegen eine Betriebskostenabrechnung führen unter Umständen dazu, dass eine dort ausgewiesene Nachzahlungsforderung nicht fällig wird, eine daraus abgeleitete Erhöhung der Vorauszahlungen nicht verlangt werden kann und die Mietpartei ein Zurückbehaltungsrecht auch bezüglich weiterer Vorauszahlungen in der bisher festgelegten Höhe hat[2].

3. Zuschläge

618 Zuschläge dürfen im Preisgebundenen Wohnraum nur erhoben werden, soweit sie **ausdrücklich zugelassen** sind (§ 3 Abs. 1 NMV 1970). Maßgeblich ist § 26 NMV 1970[3]. Dort sind in Abs. 1 zugelassen

---

1 Änderungsverordnung vom 20.8.1990 (BGBl. I S. 1813). Im preisfreien Wohnraum ist dies erst durch die Mietrechtsreform ab 1.10.2001 mit § 556 Abs. 3 Satz 3 BGB eingeführt worden.
2 BGH, Beschl. v. 11.4.1982 – VIII ARZ 16/83, ZMR 1984, 339 = WM 1984, 185 = MDR 1984, 836. Bei beendetem Mietverhältnis können sämtliche Vorschüsse zurückgefordert werden, BGH, Urt. v. 9.3.2005 – VIII ZR 57/04, WM 2005, 337 = MietPrax-AK 556 BGB Ziff. 11 = GE 2005, 543 = ZMR 2005, 439 = NJW 2005, 1499 = NZM 2005, 373 = MDR 2005, 678 = DWW 2005, 230.
3 Steuerbegünstigter Wohnraum: § 16 NMV 1970; Wohnraum, der mit Aufwendungszuschüssen oder Aufwendungsdarlehen gefördert wurde: § 17 NMV 1970. Zu den Einzelheiten *Fischer-Dieskau/Pergande/Schwender*, Wohnungsbaurecht, Band 4, § 16 und § 17 NMV 1970.

- Zuschlag für Benutzung zu anderen als Wohnzwecken,
- Zuschlag wegen Untervermietung von Wohnraum,
- Zuschlag wegen Ausgleichszahlungen nach § 7 WoBindG,
- Zuschlag zur Deckung erhöhter laufender Aufwendungen, auch wegen Modernisierung einzelner Wohnungen,
- Zuschlag für besondere Nebenleistungen des Vermieters,
- Zuschlag für Wohnungen, die durch Ausbau von Zubehörräumen neu geschaffen wurden.

Diese Zuschläge sind in weiteren Absätzen des § 26 NMV 1970 näher definiert, und teilweise unter besondere Voraussetzungen gestellt. Die Einführung und die etwaige Erhöhung von Zuschlägen bedarf jeweils einer **vertraglichen Vereinbarung** (zu Beginn) oder einer formgerechten **Mieterhöhungserklärung** gemäß § 10 WoBindG[1]. Die Zuschläge entfallen gemäß § 26 Abs. 8 NMV 1970 stets dann wieder, wenn die Zusatznutzung nicht mehr besteht. 619

Nr. 1 Gewerbe- oder Freiberuflerzuschlag, § 26 Abs. 2 NMV 1970: Dieser Zuschlag kann überhaupt nur anfallen, wenn die zuständige Stelle die wohnfremde Nutzung genehmigt hat[2]. Der Zuschlag darf je nach dem Grad der wirtschaftlichen Mehrbelastung des Vermieters bis zu 50 % der anteiligen Einzelmiete der Räume betragen, die zu anderen als Wohnzwecken benutzt werden. Ist für die Genehmigung dem Vermieter eine Ausgleichszahlung abverlangt worden, dann darf gemäß § 26 Abs. 2 Satz 3 NMV 1970 auch gegenüber dem Mieter ein Zuschlag entsprechend dieser Leistung verlangt werden, und zwar auch dann, wenn dieser über 50 % der Einzelmiete hinausgeht. Wenn zur Erlangung der Genehmigung die öffentlichen Darlehen teilweise zurückgezahlt werden, ist auch ein Zuschlag in Höhe des Betrages zulässig, der dem marktüblichen Zinssatz für erste Hypotheken für das zurückgezahlte Baudarlehen – soweit es auf den zweckentfremdeten Teil entfällt – entspricht. 620

Der Zuschlag fällt nur an, wenn die Wohnung insgesamt oder bestimmte Teile der Wohnung vollständig zu anderen als Wohnzwecken genutzt werden, nicht aber, wenn in den „zweckentfremdeten" Räumen auch eine Wohnnutzung noch stattfindet. Zwar erfasst die Bestimmung nicht nur gewerbliche, sondern auch freiberufliche Zwecke. Da aber eine verstärkte Abnutzung zum Tatbestand gehört, gilt das nur, wenn ein erheb- 621

---

1 LG Mannheim, Urt. v. 5.3.1997 – 4 S 182/96, WM 1997, 263, zum Untervermietungszuschlag; *Heix* in Fischer-Dieskau/Pergande/Schwender, Wohnungsbaurecht, Bd. 4 Anm. 1 zu § 26 NMV.
2 Siehe dazu (ab 1.1.2002) § 7 Abs. 3 WoBindG und § 27 Abs. 7 WoFG, auch zu Ausgleichsleistungen, die dem Vermieter auferlegt werden können.

licher Publikumsverkehr erfolgt, nicht aber für Räume, in denen die Bewohner selbst arbeiten, etwa für Arbeitszimmer der Richter, Lehrer, Wissenschaftler, Publizisten, aber auch bei Ausführung von Schneider- und anderen Heimarbeiten oder Erteilung von Nachhilfestunden, wenn eine beträchtliche zusätzliche Abnutzung der Räume dadurch nicht erfolgt[1].

622 Eine Mieterhöhung kann durch neu hinzutretende Tatbestände oder eine höhere Abnutzung möglich werden.

623 **Nr. 2 Untervermietungszuschlag**, § 26 Abs. 3 NMV 1970: Eine Untervermietung darf die Mietpartei nur mit Zustimmung des Vermieters vornehmen, §§ 540, 553 BGB. Eine behördliche Genehmigung zur Untervermietung kann erforderlich sein, wenn der Untermieter nicht zum Kreis der Wohnberechtigten gehört, §§ 4, 7 WoBindG. Für die Miete, die der Hauptmieter vom Untermieter verlangen darf, kann sich gemäß § 31 NMV 1970 eine Begrenzung ergeben: Wenn mehr als die Hälfte der Wohnfläche untervermietet wird, darf die verlangte Untermiete nicht höher sein als der Anteil der Kostenmiete, welcher auf die unvermietete Fläche entfällt. Für den Vermieter ist die Erhebung eines Untervermietungszuschlags[2] zugelassen, aber begrenzt auf 2,50 Euro monatlich, wenn der untervermietete Wohnungsteil von einer Person benutzt wird, bzw. auf 5,00 Euro monatlich, wenn zwei oder mehr Personen Untermieter sind. Eine Mietänderung kann hier eintreten, wenn Untervermietung erstmals aufgenommen wird oder sich die Zahl der Untermieter verändert.

624 **Nr. 3 Zuschlag wegen Ausgleichszahlung**, § 26 Abs. 4 NMV 1970: Preisgebundener Wohnraum darf grundsätzlich nur an Personen überlassen werden, die zu den Wohnberechtigten nach § 4 WoBindG gehören. Verbreitet werden inzwischen auf der Grundlage von § 7 WoBindG, § 30 WohnraumförderungsG Freistellungen[3] von dieser Verpflichtung ausgesprochen. Erfolgt die Freistellung gemäß § 7 Abs. 1 WoBindG, § 30 WohnraumförderungsG unter der Auflage, eine höhere Verzinsung der öffentlichen Mittel oder eine sonstige Ausgleichszahlung zu leisten, dann kann diese Belastung – ggf. der auf die einzelne Wohnung entfallende Anteil – als Zuschlag an die Mietpartei weitergereicht werden.

---

1 *Heix* in Fischer-Dieskau/Pergande/Schwender, Wohnungsbaurecht, Bd. 4, Anm. 2 zu § 26 NMV.
2 Der Zuschlag soll auch zulässig sein, wenn der Wohnraum unentgeltlich, z.B. an nahe Angehörige überlassen wird, *Heix* in Fischer-Dieskau/Pergande/Schwender, Wohnungsbaurecht, Band 4, Anm. 3 zu § 26 NMV 1970.
3 Dafür wird u.a. die Zielsetzung angeführt, einseitige Bevölkerungsstrukturen im Wohnungsbestand zu vermeiden oder aufzulockern.

Fällt die Ausgleichszahlung erstmals an oder wird sie erhöht, dann erwächst daraus die Möglichkeit einer Mietänderung.

Nr. 4 Zuschlag wegen besonderer laufender Aufwendungen, § 26 Abs. 5 NMV 1970: Entstehen für eine einzelne Mietpartei besondere Aufwendungen, etwa für **Einrichtungen**, die eine Wohnung behindertengerecht nutzbar machen, dann kann dafür ein Zuschlag vereinbart werden, der diese zusätzlichen laufenden Aufwendungen ausgleicht. Auch Kosten für **Modernisierungsmaßnahmen**, die nicht sämtliche Wohnungen betreffen und daher nicht durch eine Erhöhung der Durchschnittsmiete[1] erfasst werden, können gemäß § 4 Abs. 6, § 6 Abs. 2 Satz 1, § 8 Abs. 2 NMV 1970 als Zuschlag wegen besonderer laufender Aufwendungen auf die Miete umgelegt werden. Auch erhöhte **Bewirtschaftungskosten** (Abschreibung zusätzlicher Ausstattungen) für eine Wohnung können die laufenden Aufwendungen erhöhen und so zu einem Zuschlag führen. Für die Höhe des Zuschlags sind die zusätzlichen Aufwendungen auszuweisen und auf die beteiligten Wohnflächen zu verteilen[2]. Zu beachten ist hier, dass von dem Zeitpunkt an, in welchem ggf. die (gleiche) Modernisierungsmaßnahme in allen Wohnungen durchgeführt ist, an die Stelle der Zuschläge zur Einzelmiete eine Erhöhung der Durchschnittsmiete tritt. Der bisherige Zuschlag zur Einzelmiete geht dann in einer Erhöhung der Einzelmiete auf, § 6 Abs. 2 Satz 2 NMV 1970, d.h., der Zuschlag für die Einzelwohnung entfällt, stattdessen steigt die Kostenmiete für alle Wohnungen.

625

Nr. 5 Zuschlag für besondere Nebenleistungen: Diese Regelung ist gemäß § 26 Abs. 6 NMV 1970 inzwischen obsolet, er betraf nur Nebenleistungen, die bis zum Inkrafttreten jener Verordnung nicht gesondert vergütet worden waren.

626

Nr. 6 Zuschlag für zusätzlichen Wohnraum, der durch **Ausbau von Zubehörräumen** von preisgebundenem Wohnraum geschaffen worden ist, § 26 Abs. 7 NMV 1970: Werden Räume, die bisher einer Wohnung als Zubehörraum zur Verfügung standen, in Wohnraum umgewandelt, der dieser Wohnung zur Verfügung steht, dann muss zunächst für den Wegfall der Zubehörräume – falls nicht ein gleichwertiger Ersatz für sie geschaffen und überlassen worden ist – eine Mietsenkung nach § 7 Abs. 1 Satz 2 NMV 1970 gewährt werden. Da diese Maßnahmen die Durchschnittsmiete der Wohnungen nicht beeinflussen (§ 7 Abs. 1 Satz 1 NMV 1970), wird für die zusätzlich ermöglichte Wohnnutzung der bis-

627

---

1 Siehe dazu Rz. 739 ff.
2 *Heix* in Fischer-Dieskau/Pergande/Schwender, Wohnungsbaurecht, Band 4, Anm. 5 zu § 26 NMV.

herigen Zubehörräume ein Zuschlag zulässig. Dieser darf aber nicht höher sein als der Betrag der gewährten Mietsenkung[1].

628 Da alle von der Verordnung vorgesehenen Zuschläge nur dazu dienen sollen, dem Vermieter zusätzliche Aufwendungen zu vergüten, und der Vermieter einseitig entsprechende Zuschläge verlangen kann, **entfallen** sie, wenn die entsprechende Nutzung eingestellt wird[2]. Die Mietsenkung ist der Mietpartei unverzüglich mitzuteilen[3].

629 Insgesamt gilt: Sofern die Zuschläge nicht schon mit dem Mietvertrag **vereinbart** werden, müssen sie während der Dauer der Preisbindung durch **Erklärung**[4] nach § 10 WoBindG geltend gemacht werden, das heißt, es ist eine schriftliche Darstellung erforderlich, die die Gründe benennt und rechnerisch nachvollziehbar macht, wie der Zuschlag zustande kommt.

4. Sonstige Vergütungen

630 Die aus der Durchschnittsmiete abgeleitete Einzelmiete sowie die ggf. erhobenen Zuschläge bzw. Abschläge sollen im Sozialen Wohnungsbau den Mietwert der Wohnung abbilden.

631 Für **zusätzliche Leistungen** des Vermieters geben § 9 Abs. 6 WoBindG und § 27 NMV 1970 dem Vermieter die Möglichkeit, neben der Einzelmiete weitere Vergütungen verlangen, und zwar für die Überlassung

– einer Garage,

– eines Stellplatzes,

– eines Hausgartens.

632 Wenn die zuständige Stelle dies vorab **genehmigt** hat, können nach denselben Vorschriften Vergütungen auch verlangt werden für

– die Mitvermietung von Einrichtungs- und Ausstattungsgegenständen und

– laufende Leistungen zur persönlichen Betreuung und Versorgung.

633 Die Aufzählung ist **abschließend**. Weitere Vergütungen für andere Leistungen sind nicht zulässig. Keine besondere Vergütung kann für Aus-

---

1 Beachte hierzu auch § 7 Abs. 2 bis 5 NMV 1970.
2 *Heix* in Fischer-Dieskau/Pergande/Schwender, Wohnungsbaurecht, Band 4, Anm. 8 zu § 26 NMV. Anders im preisfreien Wohnraum, unter anderem deswegen, weil dort Zuschläge nur durch Vereinbarung zustande kommen.
3 § 26 Abs. 8 NMV 1970 verweist dazu auf § 5 Abs. 1 Satz 4 NMV 1970.
4 Siehe dazu Rz. 745 ff.

stattungen verlangt werden, die verkehrsüblicher Bestandteil der Leerwohnung sind, dies ist zumindest in Hamburg und Berlin die Ausstattung mit einem Kochherd; ein Zuschlag kann auch dann nicht verlangt werden, wenn das Gerät eine qualitativ höhere Ausstattung als üblich hat[1]. Gleiches gilt für die Ausstattung mit Teppichböden oder hochwertigen Bodenbelägen, wenn ohne diese gar kein gebrauchsfertiger Bodenbelag vorhanden wäre.

Jegliche Vergütung nach § 27 NMV 1970 setzt eine **vertragliche Vereinbarung** voraus. Normalerweise werden die zusätzlichen Vermieterleistungen und die daraus resultierenden sonstigen Vergütungen bereits bei Abschluss des Mietvertrages vereinbart. Kommt die Nutzung dieser Einrichtungen oder Leistungen erst später hinzu, ist eine gesonderte vertragliche Vereinbarung zu treffen[2]. Ist in diesem Vertrag kein ausdrücklicher Änderungsvorbehalt vorgesehen, dann kann eine Erhöhung oder Ermäßigung der vereinbarten Vergütung nur einvernehmlich erfolgen. Die Vergütungen müssen angemessen sein, die – teilweise erforderliche – behördliche Genehmigung ist zu versagen, wenn die vereinbarte Vergütung offensichtlich unangemessen hoch ist[3]. Davon unabhängig ist zivilgerichtlich zu prüfen, ob die Vergütung angemessen ist. 634

Als **Garage** gilt die umbaute Einzelgarage, aber auch die Parkfläche in einer umbauten Sammel-Tiefgarage. Als angemessene Vergütung können die laufenden Aufwendungen angesetzt werden, die in die Wirtschaftlichkeitsberechnung eingestellt sind; das sind die für Grundstücks- und Baukosten angesetzten Finanzierungsmittel, die Abschreibung, besondere Verwaltungskosten gemäß § 26 Abs. 3 der II. BV, Instandhaltungskosten gemäß § 28 Abs. 5 der II. BV, Mietausfallwagnis gemäß § 29 der II.BV. Für einen **Stellplatz** kann ein Zuschlag verlangt werden, wenn er durch Markierung abgegrenzt ist, einige Aufwendungen können aber nur dann angesetzt werden, wenn der Stellplatz überdacht ist: Verwaltungs- und Instandhaltungskosten entfallen für nicht überdachte Stellplätze, nur die Grundstücks- und Baukosten und die daraus entstandenen Finanzierungskosten können stets angesetzt werden. 635

---

1 *Heix* in Fischer-Dieskau/Pergande/Schwender, Wohnungsbaurecht, Band 4, Anm. 3 zu § 27 NMV 1970 mit Verweis auf OVG Hamburg, Beschl. v. 15.8.1996 – OVG Bf V 18/93.
2 BVerwG, Urt. v. 17.6.1998 – 8 C 2.97, ZMR 1998, 725: Eine behördliche Genehmigung ist nicht erforderlich, wenn die Vereinbarung erst lange Zeit nach der Überlassung an die Mietpartei getroffen wird (§ 9 Abs. 1 und 6 WoBindG: „Eine Vereinbarung ... mit Rücksicht auf die Überlassung der Wohnung ...").
3 Nur diese Grobprüfung ist im öffentlichen Interesse verlangt, BVerwG, Urt. v. 8.3.1985 – 8 C 88/82, NJW 1985, 1913.

636 Für die Nutzung eines **Hausgartens** kann eine Vergütung verlangt werden, die sich aus den Finanzierungsaufwendungen für die anteiligen Grundstückskosten sowie die Anlage des Gartens ergeben. Erwogen wird auch die Bemessung nach dem Nutzen des Mieters, was jedoch keine fassbare Kontur erhält[1].

637 Für die Überlassung von **Möbeln**, anderen **Einrichtungsgegenständen** oder **Ausstattungen**, wird eine behördliche Genehmigung häufig erteilt, wenn Einbauschränke, Küchen- oder Sanitäreinrichtungen, die über die Normalausstattung hinausgehen, eingebaut, Waschmaschinen, Trockner oder Lampen zur Verfügung gestellt werden. Auf die Genehmigung besteht ein Anspruch, wenn nicht die vorgesehene Vergütung offensichtlich unangemessen hoch ist[2]. Solange keine Genehmigung vorliegt, ist die mietvertragliche Vereinbarung unwirksam[3]. Ist sie erteilt, dann ist damit noch nicht gesagt, dass die Vereinbarung (der Höhe nach) wirksam ist, denn die Angemessenheitsprüfung ist vom Zivilgericht vorzunehmen und wird durch einen Genehmigungsbescheid nicht positiv präjudiziert[4]. Die überlassenen Gegenstände müssen einzeln bezeichnet werden, andernfalls liegt keine wirksame Vereinbarung vor, die § 9 Abs. 6 WoBindG voraussetzt. Als angemessene Vergütung ist bei eingebauten Gegenständen das anzusehen, was sich als laufende Aufwendung aus der Wirtschaftlichkeitsberechnung ergibt. Bei nicht eingebauten Gegenständen kann darauf nicht zurückgegriffen werden. Hier kann nur versucht werden, den Nutzwert für die Mietpartei zu ermitteln und abzugelten.

638 Zusätzliche Leistungen zur **Betreuung und Versorgung** von Mietern kommen im Sozialen Wohnungsbau vor allem im Zusammenhang mit Wohnraum für Senioren vor, aber auch bei Wohnraum für Behinderte oder besonders betreuungsbedürftige Personen. Dazu kann vor allem die Verpflegung gehören. An Serviceleistungen ist insbesondere die Zimmerreinigung zu nennen, ebenso Bereitstellung von Bett- und Tischwäsche und Reinigung der persönlichen Wäsche des Mieters. Betreuung kann darüber weit hinausgehen. Die Bewohnergruppen, um die es hier geht, die trotz starker Einschränkungen ein gewisses Maß an Selbstständigkeit behalten sollen, bedürfen häufig der Hilfe, unterschiedlich weit, etwa von der Unterstützung bei oder Erledigung von Einkäufen bis zur medizinischen Betreuung unterhalb der Schwelle stationärer Behandlung. Für diese Leistungen kann bei Überlassung des

---

1 *Heix* in Fischer-Dieskau/Pergande/Schwender, Wohnungsbaurecht, Band 4, Anm. 3 zu § 27 NMV 1970.
2 BVerwG, Urt. v. 8.3.1985 – 8 C 88/82, NJW 1985, 1913.
3 BVerwG, Urt. v. 8.3.1985 – 8 C 88/82, NJW 1985, 1913 m.w.N.
4 BVerwG, Urt. v. 8.3.1985 – 8 C 88/82, NJW 1985, 1913.

Wohnraums eine Vereinbarung getroffen werden. Eine behördliche Genehmigung ist erforderlich, das Verfahren beschränkt sich aber auf die Prüfung, ob die Vergütung offensichtlich unangemessen ist. Auch soweit die Genehmigung erteilt ist, beschränkt das Gesetz die Ansprüche auf eine angemessene Vergütung. Dabei sollen die pauschalierten Sätze der Wohlfahrtsverbände oder kommunalen Sozialeinrichtungen als Maßstab heranzuziehen sein[1]. Entschieden wird die Frage, ob eine Vergütung angemessen ist, letztlich von den Zivilgerichten.

Die als sonstige Vergütung erzielten **Erträge** sind, soweit ihnen besondere Aufwendungen gegenüberstehen, in der Wirtschaftlichkeitsberechnung für das Gesamtobjekt auszuweisen, § 31 Abs. 1 und 3 der II. BV, § 3 Abs. 1 NMV 1970. 639

II. Kostenmiete

Nach der Grundkonzeption des II. Wohnungsbaugesetzes soll der Vermieter während der Preisbindung nicht mehr verlangen können als die **Kostenmiete**[2], das umfasst die Einzelmiete sowie Umlagen, Zuschläge und Vergütungen, soweit solche zulässig sind, § 3 Abs. 1 NMV 1970[3]. 640

Die Kostenmiete ist die zur Deckung aller laufenden Aufwendungen erforderliche Miete. Da die Berechnung alle Gestehungs- und Finanzierungskosten umfasst und auch eine Eigenkapitalverzinsung und laufende Aufwendungen, ist dies in den meisten Fällen durchaus auskömmlich. Zu beachten ist weiter, dass sich die Preisbindung nur auf den Wohnraum bezieht. Wird in der Wirtschaftseinheit **zugleich Gewerberaum** oder sonstiger nicht zu Wohnzwecken gewidmeter Raum geschaffen, dann ist der Vermieter diesbezüglich **in der Mietgestaltung frei**. Es können gerade aus gemischten Objekten – Nachfrage vorausgesetzt – neben der garantierten moderaten Rendite aus dem Wohnraum durchaus beträchtliche Erträge gezogen werden. Steuerabschreibungsmöglichkeiten führten insbesondere auch zur Begründung unzähliger Fonds- 641

---

1 *Heix* in Fischer-Dieskau/Pergande/Schwender, Wohnungsbaurecht, Band 4, Anm. 5 zu § 27 NMV 1970.
2 Der Begriff entstammt dem Reichsmietengesetz von 1918, Rechtsgrundlagen sind im Sozialen Wohnungsbau § 72 des II. WoBauG und §§ 8 und 8a WoBindG.
3 Wegen der Anwendung auf steuerbegünstigten Wohnraum siehe § 16 NMV 1970; auf Wohnraum, der mit Aufwendungszuschüssen oder Aufwendungsdarlehen gefördert wurde, siehe § 17 NMV 1970. Zu den Einzelheiten *Fischer-Dieskau/Pergande/Schwender*, Wohnungsbaurecht, Band 4, § 16 und § 17 NMV 1970.

gesellschaften, die privates Kapital von Steuerpflichtigen einwarben, und begünstigten sehr weitgehende Bankfinanzierungen.

642 Anhand der **Wirtschaftlichkeitsberechnung**[1] werden die laufenden Aufwendungen für das Objekt ermittelt. Öffentliche Mittel[2] verringern diese laufenden Aufwendungen. Zur Deckung dieser errechneten laufenden Aufwendungen dient die Miete, die sich als gleichmäßige Umlage der laufenden Aufwendungen auf die gesamte Wohnfläche und damit als **Durchschnittsmiete** pro Quadratmeter Wohnfläche (§ 8a Abs. 1 WoBindG, § 3 Abs. 2 NMV 1970) darstellt. Es kann vorkommen, dass für Teile eines Gesamtobjekts öffentliche Mittel in unterschiedlicher Weise gewährt und unterschiedliche Durchschnittsmieten genehmigt wurden; dann ist für die weitere Berechnung der Einzelmieten die für die jeweiligen Wohnungen maßgebende Durchschnittsmiete zugrunde zu legen (§ 3 Abs. 4 NMV 1970). Zunächst wird die Durchschnittsmiete bei der Bewilligung der öffentlichen Förderung ermittelt und genehmigt, § 8a Abs. 1 und 2 WoBindG. Spätere Erhöhungen sind gesondert zu berechnen (§ 8a Abs. 3 bis 8 WoBindG sowie II. BV und NMV 1970)[3].

643 Das Gesetz sieht behördliche **Genehmigungen der Miethöhe** nur vor
- für die anfängliche Durchschnittsmiete gemäß § 72 des II. WoBauG und §§ 8, 8a WoBindG,
- ggf. für Erhöhungen der Kostenmiete bis zur Schlussabrechnung bzw. innerhalb der ersten zwei Jahre nach Bezugsfertigkeit, § 8a Abs. 4 WoBindG,
- in besonderen Fällen gemäß § 8b Abs. 2 WoBindG, wenn – mit Zustimmung der Bewilligungsstelle – ursprünglich selbständige Wohneinheiten zu einer neuen (größeren) Wirtschaftseinheit zusammengefasst werden.

644 **Weitere Tatbestände** für die Genehmigung der Miethöhe sind in der Neubaumietenverordnung niedergelegt: In § 5a NMV 1970 (Genehmigung der Einzelmiete nach Umwandlung in Wohnungseigentum), in § 7 Abs. 3 Satz 3 NMV 1970 (Genehmigung der Durchschnittsmiete nach Ausbau von Zubehörräumen) und in § 8 Abs. 1 Satz 2 NMV 1970 (Genehmigung der Durchschnittsmiete nach Vergrößerung der Wohnungen

---

1 Siehe dazu Rz. 650 ff.
2 Vergleiche zu Aufwendungszuschüssen und Aufwendungsdarlehen §§ 88 bis 88e des II.WoBauG.
3 Erhöhungen der Gesamtkosten können durch Auflage zur Mittelbewilligung ausgeschlossen werden, siehe dazu *Heix* in Fischer-Dieskau/Pergande/Schwender, Wohnungsbaurecht, Band 4, Anm. 3 zu § 4 NMV 1970. Auch ein Verzicht des Bauherrn auf Kostenansätze oder auf Erhöhungsmöglichkeiten kommt vor.

durch Ausbau oder Erweiterung). Man mag eine behördliche Prüfung und einen Genehmigungsvorbehalt in diesen Fällen für sachlich geboten ansehen. Das Bundesverwaltungsgericht hat jedoch entschieden, dass die Gesetze über preisgebundenen Wohnraum für derartige in der Verordnung aufgestellte Verlangen, die Miete genehmigen zu lassen, keine ausreichende Ermächtigung geben, denn bei Grundrechtseingriffen muss die Bindung und Beschränkung inhaltlich durch Gesetz bestimmt werden, erst dann kann, bei entsprechender Ermächtigung, eine Verordnung dies näher bestimmen[1].

Die Entscheidung des Bundesverwaltungsgerichts betraf die **sachlich wichtigste Fallgruppe**, die Bildung der Einzelmiete nach Umwandlung des Gebäudes in Wohnungseigentum. Hier leuchtet es besonders ein, dass der Übergang in eine neue Eigentumsstruktur und der Übergang der Bindungen auf zahlreiche neue Eigentümer eine klare behördliche Festsetzung der für das nun isolierte Eigentumsobjekt zulässigen „Durchschnittsmiete" notwendig macht. Der Gesetzgeber hat jedoch diese Konsequenz nicht gezogen und das Bundesverwaltungsgericht ist dem Bemühen entgegengetreten, diese Lücke durch Verordnungen auszufüllen. Hiernach kann für **die anderen**, nicht durch eine gesetzliche Ermächtigung gedeckten **Genehmigungsvorbehalte** für die Miethöhe nichts anderes gelten[2]. Es mag für den Vermieter zunächst attraktiv aussehen, dass für die Festlegung der Einzelmiete eine behördliche Genehmigung nicht eingeholt werden muss. Andererseits trägt er so auch allein die Verantwortung für die Richtigkeit der Mietfestlegung, und diese ist in vollem Umfang zivilgerichtlich überprüfbar.

645

Die Umrechnung der ursprünglich genehmigten oder später erreichten Durchschnittsmiete auf die einzelne Wohnung, die Bildung der **Einzelmiete**, ist Sache des Vermieters, § 3 Abs. 3 NMV 1970, ebenso die Berechnung etwaiger Umlagen, Zuschläge und sonstiger Vergütungen. Die Richtigkeit dieser Berechnungen ist im Streitfalle von den Zivilgerichten zu prüfen[3].

646

Bei der Festlegung und Vereinbarung der **Ausgangsmieten** darf die Kostenmiete nicht überschritten werden. In der Praxis wird in der Regel genau diese Kostenmiete vereinbart. Ist ohne erkennbaren weiteren Grund als denjenigen, die Vermietbarkeit der Wohnung zu erreichen, ei-

647

---

1 BVerwG, Urt. v. 17.6.1998 – 8 C 14.96, WM 1998, 671.
2 Aus anderen Gründen erforderliche Genehmigungen der Bewilligungsstelle, etwa für die Durchführung einer Modernisierung oder für die Zweckentfremdung wesentlicher Teile einer Wohnung, betreffen nur die Durchführung der Maßnahme, nicht die daraus resultierende Miete.
3 BVerwG, Urt. v. 17.6.1998 – 8 C 14.96, WM 1998, 671.

ne geringere als die zulässige Kostenmiete vereinbart worden, dann kann darin ein dauerhafter **Verzicht** auf Erhöhungen liegen[1].

648 Weitere **Mieterhöhungen** gestattet das Gesetz dem Vermieter nur, um Kostenänderungen weiterzugeben, die sich in der nachfolgenden Zeit im Verhältnis zu den Kostenfaktoren ergeben, die Grundlage der Genehmigung waren. Dem Vermieter sind hierzu einseitige Erhöhungsrechte eingeräumt, die über eine **Mietänderungserklärung**[2] geltend gemacht werden können. Der Vermieter kann die Kostenänderungen sammeln und z.B. einmal jährlich eine Mietänderungsmitteilung versenden. Das kann aber, soweit die Erklärung nur zu einer Mieterhöhung für die Zukunft führt, Einbußen beim Vermieter bringen; sind rückwirkende Erhöhungen möglich, können sich **Nachzahlungsforderungen** aufsummieren, die die Mietpartei, und bei Nichtbeitreibbarkeit auch den Vermieter in Schwierigkeiten bringen können. Werden mehrere Änderungserklärungen, die aus verschiedenen Tatbeständen resultieren, gemeinsam versandt, kann es für die Mietpartei sehr schwierig werden, die logische Reihenfolge zu entschlüsseln.

649 Festzuhalten ist, dass – entgegen in der Mieterschaft verbreiteter Ansicht – keineswegs Mietänderungen nur einmal jährlich versandt werden dürfen. Viele Vermieter versenden stets bei Eintritt einer Kostenänderung auch eine Mietänderungsmitteilung, ggf. **mehrfach pro Jahr**. Das führt bei den Mietparteien oft zu Unmut über ständige Änderungen der Daueraufträge, kann aber bei späterer Überprüfung den Überblick, ab wann welche Miete geschuldet war und gezahlt wurde, durchaus erleichtern.

III. Wirtschaftlichkeitsberechnung

650 **Wirtschaftlichkeitsberechnungen** werden in der Wohnungswirtschaft stets angestellt. Dabei sind durchaus auch verschiedene Rechenwege denkbar, über ihre Richtigkeit entscheiden Mathematik und empirische Erfahrung, nicht gesetzgeberische Direktiven. Die in der II. Berechnungsverordnung niedergelegten Verfahren und Maßstäbe spiegeln allerdings wohnungswirtschaftliche Grundanschauungen wider, die auch außerhalb des preisgebundenen Wohnraums weitgehend zugrunde gelegt werden.

---

1 LG Hannover, Urt. v. 28.8.1995 – 20 S 83/95, WM 1996, 556: Es liege eine aus den Umständen erkennbare Vereinbarung über den Ausschluss von Erhöhungen vor, die gemäß § 10 Abs. 4 WoBindG zu beachten sei.
2 Siehe dazu Rz. 745 ff.

651 Für Wohnraum, der der Preisbindung nach dem II. WoBauG unterliegt, und zwar sowohl für den eigentlichen Sozialen Wohnungsbau als auch den einer Preisbindung unterworfenen steuerbegünstigten Wohnungsbau, sind die **Maßstäbe der II. BV strikt verbindlich**. Es ist kein Formular vorgeschrieben. Zwingend muss eine Wirtschaftlichkeitsberechnung nach § 3 der II. BV aber enthalten:
- Grundstücks- und Gebäudebeschreibung;
- Berechnung der Gesamtkosten aus
  - Kosten des Baugrundstücks,
  - Baukosten,
  - Ausweisung etwaiger Änderungen der Baukosten;
- Finanzierungsplan aus
  - Fremdmitteln mit Zins und Tilgung,
  - Verlorenen Baukostenzuschüssen,
  - Eigenleistungen;
- Laufende Aufwendungen als
  - Kapitalkosten,
  - Bewirtschaftungskosten, darunter Abschreibung und Verwaltungskosten;
- Erträge als
  - Wohnungsmieten,
  - Erträge aus anderen Bestandteilen.

Nur wenn der Vermieter nachweisen kann, dass der Mieter (einmal) eine vollständige Wirtschaftlichkeitsberechnung erhalten hat[1], kann er sich nachfolgend (sofern eine Wirtschaftlichkeitsberechnung erforderlich ist) auf eine Teilwirtschaftlichkeitsberechnung beschränken.

652 Zunächst ist zu unterscheiden, ob öffentlich geförderter sozialer Wohnungsbau vorliegt oder steuerbegünstigter Wohnungsbau nach §§ 82 ff. des II.WoBauG.

653 Im **öffentlich geförderten sozialen Wohnungsbau** ist eine Wirtschaftlichkeitsberechnung zu erstellen **bei Beantragung** der öffentlichen Mittel. Aus ihr wird (nach dem Zeitpunkt der Antragstellung oder auch der Bewilligung) einerseits der Bedarf an öffentlichen Mitteln ermittelt und ein Tilgungsplan für Darlehensleistungen aufgestellt, andererseits wird für die Ertragsseite eine Durchschnittsmiete (Nettomiete pro Quadratmeter Wohnfläche) des Objekts errechnet und bewilligt (§ 3 NMV, § 4

---

[1] Etwa durch Einbeziehung in den Mietvertrag.

Abs. 1 der II. BV). Diese Festlegung ist bis auf weiteres verbindliche Grundlage jeder Mietberechnung. Spätestens innerhalb von zwei Jahren nach Bezugsfertigkeit ist eine **Schlussabrechnung** vorzunehmen. Haben sich innerhalb dieser Zeit die Aufwendungen erhöht, dann kann die Bewilligungsstelle eine Erhöhung der Durchschnittsmiete genehmigen (§ 4 NMV). Dies kann dann für die betroffenen Mietparteien zu einer Mieterhöhung führen.

654 Im **steuerbegünstigten Wohnungsbau** ist für die Wirtschaftlichkeitsberechnung von vornherein der Zeitpunkt der Bezugsfertigkeit maßgeblich (§ 4 Abs. 4 der II. BV).

655 Zu beachten ist dabei, dass die Genehmigung sich nur auf die Durchschnittsmiete bezieht, die Umrechnung auf die einzelne Wohnung in die **Einzelmiete** nach den in den Verordnungen festgelegten Maßstäben ist Sache des Vermieters. Das gilt auch bei der Umwandlung in Eigentumswohnungen für die einzelne Wohnung, § 8a Abs. 5 WoBindG, § 3 Abs. 3 NMV 1970[1].

656 Die Wirtschaftlichkeitsberechnung, die der Bewilligung zugrunde lag, und zwar mit den Gesamtkosten sowie den Finanzierungsmitteln oder laufenden Aufwendungen, ist in alle späteren Wirtschaftlichkeitsberechnungen zu übernehmen (§ 4a NMV 1970), wenn nicht einer der in den folgenden Vorschriften abschließend aufgezählten Fälle eintritt und dadurch eine inhaltlich **neue Wirtschaftlichkeitsberechnung erforderlich** wird:
– Erhöhung der Kostenmiete infolge Erhöhung der laufenden Aufwendungen, § 4 NMV 1970;
– Senkung der Kostenmiete infolge Verringerung der laufenden Aufwendungen, § 5 NMV 1970;
– Änderung der Kostenmiete infolge Änderung der Wirtschaftseinheit, insbesondere Teilung oder Zusammenfassung von Wirtschaftseinheiten, § 5a NMV 1970;
– Erhöhung der Kostenmiete wegen baulicher Änderungen, die alle Wohnungen betreffen, § 6 NMV 1970;
– Veränderung der Kostenmiete wegen Ausbau von Zubehörräumen zu Wohnraum, § 7 NMV 1970;
– Veränderung der Kostenmiete infolge Wohnungsvergrößerung, § 8 NMV 1970.

---

1 Die in § 5a Abs. 3 Satz 1 vorgesehene Verpflichtung, diese neue Einzelmiete behördlich genehmigen zu lassen, ist für unwirksam erklärt worden durch BVerwG, Urt. v. 17.6.1998 – 8 C 14.96, WM 1998, 671.

Zu diesen Tatbeständen wird in nachfolgenden Unterkapiteln Näheres ausgeführt. Auch § 11 der II. BV enthält hierzu ergänzende Regelungen[1]. Eine **behördliche Genehmigung** der jeweils neu errechneten Kostenmiete[2] ist nach der Schlussabrechnung in aller Regel nicht mehr erforderlich. 657

Wird im Gesamtobjekt **neuer Wohnraum** geschaffen durch Ausbau oder Erweiterung des Gebäudes, dann bleibt für den zuvor geschaffenen Wohnraum die bisherige Wirtschaftlichkeitsberechnung (als Teilwirtschaftlichkeitsberechnung) weiter maßgebend, die bisherige Durchschnittsmiete und die Einzelmieten ändern sich hierdurch nicht, § 7 Abs. 1 NMV 1970. Für den neu geschaffenen Wohnraum ist gemäß § 7 Abs. 2 NMV eine **Teilwirtschaftlichkeitsberechnung** zu erstellen, aus der sich dann eine Durchschnittsmiete für diesen Gebäudeteil ergibt. Ob auch eine behördliche Genehmigung der Miete – wie § 7 Abs. 2 Satz 1 NMV das vorsieht – erforderlich ist, ist durch das Grundsatzurteil des Bundesverwaltungsgerichts[3] in Zweifel gezogen. Wenn für die Herstellung des neuen Wohnraums öffentliche Mittel gewährt worden sind, überzeugt das allerdings nicht, denn es handelt es sich dann um die Feststellung der Ausgangsmiete für Wohnraum, der mit öffentlichen Mitteln geschaffen wurde, also ziemlich genau den Tatbestand, den § 8a WoBindG regelt und die Mietenbildung einem Genehmigungsvorbehalt unterwirft. 658

Wurden Zubehörräume **ohne Genehmigung** der Bewilligungsstelle zu neuem Wohnraum ausgebaut, dann sollen diese nach § 7 Abs. 3 NMV als preisgebundener Wohnraum gelten, für diesen neuen Wohnraumteil muss eine Teilwirtschaftlichkeitsberechnung erstellt werden, die daraus für den Teilraum resultierende Durchschnittsmiete soll gemäß § 7 Abs. 3 Satz 3 NMV 1970 behördlicher Genehmigung bedürfen. Auch dies wird durch den Ansatz des Bundesverwaltungsgerichts in Zweifel gezogen. 659

Sind die Zubehörräume ohne Einsatz öffentlicher Mittel zu Wohnraum umgestaltet worden und **mit Genehmigung** der Bewilligungsstelle, die auch nachträglich erteilt werden kann, auf die aber kein Anspruch besteht, dann gelten die neu geschaffenen Wohnungen als preisfreier Wohnraum, § 7 Abs. 4 NMV. Insofern muss für diese neuen Wohnungen auch keine Wirtschaftlichkeitsberechnung erstellt werden. Für preis- 660

---

[1] Siehe dazu auch *Schubart/Kohlenbach/Bohndick*, Wohnungsbau, Erläuterungen zu § 11 der II. BV.
[2] Zu unterscheiden davon ggf. die behördliche Zustimmung oder Genehmigung der Maßnahmen selbst.
[3] BVerwG, Urt. v. 17.6.1998 – 8 C 14.96, WM 1998, 671.

gebundene Wohnungen, denen dadurch Zubehörraum entzogen wird, kann sich die Notwendigkeit einer Mietsenkung ergeben, § 7 Abs. 1 Satz 2 NMV.

661 Sind durch Ausbau oder Erweiterung die zuvor **bestehenden Wohnungen** um weitere Wohnräume **vergrößert** worden, § 8 NMV 1970, dann ist eine neue Wirtschaftlichkeitsberechnung aufzustellen. Auch hier soll die daraus resultierende neue Durchschnittsmiete gemäß § 8 Abs. 1 Satz 2 NMV 1970 der Genehmigung der Bewilligungsstelle bedürfen, was im Hinblick auf die Rechtsprechung des Bundesverwaltungsgerichts für unwirksam gehalten wird[1].

➲ **Beispiel:**
Auszug aus der Wirtschaftlichkeitsberechnung für das Grundstück Z-Straße 1 in Berlin

A. Grundstücks- und Gebäudebeschreibung

Grundstück	Berlin-Charlottenburg	Z-Straße 1		
Anzahl Gebäude		1		
Anzahl Wohnungen		39	m² Wohnfläche	3478,94
Anzahl Gewerbe		3	m² Nutzfläche	1542,15
Anzahl Einstellplätze		20		

B. Gesamtkosten

	Gesamt Euro	Wohnungen Euro	Gewerbe Euro	Einstellplätze Euro
1. Grundstückskosten	1 756 056,00	1 461 124,43	0,00	0,00
2. Baukosten gem. anerkannter WB	12 829 997,49	8 549 518,11	0,00	0,00
3. Erhöhung durch nachträgl. Mod.				
Summe	14 586 053,49	10 010 642,54	0,00	0,00

C. Finanzierungsplan

	Gesamt Euro	Wohnungen Euro
1. Fremdmittel	4 101 583,47	4 101 583,47
1a Hypothek	3 823 440,69	3 823 440,69
1b Hypothek	198 841,41	198 841,41
VKB Darlehen	1 022 583,76	0,00
Darlehen XZ	306 775,13	0,00

---

1 *Schubart/Kohlenbach/Bohndick*, Wohnungsbau, Anm. 2 zu § 5a NMV.

Wirtschaftlichkeitsberechnung **Teil II**

2. Verlorene Zuschüsse

3. Eigenleistungen	Euro	Euro		
davon zu 4 %	1 501 596,25	1 501 596,25		
davon zu 6,5 %	3 631 232,76	385 180,72		
4. Ersatz der Eigen- leistungen	14 586 053,47	10 010 642,54	0,00	0,00

D. Laufende Aufwendungen

	Darlehen Wohnteil in Euro	Zinsen in % p.a.	Zinsen p.a. in Euro	Darlehen Gewerbeteil in Euro
I. Kapitalkosten				
1a Hypothek	4 101 583,47	6,4 %	262 501,34	0,00
1b Hypothek	3 823 440,69	6,4 %	244 700,20	0,00
VKB Darlehen	198 841,41	5,0 %	9942,07	0,00
Eigenleistungen	1 501 596,25	4,0 %	60 063,85	0,00
Eigenleistungen	385 180,72	6,5 %	25 036,75	0,00
Summe				602 244,21

	Euro			
II. Bewirtschaftungs- kosten				
1. Abschreibung				
– auf Gebäude u. Grundstück gem. Bewilligung	100 106,43			
– auf Anlagen und Einrichtungen	14 124,48			
Summe				114 230,91

2. Verwaltungskosten		jährlich Euro		
	39 Wohnungen	× 240,37 Euro	9374,43	
	20 Garagen	× 31,35 Euro	627,00	
Summe				10 001,43

3. Instandhaltungs- kosten		jährlich Euro		
Wohnfläche in m²	3478,94	× 8,47 Euro	29 467,00	
Garagen	20	× 71,07 Euro	1421,40	
				30 888,40

III. Summe laufende Aufwendungen ohne Mietausfallwagnis				757 364,95

IV. Öffentliche Mittel		monatlich	jährlich	
Wohnfläche in m²	3478,94 × 12,7482 Euro	44 350,22	532 202,67	−532 202,67
Verwaltungskosten Aufwendungshilfe				

Teil II Preisgebundener Wohnraum

E. Erträge

			monatlich	jährlich	
Garagenmieten	20	× 52,44 Euro	1048,80	× 12 = 12 585,60	–12 585,60

| Laufende Aufwendungen abzüglich Erträge | | | | | 212 576,68 |

V. Mietausfallwagnis

Wohnungsmieten	212 576,68	× 2 %		4251,53	
Garagenmieten	12 585,60	× 2 %		251,71	
Summe Mietausfallwagnis					4503,24

| VI. Aufwendungen ohne Betriebskosten | | | | | 217 079,92 |

| VII. Mieterträge | | | | | 217 079,92 |
| Gesamtergebnis | | | | | 0,00 |

662 In der **vollständigen Wirtschaftlichkeitsberechnung** sind weitere Daten mitzuteilen:
- Bei der Grundstücksbeschreibung ggf. die besonderen Ausstattungen gemäß § 25 Abs. 3 der II. BV;
- bei den Gesamtkosten die aufgegliederten Daten des Grundstückswerts, der Erwerbskosten, der Erschließungskosten und etwaiger Ansatzverzichte, die Baukosten in differenzierter Darstellung, auch bezüglich der Kosten baulicher Änderungen;
- beim Finanzierungsplan die genaueren Daten der Darlehen und Eigenleistungen;
- bei den laufenden Aufwendungen
- zu den Kapitalkosten die Tilgungsleistungen, etwaige Umfinanzierungsgenehmigungen,
- zu den Bewirtschaftungskosten die differenzierte Darstellung der einzelnen Abschreibungen,
- zu den Instandhaltungskosten die Darlegung, welcher Pauschalsatz anzuwenden ist,
- zu den öffentlichen Mitteln die Auflistung der Leistungen,
- sowie etwaige Verzichte auf den Ansatz laufender Aufwendungen.

663 Gegenüber der Mietpartei ist der Vermieter gemäß § 8 Abs. 4 WoBindG zur **Auskunft** über die Zusammensetzung der Miete verpflichtet. Dazu gehört gemäß § 29 Abs. 1 NMV 1970 die **Einsicht** in die vollständige Wirtschaftlichkeitsberechnung. Bei einer Mietänderungserklärung nach

§ 10 WoBindG ist eigentlich ebenfalls die vollständige Wirtschaftlichkeitsberechnung beizufügen. Das Gesetz gestattet aber, sich bei Mietänderungen mit der **Übermittlung eines Auszugs** aus der neuen Wirtschaftlichkeitsberechnung zu begnügen. Die Mietpartei hat in diesem Falle wiederum gemäß § 10 Abs. 3 WoBindG das Recht zur Einsichtnahme in die vollständige Wirtschaftlichkeitsberechnung. Weiter ist bei der Mietänderungserklärung die Änderung der Miethöhe detailliert zu berechnen und zu erläutern. Geschieht das nicht ausreichend, dann ist die Mietänderungserklärung nicht nachvollziehbar und damit unwirksam. Die Übermittlung von bloßen Auszügen birgt Risiken insbesondere dann, wenn dem Mieter nicht zuvor einmal (nachweisbar) eine vollständige Wirtschaftlichkeitsberechnung überlassen worden ist, ausdrücklich gilt diese Anforderung für Zusatzberechnungen (§ 9 NMV 1970).

Im vorstehenden Beispiel folgt aus der Wirtschaftlichkeitsberechnung 664
die **Berechnung der Durchschnittsmiete** für einen vorgesehenen Mieterhöhungszeitpunkt 1.4.2006:

		jährlich	monatlich	Euro/m^2
Laufende Aufwendungen		217 079,92 Euro /12 =	18 089,99 Euro	
auf Wohnfläche	3478,94 m^2		/3478,94	5,20
Monatliche Grundmiete			Ab 1.4.2006	5,20
Bisherige Grundmiete			bis 31.3.2006	−4,90
Somit Erhöhung	ab 1.4.2006			0,30

Diese ist zwar nicht obligatorischer Bestandteil der Wirtschaftlichkeitsberechnung. Sie ist aber in eine Mietänderungserklärung aufzunehmen, weil anders vom Vermieter die Umrechnung des Ergebnisses der Wirtschaftlichkeitsberechnung in die individuelle Miethöhe für die Mietpartei nicht geleistet wäre.

IV. Vertragliche Vereinbarungen über die Mietänderung

Die Regelungen der Preisbindung gelten ohne weiteres, wenn es sich 665
um öffentlich geförderten Wohnraum i.S.d. § 1 WoBindG bzw. des § 2 WoFG handelt. Sie gelten aber auch, wenn dies im Mietvertrag vereinbart wird, etwa durch **Bezeichnung der Wohnung im Mietvertrag** als „öffentlich gefördert (Sozialwohnung) oder sonst preisgebunden", auch wenn die Voraussetzungen objektiv nicht vorliegen[1].

---

1 BGH, Urt. v. 21.1.2004 – VIII ZR 115/03, WM 2004, 282 = NZM 2004, 378 = ZMR 2004, 408 = NJW-RR 2004, 1017.

666 Die Regelungen der Preisbindung sind zu Lasten des Mieters nicht abdingbar. Vereinbarungen über die Miethöhe können daher **nicht zu Lasten der Mietpartei** geschlossen werden. Individuelle Vereinbarungen über die Miethöhe, die sich im Rahmen der Kostenmiete halten, sind zulässig, sie sind auch nicht an die formalen Anforderungen des § 10 WoBindG gebunden, der nur für einseitige Mietänderungen gilt.

667 Zulässig sind sog. **Gleitklauseln**, mit denen vereinbart wird, dass jeweils die zulässige Miete geschuldet sein soll, so dass Mietänderungen in weiterem Umfang als vom Gesetz unmittelbar vorgesehen auch rückwirkend eintreten können[1]. Genaue Prüfung ist insoweit aber bei Formularklauseln geboten. Der Bundesgerichtshof hat im Urteil vom 5.11.2003 als ausreichend transparent angesehen die Klauseln:

„(1) Der Vermieter ist berechtigt, die Miete nach Maßgabe der gesetzlichen Vorschriften – auch rückwirkend – zu erhöhen. Dies gilt insbesondere bei gestiegenen Kapital- und Bewirtschaftungskosten sowie bei Durchführung von Modernisierungsmaßnahmen.

(2) Bei preisgebundenem Wohnraum gilt die jeweils gesetzlich zulässige Miete als vertraglich vereinbart."[2]

668 Dies ist fragwürdig, denn es wird aus dem Text der Klausel (2) nicht deutlich, dass von gesetzlichen Regelungen abgewichen wird, und die Mietpartei auf diese Weise erhebliche Nachzahlungsforderungen treffen können. Es ist kaum anzunehmen, dass der durchschnittliche Mieter im Sozialen Wohnungsbau dies so verstehen wird.

669 Auch die Klausel:

„Alle durch gesetzliche oder behördliche Regelungen allgemein oder im konkreten Fall zugelassenen Mieterhöhungen oder Erhöhungen und Neueinführungen von Nebenkosten und Grundstücksumlagen jeder Art sind vom Zeitpunkt der Zulässigkeit ab vereinbart und zahlbar, ohne dass es einer Kündigung oder einer Mitteilung gemäß § 18 I.BMG bedarf."

wurde vom Bundesgerichtshof als ausreichend transparent angesehen[3].

670 Der Bundesgerichtshof hat hingegen wegen Verstoßes gegen das **Transparenzgebot** folgende Gleitklausel gem. § 9 Abs. 1 Abs. 2 Ziff. 1 AGBG (jetzt § 307 Abs. 1 Satz 1, Abs. 2 Ziff. 1 BGB) für unwirksam erklärt[4]:

„Der Vermieter ist berechtigt, nach Maßgabe der gesetzlichen Bestimmungen die Zustimmung zur Erhöhung des Mietzinses jeweils nach Ablauf eines Jahres zum

---

1 Siehe dazu Rz. 768.
2 BGH, Urt. v. 5.11.2003 – VIII ZR 10/03, WM 2004, 25 = NZM 2004, 93 = ZMR 2004, 103 = MDR 2004, 527 = NJW 2004, 1598.
3 BGH, Urt. v. 3.3.2004 – VIII ZR 151/03, WM 2004, 288.
4 BGH, Urt. v. 3.3.2004 -VIII ZR 149/03, WM 2004, 285 = NZM 2004, 336 = NJW 2004, 1738 = ZMR 2004, 424 = DWW 2004, 329.

Zwecke der Anpassung an die geänderten Verhältnisse auf dem Wohnungsmarkt zu verlangen.
Alle allgemein oder im konkreten Fall eintretenden Mieterhöhungen und/oder Erhöhungen sowie Neueinführungen von Nebenkosten und Grundstückslasten jeder Art sind vom Zeitpunkt des Eintritts ab vereinbart und vom Mieter zu zahlen. Unbeschadet bleibt das Kündigungsrecht des Mieters; für diesen Fall tritt eine Erhöhung der Miete nicht ein."

Die Klausel entspricht auch nach Ansicht des Bundesgerichtshofs nicht dem Transparenzgebot. Dieses verlangt, dass die tatbestandlichen Voraussetzungen und Rechtsfolgen so genau beschrieben werden, dass für den Verwender keine **ungerechtfertigten Beurteilungsspielräume** entstehen[1]. Der Senat sieht diesen Fall ausdrücklich anders als die am 5.11.2003 behandelte knappe Klausel: „Bei preisgebundenem Wohnraum gilt die jeweils gesetzlich zulässige Miete als vertraglich vereinbart"[2], die als klarer Formularverweis auf die zulässige (Kosten)miete ausreichend transparent sei.

671

In einem Urteil vom 21.1.2004, zum ehemals preisgebundenen Altbau in Berlin, hebt der Senat hingegen unter Hinweis auf seine ständige Rechtsprechung hervor, dass klauselmäßige Erhöhungsvorbehalte unwirksam seien[3]. Die Bedeutung dieser Entscheidung grenzt der Senat in einem Urteil vom 3.3.2004[4] wiederum dahingehend ein, es sei dort ausschließlich um die Erhöhung von Betriebskosten gegangen, es sei dort lediglich der Klauselteil „oder Erhöhungen bzw. Neueinführungen von Nebenkosten und Grundstücksumlagen jeder Art" im Streit gewesen, dieser Klauselteil könne ohne weiteres gestrichen werden, so dass auch im dortigen Fall die Klausel im Übrigen Bestand gehabt hätte.

672

Vereinbarungen können **zugunsten der Mietpartei** die geschuldete Miete begrenzen oder auch vom Gesetz grundsätzlich vorgesehene Mieterhöhungsmöglichkeiten ausschließen oder mildern. § 10 Abs. 4 WoBindG nimmt Bezug auf Vereinbarungen mit dem Mieter selbst oder einem Dritten. Eine ausdrückliche Begrenzung der Miete, etwa zu dem Zweck, preisgebundenen Wohnraum, der in seinem Wohnkomfort deutlich hinter konkurrierenden jüngeren Wohnungen zurückbleiben kann, vor Leerstand zu bewahren, ist zulässig und wirksam.

673

Wird im Mietvertrag ohne erkennbaren weiteren Grund als denjenigen, die Vermietbarkeit der Wohnung zu erreichen, eine **geringere als die zu-**

674

---
1 BGH, Urt. v. 3.3.2004 -VIII ZR 149/03 WM 2004, 285 = NZM 2004, 336 = NJW 2004, 1738 = GE 2004, 620 = ZMR 2004, 424 = DWW 2004, 329.
2 BGH, Urt. v. 5.11.2003 -VIII ZR 10/03, WM 2004, 25 = GE 2004, 102 = NZM 2004, 93 = ZMR 2004, 103 = MDR 2004, 527 = NJW 2004, 1598.
3 BGH, Urt. v. 21.1.2004 – VIII ZR 99/03, NZM 2004, 253 = NJW-RR 2004, 586.
4 BGH, Urt. v. 3.3.2004 – VIII ZR 151/03,WM 2004, 288.

lässige Kostenmiete vereinbart, dann kann darin eine Verabredung liegen, dass von dem einseitigen Erhöhungsrecht auf die Kostenmiete kein Gebrauch gemacht wird. Ein im Vertrag ausgesprochener Erhöhungsvorbehalt kann dann einschränkend dahin auszulegen sein, dass nur Erhöhungen der Aufwendungen oder gesetzlicher Vorgaben zu einer Erhöhung berechtigen sollen[1].

675 **Dritter**, mit dem eine mietbegrenzende Vereinbarung geschlossen wird, kann z.B. die Bewilligungsstelle sein. Dies kommt in der Praxis vor allem bei Modernisierungen vor. Modernisierungsmaßnahmen bedürfen für preisgebundenen Wohnraum nach altem Recht der vorherigen Zustimmung der Bewilligungsstelle, § 11 Abs. 7 WoBindG[2], nach dem WoFG kann sich eine solche Verpflichtung aus der Förderzusage ergeben[3], jedoch bedarf keiner Genehmigung die später aus der Modernisierungsmaßnahme resultierende Mieterhöhung. Diese erfolgt vielmehr durch Umlage der Kosten, und zwar im preisgebundenen Wohnraum i.S.d. § 1 WoBindG nach einem Ansatz der Kosten in einer Wirtschaftlichkeitsberechnung, für preisgebundene Wohnungen i.S.d. WoFG nach § 559 BGB[4]. Um zu verhindern, dass eine ursprünglich als moderat und sozialverträglich genehmigte Modernisierung dann auf dem Wege der Kostenerhöhung doch den Zielen des Sozialen Wohnungsbaus zuwiderläuft, kann die Bewilligungsstelle die Zustimmung mit der Maßgabe erteilen, dass die Kosten einen festgelegten Betrag nicht überschreiten. Etwa überschießende Kosten durften dann nicht umgelegt werden, und zwar weder die überschießenden Baukosten, noch die Finanzierungskosten noch die laufenden Aufwendungen. Diese Konstellationen dürften inzwischen weitgehend abgearbeitet sein.

676 Zulässig sind Vereinbarungen, die sich im Rahmen der Mietbegrenzungen bewegen. So ist die Vereinbarung einer **Staffelmiete** als zulässig angesehen worden, wenn die höchste Staffel die bei Vertragsabschluss maßgebliche Kostenmiete nicht übersteigt[5]. In Betracht kommt eine derartige Vereinbarung dann, wenn Wohnungen mit befristeten degressiven Aufwendungsdarlehen errichtet werden, so dass es nach der Darlehensvereinbarungen zu genau im Voraus festgelegten Erhöhungen der laufenden Aufwendungen kommt. Dann soll die mietvertragliche Vereinbarung möglich sein, dass die Miete jeweils zum festgelegten Zeit-

---
1 LG Mannheim, Urt. v. 5.3.1997 – 4 S 182/96, WM 1997, 263.
2 Die Zustimmung der Bewilligungsstelle zur Modernisierung ist erforderlich, damit der Vermieter überhaupt eine Mieterhöhung geltend machen darf.
3 § 13 Abs. 2 Satz 2 WoFG.
4 Siehe die Verweisung in § 28 Abs. 3 WoFG.
5 OLG Hamm, Beschl. v. 29.1.1993 – 30 RE-Miet 2/92, ZMR 1993, 162, siehe auch *Weitemeyer* in Staudinger, § 557 BGB Rz. 26.

punkt um den entsprechenden Betrag steigt. Kritisch ist dabei zu sehen, dass das gesetzliche Verlangen einer Mietänderungserklärung nach § 10 WoBindG auf diese Weise umgangen wird[1]. Zu verlangen ist, dass die Staffelmietvereinbarung zeitlich und betragsmäßig genau festlegt, von wann bis wann welche Miethöhe vereinbart ist. Es kann auch während der Geltung der Preisbindung eine Staffelmietvereinbarung für die Zeit nach ihrer Beendigung vereinbart werden, sofern während der Bindungszeit die Kostenmiete eingehalten wird[2].

Für nach dem **Wohnraumförderungsgesetz** geförderten Wohnraum (ab 1.1.2002 bzw. 1.1.2003)[3] wird die höchstzulässige Miete (ohne Berücksichtigung von Betriebskosten) in der **Förderzusage** bestimmt, § 28 WoFG. In der Förderzusage können Änderungen der höchstzulässigen Miete während der Dauer der Förderung, auch für Mieterhöhungen nach durchgeführten Modernisierungen, vorgesehen, begrenzt oder vorbehalten werden. 677

Die in der Förderzusage enthaltenen Bestimmungen und das Bindungsende sind **im Mietvertrag anzugeben**, § 28 Abs. 2 Satz 2 WoFG. Dass die im Mietvertrag enthaltenen Regelungen einzuhalten sind (selbst wenn sie zu Ungunsten des Vermieters falsch sein sollten), ergibt sich aus den allgemeinen zivilrechtlichen Grundsätzen. Bestimmungen über die höchstzulässige Miete dürfen nicht zum Nachteil des Mieters von den allgemeinen mietrechtlichen Vorschriften abweichen, § 28 Abs. 1 Satz 3 WoFG. 678

Auch wo der Mietvertrag entgegen diesen Regelungen die in der Förderzusage enthaltenen Bestimmungen über die höchstzulässige Miete und das Bindungsende nicht enthält oder nicht korrekt übernimmt, kann sich die jeweilige Mietpartei gegenüber dem Vermieter auf die Bestimmung der Förderzusage über die höchstzulässige Miete und auf die sonstigen Bestimmungen der Förderzusage zur Mietbindung berufen, § 28 Abs. 5 WoFG. Das ergibt sich schon aus § 328 BGB, weil sich zumindest aus den Umständen ergibt, dass es sich bei der Förderungszusage um einen **Vertrag zugunsten Dritter** handelt. Die ausdrückliche gesetzliche 679

---

1 Für Wirksamkeit der Staffelmietvereinbarung LG Berlin, Urt. v. 4.12.1990 – 64 S 240/90, NJW-RR 1991, 1040; *Bellinger* in Fischer-Dieskau/Pergande/Schwender, Wohnungsbaurecht, Band 3.1 Anm. 3 zu § 8 WoBindG; a.A.: LG Wuppertal, Urt. v. 25.8.1976 – 8 S 152/76, WM 1977, 235; LG Freiburg Urt. v. 29.11.1991 – 3 S 167/91, WM 1992, 495; LG Berlin Urt. v. 25.4.1988 – 61 S 423/87, WM 1988, 218, *Sternel*, Mietrecht, 3. Aufl., III Rz. 886; *Börstinghaus* in Schmidt-Futterer, § 557a Rz. 14 bis 20.
2 BGH, Urt. v. 3.12.2003- VIII ZR 157/03, WM 2004, 28 = NJW 2004, 511 = GE 2004, 175 = NZM 2004, 135 = MDR 2004, 268 = ZMR 2004, 175 = DWW 2004, 55.
3 Vgl. Rz. 604.

Teil II Preisgebundener Wohnraum

Anordnung bekräftigt das und umfasst auch die denkbare Möglichkeit, dass die Förderungszusage nicht in Form eines Vertrages erteilt wird. Der Vermieter hat der Mietpartei die erforderlichen Auskünfte zu erteilen. Erteilt der Vermieter die Auskünfte nicht oder nur unzureichend, hat dies auf Verlangen des Mieters durch die zuständige Stelle zu erfolgen, § 28 Abs. 5 Satz 2 und 3 WoFG.

680 Obwohl die Mietentwicklung im Übrigen dem allgemeinen Mietrecht überlassen ist, darf die **höchstzulässige Miete** gemäß der Förderzusage **nicht überschritten** werden, und auch **sonstige Bestimmungen** der Förderzusage zur Mietbindung **sind einzuhalten**, § 28 Abs. 3 WoFG.

681 Alle mietvertraglichen Vereinbarungen, die zum Nachteil der Mietpartei von diesen gesetzlichen Vorgaben abweichen, sind **unwirksam**, § 28 Abs. 6 WoFG.

V. Mietänderungstatbestände

682 Für den nach dem Wohnraumförderungsgesetz geförderten Wohnraum sind Änderungen der Miethöhe nur nach den allgemeinen mietrechtlichen Vorschriften möglich[1], allenfalls begrenzt durch Regelungen in der jeweiligen Förderzusage und/oder dem einzelnen Mietvertrag. Die nachstehenden Ausführungen finden daher nur Anwendung auf **öffentlich geförderten Wohnraum** i.S.d. II. WoBauG.

683 Die anfangs durch Genehmigung der Bewilligungsstelle gemäß § 72 des II. WoBauG und § 8a WoBindG auf Grund einer Wirtschaftlichkeitsberechnung[2] festgelegte Kostenmiete beschreibt eine **Durchschnittsmiete**, die dann vom Vermieter in **Einzelmieten** für die einzelnen Wohnungen umgerechnet wird.

684 Änderungen der Miethöhe gegenüber dieser Ausgangsmiete können sich ergeben als Änderung der Durchschnittsmiete und der daraus resultierenden Einzelmiete durch

- Änderung der Gesamtkosten (Rz. 689 ff.);
- Änderung der Wirtschaftseinheit (Rz. 703 ff.);
- Änderung der laufenden Finanzierungsaufwendungen (Rz. 708 ff.);
- Änderung der sonstigen Bewirtschaftungskosten (Rz. 724 ff.).

---

1 Siehe dazu Rz. 239 ff.
2 Im Sozialen Wohnungsbau sind maßgeblich die Kosten im Zeitpunkt der Antragstellung bzw. Bewilligung, § 4 Abs. 1 der II. BV; im steuerbegünstigten Wohnungsbau die Kosten im Zeitpunkt der Bezugsfertigkeit. Siehe dazu auch Rz. 640 ff., Rz. 650 ff.

Geht eine **Änderung** nicht in die **Durchschnittsmiete** ein, weil sie nur einzelne Wohnungen betrifft, dann kann sie in der Regel bei diesen Wohnungen als **Zuschlag zur Einzelmiete**[1] berücksichtigt werden. 685

Eine Besonderheit gilt für Modernisierungskosten: Betrifft die Modernisierung alle Wohnungen, dann erscheinen die Baukosten und die Finanzierungskosten in einer neuen Wirtschaftlichkeitsberechnung. Erfasst die Modernisierung nur einzelne Wohnungen, dann erscheinen sie dort als Zuschlag zur Einzelmiete. Die tatbestandlichen Voraussetzungen einer Modernisierung sind für beide Varianten gleich. 686

Demnach können Mietänderungen für einzelne Wohnungen zustande kommen durch

– Zuschläge zur Einzelmiete bzw. Änderung solcher Zuschläge (Rz. 735 ff.);
– insbesondere: Zuschlag zur Einzelmiete wegen Modernisierung (Rz. 739 ff.).

Bis zum Ablauf von zwei Jahren nach Bezugsfertigkeit bzw. bis zur Anerkennung der Schlussabrechnung eintretende **Erhöhungen** bedürfen stets der Genehmigung der Bewilligungsstelle. Wird sie erteilt, dann kann der Vermieter eine entsprechende Mietänderungserklärung[2] abgeben, die auch rückwirkend eingreifen kann, wenn sich der Vermieter dies bei Vereinbarung der Miete vorbehalten hatte, § 8a Abs. 4 WoBindG[3]. Nach der anfänglichen Genehmigung der Kostenmiete setzen Mieterhöhungen wegen Erhöhung laufender Aufwendungen in aller Regel keine Genehmigung der Bewilligungsstelle voraus. 687

Verringerungen der laufenden Aufwendungen sind unverzüglich durch eine Mietsenkung an die Mieter weiterzugeben, § 5 NMV 1970, und zwar durch eine nachvollziehbar erläuterte Berechnung. 688

1. Änderung der Gesamtkosten

Eine Änderung der Gesamtkosten kann eintreten durch zusätzliche Erschließungs- oder Kapitalkosten oder durch bauliche Änderungen, sowie durch Modernisierungen, die alle Wohnungen betreffen. Maßgeblich sind § 6 NMV 1970 und § 11 der II. Berechnungsverordnung. 689

---

1 Siehe dazu Rz. 618 ff.
2 Siehe dazu Rz. 745 ff.
3 Vgl. Rz. 763 ff.

690 Kostenerhöhungen, die der Vermieter **zu vertreten** hat, und die nicht zu einer Modernisierung i.S.d. § 11 Abs. 6 der II. BV führen, dürfen nicht berücksichtigt werden, § 11 Abs. 1 Satz 2 der II. BV.

691 Erhöhungen der Gesamtkosten auf Grund von Umständen, die der Vermieter **nicht zu vertreten** hat, können in eine **neue Wirtschaftlichkeitsberechnung** eingestellt werden. Diese führt dann mit Wirkung vom Ersten des auf die Fertigstellung folgenden Monats (§ 6 Abs. 1 Satz 3 NMV 1970) zu einer neuen Durchschnittsmiete für das Gesamtobjekt, die auf die einzelnen Wohnungen korrekt und nachvollziehbar umzulegen ist.

692 Der Maßstab der Umlage auf die einzelnen Wohnungen ergibt sich aus § 4 Abs. 5 NMV 1970: Hat sich die Durchschnittsmiete erhöht, so erhöhen sich die zulässigen **Einzelmieten** entsprechend ihrem bisherigen Verhältnis zur Durchschnittsmiete. Da die Einzelmieten nicht behördlich festgesetzt oder genehmigt werden, geschieht die Umrechnung in der Verantwortung des Vermieters.

693 Besonderheiten gelten für Kostenerhöhungen, die durch **Modernisierungen** entstehen, das sind nach der Legaldefinition in § 11 Abs. 6 der II. BV „Maßnahmen, die den Gebrauchswert des Wohnraums nachhaltig erhöhen, die allgemeinen Wohnverhältnisse auf Dauer verbessern oder nachhaltig Einsparungen von Heizenergie oder Wasser bewirken". Modernisierungsmaßnahmen werden – vom Fall gesetzlicher Verpflichtungen abgesehen – vom Vermieter freiwillig vorgenommen, er hat also das Eintreten der Kostenerhöhung zu vertreten. Dennoch ist eine Mieterhöhung möglich. Im Sozialen Wohnungsbau darf eine Kostenerhöhung infolge von Modernisierungen nur berücksichtigt werden, wenn die Bewilligungsstelle der Modernisierung zuvor zugestimmt hat (§ 11 Abs. 7 der II. BV)[1]; sind für die Modernisierung Mittel aus öffentlichen Haushalten bewilligt worden, dann gilt die Zustimmung der Bewilligungsstelle als erteilt (§ 11 Abs. 7 der II. BV; § 6 Abs. 1 Satz 2 NMV 1970). Eine Begrenzung der modernisierungsbedingten Mieterhöhung durch das **Wirtschaftlichkeitsgebot** in dem Sinne, dass die Mieterhöhung in einem angemessenen Verhältnis zu den modernisierungsbedingten Einsparungen stehen müsse, lehnt der Bundesgerichtshof ab mit der Begründung, es fehle hierfür an einer gesetzlichen Grundlage[2].

---

1 Und die Mietpartei dem zugestimmt oder die Maßnahmen geduldet hat, § 554 BGB.
2 BGH, Urt. v. 3.3.2004 -VIII ZR 149/03, WM 2004, 285 = NZM 2004, 336 = NJW 2004, 1738 = ZMR 2004, 424 = DWW 2004, 329; BGH, Urt. v. 3.3.2004 – VIII ZR 151/03, WM 2004, 288.

Soweit die Kosten durch **öffentliche Zuschüsse** getragen werden, fallen sie beim Vermieter nicht an, diese Kosten dürfen daher bei der Ermittlung der Kostenmiete nicht eingestellt werden bzw. sind als Ausgleich die Zuschüsse in die Wirtschaftlichkeitsberechnung als Einnahme aufzunehmen. 694

Kosten ersparter fälliger Instandsetzungen (nicht aber die Kosten zukünftig ersparter Instandsetzungen) sind von den angesetzten Gesamtkosten abzuziehen[1]. 695

Wird im Gesamtobjekt **neuer Wohnraum** geschaffen durch Ausbau oder Erweiterung des Gebäudes, dann bleibt für den zuvor geschaffenen preisgebundenen Wohnraum die bisherige Wirtschaftlichkeitsberechnung (als Teilwirtschaftlichkeitsberechnung) weiter maßgebend, die bisherige Durchschnittsmiete und die Einzelmieten ändern sich hierdurch nicht, § 7 Abs. 1 NMV 1970. Für den neu geschaffenen Wohnraum kommt es für die preisrechtlichen Folgerungen darauf an, ob die Maßnahme von der Bewilligungsstelle genehmigt worden ist, und ob öffentliche Mittel verwendet wurden oder nicht, und schließlich darauf, ob für den Ausbau Räume in Anspruch genommen wurden, die bisher als Zubehörräume preisgebundener Wohnungen dienten. 696

Werden für die Schaffung neuen Wohnraums Räume verwendet, die **bisher als Zubehörräume** zu gefördertem Wohnraum zur Verfügung standen, und ist die Umgestaltung **genehmigt** gewesen[2], dann bleibt es dabei, dass für den bisher vorhandenen Wohnraum die alte Wirtschaftlichkeitsberechnung und die daraus sich ergebende Durchschnittsmiete weiter gilt. Für die durch **Entziehung der Zubehörräume** betroffenen Wohnungen ist, wenn kein gleichwertiger Ersatz für die weggefallenen Räume geschaffen wird, eine angemessene Mietsenkung zu gewähren, also ein Abschlag auf die Einzelmiete (§ 7 Abs. 1 Satz 2 NMV). 697

Sind **ohne Genehmigung** (und damit ohne öffentliche Mittel) **Zubehörräume** geförderter Wohnungen zu Wohnungen ausgebaut worden, dann gelten diese gemäß § 7 Abs. 3 Satz 1 NMV als neu geschaffener preisgebundener Wohnraum. Für diesen ist eine Teilwirtschaftlichkeitsberechnung aufzustellen, deren Durchschnittmiete dann für die Ermittlung der Kostenmiete dieses neuen Wohnraums zugrunde zu legen ist. § 7 Abs. 3 Satz 3 NMV 1970 verlangt, dass diese Durchschnittsmiete ei- 698

---

1 Der BGH verlangt in Urt. v. 3.3.2004 – VIII ZR 149/03, WM 2004, 285 = NZM 2004, 336 = NJW 2004, 1738 = ZMR 2004, 424 = DWW 2004, 329, allerdings im Revisionsverfahren die substantiierte Darlegung des Mieters, inwiefern ein vom Vermieter angesetzter Pauschalabzug unzureichend gewesen sei.
2 Bei vermieteten Wohnungen setzt dies die Zustimmung oder Duldungspflicht der Mietpartei voraus, § 554 BGB.

ner Genehmigung der Bewilligungsstelle bedarf. Es wird aber bezweifelt, ob diese Anforderung der Verordnung auf einer ausreichenden gesetzlichen Ermächtigung beruht[1]. Aber auch wenn keine behördliche Genehmigung erforderlich ist, muss doch vom Vermieter eine Wirtschaftlichkeitsberechnung erstellt werden.

699 Wird **mit Genehmigung** und unter Einsatz **öffentlicher Mittel** Wohnraum durch Erweiterung oder Ausbau geschaffen, dann handelt es sich um preisgebundenen Wohnraum, und es ist für diesen eine Teilwirtschaftlichkeitsberechnung zu erstellen, deren Durchschnittsmiete für die Einzelmieten dieser Wohnungen maßgeblich ist, § 7 Abs. 2 NMV 1970.

700 Werden **mit Genehmigung** (die auch nachträglich erteilt werden kann), aber **ohne öffentliche Mittel** Zubehörräume preisgebundener Wohnungen zu Wohnungen ausgebaut, dann gelten diese als nicht preisgebundener Wohnraum, § 7 Abs. 4 NMV 1970, eine (Teil-)Wirtschaftlichkeitsberechnung muss nicht erstellt werden, die Miete ist frei vereinbar.

701 Sind hingegen durch Ausbau oder Erweiterung die **zuvor bestehenden Wohnungen um weitere Wohnräume vergrößert** worden – was nur nach Genehmigung der Bewilligungsstelle zulässig ist, § 8 Abs. 1 NMV 1970, und bei vermieteten Wohnungen voraussetzt, dass die Mietpartei dem zustimmt oder dies dulden muss, § 554 BGB –, dann ist eine neue Wirtschaftlichkeitsberechnung aufzustellen, die sich ergebende neue Durchschnittsmiete soll nach § 8 Abs. 1 Satz 2 NMV 1970 einer Genehmigung der Bewilligungsstelle bedürfen. Auch hier wird aber bezweifelt, ob die gesetzliche Ermächtigungsgrundlage die Verordnungsregelung trägt[2].

702 Übersicht: Mietänderungen durch Änderung der Gesamtkosten

Frage:	Folgerung:	
Ist die Änderung vom Vermieter nicht zu vertreten?	Wirtschaftlichkeitsberechnung Erhöhung der Durchschnittsmiete	Rz. 690 f.
Handelt es sich um eine Modernisierung?		Rz. 693 ff.
Ist die Zustimmung/Genehmigung der Bewilligungsstelle eingeholt?	Wenn nein: Mieterhöhung nicht möglich; Wenn ja – auch bei Bewilligung öffentl. Mittel zur Modernisierung –: Mieterhöhung möglich	

---

1 *Schubart/Kohlenbach/Bohndick*, Wohnungsbau, Anm. 2 zu § 5a NMV im Hinblick auf BVerwG, Urt. v. 17.6.1998 – 8 C 14.96, WM 1998, 671.
2 *Schubart/Kohlenbach/Bohndick*, Wohnungsbau, Anm. 2 zu § 5a NMV.

Frage:	Folgerung:	
Sind nur einzelne Wohnungen modernisiert?	Zuschlag zur Einzelmiete	Rz. 625
Sind alle Wohnungen gleichermaßen modernisiert?	Wirtschaftlichkeitsberechnung Erhöhung der Durchschnittsmiete Etwaiger Zuschlag zur Einzelmiete entfällt.	
Ist neuer Wohnraum geschaffen worden?		Rz. 696 ff.
mit öffentlichen Mitteln, § 7 II NMV	Neuer Wohnraum ist preisgebunden. Teilwirtschaftlichkeitsberechnung	
geschaffen unter Entziehung von Zubehörräumen, genehmigt, § 7 I 2 NMV	Mietsenkung für die betreffende Wohnung.	
ohne öffentliche Mittel, genehmigt, § 7 IV NMV	Neuer Wohnraum ist preisfrei.	
geschaffen unter Entziehung von Zubehörräumen, ohne öffentliche Mittel, ohne Genehmigung, § 7 III NMV	Neuer Wohnraum ist preisgebunden, Mietsenkung für die betreffende Wohnung.	
Vergrößerung bestehender preisgebundener Wohnungen: Maßnahme ohne Genehmigung nicht zulässig, § 8 I NMV	Neuer Wohnraum ist preisgebunden. Neue Wirtschaftlichkeitsberechnung.	

2. Änderung der Wirtschaftseinheit

Die **Berechnung der Kostenmiete**, und zwar sowohl bezüglich der Bau- und Finanzierungskosten, als auch bezüglich der laufenden Aufwendungen, wird für das Gebäude erstellt, in dem der Wohnraum liegt, sie kann aber auch für mehrere Gebäude gemeinsam erstellt werden, wenn diese eine Wirtschaftseinheit bilden, § 2 Abs. 2 Sätze 1 und 2 der II. BV.

Eine **Wirtschaftseinheit** ist eine Mehrheit von Gebäuden, die demselben Eigentümer gehören, in örtlichem Zusammenhang stehen und deren Errichtung ein einheitlicher Finanzierungsplan zugrunde gelegt worden ist oder zugrunde gelegt werden soll, § 2 Abs. 2 Sätze 3 ff. der II. BV. Nebengebäude sind einzubeziehen, § 2 Abs. 3 der II. BV. Aus einer ursprünglich einheitlichen Wirtschaftseinheit können Teilwirtschaftseinheiten gebildet werden, was insbesondere dann erforderlich ist, wenn die öffentliche Förderung nach unterschiedlichen Modellen gewährt wird. Teilwirtschaftseinheiten können umgekehrt auch zusammengefasst werden, § 2 Abs. 4 bis 8 der II. BV.

705 Solche Änderungen der Wirtschaftseinheit führen gemäß § 5a NMV 1970, § 2 Abs. 5 der II. BV zwingend zu einer neuen **Wirtschaftlichkeitsberechnung**[1], es ergibt sich meist eine etwas abweichende Durchschnittsmiete. Die Neubaumietenverordnung sieht in § 5a Abs. 3 NMV 1970 auch vor, dass die neuen Durchschnittsmieten jeweils der Genehmigung der Bewilligungsstelle bedürfen. Das Bundesverwaltungsgericht sieht jedoch eine gesetzliche Ermächtigung im Zusammenhang mit Änderungen der Wirtschaftseinheit nur in § 8b WoBindG[2], der aber ausschließlich die Zusammenfassung bisher selbstständiger Wirtschaftseinheiten zu einer neuen größeren betrifft. Demnach ist für die Bildung von Teilwirtschaftseinheiten keine Genehmigung der Durchschnittsmiete erforderlich. Die Umrechnung in Einzelmieten ist ohnehin wiederum vom Vermieter in eigener Verantwortung vorzunehmen. Beides unterliegt dann ausschließlich der zivilgerichtlichen Prüfung.

706 Auch die Begründung von **Wohnungseigentum** führt zur Veränderung der Wirtschaftseinheit, denn infolge der Aufteilung des Eigentumsrechts ist nunmehr jede Wohnung als separate Wirtschaftseinheit anzusehen, ungeachtet des Wirtschaftsverbunds der Eigentümer in der Wohnungseigentümergemeinschaft. Es ist nun unverzüglich eine Wirtschaftlichkeitsberechnung für jede einzelne Wohnung aufzustellen, § 5a Abs. 1 Satz 2 NMV 1970. § 5a Abs. 3 NMV 1970 hatte gerade für diesen Fall das Erfordernis einer behördlichen Genehmigung vorgesehen, so dass hier – da die „Durchschnittsmiete" dann für eine Wirtschaftseinheit errechnet wird, die aus einer einzigen Wohnung besteht – ausnahmsweise die Einzelmiete für eine Wohnung behördlich geprüft und genehmigt worden wäre. Dies hat das Bundesverwaltungsgericht aber ausdrücklich verworfen[3]. Eine Genehmigung ist nicht erforderlich, die Ermittlung der neuen Kostenmiete fällt allein in die Verantwortung des Vermieters.

707 Liegen die neuen Einzelmieten niedriger als die bisherigen, ist vom Vermieter unverzüglich eine **Mietsenkung** vorzunehmen und den Mietparteien mitzuteilen und zu erläutern, § 5 Abs. 1 NMV 1970. Liegen sie höher, dann kann der Vermieter eine einseitige **Mietänderungserklärung**[4]

---

1 Siehe dazu Rz. 650 ff.
2 BVerwG, Urt. v. 17.6.1998 – 8 C 14.96, WM 1998, 671.
3 BVerwG, Urt. v. 17.6.1998 – 8 C 14.96, WM 1998, 671.
4 Siehe dazu Rz. 745 ff.

gemäß § 10 WoBindG vornehmen und damit die Mietzahlungspflicht der Mietpartei erhöhen[1].

3. Änderung der Finanzierungskosten

Bestandteil der Wirtschaftlichkeitsberechnung ist gemäß § 12 der II. BV ein Finanzierungsplan, der darstellt 708
- die Fremdmittel, mit dem Nennbetrag und mit den vereinbarten oder vorgesehenen Auszahlungs-, Zins- und Tilgungsbedingungen, dazu § 13 der II. BV,
- die verlorenen Baukostenzuschüsse, dazu § 14 der II. BV,
- die Eigenleistungen, dazu §§ 15 und 16 der II. BV.

Die Finanzierungskosten werden insoweit Grundlage für die Wirtschaftlichkeitsberechnung. Sie sind ein besonderer Teil der laufenden Aufwendungen[2]. Vor- und Zwischenfinanzierungskosten bleiben unberücksichtigt.

Ändern sich die Finanzierungskosten durch Umstände, die der Vermieter **nicht zu vertreten** hat, dann muss er die geänderten Kosten in die nachfolgenden Wirtschaftlichkeitsberechnungen aufnehmen, § 12 Abs. 4 und § 23 der II. BV. Dabei treffen die §§ 18 bis 23a der II. BV verschiedene Begrenzungen, welche Änderungen der Finanzierungskosten überhaupt, und auf welche Weise, zu berücksichtigen sind. 709

Zu vertreten hat der Vermieter alles, was auf seinen Entschluss zurückgeht, also z.B. eine durch nichts anderes als seinen Willen veranlasste Änderung der Finanzierung, aber auch Änderungen, die auf sein Verhalten zurückgehen, etwa wenn ein Darlehensvertrag gekündigt wird, weil der Vermieter seine dortigen vertraglichen Verpflichtungen nicht erfüllt hat. Der Vermieter hat es insbesondere auch zu vertreten, wenn er vor Ablauf des Bewilligungszeitraums auf Darlehen oder Zuschüsse aus öffentlichen Mitteln verzichtet, § 4 Abs. 4 Satz 2 NMV 1970. Kostensteigerungen, die dadurch eintreten, können nicht in die neue Wirtschaftlichkeitsberechnung eingestellt, im Ergebnis also nicht auf die Mieter umgelegt werden. 710

Ist eine Änderung der Finanzierung **nicht vom Vermieter zu vertreten**, dann können die dadurch entstehenden Kosten, soweit dies in §§ 18 bis 23a der II. BV nicht ausgeschlossen ist, über die Aufnahme in eine neue 711

---

1 § 5a Abs. 3 Satz 4 NMV 1970 verweist auf § 4 Abs. 7 und Abs. 8 Satz 1 derselben Verordnung, dort wird auf § 10 WoBindG verwiesen.
2 § 18 Abs. 1 der II. BV: Laufende Aufwendungen sind die Kapitalkosten und die Bewirtschaftungskosten.

Wirtschaftlichkeitsberechnung eingestellt werden. Teilweise sehen auch die Förderbestimmungen der Länder und die auf dieser Grundlage mit dem Vermieter geschlossenen Vereinbarungen genauere Beschränkungen vor, etwa die Vereinbarung, dass die Zustimmung der Bewilligungsstelle eingeholt werden muss, wenn die Finanzierung verändert werden soll. Diese **schuldrechtlichen Verpflichtungen** sind neben den gesetzlichen Anforderungen zu beachten.

712 Soweit die Kostenerhöhungen mietwirksam werden dürfen, werden sie in die Wirtschaftlichkeitsberechnung eingestellt. Dadurch **erhöhen** sich die laufenden Aufwendungen und im Ergebnis **die Kostenmiete**. Diese Erhöhung kann der Vermieter dann über eine Mietänderungserklärung[1] gegenüber der einzelnen Mietpartei geltend machen. Die folgende Darstellung geht vom Sozialen Wohnungsbau aus, etwaige Abweichungen für den steuerbegünstigten Wohnungsbau sind in die Fußnoten verwiesen.

713 **Änderungen der Finanzierungskosten** können entweder durch Änderung der Finanzierung (Umschuldung) eintreten, oder durch Veränderung der Konditionen für die vorgenommene Finanzierung, oder durch Verzichte.

714 Für **Umschuldungen** ist häufig schuldrechtlich in einer Vereinbarung mit dem Fördergeber das Erfordernis einer vorherigen Zustimmung der Bewilligungsstelle vereinbart. Teilweise ist in diesem Zusammenhang vereinbart, dass Mehrkosten, die durch eine – mit Zustimmung der Bewilligungsstelle vorgenommene – notwendige oder sinnvolle Umschuldung entstehen, durch ergänzende Fördermittel ausgeglichen werden.

715 Zur – notwendigen – Umschuldung können **Eigenmittel** eingesetzt werden. In diesem Fall wird gemäß § 12 Abs. 4 und § 20 Abs. 2 der II. BV für den bisher getilgten Teilbetrag der bisherige Zinssatz in die Wirtschaftlichkeitsberechnung eingestellt, für den umgeschuldeten Teilbetrag wird ein neuer Zinssatz eingestellt. Dabei kommt es darauf an, ob die Eigenleistungen 15 % der Gesamtkosten des Bauvorhabens übersteigen oder nicht. Soweit die 15 %-Marge nicht überschritten ist, darf eine Verzinsung der Eigenmittel von 4 % angesetzt werden (§ 20 Abs. 2 Satz 2 erster Halbsatz). Soweit das Eigenkapital 15 % der Gesamtkosten überschreitet, darf eine über 4 % hinausgehende Verzinsung angesetzt werden (§ 20 Abs. 2 Satz 2 zweiter Halbsatz). Sind die öffentlichen Mittel vor dem 1.1.1974 bewilligt worden (Buchstabe a), dann kann der marktübliche Zinssatz für erststellige Hypotheken angesetzt werden, ist die Bewilligung nach dem 1.1.1974 erfolgt, darf eine Verzinsung bis zu

---
1 Siehe dazu Rz. 745 ff.

6,5 % angesetzt werden. Diese erhöhten Aufwendungen werden mietwirksam.

Bei einer Umschuldung durch **Fremdmittel** (§ 12 Abs. 4 und § 23 Abs. 4 der II. BV) ist zunächst besonders zu prüfen, ob durch schuldrechtliche Verpflichtungen derartige Umschuldungen ausgeschlossen oder beschränkt, insbesondere von einer vorherigen Zustimmung der Bewilligungsstelle abhängig gemacht worden sind. Ein Verstoß gegen diese Bindungen kann beispielsweise, wenn dies vorbehalten ist, zu einer Rückforderung der Mittel führen. Durch eine derartige behördliche Prüfung ist nicht garantiert, dass auch zivilrechtlich akzeptiert wird, die Umschuldung sei vom Vermieter nicht zu vertreten. Aber es ist doch ein gewichtiges Argument, wenn die Bewilligungsstelle ebenfalls davon ausgeht, dass die Umfinanzierung akzeptiert werden muss. Eine anerkennungsfähige Umfinanzierung setzt voraus, dass ein Darlehen tatsächlich umgeschuldet wird, also neue Darlehensverträge geschlossen werden. Wird ohne Abschluss eines neuen Darlehensvertrages lediglich von der Bank die Jahresleistung neu berechnet, dann können die daraus resultierenden Zinsen nur vom neuen Restkapital berechnet werden. Ist die Umschuldung zulässig, dann ist in die Wirtschaftlichkeitsberechnung für den getilgten Betrag der bisherige Zinssatz, für den umgeschuldeten Betrag der neue Zinssatz einzutragen. Die Verzinsung, die für erststellige Hypothekendarlehen verlangt wird, darf nicht überschritten werden.

716

Sind Fremdmittel, öffentliche Baudarlehen, Mieterdarlehen oder Aufbaudarlehen **planmäßig getilgt**, dann ändert das an der Wirtschaftlichkeitsberechnung nichts. Eine Mietänderung ist zunächst durch diesen Tatbestand nicht möglich. Allerdings endet mit dem Ablauf des Kalenderjahres, in dem die Darlehen vollständig zurückgezahlt sind, die Eigenschaft der Wohnung als „öffentlich gefördert", § 15 WoBindG. Sie ist dann preisfreier Wohnraum und unterliegt – soweit nicht vertraglich etwas anderes vereinbart ist – nur noch dem allgemein Mietrecht[1].

717

Werden **öffentliche Baudarlehen freiwillig außerplanmäßig zurückgezahlt**, dann ändert auch das gemäß §§ 12 Abs. 5 und 23 Abs. 5 der II. BV nichts an der für die Berechnung der Mieten maßgeblichen Wirtschaftlichkeitsberechnung: Sowohl der planmäßig als auch der außerplanmäßig getilgte Betrag werden mit dem bisherigen Zinssatz in die Berechnung eingestellt[2]. Eine Mietänderung ist hierdurch nicht möglich. Hier endet auch die Eigenschaft als öffentlich geförderter Woh-

718

---

1 Siehe dazu Rz. 239 ff.
2 Eine Sonderregelung, die vorsah, dass im Falle einer Rückzahlung bis 31.12.1989 eine Verzinsung in Höhe von bis zu 5 % auch dann angesetzt werden durfte, wenn die bisherige Verzinsung geringer war, ist obsolet.

nungsbau nicht mit vorzeitiger Rückzahlung. Vielmehr sieht § 16 WoBindG eine Nachwirkungsfrist von zehn Jahren vor, gerechnet vom Ende des Kalenderjahres, in dem die Rückzahlung erfolgt (längstens jedoch bis zu dem Zeitpunkt, in welchem sie bei planmäßiger Tilgung beendet gewesen wäre).

719 Neben der Umschuldung kommen Änderungen der Finanzierungskosten auch durch **Änderungen der Zinskonditionen** zustande. Häufigstes Beispiel dafür ist das Auslaufen der Zinsbindungsfristen der mit den Finanzierungsinstituten vereinbarten Darlehen.

720 Erhöhungen der **Finanzierungskosten für Bankdarlehen** bleiben unberücksichtigt, soweit sie der Vermieter zu vertreten hat, außerdem bleiben sie unberücksichtigt, soweit sie eine höhere Verzinsung erreichen, als es dem **Zinssatz für erststellige Hypotheken** entspricht, § 23 Abs. 1 Satz 2 der II. BV. Teilweise ist vertraglich den Vermietern eine Anpassung der Förderung für solche Fälle zugesichert. Soweit nach alledem eine Erhöhung der laufenden Aufwendungen eintritt, ist sie in eine neue Wirtschaftlichkeitsberechnung aufzunehmen und grundsätzlich mietwirksam.

721 Werden die **Zinsen für die öffentlichen Baudarlehen** verändert, dann ist dies in einer neuen Wirtschaftlichkeitsberechnung auszuweisen. Die darlehensverwaltende Stelle muss die Zinserhöhung mindestens zwei Monate vor Inkrafttreten bekannt machen. Die Berechnung erfolgt im Einzelnen nach § 18a bis 18e WoBindG. § 18f WoBindG verlangt auch für die Geltendmachung dieser Erhöhung gegenüber dem Mieter die Abgabe einer Mietänderungserklärung, jedoch ist abweichend von § 10 WoBindG die Beifügung einer Wirtschaftlichkeitsberechnung nicht erforderlich; es ist jedoch dem Mieter auf Verlangen Einsicht in die Genehmigung der Bewilligungsstelle oder die Wirtschaftlichkeitsberechnung zu gewähren. Ausdrücklich ist eine rückwirkende Mieterhöhung ausgeschlossen (§ 18f Abs. 2 WoBindG).

722 Tritt eine Senkung der Finanzierungskosten ein und führt dies insgesamt zu einer Senkung der Kostenmiete, dann ist diese unverzüglich den Mietern als **Senkung der Einzelmiete** mitzuteilen und zu erläutern, § 5 Abs. 1 NMV 1970.

723 Ist umgekehrt eine Erhöhung der Finanzierungskosten zu berücksichtigen und führt sie zu einer Erhöhung der Kostenmiete, dann hat der Vermieter das Recht, eine Erhöhung nach § 4 NMV 1970 zu verlangen. Dabei muss er gemäß § 4 Abs. 7 und 8 NMV 1970 eine formell korrekte und inhaltlich nachvollziehbare **Mietänderungserklärung** i.S.d. § 10 WoBindG abgeben.

4. Änderung der Bewirtschaftungskosten

Neben den Kapitalkosten gehören zu den laufenden Aufwendungen die Bewirtschaftungskosten[1]. Sie gliedern sich gemäß § 24 der II. BV in
- Abschreibung,
- Verwaltungskosten,
- Betriebskosten,
- Instandhaltungskosten,
- Mietausfallwagnis.

724

Abschreibung, § 25 der II. BV: Abschreibung ist der auf jedes Jahr der Nutzung fallende Anteil der verbrauchsbedingten Wertminderung der Gebäude, Anlagen und Einrichtungen. Für die Abschreibung des Gebäudes und für Anlagen und Einrichtungen des Gebäudes sind in § 25 Abs. 3 der II. BV höchstzulässige Abschreibungssätze definiert, die seit langem unverändert sind und in aller Regel von den Unternehmen ausgeschöpft werden. Eine Änderung der Verordnung würde zu einem Anspruch auf eine Mietanpassung führen. Eine Änderung der Abschreibungsposition kommt aber auch in Betracht, wenn bauliche Änderungen oder Modernisierungen durchgeführt werden. Soll hieraus eine erhöhte Abschreibung und daraus folgend eine Mieterhöhung abgeleitet werden, so ist diese in einer Mietänderungserklärung gemäß § 10 WoBindG nachvollziehbar darzulegen.

725

Verwaltungskosten, § 26 der II. BV: Die Höhe der Verwaltungskosten ist durch Pauschalsätze begrenzt. Bis zum 31.12.2004 betrugen sie jährlich 230,00 Euro pro Wohnung und 30,00 Euro je Garage oder Einstellplatz; ab 1.1.2005 erhöhen sich die Pauschalen entsprechend dem Verbraucherpreisindex, und zwar am 1. Januar 2005 entsprechend der Erhöhung oder Verringerung des Verbraucherpreisindexes für Deutschland, die im Oktober 2004 gegenüber dem Oktober 2001 eingetreten ist (4,51 %)[2], und am 1. Januar eines jeden darauf folgenden dritten Jahres um den Prozentsatz, um den sich der vom Statistischen Bundesamt festgestellte Verbraucherpreisindex für Deutschland für den der Veränderung vorausgehenden Monat Oktober gegenüber dem Verbraucherpreisindex für Deutschland für den der letzten Veränderung vorausgehenden Monat Oktober erhöht oder verringert hat. Da die Verwaltungskosten der Unternehmen fast immer die Pauschalsätze ausschöpfen, führt die Zulassung einer Pauschalenerhöhung in der Regel zu einem Anspruch auf

726

---

1 § 18 Abs. 1 der II. BV.
2 Oktober 2004: 106,6; Oktober 2001: 102,0, demnach [(106,6 : 102,0) × 100] − 100,00 = 4,509.

Mieterhöhung. Dieser ist durch Mietänderungserklärung gemäß § 10 WoBindG geltend zu machen.

727 **Betriebskosten**, § 27 der II. BV: Betriebskosten sind die Kosten, die dem Eigentümer (Erbbauberechtigten) durch das Eigentum am Grundstück (Erbbaurecht) oder durch den bestimmungsmäßigen Gebrauch des Gebäudes oder der Wirtschaftseinheit, der Nebengebäude, Anlagen, Einrichtungen und des Grundstücks laufend entstehen, jedoch nicht Verwaltungskosten und Instandhaltungskosten. Der Ermittlung der Betriebskosten ist seit dem 1.1.2004 die Betriebskostenverordnung vom 25.11.2003[1] zugrunde zu legen[2]. Sie werden im preisgebundenen Wohnraum (Sozialer Wohnungsbau, steuerbegünstigter Wohnraum und mit Wohnungsfürsorgemitteln geförderter Wohnraum) nicht in die Wirtschaftlichkeitsberechnung eingestellt, die Kostenmiete ist eine Nettomiete. Für die kalten Betriebskosten (Betriebskosten außer Heizung und Warmwasser) und die warmen Betriebskosten (Kosten für Heizung und Warmwasser) werden neben der Kostenmiete Vorschüsse erhoben und abgerechnet. Eine Mieterhöhung kann daraus nicht resultieren, allenfalls kann, wenn die letzte Abrechnung eine Nachzahlung der Mietpartei verlangt, eine entsprechende Erhöhung der Vorauszahlungen verlangt werden.

728 **Instandhaltungskosten**, § 28 der II. BV: Instandhaltungskosten sind die Kosten, die während der Nutzungsdauer zur Erhaltung des bestimmungsmäßigen Gebrauchs aufgewendet werden müssen, um die durch Abnutzung, Alterung und Witterungseinwirkung entstehenden baulichen oder sonstigen Mängel ordnungsgemäß zu beseitigen.

729 Die ansetzbaren Instandhaltungskosten werden durch **Pauschalen** in § 28 Abs. 2 der II. BV begrenzt:

Als Instandhaltungskosten dürfen je Quadratmeter Wohnfläche im Jahr angesetzt werden:

1. für Wohnungen, deren Bezugsfertigkeit am Ende des Kalenderjahres weniger als 22 Jahre zurückliegt, höchstens 7,10 Euro,
2. für Wohnungen, deren Bezugsfertigkeit am Ende des Kalenderjahres mindestens 22 Jahre zurückliegt, höchstens 9 Euro,
3. für Wohnungen, deren Bezugsfertigkeit am Ende des Kalenderjahres mindestens 32 Jahre zurückliegt, höchstens 11,50 Euro.

---

1 Verordnung vom 25.11.2003 (BGBl. I S. 2346, 2347).
2 § 27 Abs. 1 Satz 2 der II. BV.

Diese Sätze verringern sich bei eigenständig gewerblicher Leistung von Wärme i.S.d. § 1 Abs. 2 Ziff. 2 der Heizkostenverordnung[1] um 0,20 Euro. Die Sätze erhöhen sich für Wohnungen, für die ein maschinell betriebener Aufzug vorhanden ist, um 1 Euro.

Trägt der Mieter die Kosten für kleine Instandhaltungen in der Wohnung, so verringern sich die Sätze um 1,05 Euro. Die kleinen Instandhaltungen umfassen nur das Beheben kleiner Schäden an den Installationsgegenständen für Elektrizität, Wasser und Gas, den Heiz- und Kocheinrichtungen, den Fenster- und Türverschlüssen sowie den Verschlussvorrichtungen von Fensterläden.

Die Kosten der **Schönheitsreparaturen** in Wohnungen sind in diesen Sätzen nicht enthalten. Trägt der Vermieter die Kosten dieser Schönheitsreparaturen, so dürfen sie höchstens mit 8,50 Euro je Quadratmeter Wohnfläche im Jahr angesetzt werden, wobei Schönheitsreparaturen nur das Tapezieren, Anstreichen oder Kalken der Wände und Decken, das Streichen der Fußböden, Heizkörper einschließlich Heizrohre, der Innentüren sowie der Fenster und Außentüren von innen umfassen. 730

Für **Garagen** oder ähnliche Einstellplätze dürfen als Instandhaltungskosten einschließlich Kosten für Schönheitsreparaturen höchstens 68 Euro jährlich je Garagen- oder Einstellplatz angesetzt werden. 731

Die vorgenannten Beträge galten bis zum 31.12.2004. Sie **erhöhten sich am 1.1.2005** entsprechend der Erhöhung oder Verringerung des Verbraucherpreisindexes für Deutschland, die im Oktober 2004 gegenüber dem Oktober 2001 eingetreten ist (4,51 %)[2], und verändern sich künftig am 1. Januar eines jeden darauf folgenden dritten Jahres um den Prozentsatz, um den sich der vom Statistischen Bundesamt festgestellte Verbraucherpreisindex für Deutschland für den der Veränderung vorausgehenden Monat Oktober gegenüber dem Verbraucherpreisindex für Deutschland für den der letzten Veränderung vorausgehenden Monat Oktober erhöht oder verringert hat. 732

Da die Instandhaltungskosten der Unternehmen in aller Regel die Pauschalen ausschöpfen, führen Erhöhungen der Pauschalen zu einem Anspruch auf Mieterhöhung. Um ihn geltend zu machen, muss eine Mietänderungserklärung i.S.d. § 10 WoBindG abgegeben werden. 733

---

[1] Verordnung über Heizkostenabrechnung in der Fassung der Bekanntmachung vom 20.1.1989 (BGBl. I S. 115).
[2] § 26 Abs. 4 der II. BV, auf den in § 28 Abs. 5a der II. BV verwiesen wird. Oktober 2004: 106,6; Oktober 2001: 102,0, demnach [(106,6 : 102,0) × 100] − 100,00 = 4,509.

734 **Mietausfallwagnis**, § 29 der II. BV: Diese Position ist begrenzt durch einen Pauschalsatz von 2 % der Erträge, also der Mieten, Pachten und Vergütungen, die nachhaltig erzielt werden können[1]. Sollte der Pauschalsatz erhöht werden, würde dies einen Anspruch auf Mieterhöhung auslösen, der über eine Mietänderungserklärung gemäß § 10 WoBindG geltend zu machen wäre.

5. Neuentstehung oder Änderung von Zuschlägen

735 In Rz. 618 ff. ist dargestellt, welche Zuschläge zur Einzelmiete im Sozialen Wohnungsbau nach dem II. WoBauG zulässig sind. Wegen der Zuschläge zur Einzelmiete, die durch Modernisierungsmaßnahmen an einzelnen Wohnungen entstehen, ist auf den nachstehenden Abschnitt[2] zu verweisen. Für alle Zuschläge gilt, dass ihre erstmalige Erhebung, ebenso wie jede Erhöhung durch eine **formgerechte Mietänderungserklärung** nach § 10 WoBindG geltend gemacht werden muss, § 26 Abs. 8 NMV 1970, sofern darüber nicht eine ausdrückliche Vereinbarung getroffen worden ist.

736 Soweit die zuschlagsbegründenden Umstände einer vorherigen Genehmigung des Vermieters bedürfen – etwa die Benutzung von Wohnräumen zu anderen als Wohnzwecken, die Untervermietung –, kann die Mietänderungserklärung mit dieser Genehmigung verbunden werden. Dabei ist zu beachten, dass der Vermieter diese Genehmigung nicht geben darf, ohne seinerseits eine Genehmigung der Bewilligungsstelle einzuholen.

737 Beim Zuschlag wegen Ausgleichszahlungen im Zusammenhang mit einer Freistellung von den Bindungen, § 7 WoBindG, also bei freigestellter Überlassung der Wohnung an Personen, die nicht zum wohnberechtigten Personenkreis gehören, ist im Falle der Neuvermietung der Zuschlag sinnvollerweise bei Abschluss des Mietvertrages sogleich aufzunehmen. Der Zuschlag darf die in § 26 NMV 1970 genannten Sätze nicht überschreiten, muss sie aber auch nicht ausschöpfen. Insofern muss die Mietänderungserklärung oder die Vereinbarung auch den genauen Betrag des verlangten Zuschlages angeben.

738 Eine Besonderheit stellen **Modernisierungskosten** dar. Siehe dazu nachfolgend Rz. 739 ff.

---

1 Legaldefinition in § 31 Abs. 1 Satz 1 der II. BV.
2 Siehe dazu Rz. 739 ff., insbesondere Rz. 744.

6. Änderung infolge baulicher Maßnahmen

Bauliche Änderungen können zu einer Erhöhung der Miete führen, und zwar entweder dann, wenn es sich um bauliche Änderungen handelt, die der Vermieter **nicht zu vertreten** hat, oder wenn es sich um von der Bewilligungsstelle genehmigte **Modernisierungsmaßnahmen** handelt[1]. 739

Bauliche Maßnahmen sind **vom Vermieter nicht zu vertreten**, wenn und soweit sie ihm auf Grund behördlicher Vorgaben, die ihrerseits meist auf geänderte Bauvorschriften zurückgehen, auferlegt werden. Zur Veranschaulichung sei verwiesen auf die Anbringung von Fahrkorbinnentüren und Notrufeinrichtungen in Aufzügen, die Anbringung von Thermostatventilen und Heizkostenverteilern auf Grund der Heizkostenverordnung, die Einrichtung oder Erweiterung von Kinderspielplätzen auf Grund bauordnungsrechtlicher Anforderungen. Für die Durchführung solcher Maßnahmen bedarf der Vermieter[2] keiner Zustimmung der Bewilligungsstelle, er kann erforderlichenfalls gegenüber den Mietparteien die Duldung nach allgemeinem Mietrecht, § 554 Abs. 2 BGB, durchsetzen. Im Regelfall werden derartige Maßnahmen sämtliche Wohnungen der Wirtschaftseinheit betreffen, so dass die Kosten der Maßnahme den Gesamtkosten hinzugerechnet werden. Über eine neue Wirtschaftlichkeitsberechnung führen sie zu einer Erhöhung der Durchschnittsmiete, § 11 Abs. 5 der II. BV, § 6 Abs. 1 NMV 1970, und daraus folgend, im Wege einer Mietänderungserklärung[3] nach § 10 WoBindG zu einer Erhöhung der Einzelmiete[4]. 740

Mit Ausnahme der vorgenannten Maßnahmen, denen sich der Vermieter nicht widersetzen kann, hat er bauliche Maßnahmen selbstverständlich zu vertreten. Bauliche Maßnahmen, die den Gebrauchswert des Wohnraums nachhaltig erhöhen, die allgemeinen Wohnverhältnisse auf Dauer verbessern oder nachhaltig Einsparungen von Energie oder Was- 741

---

1 Im steuerbegünstigten Wohnraum gilt die Voraussetzung einer Genehmigung nur, wenn sie im Fördervertrag vereinbart wurde, siehe § 16 Abs. 8 NMV 1970, dazu *Fischer-Dieskau/Pergande/Schwender*, Wohnungsbaurecht, Band 4, Anm. 5 zu § 16 NMV 1970.
2 Das Genehmigungserfordernis für Wohnraum, für den nach dem I. WoBauG bis zum 31.12.1956 die öffentlichen Mittel bewilligt wurden, kann mittlerweile außer Betracht bleiben.
3 Siehe dazu Rz. 745 ff.
4 § 6 Abs. 1 Satz 1 Satz 4 NMV 1970 verweist auf § 4 Abs. 5, dieser auf § 10 WoBindG.

ser bewirken, sind gemäß § 11 Abs. 6 der II. BV[1] als **Modernisierungsmaßnahmen** anzusehen. Mietrechtlich gelten zunächst die allgemeinen Regelungen des § 554 Abs. 2 BGB[2]: Maßnahmen innerhalb vermieteter Wohnung sind nur möglich, wenn **der Mieter sie duldet**. Weigert sich die Mietpartei, die Maßnahmen zu dulden, dann kann die Modernisierung nur über eine zivilrechtliche Duldungsklage durchgesetzt werden[3]. Dabei ist das Gesetz mittlerweile allerdings so angelegt, dass der Mieter Modernisierungsmaßnahmen in der Regel dulden muss. Insbesondere kann er, wenn eine Modernisierung auf den allgemein üblichen Zustand verlangt wird, sich nicht auf finanzielle Härten berufen[4]. Für Maßnahmen außerhalb der Wohnung, für welche der Mieter ein „Nichtdulden" gar nicht durchsetzen kann, kommt es darauf an, ob er rechtlich verpflichtet war, sie zu dulden.

742 Es ist dringend anzuraten, vor der Durchführung der Maßnahmen eine **Zustimmung der Bewilligungsstelle** einzuholen. Diese prüft, ob die Maßnahme sinnvoll und zweckmäßig ist. Soll der Rahmen der normalen Ausstattungsmerkmale des öffentlichen sozialen Wohnungsbaus überschritten werden, kann die Zustimmung versagt werden, ebenso, wenn die aus der Modernisierung resultierende Mieterhöhung nicht in einem vernünftigen Verhältnis zur Verbesserung des Wohnwerts steht, oder wenn die Miete nach der Modernisierung nicht mehr tragbar wäre für die Zielgruppe des Sozialen Wohnungsbaus, die „breiten Schichten der Bevölkerung". Wird die behördliche Zustimmung versagt, bleiben dem Eigentümer der Widerspruch und der Weg zum Verwaltungsgericht. Die Zustimmung gilt als erteilt, wenn für die Durchführung der Modernisierung öffentliche Mittel bewilligt werden. Solange eine Zustimmung **nicht erteilt** ist, ist eine **Mieterhöhung** für die Modernisierungsmaßnahmen im Sozialen Wohnungsbau **nicht möglich**, § 11 Abs. 7 der II. BV.

---

1 Bis 31.12.2003 lautete § 11 Abs. 6 der II. BV: Modernisierung sind bauliche Maßnahmen, die den Gebrauchswert des Wohnraums nachhaltig erhöhen, die allgemeinen Wohnverhältnisse auf die Dauer verbessern oder nachhaltig Einsparung von Heizenergie oder Wasser bewirken. Modernisierung sind auch der Ausbau und der Anbau i.S.d. § 17 Abs. 1 Satz 2 und Abs. 2 des Zweiten Wohnungsbaugesetzes, soweit die baulichen Maßnahmen den Gebrauchswert des bestehenden Wohnraums nachhaltig erhöhen.
2 BayObLG, Beschl. v. 24.10.1996 – RE-Miet 3/95, WM 1996, 749.
3 Rechtlich ist die Frage, ob eine behördliche Zustimmung für die Baumaßnahmen erteilt wird, für die zivilrechtliche Duldungspflicht nicht maßgebend. Eine verweigerte Zustimmung kann aber durchaus als Argument angeführt werden, dass die Maßnahmen nicht sinnvoll und damit nicht zu dulden sind.
4 § 554 Abs. 2 Satz 4 BGB.

Liegt die Zustimmung vor, dann kommt es für die Auswirkung auf die 743
Miete darauf an, ob die Modernisierungsmaßnahme alle Wohnungen
betrifft oder nur einzelne. Sind **alle Wohnungen** betroffen, dann wird
gemäß § 6 Abs. 1 NMV 1970 eine Mieterhöhung realisiert, indem die
Modernisierungsaufwendungen in eine neue Wirtschaftlichkeitsberech-
nung eingestellt werden, die **erhöhte Durchschnittsmiete** in erhöhte
Einzelmieten umgerechnet und gegenüber den Mietparteien durch eine
Mietänderungserklärung nach § 10 WoBindG geltend gemacht wird[1].

Sind die Modernisierungsmaßnahmen nur **für einen Teil der Wohnun-** 744
gen ausgeführt, dann wird gemäß § 6 Abs. 2 NMV 1970 für diese Wohnungen ein Modernisierungszuschlag zur Einzelmiete errechnet und
kann ebenfalls im Wege einer Mietänderungserklärung geltend gemacht
werden. Dieser Zuschlag zur Einzelmiete entfällt wieder, und es tritt an
seine Stelle eine Erhöhung der Durchschnittsmiete und daraus folgend
der Einzelmiete, wenn die Modernisierungsmaßnahme für sämtliche
Wohnungen ausgeführt worden ist und auf dieser Grundlage eine neue
Wirtschaftlichkeitsberechnung erstellt wird.

VI. Mietänderungserklärung

Das Gesetz beschränkt die Ansprüche des Vermieters von preisgebunde- 745
nem Wohnraum nach altem Recht (Förderung nach dem II. WoBauG)
auf die Kostenmiete. Andererseits räumt es dem Vermieter in § 10 Wo-
BindG einen Anspruch auf Erhöhung der Miete durch einseitige Erklärung ein, wenn die bisher vereinbarte Miete unterhalb dieser zulässigen
Miethöhe liegt. Werden also nachträgliche erhöhte Kosten genehmigt,
oder wurde fälschlich eine zu niedrige Kostenmiete angesetzt, dann hat
der Vermieter einen Anspruch auf **Anhebung der Miete auf die Kosten-**
miete.

Aber auch wenn die Basis der Kostenmiete gleich bleibt und diese bis- 746
her schon ausgeschöpft wurde, kommen Mieterhöhungen in Betracht,
wenn sich die **laufenden Aufwendungen** des Vermieters durch höhere
Verzinsung oder die Herabsetzung der Zins- und Tilgungshilfen oder der
Aufwendungszuschüsse erhöhen. § 18f WoBindG verweist für solche
Fälle auf § 10 WoBindG, auch dann gelten also die formalen und inhaltlichen Anforderungen dieser Vorschrift. Gleiches gilt für die Erhöhung
sonstiger laufender Aufwendungen, insbesondere der Bewirtschaftungskosten. Auch wenn nicht die Kostenmiete, sondern die Vergleichsmiete
im Sozialen Wohnungsbau gemäß § 8 Abs. 3 WoBindG vereinbart ist,

---

1 Siehe dazu Rz. 689 ff., 745 ff.

kann eine Mieterhöhung wegen gestiegener laufender Aufwendungen verlangt werden.

747 Unzulässig ist eine Mieterhöhung dann, wenn sie durch vertragliche Vereinbarung mit der Mietpartei oder mit einem Dritten ausgeschlossen wurde[1].

748 Die Mieterhöhungserklärung muss festgelegte Anforderungen einhalten:
- Sie muss schriftlich erfolgen;
- sie muss einen bestimmten Erhöhungsbetrag nennen;
- sie muss angeben, zu welchem Zeitpunkt die Erhöhung eintreten soll;
- sie muss die Erhöhung berechnen und erläutern;
- es muss die Wirtschaftlichkeitsberechnung, oder ein Auszug daraus, beigefügt sein, unter Umständen kann die Befügung einer Zusatzberechnung oder die Genehmigung der Bewilligungsstelle ausreichen.

749 **Schriftform**: § 10 WoBindG verlangt, dass Mietänderungserklärungen schriftlich abgegeben werden. Die gesetzliche Schriftform soll sicherstellen, dass der Adressat überprüfen kann, ob die Erklärung von demjenigen stammt, der zur Abgabe der Erklärung befugt ist (nur dann kann er seine Rechte, z.B. aus § 174 BGB ausüben), und für wen die Erklärung bestimmt ist und welchen sachlichen Gegenstand sie betrifft. Andererseits soll der genaue Inhalt der Erklärung auch nachträglich zweifelsfrei feststellbar sein. § 126 BGB geht grundsätzlich davon aus, dass die Schriftform gewahrt wird durch eine schriftliche Urkunde, die durch Namensunterschrift oder notariell beglaubigtes Handzeichen unterzeichnet wird. Die Einheitlichkeit der Urkunde verlangt, dass der Text zu Beginn den Aussteller und den Adressaten benennt, dann in einem verfolgbaren Verlauf bis zu einem definierten Ende kommt und durch die Unterschrift abgeschlossen wird. Diese Anforderung gilt grundsätzlich für jede individuelle Mietänderungserklärung. Zwar hilft die Rechtsprechung manchmal über Mängel hinweg. Es ist aber ohne weiteres möglich, dass eine Mietänderungserklärung von den Gerichten als formell unwirksam zurückgewiesen wird, wenn sie nur an einen von zwei Mietern adressiert wird, wenn sie von einer Verwaltungsgesellschaft ohne jeden Vertretungsverweis auf die Vermietergesellschaft ausgestellt wird, oder deren Berechtigung, für die Vermietergesellschaft einseitige Willenserklärungen abzugeben, nicht feststeht, oder wenn mit einem

---

1 Siehe dazu Rz. 673 ff.

unleserlichen Namenszug unterschrieben wird, ohne Hinweis darauf, wessen Unterschrift dies sein soll.

§ 10 Abs. 1 Satz 5 WoBindG sieht allerdings eine Erleichterung vor, wenn der Vermieter seine Erklärung über eine **elektronische Datenverarbeitung**, „mit Hilfe einer automatischen Einrichtung gefertigt" hat; dann bedarf es nicht seiner eigenhändigen Unterschrift[1]. Das hat seinen Grund nicht in einer erhöhten Richtigkeitsvermutung solcher Erklärungen, oder darin, dass hier eher sichergestellt wäre, dass stets der Vertretungsbefugte tätig wird, sondern ausschließlich in pragmatischen Erwägungen: Der Effizienzgewinn der elektronischen Datenverarbeitung, gerade dann von besonderer Bedeutung, wenn im Wesentlichen gleiche Erklärungen für tausende von Wohnungen abgegeben werden müssen, soll nicht durch ein Unterschriftserfordernis gestört werden. 750

Genauer Erhöhungsbetrag: § 10 Abs. 1 WoBindG verlangt, dass der Erhöhungsbetrag präzise benannt wird. Keinesfalls darf der Mieter zur Ermittlung des Erhöhungsbetrages auf eine Berechnung und Begründung verwiesen werden. Diese muss zwar ebenfalls mit der Mietänderungserklärung vorgelegt werden. Der Erhöhungsbetrag muss aber als numerischer Betrag klar ausgewiesen sein[2]. 751

Bewährt hat sich in der Praxis, den Erhöhungsbetrag am Beginn und/oder am Ende der Erklärungen räumlich hervorgehoben darzustellen, und zwar in der Gliederung bisherige Mietzahlung – aufgegliedert in Miete und Nebenkosten, etwaige Zuschläge –, Erhöhungsbetrag (zugeordnet zur jeweiligen Position) und neue Miethöhe. 752

⊃ **Beispiel:**
Ihre Gesamtmiete erhöht sich demnach wie folgt:

	Bisher	Erhöhung	Neu
Miete	318,74 Euro	12,54 Euro	331,28 Euro
Heizkostenvorschuss	180,00 Euro		180,00 Euro
Betriebskostenvorschuss	88,00 Euro		88,00 Euro
Aufzugkostenvorschuss	46,30 Euro		46,30 Euro
	633,04 Euro		645,58 Euro

Erhöhungszeitpunkt: Der Zeitpunkt, in welchem die Erhöhung eintreten soll, ergibt sich aus dem Gesetz, § 10 Abs. 2 WoBindG[3]. Dennoch 753

---
1 BGH, Urt. v. 29.9.2004 – VIII ZR 341/03, WM 2004, 666 = ZMR 2004, 901 = NZM 2005, 61.
2 Die ergänzende Formulierung: „bei Umlagen um einen bestimmbaren Betrag" ist ohne praktische Relevanz, die Darlegung von *Fischer-Dieskau/Pergande/Schwender*, Wohnungsbaurecht, § 10 WoBindG Anm. 3.1., überzeugt nicht.
3 Siehe dazu Rz. 763 ff.

ist es unabdingbar, dass die Mietänderungserklärung benennt, ab wann die Erhöhung wirksam wird. Es kann beim durchschnittlichen Mieter nicht die Gesetzeskenntnis vorausgesetzt werden, dass eine Erhöhungserklärung zur Mieterhöhung vom nächsten Monatsersten an führt bzw. zum übernächsten Monatsersten. Erst recht gilt das, wenn der Vermieter eine rückwirkende Mieterhöhung gemäß § 10 Abs. 2 Satz 3 WoBindG wegen gestiegener Betriebskosten verlangt. Dann nämlich wirkt die Erhöhung auf den Zeitpunkt zurück, in welchem die Kostenerhöhung eingetreten ist. Selbst der kundige Mieter kann also ohne Erklärung des Vermieters den Erhöhungszeitpunkt gar nicht bestimmen. Auch im Falle einer wirksamen Preisgleitklausel[1] muss angegeben werden, von welchem Zeitpunkt an der Vermieter die Mieterhöhung beansprucht.

754 **Berechnung und Erläuterung**: § 10 Abs. 1 Satz 2 WoBindG verlangt ausdrücklich, dass in der Erhöhungserklärung die Erhöhung berechnet und erläutert werden muss. Wird dies unterlassen, ist die Erhöhungserklärung formell unwirksam. Es reicht z.B. nicht aus, dem Mieter mitzuteilen, die Instandhaltungspauschale habe sich erhöht und daraus ergebe sich, dass ab dem nächsten Monatsersten sich seine Miete um 12,54 Euro erhöhe. Vielmehr ist der Mietpartei einerseits genau namhaft zu machen, woraus sich die Erhöhung der Miete ergibt, in diesem Falle durch Angabe der Verordnung über die Erhöhung der Instandhaltungspauschale nebst Fundstelle und Wirkungszeitpunkt. Weiter ist der Mietpartei genau vorzurechnen, wie sich aus dieser Änderung die Mietänderung rechnerisch ableitet. Sämtliche Parameter, auf die es für den Rechenweg ankommt, sind anzugeben. Dabei ist in der Regel mindestens der Betrag der Kostenänderung anzugeben, jedoch kann es erforderlich sein, die Kostenentstehung bzw. -erhöhung auch weiter darzulegen. Auch bei einfacheren Kostenänderungen ist zusätzlich zur Angabe der Änderung der Kostenposition erforderlich die Mitteilung der Gesamtfläche, auf welche diese Kostenänderung umzulegen ist, die Angabe der Fläche der jeweiligen Wohnung, die Umrechnung auf diese Fläche in einen konkreten Erhöhungsbetrag, die vom Vermieter zugrunde gelegte Ausgangsmiete und der Ergebnisbetrag der neuen Miete[2].

755 Für die nunmehr eingeführten Erhöhungen von Verwaltungskosten und Instandhaltungskosten entsprechend der Veränderung des Verbraucher-

---

1 Vgl. Rz. 768 f.
2 Zur Kasuistik, welche Erläuterungen erforderlich sind, damit eine Berechnung für den juristisch und wohnungswirtschaftlich nicht vorgebildeten Mieter nachvollziehbar ist, siehe *Fischer-Dieskau/Pergande/Schwender*, Wohnungsbaurecht, Band 3.1, Anm. 2 zu § 10 WoBindG.

preisindexes[1] bedeutet dies z.B., dass der Mietpartei die Fundstelle in der II. BV zu benennen ist, die Veränderung des Verbraucherpreisindexes nebst Umrechnung in einen Prozentsatz, und die daraus folgende Kostenänderung für das Gesamtobjekt und die Umrechnung in eine Mietänderung für die einzelne Wohnung.

Besteht die Mietänderungserklärung nebst Erläuterungen **aus mehreren Blättern** oder einer Erklärung und weiteren Berechnungen, dann reicht es aus, wenn die Zusammengehörigkeit der einzelnen Blätter – etwa durch klaren Verweis in einer Haupturkunde auf die Nebenstücke, weiter durch fortlaufende Seitenzahlen, fortlaufende Nummerierung der einzelnen Bestimmungen, einheitliche grafische Gestaltung usw. – sich zweifelsfrei ergibt[2]. 756

Anlagen: Für Änderungen der Kostenmiete ist gemäß § 10 Abs. 1 Satz 3 WoBindG grundsätzlich eine **Wirtschaftlichkeitsberechnung** beizufügen oder ein Auszug daraus, der die Höhe der laufenden Aufwendungen erkennen lässt[3]. In allen Fällen, in denen der Vermieter eine Änderung der Kostenmiete vornimmt, ohne dass er eine Genehmigung der Bewilligungsstelle einholt, ist das unabdingbar, mit einer Ausnahme: Beruht die Mietänderung ausschließlich auf einer Änderung der Kapitalkosten gemäß §§ 18a bis 18e WoBindG, dann muss gemäß § 18f WoBindG keine Wirtschaftlichkeitsberechnung oder Genehmigung der Bewilligungsstelle beigefügt werden. Zusatzberechnungen sind gemäß § 9 NMV 1970 nur zureichend, wenn der Mietpartei früher (nachweisbar) eine vollständige Wirtschaftlichkeitsberechnung bereits übergeben wurde. Liegt ihr diese nicht vor, sind Zusatzberechnungen nicht nachvollziehbar. Der Bundesgerichtshof hat entschieden, dass der Mietpartei nicht eine Darlegung bis zurück zur Bewilligungsmiete übersandt werden muss[4]. Dennoch ist zu warnen: auch Auszüge einer geänderten Wirtschaftlichkeitsberechnung werden möglicherweise nicht nachvollziehbar sein, wenn die ursprüngliche Wirtschaftlichkeitsberechnung der Mietpartei nicht vorliegt, damit wäre die Erklärung insgesamt nicht ausreichend erläutert und unwirksam. 757

---

1 §§ 26 und 28 der II. BV.
2 BGH, Urt. v. 29.9.2004 – VIII ZR 341/03, WM 2004, 666 = GE 2004, 1388 = ZMR 2004, 901 = NZM 2005, 61 mit Verweis auf BGHZ 136,157, sowie BGH, Urt. v. 18.12.2002 – XII ZR 253/01, NJW 2003, 1248; BGH, Urt. v. 26.11.2003 – VIII ZR 99/03, NJW-RR 2004, 586.
3 Ist nicht die Kostenmiete, sondern die Vergleichsmiete gemäß § 8 Abs. 3 WoBindG vereinbart, dann ist die Beifügung einer Wirtschaftlichkeitsberechnung nicht erforderlich. Die Darstellung und Erläuterung, inwiefern die laufenden Aufwendungen gestiegen sind, ist aber auch in diesen Fällen unentbehrlich.
4 BGH, Beschl. v. 11.1.1984 – VIII ARZ 10/83, WM 1984, 70.

758 Hat der Vermieter über die Kostenmiete eine **Genehmigung der Bewilligungsstelle** eingeholt, der eine Wirtschaftlichkeitsberechnung zugrunde lag, dann reicht die Vorlage einer Abschrift dieser Genehmigung aus (§ 10 Abs. 1 Satz 4 WoBindG). Außer der vorerwähnten Wirtschaftlichkeitsberechnung bzw. Genehmigung der Bewilligungsstelle sind normalerweise Anlagen nicht hilfreich. Entweder es handelt sich um notwendige Berechnungen und Erläuterungen – dann müssen sie laut Gesetz ausdrücklich „in der Erklärung" enthalten sein –, oder sie sind nicht notwendig, dann stiften sie möglicherweise mehr Verwirrung als sie zur Aufklärung beitragen.

759 Nicht zu verkennen ist, dass für den typischen Mieter des Sozialen Wohnungsbaus die Formalisierung und die hohen Anforderungen an Erläuterung und Berechnung einer Mietänderungserklärung oft nicht zu einer besseren **Durchschaubarkeit** der Berechnung der Miete oder einer Erhöhung führen. Selbst grobe formale Fehler fallen meist erst bei einer qualifizierten Beratung auf, die Reichweite ihrer Auswirkungen ist durchaus umstritten, und Berechnungsfehler können nur durch akribisches Nachvollziehen aufgespürt werden. Ohne die Pflicht zu formal korrekter Darlegung, und zu Berechnung und Erläuterung, wäre eine Überprüfung des gesetzlichen Ziels, dem Vermieter nur die Kostenmiete zukommen zu lassen, nicht möglich. Nicht zu unterschätzen ist auch der mit der Formalisierung den Vermietern auferlegte Zwang zur Selbstkontrolle, der – unter der Sanktion, eine Mietänderung nicht durchsetzen zu können – eine ständige Auseinandersetzung mit der Systematik der Mietberechnung und der dazu ergangenen Rechtsprechung verlangt.

760 Grundsätzlich hat die Mietpartei das Recht auf **Auskunft** über die Zusammensetzung der Miete und **Einsicht in die vollständige Wirtschaftlichkeitsberechnung**. Ausdrücklich gilt dies bei einer Mietänderungserklärung, § 10 Abs. 3 WoBindG[1].

761 Die Anforderungen, Mietänderungen durch formell korrekte und inhaltlich nachvollziehbare Erklärung geltend zu machen, sind auch dann zu beachten, wenn im Mietvertrag eine **Gleitklausel** enthalten ist, indem die jeweils zulässige Miete als vertragliche Miete vereinbart wurde, § 4 Abs. 8 NMV 1970. Derartige Vereinbarungen wirken sich – wenn sie wirksam sind[2] – nur in der Weise aus, dass Mietänderungen rückwirkend eintreten können[3].

---

1 Siehe dazu Rz. 745 ff.
2 Formularklauseln sind kritisch auf ihre Wirksamkeit zu prüfen, BGH, Urt. v. 3.3.2004 - VIII ZR 149/03, WM 2004, 285 = NZM 2004, 336 = NJW 2004, 1738 = ZMR 2004, 424 = DWW 2004, 329; BGH, Urt. v. 3.3.2004 – VIII ZR 151/03, WM 2004, 288.
3 Außer solchen auf Grund von Zinserhöhungen i.S.d. §§ 18a bis 18e WoBindG, siehe § 18f WoBindG.

⇨ **Beispiel:**
XYZ-Verwaltungsgesellschaft
X-Straße 7
PLZ Ort

Anschrift (sämtliche Mieter laut Mietvertrag)

Betr: Mieterhöhung ab 1.1.2006 für die Wohnung Z-Straße 1, 3. OG links
 Wohnungsnummer 123456789

Sehr geehrter Herr ....
Sehr geehrte Frau ....

Für Ihre vorbezeichnete Wohnung treten Änderungen bei der Mietberechnung ein:

1. Gemäß § 26 Abs. 4 der II. Berechnungsverordnung haben sich die Verwaltungskosten zum 1.1.2006 erhöht in dem Maße, in dem der Verbraucherpreisindex für Oktober 2005 im Verhältnis zum Oktober 2004 gestiegen ist.

Der bisherige Ansatz für Verwaltungskosten betrug 9374,43 Euro jährlich.

Der Verbraucherpreisindex für Oktober 2004 betrug 106,6
Der Verbraucherpreisindex für Oktober 2005 betrug 109,1
Das entspricht[1] einer Steigerung um 2,35 %
Demnach betragen die anzusetzenden Verwaltungskosten ab 1.1.2006

Bisheriger Betrag	9374,43 Euro
Steigerung 2,35 % =	220,30 Euro
Neuer Betrag	9594,73 Euro

2. Gemäß § 28 Abs. 5a und § 26 Abs. 4 der II. Berechnungsverordnung haben sich die Verwaltungskosten zum 1.1.2006 erhöht in dem Maße, in dem der Verbraucherpreisindex für Oktober 2005 im Verhältnis zum Oktober 2004 gestiegen ist.

Der bisherige Ansatz für Verwaltungskosten betrug 29 467,00 Euro jährlich.

Der Verbraucherpreisindex für Oktober 2004 betrug 106,6
Der Verbraucherpreisindex für Oktober 2005 betrug 109,1
Das entspricht einer Steigerung um 2,35 %
Demnach betragen die anzusetzenden Verwaltungskosten ab 1.1.2006

Bisheriger Betrag	29 467,00 Euro
Steigerung 2,35 % =	692,47 Euro
Neuer Betrag	30 159,47 Euro

---

[1] $[(109,1 : 106,6)*100] - 100 = 2,35\ \%$.

Damit erhöhen sich, wie Sie aus dem beiliegenden Auszug der Wirtschaftlichkeitsberechnung ersehen können, die laufenden Aufwendungen für die Wohnungen auf insgesamt 221 421,52 Euro jährlich, das sind (221 421,52 Euro/12 =) 18 451,79 Euro monatlich für die gesamte Wohnfläche von 3478,94 m². Demnach ergibt sich für die Wohnungen eine neue Durchschnittsmiete von 5,30 Euro/m²:

		Jährlich	Monatlich	
Laufende Aufwendungen		221 421,52 Euro /12	18 451,79 Euro	
auf Wohnfläche	3478,94 m²		/3478,94 m²	5,30 Euro/m²
Monatliche Grundmiete			ab 1.1.2006	5,30 Euro/m²
Bisherige Grundmiete			bis 31.12.2005	–5,20 Euro/m²
Somit Erhöhung	ab 1.1.2006			0,10 Euro/m²

Für Ihre Wohnung mit 56,80 m² folgt daraus eine Mieterhöhung um 5,68 Euro monatlich.

Dadurch ändert sich Ihre Miete ab 1.1.2006 wie folgt:

	Bisher	Erhöhung	Neu ab 1.1.2006
Miete	331,28	5,68	336,96
Heizkostenvorschuss	180,00		180,00
Betriebskostenvorschuss	88,00		88,00
Aufzugkostenvorschuss	46,30		46,30
	645,58		651,26

Mit freundlichem Gruß

Unterschrift, sofern das Schreiben nicht durch automatische Einrichtung erstellt ist.

762 Die einseitige Mietänderungserklärung gemäß § 10 WoBindG ist nur für nach dem II. WoBauG geförderten Wohnraum möglich. Für Wohnraum, der dem **Wohnraumförderungsgesetz** unterliegt, gibt es eine vergleichbare Möglichkeit nicht. Hier sind Mietänderungen nur nach den Regeln des allgemeinen Mietrechts möglich[1].

VII. Wirkungszeitpunkt

763 Eine Änderung der Miethöhe kann im preisgebundenen Wohnraum (nach Förderung nach dem II. WoBauG) **frühestens** zu dem Zeitpunkt erfolgen, in dem die zugrunde liegende **Kostenänderung** eingetreten ist bzw. **als eingetreten gilt**. So kann eine Mietänderung wegen Modernisierung einer einzelnen Wohnung als Zuschlag zur Einzelmiete dieser

---

1 Siehe dazu Rz. 239 ff.

Wohnung frühestens dann beansprucht werden, wenn die Modernisierungsmaßnahmen einschließlich der Nebenarbeiten vollständig abgeschlossen sind, als Änderung der Durchschnittsmiete erst dann, wenn dies in allen Wohnungen erfolgt ist. Soll eine Erhöhung der Verwaltungskostenpauschale weitergegeben werden, sind dafür in § 26 der II. BV Veränderungen zum 1.1.2005, 1.1.2008, 1.1.2011 usw. um die jeweils eingetretene Veränderung des Lebenshaltungskostenindexes eröffnet[1]; eine Mieterhöhung für den Zeitraum davor darf auch dann nicht beansprucht werden, wenn der Vermieter Steigerungen der Verwaltungskosten feststellt, es sei denn, er hätte bisher die Pauschalsätze nicht ausgeschöpft.

Weiter muss der Vermieter eine entsprechende formgerechte **Mietänderungserklärung**[2] abgegeben haben und diese muss dem Mieter **zugegangen** sein. Da dem Vermieter die Möglichkeit einer einseitigen Mietänderungserklärung gegeben ist, muss er selbst bei allgemein veröffentlichten Erhöhungsmöglichkeiten sein Gestaltungsrecht auch in der gehörigen Form ausüben. 764

Da zur formgerechten Mietänderungserklärung stets die nachvollziehbare Darlegung und Berechnung der Mietänderungen gehört (§ 10 Abs. 1 Satz 2 WoBindG), ist weitere Voraussetzung, dass die **Berechnungsgrundlagen komplett** sind. Eine Berechnung z.B. eines Modernisierungszuschlages ist erst möglich, wenn dem Vermieter sämtliche Rechnungen, aus denen er die Kostenänderung ermittelt, vorliegen und er sie beglichen hat; eine Berechnung aus Kostenvoranschlägen ist nicht möglich, denn eine Kostenänderung ist vor Begleichung der Rechnungen beim Vermieter noch gar nicht eingetreten. 765

Eine formgerechte Mietänderungserklärung entfaltet gemäß § 10 Abs. 2 WoBindG ihre Wirkung grundsätzlich zum **Beginn des auf den Zugang folgenden Monats**. Geht aber die Erhöhungserklärung erst **nach dem 15. eines Monats** der Mietpartei zu, dann verschiebt sich der Eintritt der Erhöhung um einen Monat. Selbst in den Fällen, in welchen eine Mieterhöhungsmöglichkeit grundsätzlich lange vorher bekannt ist (derzeit die Erhöhungen der Verwaltungs- und Instandhaltungskosten zum 1.1.2008, 1.1.2011 usw.), der Vermieter also die entsprechenden Ände- 766

---

1 Für Verwaltungskosten und Instandhaltungskosten, §§ 26, 28 der II. BV, siehe Rz. 726 und Rz. 728 f.
2 Siehe dazu Rz. 745 ff.

rungserklärungen frühzeitig elektronisch vorbereiten könnte[1], ist vorsorglich darauf hinzuweisen, dass auch die frühzeitige Absendung einer Mietänderungserklärung nicht eine Erhöhung nach dieser Zeitregel zur Folge hat, wenn sie materiell erst zu einem späteren Zeitpunkt eintreten kann, § 10 Abs. 2 Satz 2 NMV 1970.

767 Liegt keine abweichende vertragliche Vereinbarung oder gesetzliche Regelung vor, dann kann eine Mietänderung immer nur nach der vorstehend beschriebenen Frist **für die Zukunft** eintreten, nachdem die Kostenänderung eingetreten, dem Vermieter bekannt, von ihm berechnet und in einer Mietänderungserklärung dargelegt, und diese Erklärung der Mietpartei zugegangen ist.

768 Dieses klare System ist in der Praxis allerdings aufgeweicht dadurch, dass häufig formularmäßig im Mietvertrag niedergelegt ist, die **jeweils zulässige Miete sei als vertraglich vereinbart** anzusehen. Diese Mietanpassungsklauseln sind in § 4 Abs. 8 NMV 1970 erwähnt und von der Rechtsprechung grundsätzlich akzeptiert worden. Das mag etwas verwundern, weil es sich um Wohnraum handelt, der den einfachen Schichten der Bevölkerung gewidmet war, die durch die Formalisierung der Mietänderung auch vor Nachzahlungsverpflichtungen, die sie nicht übersehen können, geschützt werden sollten. Immerhin verlangt der Bundesgerichtshof, dass die tatbestandlichen Voraussetzungen und Rechtsfolgen in derartigen Formulargleitklauseln so genau beschrieben sein müssen, dass für den Verwender keine ungerechtfertigten Beurteilungsspielräume entstehen[2]. Liegt eine wirksame Mietanpassungsklausel vor, dann kann eine Mietänderung grundsätzlich mit einer Mietänderungserklärung des Vermieters **auch rückwirkend** geltend gemacht werden. Der Gesetz- und Verordnungsgeber hat insoweit den Interessen der Grundstücksunternehmen den Vorrang gegeben. Immerhin ist in § 4 Abs. 8 NMV 1970 eine Begrenzung von Nachforderungsansprüchen vorgesehen: Grundsätzlich kann bei Vorliegen einer Mietanpassungsklausel eine materiell berechtigte Mieterhöhung maximal ab Beginn

---

1 Aus praktischen Gründen wird es kaum möglich sein, die Mietänderungserklärung mehr als einen Monat vor dem in der Verordnung festgelegten Erhöhungszeitpunkt abzugeben, weil der Verbraucherpreisindex für Oktober erst im November veröffentlicht wird, eine Änderungserklärung also kaum vor dem 15. November der Mietpartei zugehen kann, so dass es ohnehin beim in der II. BV festgelegten frühesten Erhöhungszeitpunkt des 1. Januar bleiben würde.
2 BGH Urt. v. 3.3.2004 – VIII ZR 149/03, WM 2004, 285 = NZM 2004, 336 = NJW 2004, 1738 = ZMR 2004, 424 = DWW 2004, 329. Wegen Verstoßes gegen das Transparenzgebot wurde die Gleitklausel gem. § 9 Abs. 1 Abs. 2 Ziff. 1 AGBG (jetzt § 307 Abs. 1 Satz 1, Abs. 2 Ziff. 1 BGB) für unwirksam erklärt. Siehe dazu Rz. 670 f.

des Kalenderjahres, das dem Zugang der Erklärung vorausging, beansprucht werden. Für einen weiter zurückliegenden Zeitraum kann eine zulässige Mieterhöhung jedoch dann nachgefordert werden, wenn der Vermieter die Nachforderung aus Gründen, die er nicht zu vertreten hat, erst nach dem Ende des auf die Erhöhung der laufenden Aufwendungen folgenden Kalenderjahres geltend machen konnte und sie innerhalb von drei Monaten nach Wegfall der Gründe geltend macht. Für Mieterhöhungen, die sich aus der Einschränkung von Zinsvergünstigungen bei öffentlich geförderten Wohnungen ergeben (§§ 18a bis 18e WoBindG), sind vertragliche Vereinbarungen über eine rückwirkende Mietanhebung gänzlich unwirksam, § 18f WoBindG, § 4 Abs. 8 Satz 3 NMV 1970.

In besonderen Ausnahmefällen gewährt das **Gesetz**, auch ohne dass es einer dies gestattenden vertraglichen Vereinbarung bedürfte, eine **rückwirkende Erhöhungsmöglichkeit**. 769

Solche Regelungen finden sich

- in § 10 Abs. 2 Satz 3 WoBindG für Betriebskostenerhöhungen, die den Vermieter selbst rückwirkend treffen (Genehmigung der Bewilligungsstelle nicht erforderlich),
- in § 7 Abs. 3 und Abs. 4 NMV 1970 für die Schaffung zusätzlicher Wohnräume aus bisherigen Zubehörräumen (behördliche Genehmigung der Miete erforderlich),
- § 8 Abs. 1 bzw. Abs. 2 NMV 1970 für die Wohnungsvergrößerung durch Ausbau oder Erweiterung (behördliche Genehmigung der Miete erforderlich).

Bezüglich der **Betriebskosten** ist eine rückwirkende Geltendmachung zulässig, wenn den Vermieter selbst die Kostenerhöhung rückwirkend getroffen hat und er **innerhalb von drei Monaten nach Kenntniserlangung** die Erhöhungserklärung abgibt. Dann kann er die Erhöhung ab Beginn des Eintritts der Kostenerhöhung geltend machen. Die Ausschlussfrist des § 20 Abs. 3 Satz 4 NMV 1970 gilt in diesem Falle nicht[1]. Fehlt eine der Voraussetzungen, bleibt es bei der Grundregel des § 10 Abs. 2 Satz 1 WoBindG, dass die Erhöhung nur für die Zukunft erfolgen kann. Eine rückwirkende Erhöhung von Umlagenvorauszahlungen ist nicht möglich, § 20 Abs. 4 Satz 2 NMV 1970. 770

§ 8a Abs. 4 WoBindG, § 4 Abs. 2 NMV 1970 eröffnen grundsätzlich die Möglichkeit einer Mieterhöhung wegen **Änderungen der Durchschnittsmieten in der Zeit unmittelbar nach Fertigstellung**, also Kos- 771

---

1 § 20 Abs. 3 Satz 5 NMV 1970.

tenerhöhungen, die bis zur Schlussabrechnung, spätestens innerhalb von zwei Jahren nach Bezugsfertigkeit eintreten, was für die Erstbezieher misslich sein kann. Die Vorschrift setzt einerseits eine Genehmigung der neuen Durchschnittsmiete durch die Bewilligungsstelle voraus, begrenzt eine Rückwirkung auf längstens drei Monate vor Antragstellung (mit prüffähigen Unterlagen) und gibt schließlich dem Vermieter gegenüber der Mietpartei ein Recht zur Nachforderung nur dann, wenn er bei Vereinbarung der Miete diese als vorläufig gekennzeichnet und sich eine Nachforderung ausdrücklich vorbehalten hat.

772 **Kostensenkungen** führen – wenn daraus im Ergebnis eine Verringerung der Einzelmiete oder der Zuschläge folgt – stets zu einer Mietsenkung von dem Zeitpunkt an, in welchem die Kostensenkung beim Vermieter eingetreten ist, § 5 Abs. 1 Satz 2 NMV.

VIII. Mieterrechte

773 Zu unterscheiden ist zunächst, welche Kategorie preisgebundenen Wohnraums vorliegt:
   – nach altem Recht
     – nach dem II. WoBauG und dem WoBindG alter Fassung –
   oder
   – nach dem WoFG
     – bewilligt ab dem 1.1.2002, jedenfalls ab 1.1.2003 –.

774 **Preisgebundener Wohnraum nach altem Recht** basiert bezüglich der Preisgestaltung auf dem Prinzip der Kostenmiete und knüpft die Mieterrechte hieran.

775 Auf die Ermittlung und die Genehmigung der **Ausgangsmiete** hat der Mieter meist keinen Einfluss, denn diese wird in der Regel vor seinem Einzug (als Durchschnitt der Nettokaltmiete pro Quadratmeter für dieses Objekt) endgültig festgesetzt.

776 Werden nach Bezugsfertigkeit in der Schlussabrechnung doch noch höhere Aufwendungen belegt und wird demzufolge eine **Erhöhung der Durchschnittsmiete** genehmigt, dann kann von dem Vermieter einseitig die Einzelmiete erhöht werden, ohne dass der Mieter relevante Kontrollinstrumente hätte.

777 Hierbei ist aber zu beachten, dass die Umrechnung der Durchschnittsmiete in eine **Einzelmiete** für die einzelne Wohnungsgröße **dem Vermieter obliegt** und nicht Gegenstand der behördlichen Genehmigung

ist. Nur bei konkretem Anlass prüft die Bewilligungsstelle, ob der Vermieter eine überhöhte Miete für die einzelne Wohnung in Ansatz gebracht hat. Gibt es hier Grund zur Beanstandung, dann kann der Mieter vom Vermieter Aufklärung fordern und ggf. eine gerichtliche Klärung herbeiführen.

Nach der genehmigten Schlussabrechnung bedarf/bedurfte der Vermieter einer erneuten behördlichen Genehmigung der Mieten nur, 778
- wenn er Wirtschaftseinheiten zusammenlegte, nicht aber, wenn er Wirtschaftseinheiten neu aufteilen will oder Wohnungseigentum bildet,
- wenn er Zubehörräume bis zum 28.8.1990 ausgebaut hat,
- wenn er Wohnungen vergrößert.

Für die **weitere Mietentwicklung**, ebenso wie für die Entwicklung der Umlagen und der Zuschläge, sind dem Vermieter einseitige Gestaltungsrechte eingeräumt. Mögliche Mietänderungen sind nach Form und Inhalt festgelegt[1], die einzelne Mietänderungserklärung ist zivilrechtlich einseitig gestaltende Willenserklärung, deren Berechtigung im Zivilrechtsweg überprüft werden kann. 779

§ 8 Abs. 4 WoBindG sieht zur Sicherung der Beachtung der Kostenmiete umfassende **Auskunftsrechte** der Mietpartei vor[2], § 8 Abs. 2 WoBindG klare **Rückforderungsansprüche** nebst Verzinsung[3]. 780

Als letztes Mittel ist dem Mieter – in Zeiten der Wohnungsknappheit eher theoretisch denn praktisch – ein **außerordentliches Kündigungsrecht** durch § 11 WoBindG eingeräumt. 781

Ist **preisgebundener Wohnraum auf der Grundlage des WoFG** bewilligt worden, dann ist die Miethöhe nur als **Höchstmiete** in der Förderzusage begrenzt, möglicherweise sieht die **Förderzusage** auch weitere Begrenzungen für einzelne Kostensteigerungen vor. Was diese angeht, hat die Mietpartei auch Auskunftsrechte[4]. Rückforderungsansprüche sind über das zivilrechtliche Bereicherungsrecht zu realisieren[5]. 782

Unterhalb dieser Begrenzungen – und ohnehin nach ihrem Ende – gilt jedoch **das allgemeine Mietrecht**, Mietänderungen sind also als Erhöhung in Richtung auf die ortsübliche Vergleichsmiete über § 558 BGB 783

---

1 Siehe dazu Rz. 745 ff.
2 Siehe dazu Rz. 785 ff.
3 Siehe dazu Rz. 812 ff.
4 Siehe dazu Rz. 789.
5 Siehe dazu Rz. 814.

zu realisieren, die Mietpartei hat die Rechte, wie sie bei Rz. 389 ff. beschrieben sind. Mieterhöhungen nach Modernisierung erfolgen – wenn nicht die Förderzusage anderes festlegt oder dies begrenzt – nach § 559 BGB, zu den Mieterrechten ist zu verweisen auf Rz. 490 ff.

784 Die Mietpartei hat nach § 561 BGB ein Kündigungsrecht, wenn der Vermieter ihm mit einer Mieterhöhung gegenübertritt.

785 § 8 Abs. 4 WoBindG räumt der Mietpartei einen Anspruch gegenüber dem Vermieter auf **Auskunft** über die **Zusammensetzung** der Miete ein. § 29 NMV 1970 ergänzt diese Verpflichtungen noch dahingehend, dass die Mietpartei Anspruch hat auf Einsichtnahme in die Wirtschaftlichkeitsberechnung und sonstige Unterlagen, die eine Berechnung der Miete ermöglichen.

786 Diese Auskunftsverpflichtungen treffen nicht nur denjenigen Vermieter, der selbst die Wohnungen errichtet hat, sondern auch jeden **Nachfolger**, und zwar auch bezüglich der Zeiträume, die vor seinem Rechtseintritt liegen[1]. Das Gesetz räumt der Mietpartei diesen Auskunftsanspruch auch ohne jegliche Voraussetzung ein. Die Mietpartei kann den Auskunftsanspruch jederzeit geltend machen, sie braucht weder zu behaupten, sie habe Rückforderungsansprüche, noch kommt es auf Verjährungsaspekte an.

787 Das Auskunftsrecht soll sich[2] nicht auf die **Belege** für die **Baukosten** erstrecken. Dies kann aber nur gelten, soweit diese im Rahmen einer Wirtschaftlichkeitsberechnung behördlich geprüft und genehmigt wurden. Wird hingegen eine Mietänderung wegen Modernisierungsmaßnahmen an einzelnen Wohnungen beansprucht und diese als Zuschlag zur Einzelmiete berechnet[3], dann ist die Mietänderungserklärung nur nachvollziehbar (§ 10 Abs. 1 Satz 2 WoBindG), wenn diese Kosten genau dargelegt werden. Sie sind dann ohne Zweifel auch erforderlich, um die Mietberechnung zu prüfen, folglich muss sich das Recht auf Auskunft und Einsicht in die Belege auch auf diese Kosten erstrecken. Für die Betriebskosten gilt dies ohnehin.

788 Anstelle der Einsichtnahme in die Unterlagen des Vermieters kann die Mietpartei gemäß § 29 Abs. 2 NMV 1970 auch die **Überlassung von Ablichtungen** gegen Erstattung der Auslagen verlangen. Liegt der Berechnung eine Genehmigung der Bewilligungsstelle zugrunde, dann kann auch die Vorlage dieser Genehmigung oder Überlassung einer Ablich-

---

1 LG Berlin, Urt. v. 5.5.1992 – 63 S 92/92, WM 1992, 430.
2 *Köhler/Rossmann*, Handbuch der Wohnraummiete, 6. Aufl., § 179 Rz. 17.
3 Vgl. Rz. 744.

tung verlangt werden. Als erstattungsfähige Auslagen für Fotokopien gelten 0,10 bis 0,50 Euro/Seite[1].

Für die Wohnungsbestände, die dem neuen **Wohnraumförderungsrecht** unterliegen[2], ist ebenfalls ein Anspruch der Mieter auf **Auskunft** in § 28 Abs. 5 WoFG gesetzlich eingeräumt. Die ausdrückliche Einräumung eines Anspruches auf Überlassung von Ablichtungen und die teilweise sich für den preisfreien Wohnraum ausbreitende Rechtsprechung, der Mieter habe nur im Ausnahmefall einen Anspruch auf Kopien, lässt befürchten, dass künftig auch im preisgebundenen Wohnraum ähnlich praxisferne und prohibitive Maßstäbe eingreifen. Angesichts dessen, dass es bei der Kontrolle von Berechnungen im geförderten Wohnungsbau auch um die ordentliche Bewirtschaftung öffentlicher Mittel geht, ist das unverständlich. Immerhin ist den Mietparteien aber das Recht auf Auskünfte gegenüber der Bewilligungsstelle eingeräumt (§ 28 Abs. 5 Satz 3). Soweit die Behörde über die Unterlagen verfügt – hier geht es ja nur noch um die Förderzusage bzw. -vereinbarung und die in ihr enthaltenen Begrenzungen der Miethöhe –, besteht für die Behörde auch eine Rechtspflicht auf Überlassung von Ablichtungen.

789

IX. Dauer der Preisbindung

Die öffentliche Bindung des Wohnraums nach dem II. WoBauG **begann** mit der Zustellung des Bewilligungsbescheids für die öffentlichen Mittel an den Bauherrn. Diese bestehen in erster Linie aus Baudarlehen, ergänzend ggf. Aufwendungszuschüssen.

790

Die Preisbindung **endet** normalerweise mit der Rückzahlung der gewährten öffentlichen Darlehen, und zwar mit dem Ablauf des Jahres, in dem die Darlehen **planmäßig getilgt** sind. Dieser Zeitpunkt kann aus den vereinbarten Tilgungsplänen genau ersehen werden, maßgeblich ist aber, wann die letzte Tilgungszahlung beim Empfänger ankommt[3]. Es kann sich hieraus ohne weiteres eine Bindungsdauer von 50 bis 60 Jahren ergeben, weil zunächst etwa 25 bis 30 Jahre Subventionen gewährt werden, die darin enthaltenen Darlehensanteile dann über 25 bis 30 Jahre zurückzuzahlen sind. Werden im Anschluss daran nochmals öffentliche Mittel bewilligt, worauf aber kein Anspruch besteht[4], dann verlängert sich dadurch auch die Bindungsfrist.

791

---

1 *Lützenkirchen* in Anwalts-Handbuch Mietrecht, 2. Aufl., L Rz. 177 m.w.N.
2 Vgl. Rz. 604.
3 VG Hamburg, Urt. v. 16.12.1998 – 6 VG 2034/96, WM 1999, 581 m.w.N.
4 OVG Berlin Urt. v. 16.12.2004 – OVG 5 B 4.04, GE 2005, 549, zu der in Berlin lange praktizierten Anschlussförderung.

792 Kommt es zu einer **außerplanmäßigen Rückzahlung** von Darlehen, dann endet damit nicht sofort auch die Bindung. Vielmehr ist eine **Nachwirkungsfrist** (maximal bis zum planmäßigen Auslaufen der Bindung) festgelegt. Bis zum 31.12.1989 konnte die genaue Dauer der Nachwirkung durch Rechtsverordnung der jeweiligen Landesregierung bestimmt werden, für alle vorzeitigen Rückzahlungen seit dem 1.1.1990 beträgt sie zehn Jahre nach der außerplanmäßigen Tilgung (maximal auch hier bis zum planmäßigen Auslaufen der Bindung). Teilweise ist nach den bei Vergabe der Fördermittel getroffenen Vereinbarungen eine vorzeitige Rückzahlung nur mit Zustimmung der Bewilligungsstelle möglich, auf deren Erteilung ein Rechtsanspruch nicht besteht und die oft grundsätzlich nicht erteilt wird.

793 Über die Beendigung der Preisbindung wird eine **Bestätigung der Bewilligungsstelle** (§ 18 WoBindG) erteilt, die für alle rechtlichen Beziehungen zwischen Vermieter und Mieter maßgeblich ist.

794 Eine **Freistellung von der Sozialbindung** insgesamt ist im Gesetz nicht vorgesehen. Die Möglichkeit, einzelne Wohnungen oder ganze Wohnungsbestände freizustellen[1], betrifft **nur die Belegungsbindung**, nicht die Bindung an die Miethöhe.

795 Für den preisgebundenen Wohnraum **nach neuem Recht (WoFG)** richtet sich die Dauer der Bindung nach den Festlegungen der **Förderzusage**.

796 Nach dem Ende der Preisbindung gehen die Wohnungen – nach altem wie nach neuem Recht – ohne jede Einschränkung ins Regime des allgemeinen Mietrechts über[2]. Liegt die **ortsübliche Vergleichsmiete** höher als die bisher gezahlte, dann kann eine Zustimmung zur Mieterhöhung gemäß § 558 BGB verlangt werden. Es gilt allerdings auch dann die Kappungsgrenze des § 558 Abs. 3 BGB. In die Berechnung der Ausgangsmiete sind auch zurückliegende Mieterhöhungen wegen gestiegener Kapitalkosten einzubeziehen[3]. Es soll zulässig sein, Mieterhöhungsverlangen für Zeiträume nach Auslaufen der Preisbindung bereits vor deren Ende einzuleiten[4].

797 Hingegen soll auch nach dem Ende der Preisbindung das Verlangen der Kostenmiete keine **Mietpreisüberhöhung** darstellen, selbst wenn die

---
1 § 7 WoBindG a.F.; § 30 WoFG i.V.m. § 7 WoBindG n.F.
2 Siehe hierzu auch *Weitemeyer* in Staudinger, § 557 BGB Rz. 26 m. zahlreichen Nw.
3 BGH, Urt. v. 28.4.2004 – VIII ZR 177/03, WM 2004, 348 m. Anm. *Kunze*, MietRB 2004, 257.
4 Überwiegende Meinung, siehe hierzu *Weitemeyer* in Staudinger, § 557 BGB Rz. 26 m. zahlreichen Nw. pro und contra.

ortsübliche Vergleichsmiete dadurch um mehr als 20 % überschritten wird. Dasselbe soll nach Auslaufen der Preisbindung in den neuen Bundesländern gelten[1].

X. Sanktionen bei Verstößen gegen die Preisbindung

Für die betroffenen Mietparteien kann es insgesamt wichtig sein, die **Bewilligungsstelle** frühzeitig mit einer Überschreitung der für richtig gehaltenen Miethöhe zu befassen. Zum einen erhalten sie auf diesem Wege **Auskünfte**, die für die Klärung der zulässigen Miethöhe und die Einschätzung der Erfolgschancen von Maßnahmen gegen eine Überschreitung wichtig sind. Häufig sind die Sachbearbeiter auch bereit, der Mietpartei mit Ratschlägen zu helfen, selbst wenn ein Anlass für behördliche Maßnahmen nicht gesehen wird. Teilweise sind aber für Mietpreisüberschreitungen auch **Sanktionen** vorgesehen. Deren Einsatz bringt zwar den betroffenen Mietparteien nicht unbedingt ihr Geld zurück, es ist aber grundsätzlich möglich, dass Rückzahlungsverpflichtungen in den Sanktionsverfahren auferlegt werden. Für den Vermieter kann es von Vorteil sein, überzahlte Beträge im Vorfeld eines Sanktionsverfahrens oder auch während seines Laufs zu erstatten, um eine Milderung oder ein Absehen von Sanktionen zu erreichen.

798

Zu unterscheiden ist zwischen

799

- Preisgebundenem Wohnraum nach altem Recht (Geltung des II. WoBauG)
- Preisgebundenem Wohnraum nach dem Wohnraumförderungsrecht (Bewilligung ab 1.1.2002 bzw. 1.1.2003)

1. Öffentlichrechtliche Sanktionen

Für den preisgebundenen Wohnraum **nach altem Recht** regelt § 26 WoBindG verschiedene Bußgeldtatbestände. Neben Verstößen gegen die Belegungsbindung und Maßnahmen zur Zweckentfremdung von Wohnraum ist gemäß § 26 Abs. 1 Ziff. 4 WoBindG auch ein **Verstoß gegen die Preisbindung** ordnungswidrig. Ordnungswidrig handelt nach dieser Vorschrift, wer für die Überlassung einer Wohnung ein höheres Entgelt fordert, sich versprechen lässt oder annimmt, als nach den §§ 8 bis 9 WoBindG zulässig ist.

800

---

[1] So ohne Begründung *Beuermann*, Miete und Mieterhöhung bei preisfreiem Wohnraum, 3. Aufl., § 5 WiStG Rz. 42 und 43a.

801 Die in Bezug genommenen § 8, § 8a und § 8b WoBindG regeln die Begrenzung auf die Kostenmiete[1], über § 8a Abs. 8 sind die Ausführungsverordnungen, Neubaumietenverordnung und II. Berechnungsverordnung, einbezogen. Damit ist **jegliche Überschreitung der Kostenmiete**, wie sie diesen Vorschriften niedergelegt ist, ordnungswidrig. § 9 WoBindG regelt das Verbot bzw. die Beschränkung **einmaliger Leistungen**, was insbesondere als Schutz vor einer Umgehung der Vorschriften über die Kostenmiete notwendig ist. Auch Überschreitungen der dort genannten Grenzen für einmalige Leistungen stellen eine Ordnungswidrigkeit dar.

802 Die Ordnungswidrigkeit kann in diesen Fällen gemäß § 26 Abs. 2 WoBindG mit einer **Geldbuße** bis zu fünfzehntausend Euro geahndet werden; liegt beim Vermieter Vorsatz oder Leichtfertigkeit vor, dann kann die Geldbuße bis zu fünfzigtausend Euro betragen.

803 Gegenüber dem für den Wohnraum allgemein geltenden Tatbestand der Mietpreisüberhöhung (§ 5 WiStG)[2] ist § 26 WoBindG der speziellere Tatbestand. Die **zuständige Behörde** wird durch Landesrecht bestimmt. Das **Verfahren** richtet sich nach dem Gesetz über Ordnungswidrigkeiten (OWiG)[3].

804 Wird die Kostenmiete um mehr als 50 % überschritten, kommt auch eine Bestrafung nach § 291 des Strafgesetzbuchs in Betracht[4].

805 Weiter eröffnet das Gesetz in § 25 WoBindG erhebliche **wirtschaftliche Sanktionen**: Es kann durch Verwaltungsakt ein **Strafgeld** bis zu 5 Euro pro Quadratmeter Wohnfläche festgesetzt werden (§ 25 Abs. 1 WoBindG), wenn der Verfügungsberechtigte schuldhaft gegen bestimmte Vorschriften des Gesetzes verstößt. Darunter ist auch § 8 Abs. 1 WoBindG genannt, also die Bestimmung, wonach der Vermieter nicht mehr als die Kostenmiete verlangen darf. Außerdem kann bei einem schuldhaften Verstoß das öffentliche **Darlehen fristlos gekündigt, Zuschüsse** können **zurück gefordert** werden (§ 25 Abs. 2 WoBindG)[5]. Zur

---

1 Siehe dazu Rz. 640 ff.
2 Siehe dazu Rz. 188 ff.
3 Gesetz in der Fassung der Bekanntmachung vom 19.2.1987 (BGBl. I S. 602), zuletzt geändert durch Art. 18 AnhörungsrügenG vom 9.12.2004 (BGBl. I S. 3220).
4 Siehe dazu Rz. 222 ff.
5 Die Vorschrift dient zur Sicherung des öffentlichen Interesses an der zweckentsprechenden Verwendung des Wohnraums. Die über die Sanktion eingezogenen Mittel sind dem sozialen Wohnungsbau zuzuführen, § 25 Abs. 4 WoBindG.

Verpflichtung, die unberechtigt eingezogenen Mieten an die Mietpartei zurückzuerstatten, siehe nachfolgend Rz. 812 ff.

Das **Wohnraumförderungsgesetz** ist grundsätzlich für allen Wohnraum anzuwenden, für den die Preisbindung durch Förderzusage nach dem 1.1.2002 begründet worden ist. Ist ausnahmsweise eine Bewilligung zwischen dem 1.1.2002 und dem 31.12.2002 nach altem Recht vorgenommen worden, ist auf die obigen Ausführungen zu verweisen. 806

Für den Wohnungsbestand, der dem Wohnraumförderungsgesetz unterliegt, gilt das System der Kostenmiete nicht mehr. Die Höhe der Mieten richtet sich grundsätzlich nach dem allgemeinen Mietrecht, also der **ortsüblichen Vergleichsmiete**. Staatliche Sanktionen gegenüber einer Überschreitung der ortsüblichen Vergleichsmiete sind in § 5 WiStG – bei Überschreitung um mehr als 20 % – und in § 291 StGB – bei Überschreitung um mehr als 50 % – vorgesehen. Diese Sanktionsmöglichkeiten sind allerdings durch unscharfe Gesetzesfassung und entsprechende Rechtsprechung weitgehend aufgeweicht. Insbesondere wird der Nachweis einer Wohnungsmangellage in der jeweiligen Gesamtgemeinde verlangt, und selbst bei Überschreitung der ortsüblichen Vergleichsmiete um mehr als 20 % (§ 5 WiStG) darf der Vermieter den Überschreitungsbetrag bis zum Erreichen der 20 % behalten, solange er nicht mit einer Überschreitung um mehr als 50 % den Straftatbestand des Mietwuchers (§ 291 StGB) verwirklicht. Es liegt auf der Hand, dass dies einen bedeutenden Anreiz darstellt, eine Überschreitung der ortsüblichen Miete zumindest um 20 % zu realisieren. 807

Das Wohnraumförderungsgesetz enthält zwar in § 52 Abs. 1 WoFG noch besondere Bußgeldtatbestände. Diese betreffen aber – neben Verstößen gegen Belegungsbindung und Maßnahmen der Zweckentfremdung von Wohnraum – bezüglich der Miethöhe nur noch die in § 28 Abs. 4 WoFG ausgesprochenen **besonderen Verbote**, Leistungen zur Abgeltung von Betriebskosten anders als nach Maßgabe der §§ 556, 556a und 560 BGB aufzuerlegen[1], und einmalige oder sonstige Nebenleistungen zu verlangen, die nach Vorschriften des Landes oder nach den Bestimmungen der Förderzusage nicht zugelassen sind[2]. In solchen Fällen kann der Verstoß gemäß § 52 Abs. 2 WoFG mit einer Geldbuße bis zu fünfzigtausend Euro geahndet werden. 808

Abgesehen von dem Rahmen der ortsüblichen Vergleichsmiete kann die Höhe der Miete – auch bezüglich etwaiger Erhöhungstatbestände – gemäß § 13 und § 28 Abs. 1 WoFG durch die einzelne **Förderzusage** be- 809

---

[1] § 52 Abs. 4 Ziff. 5 i.V.m. § 28 Abs. 4 Ziff. 1 WoFG.
[2] § 52 Abs. 4 Ziff. 5 i.V.m. § 28 Abs. 4 Ziff. 2 WoFG.

stimmt werden[1]. Das Wohnraumförderungsgesetz enthält aber trotz der auf dem Spiel stehenden öffentlichen Mittel keine Bußgelddrohung für eine Überschreitung dieser festgelegten Höchstmiete.

810 Für die sonstige Durchsetzung der Bestimmungen der Förderzusage ordnet § 32 Abs. 1 WoFG die Anwendung der Vorschriften über den **Verwaltungszwang**[2] an, und zwar auch für Bestimmungen in einem öffentlich-rechtlichen Vertrag, denn gemäß § 32 Abs. 1 Satz 2 WoFG hat sich der Förderempfänger der sofortigen Vollstreckung nach § 61 des Verwaltungsverfahrensgesetzes oder nach entsprechenden landesrechtlichen Vorschriften zu unterwerfen.

811 Weiter können unter Umständen die Förderung widerrufen und Zahlungen zurückgefordert werden. Wird die Förderzusage durch Verwaltungsakt erteilt, und ist die Miethöhe präzise genug festgelegt, dann kann dieser **Förderungsbescheid** gemäß § 49 Abs. 2 Ziff. 1 und 2 Verwaltungsverfahrensgesetz[3] ganz oder teilweise **widerrufen** werden. Ist ein **öffentlichrechtlicher Vertrag** geschlossen worden, dann kommt es darauf an, ob dort die Rückforderung für solche Fälle vorbehalten worden ist. In Förderverträgen können auch **Vertragsstrafen** vereinbart werden, die bei Überschreitung der in der Förderzusage gesetzten Grenzen fällig werden und im Wege des Verwaltungszwanges durchsetzbar sind.

2. Rückzahlungspflicht

812 Die Sanktionen des § 25 **WoBindG** für preisgebundenen Wohnraum nach altem Recht (Förderung nach dem II. WoBauG) dienen zur Sicherung des öffentlichen Interesses an der zweckentsprechenden Verwendung des Wohnraums. Der einzelne geschädigte Mieter hat hiervon nichts. Es ist jedoch in § 8 Abs. 2 WoBindG auch ausdrücklich geregelt, dass die zivilrechtliche **Vereinbarung**, soweit sie **die Kostenmiete überschreitet, unwirksam** ist. Es ist weder die Darlegung erforderlich, dass die Forderung sittenwidrig war, noch dass der Vermieter in verwerflicher Gesinnung gehandelt hat. Durch die klare gesetzliche Anweisung

---

1 Welche Inhalte diese Förderzusage haben darf, ist je nach Landesrecht und den angewendeten Finanzierungsmodellen unterschiedlich.
2 Vollstreckung nach dem Verwaltungs-Vollstreckungsgesetz des Bundes (VwVG) vom 27.4.1953 (BGBl. I S. 157), zuletzt geändert durch Art. 2 Zweites Gesetz zur Änderung zwangsvollstreckungsrechtlicher Vorschriften vom 17.12.1997 (BGBl. I S. 3039).
3 Verwaltungsverfahrensgesetz des Bundes (VwVfG) in der Fassung der Bekanntmachung vom 23.1.2003 (BGBl. I S. 102), zuletzt geändert durch Art. 4 Abs. 8 KostenrechtsmodernisierungsG vom 5.5.2004 (BGBl. I S. 718). Vorsorglich ist das jeweilige Landesgesetz ergänzend zu prüfen.

entfällt der Rechtsgrund für die Leistung in voller Höhe des überschießenden Betrages.

Das Gesetz ordnet in § 8 Abs. 2 Satz 2 WoBindG ausdrücklich an, dass der überschießende Betrag **zurückzuerstatten** und vom Empfang an zu verzinsen ist. Anzuwenden ist der gesetzliche Zinssatz. Während es im preisfreien Wohnraum durch die ungünstige Fassung des Gesetzes und eine dies noch verstärkende Rechtsprechung keinen Anreiz für den Vermieter gibt, innerhalb der Grenzen der ortsüblichen Miete zu bleiben[1], bleibt nach der klaren Regelung des WoBindG im Falle eines entdeckten Verstoßes gegen das Gebot der Einhaltung der Kostenmiete immer ein wirtschaftlicher Verlust. Allerdings ist für die Rückforderung eine besondere **Verjährungsfrist** eingeführt: Sie beträgt vier Jahre vom Empfang der jeweiligen Leistung an[2], und – was gern übersehen wird – längstens ein Jahr ab Beendigung[3] des Mietverhältnisses[4]. Da die speziellere Regelung des § 8 Abs. 2 Satz 2 WoBindG dem allgemeinen Bereicherungsrecht nach §§ 812 ff. BGB vorgeht, finden auch die Gegenargumente des Bereicherungsrechts keine Anwendung: Der Vermieter kann sich nicht darauf berufen, der Mieter habe gewusst, dass er zur Zahlung nicht verpflichtet war[5], oder der Mieter habe selbst gegen ein gesetzliches Verbot verstoßen[6], oder die Bereicherung des Vermieters sei weggefallen[7]. Eine Aufrechnung des Vermieters gegen solche Ansprüche ist nicht möglich, da der Anspruch aus einer unerlaubten Handlung des Vermieters herrührt, § 393 BGB[8]. Verwirkung kann der Geltendmachung nur dann entgegengehalten werden, wenn über den Zeitablauf hinaus im Einzelfall besondere Umstände vorliegen, aus denen der Vermieter das Vertrauen ableiten durfte, der Mieter werde keine Ansprüche mehr geltend machen. Praktisch erscheint dies bei sorgfältiger Prüfung so gut wie ausgeschlossen. Umgekehrt lösen nur formale Mängel von Mietänderungserklärungen keinen Rückforderungsanspruch nach § 8 Abs. 2 WoBindG aus, wenn nicht tatsächlich die Kostenmiete überschritten wird. Hier

813

---

1 Nach der Rechtsprechung verbleibt dem Vermieter auch bei einer nachgewiesenen Mietüberhöhung immer ein Betrag von 20 % über der ortsüblichen Vergleichsmiete, abgesehen von der Schwierigkeit, Mangellage und verwerfliche Gesinnung nachzuweisen.
2 Gemessen an der bisher für Bereicherungsansprüche geltenden Verjährungsfrist von 30 Jahren war dies sehr kurz. Die Verjährung tritt monatsweise ein.
3 Ggf. ist hier der Zugang einer für unwirksam erachteten Kündigung maßgeblich!
4 Keine Rolle spielt, wann der Mieter Kenntnis davon erhält, dass er zu Unrecht gezahlt hat.
5 § 814 BGB.
6 § 817 Satz 2 BGB.
7 § 818 BGB.
8 Umstritten, wie hier *Bellinger* in Fischer-Dieskau/Pergande/Schwender, Wohnungsbaurecht, Band. 3.1 Anm. 4 zu § 8 WoBindG, m.w.N.

bleibt es beim Rückforderungsanspruch nach Bereicherungsrecht, §§ 812 ff. BGB, sofern nicht eine Gleitklausel wirksam vereinbart ist[1].

814 Auch nach dem **Wohnraumförderungsgesetz** ist eine mietvertragliche Vereinbarung, soweit sie die mit der Förderzusage und etwaigen weiteren Auflagen festgelegte Höchstmiete überschreitet, **unwirksam**, § 28 Abs. 6 WoFG. Demnach kommt es auch hier nicht auf eine wesentliche Überschreitung oder verwerfliche Gesinnung an. Die Mietzahlung des Mieters ist insoweit ohne Rechtsgrund erbracht, weil die Vereinbarung des überschießenden Mietbetrages gegen ein gesetzliches Verbot verstößt, § 134 BGB. Eine besondere Vorschrift über die Rückforderung seitens des Mieters gibt es nicht mehr, vielmehr findet das Recht der **ungerechtfertigten Bereicherung**, §§ 812 ff. BGB, Anwendung. Hier ist zu beachten, dass der Mieter nicht in Kenntnis der Rechtswidrigkeit gezahlt haben darf, weil dies gemäß § 814 BGB seinen Rückforderungsanspruch vereitelt. Wenn der Mieter Kenntnis von der Rechtswidrigkeit der Miethöhe erhält, und insbesondere den Vermieter auffordert, die Miete auf das gesetzliche Maß zu senken, aber dennoch die Miete in dieser Höhe weiter zahlt, um sich nicht einer Kündigung auszusetzen, dann muss er einen ausdrücklichen Rückforderungsvorbehalt (beweisbar) aussprechen. Nach der neuen Rechtslage ist eine **Verzinsung** der zu Unrecht erhaltenen Beträge nicht mehr von Gesetzes wegen angeordnet. Erst durch Zahlungsaufforderung, Fristsetzung und Mahnung entsteht insoweit Verzug und eine Verzinsungspflicht. Auch hier tritt Verjährung nunmehr zügig ein: Die gesetzliche **Verjährungsfrist**, die auch für Ansprüche aus ungerechtfertigter Bereicherung gilt, beträgt nunmehr 3 Jahre[2]. Hier beginnt die Verjährungsfrist aber erst mit dem Schluss eines Kalenderjahres zu laufen, und erst dann, wenn der Mieter Kenntnis von den maßgeblichen Tatsachen erhält oder hätte ohne grobe Fahrlässigkeit hätte erhalten müssen. Zur **Aufrechnung** mit Gegenansprüchen des Vermieters und zur **Verwirkung** der Rückforderungsansprüche ist auf die Ausführungen in Rz. 813 zu verweisen.

---

1 Siehe dazu Rz. 768. Der Vermieter könnte dann durch korrigierte Erhöhungserklärung rückwirkend die formellen Mängel jederzeit heilen, BGH, Urt. v. 22.4.1981 – VIII ZR 103/80, WM 1981, 276.
2 § 195 BGB.

XI. Checkliste

	Frage:	Folgerung:	
1.	– Ist Förderung nach dem II. WoBauG bewilligt worden?	Dann weiter Nr. 3	Rz. 603
	– Ist Förderung nach dem WoFG bewilligt worden?	Dann weiter Nr. 2	Rz. 604
2.	Bei Förderung nach WoFG		
	– Gibt es besondere Regelungen über die Miethöhe?	Wenn ja: sind sie eingehalten? Wenn nein: preisfreies MietR prüfen	Rz.604 Rz. 239 ff.
3.	Bei Förderung nach II. WoBauG		
	– Läuft die Bindung noch?	Wenn ja: Weiter → Nr. 4 Wenn nein: preisfreies MietR prüfen	Rz. 790 ff. Rz. 239 ff.
4.	Formelle Voraussetzungen der Mietänderung, § 10 WoBindG		Rz. 743 ff.
	– Absender der Mietänderung	Berechtigter?	
	– Bezeichnung der Wohnung	Präzise?	
	– Bezeichnung der Adressaten	Korrekt?	
	– Tatbestand der Mietänderung	Angegeben? Weiter Nr. 5	
	– Berechnung der Mietänderung	Nachvollziehbar?	
	– Begründung	Verständlich?	
	– Erläuterung	Verständlich?	
	– Unterschrift	Erforderlich? Oder EDV-Schreiben?	
5.	Welcher Tatbestand wird für die Mietänderung angegeben?		
	– Änderung der Gesamtkosten	Weiter Nr. 6	
	– Änderung der Wirtschaftseinheit	Weiter Nr. 7	
	– Änderung der lfd. Finanzierungsaufwendungen	Weiter Nr. 8	
	– Änderung der sonstigen Bewirtschaftungskosten	Weiter Nr. 9	
	– Änderung wegen Einführung oder Änderung von Zuschlägen	Weiter Nr. 10	

815

Teil II Preisgebundener Wohnraum

Frage:	Folgerung:	
– Änderung wegen Modernisierung	Weiter Nr. 11	
– Änderung wegen Einführung oder Änderung von sonstigen Mietbestandteilen	Weiter Nr. 12	
6. Erhöhung der Gesamtkosten		Rz. 689 ff.
– Vom Vermieter nicht zu vertreten?		
– Modernisierung?	Nur für einzelne WE? Dann weiter → Nr. 11	Rz. 744
	Für alle WE?	Rz. 743
– Liegt eine neue Wirtschaftlichkeitsberechnung vor?	Beim Vermieter: Anspruchsvoraussetzung.	Rz. 656 ff.
	Beim Mieter: Wenn nein: Auskunfts- und Einsichtsanspruch ggü. Vermieter und Behörde.	Rz. 785 ff.
– Liegt eine Genehmigung der Wirtschaftlichkeitsberechnung vor?	Beim Vermieter: Ggf. Anspruchsvoraussetzung.	Rz. 643, 657
	Beim Mieter: Wenn nein: Auskunfts- und Einsichtsanspruch ggü. Vermieter und Behörde.	Rz. 785 ff.
	Weiter → Nr. 13	
7. Änderung der Wirtschaftseinheit		
– Liegt eine neue Wirtschaftlichkeitsberechnung vor?	Beim Vermieter: Anspruchsvoraussetzung.	Rz. 656 ff.
	Beim Mieter: Wenn nein: Auskunfts- und Einsichtsanspruch ggü. Vermieter und Behörde.	Rz. 785 ff.
– Liegt eine Genehmigung der Wirtschaftlichkeitsberechnung vor?	Beim Vermieter: Ggf. Anspruchsvoraussetzung.	Rz. 643, 657
	Beim Mieter: Wenn nein: Auskunfts- und Einsichtsanspruch ggü. Vermieter und Behörde.	Rz. 785 ff.
– Teilung einer Wirtschaftseinheit	Keine behördl. Genehmigung erforderlich.	Rz 705

	Frage:	Folgerung:	
	– Zusammenlegung von Wirtschaftseinheiten	behördl. Genehmigung erforderlich.	Rz. 705
	– Bildung von Wohnungseigentum	Keine behördl. Genehmigung erforderlich.	Rz. 705
		Weiter → Nr. 13	
8.	Änderung der lfd. Finanzierungsaufwendungen		
	– Vom Vermieter nicht zu vertreten?	Wenn zu vertreten: keine Mieterhöhung möglich.	Rz. 709 f., 718
	– Ist bei der Förderung vereinbart worden, dass jede Umschuldung der Genehmigung bedarf?	Wenn ja, ist diese zunächst einzuholen.	Rz. 711
	– Liegt eine neue Wirtschaftlichkeitsberechnung vor?	Beim Vermieter: Anspruchsvoraussetzung.	Rz. 656 ff.
		Beim Mieter: Wenn nein: Auskunfts- und Einsichtsanspruch ggü. Vermieter und Behörde.	Rz. 785 ff.
		Weiter → Nr. 13	
9.	Änderung der sonstigen Bewirtschaftungskosten		Rz. 724 ff.
	– Änderung der Abschreibung?		Rz. 725
	– Änderung der Verwaltungskosten?		Rz. 726
	– Änderung der Betriebskosten?		Rz. 727
	– Änderung der Instandhaltungskosten?		Rz. 728
		Weiter → Nr. 13	
10.	Änderung wegen Einführung oder Änderung von Zuschlägen		
	– Liegt einer der Zuschlagstatbestände vor?	Nur für die aufgeführten Leistungen kann ein Zuschlag erhoben werden.	Rz. 618 ff.
	– Ist der Zuschlagstatbestand weggefallen?	Dann entfällt der Zuschlag.	
	– Soll ein bestehender Zuschlag verändert werden?		

	Frage:	Folgerung:	
	– Ist eine Veränderung vorbehalten?	Eine Erhöhung ist nicht ohne weiteres möglich.	
	– Soll ein Zuschlag neu erhoben werden?		
	– Handelt es sich um einen Zuschlag wegen Modernisierung?	Dann weiter → Nr. 11 Weiter → Nr. 13	
11.	Änderung wegen Modernisierung		Rz. 739 ff.
	– Vom Vermieter nicht zu vertreten?	Dann sind Maßnahmen und Erhöhung zulässig.	Rz. 740 f.
	– Wenn vom Vermieter zu vertreten:		
	– Wertverbesserung?		
	– Energieeinsparung?		
	– Wassereinsparung?		
	– Ist vorher die Zustimmung der Bewilligungsstelle eingeholt?	Wenn nein, ist eine Mieterhöhung ausgeschlossen.	
	– Oder ist öffentliche Förderung gewährt worden?	Dann gilt die Genehmigung als erteilt.	
	– Sind alle WE modernisiert?	Dann ändern sich die Gesamtkosten, weiter → Nr. 6	
12.	Änderung wegen Einführung oder Änderung von sonstigen Mietbestandteilen		
	– Liegt einer der Tatbestände vor?	Sonstige Vergütungen können nur für die im Gesetz genannten Fälle erhoben werden. Weiter → Nr. 13	Rz. 630 ff.
13.	– Ist der Grund der Mietänderung dargelegt und erläutert?	Dies sind Voraussetzungen jeder Erhöhungserklärung.	Rz. 745 ff.
	– Ist der Grund ersichtlich zutreffend?	Wenn nicht, hat der Mieter ein Auskunftsrecht.	Rz. 785 ff.
14.	– Ist der Betrag der Mietänderung eindeutig angegeben?	Nur dann besteht ein Anspruch auf entsprechende Zahlung.	Rz. 751 f.

	Frage:	Folgerung:	
15.	– Ist die Mietänderung nachvollziehbar berechnet?	Das ist Voraussetzung des Zahlungsanspruchs.	Rz. 754 ff.
	– Flächenangaben zutreffend?	Abweichungen zur Wirtschaftlichkeitsberechnung oder früheren Mietberechnungen machen die Erklärung unwirksam, wenn dafür kein Grund dargelegt wird.	
	– Berechnungsschlüssel zutreffend?	Auch hier sind Abweichungen zu erläutern.	
16.	– Ist der Zeitpunkt der Mietänderung klar angegeben?	Eine präzise Angabe ist erforderlich.	Rz. 753
	– Ist der Zeitpunkt zutreffend berechnet?		Rz. 763 ff.
	– Gibt es eine Gleitklausel im Vertrag?		Rz. 768
	– Ist diese wirksam?		

Teil III
Außergerichtliche Streitbeilegung

1 Die Beilegung der Streitigkeiten zwischen Vermieter und Mieter unter Inanspruchnahme **außergerichtlicher Verfahren** hat unter Kaufleuten eine lange Tradition, kam aber auch bei der Wohnraumvermietung vor, etwa im Rahmen von Schlichtungsangeboten in Genossenschaften. In jüngerer Zeit haben derartige Verfahrensweisen, nicht zuletzt durch angloamerikanische Vorbilder, eine deutliche Belebung erfahren. Für die Einschätzung ist einerseits danach zu unterscheiden, ob es sich um freiwillige Schlichtungen handelt oder ob eine Pflicht zur Mitwirkung beider Seiten besteht, andererseits ob das Schlichtungsverfahren nur Hilfsmittel für eine Einigung oder gerichtliche Entscheidung erbringen soll oder an die Stelle eines Justizverfahrens treten soll. Zu unterscheiden sind

– Mediation (Rz. 2 ff.),
– Schiedsgutachten (Rz. 6 ff.),
– Schiedsgerichtsverfahren (Rz. 13 ff.),
– Gesetzlich angeordnete Schlichtungsverfahren (Rz. 21 ff.),
– Schlichtung im Gerichtsverfahren (Rz. 25 ff.).

A. Mediation

2 Seit Mitte der 90er Jahre ist die außergerichtliche Streitbeilegung insbesondere in Form der **Mediation** Gegenstand zunehmenden öffentlichen Interesses. Die inzwischen dazu erschienenen Veröffentlichungen sind kaum noch übersehbar[1]. Diverse Verbände und Organisationen nehmen sich des Themas an. Am 19.4.2002 hat die Kommission der Europäischen Gemeinschaften entsprechend einem Auftrag der Justizminister der EU das „Grünbuch über alternative Verfahren zur Streitbeilegung im Zivil- und Handelsrecht" vorgelegt, das eine Fülle von Informationen über die Initiativen zur Förderung der außergerichtlichen Streitbeilegung in den Mitgliedsstaaten enthält[2].

3 Die Mediation hat sich vor allem im Familienrecht und beim Täter-Opfer-Ausgleich etabliert und wird zunehmend im Umweltbereich und in

---

[1] Z.B. *Walz*, Handbuch außergerichtliche Streitbeilegung; *Spangenberg/Spangenberg*, Verhandeln – Auf dem Weg zum freundlichen Ritual.
[2] Vgl. *Duve*, AnwBl 2004, 1.

der Wirtschaft als **schnelle**, effiziente und **konstruktive Streitschlichtungsform** eingesetzt. Sie setzt auf die Fähigkeit der Beteiligten, freiwillig und eigenverantwortlich Lösungen für ihre Konflikte zu erarbeiten, wobei die Mediatorin bzw. der Mediator als neutrale und allparteiliche Vermittler bei der Klärung der eigentlichen Interessen und der Sammlung von Lösungsmöglichkeiten helfen, ohne selbst Lösungen vorzugeben; diese werden vielmehr im Konsens der Beteiligten entwickelt. Die Mediatoren sind für den Verlauf des Mediationsgesprächs verantwortlich, die Konfliktparteien für die Inhalte. Der Gegenstand des Mediationsverfahrens kann von den Konfliktparteien frei bestimmt und jederzeit einvernehmlich verändert und ergänzt werden.

Im Bereich des **Mietrechts** hat die außergerichtliche Konfliktregelung bislang noch keinen nennenswerten Stellenwert. Die wenigen Autoren, die sich damit befasst haben, sehen sie als geeignetes Mittel zur Streitschlichtung, gerade auch bei Auseinandersetzungen um die Miethöhe, im Hinblick darauf, dass es sich um ein laufendes, auf gegenseitige Kooperation angelegtes **Dauerschuldverhältnis** handelt, bei dem beide Seiten prinzipiell an einer längerfristigen Beziehung interessiert sind[1]. Es ist damit zu rechnen, dass die Bedeutung der Mediation auf die Dauer auch in diesem Bereich zunehmen wird. 4

Die Mediation kann auch während eines gerichtlichen Verfahrens eingeleitet werden, siehe dazu Rz. 26. 5

B. Schiedsgutachten

Zu den Instrumentarien außergerichtlicher Streitbeilegung gehört das Schiedsgutachten. Kennzeichnend für dieses Modell ist, dass es nur auf Grund einer Vereinbarung der Parteien in Frage kommt und dass es nicht unmittelbar zu einem vollstreckbaren Titel führt. 6

Schiedsgutachten sind verbreitet im Verkehr zwischen Unternehmen und finden insbesondere auch im Gewerbemietrecht Verwendung[2]. Sie sollen dazu beitragen, Interessengegensätze nicht zu zeit- und kostenaufwendigen Streitigkeiten eskalieren zu lassen. Mit einer Schiedsgutachtenvereinbarung kommen die Parteien überein, dass ein Außenstehender, in der Regel jemand, dem **besondere Sachkompetenz** zugeschrieben wird, über eine **abgegrenzte Frage** eine Aussage treffen soll. 7

---

1 Vgl. *Boysen*, NZM 2001, 1009; siehe auch *Glenewinkel*, WM 2002, 649.
2 Vgl. dazu Teil I Rz. 163 ff.

8   Die **Vereinbarung** kann schon bei Beginn der Vertragsbeziehung geschlossen werden, etwa um die Frage der angemessenen Mietentwicklung, die absehbar in der Zukunft entschieden werden muss, einer objektivierten Klärung zuzuführen. Wenn sich die Parteien zu dieser Zeit auf eine Schiedsgutachten-Vereinbarung einlassen, können sie die Regelung unbeeinträchtigt von akuten Konflikten treffen. Allerdings setzt dies die Bereitschaft voraus, mögliche Konfliktentwicklungen vorauszudenken. Oft kann eine Schiedsgutachtenvereinbarung die Loslösung vom aktuellen Konfliktverhalten nur leisten, wenn sie einen gewissen Selbstlauf enthält, also nicht durch die bloße Verweigerung einer Seite, z.B. an der Benennung des Schiedsgutachters mitzuwirken, ausgeschaltet werden kann.

9   Eine Vereinbarung über die Einholung eines Schiedsgutachtens kann auch jederzeit während der Vertragsbeziehungen geschlossen werden, selbst noch in einem laufenden Gerichtsverfahren. Hier befinden sich die Parteien aber schon in einer **sichtbaren Konfliktsituation**. Die Sorge, in der laufenden Auseinandersetzung Punkte zu verlieren, wenn ein Schiedsgutachten zugelassen wird, verhindert oft solche Vereinbarungen, manchmal werden sie durch emotionale Aufladung des Konflikts und einen entsprechenden Eskalationsvorlauf erschwert. Andererseits sind die Parteien nun auch näher an der Frage, über die zu entscheiden ist, sie können – und sollten – die Fragestellung präziser formulieren, so dass der Schiedsgutachter womöglich nur zu den Details sich äußern muss, über die die Parteien wirklich uneinig sind.

10 In ihrer Vereinbarung können die Parteien zum **Schiedsgutachter** eine konkrete Person bestellen oder seine Zugehörigkeit zu einem Fachkreis oder einer Organisation festlegen. Sie können vereinbaren, dass sie ihn durch gemeinschaftliche Entscheidung bestellen, oder von vornherein durch Dritte bestellen lassen, als Mittelweg kann auch vereinbart werden, dass die Parteien eine gemeinschaftliche Bestellung (z.B. innerhalb festgelegter Fristen) versuchen, notfalls aber eine Bestellung durch Dritte erfolgt.

11 Einen gravierenden Unterschied macht es, welche **Folgen** ein Schiedsgutachten haben soll. Es kann lediglich als Hilfsmittel für die weitere Einigungsbemühung der Parteien dienen, oder es kann vereinbart werden, dass die abgegrenzte Streitfrage (z.B. die Entwicklung der Geschäftsmieten für Einzelhändler im Bereich A-Straße) durch den Gutachter entschieden wird. Auch dann soll es nach dem Inhalt der Vereinbarung meist dabei bleiben, dass die Parteien aus dem Gutachtenergebnis selbst eine verbindliche Regelung ableiten und in einer neuen Vereinbarung niederlegen; wenn das scheitert, kann eine Partei ein

ihr günstiges Gutachtenergebnis in ein Streitverfahren einbringen und damit möglicherweise ein Gericht überzeugen. Die Parteien können anstelle eines Schiedsgutachtens auch vereinbaren, dass ein Schiedsrichter den Streit zwischen den Parteien ohne Anrufung der Gerichte definitiv entscheiden soll. Dies ist aber ein anderes Regelungsmodell, und es ist sowohl beim Abschluss von Vereinbarungen[1] als auch bei deren Bewertung genau zu prüfen, welche Regelung gewollt ist. Ist in einer Vereinbarung zwar von einem Schiedsgutachten die Rede, ist aber vorgesehen, dass der „Schiedsgutachter" definitiv entscheiden soll, womöglich unter Einschluss von Angemessenheitserwägungen, dann kann es sich auch um die Vereinbarung eines Schiedsgerichts handeln, dessen Spruch durch gerichtliche Maßnahmen nur noch bei grober Unrichtigkeit aufgehoben werden kann[2].

In jedem Falle sollte eine Vereinbarung über Schiedsgutachten die Frage der Vergütung und der **Kostentragung** klären. Bezüglich der Vergütung kann auch auf die ortsübliche oder die von der zuständigen Kammer für angemessen erachtete zurückgegriffen werden. Zwischen den Parteien kann eine Halbierung der Kosten vereinbart werden, aber auch jede andere Verteilung, z.B. eine Kostentragung als Quote zwischen dem von einer Seite beanspruchten und dem vom Gutachter festgestellten Ergebnis. 12

C. Schiedsgerichtsverfahren

Über das schiedsgerichtliche Verfahren trifft die Zivilprozessordnung Regelungen im 10. Buch, §§ 1025 bis 1066 ZPO. Dieses Verfahren ist darauf gerichtet, anstelle der staatlichen Justiz eine endgültige Entscheidung von Konfliktfällen herbeizuführen, und zwar normalerweise gerade nicht begrenzt auf eine eng formulierte Fragestellung. Der Vorteil derartiger Schiedsgerichte kann darin liegen, dass zu ihren Mitgliedern nicht Juristen berufen werden müssen (aber können), sondern Personen, die über eine besondere Sach- und Fachkompetenz, insbesondere auch **fachliche und wirtschaftliche Erfahrung** auf dem Gebiet verfügen, auf welchem sich die Vertragsparteien bewegen. 13

---

1 Zu den Formerfordernissen siehe Rz. 14 f.
2 Siehe dazu Teil I Rz. 163 ff. Umgekehrt sah das OLG Koblenz ein in einer Verbandssatzung vorgesehenes Schlichtungsverfahren nicht als Schiedsvereinbarung an, weil diese nicht klar den ordentlichen Rechtsweg auf die Überprüfung nach §§ 1025 ff. ZPO beschränkte, OLG Koblenz, Beschl. v. 17.6.1999 – 2 Sch 2/99, NJW-RR 2000, 1365.

14 Die Schiedsgerichtsbarkeit tritt an die Stelle der staatlichen Justiz: Gerichte dürfen in dem für die Schiedsgerichtsbarkeit bestimmten Bereich nur tätig werden, soweit dies in diesem Buch der ZPO ausdrücklich geregelt ist, § 1026 und §§ 1062 bis 1065 ZPO. Da auf die Anrufung der Justiz sonst im Rechtsstaat ein unbedingter Anspruch besteht, kann die Schiedsgerichtsbarkeit nur durch eine ausdrückliche **Vereinbarung** begründet werden[1]. Diese kann (§ 1029 Abs. 2 ZPO) in Form einer selbständigen Vereinbarung (Schiedsabrede) oder in Form einer Klausel in einem Vertrag (Schiedsklausel) geschlossen werden. Es können auch Regelungen über die Vergütung der Schiedsrichtertätigkeit und über die Kostentragungspflicht getroffen werden. Für den Bereich des Mietrechts ist zu beachten, dass Schiedsgerichtsvereinbarungen nicht über Rechtsstreitigkeiten, die den Bestand eines Mietverhältnisses über Wohnraum im Inland betreffen, getroffen werden können (§ 1030 Abs. 2 ZPO). Dieser Ausschluss betrifft zwar nach der gesetzlichen Vorschrift nicht Streitigkeiten über andere Fragen aus dem Wohnungsmietverhältnis[2] und insgesamt nicht die rechtlich minder geschützten Wohnverhältnisse des § 549 Abs. 2 Ziff. 1 bis 3 (Wohnraum zum vorübergehenden Gebrauch; möblierter Wohnraum in der vom Vermieter selbst bewohnten Wohnung; Wohnraum, der zum Zweck der öffentlichen oder privaten Wohnungsfürsorge bereitgestellt wird). Da auch in Verträgen über solchen Wohnraum Schiedsvereinbarungen fast nie anzutreffen sind, sind Schiedsgerichtsregelungen im Mietrecht fast ausschließlich bei der Vermietung von Gewerberaum relevant.

15 Die Vereinbarung muss **schriftlich** erfolgen, wobei nicht unbedingt die gemeinschaftliche Unterzeichnung eines Vereinbarungstextes erforderlich ist, auch der Austausch von schriftlichen Erklärungen reicht aus (§ 1031 ZPO). Nur für Verträge, bei denen auf einer Seite ein Verbraucher beteiligt ist, verlangt das Gesetz in § 1031 Abs. 5 ZPO die beiderseitig unterzeichnete schriftliche Vereinbarung[3]. Dabei liegt Unternehmerhandeln und nicht Verbraucherhandeln aber schon dann vor, wenn das betreffende Geschäft im Zuge der Aufnahme einer gewerblichen oder selbstständigen beruflichen Tätigkeit (sog. Existenzgründung) geschlossen wird[4].

16 Von besonderer Bedeutung ist, dass **Rügen** bezüglich der Form der Schiedsvereinbarung durch Einlassung auf die schiedsgerichtliche Verhandlung zur Hauptsache geheilt werden, § 1031 Abs. 6 ZPO, das heißt

---

1 Beachte aber auch die Möglichkeit der Schiedsgerichtseinsetzung durch Testament oder Satzung, § 1066 ZPO.
2 *Albers* in Baumbach/Lauterbach/Albers/Hallmann, 64. Aufl., § 1030 ZPO Rz. 6.
3 Oder die signierte identische elektronische Erklärung gemäß § 126a BGB.
4 BGH, Beschl. v. 24.2.2005 – III ZB 36/04, NJW 2005, 1273.

dadurch, dass die Partei in einer vom Schiedsgericht angesetzten Verhandlung zur Hauptsache Anträge stellt. Ein Antrag auf Feststellung der Zulässigkeit oder Unzulässigkeit eines schiedsrichterlichen Verfahrens kann gemäß § 1032 Abs. 2 ZPO bis zur Bildung des Schiedsgerichts (das ist bis zur Bestellung aller nach der Vereinbarung erforderlichen Schiedsrichter, siehe §§ 1034 bis 1039 ZPO) vor dem staatlichen Gericht anhängig gemacht werden. Umgekehrt kann gegenüber einem staatlichen Gerichtsverfahren die Einrede, zuvor müsse ein Schiedsverfahren absolviert werden, nur bis zum Beginn der mündlichen Verhandlung, also bis zur Stellung der Sachanträge erhoben werden, § 1032 Abs. 1 ZPO.

Die Zivilprozessordnung trifft recht **detaillierte Regelungen** über die Bildung des Schiedsgerichts und die Ablehnung von Schiedsrichtern (§§ 1034 bis 1039 ZPO), über die Zuständigkeit des Schiedsgerichts (§§ 1040 bis 1041 ZPO) und die Durchführung des Verfahrens (§§ 1042 bis 1050 ZPO). Für Beweisaufnahme oder die Vornahme sonstiger richterlicher Handlungen, zu denen das Schiedsgericht nicht befugt ist, kann das Schiedsgericht die Unterstützung staatlicher Gerichte beantragen (§ 1050 ZPO). Am Ende des Verfahrens steht – wenn nicht gemäß § 1038 ZPO die Undurchführbarkeit des Schiedsverfahrens festgestellt wird – ein Schiedsspruch (§§ 1051 bis 1058 ZPO), der zwischen den Parteien die Wirkungen eines rechtskräftigen gerichtlichen Urteils hat, das lediglich durch gerichtlichen Beschluss für vollstreckbar erklärt werden muss (§ 1064 ZPO) und dann gemäß § 1060 ZPO nach den Regeln des 8. Buchs der ZPO zu vollstrecken ist. Im Einzelnen ist hier auf die Kommentarliteratur zur Zivilprozessordnung zu verweisen.

17

Festzuhalten ist, dass der Schiedsspruch nur dann durch ein staatliches Gericht aufgehoben werden kann, wenn einer der in § 1059 ZPO genannten Gründe gegeben ist:

18

- wenn die Schiedsvereinbarung unwirksam ist, weil eine der Parteien zum Abschluss der Vereinbarung nicht fähig war oder das geltende Recht die Vereinbarung gar nicht zuließ, § 1059 Ziff. 1a ZPO;
- wenn dem Antragsteller in dem Schiedsverfahren rechtliches Gehör verweigert worden ist (§ 1059 Ziff. 1b ZPO);
- wenn das Schiedsgericht die ihm durch die Schiedsvereinbarung eingeräumte Kompetenz überschritten hat (§ 1059 Ziff. 1c ZPO), wobei aber im Rahmen der Kompetenz getroffene Entscheidungen dabei möglichst aufrechtzuerhalten sind;
- wenn das Schiedsgericht nicht entsprechend dem Gesetz und der Vereinbarung besetzt war und anzunehmen ist, dass sich dies auf den Schiedsspruch ausgewirkt hat (§ 1059 Ziff. 1d ZPO);

- wenn der Gegenstand des Streites nach deutschem Recht nicht schiedsfähig ist (§ 1059 Ziff. 2a ZPO);
- wenn die Anerkennung oder Vollstreckung des Schiedsspruchs zu einem Ergebnis führt, das der öffentlichen Ordnung (ordre public) widerspricht (§ 1059 Ziff. 2b ZPO).

Nur wenn einer dieser Gründe vorliegt, kann auch dem Schiedsspruch die Vollstreckbarkeit versagt werden (§ 1060 Abs. 2 ZPO).

19 Der Aufhebungsantrag muss, sofern die Parteien nichts anderes vereinbart haben, innerhalb einer **Frist** von drei Monaten bei Gericht eingereicht werden. Der Antrag auf Aufhebung des Schiedsspruchs kann nicht mehr gestellt werden, wenn der Schiedsspruch von einem deutschen Gericht für vollstreckbar erklärt worden ist (§ 1059 Abs. 3, § 1060 ZPO).

20 Die Folgen einer Aufhebung des Schiedsspruchs sind in § 1059 Abs. 4 und 5 ZPO geregelt. Das Gericht kann in geeigneten Fällen auf Antrag einer Partei unter Aufhebung des Schiedsspruchs die Sache an das Schiedsgericht zurückverweisen (§ 1059 Abs. 4 ZPO). Im Zweifel hat die Aufhebung des Schiedsspruchs zur Folge, dass wegen des Streitgegenstandes die Schiedsvereinbarung wiederauflebt, das Schiedsverfahren ist dann also ggf. von Beginn an neu durchzuführen (§ 1059 Abs. 5 ZPO).

D. Gesetzlich angeordnetes Schlichtungsverfahren

21 Für die Justiz ist der Gedanke außergerichtlicher Streitschlichtung nicht nur, aber auch infolge des Kostendrucks und des Zwangs zur Mitteleinsparung von Interesse. Am 1.1.2000 ist das **Gesetz zur Förderung der außergerichtlichen Streitbeilegung**[1] in Kraft getreten, mit dem § 15a EGZPO eingeführt worden ist. Danach kann durch **Landesgesetz** bestimmt werden, dass die Erhebung der Klage erst zulässig ist, nachdem von einer durch die Landesjustizverwaltung eingerichteten oder anerkannten **Gütestelle** versucht worden ist, die Streitigkeit einvernehmlich beizulegen, und zwar u.a. in vermögensrechtlichen Streitigkeiten vor dem Amtsgericht über Ansprüche, deren Gegenstand an Geld oder Geldeswert die Summe von 1500,00 DM (jetzt 750,00 Euro) nicht übersteigt. Mit der Klage ist eine von der Gütestelle ausgestellte Bescheini-

---

1 Vom 15.12.1999, BGBl. I, 2400.

gung über einen erfolglosen Einigungsversuch einzureichen. Fehlt diese, ist die Klage unzulässig[1].

Nach § 15a Abs. 2 Ziff. 1 EGZPO findet das obligatorische Güteverfahren **keine Anwendung** auf Klagen nach den §§ 323, 324, 328 ZPO, auf Widerklagen und auf Klagen, die binnen einer gesetzlichen oder gerichtlich angeordneten Frist zu erheben sind. Demzufolge geht der Zustimmungsklage nach § 558b Abs. 2 BGB kein Schlichtungsverfahren voraus[2]. Unanwendbar ist die Regelung neben weiteren Ausnahmen auch dann, wenn ein Anspruch im Mahnverfahren oder im Urkundenprozess[3] geltend gemacht worden ist; beide Verfahrensarten lassen sich also zur Umgehung der außergerichtlichen Streitbeilegung einsetzen. 22

Von dieser gesetzlichen Ermächtigung haben bisher die **Bundesländer** Baden-Württemberg, Bayern, Brandenburg, Hessen, Nordrhein-Westfalen, Saarland, Sachsen-Anhalt und Schleswig-Holstein Gebrauch gemacht. Vorausgesetzt, beide Parteien leben in einem dieser Bundesländer bzw. haben ihren Sitz oder eine Niederlassung dort, muss also vor Klageerhebung dort eine Gütestelle angerufen werden. Da die Gesetze relativ neu sind, liegen noch kaum Erfahrungsberichte vor, die aber auch deswegen in nächster Zeit zu erwarten sind, weil die übrigen Bundesländer vermutlich die Erfahrungen auswerten wollen, um zu entscheiden, ob sie ihrerseits § 15a EGZPO umsetzen. 23

Hat die Schlichtung Erfolg und wird ein **Vergleich** geschlossen, ist dieser ein **Titel** gemäß § 794 Abs. 1 Ziff. 1 ZPO. 24

E. Schlichtung im Gerichtsverfahren

Auch die Zivilprozessordnung selbst setzt seit der ZPO-Reform[4] verstärkt auf die gütliche Streitbeilegung. Die Neufassung des § 278 Abs. 2 ZPO schreibt dem Zivilgericht vor, dass der mündlichen Verhandlung zum Zwecke der gütlichen Beilegung des Rechtsstreits eine **Güteverhandlung** vorauszugehen hat, wenn nicht bereits vor einer außergerichtlichen Gütestelle ein Einigungsversuch stattgefunden hat oder die Güteverhandlung erkennbar aussichtslos erscheint. Hier ist der Sach- und Streitstand mit den Parteien, deren persönliches Erscheinen angeordnet 25

---

1 BGH, Urt. v. 23.11.2004 – VIII ZR 336/03, WM 2005, 64 = MietRB 2005, 91.
2 *Monschau* in MietPrax, Fach 10, Rz. 25; *Gummer* in Zöller, § 15a EGZPO, Rz. 9.
3 Vgl. zur Zulässigkeit des Urkundenprozesses in Mietsachen BGH, Vorbehaltsurteil v. 1.6.2005 – VIII ZR 216/04, WM 2005, 526.
4 Gesetz v. 27.7.2001, BGBl. I, S. 1887.

werden soll, unter freier Würdigung aller Umstände zu besprechen, soweit erforderlich, sind Fragen zu stellen.

26 Nach diesem Modell ist der Schlichter nicht eine neutrale Person oder eine nichtgerichtliche Gütestelle, die beide keine eigene Entscheidungsbefugnis besitzen, sondern der **Richter**, der im Falle der Nichteinigung zur streitigen Entscheidung berufen ist. Alternativ sieht § 278 Abs. 5 Satz 1 ZPO aber vor, dass die Parteien für die Güteverhandlung an einen **anderen**, nämlich einen beauftragten oder ersuchten **Richter** verwiesen werden können, der also für den Rechtsstreit nicht zuständig ist. Mit einer weiteren Öffnungsklausel gibt § 278 Abs. 5 Satz 2 ZPO die Möglichkeit, den Parteien in geeigneten Fällen eine **außergerichtliche Streitschlichtung** vorzuschlagen und für den Fall, dass sie sich hierzu entscheiden, das Ruhen des Verfahrens anzuordnen, so dass Zeit und Raum für eine Konfliktlösung außerhalb des Rechtsstreits gegeben sind. Findet sich eine solche Lösung, kann sie prozessual als Vergleich umgesetzt werden, wenn die Parteien dies wünschen und vereinbaren[1].

27 Wie diese neuen Möglichkeiten in der Praxis umgesetzt werden, ist Sache des Gerichts und der übrigen Prozessbeteiligten. In der derzeitigen Phase versucht sich die Justiz selbst an der sog. gerichtsnahen bzw. gerichtsinternen Mediation. Modellversuche und Projekte an Gerichten finden seit einigen Jahren in derzeit acht Bundesländern statt (Baden-Württemberg, Berlin[2], Bayern, Hessen, Mecklenburg-Vorpommern, Niedersachsen, Nordrhein-Westfalen, Rheinland-Pfalz). Dabei werden besonders hierfür ausgebildete Richterinnen und Richter als Mediatoren eingesetzt, wenn die Parteien dies wollen. Die berichtete Erfolgsquote ist hoch: 60 bis 70 %, auch 80 % und 90 % nicht streitig beendeter Fälle werden angegeben.

---

1 § 278 Abs. 6 Satz 1 und 2 ZPO.
2 Für Berlin sind Informationen dazu abgelegt unter www.kammergericht.de.

Teil IV
Gerichtliches Verfahren

A. Zuständigkeit

Soll Streit über die Miethöhe, ihre verbindliche Feststellung oder eine 1
Änderung vor Gericht ausgetragen werden, dann ist zunächst die **Zuständigkeit** zu klären. Für alle Streitigkeiten zwischen Vermieter und Mieter über die Höhe der Miete ist der Rechtsweg zur **Zivilgerichtsbarkeit** gegeben gem. § 13 GVG[1]. Bei Werkdienstwohnungen[2] – nicht aber bei Werkmietwohnungen[3] – ist während der Dauer des Arbeitsverhältnisses das Arbeitsgericht auch für die mietrechtlichen Streitigkeiten zuständig[4].

Die **sachliche Zuständigkeit** für Wohnraummietsachen und Geschäfts- 2
raummiete ist unterschiedlich, wie sich aus § 23 GVG ergibt. **Örtlich zuständig** ist für alle Mietsachen über Räume das Gericht, an welchem die Mietsache belegen ist, § 29a ZPO. Räume sind alle Gebäude und Innenräume von Gebäuden, dagegen nicht bloße Grundstücksflächen, auch wenn sie eingefriedet sind (z.B. Hofraum oder Garten) oder nicht umschlossene Gebäudeflächen (offenes Parkdeck), auch nicht die Innenräume beweglicher Gegenstände[5].

Für erstinstanzliche Streitigkeiten über **Geschäftsraummiete** kommt 3
es gemäß § 23 Ziff. 1 GVG darauf an, ob der Wert der Streitigkeit 5000,00 Euro übersteigt oder nicht. Für Streitigkeiten bis einschließlich 5000,00 Euro ist das **Amtsgericht** zuständig, in dessen Bezirk die Geschäftsräume belegen sind. Übersteigt der Streitwert 5000,00 Euro, dann ist erstinstanzlich das **Landgericht** zuständig[6] – ggf. eine nach dem Geschäftsverteilungsplan speziell für Mietsachen bestimmte Kammer –, in dessen Bezirk sich die Geschäftsräume befinden.

---

1 Im preisgebundenen Wohnraum kann es zu Verfahren vor dem Verwaltungsgericht kommen, diese betreffen jedoch allenfalls Vorfragen der Miethöhe. Sie bleiben hier, ebenso wie denkbare verwaltungsrechtliche Streitigkeiten über die Genehmigung einer Gleitklausel durch das Bundesamt für Wirtschaft und Ausfuhrkontrolle, außer Betracht.
2 § 576b BGB.
3 § 576 BGB.
4 BAG, Urt. v. 24.1.1990 – 5 AZR 748/87, WM 1990, 391.
5 *Vollkommer* in Zöller, 25. Aufl., § 29a ZPO, Rz. 5 m.w.N.
6 § 71 Abs. 1 GVG.

4   Ein **Wohnraummietverhältnis** liegt vor, wenn die Mietpartei die Räume zum Wohnen gemietet hat. Entscheidend ist der Vertragszweck. Es kommt für die Gerichtszuständigkeit nicht darauf an, ob die Mietpartei dort tatsächlich wohnt oder nicht. Bei Mischmietverhältnissen kann die Abgrenzung schwierig sein, entscheidend ist, welche Nutzung nach dem Willen der Parteien überwiegen soll[1]. Bei Vertragsverhältnissen, in welchen Wohnraum an einen Zwischenvermieter vermietet wird, der selbst dort nicht wohnt, damit dieser ihn zu Wohnzwecken an Betriebsangehörige oder sonstige Dritte vermietet, handelt es sich beim (Haupt-) Mietverhältnis des Zwischenvermieters um gewerbliche Nutzung, beim einzelnen Benutzer um Wohnungsmiete[2]. Bei Heimverträgen kommt es darauf an, ob der Wohnzweck im Vordergrund steht oder Pflege und Betreuung[3].

5   Erhebt der Eigentümer eine Klage ausschließlich mit der Begründung, er habe Ansprüche aus **Eigentum**, dann kann diese zwar beim Landgericht eingereicht werden. Führt dagegen aber der Besitzer Einwendungen, die das Bestehen eines Wohnraummietverhältnisses auch nur möglich machen, so geht die Zuständigkeit zwingend auf das Amtsgericht über[4].

6   Der gesetzliche Gerichtsstand wird sogar dann angewandt, wenn die mietrechtlichen Ansprüche **gesellschaftsrechtlich überformt** sind, z.B. bei der Vermietung von Wohnungen einer Eigentümer-GbR an einzelne Gesellschafter der GbR, und selbst dann, wenn für die Berechnung der jeweiligen Zahlungsverpflichtung mietrechtliche Ansprüche und gesellschaftsrechtliche Gegenansprüche nach dem Vertrag zu verrechnen sind[5].

7   Hingegen gilt der gesetzliche Gerichtsstand nur für den aus einem Mietverhältnis unmittelbar Haftenden, nicht aber für **Dritte** wie den Mietbürgen[6] oder den Mietgarantiegeber[7].

8   Für alle **Wohnraummietsachen** ist erstinstanzlich das **Amtsgericht** zuständig, in dessen Bezirk die Wohnung sich befindet, § 29a ZPO, § 23

---

1 *Monschau*, MietPrax, Fach 10, Rz. 164 m.w.N.; *Kinne/Schach/Bieber*, Miet- und Mietprozessrecht, 4. Aufl., Teil II Rz. 7 m.w.N.
2 *Monschau*, MietPrax, Fach 10, Rz. 164 m.w.N.; *Kinne/Schach/Bieber*, Miet- und Mietprozessrecht, 4. Aufl., Teil II Rz. 3 m.w.N.
3 *Vollkommer* in Zöller, 25. Aufl. § 29a ZPO, Rz. 6.
4 OLG Hamburg, Urt. v. 30.5.1990 – 4 U 196/89, WM 1990, 393; LG Berlin, Urt. v. 30.4.1992 – 67 S 454/91, WM 1992, 462.
5 LG Berlin, Beschl. v. 27.7.2004 – 29 O 149/04.
6 BayObLG, Beschl. v. 13.9.1999 – 4Z AR 27/99, WM 2000, 137.
7 Siehe dazu *Kinne/Schach/Bieber*, Miet- und Mietprozessrecht, 4. Aufl. Teil II, Rz. 11, *Vollkommer* in Zöller, § 29a ZPO, Rz. 9, BGH, Beschl. v.16.12.2003 – X ARZ 270/03, NZM 2004, 299.

Ziff. 2a GVG. Gemäß § 29a Abs. 2 ZPO gilt dies allerdings nicht für besondere Wohnraummietverhältnisse, die in § 549 Abs. 2 Ziff. 1 bis 3 BGB genannt sind[1].

Für die **Berufung** gegen ein amtsgerichtliches Urteil ist grundsätzlich das übergeordnete Landgericht zuständig, es sei denn, einer der Beteiligten hat im Zeitpunkt der Zustellung der Klageschrift seinen Wohnsitz im **Ausland**. Dies führt zur Zuständigkeit des Oberlandesgerichts, § 119 Ziff. 1b GVG[2].

9

B. Parteien

Parteien des Mietvertrages und damit Parteien eines Rechtsstreits sind Vermieter und Mieter, also zunächst die Personen, die im Mietvertrag als Vertragsparteien genannt sind.

10

Auf Vermieterseite kommt es auf die Eigentumsverhältnisse nicht an. **Vermieter** ist derjenige, der den Mietvertrag abgeschlossen hat oder als Rechtsnachfolger in die Rechtsstellung dieses früheren Vermieters eingetreten ist. Sind im Kopf des Vertrages mehrere Personen als Vermieter aufgenommen, hat aber nur einer von ihnen ohne Vertretungszusatz den Vertrag unterschrieben, dann ist nur dieser Vermieter geworden. Das gilt auch für Ehegatten. Wird ein Hausverwalter als Vermieter angegeben, ohne dass mitgeteilt ist, dass und für wen er verwaltet, dann wird nur der Hausverwalter selbst Vertragspartei, § 164 Abs. 2 BGB.

11

Ist eine **Gesellschaft bürgerlichen Rechts** als solche gegenüber der Mietpartei als Vermieter aufgetreten, dann kann diese unter dieser Bezeichnung klagen und verklagt werden[3]. Daneben haften die Gesellschafter persönlich, so dass es sich zumindest für Klagen der Mietpartei empfehlen kann, neben der Gesellschaft auch die Gesellschafter persönlich zu verklagen. Nicht rechtsfähig und nicht parteifähig ist hingegen die **Erbengemeinschaft**[4] oder die Bruchteilsgemeinschaft. Hier sind sämtliche Mitglieder der Gemeinschaft im Vertragsrubrum[5] und im Klagerubrum zu benennen.

12

---

1 Hier ist maßgeblich der allgemeine Gerichtsstand des Beklagten, §§ 12, 13 ZPO.
2 BGH, Beschl. v. 1.6.2004 – VIII ZB 2/04, NZM 2004, 654 = NJW-RR 2004, 1505.
3 Zu den Einzelheiten vergleiche *Karsten Schmidt*, NJW 2001, 993.
4 BGH, Urt. v. 11.9.2002 – XII ZR 187/00, NJW 2002, 3389.
5 Ist dort nur die Erbengemeinschaft X aufgeführt, ist damit die Schriftform nicht eingehalten, BGH, Urt. v. 11.9.2002 – XII ZR 187/00, NJW 2002, 3389.

13 Vermieter wird kraft **Rechtsnachfolge**, wer das Grundstück nach Abschluss des Mietvertrages erwirbt, § 566 BGB und § 578 Abs. 1 BGB. Ein Rechtsnachfolger wird mit Eintragung ins Grundbuch bzw. mit Zuschlagsbeschluss Vermieter bzw. im Erbfall mit dem Tode des Erblasser, § 1922 BGB. Ist Wohnraum an einen **Zwischenvermieter** vermietet, und fällt dieser Zwischenvermieter später (durch Beendigung des Vertrages) weg, dann tritt der (Haupt-)Vermieter in die vom Zwischenvermieter geschlossenen Wohnraummietverträge ein, § 565 BGB.

14 Von Ansätzen, dass mietrechtliche Ansprüche von **anderen Personen** als den materiellen Rechtsinhabern geltend gemacht werden, ist grundsätzlich abzuraten. Dies mag zwar im Einzelfall zulässig sein[1], führt aber zu weiteren Komplikationen.

15 Mit Anordnung der **Zwangsverwaltung** wird der Zwangsverwalter aktivlegitimiert, der Eigentümer verliert die Prozessführungsbefugnis für die Dauer der Zwangsverwaltung. Der Zwangsverwalter kann auch nach Aufhebung der Zwangsverwaltung anhängige Prozesse fortsetzen, die Mietpartei muss hingegen auch in anhängigen Prozessen die Klage ändern[2].

16 Auf **Mieterseite** werden grundsätzlich ebenfalls nur die Personen Mietvertragspartei, die im Kopf des Vertrages namentlich genannt werden und den Vertrag unterzeichnet haben. Treten die Mieter nach außen als Gesellschaft auf, beispielsweise durch die Bezeichnung „Wohngemeinschaft" im Vertrag, dann ist diese **Gesellschaft** in ihrem jeweiligen Bestand Mietvertragspartei und damit aktiv- und passivlegitimiert[3].

17 Ein **rechtsgeschäftliches Auswechseln von Mietern** ohne Zustimmung des Vermieters ist nicht möglich. Auch ein **Beitritt** eines weiteren Mieters bedarf der Zustimmung des Vermieters und des ursprünglichen Mieters[4].

18 **Verstirbt ein Mieter**, dann ist sorgfältig zu prüfen, wer an seiner Stelle in das Mietverhältnis eintritt. Die Gesamtrechtsnachfolge nach § 1922 BGB wird durch die Sonderregelungen der §§ 563 bis 564 BGB verdrängt.

---

1 Hausverwalter in gewillkürter Prozessstandschaft, Erwerber vor Eintragung kraft Abtretung, siehe dazu *Kinne/Schach/Bieber*, Miet- und Mietprozessrecht, 4. Aufl. Teil II Rz. 30 ff. und 33 ff.
2 BGH, Urt. v. 21.10.1992 – XII ZR 125/91, WM 1993, 61.
3 Bei Mietrückzahlungsansprüchen soll für die Geltendmachung auch einer von mehreren Mietern aktivlegitimiert sein, wenn er Leistung an alle verlangt, LG Berlin, Urt. v. 8.8.1997 – 64 S 549/96, GE 1997, 1399.
4 BGH, Urt. v. 13.7.2005 – VIII ZR 255/04, WM 2005, 570, hält einen Beitritt sogar durch konkludente Willenserklärungen für möglich, selbst wenn der im Vertrag verzeichnete Mieter nur kommentarlos ausgezogen ist.

Rechtsnachfolger können also der Ehegatte oder eingetragene Lebenspartner[1], die im gemeinsamen Haushalt wohnenden Kinder des Mieters oder auch andere Familienangehörige oder sonstige Personen werden, die mit dem Mieter einen auf Dauer angelegten gemeinschaftlichen Haushalt geführt haben[2]. Stirbt einer von mehreren Mietern, dann wird das Mietverhältnis mit dem Überlebenden fortgesetzt, andere Personen treten nicht ein[3]. Nur wenn kein Eintritt nach §§ 563 oder 563a BGB erfolgt, treten die Erben des Mieters in den Vertrag ein[4]. Der Eintritt gilt als nicht erfolgt, wenn der Eintrittsberechtigte rechtzeitig widerspricht, oder der Vermieter rechtzeitig kündigt.

C. Anwaltliche Vertretung

Rechtlich besteht kein Zwang zur Bestellung eines Rechtsanwalts, solange es um ein erstinstanzliches Verfahren über Wohnraum geht, und zwar selbst dann nicht, wenn der Wert der Auseinandersetzung weit über 5000 Euro liegen sollte. **Anwaltszwang** besteht hingegen in allen gewerbemietrechtlichen Prozessen mit einem Wert über 5000 Euro, denn diese sind vor dem Landgericht zu führen[5]. Ebenso besteht Anwaltszwang für die Berufungsverfahren. Es ist nicht mehr erforderlich, dass der beauftragte Rechtsanwalt in dem Landgerichtsbezirk zugelassen ist, in welchem der Prozess stattfindet. Für Verfahren vor dem Oberlandesgericht (Berufungsverfahren in Mietsachen, die nicht Wohnraumsachen sind, aber auch Wohnraumberufungssachen mit mindestens einer im Ausland ansässigen Partei) muss ein Rechtsanwalt beauftragt werden, der zur Vertretung vor einem Oberlandesgericht – nicht unbedingt dem zuständigen Oberlandesgericht – zugelassen ist. Für die Verfahren vor dem Bundesgerichtshof, und zwar sowohl für die Revisionsverfahren als auch für die Rechtsbeschwerdesachen, muss ein beim Bundesgerichtshof zugelassener Rechtsanwalt beauftragt werden.

19

D. Klagearten

Nachfolgend sind Grundaspekte der verschiedenen Klagearten dargestellt, die jeweils für die Sachgebiete Geschäftsraummiete, Preisfreier Wohnraum, Preisgebundener Wohnraum behandelt werden:

20

---

1 § 563 Abs. 1 BGB.
2 § 563 Abs. 2 BGB.
3 § 563a BGB.
4 § 564 BGB.
5 § 78 ZPO, §§ 71 Abs. 1, 23 Ziff. 1 GVG.

- die Zustimmungsklage;
- die Auskunftsklage;
- die Zahlungsklage;
- die Räumungsklage;
- die Feststellungsklage;
- das selbständige Beweisverfahren.

21 Klagen über die Miethöhe gehen in der Regel von Vermieterseite aus, denn diese ist an einer Erhöhung der Miete interessiert, das Begehren der Mieterseite beschränkt sich meist auf die Abwehr solcher Klagen. Mieterklagen richten sich auf Senkung der Miete, Rückforderung überzahlter Mieten oder (in der Regel negative) Feststellung.

22 Welche Klageart auf **Vermieterseite** in Betracht kommt, hängt zunächst von der mietvertraglichen und gesetzlichen Ausgangslage ab: Der Vermieter hat einen klagbaren Zahlungsanspruch nur dann, wenn die Zahlungsverpflichtung bereits entstanden ist. Meint der Vermieter von Geschäftsraum oder preisfreiem Wohnraum[1], er habe einen Anspruch auf eine **Zustimmung** des Mieters zur Mieterhöhung, die dieser zu Unrecht verweigert, dann muss er eine Klage erheben mit dem Ziel, die Zustimmung des Mieters gerichtlich zu ersetzen. Erst damit entsteht die Zahlungsverpflichtung, was zwar rückwirkend geschehen kann, aber eine Fälligkeit auch für die zurückliegenden Zeiträume erst mit der Rechtskraft der zustimmungsersetzenden Entscheidung begründen kann.

23 **Auskunftsklagen** von Vermieterseite können im Zusammenhang mit der Miethöhe in Betracht kommen, um die Voraussetzungen einer Mietänderung zu klären. Auch für die Mieterseite kann eine Auskunftsklage geführt werden, um zu klären, ob gesetzliche Voraussetzungen einer Mietänderung vorliegen, sowie im Rahmen der Kontrolle von Mieterhöhungserklärungen und Abrechnungen, schließlich zur Vorbereitung von Rückforderungsansprüchen.

24 **Zahlungsklagen** des Vermieters sind das klassische Mittel, Forderungen wegen erhöhter Miete durchzusetzen, es kommt auch das Mahnverfahren oder der Urkundenprozess in Betracht. Zahlungsklagen von Mieterseite kommen nur in Betracht, wenn die Mietpartei geltend macht, eine beglichene Mietforderung entbehre der vertraglichen Grundlage oder diese verstoße gegen das Gesetz, also im Falle der Rückforderung überzahlter Mieten. Voraussetzung kann dafür je nach Sachverhalt ein zuvor ausgesprochener Rückforderungsvorbehalt sein.

---

1 Im preisgebundenen Wohnraum kommt dies nicht in Betracht.

Eine **Räumungsklage** kann in Betracht kommen, wenn der Vermieter 25
aus einer Streitigkeit über die Miethöhe die Konsequenz zieht, die Kündigung des Mietvertrages auszusprechen.

Grundsätzlich steht beiden Vertragsseiten die **Feststellungsklage** offen. 26
Die Vermieterseite kann versuchen, die gerichtliche Feststellung zu erlangen, dass eine bestimmte Miethöhe ab einem bestimmten Zeitpunkt ihr zustehe. Die Mieterseite kann umgekehrt eine gerichtliche Feststellung anstreben, dass die behauptete Mietforderung nicht bestehe. Solche Feststellungsklagen sind aber grundsätzlich subsidiär; soweit die Parteien durch Leistungsanträge den Streit klären können, besteht für einen Feststellungsantrag normalerweise kein Rechtsschutzbedürfnis.

Wenn Voraussetzungen eines Anspruches bei Geschäftsraummiete oder 27
preisfreiem Wohnraum[1] durch beiderseits verbindliche Beweisaufnahme geklärt werden sollen, kann ein **selbständiges Beweisverfahren** erforderlich sein.

E. Rechtsmittel

Der unterlegenen Partei steht das **Rechtsmittel** der Berufung zu. Nach 28
§ 511 ZPO ist die **Berufung** als Zulassungs- oder als Wertberufung zulässig. Letztere setzt eine Beschwer von mindestens 600,01 Euro voraus, die sich aus dem Umfang des Unterliegens in erster Instanz und den Berufungsanträgen ergibt. Auch ohne dass diese Beschwer erreicht ist, kann das Gericht des ersten Rechtszuges die Berufung zulassen, § 511 Abs. 2 Ziff. 2 ZPO. Dies setzt voraus, dass die Rechtssache grundsätzliche Bedeutung hat oder die Fortbildung des Rechts oder die Sicherung einer einheitlichen Rechtsprechung eine Entscheidung des Berufungsgerichts erfordert, § 511 Abs. 4 Ziff. 1 ZPO. Ggf. kann angeregt werden, dass das erstinstanzliche Gericht so verfährt, einen durchsetzbaren Anspruch hierauf gibt es nicht.

Berufungsgericht ist in **Wohnraummietsachen** das Landgericht, es sei 29
denn, eine Partei hätte zum Zeitpunkt der Rechtshängigkeit in 1. Instanz ihren allgemeinen Gerichtsstand im Ausland; in diesem Fall ist gemäß § 119 Abs. 1 Ziff. 1b GVG das Oberlandesgericht zuständig[2]. Dies ist gerade auf Vermieterseite relativ häufig, und das Risiko, die nicht allgemein bekannte Regelung zu übersehen, ist hoch.

---

1 Im preisgebundenen Wohnraum hat das soweit ersichtlich keine praktische Relevanz.
2 BGH Beschl. v. 1.6.2004 – VIII ZB 2/04, NZM 2004, 654 = NJW-RR 2004, 1505.

30 Die Berufung in **Geschäftsraummietsachen**, für die in erster Instanz das Landgericht zuständig war, ist in jedem Falle beim Oberlandesgericht einzulegen. War dagegen in erster Instanz das Amtsgericht zuständig, dann ist bei einer Berufung wieder die Sonderzuständigkeit des Oberlandesgerichts bei Auslandswohnsitz einer Partei zu beachten.

31 Eine etwaige **Anschlussberufung** folgt den allgemeinen zivilprozessualen Regeln.

32 Bis zum 1.1.2007 ist eine **Revision** bei Streitwerten bis 20 000,00 Euro nur zulässig, wenn das Berufungsgericht sie im Urteil zugelassen hat, § 543 Abs. 1 Ziff. 1 ZPO. Die in §§ 543, Abs. 1 Ziff. 2, 544 ZPO vorgesehene **Nichtzulassungsbeschwerde** ist bis zum 31.12.2006 nur zulässig, wenn der Wert der Beschwer 20 000,00 Euro übersteigt oder die Berufung nach § 522 Abs. 1 ZPO als unzulässig verworfen worden ist[1]. Ab 2007 ist somit auch für Mietsachen in großem Umfang die Nichtzulassungsbeschwerde zum Bundesgerichtshof[2] eröffnet.

33 Für die Einlegung einer **Verfassungsbeschwerde** zum Landesverfassungsgericht oder zum Bundesverfassungsgericht gelten keine mietrechtlichen Besonderheiten.

F. Geschäftsraummiete

34 Im Geschäftsraummietverhältnis kommen folgende Klagearten in Betracht:
  – die Zustimmungsklage (Rz. 35 ff.);
  – die Auskunftsklage (Rz. 44 ff.);
  – die Zahlungsklage des Vermieters (Rz. 53 ff.);
  – die Rückzahlungsklage des Mieters (Rz. 61 ff.);
  – die Räumungsklage (Rz. 67 ff.);
  – die Feststellungsklage (Rz. 76 ff.);
  – das selbständige Beweisverfahren (Rz. 86 ff.).

---

1 § 26 Ziff. 8 EGZPO.
2 § 133 GVG.

I. Zustimmungsklage

Im Geschäftsraummietrecht gibt es keine gesetzliche Vorschrift, wonach eine Mietvertragspartei zu einer von der anderen Partei verlangten Änderung der Miethöhe ihre Zustimmung erteilten müsste. Es kommt eine Klage auf Erteilung der Zustimmung, durch welche im Erfolgsfalle die Zustimmung des Vertragspartners gerichtlich ersetzt werden soll, also nur in Betracht, wenn die Vertragsparteien selbst vereinbart haben, dass eine **Willenserklärung** unter bestimmten Voraussetzungen **abgegeben werden muss**.

Dies kann der Fall sein, wenn im Vertrag vereinbart ist, dass die Parteien nach Ablauf einer bestimmten Zeit eine neue Vereinbarung über die Miethöhe treffen. Ist keine weitere Verhandlungsgrundlage genannt, und sind keine weiteren Verfahrensregelungen vereinbart, dann kann eine neue Vereinbarung nur zustande kommen, indem eine Seite einen Änderungsvorschlag – als verbindliches Angebot – macht und die andere Seite die Annahme erklärt. **Wirkt** die andere Seite an der vereinbarten Vertragsänderung trotz Mahnung **nicht mit** oder **lehnt** sie die vorgeschlagene Änderung **ab**, dann kann eine Klage auf Annahme des Vorschlags erhoben werden.

Die Klage ist zu erheben beim **Amtsgericht** oder, wenn der Wert höher als 5000,00 Euro ist, beim **Landgericht**, in dessen Bezirk die Räume liegen.

Für das **Rubrum** gilt, dass die Klage von allen Vermietern und gegen alle Mieter erhoben werden muss, weil nur bei Zustimmung aller eine Vertragsänderung zustande kommen kann[1].

Der **Antrag** muss die begehrte Zustimmung so genau beschreiben, dass ein gerichtliches Urteil an ihre Stelle treten kann und damit die gewünschte Vertragsänderung zustande kommt.

Der Beklagte wird verurteilt, einer Änderung der Nettomiete für die Gewerberäume in der ... straße Nr. ... Erdgeschoss links in .... auf 3400 Euro netto monatlich mit Wirkung ab 1.10.2005 zuzustimmen.

---

[1] Die Zustimmung kann bei mehreren Vertragspartnern auf der Gegenseite theoretisch auch in Einzelklagen gegen diese verfolgt werden. Auch dann kommt eine Änderung aber erst zustande, wenn gegen alle ein rechtskräftiges Urteil vorliegt.

40 Zur **Begründung** ist auszuführen, dass ein Mietvertrag besteht, aus dem sich der Anspruch auf Mitwirkung an einer Vertragsanpassung ergibt, und substantiiert darzulegen, dass die begehrte Vertragsanpassung angemessen ist.

41 Als **Anlagen** sind der Mietvertrag und etwa ergänzende Vereinbarungen über die Miethöhe beizufügen. Setzt die Mieterhöhung nach der Vereinbarung die Einholung eines Sachverständigengutachtens voraus, dann ist auch dieses beizulegen.

42 Da mit einer Ersetzung der Zustimmung eine vertragliche Grundlage für die Mehrforderung geschaffen wird, aber noch kein Titel zur Einforderung, kann der **Streitwert** nur in einem Anteil des aus der Änderung resultierenden Forderungsbetrags bestehen. Dieser wiederum kann gemäß § 9 ZPO bei unbestimmter Dauer mit dem 42-fachen Monatsbetrag angesetzt werden, bei befristeten Verträgen mit den Monatsbeträgen bis zum Vertragsende.

Ansonsten gelten keine prozessualen Besonderheiten.

43 Ob aus dem Vertrag, wenn die eine Seite an der Änderung nicht mitwirkt, ein Leistungsbestimmungsrecht der anderen Seite besteht und damit die Möglichkeit, unmittelbar eine Zahlungsklage zu erheben, bedarf der genauen Prüfung im Einzelfall.

II. Auskunftsklage

44 Auskunftsklagen zwischen den Parteien eines Geschäftsraummietverhältnisses kommen dann in Betracht, wenn durch den geschlossenen Vertrag **Auskunftsansprüche** begründet worden sind. Dabei ist nicht unbedingt erforderlich, dass eine Auskunftspflicht ausdrücklich vereinbart ist, es reicht aus, wenn die Erteilung der Auskunft notwendige Voraussetzung dafür ist, dass ein vertraglich vereinbarter Anspruch geltend gemacht werden kann.

45 Solche Auskunftsansprüche können beispielsweise bestehen, wenn eine Umsatzmiete[1] vereinbart ist, bezüglich der im Referenzzeitraum erzielten Umsätze. Ist vereinbart, dass die Miete in Abhängigkeit von der vom Mieter erzielten Untermiete[2] stehen soll, dann kann die Auskunft über die Höhe dieser Untermiete eingeklagt werden. Mieter oder Vermieter können – je nach Fassung des Vertrags – eine Auskunftsklage er-

---

1 Siehe dazu Teil I Rz. 62 f.
2 Siehe dazu Teil I Rz. 123.

heben bezüglich der Preise, auf welche in einer Kostenelementklausel[1] Bezug genommen worden ist.

Grundsätzlich richtet sich eine Auskunftsklage darauf, dass überhaupt eine Auskunft erteilt wird. Ein Anspruch darauf oder gar eine Gewähr dafür, dass die Auskunft **richtig** ist, besteht grundsätzlich nicht. Immerhin kann aber notfalls über einen Antrag auf Abgabe einer eidesstattlichen Erklärung gemäß §§ 260 Abs. 2, 261 BGB Druck auf Erteilung vollständiger Auskunft ausgeübt werden. Dieser Anspruch kann im Wege der **Stufenklage** nach § 254 ZPO mit dem Antrag auf Auskunft verbunden werden. 46

Ob aus einem Anspruch auf Auskunft auch ein Anspruch auf Vorlage von **Belegen** folgt, ist strittig. Teilweise wird das recht umstandslos unterstellt, häufig in der Praxis von den Gerichten aber auch abgelehnt. Etwas anderes gilt, wenn im Vertrag selbst schon die Verpflichtung zur Vorlage von Belegen niedergelegt ist. 47

Die Auskunft kann auch bei mehreren Vertragspartnern auf einer Seite jeder allein verlangen. Für das **Rubrum** gelten keine Besonderheiten. 48

Der **Antrag** muss die begehrte Auskunft so genau bezeichnen, dass ggf. genau festgestellt werden kann, ob der Beklagte die Auskunft erteilt hat oder nicht. 49

---

1. Der Beklagte wird verurteilt, dem Kläger Auskunft zu erteilen über die von ihm in der Zeit vom 1.7.2004 bis 30.6.2005 erzielten Umsätze durch Vorlage eines geordneten Verzeichnisses.
   Im Wege der Stufenklage
2. Der Beklagte wird weiter verurteilt, nach Erteilung der Auskunft deren Vollständigkeit an Eides Statt zu versichern.

Die **Begründung** muss das Bestehen eines Mietvertrages darlegen und die Klausel, aus der eine Auskunftsverpflichtung resultieren soll, weiter die vom Kläger ausgesprochenen Aufforderungen und ggf. die Reaktion des Beklagten. Wenn die Stufenklage auf eidesstattliche Versicherung erhoben wird, ist darzulegen, woraus sich die Besorgnis ergibt, das Verzeichnis werde nicht vollständig sein. 50

Als Anlagen sollten die Dokumente beigefügt werden, aus welchen die Ansprüche abgeleitet werden. 51

---

1 Siehe dazu Teil I Rz. 76 ff.

Im Übrigen bestehen für das Verfahren keine prozessualen Besonderheiten.

52 Für den **Streitwert** wird das Interesse des Klägers an der Auskunft zugrunde gelegt[1].

III. Zahlungsklage

1. Zahlungsklage des Vermieters

53 Eine Zahlungsklage wegen geänderter Miete kann der Vermieter einreichen, wenn sich aus den vertraglichen Vereinbarungen seiner Meinung nach ergibt, dass eine **Mieterhöhung eingetreten** ist.

54 Das ist nahe liegend, wenn im Vertrag ausdrücklich eine **Mietsteigerung betragsmäßig vereinbart** ist[2], aber auch bei einer **indexabhängigen Steigerung**[3], ebenso bei Vereinbarungen über eine Mietänderung in **Anpassung an andere Faktoren**[4], wenn dem Vermieter die entsprechenden Parameter bekannt sind. Eine Zahlungsklage ist auch dann möglich, wenn der Vermieter ein **einseitiges Leistungsbestimmungsrecht** hat, sei es von vornherein durch die Vereinbarung im Vertrag, sei es dadurch, dass die Mieterseite sich einer vereinbarten Mitwirkung an der Feststellung der angemessenen Miete entzieht[5]. Auch wenn ein Schiedsgutachten oder ein sonst von den Parteien vereinbartes Hilfsmittel zur Bestimmung der Miethöhe vorliegt und die Klägerseite dies als überzeugend und angemessen ansieht, kann sie eine Zahlungsklage erheben, mit dem Risiko allerdings, dass das Gericht das Schiedsgutachten als nicht angemessen beurteilt.

55 Hingegen kann keine Zahlungsklage erhoben werden, wenn die Erhöhung der Miete von einer **Zustimmung** des Mieters abhängt. Ist unklar, ob durch die Veränderung vertraglich vereinbarter Parameter eine Mietänderung unmittelbar eintritt oder ob die Zustimmung des Mieters erforderlich ist, kann ggf. nichts anderes übrig bleiben, als mit Haupt- und Hilfsantrag auf Zahlung bzw. Zustimmung zu klagen.

56 Bei der Zahlungsklage ist im **Rubrum** auf Klägerseite zu beachten, dass ein einzelner von mehreren Vermietern allenfalls Zahlung an alle Ver-

---

1 Zu den Einzelheiten *Hartmann* in Baumbach/Lauterbach/Albers/Hartmann, 64. Aufl. Anh. § 3 ZPO Rz. 24; *Herget* in Zöller, 25. Aufl., § 3 ZPO Rz. 16.
2 Siehe dazu Teil I Rz. 54.
3 Siehe dazu Teil I Rz. 98 ff.
4 Siehe dazu Teil I Rz. 114 ff.
5 Siehe dazu Teil I Rz. 129 ff., Rz. 142.

mieter verlangen kann, ob er überhaupt prozessführungsbefugt ist, ist kritisch zu prüfen. Auf Beklagtenseite kann beliebig einer von mehreren Mietern herausgegriffen werden, da diese als Gesamtschuldner haften.

Der **Antrag** muss die begehrten Beträge genau zahlenmäßig angeben und die verlangten Zinsen ggf. für verschiedene Zeitabschnitte einzeln ausweisen, in der Regel wird eine Verzinsung nach § 288 Abs. 2 BGB mit 8 % p.a. anzusetzen sein. Zu bedenken ist dabei, dass neben der Miete vereinbarte Vorschüsse für Nebenkosten, über die abzurechnen ist, nach Erreichen der Abrechnungsreife nicht mehr als offene laufende Zahlungen eingeklagt werden können. Vielmehr kann nur mit Vorlage der Abrechnung ein etwaiger Nachzahlungsbetrag eingeklagt werden. Eine Klageverbindung mit einer Feststellungsklage ist zu erwägen, um Druck zu erzeugen, dass eine etwa als richtig erkannte Miethöhe auch künftig gezahlt wird. 57

Unter Umständen kommt auch in Betracht, die Ansprüche in einem **Mahnverfahren** gemäß §§ 688 bis 703d ZPO[1] oder im **Urkundenprozess** gemäß §§ 592 bis 605a ZPO anhängig zu machen[2]. 58

Für die **Begründung** ist erforderlich, dass für jeden Zeitabschnitt dargelegt wird, welche Forderung durch welche vertragliche Vereinbarung entstanden sein soll, welche Zahlungen darauf geleistet wurden und welche Rückstände demnach entstanden sind. 59

Als **Anlagen** sollten der Mietvertrag und etwaige Änderungen beigefügt werden, sowie sämtliche weiteren Belege, aus denen sich ergibt, dass der Anspruch auf die erhöhte Miete besteht. Wenn er aus Kostenelementklauseln hergeleitetet werden soll, müssen die Belege für die Kostenänderung eingereicht werden, bei umsatzabhängiger Miete die Belege über die Umsätze, bei Bezugnahme auf ein als angemessen erachtetes Sachverständigengutachten ist dieses beizufügen usw. Beim Urkundenprozess ist das zwingend. 60

Bezüglich Streitwert und sonstigem Verfahren gibt es keine Besonderheiten.

2. Rückzahlungsklage des Mieters

Eine Zahlungsklage des Mieters kommt in Betracht, wenn eine **Mietüberzahlung** eingetreten ist. Dies kann – abgesehen von Mietminderun- 61

---

1 Auf genaue Bezeichnung der Forderungen im Mahnantrag ist zu achten.
2 Siehe dazu auch Rz. 144 ff.

gen wegen Einschränkungen des Gebrauchs der Mietsache – der Fall sein, wenn nach den Vereinbarungen des Mietvertrages eine Absenkung der Miete hätte verlangt werden können, der Mieter aber die dafür notwendigen Informationen vom Vermieter nicht erhalten hat, oder wenn er zwar erkannt hat, dass eine Überzahlung eintritt, er aber entweder bis zur Klärung der Grundlagen (unter Vorbehalt) weiter gezahlt hat oder eine Ausführung der Zahlung nicht rechtzeitig unterbinden konnte. Ebenso kann ein Rückzahlungsanspruch bestehen, wenn die Vereinbarung über die Miethöhe gegen ein gesetzliches Verbot verstieß oder sittenwidrig war.

62 Bei der Zahlungsklage ist im **Rubrum** auf Klägerseite zu beachten, dass ein einzelner von mehreren Mietern allenfalls Zahlung an alle Mieter verlangen kann, ob er allein prozessführungsbefugt ist, ist kritisch zu prüfen.

63 Der **Antrag** muss die begehrten Beträge genau zahlenmäßig angeben und die verlangten Zinsen ggf. für verschiedene Zeitabschnitte einzeln ausweisen, in der Regel wird eine Verzinsung nach § 288 Abs. 2 BGB mit 8 % p.a. anzusetzen sein. Eine Klageverbindung mit einer Feststellungsklage ist zu erwägen, um sicherzustellen, dass auch künftig nicht mehr als die als richtig erkannte Miethöhe gezahlt werden muss.

64 Unter Umständen kommt auch in Betracht, die Ansprüche in einem **Mahnverfahren** gemäß §§ 688 bis 703d ZPO[1] anhängig zu machen. Für die Führung eines **Urkundenprozesses** gemäß §§ 592 bis 605a ZPO werden in aller Regel die Voraussetzungen nicht vorliegen.

65 Für die **Begründung** ist erforderlich, die für jeden Zeitabschnitt entstandenen Überzahlungen durch Gegenüberstellung der geschuldeten mit der tatsächlich gezahlten Miete darzulegen werden.

66 Als **Anlagen** sollten der Mietvertrag und etwaige Änderungen beigefügt werden. Wird gegenüber den vertraglichen Vereinbarungen eine geringere Miete als geschuldet behauptet, dann müssen die Belege, aus denen sich diese Mietverringerung ergibt, eingereicht werden. Wenn die Miethöhe aus Kostenelementklauseln hergeleitet wird, müssen die Belege für die Kostenänderung eingereicht werden, bei umsatzabhängiger Miete die Belege über die Umsätze, bei Bezugnahme auf ein als angemessen erachtetes Sachverständigengutachten ist dieses beizufügen usw.
Bezüglich Streitwert und sonstigem Verfahren gibt es keine Besonderheiten.

---

1 Auf genaue Bezeichnung der Forderungen im Mahnantrag ist zu achten.

IV. Räumungsklage

Für Geschäftsraummietverhältnisse gilt kein besonderer gesetzlicher Schutz vor Kündigung eines Vertrages und kein besonderer Räumungsschutz. Ein unbefristetes Mietverhältnis über Geschäftsräume kann vom Vermieter jederzeit gemäß § 580a Abs. 2 BGB mit der gesetzlichen knapp halbjährigen Frist[1] ordentlich gekündigt werden, ohne einen Grund angeben zu müssen, also durchaus auch mit dem Ziel, eine Vermietung an denselben Mieter zu einer höheren Miete anzustreben.

67

Wenn der Vermieter der Ansicht ist, die Mietpartei habe ihre Vertragspflichten gravierend verletzt, insbesondere die geforderte Miete nicht in voller Höhe gezahlt, dann kann der Vermieter gem. § 543 Abs. 2 Ziff. 3 BGB das Mietverhältnis aus wichtigem Grund kündigen, wenn der Mieter für zwei aufeinander folgende Termine Miete in nicht unerheblicher Höhe schuldig bleibt, ebenso wenn Mietrückstände, die in einem längeren Zeitraum auflaufen, die Miete von zwei Monaten erreichen.

68

Der **Antrag** lautet:

69

Den/Die Beklagte(n) zu verurteilen, die im Hause in ... belegenen Räume, bestehend aus 2 Ladenräumen, Küche, Lagerraum und dazu gehörigem Kellerraum zu räumen und an den/die Vermieter(in) (ggf.: zu Händen der Hausverwaltung ...) herauszugeben.

Die Räumungsklage kann **mit der Zahlungsklage** wegen der rückständigen Mieten, und unter Umständen auch mit einer Zahlungsklage auf das künftige monatliche Nutzungsentgelt bis zur Räumung[2], **verbunden** werden. Ob das sinnvoll ist, muss abgewogen werden: Für die Wertbestimmung werden die Streitgegenstände zusammengerechnet, dadurch ergibt sich prinzipiell eine Kostenverminderung, verglichen mit der separaten Klageerhebung. Unklarheiten über die genaue Höhe der Zahlungsforderung können aber unter Umständen auch die Räumungsverurteilung verzögern, wenn das Urteil beides umfasst, liegt nur ein vollstreckbarer Titel vor. In Fällen, in welchen keine Erwartung besteht, die Zahlungsforderungen zu realisieren, erhöht das Einklagen auch der Zahlungsrückstände die Kosten möglicherweise nutzlos. Rechtfertigt ein unstreitig vorhandener Rückstand bereits den Räu-

70

---

[1] Spätestens am dritten Werktag eines Kalendervierteljahres zum Ablauf des nächsten Kalendervierteljahres.
[2] OLG Dresden, Versäumnisurt. v. 24.9.1998 – 21 U 1565/98, NZM 1999, 173; BGH, Beschl. v. 20.11.2002 – VIII ZB 66/02, NZM 2003, 231.

mungsantrag, sollte dieser isoliert gestellt werden, um schneller einen Titel zu erlangen.

71 Die Klage ist **gegen alle Mitmieter** zu richten.

72 Zur **Klagebegründung** gehört die Darlegung, dass das Mietverhältnis wirksam wegen Mietrückstandes gekündigt ist. Dazu muss die Mietentwicklung dargelegt werden, also die im streitgegenständlichen Zeitraum maßgebliche Miete, dazu führende Mieterhöhungen müssen vorgelegt werden. Den geschuldeten Mieten sind die Zahlungen gegenüberzustellen; auch hier darf **nicht saldiert** werden[1]. Ebenso wenig können Mietkonten verwendet werden, die nicht nur Mietzinsforderungen und -zahlungen auflisten und verrechnen, sondern darüber hinaus weitere Rechnungspositionen und Gutschriften, deren rechtlicher Hintergrund in der Aufstellung nicht dargelegt wurde[2].

73 Der Klage als **Unterlagen** beizufügen sind der Mietvertrag, ggf. Mieterhöhungserklärungen für den fraglichen Zeitraum, das Kündigungsschreiben und dessen Zustellungsnachweis.

74 **Gegenstandswert** bei isolierter Räumungsklage ist die Gesamtmiete für 12 Monate. Hinsichtlich der **Kosten** gibt es keine Besonderheiten.

75 Der Mieter kann sich mit Zahlung, Aufrechnung oder dadurch **verteidigen**, dass er die Berechtigung der verlangten Mietforderung angreift, sei es, dass bereits das Mietverlangen nicht vom Vertrag gedeckt ist oder dass Minderungsgründe gemäß § 536 BGB oder Zurückbehaltungsgründe gemäß § 273 BGB der Geltendmachung des Betrages ganz oder teilweise entgegenstehen. Nicht zur Anwendung kommt hingegen die Regelung, wonach die Zahlung des gesamten Mietrückstandes die Kündigung unwirksam macht[3].

---

1 LG Hamburg, Urt. v. 8.7.2003 – 316 S 43/03, WM 2003, 504, siehe dazu auch Rz. 135 ff.
2 LG Dortmund, Beschl. v. 5.1.2004 – 1 T 53/03, WM 2004, 99 = MietRB 2004, 100. Der BGH hat es für das Kündigungsschreiben ausnahmsweise ausreichen lassen, wenn der Vermieter bei klarer und einfacher Sachlage den Zahlungsverzug als Grund benennt und den Gesamtbetrag der rückständigen Miete beziffert, BGH Beschl. v. 22.12.2003 – VIII ZB 94/03, WM 2004, 97 = MietRB 2004, 99.
3 § 569 Abs. 3 Ziff. 2 BGB gilt nur für Wohnraum.

V. Feststellungsklage

Feststellungsklagen sind grundsätzlich gegenüber Leistungsklagen subsidiär: Wer eine rechtliche Klärung durch einen Zahlungs- oder Zustimmungsantrag erreichen kann, der hat normalerweise keinen Anspruch darauf, ein Urteil zu erhalten, in welchem lediglich eine Frage beantwortet oder eine Feststellung getroffen wird, auf welche der Kläger meint angewiesen zu sein[1]. Das Gesetz lässt in § 256 ZPO Feststellungsklagen nur zu, um das Bestehen oder Nichtbestehen eines Rechtsverhältnisses oder die Echtheit oder Unechtheit einer Urkunde festzustellen.

76

Klar zulässig ist also eine Klage – durchaus für die Höhe von Mietforderungen relevant – gerichtet darauf, dass der Mietvertrag beendet ist, oder dass er sich infolge einer ausgeübten Option zu unveränderten Bedingungen verlängert hat.

In der Praxis wird aber eine Feststellungsklage nicht nur als zulässig angesehen, um zu klären, ob ein „Rechtsverhältnis", also etwa ein Mietvertrag insgesamt (noch) besteht oder nicht, sondern auch, um Teilrechtsverhältnisse entsprechend zu klären oder auch die Wirksamkeit oder Nichtwirksamkeit von Gestaltungsrechten.

Positive Feststellungsklagen – Klagen, gerichtet auf die verbindliche Feststellung, dass eine Pflicht bestehe – mit Bezug zur Miethöhe sind für beide Seiten in Betracht zu ziehen, wenn die Parteien sich darauf geeinigt haben, dass die Miete durch ein Sachverständigengutachten ermittelt werden soll[2]. Wenn die Vereinbarung unklar ist, auf welcher Grundlage der Gutachter seine Feststellungen treffen soll, dann ist es zulässig, durch Gerichtsurteil die Auftragsgrundlage zu klären; die Feststellung des Gerichts bestimmt dann verbindlich den Gutachterauftrag[3].

77

⇨ **Beispiel:**
…wird beantragt, festzustellen, dass der Schiedsgutachter für die Ermittlung der angemessenen Miete gemäß Ziffer 17 des Mietvertrages vom … die Geschäftsraummieten im Stadtgebiet Y für Einzelhandelsgeschäfte mit einer Verkaufsfläche unter 300 m^2 anzusetzen hat.

Für eine solche Klage wäre darzulegen, dass die vertragliche Vereinbarung unterschiedliche Auftragsgrundlagen ermöglicht, die letztlich zur Ermittlung unterschiedlicher Sachverhalte führen würde, so dass

---
1 Vgl. etwa BGH, Urt. v. 19.4.2000 – XII ZR 332/97, NJW 2000, 2280.
2 Siehe dazu Teil I Rz. 163 ff.
3 BGH, Urt. v. 3.3.1982 – VIII ZR 10/81, WPM 1982, 543 = NJW 1982, 1878.

die Vertragsregelung, „den Sachverhalt" durch einen Sachverständigen klären zu lassen, nicht erfüllt werden könnte.

78 Ansonsten kommen positive Feststellungsklagen in erster Linie für die **Mieterseite** in Betracht, denn diese kann ihre Ansicht über die gültige Miethöhe nicht durch eine Zahlungsklage verfolgen.

> ... wird beantragt, festzustellen, dass ab dem 1.4.2006 die Miete für die Büroräume ... 2700,00 Euro netto monatlich beträgt.

Eine solche Feststellung könnte beispielsweise von dem Mieter beantragt werden, der auf Grund der Rechtsprechung des Bundesgerichtshofs[1] der Ansicht ist, dass die gegenüber den Vertragsangaben real wesentlich geringere Fläche der Miet räume zu einer Verringerung der Miethöhe führen muss.

Der Mieter wird eine solche Feststellung nur begehren, wenn die erstrebte Miete geringer ist als die im Vertrag oder durch spätere Vereinbarungen festgelegte. Insofern läuft die vom Mieter begehrte Feststellung, die Miete belaufe sich auf (ab einem bestimmten Zeitpunkt) den Betrag X, zugleich auf die negative Feststellung hinaus, sie betrage nicht mehr als diesen Betrag.

79 Für den **Vermieter** kann sich eine positive Feststellungsklage anbieten, wenn der Mieter das Eintreten einer Mieterhöhung leugnet, auf Zahlungsaufforderungen nicht zahlt und ersichtlich auch in Zukunft nicht zahlen will. Die Zahlungsklage könnte nur aufgelaufene Rückstände geltend machen und dabei inzident die Beurteilung des Gerichts erreichen, dass die Zahlungsverpflichtung in dieser Höhe besteht. Die Rechtskraft des Zahlungsurteils beschränkt sich auch bezüglich dieser tragenden Gründe auf den Zeitraum, der ausgeurteilt wurde. Eine Klage gemäß § 257 ZPO auf künftige Zahlung scheitert daran, dass die Zahlungspflicht des Mieters von der Gegenleistung des Vermieters abhängt[2]. Gleiches gilt für die Klage gemäß § 258 ZPO. Eine Klage gemäß § 259 ZPO setzt wiederum voraus, dass tatsächliche Umstände dargelegt werden können, dass der Schuldner sich seiner Leistungspflicht entziehen werde[3]. Als sicherer wird die Feststellungsklage (ggf. als weiterer Antrag in der Zahlungsklage wegen aufgelaufener Rückstände) an-

---

[1] BGH, Urt. v. 4.5.2005 – XII ZR 254/01, NJW 2005, 2152 = GE 2005, 86.
[2] Anders im Falle eines beweiskräftig festgehaltenen Annahmeverzugs des Mieters.
[3] Das Leugnen der Rechtspflicht und die bisherige Nichtzahlung reichen hierfür aus, BGH, Urt. v. 5.4.2001 – IX ZR 441/99, BGHZ 147, 225, 231.

gesehen[1]. Aus dem erstrebten Urteil lässt sich nicht vollstrecken, die vom Gericht ausgeurteilte Feststellung ist aber nach Rechtskraft für einen etwa folgenden Zahlungsprozess verbindlich.

> ... festzustellen, dass die Beklagte verpflichtet ist, mit Wirkung ab 1.2.2006 eine Miete in Höhe von 3487,83 Euro netto monatlich zu zahlen[2].

Die Feststellungsklage nach § 256 ZPO kommt im vorliegenden Zusammenhang vor allem als **negative Feststellungsklage** des **Mieters** in Betracht, eine Klage, die darauf gerichtet ist, eine bestimmte Verpflichtung bestehe nicht[3]. Der **Antrag** kann je nach Lage des Falles unterschiedlich weit oder eng zu formulieren sein. 80

> ... festzustellen, dass die Gleitklausel in Ziffer 38 des Vertrages unwirksam ist.

In der Begründung müsste dann die Darlegung erfolgen, dass die Klausel z.B. gegen das Preisklauselgesetz verstößt[4].

In gleicher Weise könnte die Unwirksamkeit einer Staffelmietvereinbarung tenoriert werden.

Geht es dem Mieter darum, dass eine Mietverringerung eintritt, etwa dadurch, dass die im Vertrag in Bezug genommenen Umsätze oder Kosten gesunken sind oder die genutzte Bürofläche sich im Rahmen erlaubter Umgestaltungen des Mieters verringert hat, dann wird der Antrag zweckmäßigerweise auf die Feststellung der (nur noch) geschuldeten Miete gerichtet. Das kommt auch in Betracht, wenn die Miete zwar – etwa durch eine Umsatzklausel – steigt, aber geringer als vom Vermieter angenommen. 81

> ... festzustellen, dass die Miete für die Zeit vom 1.7.2006 bis 30.6.2007 monatlich ... Euro beträgt.

Wie oben bereits erwähnt, werden in diesem Fall Elemente einer positiven und einer negativen Feststellungsklage verbunden. Die positive

---

1 Vgl. dazu BGH, Urt. v. 7.2.1986 – V ZR 201/84, NJW 1986, 2507.
2 BGH, Urt. v. 21.1.2004 – VIII ZR 99/03, NZM 2004, 253 = NJW-RR 2004, 586 = ZMR 2004, 341.
3 Auch: Leugnende Feststellungsklage.
4 Siehe dazu Teil I Rz. 98 ff.

Feststellung des Mietbetrags, der von den bisherigen Vereinbarungen abweicht, umfasst auch die negative Feststellung, dass mehr nicht geschuldet ist.

82 Ganz deutlich wird das bei Feststellungsanträgen, die sich darauf richten, festzustellen, dass für die Vertragslaufzeit eine Festmiete vereinbart ist, dass die Miete sich durch eine bestimmte Erhöhungserklärung nicht erhöht hat oder dass die Mieterhöhung erst zu einem bestimmten Zeitpunkt eingetreten ist, oder auch, dass eine an sich zulässige Leistungsbestimmung durch den Vermieter[1] der Billigkeit nicht entspricht. Auch die Klage, mit der die offenbare Unbilligkeit eines Gutachtens gemäß § 319 BGB geltend gemacht wird[2], richtet sich letztlich auf die gerichtliche Festsetzung.

83 Grundsätzlich können beide Seiten die negative Feststellungsklage auch dann einsetzen, wenn die andere Seite **sich eines Anspruchs berühmt** und geklärt werden soll, ob dieser besteht. Die Vorteile dieses Vorgehens liegen darin, dass der Kläger nur behaupten muss, der Beklagte habe sich eines bestimmten Anspruchs berühmt. Die Klage darf nur abgewiesen werden, wenn der Anspruch, dessen sich der Feststellungsbeklagte berühmt, feststeht; bleibt im Verfahren unklar, ob die streitige Forderung besteht, dann muss der Klage ebenso stattgegeben werden, wie wenn feststeht, dass der streitige Anspruch nicht besteht[3]. Der Beklagte wird auf diese Weise also gezwungen, den vermeintlichen Anspruch darzulegen und zu beweisen.

84 Als **Begründung** ist darzulegen, dass die begehrte Feststellung für die klagende Partei von erheblichem rechtlichem Interesse ist. Insbesondere muss die klagende Partei erklären, für welche rechtlichen oder tatsächlichen Schritte, über die zu entscheiden notwendig ist, die Feststellung maßgeblich ist. Weiter muss ein besonderes Rechtsschutzbedürfnis dargelegt werden. Dieses besteht nur dann, wenn eine Klärung mit der Gegenseite erfolglos versucht wurde und wenn die Klärung nicht durch eine Leistungsklage herbeigeführt werden kann.

85 Als **Streitwert** der positiven Feststellungsklage wird im Allgemeinen ein etwas geringerer Wert als derjenige des Leistungsanspruches angesetzt[4]. Als Wert der negativen Feststellungsklage wird der volle Wert der aus dem Rechtsverhältnis abgeleiteten behaupteten Forderung ange-

---

1 Siehe dazu Teil I Rz. 142.
2 Siehe dazu Teil I Rz. 163 ff.
3 BGH, Urt. v. 2.3.1993 – VI ZR 74/92, NJW 1993, 1716.
4 *Hartmann* in Baumbach/Lauterbach/Albers/Hartmann, 64. Aufl., Anh. § 3 ZPO, Rz. 53; *Herget* in Zöller, 25. Aufl., § 3 ZPO Rz. 16.

nommen, denn die Klage soll die Möglichkeit jeder Leistungsklage des Gegners ausschließen[1].

VI. Selbständiges Beweisverfahren

Gemäß § 485 Abs. 2 ZPO kann ein gerichtliches Beweisverfahren **außerhalb eines laufenden Prozesses** beantragt werden, um den Zustand oder Wert einer Sache, Ursachen für eingetretene Schäden oder Mängel oder den Aufwand für die Schadens- oder Mangelbeseitigung festzustellen. Das Gesetz verlangt, dass ein **rechtliches Interesse** an der Beschäftigung des Gerichts mit außerprozessualen Beweiserhebungen insofern bestehen muss, als die Beweisfeststellung der Vermeidung eines Rechtsstreits dienen kann. Diese Voraussetzung wird aber sehr weit ausgelegt: Es ist nicht notwendig, dass die Vermeidung eines Rechtsstreits wahrscheinlich ist, es wird sogar für zulässig gehalten, dass das Beweisverfahren ausdrücklich der Vorbereitung eines Prozesses dient[2].

86

Die Bedeutung des Beweisverfahrens im Unterschied zu privaten Maßnahmen zur Feststellung oder Sicherstellung von Beweisen liegt darin, dass eine gerichtlich durchgeführte Beweisaufnahme einerseits eine Reihe von Formalien einhalten muss[3], dass andererseits das Beweisergebnis auch für einen nachfolgenden Prozess **für beide Seiten maßgeblich** und verbindlich ist, § 493 ZPO. Der Zweck einer beschleunigten Tatsachenfeststellung wird oft nicht erreicht, wenn ein Sachverständigengutachten eingeholt werden soll, da die Gutachter häufig überlastet sind.

87

Ob Aspekte der Miethöhe **Gegenstand** eines Beweisverfahrens sein können, ist fraglich. Grundsätzlich ist nahe liegend, dass für die Miethöhe Zustand oder Wert der Mietsache maßgebend sind. Dennoch wird die Zulässigkeit von selbständigen Beweisverfahren kritisch gesehen[4]. Denkbar wäre, wenn vertraglich die Einholung eines Sachverständigengutachtens vereinbart ist, die eine Seite aber an der Auftragserteilung nicht mitwirkt, durch ein selbständiges Beweisverfahren einen Sachverständigen gerichtlich zu bestellen. Dies würde Auseinandersetzungen darüber, ob und wann die Klägerseite allein einen entsprechenden Auftrag erteilen darf, überflüssig und das Sachverständigengutachten ge-

88

---

1 Vgl. die Nachweise bei *Hartmann* in Baumbach/Lauterbach/Albers/Hartmann, 64. Aufl., Anh. § 3 ZPO, Rz. 54; *Herget* in Zöller, 25. Aufl., § 3 ZPO Rz. 16.
2 *Hartmann* in Baumbach/Lauterbach/Albers/Hartmann, § 485 ZPO Rz. 8; a.A. *Herget* in Zöller, 25. Aufl., § 485 ZPO Rz. 6.
3 Siehe dazu §§ 487–492 ZPO.
4 *Hartmann* in Baumbach/Lauterbach/Albers/Hartmann, § 485 ZPO Rz. 17; *Herget* in Zöller, 25. Aufl., § 485 ZPO Rz. 9 m. Nw. zum Streitstand.

richtlich voll verwertbar machen. Ob es zulässig wäre, gerichtlich einen Wirtschaftsprüfer zu bestellen, wenn gemäß dem Vertrag geprüfte Geschäftsergebnisse Grundlage für die Mietfestsetzung sein sollen, ist fraglich. Ist eine Auskunft der anderen Vertragsseite Voraussetzung für Feststellungen, dann kann diese jedenfalls nicht über ein gerichtliches Beweisverfahren beschafft werden.

89 **Zuständig** ist das Gericht, das nach dem Antragsvorbringen für die Hauptsache nach §§ 23 GVG, 29a ZPO zuständig wäre.

90 Der **Antrag** muss gemäß § 487 ZPO außer den Parteien vor allem die Tatsachen bezeichnen, über die Beweis erhoben werden soll, und es ist das Beweismittel anzugeben, und die Tatsachen sind zu benennen, aus denen sich die Zulässigkeit des Verfahrens und die Zuständigkeit des Gerichts ergeben sollen. Dies sollte so **konkret** wie möglich geschehen[1]. Eine Prüfung des Sachvortrags des Antragstellers hinsichtlich des Hauptanspruchs, zu dessen Geltendmachung die Begutachtung dienen soll, auf Schlüssigkeit oder Erheblichkeit findet grundsätzlich nicht statt[2]. Etwas anderes kann gelten, wenn von vornherein ein Rechtsverhältnis, ein möglicher Prozessgegner oder ein Anspruch nicht erkennbar ist[3].

91 Die Angaben sind **glaubhaft zu machen**[4], das heißt, es sind entweder die von der Zivilprozessordnung zugelassenen Beweismittel dem Gericht unmittelbar zu präsentieren, oder es sind entsprechende eidesstattliche Versicherungen dem Gericht mit dem Antrag vorzulegen[5]. In der Praxis läuft dies, da die Entscheidungen über selbständige Beweisanträge in der Regel ohne mündliche Verhandlung ergehen, darauf hinaus, dass alles, was nicht durch Urkunden oder vorgelegtes Sachverständigengutachten belegt werden kann, durch eidesstattliche Erklärungen bekräftigt werden muss. Dabei reicht es nicht aus, dass auf den anwaltlichen Schriftsatz verwiesen und eidesstattlich erklärt wird, dies habe seine Richtigkeit. Demjenigen, der eine eidesstattliche Erklärung abgibt, muss unmissverständlich erklärt sein, dass er sich strafbar macht[6], wenn er auch nur fahrlässig eine falsche eidesstattliche Erklärung abgibt, und er muss in seiner Erklärung selbst die Tatsachen präzise benennen, die er „auf seinen Eid nimmt"[7].

---

1 Siehe dazu KG, Beschl. v. 1.10.1998 – W 6456/98, NJW-RR 2000, 468.
2 BGH, Beschl. v. 4.11.1999 – VII ZB 19/99, NJW 2000, 960.
3 BGH, Beschl. v. 16.9.2004 – III ZB 33/04, NJW 2004, 2388.
4 § 487 Ziff. 4 ZPO.
5 § 294 ZPO.
6 § 156 StGB.
7 Kritisch zur Praxis *Hartmann* in Baumbach/Lauterbach/Albers/Hartmann, § 294 ZPO Rz. 8.

Soll ein **Sachverständigengutachten** eingeholt werden, kann der Antragsteller einen ihm bekannten und geeignet erscheinenden Sachverständigen nennen oder aber dies dem Gericht überlassen. 92

Der **Antragsgegner** kann sich gegen die Zulässigkeit des Beweisverfahrens wenden, gegen die gestellten Beweisfragen oder gegen den vorgeschlagenen Sachverständigen. Er kann eigene Anträge stellen, also die Beweisfragen erweitern oder andere Beweismittel benennen. 93

Nach Durchführung der Beweisaufnahme kann jede Seite Stellung nehmen, etwa **schriftliche Ergänzung** des Gutachtens verlangen, § 492 Abs. 1 in Verbindung mit § 411 ZPO, oder aber mündliche Verhandlung z.B. zur **Anhörung** des Sachverständigen. 94

Die Zustellung des Antrags auf Durchführung des selbständigen Beweisverfahrens **hemmt die Verjährung**, § 204 Abs. 1 Ziff. 7 BGB. Das gilt auch für einen unzulässigen oder unbegründeten Antrag, wenn er nicht als unstatthaft zurückgewiesen worden ist[1]. Wann die Hemmung i.S.d. § 204 Abs. 2 BGB endet, kann unklar sein. Das hängt davon ab, wann das selbständige Beweisverfahren **beendet** ist[2]. Beendigung kann durch Überlassung bzw. Zustellung des Gutachtens an die Parteien eintreten, wenn danach nichts mehr geschieht. Wird das Gutachten mündlich erstattet oder erläutert, tritt Beendigung durch Übergabe oder Zusendung des entsprechenden Protokolls ein, ansonsten nach Ablauf einer angemessenen Frist zur Beantragung der Ergänzung oder der Anhörung[3]. 95

Gibt das Gericht dem Antrag statt, ist gegen den Beschluss kein **Rechtsmittel** gegeben. Gegen einen abweisenden Beschluss kann sofortige Beschwerde eingelegt werden, § 567 Abs. 1 Ziff. 2 ZPO. 96

Der **Streitwert** bemisst sich nach dem vollen mutmaßlichen Hauptsachewert[4]. 97

Der stattgebende Beschluss enthält ebenso wie ein Beweisbeschluss nach § 359 ZPO **keine Kostenentscheidung**, § 490 Abs. 2 ZPO[5]. Kommt es zum Hauptsacheverfahren, sind die Kosten des selbständigen Beweisverfahrens Teil der Kosten dieses Rechtsstreits, die Kostenentscheidung 98

---

1 BGH, Urt. v. 22.1.1998 – VII ZR 204/96, NJW 1998, 1305.
2 § 204 Abs. 2 S. 1 BGB: Die Hemmung nach Absatz 1 endet sechs Monate nach der rechtskräftigen Entscheidung oder anderweitigen Beendigung des eingeleiteten Verfahrens.
3 Vgl. dazu *Monschau*, MietPrax, Fach 10, Rz. 99 m.w.N.
4 BGH, Beschl. v. 16.9.2004 – III ZB 33/04, NJW 2004, 2388.
5 Siehe aber § 494a Abs. 1 ZPO.

folgt dann den allgemeinen Regeln[1]. Kommt es nicht zum Hauptsacheverfahren, ist der Antragsteller darauf angewiesen, seinen etwa bestehenden materiell-rechtlichen Kostenerstattungsanspruch gesondert geltend zu machen.

G. Preisfreier Wohnraum

99 Im Mietverhältnis über preisfreien Wohnraum kommen folgende Klagearten in Betracht:
– die Zustimmungsklage (Rz. 100 ff.);
– die Auskunftsklage (Rz. 125 ff.);
– die Zahlungsklage des Vermieters (Rz. 134 ff.);
– die Rückzahlungsklage des Mieters (Rz. 151 ff.);
– die Räumungsklage (Rz. 156 ff.);
– die Feststellungsklage (Rz. 165 ff.);
– das selbständige Beweisverfahren (Rz. 169 ff.).

I. Zustimmungsklage

100 Gemäß § 558 BGB kann der Vermieter ein Mieterhöhungsverlangen abgeben, der Mieter hat eine Frist von zwei Monaten, diesem Verlangen zuzustimmen. Liegt nach **Ablauf der Überlegungsfrist**[2] keine Zustimmung des Mieters zur Mieterhöhung vor, so gibt es zur Durchsetzung nur den Weg der Zustimmungsklage. Eine Klageerhebung vor Ablauf der Überlegungsfrist ist möglich, setzt aber den Vermieter dem Risiko aus, dass die Zustimmung des Mieters noch fristgerecht erfolgt und die Klage unschlüssig macht, oder aber dass die mündliche Verhandlung, auf die vom Gericht entschieden wird, noch innerhalb der Überlegungsfrist liegt, so dass die Klage unzulässig bleibt[3].

101 Ausnahmsweise ist eine **Verbindung** der Klage mit einer **Auskunftsklage** in den „Fehlbelegungsfällen" möglich[4]. Ob und unter welchen Voraussetzungen die Zustimmungsklage mit einer **Zahlungsklage** ver-

---

[1] Zu den Einzelheiten s. *Herget* in Zöller, 25. Aufl., § 91 ZPO Rz. 13 „Selbständiges Beweisverfahren".
[2] Bei endgültiger Zustimmungsverweigerung des Mieters auch früher, KG, Beschl. v. 12.1.1981 – 8 WRE-Miet 4154/80, WM 1981, 54; *Emmerich* in Staudinger, § 558b BGB Rz. 14 m.w.N.
[3] Siehe dazu *Emmerich* in Staudinger, § 558b BGB Rz. 16 m.w.N.
[4] Vgl. dazu Teil II Rz. 291.

bunden werden kann, hat der Bundesgerichtshof bisher ausdrücklich offen gelassen[1].

Zuständig ist das Amtsgericht nach § 29a ZPO, § 23 Abs. 2a) GVG.   102

Die Klage muss innerhalb der **Ausschlussfrist** von weiteren drei Monaten nach Ablauf der Zustimmungsfrist erhoben werden, § 558b Abs. 2 Satz 2 BGB. Im Falle der „Zustellung demnächst" i.S.d. § 167 ZPO genügt die fristgerechte Klageeinreichung. Die Kürze dieser Frist birgt Haftungsrisiken für den Rechtsanwalt und Kostenrisiken für den Vermieter in denjenigen Fällen, wo die Zustimmung des Mieters nicht eindeutig erklärt wird (Beispiele: Nur einer von zwei Mietern unterzeichnet die Zustimmung; die Mieterin zahlt ein oder zwei Teilbeträge). Hier empfiehlt es sich dringend, schriftlich unter Hinweis auf die sonst zu erhebende Klage zu erinnern bzw. um Klärung zu bitten.   103

Für die **Parteien** gilt dasselbe, wie oben zu Absender und Adressat der Erhöhungserklärung ausgeführt. Mehrere Mieter müssen wegen der gesamthänderischen Bindung der Mieter auch dann zusammen verklagt werden, wenn einer der Mieter vorprozessual seine Zustimmung erklärt hat[2]. Es liegt ein Fall der notwendigen Streitgenossenschaft nach § 62 Abs. 1 2. Alt. ZPO vor[3].   104

Streitwert ist der Jahresbetrag der verlangten Erhöhung (§ 16 Abs. 5 GKG).   105

Der **Klageantrag** lautet,   106

---
den Mieter zu verurteilen, einer Erhöhung der Miete für die Wohnung in (Ort, Straße, Hausnummer, Geschosslage) um ... Euro
auf ... Euro zuzustimmen.

Nicht zwingend, aber sinnvoll ist der Zusatz „ab dem 1. (Monatsangabe)", weil sonst die Zustimmung (erst) ab Klagezustellung tituliert werden könnte. Unnötig und fehlerträchtig ist es dagegen, in den Klageantrag auch Angaben zu den Nebenkosten aufzunehmen.

---

1 BGH, Urt. v. 4.5.2005 – VIII ZR 5/04, WM 2005, 458, dort für den Sonderfall bejaht, dass das Zustimmungsurteil des Amtsgerichts bereits (teil)rechtskräftig geworden war.
2 KG, Beschl. v. 5.12.1985 – 8 RE-Miet 5205/85, WM 1986, 106.
3 BGH, Urt. v. 3.3.2004 – VIII ZR 124/03, WM 2004, 280 = MietRB 2005, 225, zugleich zu einem Ausnahmefall nach § 242 BGB.

Teil IV Gerichtliches Verfahren

107 Hat der Mieter der Erhöhung vorgerichtlich **teilweise zugestimmt**, ist der Klageantrag dem anzupassen.

↪ **Beispiel:**
Ausgangsmiete ist 350 Euro. Verlangt werden 400 Euro, Teilzustimmung des Mieters erfolgt auf 370 Euro.

Der **Klageantrag** lautet,

> den Mieter zu verurteilen, einer Erhöhung der Miete für die Wohnung ... ab dem ... um weitere 30,00 Euro auf 400 Euro zuzustimmen.

108 **Mindestinhalt einer Klagebegründung:**
- Bestehen eines Mietverhältnisses zwischen den Parteien;
- Vermieter hat ein Mieterhöhungsverlangen um ... Euro ... auf ... Euro ausgesprochen;
- Zugangszeitpunkt des Erhöhungsverlangens;
- Mieter hat nicht (oder nur teilweise) zugestimmt;
- die verlangte Miete ist ortsüblich, Beweis: (Mietspiegel, Sachverständigengutachten);
- Darlegung, dass die Kappungsgrenze eingehalten ist (weil die Miete vor drei Jahren Euro ... betrug);
- ggf. Ansatz von Kürzungsbeträgen.

Diese Angaben sind mindestens erforderlich[1]. Nicht zwingend, aber **zweckmäßig** ist weiter die Angabe, dass die Wartefrist eingehalten ist, weil die letzte Mieterhöhung zum ... erfolgte. Der Zugang des Erhöhungsverlangens ist im Bestreitensfall nachzuweisen.

109 Der Klage als **Anlage** beizufügen ist wie immer der Mietvertrag, weiter das Mieterhöhungsverlangen sowie bei Begründung durch Sachverständigengutachten das Gutachten, bei Begründung mit Vergleichswohnungen deren Auflistung. Ein Mietspiegel braucht nicht eingereicht zu werden. Hat sich die Mietstruktur im Verlauf des Mietverhältnisses einvernehmlich geändert, so sind die Unterlagen hierzu ebenfalls beizufügen.

110 Die Klage ist dann **zulässig**, wenn die oben aufgeführten Mindestvoraussetzungen eingehalten sind und wenn das zugrunde liegende Miet-

---

1 So für die Darlegung der Einhaltung der Kappungsgrenze *Emmerich* in Staudinger, § 558 BGB Rz. 57.

erhöhungsverlangen selbst ordnungsgemäß erklärt und begründet wurde. Nur ein solches Erhöhungsverlangen
- bringt den Anspruch auf Zustimmung zum Entstehen,
- setzt die Überlegungsfrist in Gang,
- setzt anschließend die Klagefrist in Gang,
- macht die innerhalb der Klagefrist erhobene Klage zulässig.

Die **Einhaltung der Formvorschriften** für das Erhöhungsverlangen hat insoweit eine **Doppelfunktion**, als sie sowohl verfahrensrechtliche Voraussetzung für die Klage auf Zustimmung zur Mieterhöhung ist als auch materielle Anspruchsvoraussetzung[1]. 111

Die Tätigkeit des Gerichts ist im Verfahrensstadium der **Zulässigkeitsprüfung** auf die rechtliche Würdigung beschränkt, ob das Mieterhöhungsschreiben die nach dem Gesetz erforderlichen Hinweise enthält; für die Zulässigkeit der Klage kommt es nicht darauf an, ob die im Mieterhöhungsschreiben enthaltenen Angaben auch tatsächlich zutreffen und das Erhöhungsverlangen rechtfertigen, sondern das sind Fragen der Begründetheit des materiell-rechtlichen Erhöhungsanspruchs[2]. 112

Im Stadium der **Begründetheitsprüfung** geht es dann um die Feststellung der ortsüblichen Vergleichsmiete für die konkrete Wohnung, also um Tatsachenfeststellung und anschließende Rechtsanwendung. Hierbei ist der Richter nicht daran gebunden, wie das Erhöhungsverlangen begründet worden ist. Liegt ein einschlägiger qualifizierter **Mietspiegel** vor, wird das Gericht ihn schon wegen der Vermutungswirkung des § 558d Abs. 3 BGB heranziehen. Auch einfache Mietspiegel werden angewendet, es sei denn, das Gericht hätte Zweifel an der Eignung des örtlichen Mietspiegels als Beleg für die ortsübliche Miete. Das Gericht kann die konkrete ortsübliche Vergleichsmiete innerhalb der Mietspiegelspanne durch Schätzung gemäß § 287 ZPO ermitteln und braucht jedenfalls dann kein Sachverständigengutachten einzuholen, wenn zusätzlich zum qualifizierten Mietspiegel eine Orientierungshilfe für die Spanneneinordnung zur Verfügung steht[3]. 113

Ansonsten besteht nur die Möglichkeit, ein gerichtliches **Sachverständigengutachten** einzuholen oder aber, wenn das Erhöhungsverlangen mit einem solchen Gutachten begründet worden ist, dieses zugrunde zu legen. Die übrigen Begründungsmittel, die im Mieterhöhungsverlangen Verwendung finden können (Mietdatenbank, Vergleichswohnungen, 114

---
1 KG, Beschl. v. 22.12.1984 – 8 W RE-Miet 194/84, WM 1984, 101 m.w.N.
2 So etwa LG Berlin, Urt. v. 11.1.1999 – 62 S 389/98, GE 1999, 378 m.w.N.
3 BGH, Urt. v. 20.4.2005 – VIII ZR 110/04, WM 2005, 394.

sonstige Begründungsmittel), erbringen keinen Beweis der ortsüblichen Miete für die Streitwohnung und sind daher für deren richterliche Feststellung nicht geeignet.

115 Wird ein Mietspiegel angewendet, geht die Auseinandersetzung in der Regel um die **Einordnung der konkreten Wohnung** anhand der Mietspiegelmerkmale. Weist der Mietspiegel Spannen auf, wird zunächst vom Mittelwert ausgegangen, und es ist dann Sache der Parteivertreter, vorzutragen und ggf. zu beweisen, dass und warum die ortsübliche Miete für die Streitwohnung höher ist als der Durchschnitt (Vermietervertreter)[1] oder darunter liegt (Mietervertreter). Hier kann ein **Ortstermin** zur Feststellung der tatsächlichen Wohnungsmerkmale und zur richterlichen Überzeugungsbildung in Frage kommen.

116 Grundsätzlicher kann der Vermietervertreter versuchen, die **Richtigkeit des Mietspiegels** generell oder dessen Einschlägigkeit im konkreten Fall in Zweifel zu ziehen und das Gericht dazu zu bringen, ein Gutachten über die ortsübliche Miete für den streitbefangenen Wohnraum einzuholen[2].

117 Liegt ein Gutachten vor, sei es ein Parteigutachten als Begründungsmittel, sei es gerichtlich eingeholt, wird diejenige Seite, der das Ergebnis nicht zusagt, versuchen, das **Gutachten zu erschüttern**. Ohnehin muss sich das Gericht selbst ein Bild machen, ob es das Gutachten für plausibel und richtig hält. Hier können Fragen eine Rolle spielen wie die, ob und in welcher Form sich der Gutachter mit einem örtlichen Mietspiegel auseinander setzt, ob er die ihm bekannten Vergleichsdaten statistisch ausgewertet hat, inwieweit er die Befundtatsachen offen legen muss und ob er die gesetzlichen Merkmale der ortsüblichen Vergleichsmiete angemessen und sachgerecht berücksichtigt[3]. Maßgeblicher Zeitpunkt für die Feststellung der ortsüblichen Miete ist der Zugang des Erhöhungsverlangens[4].

---

1 Liegt die verlangte Miete oberhalb der im Mietspiegel ausgewiesenen Spanne, ist das Erhöhungsverlangen wirksam und nur unbegründet, soweit es über den Höchstbetrag hinausgeht, BGH, Urt. v. 12.11.2003 – VIII ZR 52/03, WM 2004, 93 = MietRB 2004, 135.
2 Von dem Antrag, die Richtigkeit des Mietspiegels insgesamt gutachterlich überprüfen zu lassen, kann aus Kostengründen nur abgeraten werden.
3 Vgl. zu den Einzelheiten *Walterscheidt* in Lützenkirchen, Anwalts-Handbuch Mietrecht, 2. Aufl., E Rz. 152 ff.
4 OLG Hamburg, Beschl. v. 20.12.1982 – 4 U 25/82, WM 1983, 49 und allg. Ansicht. *Sternel*, III Rz. 624, weist darauf hin, dass bei Beweisaufnahmen gelegentlich übersehen werde, dass es nicht auf das Mietniveau zum Zeitpunkt der mündlichen Verhandlung ankommt.

Der Vermietervertreter sollte während des Prozessverlaufs im Auge behalten, ob ein wirksames Erhöhungsverlangen im Prozess **nachzuholen**, also völlig neu zu erstellen ist, oder ob (im Falle von Erhöhungserklärungen, die ab dem 1.9.2001 zugegangen sind) das zugrunde liegende Erhöhungsverlangen **nachzubessern** ist (§ 558b Abs. 3 BGB). Beides setzt voraus, dass der Klage ein Erhöhungsverlangen vorausgegangen ist, das den Anforderungen des § 558a BGB nicht entspricht. Für die Versäumung der Klagefrist des § 558b Abs. 2 S. 2 BGB sieht § 558b Abs. 3 BGB ein Recht zum Nachholen der Erhöhung im Rechtsstreit nicht vor, weshalb in diesem Fall eine Heilung nicht möglich ist[1]. Die zulässige Nachholung oder Nachbesserung im Prozess, die gegenüber dem anwaltlichen Vertreter des beklagten Mieters erfolgen kann[2], setzt die Zustimmungsfrist erneut in Lauf[3]. Der Mieter hat damit die Möglichkeit, einem jetzt als wirksam erkannten Erhöhungsverlangen im Wege des sofortigen Anerkenntnisses zuzustimmen und dadurch der Kostenlast zu entgehen. Unabhängig davon ist es zulässig, wenn innerhalb der einjährigen Wartefrist die Wirksamkeit des ersten Erhöhungsverlangens noch nicht geklärt ist, ein neues Erhöhungsverlangen mit gleichem (oder anderem) Erhöhungsbetrag zuzustellen.

118

Die **Berufungsmöglichkeit** für beide Seiten hängt (von der Zulassungsberufung nach § 511 Abs. 4 ZPO abgesehen) vom Rechtsmittelstreitwert ab. Dieser war bisher umstritten. Der Bundesgerichtshof hat jetzt entschieden, dass sich die Beschwer mit dem 3,5-fachen Jahresbetrag des streitigen monatlichen Erhöhungsbetrages bemisst[4].

119

Mit **Rechtskraft** des Urteils, durch das der Mieter zur (Teil-)Zustimmung verurteilt wird, gilt die Zustimmungserklärung des Mieters nach § 894 ZPO als abgegeben. Erst hierdurch tritt die **Vertragsänderung** ein, die bewirkt, dass der Mieter die erhöhte Miete für die Zeit ab dem dritten auf das Erhöhungsverlangen des Vermieters folgenden Monat schuldet. Erst mit Rechtskraft des Zustimmungsurteils wird auch die Verpflichtung zur Zahlung der erhöhten Miete fällig, erst dann kann Verzug eintreten[5].

120

Ist der Mieter rechtskräftig zur (Teil-)Zustimmung **verurteilt**, muss er darauf hingewiesen werden, dass zur Meidung eines Kündigungsrisikos der **Rückstand** innerhalb von zwei Monaten nach Rechtskraft zu **zahlen**

121

---

1 LG Duisburg, Urt. v. 21.6.2005 – 13 S 119/05, WM 2005, 457.
2 BGH, Urt. v. 18.12.2002 – VIII ZR 72/02, NZM 2003, 229.
3 LG Köln, Urt. v. 8.12.2004 – 10 S 213/04, Info M 2005, 12.
4 BGH, Beschl. v. 21.5.2003 – VIII ZB 10/03, BGHReport 2003, 1036 = AnwBl 2003, 597 = NZM 2004, 617.
5 BGH, Urt. v. 4.5.2005 – VIII ZR 94/04, MietRB 2005, 226.

Teil IV Gerichtliches Verfahren

ist (§ 569 Abs. 3 Ziff. 3 BGB). Der Vermietervertreter wird seinerseits diese Frist entweder selbst notieren und überwachen oder seinen Mandanten hierauf gesondert hinweisen.

122 Ist durch die Mieterhöhung ein Minderungsrecht des Mieters „wiederaufgelebt" oder soll ein Zurückbehaltungsrecht ausgeübt werden, so empfiehlt es sich, einen entsprechenden **Vorbehalt** schriftlich zu erklären:

> Auf das Urteil des Amtsgerichts, wonach meine Mandantin seit ... eine erhöhte Miete von Euro ... zu zahlen hat, nehme ich Bezug. Wie Ihnen aus dem Schreiben vom ... bekannt ist, weist die Wohnung folgende Mängel auf, die bis heute nicht behoben worden sind: ... Bis zur Beseitigung dieser Mängel übt meine Mandantin ihr Mietminderungsrecht/ihr Zurückbehaltungsrecht aus, und zwar in Höhe des ausgeurteilten Erhöhungsbetrages.

123 Ebenso empfiehlt sich ein Vorbehalt in denjenigen „Fehlbelegungsfällen"[1], in denen die Mieterhöhung auf einer höheren Abgabe beruht und der Mieter später über Rechtsbehelfe deren Senkung erreicht.

124 Mögliche/Zweckmäßige Inhalte eines **Prozessvergleichs**:
 – Festlegung, ab wann die erhöhte Miete zu zahlen ist
 – Regelung, wie entstandene Rückstände zu tilgen sind
 – Mietstruktur festhalten
   Beispiel: Der Mieter stimmt einer Erhöhung der Nettokaltmiete um ... Euro auf ... Euro zu. Daneben sind weiter Betriebs- und Heizkostenvorschüsse in Höhe von derzeit ... Euro und ... Euro monatlich zu zahlen.
 – Regelung zum Ausschluss/zu Modalitäten einer Kündigung, wenn Rückstand nicht gezahlt wird
   Grund: die Schonfrist des § 569 Abs. 3 Ziff. 3 BGB gilt bei Vergleich nicht!
 – etwaige „Gegenleistungen" des Vermieters präzise beschreiben
 – im Prozessverlauf geklärte Punkte aufnehmen
   Beispiel: Die Parteien sind sich darüber einig, dass für künftige Mieterhöhungen die Wohnung als mit Sammelheizung ausgestattet i.S.d. Mietspiegels gilt; die Wohnfläche ... m² beträgt; die Kosten für ... mit der Miete abgegolten sind etc.

---

1 Siehe dazu Teil II Rz. 291.

II. Auskunftsklage

Der **Vermieter** kann im Fall des § 558 Abs. 4 BGB verlangen, dass der Mieter über die Verpflichtung zur Ausgleichszahlung und über deren Höhe Auskunft erteilt[1]. Kommt der Mieter dem nicht nach, ist Auskunftsklage zu erheben.

125

Seitens des **Mieters** kommen Auskunftsansprüche in Betracht zur Klärung, ob und in welchem Umfang in den Fällen der §§ 558 Abs. 5, 559a BGB Drittmittel vereinnahmt worden sind. Weiter bestehen Auskunftsansprüche zur Ermittlung der Höhe der aktuellen Betriebskosten, wenn ein Herabsetzungsanspruch nach § 560 Abs. 3 S. 1 BGB vorbereitet werden soll, und bezüglich einzelner Informationen im Zusammenhang mit Betriebskostenerhöhungen (wann ist ein einzelner Kostenfaktor gestiegen? Sind im Wartungsvertrag Instandhaltungskosten enthalten? Wie groß ist die Gesamtfläche des Mietobjekts?). Auch zur Vorbereitung einer Rückforderungsklage wegen überhöhter Miete gemäß § 812 BGB in Verbindung mit § 5 WiStG kann ein Auskunftsanspruch über die Höhe der laufenden Aufwendungen[2] des Vermieters bestehen. Diese Ansprüche sind gesetzlich nicht geregelt und können nur aus § 242 BGB im Rahmen des bestehenden Vertragsverhältnisses entwickelt werden.

126

Vom Auskunftsanspruch zu unterscheiden ist der Anspruch auf Vorlage von **Belegen**. Ergibt sich wie im Regelfall ein solcher Anspruch nicht aus den mietvertraglichen Vereinbarungen, besteht er auch nicht beim aus § 242 BGB hergeleiteten allgemeinen Auskunftsanspruch.

127

Der **entscheidende Nachteil** eines im Wege der Klage durchzusetzenden Auskunftsanspruchs ist, dass sich der Anspruch immer nur auf die Erteilung einer Auskunft überhaupt richtet, nicht auf richtige Auskunft. Gibt der Anspruchsgegner also unzureichend Auskunft, ist der Anspruch dennoch erfüllt. Es bleibt dann nur der Weg über §§ 260 Abs. 2, 261 BGB, also auf **Abgabe der eidesstattlichen Versicherung**. Dieser Anspruch kann im Wege der **Stufenklage** nach § 254 ZPO mit dem Antrag auf Auskunft verbunden werden.

128

Für die gerichtliche **Zuständigkeit** gelten keine Besonderheiten. Der **Antrag** ist möglichst präzise zu fassen.

129

---

1 Siehe dazu Teil II Rz. 291.
2 § 5 Abs. 2 Satz 2 WiStG.

Teil IV   Gerichtliches Verfahren

⊃ **Beispiel:**
Es wird beantragt, die Beklagte zu verurteilen, der Klägerin darüber Auskunft zu erteilen,

1. ob und in welcher Höhe in den im Jahre 2005 für das Wohngebäude in ... angefallenen Fahrstuhlkosten Kosten für Instandhaltungsarbeiten enthalten sind;
2. ob die Kosten der Wohngebäudeversicherung, insbesondere der Feuerversicherung, für die Gewerbeflächen im Erdgeschoss des Gebäudes ebenso hoch sind wie für die Wohnflächen;
3. welche Erträge der im Erdgeschoss des Gebäudes belegenen Gewerbeflächen und welche Erträge der Wohnflächen der Bemessung der Grundsteuer für das Gebäude zugrunde gelegt worden sind.

130   Zur **Begründung** ist erforderlich, darzulegen, dass die begehrten Auskünfte außergerichtlich erfolglos verlangt worden sind, zur Durchsetzung welchen Hauptanspruchs die Informationen erforderlich sind und warum.

⊃ **Beispiel:**
Die Beklagte hat mit Mieterhöhungsschreiben vom 12.12.2005 eine Erhöhung der zwischen den Parteien vereinbarten Betriebskostenpauschale von bisher 220,00 Euro monatlich auf nunmehr 260,00 Euro monatlich ab dem 1.2.2006 verlangt. Sie begründet das unter anderem damit, die Fahrstuhlbetriebskosten, die Kosten der Feuerversicherung und die Grundsteuer für das Objekt seien gestiegen. Die Klägerin ist der Auffassung, dass diese Kostensteigerungen vor allem darauf zurückzuführen sind, dass der neu mit der Firma ... abgeschlossene Wartungsvertrag für den Fahrstuhl einen hohen Instandhaltungskostenanteil beinhaltet, und dass die Gewerbeflächen im Erdgeschoss des Hauses zu erhöhten Versicherungsprämien und Grundsteuerbelastungen führen. Sie hat mit Schreiben vom 3.1.2006 erfolglos von der Beklagten die in den Klageanträgen näher bezeichneten Auskünfte hierzu verlangt. Nach Erhalt der Auskunft kann die Klägerin prüfen, ob die Erhöhung der Betriebskostenpauschale überhaupt, und wenn ja, in welchem Umfang, berechtigt ist; weiter kann sie prüfen, ob möglicherweise schon in der Vergangenheit zu hohe Betriebskosten verlangt worden sind und ein Anspruch auf Senkung der Pauschale besteht. Diese Rechte will sie geltend machen.

131   Beizufügen sind der Klageschrift wie immer außer dem Mietvertrag alle **Anlagen**, die den klägerischen Anspruch stützen, im Beispiel also die Schreiben vom 12.12.2005 und 3.1.2006.

Die Vermieterin kann sich damit **verteidigen**, auf die verlangten Auskünfte bestehe kein Anspruch, weil sie keinen Einfluss auf die Rechtsstellung der Mieterin haben könnten, oder sie sei nicht in der Lage, die Auskünfte zu erteilen. 132

Für das weitere Verfahren gelten keine Besonderheiten.

Für den **Streitwert** wird das Interesse des Klägers an der Auskunft zugrunde gelegt[1]. 133

III. Zahlungsklage

1. Zahlungsklage des Vermieters

Der **Antrag** der Zahlungsklage muss so bestimmt formuliert werden (vgl. § 253 Abs. 2 Ziff. 2 ZPO), dass ein stattgebendes Urteil einen vollstreckungsfähigen Inhalt hat und dass sich abgrenzen lässt, welche laufenden Mietforderungen für welchen Zeitraum vom Urteil erfasst werden, also rechtskräftig beschieden sind. Eine klageweise geltend gemachte Mietforderung muss deswegen dahingehend **aufgegliedert** werden, für welchen konkreten Monat welche Miete (welcher Mietanteil) in welcher Höhe verlangt wird[2]. 134

Dies stößt in der Praxis vor allem deswegen auf Schwierigkeiten, weil die gängigen Hausverwalterprogramme regelmäßig saldieren, also jeweils einen **Endbetrag** auswerfen, der insgesamt rückständig ist. Ein solcher Betrag **kann** aber **nicht eingeklagt werden**, sondern es muss, notfalls von Hand, Monat für Monat dargestellt werden, welche Miete geschuldet war (dies aufgegliedert nach Nettomiete und Nebenkostenvorauszahlungen, falls solche vereinbart sind), weiter danach, welche Zahlungen des Mieters wie verbucht worden sind, und schließlich danach, welcher Betrag deswegen für den betreffenden Monat offen geblieben ist und geltend gemacht wird. Nebenkostenvorauszahlungen, bezüglich derer Abrechnungsreife bereits eingetreten ist, können als solche nicht mehr eingeklagt werden[3]. 135

---

1 Zu den Einzelheiten *Hartmann* in Baumbach/Lauterbach/Albers/Hartmann, 64. Aufl. Anh. § 3 ZPO Rz. 24; *Herget* in Zöller, 25. Aufl., § 3 ZPO Rz. 16.
2 Im Mahnverfahren sind die Voraussetzungen des § 690 Abs. 1 Ziff. 3 zu beachten.
3 Tritt die Abrechnungsreife nach Klageerhebung ein, ist dies verfahrensmäßig zu berücksichtigen, die Klage ist auf Zahlung des Nachzahlungsbetrags aus der Abrechnung zu ändern.

136 Die Darstellung erfolgt am übersichtlichsten **tabellarisch**:

Monat	insgesamt geschuldet	davon Netto- miete	davon Neben- kosten	gezahlt	verbucht auf Netto- miete	verbucht auf Neben- kosten	offen

Dies erleichtert auch dem Gericht den Überblick, entbindet aber nicht davon, die Rückstände **auch im Text** der Klageschrift darzustellen.

137 Zusätzlich erschwert wird die Erstellung dieses Rechenwerks dann, wenn **Mietminderungen** durchgeführt worden sind. Hier muss zunächst geklärt werden, ob der Vermieter eine Minderung in einem gewissen Umfang für berechtigt hält oder nicht. Hat der Mieter etwa wegen vorhandener Mängel die Gesamtmiete um 25 % gemindert, hält der Vermieter aber nur eine Minderung von 10 % für gegeben, empfiehlt es sich, in die Berechnung eine zusätzliche Spalte „geschuldete Miete (gemindert)" aufzunehmen. Soll keinerlei Minderung akzeptiert werden, ändert sich an der Tabelle nichts.

138 Generell ist bei Minderzahlungen des Mieters, ob sie nun auf Mietminderung, auf Zahlungsschwierigkeiten, auf Nichtanerkenntnis einer erfolgten Mieterhöhung oder auf sonstigen Gründen beruhen, immer zu entscheiden, **wie** diese **Minderzahlungen verbucht werden sollen.** Vorrangig sind hier etwa vom Mieter getroffene Zahlungsbestimmungen, § 366 Abs. 1 BGB. Gibt der Mieter also an, er zahle auf die Mai-Miete, kann die eingehende Zahlung nicht, auch nicht teilweise, auf die etwa auch noch offene Miete für März oder April verrechnet werden. Macht der Mieter keine Angaben, sind die Zahlungen gemäß § 366 Abs. 2 BGB zu verbuchen[1]. Hierbei empfiehlt es sich für Zahlungsklagen[2], zunächst die Nebenkostenvorauszahlungen zu bedienen und nur den verbleibenden Betrag auf die Nettomiete anzurechnen[3]. Falls der Mieter mit mehreren Monatsmieten im Rückstand ist und dann eine Zahlung in Höhe

---

1 Bei der mietvertraglichen Vereinbarung einer abweichenden Tilgungsreihenfolge ist Vorsicht geboten, weil derartige Vertragsbestimmungen dem Verdikt unangemessener Benachteiligung verfallen können, vgl. LG Berlin, Urteil vom 20.10.2000 – 65 S 237/99 –, GE 2001, 139 m.w.N.
2 Für eine Kündigung und Räumungsklage kann eine andere Verrechnung in Frage kommen.
3 Ob künftig anders verfahren werden muss, nachdem der BGH (mit Urt. v. 6.4.2005 – XII ZR 225/03, WM 2005, 384 = MietRB 2005, 202) jedenfalls für die Gewerbemiete entschieden hat, dass die Mietminderung sich auf die Gesamtmiete bezieht, also auch auf vertraglich vereinbarte Nebenkosten, ist noch nicht abschließend geklärt. Siehe dazu *Lützenkirchen*, MietRB 2005, 216.

einer Monatsmiete leistet, kann das eine stillschweigende Verrechnungsbestimmung dahingehend sein, dass die gerade fällige Miete bedient werden soll[1].

Sind die Teilzahlungen des Mieters wie beschrieben verbucht worden, hat das zur Folge, dass der Zahlungsantrag auch hinsichtlich der **Zinsen** korrekt formuliert werden kann, denn zu verzinsen ist in der Regel der jeweilige monatliche Rückstand i.H. von 5 %-Punkten über dem Basiszinssatz ab dem 4. Werktag des jeweiligen Zahlungsmonats. 139

In der **Begründung** der Zahlungsklage ist darzulegen, wie hoch Miete und Nebenkosten im streitgegenständlichen Zeitraum gewesen sind. 140

Beruht die verlangte Miete auf einer **Erhöhung nach § 558 BGB**, ist die Zustimmungserklärung des Mieters, ggf. ein zustimmungsersetzendes Urteil, vorzutragen. 141

Diesen Beträgen sind dann die **tatsächlichen Zahlungen** gegenüberzustellen, um Monat für Monat die geforderten Differenzbeträge zu begründen. 142

⊃ **Beispiel:**
Die Miete gemäß Mietvertrag hat seit Beginn des Mietverhältnisses, also seit Februar 2003, netto 400,00 Euro betragen. Hinzu kommen bis heute unveränderte Betriebskostenvorauszahlungen von 80,00 Euro und Heizkostenvorauszahlungen von 40,00 Euro, insgesamt also 520,00 Euro. Mit Mieterhöhungsverlangen vom 30.6.2005 hat die Vermieterin eine Erhöhung der Nettokaltmiete um 60,00 Euro auf nunmehr 460,00 Euro geltend gemacht, der Mieter hat dem zugestimmt. Der Beklagte hat in den Monaten Oktober bis Dezember 2005 aber weiterhin nur 520,00 Euro monatlich gezahlt. Damit befindet er sich für diese Monate mit monatlich 60,00 Euro im Rückstand, derzeit also mit 180,00 Euro.

Der Vermieter fügt einer derartigen Zahlungsklage an **Unterlagen**[2] den Mietvertrag bei, weiter diejenigen Mieterhöhungserklärungen, aus welchen sich die Höhe der im streitgegenständlichen Zeitraum geforderten Mieten ergibt, und ggf. den Zustellungsnachweis dafür. Eine Begründung, warum diese Mieterhöhungen wirksam erfolgt sind, ist für die Schlüssigkeit der Klage noch nicht erforderlich. 143

Ansprüche auf Miete aus Wohnraummietverträgen können im **Urkundenprozess** nach § 592 Satz 1 ZPO geltend gemacht werden, wenn sämtliche zur Begründung des Anspruchs erforderlichen Tatsachen durch 144

---
1 LG Berlin, Urt. v. 11.5.1992 – 67 S 258/91, GE 1992, 1045.
2 Vgl. dazu § 131 ZPO.

Urkunden bewiesen werden können, also durch Vorlage des Mietvertrags und ggf. späterer Mieterhöhungserklärungen[1]. Nach Auffassung des Bundesgerichtshofs gilt das auch, wenn der Mieter **Mängel** der Wohnung einwendet, denn die Mangelfreiheit der Mietsache gehöre nicht zu den zur Begründung des Anspruchs auf Miete erforderlichen Tatsachen. Vielmehr begründe die infolge der Mangelhaftigkeit eintretende Mietminderung eine materiell-rechtliche Einwendung des Mieters gegen die Forderung auf Mietzahlung, die er im Prozess darzulegen und zu beweisen habe[2]. Ausdrücklich offen gelassen hat dieses Urteil die Frage, ob der Mieter auch dann die Beweislast für Mängel trägt, wenn er sich nicht nur auf Mietminderung beruft, sondern die Einrede des nichterfüllten Vertrages nach § 320 BGB[3] erhebt.

145 Die Urkundenklage ist ausdrücklich als solche zu bezeichnen. Die Urkunden können zunächst in **Kopie** beigefügt werden und brauchen erst im Falle des Bestreitens im **Original** vorgelegt zu werden, § 593 Abs. 2 ZPO. Auch die Aktivlegitimation muss durch Urkunden nachgewiesen werden, die etwaige Vertretungsbefugnis dagegen nicht.

146 Der Mieter wird dann durch **Vorbehaltsurteil** zunächst zur Zahlung verurteilt, aus dem vor Rechtskraft gemäß § 708 Ziff. 4 ZPO ohne Sicherheitsleistung vorläufig vollstreckt werden kann. § 711 Satz 1, § 712 ZPO schützen dagegen nur bedingt. Die **Vollstreckung** aus dem Urteil kann auch für die Dauer des Nachverfahrens nach § 600 ZPO ohne Sicherheitsleistung einstweilen unter den Voraussetzungen des § 707 ZPO eingestellt werden, wenn die Geltendmachung der Rechte des Mieters im Nachverfahren Aussicht auf Erfolg hat. Obsiegt der Mieter im Nachverfahren, kann er den Schadensersatzanspruch aus § 600 Abs. 2 ZPO in Verbindung mit § 302 Abs. 4 ZPO geltend machen.

147 Empfehlenswert dürfte das Urkundenverfahren nur in Fällen mit **überschaubarem Sachverhalt** sein. Liegen tatsächlich oder vermeintlich Mängel vor, wird es problematisch. Soll gleichzeitig mit der Zahlungsklage auch ein Räumungsanspruch verfolgt werden, muss bedacht werden, dass für Letzteren das Urkundenverfahren nicht zur Verfügung steht.

148 Im Falle des § 546a BGB kann der Vermieter jedenfalls dann **Zahlungsklage auf künftige Nutzungsentschädigung** nach § 259 ZPO erheben, wenn der Mieter über einen längeren Zeitraum fällige Mietzahlungs-

---

1 Bei Vermieterwechsel gehört dazu weiter ein entsprechender Grundbuchauszug.
2 BGH, Vorbehaltsurt. v. 1.6.2005 – VIII ZR 216/04, WM 2005, 526.
3 Vgl. dazu BGH, Urt. v. 7.10.1998 – VIII ZR 100/97, NJW 1999, 53.

ansprüche nicht erfüllt hat, so dass daraus die Besorgnis der Zahlungsunfähigkeit oder -willigkeit auch für die Zukunft hergeleitet werden kann[1]. Auch eine Klage auf künftige Mietzahlung nach § 259 ZPO ist grundsätzlich möglich[2]. Ein entsprechendes Urteil ist ein Titel nach § 197 Abs. 1 Ziff. 3, Abs. 2 BGB, so dass ggf. zur Hemmung der dreijährigen Verjährung Zwangsvollstreckungsmaßnahmen ergriffen werden müssen, § 212 Abs. 1 Ziff. 2 BGB.

Der **Verfahrenswert** der Zahlungsklage richtet sich nach dem Hauptantrag. Für die einzuzahlenden Gerichtskosten und die entstehenden Anwaltsgebühren gelten keine Besonderheiten. 149

Abgesehen von den allgemeinen Einwendungen (Zahlung, Aufrechnung) wird sich der Mieter hier im Regelfall damit **verteidigen**, dass die der verlangten Miete zugrunde gelegte Vertragsbestimmung oder Mieterhöhungserklärung nicht wirksam sei und die Erhöhung deswegen nicht geschuldet, bzw. dass die Miete wegen Mängeln gemindert gewesen sei. Besteht der Rückstand dagegen tatsächlich, wird er Versäumnisurteil ergehen lassen oder die Klageforderung anerkennen. Auch hier kann es wie immer sinnvoll sein, einen Vergleich anzustreben. 150

Für Rechtsmittel gelten keine Besonderheiten, es ist zu verweisen auf Rz. 28 ff.

2. Rückzahlungsklage des Mieters

Die Zahlungsklage des Mieters kommt dann in Betracht, wenn er auf eine für unwirksam gehaltene Mieterhöhung zunächst dennoch unter **Vorbehalt der Rückforderung** gezahlt hat und die Zahlung nunmehr nach § 812 BGB zurückverlangt, weiter dann, wenn **Mietpreisüberzahlungen** gemäß § 5 WiStG, § 291 StGB zurückgefordert werden sollen. 151

Im **Antrag** ist darauf zu achten, dass im Falle einer bloßen Mietüberhöhung gemäß § 5 WiStG ein Überschreitungsbetrag bis 20 % über der Vergleichsmiete nicht rückforderbar ist[3]. Weiter ist auf die monatsweise Staffelung der Zinsen zu achten. 152

In der **Klagebegründung** ist darzulegen, aus welchen Gründen die Mieterhöhung für unwirksam gehalten wird und in welcher Form ein Vorbehalt erklärt worden ist. Wird eine Mietpreisüberhöhung geltend ge- 153

---
1 OLG Dresden, Urt. v. 24.9.1998 – 21 U 1565/98, WM 2000, 138; jedenfalls bei schon eingetretener Zahlungsunfähigkeit des Mieters ebenso BGH, Beschl. v. 20.11.2002 – VIII ZB 66/02, WM 2003, 280.
2 Zu den Einzelheiten s. *Monschau* in MietPrax, Fach 10, Rz. 247 ff.
3 Siehe dazu Teil II Rz. 192 ff.

macht, dann muss der Mieter darlegen, dass bei Abschluss des Vertrages eine Mangellage gegeben war, der Vermieter in Ausnutzung dessen die beanstandete Vereinbarung erreicht hat und dass die vereinbarte Miete die ortsübliche Vergleichsmiete um mehr als 20 % bzw. mehr als 50 % überschreitet.

154 An **Unterlagen** sind der Klage der Mietvertrag, die für unwirksam gehaltene Erhöhung, die Vorbehaltserklärung(en) und ggf. Zahlungsnachweise beizufügen.

Für **Streitwert und Kosten** gelten keine Besonderheiten.

155 Der Vermieter wird der Klage **entgegenhalten**, die Mieterhöhung sei wirksam bzw. die geforderte Miete nicht überhöht.

IV. Räumungsklage

156 Im vorliegenden Zusammenhang kommt die Räumungsklage auf Grund einer außerordentlichen fristlosen Kündigung aus wichtigem Grund i.S. des § 543 Abs. 2 Ziff. 3 BGB (**Mietrückstand**) in Betracht, wenn der Mieter einem oder mehreren berechtigten Mieterhöhungsverlangen nicht nachgekommen ist und sich dadurch ein Mietrückstand in der gesetzlich vorausgesetzten Höhe angesammelt hat.

157 Der **Antrag** lautet:

> Den/Die Beklagte(n) zu verurteilen, die im Hause in ... belegene Wohnung, bestehend aus 3 Zimmern, Küche, Bad und dazu gehörigem Kellerraum zu räumen und an den/die Vermieter(in) (ggf.: zu Händen der Hausverwaltung ...) herauszugeben.

158 Die Räumungsklage kann **mit der Zahlungsklage** wegen der rückständigen Mieten **verbunden** werden. Das hat den Vorteil einheitlicher Vorgehensweise und ggf. reduzierter Kosten, weil die Streitgegenstände für die Wertbestimmung zusammengerechnet werden, hat aber auch Nachteile: Die Kosten erhöhen sich um den Wert der Zahlungsklage, so dass in aussichtslosen Fällen davon abgesehen werden sollte. Zudem verzögert sich das Verfahren, wenn über die Höhe des Rückstandes im Einzelnen gestritten wird; rechtfertigt ein unstreitig vorhandener Rückstand bereits den Räumungsantrag, sollte dieser isoliert gestellt werden, um schneller einen Titel zu erlangen.

Die Klage ist **gegen alle Mitmieter** zu richten. Leben sonstige (volljährige) Personen mit in der Wohnung, ohne Mieter zu sein, muss die Räumungsklage auch gegen diese gerichtet werden, weil die Räumung auf Grund des Räumungsurteils gegen dort nicht aufgeführte Personen nicht durchgeführt werden kann[1]. Auch gegen einen bereits ausgezogenen Mitmieter, der noch nicht aus dem Vertragsverhältnis entlassen worden ist, muss die Räumungsklage gerichtet werden. Auf Ausnahmen von diesem Grundsatz[2] sollte man sich nicht verlassen. 159

Zur **Klagebegründung** gehört die Darlegung, dass das Mietverhältnis wirksam wegen Mietrückstandes gekündigt ist. Dazu muss die Mietentwicklung dargelegt werden, also die im streitgegenständlichen Zeitraum maßgebliche Miete, dazu führende Mieterhöhungen müssen vorgelegt werden. Den geschuldeten Mieten sind die Zahlungen gegenüberzustellen; auch hier darf **nicht saldiert** werden[3]. Ebenso wenig können Mietkonten verwendet werden, die nicht nur Mietzinsforderungen und -zahlungen auflisten und verrechnen, sondern darüber hinaus weitere Rechnungspositionen und Gutschriften, deren rechtlicher Hintergrund in der Aufstellung nicht dargelegt wurde[4]. 160

Der Klage als **Unterlagen** beizufügen sind der Mietvertrag, ggf. Mieterhöhungserklärungen für den fraglichen Zeitraum, das Kündigungsschreiben und dessen Zustellungsnachweis. 161

Gegenstandswert ist die Nettokaltmiete, falls vereinbart zuzüglich Nebenkostenpauschale für 12 Monate, § 41 Abs. 1 S. 2 GKG. Hinsichtlich der **Kosten** gibt es keine Besonderheiten. 162

Der Mieter kann sich mit Zahlung, Aufrechnung oder dadurch **verteidigen**, dass er die Zulässigkeit der verlangten Miete angreift. Ausdrücklich hilfsweise sollte vorsorglich immer eine **Räumungsfrist** beantragt werden, § 721 Abs. 1 ZPO. Zwar hat das Gericht nach richtiger Auffassung die Räumungsfrist auch von Amts wegen zu bewilligen, vereinzelt geschieht das aber nicht; außerdem besteht das Risiko, dass in der Berufung gegen das Räumungsurteil die Einstellung der Zwangsvollstre- 163

---

1 BGH, Beschl. v. 25.6.2004 – IXa ZB 29/04, MietRB 2005, 2.
2 Vgl. BGH Urt. v. 16.3.2005 – VIII ZR 14/04, WM 2005, 341 = MietRB 2005, 172.
3 LG Hamburg, Urt. v. 8.7.2003 – 316 S 43/03, WM 2003, 504, siehe dazu Rz. 135 ff.
4 LG Dortmund, Beschl. v. 5.1.2004 – 1 T 53/03, WM 2004, 99 = MietRB 2004, 100. Der BGH hat es für das Kündigungsschreiben ausnahmsweise ausreichen lassen, wenn der Vermieter bei klarer und einfacher Sachlage den Zahlungsverzug als Grund benennt und den Gesamtbetrag der rückständigen Miete beziffert, BGH Beschl. v. 22.12.2003 – VIII ZB 94/03, WM 2004, 97 = MietRB 2004, 99.

164 Der Mieter kann sich auch damit verteidigen, dass der gesamte Mietrückstand innerhalb der **Schonfrist** von zwei Monaten nach Eintritt der Rechtshängigkeit des Räumungsanspruchs **vollständig gezahlt** wird oder sich eine öffentliche Stelle zur Befriedigung verpflichtet, § 569 Abs. 3 Ziff. 2 BGB. Dies gilt nicht, wenn der Mieter von dieser Möglichkeit in demselben Mietverhältnis vor nicht länger als zwei Jahren bereits einmal Gebrauch gemacht hat. Damit wird die außerordentliche fristlose Kündigung unwirksam. Hat der Vermieter allerdings mit derselben Begründung hilfsweise auch eine ordentliche Kündigung ausgesprochen, schützt die Nachzahlung hiergegen nicht[2].

V. Feststellungsklage

165 Eine **positive Feststellungsklage** kann sich für den Vermieter anbieten, wenn der Mieter das Eintreten eine Mieterhöhung leugnet, auf Zahlungsaufforderungen nicht zahlt und ersichtlich auch in Zukunft nicht zahlen will. Die Klage, ggf. neben einer Zahlungsklage wegen der aufgelaufenen Rückstände zu erheben, richtet sich auf die Feststellung, dass die Mietpartei auch künftig die entsprechende Erhöhung zahlen muss. Aus dem erstrebten Urteil lässt sich nicht vollstrecken, die vom Gericht ausgeurteilte Feststellung ist aber für einen etwa folgenden Zahlungsprozess verbindlich.

◗ **Beispiel:**
Es wird beantragt,
1. den Beklagten zu verurteilen, 149,49 Euro nebst Zinsen in Höhe von 5 % über dem Basiszinssatz auf jeweils 49,83 Euro seit dem 4.11., 5.12.2005 und 5.1.2006 an die Klägerin zu zahlen;
2. festzustellen, dass der Beklagte verpflichtet ist, mit Wirkung ab 1. Februar 2006 monatlich eine um 49,83 Euro erhöhte Miete zu bezahlen[3].

166 Die Feststellungsklage nach § 256 ZPO kommt im vorliegenden Zusammenhang vor allem als **negative** Feststellungsklage des Mieters in Betracht. Sie kann sich darauf richten, dass ein Mietrückstand nicht be-

---
1 *Stöber* in Zöller, 25. Aufl., § 721 ZPO, Rz. 4.
2 BGH, Urt. v. 16.2.2005 – VIII ZR 6/04, WM 2005, 250 mit ablehnender Anm. *Blank*.
3 BGH, Urt. v. 21.1.2004 – VIII ZR 99/03, NZM 2004, 253 = NJW-RR 2004, 586 = ZMR 2004, 341.

steht, dass eine Mieterhöhung nicht geschuldet ist bzw. die Miete sich durch eine bestimmte Erhöhungserklärung nicht erhöht hat.

Beide Seiten können die negative Feststellungsklage auch dann einsetzen, wenn die andere Seite **sich eines Anspruchs berühmt** und geklärt werden soll, ob dieser besteht. Die Vorteile dieses Vorgehens liegen darin, dass der Kläger nur behaupten muss, der Beklagte habe sich eines bestimmten Anspruchs berühmt. Die Klage darf nur abgewiesen werden, wenn der Anspruch, dessen sich der Feststellungsbeklagte berühmt, feststeht; bleibt im Verfahren unklar, ob die streitige Forderung besteht, dann muss der Klage ebenso stattgegeben werden wie wenn feststeht, dass der streitige Anspruch nicht besteht[1]. Der Beklagte wird auf diese Weise also gezwungen, den vermeintlichen Anspruch darzulegen und zu beweisen. 167

Als **Streitwert** der positiven Feststellungsklage wird im Allgemeinen ein etwas geringerer Wert als derjenige des Leistungsanspruches angesetzt[2]. Als Wert der negativen Feststellungsklage wird der volle Wert der aus dem Rechtsverhältnis abgeleiteten behaupteten Forderung angenommen, denn die Klage soll die Möglichkeit jeder Leistungsklage des Gegners ausschließen[3]. 168

VI. Selbständiges Beweisverfahren

Das Beweisverfahren nach §§ 485 ff. ZPO in Form des isolierten Beweisverfahrens[4] bietet sich für den **Mieter** an, der nach § 5 WiStG, § 291 StGB vorgehen will und durch Sachverständigen feststellen lassen will, wie hoch die ortsübliche Miete bzw. die Mietpreisüberhöhung ist. Für den **Vermieter** ist das Verfahren geeignet, wenn eine Mieterhöhung nach § 558 BGB vorbereitet werden soll oder wenn Ansprüche auf Duldung und Mieterhöhung wegen Modernisierung gesichert und vorbereitet werden sollen (§§ 554, 559 BGB). 169

Das für das Beweisverfahren erforderliche **rechtliche Interesse** wird in der Praxis von den Gerichten überwiegend großzügig gehandhabt. Es genügt, dass die Feststellung der Vermeidung eines Rechtsstreits dienen 170

---
1 BGH, Urt. v. 2.3.1993 – VI ZR 74/92, NJW 1993, 1716.
2 *Hartmann* in Baumbach/Lauterbach/Albers/Hartmann, 64. Aufl., Anh. § 3 ZPO, Rz. 53; *Herget* in Zöller, 25. Aufl., § 3 ZPO Rz. 16.
3 Vgl. die Nachweise bei *Hartmann* in Baumbach/Lauterbach/Albers/Hartmann, 64. Aufl., Anh. § 3 ZPO, Rz. 54; *Herget* in Zöller, 25. Aufl., § 3 ZPO Rz. 16.
4 Das Eilverfahren nach § 485 Abs. 1 ZPO spielt im vorliegenden Zusammenhang keine Rolle.

kann. Dementsprechend sollte im Antrag klargestellt werden, dass die begehrten Feststellungen Grundlage für Ansprüche sein können und das Verfahren einen Prozess vermeiden kann. Umgekehrt darf mit dem Verfahren keine reine Ausforschung betrieben werden[1].

171 **Zuständig** ist das Gericht, das nach dem Antragsvorbringen für die Hauptsache nach §§ 23 GVG, 29a ZPO zuständig wäre.

172 Der erforderliche **Inhalt** des Antrags ist in § 487 ZPO beschrieben. Neben dem vollen Rubrum sind die Tatsachen zu bezeichnen, über die Beweis erhoben werden soll, das Beweismittel ist anzugeben, und die Tatsachen sind zu benennen und glaubhaft zu machen, aus denen sich die Zulässigkeit des Verfahrens und die Zuständigkeit des Gerichts ergeben sollen. Dies sollte so **konkret** wie möglich geschehen.

173 Soll wie im Regelfall ein **Sachverständigengutachten** eingeholt werden, kann der Antragsteller einen ihm bekannten und geeignet erscheinenden Sachverständigen nennen oder aber dies dem Gericht überlassen.

174 Der **Antragsgegner** kann sich gegen die Zulässigkeit des Beweisverfahrens wenden, gegen die gestellten Beweisfragen oder gegen den vorgeschlagenen Sachverständigen. Er kann eigene Anträge stellen, also die Beweisfragen erweitern oder andere Beweismittel benennen.

175 Im Regelfall erlässt das Gericht den Beweisbeschluss ohne mündliche Verhandlung. Eine Prüfung des Sachvortrags des Antragstellers hinsichtlich des Hauptanspruchs, zu dessen Geltendmachung die Begutachtung dienen soll, auf Schlüssigkeit oder Erheblichkeit findet grundsätzlich nicht statt. Etwas anderes kann gelten, wenn von vornherein ein Rechtsverhältnis, ein möglicher Prozessgegner oder ein Anspruch nicht erkennbar ist[2]. Nach Einholung des Gutachtens, was infolge der häufigen Überlastung der Sachverständigen geraume Zeit in Anspruch nehmen kann, kann jede Seite **schriftliche Ergänzung** des Gutachtens verlangen, § 492 Abs. 1 in Verbindung mit § 411 ZPO, oder aber mündliche Verhandlung zur **Anhörung** des Sachverständigen.

176 Die Zustellung des Antrags auf Durchführung des selbständigen Beweisverfahrens **hemmt die Verjährung**, § 204 Abs. 1 Ziff. 7 BGB. Das gilt auch für einen unzulässigen oder unbegründeten Antrag, wenn er nicht als unstatthaft zurückgewiesen worden ist[3]. Fraglich ist in diesem

---

1 Zur Abgrenzung siehe KG, Beschl. v. 1.10.1998 – 10 W 5656/98, NJW-RR 2000, 468.
2 BGH, Beschl. v. 16.9.2004 – III ZB 33/04, NJW 2004, 2388.
3 BGH, Urt. v. 22.1.1998 – VII ZR 204/96, NJW 1998, 1305.

Zusammenhang, wann die Hemmung i.S.d. § 204 Abs. 2 BGB endet, wann also das selbständige Beweisverfahren **beendet** ist, denn sechs Monate danach endet die Hemmung. Beendigung kann durch Überlassung bzw. Zustellung des Gutachtens an die Parteien eintreten, wenn danach nichts mehr geschieht. Wird das Gutachten mündlich erstattet oder erläutert, tritt Beendigung durch Übergabe oder Zusendung des entsprechenden Protokolls ein, ansonsten nach Ablauf einer angemessenen Frist zur Beantragung der Ergänzung oder der Anhörung[1].

Gibt das Gericht dem Antrag statt, ist gegen den Beschluss kein **Rechtsmittel** gegeben. Gegen einen abweisenden Beschluss kann sofortige Beschwerde eingelegt werden, § 567 Abs. 1 Ziff. 2 ZPO. 177

Der **Streitwert** bemisst sich nach dem vollen mutmaßlichen Hauptsachewert[2]. 178

Der stattgebende Beschluss enthält ebenso wie ein Beweisbeschluss nach § 359 ZPO **keine Kostenentscheidung**, § 490 Abs. 2 ZPO. Eine solche Entscheidung kann der Antragsgegner erreichen, wenn er nach § 494a Abs. 1 ZPO die gerichtliche Anordnung beantragt, dass der Antragsteller binnen einer zu bestimmenden Frist Klage zu erheben hat, das Gericht dies anordnet und der Antragsteller der Anordnung nicht nachkommt, etwa weil er das Ergebnis des Beweisverfahrens nicht als für sich hinreichend günstig einschätzt. In diesem Fall legt das Gericht ihm die Kosten des Beweisverfahrens auf, § 494a Abs. 2 S. 1 ZPO. Bei erfolglosem Beschwerdeverfahren gilt § 97 ZPO[3]. 179

Kommt es zum Hauptsacheverfahren, sind die Kosten des selbständigen Beweisverfahrens Teil der Kosten dieses Rechtsstreits, die Kostenentscheidung folgt dann den allgemeinen Regeln[4]. Kommt es nicht zum Hauptsacheverfahren, ist der Antragsteller darauf angewiesen, seinen etwa bestehenden materiell-rechtlichen Kostenerstattungsanspruch gesondert geltend zu machen. 180

---

1 Vgl. dazu *Monschau*, MietPrax, Fach 10, Rz. 99 m.w.N.
2 BGH, Beschl. v. 16.9.2004 – III ZB 33/04, NJW 2004, 2388.
3 Zu weiteren Ausnahmen vom Grundsatz, dass keine Kostenentscheidung getroffen wird, s. *Herget* in Zöller, 25. Aufl., § 91 ZPO Rz. 13 „Selbständiges Beweisverfahren"; *Monschau*, MietPrax, Fach 10, Rz. 119 ff.
4 Zu den Einzelheiten s. *Herget* in Zöller, 25. Aufl., § 91 ZPO Rz. 13 „Selbständiges Beweisverfahren".

H. Preisgebundener Wohnraum

181 Obwohl die Besonderheiten des Preisgebundenen Wohnraums aus der öffentlichen Förderung auf der Grundlage des II. Wohnungsbaugesetz (II. WoBauG) resultieren und aus der öffentlichrechtlichen Bindung, wie sie im Wohnungsbindungsgesetz (WoBindG), nunmehr im Wohnraumförderungsgesetz (WoFG) niedergelegt sind, spielen verwaltungsgerichtliche Verfahren für die Miethöhe meist keine Rolle. **Öffentlichrechtliche Streitigkeiten** zwischen dem Vermieter und der Bewilligungsstelle können über vom Vermieter beantragte Genehmigungen und Freistellungen entstehen, sowie über die Frage der öffentlichen Förderung. Solche Fragen können auf die Verhältnisse zwischen Vermieter und Mietpartei, insbesondere auf die Miethöhe nur indirekt einwirken[1].

182 Unter der Geltung des **II. WoBauG** bedurfte aber auch die anfängliche Kostenmiete als Durchschnittsmiete des gesamten Objekts der **behördlichen Genehmigung**, § 72 Abs. 1 Satz 2 des II. WoBauG, auch für weitere Festlegungen der Miete war teils im WoBindG, teils in der daraus abgeleiteten Verordnung NMV 1970 das Erfordernis einer behördlichen Genehmigung vorgesehen. Es ist nicht abschließend geklärt, welche behördlichen Genehmigungen eine **Bindungswirkung** auch für die Zivilgerichte haben und wie weit sie reicht. Vom Oberlandesgericht Hamm war angenommen worden, ein unanfechtbar gewordener Genehmigungsbescheid entwickle eine Tatbestandswirkung, auch die Zivilgerichte hätten das Ergebnis dieser behördlichen Prüfung als Rechtstatsache hinzunehmen und zur Grundlage ihrer weiteren rechtlichen Prüfung zu machen[2]. Demgegenüber hat das Oberlandesgericht Hamburg entschieden, dass die Zivilgerichte die Kostenmiete nach Umwandlung in Eigentumswohnung unabhängig von den Bewertungen der Bewilligungsstelle prüfen dürfen[3]. Das Bundesverwaltungsgericht hat für diese Berechnung der Kostenmiete ohnehin den Genehmigungsvorbehalt des § 5a NMV 1970 für unwirksam erklärt und dabei bemerkt, dies sei völlig unschädlich, weil die Zivilgerichte die Mieten im Streitfall ohnehin zu prüfen hätten[4]. Das Oberlandesgericht Hamm ist von seiner ursprünglichen Position, eine uneingeschränkte Bindungswirkung anzunehmen, teilweise abgerückt: Von der Erhöhungsgenehmigung gemäß § 8a WoBindG können die Zivilgerichte zugunsten des

---

1 So z.B. die Verweigerung der früher in Berlin praktizierten Anschlussförderung, dazu OVG Berlin, Urt. v. 16.12.2004 – OVG 5 B 4.04, GE 2005, 549.
2 OLG Hamm, Beschl. v. 10.9.1984 – 4 RE-Miet 1/84, WM 1984, 321.
3 OLG Hamburg, Beschl. v. 18.1.1991 – 4 U 41/89, WM 1991, 152 = ZMR 1991, 137 = DWW 1991, 47.
4 BVerwG, Urt. v. 17.6.1998 – 8 C 14.96, WM 1998, 671.

Mieters abweichen[1]. Angesichts der Tatsache, dass das Genehmigungsverfahren, und selbst etwaige Verwaltungsstreitverfahren, ohne Beteiligung der Mieter stattfinden und der Eigentümer kein Interesse daran haben kann, eine irrtümlich von der Behörde zu hoch bewilligte Kostenmiete anzugreifen, ist eine zivilgerichtliche Kontrolle eigentlich unerlässlich[2]. Allerdings muss substantiiert vorgetragen werden, was an der Berechnung der Behörde falsch sein soll. Ohne Bedeutung ist schließlich eine bloße informelle, durch einen Genehmigungsvorbehalt nicht erforderlich gemachte Bestätigung der Behörde für spätere Mietberechnungen[3].

Nach dem **Wohnraumförderungsgesetz** gibt es diesen Genehmigungsvorbehalt ohnehin nicht mehr. Hier ist für die Miethöhe öffentlichrechtlich allein die **Förderzusage** – gegeben durch Bescheid oder durch öffentlichrechtlichen Vertrag – maßgeblich. Über deren Wirksamkeit oder Inhalt kann womöglich vor den Verwaltungsgerichten gestritten werden. Soweit die Förderzusage aber bestandskräftig ist, ist die dort festgelegte Höchstmiete und eine etwaige Regelung über die Mietentwicklung auch für die Zivilgerichte als Höchstgrenze der zivilrechtlich zulässigen Miete verbindlich, § 28 Abs. 1 WoFG[4]. 183

Über die Zahlungsverpflichtungen der Mietpartei entscheiden auch im Preisgebundenen Wohnraum die **Zivilgerichte**. Dies gilt selbst dort, wo die Gesetze eine öffentlichrechtliche Genehmigung voraussetzen, z.B. die Genehmigung der Kostenmiete als Durchschnittsmiete der Wirtschaftseinheit gemäß § 72 Abs. 1 Satz 2 des II. WoBauG, die Genehmigung von Gesamtkostenerhöhungen nach § 8a Abs. 4 WoBindG oder, wenn der Vermieter eine Mieterhöhung erlangen will, die vorherige Zustimmung der Bewilligungsstelle zu Modernisierungsmaßnahmen und ihrem Umfang nach § 11 Abs. 7 der II. BV[5], sowie im Falle der Umwandlung in Wohnungseigentum die Genehmigung der für die einzelne Wohnung zulässigen Kostenmiete gemäß § 5a Abs. 1 Satz 2 NMV, § 2 184

---

1 OLG Hamm, Beschl. v. 20.8.1993 – 30 RE-Miet 1/93, WM 1993, 591 = ZMR 1993, 515.
2 Da die gewährte Förderung von der Höhe der anerkannten Kosten abhängt, ist aber vor allem bei der anfänglichen Genehmigung der Kostenmiete zu bedenken, dass eine Bewertung nicht nur einen Teilaspekt herausgreifen und damit zu falschen Ergebnissen zu Lasten der öffentlichen Hand führen darf.
3 OLG Hamm, Beschl. v. 18.2.1991 – 30 RE-Miet 3/89, WM 1991, 331 = ZMR 1991, 264.
4 In diesem Sinne schon OLG Hamm, Beschl. v.18.2.1991 – 30 RE-Miet 3/89, WM 1991,331 = ZMR 1991, 264.
5 Eine Beschränkung des Kostenrahmens im Zustimmungsverfahren ist möglich, BVerwG, Urt. v. 26.1.1990 – 8 C 67.87, WM 1990, 566.

Abs. 5 Satz 3 der II. BV[1]. Sind die Genehmigungen erteilt und unanfechtbar, dann ist ihr Genehmigungsinhalt jedenfalls als Höchstgrenze der zulässigen Miete für den Zivilrechtsstreit zugrunde zu legen. Liegen diese Genehmigungen hingegen nicht vor, dann fehlt eine rechtliche Voraussetzung für die Mietforderung[2], sie ist nicht fällig, Vermieterklagen müssen dann abgewiesen werden.

185 Andererseits müssen die Zivilgerichte im Streitfall auch dann, wenn eine solche öffentlichrechtliche Genehmigung vorliegt, die Wirtschaftlichkeitsberechnung im Übrigen **eigenständig prüfen**[3]. Von der behördlichen Prüfung wird nur die Durchschnittsmiete des Gesamtobjekts erfasst. Die Umrechnung in eine Einzelmiete für die jeweilige Wohnung ist – mit Ausnahme der Kostenmiete für eine einzelne Wohnung nach Umwandlung in Eigentumswohnungen – allein Sache des Vermieters. Er hat die korrekte Abgrenzung der Wohnflächen von den Nichtwohnflächen zu leisten und ggf. ausgehend von der Durchschnittsmiete gemäß § 8a Abs. 5 WoBindG und § 3 Abs. 3 NMV für die einzelnen Wohnungen „unter angemessener Berücksichtigung ihres unterschiedlichen Wohnwertes, insbesondere von Lage, Ausstattung und Zuschnitt" die Einzelmiete zu berechnen. Damit ist insgesamt die Berechtigung jeder Mietforderung im Streitfall und bei substantiiertem Vortrag in vollem Umfang von den Zivilgerichten zu prüfen.

186 Da im Preisgebundenen Wohnraum Änderungen der Miethöhe durch einseitige Erklärung des Vermieters gemäß § 10 WoBindG bestimmt werden, ist für eine Zustimmungsklage kein Raum, eine Zustimmung des Mieters ist weder erforderlich noch kann sie verlangt werden. In Betracht kommen daher hier nur

– Auskunftsklage des Mieters (Rz. 187 ff.);
– Auskunftsklage des Vermieters (Rz. 196 ff.);
– Zahlungsklage des Vermieters (Rz. 202 ff.);
– Rückzahlungsklage des Mieters (Rz. 205 ff.);
– Räumungsklage des Vermieters (Rz. 218);
– Feststellungsklage des Vermieters (Rz. 219 ff.);
– Feststellungsklage des Mieters (Rz. 227 ff.).

---

1 OLG Hamburg, Beschl. v. 20.12.1982 – 4 U 1/82, WM 1983, 50.
2 Im Falle einer Umwandlung in Eigentumswohnungen soll nach KG, Beschl. v. 20.9.1984 – 8 RE-Miet 3390/84, WM 1984, 319 = DWW 1985, 26, die bisher gezahlte Kostenmiete weiter gelten, Erhöhungen nach Umwandlung hingegen nur nach Genehmigung geltend zu machen sein.
3 Erst recht sind einfache Bestätigungen, die sich der Vermieter von der Bewilligungsstelle für seine Mietberechnung geben lässt, rechtlich für das Zivilgericht nicht bindend.

I. Auskunftsklage

1. Auskunftsklage des Mieters

§ 8 Abs. 4 WoBindG räumt der Mietpartei einen Anspruch gegenüber dem Vermieter auf **Auskunft** über die Zusammensetzung der Miete ein. § 29 NMV 1970 ergänzt diese Verpflichtung noch dahingehend, dass die Mietpartei Anspruch hat auf **Einsichtnahme** in die Wirtschaftlichkeitsberechnung und sonstige Unterlagen, die eine Berechnung der Miete ermöglichen, bzw. Überlassung von Ablichtungen dieser Unterlagen[1].

187

Auch der Erwerber preisgebundenen Wohnraums ist auskunftspflichtig über die Zusammensetzung der Kostenmiete hinsichtlich des Zeitraums vor seinem Eintritt in den Mietvertrag[2]. Kommt der Vermieter dieser Verpflichtung nicht zügig nach, muss die Mietpartei die Erfüllung schriftlich unter Fristsetzung anmahnen, eine Klageandrohung ist rechtlich nicht erforderlich, aber sinnvoll. Wird auch hierauf die verlangte Auskunft nicht erteilt, oder werden Unterlagen nicht vorgelegt oder keine Ablichtungen überlassen, dann kann die Mietpartei ihre Ansprüche klageweise geltend machen.

188

Auch **nach neuem Recht** hat die Mietpartei gemäß § 28 Abs. 5 Satz 2 WoFG Auskunftsansprüche gegenüber dem Vermieter[3].

189

Bezüglich des **Rubrums** ist zu beachten, dass die Auskunft jedem einzelnen von mehreren Mietern zusteht, es kann auch jeder einzelne von mehreren Vermietern in Anspruch genommen werden.

190

Der **Antrag** muss die gewünschte Auskunft genau bezeichnen. Soweit das Gesetz nach altem Recht (Wohnraum i.S.d. II. WoBauG) auch den Anspruch auf Überlassung von **Kopien** ausdrücklich gewährt, ist ein entsprechender ergänzender Antrag unproblematisch. Wird nach neuem Recht (Wohnraum nach dem WoFG) Auskunft begehrt, ist abzuwarten, ob die Rechtsprechung einen aus dem Auskunftsrecht erwachsenden Anspruch auf Überlassung von Kopien zuerkennen will.

191

⮕ **Beispiel:**
Der Beklagte wird verurteilt, der Klägerin über die Kosten der baulichen Maßnahmen, die seiner Mietänderungserklärung vom 31.3.2005 zugrunde liegen, Auskunft zu erteilen und die zugehörigen Belege vollständig vorzulegen.

---
1 Siehe dazu Teil II Rz. 785 ff.
2 LG Berlin, Urt. v. 5.5.1992 – 63 S 92/92, WM 1992, 430.
3 Der hilfsweise gemäß § 28 Abs. 5 Satz 3 WoFG bestehende Anspruch gegen die Behörde wäre ggf. durch verwaltungsgerichtliche Klage durchzusetzen.

192 Zur **Begründung** ist darzulegen, dass ein Mietvertrag besteht, es sich um preisgebundenen Wohnraum handelt und dass die begehrte Auskunft entweder für die Abwehr einer Mieterhöhungsforderung oder zur Vorbereitung einer Mietsenkung oder Mietrückforderung erforderlich ist. Weiter ist darzulegen, dass der Vermieter erfolglos aufgefordert wurde, die begehrten Auskünfte zu erteilen bzw. Unterlagen vorzulegen.

193 Als **Anlagen** sollten mindestens der Mietvertrag und die Schriftstücke eingereicht werden, aus denen sich die Aufforderung zur Auskunft- und Belegerteilung ergibt. Im Falle eines Auskunftsbegehrens zwecks Forderungsabwehr sollte das Forderungsschreiben der Gegenseite beigefügt werden.

194 Der Vermieter kann sich gegenüber dieser Klage nur, wenn das zutrifft, mit dem Argument verteidigen, er habe die Auskunft schon erteilt, die Belege schon vorgelegt, oder die begehrten Auskünfte und Unterlagen seien für die Rechte der Mietpartei ohne Bedeutung.

Für das weitere Verfahren gelten keine Besonderheiten.

195 Für den **Streitwert** wird das Interesse des Klägers an der Auskunft zugrunde gelegt[1].

2. Auskunftsklage des Vermieters

196 Ein Auskunftsanspruch des Vermieters ist im Gesetz nicht verankert, weder nach altem Wohnungsbaurecht noch nach neuem Wohnungsförderungsrecht.

197 Ein Anspruch auf Auskunft kann sich aber gemäß § 242 BGB daraus ergeben, dass der Vermieter einen Untervermietungszuschlag erheben darf (§ 26 Abs. 3 NMV 1970) oder einen Zuschlag wegen Nicht-Wohnnutzung (§ 26 Abs. 2 NMV). Hier kann es sinnvoll sein, zunächst den Mieter auf Auskunft in Anspruch zu nehmen, wie viele Untermieter in der Wohnung vorhanden sind und welchen Umfang die wohnfremde Nutzung hat.

198 Für das **Rubrum** gilt, was vorstehend für die Auskunftsklage des Mieters dargelegt wurde.

199 Auch hier muss der **Antrag** die gewünschte Auskunft genau bezeichnen.

---

1 Zu den Einzelheiten *Hartmann* in Baumbach/Lauterbach/Albers/Hartmann, 64. Aufl. Anh. § 3 ZPO Rz. 24; *Herget* in Zöller, 25. Aufl., § 3 ZPO Rz. 16.

Die **Begründung** muss darlegen, für die Vorbereitung welchen gesetzlichen Anspruchs die Auskunft benötigt wird. Hierfür sollten die Belege eingereicht werden, aus denen sich das Mietverhältnis, die Preisgebundenheit und der mögliche Anspruch, der vorbereitet werden soll, ergeben. 200

Für das weitere Verfahren gelten keine Besonderheiten.

Für den **Streitwert** wird das Interesse des Klägers an der Auskunft zugrunde gelegt[1]. 201

II. Zahlungsklage

1. Zahlungsklage des Vermieters

Der Vermieter kann die von ihm beanspruchten Zahlungen im Wege der zivilgerichtlichen Zahlungsklage verfolgen, im Falle von erheblichen Mietrückständen auch Räumungsklage erheben[2]. Der Mieter kann sich demgegenüber mit dem Abweisungsantrag zur Wehr setzen, Widerklagen auf Auskunft, Feststellung oder Rückzahlung sind denkbar[3]. Insofern gelten gegenüber den allgemeinen Regeln für Zahlungsklagen keine verfahrensrechtlichen Besonderheiten, es ist zu verweisen auf die Darstellung bei Rz. 134 ff. Es kann allerdings erforderlich sein, dass der Vermieter die Wirtschaftlichkeitsberechnung und die Genehmigung der Bewilligungsstelle vorlegt, um seine Mietforderungen schlüssig darzulegen. 202

Ist lediglich die Berechtigung einer Mietänderung im Streit, und ist die Miete in der bisherigen Höhe schon jahrelang gezahlt worden, kann das Gericht versucht sein, diese als vereinbart anzusehen. Angesichts des gesetzlich verankerten Erfordernisses einer behördlichen Genehmigung zumindest der anfänglichen Durchschnittsmiete und der streng formalisierten Anforderungen an die Mietberechnung und die Geltendmachung von Mietänderungen sowie im Hinblick auf den in § 8 Abs. 2 WoBindG der Mietpartei ausdrücklich eingeräumten Rückforderungsanspruch war dies – zumindest nach altem Recht – nicht akzeptabel. 203

Einwände gegen die Richtigkeit der beanspruchten Miethöhe muss daher das Zivilgericht in vollem Umfang sachlich prüfen. 204

---

1 Zu den Einzelheiten *Hartmann* in Baumbach/Lauterbach/Albers/Hartmann, 64. Aufl. Anh. § 3 ZPO Rz. 24; *Herget* in Zöller, 25. Aufl., § 3 ZPO Rz. 16.
2 Siehe dazu Rz. 218.
3 Siehe dazu Rz. 187 ff., Rz. 205 ff., Rz. 219 ff.

2. Rückzahlungsklage des Mieters

205 Rückzahlungsansprüche der Mietpartei sind unterschiedlich zu betrachten, je nachdem, ob es sich um preisgebundenen Wohnraum nach altem Recht (Geltung des II. WoBauG) oder nach dem Wohnraumförderungsgesetz handelt (Bewilligung ab 1.1.2002 bzw. 1.1.2003)[1].

206 Für den preisgebundenen Wohnraum **nach altem Recht** ordnet § 8 Abs. 2 WoBindG an, dass Vereinbarungen einer Miethöhe, die die Kostenmiete übersteigt, unwirksam sind. Es bedarf also keines Rückgriffs auf das Wirtschaftsstrafgesetz, es wird auch nicht – wie im preisfreien Wohnraum – eine gewisse Überschreitung toleriert und dem Vermieter belassen. Auch die Vorschriften §§ 812 ff. BGB sind nicht anwendbar, was insbesondere im Hinblick auf § 817 Satz 2 BGB von erheblicher Bedeutung ist. Vielmehr wird der Mietpartei, die mehr als die Kostenmiete bezahlt hat, ausdrücklich und ohne Einschränkung ein Rückzahlungsanspruch eingeräumt. Es kommt aber auch nicht auf die Wirksamkeit einzelner Erhöhungserklärungen an, sondern nur darauf, ob die Kostenmiete real niedriger ist als die vereinbarte und gezahlte Miete.

207 Für die Feststellung der Kostenmiete ist fast nie ohne ein gerichtliches Sachverständigengutachten auszukommen. Das muss wegen der hohen Kosten solcher Gutachten von vornherein bedacht werden: Wenn die Rückzahlungsklage im Ergebnis nur zur Hälfte oder geringeren Erfolg hat, können die Prozess- und Gutachtenkosten den Ertrag überschreiten.

208 Soweit die Vereinbarung unwirksam ist, muss der **gesamte Betrag**, um den die Kostenmiete überschritten wurde, zurückgezahlt werden. Auch sind die Überzahlungen vom Empfang an zu verzinsen. Eine besondere Verzinsungsregelung gibt es nicht, es ist also jeweils der gesetzliche Zinssatz anzuwenden.

209 Die Rückzahlungsansprüche **verjähren** jeweils vier Jahre nach der Leistung, also monatsweise. Wird das Mietverhältnis beendet, müssen alle Rückzahlungsansprüche innerhalb eines Jahres nach Beendigung erhoben werden, § 8 Abs. 2 Satz 3 WoBindG.

210 Für die Mietpartei stellt sich die Rückforderungsklage insofern als **problematisch** dar, als die Basis des Rückforderungsanspruchs, die zulässige Kostenmiete, letztlich erst durch ein gerichtliches Sachver-

---

1 Siehe dazu Teil II Rz. 599 ff.

ständigengutachten verbindlich festgestellt wird und vorher nicht sehr zuverlässig abgeschätzt werden kann. Der Kläger muss sich auch – jedenfalls soweit Verjährung droht – auf einen monatlichen Überzahlungsbetrag festlegen, weil nur dann die Verjährung unterbrochen wird. Wird dieser monatliche Betrag zu knapp bemessen, und stellt sich später heraus, dass die Differenz doch höher war, dann ist dies wegen Eintritts der Verjährung möglicherweise nicht mehr realisierbar. Wird er zu hoch angesetzt, erhöht sich das Risiko einer Teilabweisung mit der entsprechenden Kostenfolge.

Eine gewisse Erleichterung kann hier die Erhebung einer **Stufenklage** auf Auskunft und Zahlung des sich hieraus ergebenden Differenzbetrages geben, weil die Stufenklage die Verjährung unterbricht. Fraglich bleibt aber, ob mit Erteilung einer Auskunft (die ja noch nicht die Begutachtung des gerichtlichen Sachverständigen zugrunde legen kann) die Bezifferung des Rückzahlungsanspruches wesentlich treffsicherer wird. 211

Im **Wohnraumförderungsgesetz** gibt es keine spezielle ausdrückliche gesetzliche Grundlage für einen Rückforderungsanspruch. Da die Vereinbarung aber, soweit sie die jeweils festgelegte Höchstmiete übersteigt, ausdrücklich als unwirksam bezeichnet wird (§ 28 Abs. 6 WoFG), handelt es sich um eine rechtsgrundlose Leistung, die nach §§ 812 ff. BGB zurückzufordern ist. Eine Verzinsung tritt hier erst ein, wenn Verzug begründet worden ist. 212

Demnach ist als **Klageantrag** der verlangte Zahlbetrag nebst Zinsen, Zinssatz und Zinsbeginn, ggf. monatsweise gestaffelt anzugeben. 213

Als **Begründung** ist darzulegen, dass die erhaltene Zahlung die Kostenmiete (altes Recht) bzw. die Höchstmiete der Förderzusage und der weiteren Auflagen überschritt. Weiter ist darzulegen, dass der beklagten Partei die Forderung vorgelegt und sie zur Zahlung aufgefordert worden ist. Für Forderungen nach dem Wohnraumförderungsgesetz ist für den Zinsanspruch darzulegen, dass zur Rückzahlung eine Frist gesetzt und wann gemahnt worden ist. 214

Da die Klage substantiiert die Klageforderung belegen muss, sind als **Anlagen** sämtliche Unterlagen beizufügen, aus denen sich die Höhe der Kostenmiete einerseits und die Höhe der geleisteten Zahlungen andererseits belegen lassen, sowie die Zahlungsaufforderung und die Mahnung. 215

216 Die **Gegenseite** kann sich gegen die Klage nur zur Wehr setzen mit den Argumenten, die angesetzte Kostenmiete sei unzutreffend oder die vorgetragenen Zahlungen der Mietpartei träfen nicht zu.

217 Der **Streitwert** wird bestimmt durch den Klageantrag.

III. Räumungsklage

218 Für Kündigung wegen Zahlungsrückständen und die Räumungsklage des Vermieters gelten im Preisgebundenen Wohnraum materiellrechtlich die Regeln des BGB und prozessual keine Besonderheiten gegenüber einer Räumungsklage im preisfreien Wohnraum. Es ist daher insoweit auf Rz. 156 ff. zu verweisen.

IV. Feststellungsklage

1. Feststellungsklage des Vermieters

219 Für den Vermieter kann eine **positive Feststellungsklage** in Betracht kommen, wenn die Mietpartei eine Mietforderung nicht begleicht und ersichtlich auch in Zukunft nicht begleichen will. Diese Klage kann mit der Zahlungsklage, die wegen aufgelaufener Rückstände erhoben wird, verbunden werden.

220 Da die Feststellung nur einheitlich für das gesamte Mietverhältnis getroffen werden kann, sind in das **Rubrum** sämtliche Vermieter und sämtliche Mieter aufzunehmen.

221 Der **Klageantrag** muss Zeitpunkt und Höhe der behaupten Forderung angeben.

➲ **Beispiel:**
Es wird festgestellt, dass der Beklagte verpflichtet ist, ab dem 1.4.2005 eine monatliche Nettomiete von 640,00 Euro zuzüglich 180,00 Euro Betriebskostenvorauszahlung, 40,00 Euro Aufzugskostenvorauszahlung und 90,00 Euro Heizkostenvorauszahlung an die Klägerin zu zahlen.

222 Als **Begründung** ist außer den notwendigen Angaben über das Bestehen des Mietverhältnisses und die Herleitung der behaupteten Forderung vorzutragen, inwiefern ein Bedarf an gesonderter rechtlicher Feststellung besteht.

Als Anlagen sind der Mietvertrag sowie die weiteren Schriftstücke beizufügen, aus denen sich die Berechtigung der erhobenen Mietforderung ergibt, sowie die Belege dafür, dass die beklagte Partei hat erkennen lassen, sie werde die Forderung auch in Zukunft nicht begleichen. 223

Als **Streitwert** wird von der erhobenen Zahlungsforderung ein Bruchteil angesetzt[1]. 224

Die Mietpartei kann **gegen diese Klage vortragen**, sie habe sich gar nicht grundsätzlich geweigert, jedoch könne sie, solange nicht im Zahlungsstreit die Berechtigung der Forderung geklärt sei, auch kein Anerkenntnis oder eine entsprechende Zusicherung abgeben. 225

Da die Feststellungsklage gegenüber einer möglichen Leistungsklage subsidiär ist, besteht durchaus ein beträchtliches **Risiko**, dass die Klage als unzulässig angesehen wird. 226

2. Feststellungsklage des Mieters

Berühmt sich der Vermieter einer Mietforderung, die von der Mietpartei als nicht berechtigt angesehen wird, dann kann die Mietpartei durch **Nichtbegleichung der Forderung** ihre Weigerung zum Ausdruck bringen. Die Abgabe einer Weigerungserklärung oder die Mitteilung von Gründen für die Weigerung sind rechtlich nicht erforderlich[2]. Die Mietpartei kann es dann der Initiative des Vermieters überlassen, ob er die behaupteten Ansprüche weiter verfolgt und einer gerichtlichen Klärung zuführt. Dieser passive Umgang der Mietpartei mit dem Begehren des Vermieters birgt aber das Risiko, dass die behaupteten Mietrückstände in eine Höhe anwachsen, die eine Kündigung und Räumungsklage zur Folge haben kann. 227

Die Mietpartei kann daher selbst versuchen, durch **Erhebung einer Feststellungsklage** eine rechtliche Klärung herbeizuführen. Gelegentlich haben Gerichte derartigen Feststellungsklagen, zumal wenn sie im Wege der Prozesskostenhilfe eingereicht wurden, die Zulässigkeit abgesprochen[3], weil der Mieter doch abwarten könne, ob der Vermieter seine vermeintlichen Ansprüche durchsetzen will. Dies war schon bisher nicht rechtens, weil es auch für den Mieter ein berechtigtes Interesse 228

---

1 *Hartmann* in Baumbach/Lauterbach/Albers/Hartmann, 64. Aufl., Anh. § 3 ZPO, Rz. 53; *Herget* in Zöller, 25. Aufl., § 3 ZPO Rz. 16.
2 Im Falle einer ordentlichen Kündigung wegen angeblicher Zahlungsrückstände kann es im Rahmen der Interessenabwägung nach § 573 BGB von Bedeutung sein, ob der Mieter dem Vermieter seine Einwände dargelegt hat.
3 Auch Rechtsschutzversicherungen versuchen hier teilweise die Deckung zu verweigern.

darstellt, definitiv und frühzeitig zu wissen, ob er eine Zahlungsverpflichtung hat oder nicht. Wurde bisher für möglich gehalten, dass eine Mietpartei notfalls durch Zahlung des streitigen Betrages gemäß § 569 Abs. 3 Ziff. 3 BGB jegliche Kündigung wegen Zahlungsrückständen unwirksam machen und den Streit – durch Erhebung einer Widerklage – auf die Berechtigung der Zahlungsforderung begrenzen konnte, ist dies nun deutlich gefahrträchtiger geworden. Nachdem nunmehr der Bundesgerichtshof[1] sich auf den Standpunkt gestellt hat, durch Zahlung der beanspruchten Beträge könne nur eine fristlose Kündigung unwirksam gemacht werden, nicht aber eine vor Eingang der Zahlung noch ausgesprochene fristgemäße Kündigung, kann durch Zahlung eine Räumungsverurteilung nicht mehr verlässlich abgewendet werden. Spätestens damit ist der Standpunkt, eine Feststellungsklage könne unzulässig oder mutwillig sein, weil die Mietpartei abwarten könne, unvertretbar.

229 Die **Risiken** der Erhebung einer Feststellungsklage für die Mietpartei liegen auf der Hand: Als Angreifer muss der Mieter die Kosten des Rechtsstreits tragen, soweit seine Klage keinen Erfolg hat. Es kommt daher darauf an, den Antragsgegenstand so zu begrenzen, dass der Wert der Auseinandersetzung überschaubar bleibt.

230 Der **Klageantrag** muss so deutlich sein, dass mit einem entsprechenden Urteil die Geltendmachung der angegebenen Forderungen sicher ausgeschlossen ist.

○ **Beispiel:**
Es wird festgestellt, dass ein Anspruch auf Mieterhöhung wegen baulicher Änderungen gemäß Schreiben der Beklagten vom 13.10.2005 gegen den Kläger nicht besteht.

231 Zur **Begründung** muss dargelegt werden, dass sich die beklagte Partei ernsthaft der Forderung berühmt hat, und dass die klagende Partei sie unter Fristsetzung aufgefordert hat, von dieser Forderung Abstand zu nehmen. Nicht unbedingt erforderlich ist, dass in dem Schreiben eine Klageandrohung enthalten war, jedoch mag dies hilfreich sein, um den verbreiteten Unwillen der Gerichte gegenüber Feststellungsklagen zu überwinden.

232 Die Forderungsschreiben der Gegenseite und die Aufforderungen der Klägerseite, davon Abstand zu nehmen, sollten der Klage als **Anlage** beigefügt werden.

---

1 BGH, Urt. v. 16.2.2005 – VIII ZR 6/04, WM 2005, 250 mit ablehnender Anm. *Blank.*

Der Vermieter kann sich gegen die Klage entweder mit der Argumentation **verteidigen**, die Forderung bestehe doch, und dies womöglich durch eine Widerklage unterstützen. Oder er kann darlegen, dass er die Forderung gar nicht ernsthaft erhoben habe. Da sich die Argumentationen wechselseitig ausschließen, ist es unerlässlich, sich für eine von beiden zu entscheiden. 233

Als **Streitwert** der negativen Feststellungsklage wird der Gesamtwert der Forderung angesetzt, deren Geltendmachung mit der Feststellungsklage dauerhaft abgewehrt werden soll[1]. 234

---

1 Vgl. die Nachweise bei *Hartmann* in Baumbach/Lauterbach/Albers/Hartmann, 64. Aufl., Anh. § 3 ZPO, Rz. 54; *Herget* in Zöller, 25. Aufl., § 3 ZPO Rz. 16.

Anhang

I. Verordnung über die Aufstellung von Betriebskosten[1] (Betriebskostenverordnung – BetrKV)

§ 1 Betriebskosten

(1) Betriebskosten sind die Kosten, die dem Eigentümer oder Erbbauberechtigten durch das Eigentum oder Erbbaurecht am Grundstück oder durch den bestimmungsmäßigen Gebrauch des Gebäudes, der Nebengebäude, Anlagen, Einrichtungen und des Grundstücks laufend entstehen. Sach- und Arbeitsleistungen des Eigentümers oder Erbbauberechtigten dürfen mit dem Betrag angesetzt werden, der für eine gleichwertige Leistung eines Dritten, insbesondere eines Unternehmers, angesetzt werden könnte; die Umsatzsteuer des Dritten darf nicht angesetzt werden.

(2) Zu den Betriebskosten gehören nicht:
1. die Kosten der zur Verwaltung des Gebäudes erforderlichen Arbeitskräfte und Einrichtungen, die Kosten der Aufsicht, der Wert der vom Vermieter persönlich geleisteten Verwaltungsarbeit, die Kosten für die gesetzlichen oder freiwilligen Prüfungen des Jahresabschlusses und die Kosten für die Geschäftsführung (Verwaltungskosten),
2. die Kosten, die während der Nutzungsdauer zur Erhaltung des bestimmungsmäßigen Gebrauchs aufgewendet werden müssen, um die durch Abnutzung, Alterung und Witterungseinwirkung entstehenden baulichen oder sonstigen Mängel ordnungsgemäß zu beseitigen (Instandhaltungs- und Instandsetzungskosten).

§ 2 Aufstellung der Betriebskosten

Betriebskosten im Sinne von § 1 sind:
1. die laufenden öffentlichen Lasten des Grundstücks,
   hierzu gehört namentlich die Grundsteuer;
2. die Kosten der Wasserversorgung,
   hierzu gehören die Kosten des Wasserverbrauchs, die Grundgebühren, die Kosten der Anmietung oder anderer Arten der Gebrauchsüberlassung von Wasserzählern sowie die Kosten ihrer Verwendung einschließlich der Kosten der Eichung sowie der Kosten der Berechnung und Aufteilung, die Kosten der Wartung von Wassermengenreglern, die Kosten des Betriebs einer hauseigenen Wasserversorgungsanlage und einer Wasseraufbereitungsanlage einschließlich der Aufbereitungsstoffe;
3. die Kosten der Entwässerung,
   hierzu gehören die Gebühren für die Haus- und Grundstücksentwässerung, die Kosten des Betriebs einer entsprechenden nicht öffentlichen Anlage und die Kosten des Betriebs einer Entwässerungspumpe;
4. die Kosten
   a) des Betriebs der zentralen Heizungsanlage einschließlich der Abgasanlage, hierzu gehören die Kosten der verbrauchten Brennstoffe und ihrer Liefe-

---

[1] Vom 25.11.2003 (BGBl. I, S. 2346), in Kraft seit 1.1.2004.

rung, die Kosten des Betriebsstroms, die Kosten der Bedienung, Überwachung und Pflege der Anlage, der regelmäßigen Prüfung ihrer Betriebsbereitschaft und Betriebssicherheit einschließlich der Einstellung durch eine Fachkraft, der Reinigung der Anlage und des Betriebsraums, die Kosten der Messungen nach dem Bundes-Immissionsschutzgesetz, die Kosten der Anmietung oder anderer Arten der Gebrauchsüberlassung einer Ausstattung zur Verbrauchserfassung sowie die Kosten der Verwendung einer Ausstattung zur Verbrauchserfassung einschließlich der Kosten der Eichung sowie der Kosten der Berechnung und Aufteilung

oder

b) des Betriebs der zentralen Brennstoffversorgungsanlage,
hierzu gehören die Kosten der verbrauchten Brennstoffe und ihrer Lieferung, die Kosten des Betriebsstroms und die Kosten der Überwachung sowie die Kosten der Reinigung der Anlage und des Betriebsraums

oder

c) der eigenständig gewerblichen Lieferung von Wärme, auch aus Anlagen i.S.d. Buchstabens a,
hierzu gehören das Entgelt für die Wärmelieferung und die Kosten des Betriebs der zugehörigen Hausanlagen entsprechend Buchstabe a

oder

d) der Reinigung und Wartung von Etagenheizungen und Gaseinzelfeuerstätten,
hierzu gehören die Kosten der Beseitigung von Wasserablagerungen und Verbrennungsrückständen in der Anlage, die Kosten der regelmäßigen Prüfung der Betriebsbereitschaft und Betriebssicherheit und der damit zusammenhängenden Einstellung durch eine Fachkraft sowie die Kosten der Messungen nach dem Bundes-Immissionsschutzgesetz;

5. die Kosten

a) des Betriebs der zentralen Warmwasserversorgungsanlage,
hierzu gehören die Kosten der Wasserversorgung entsprechend Nummer 2, soweit sie nicht dort bereits berücksichtigt sind, und die Kosten der Wassererwärmung entsprechend Nummer 4 Buchstabe a

oder

b) der eigenständig gewerblichen Lieferung von Warmwasser, auch aus Anlagen i.S.d. Buchstabens a,
hierzu gehören das Entgelt für die Lieferung des Warmwassers und die Kosten des Betriebs der zugehörigen Hausanlagen entsprechend Nummer 4 Buchstabe a

oder

c) der Reinigung und Wartung von Warmwassergeräten,
hierzu gehören die Kosten der Beseitigung von Wasserablagerungen und Verbrennungsrückständen im Innern der Geräte sowie die Kosten der regelmäßigen Prüfung der Betriebsbereitschaft und Betriebssicherheit und der damit zusammenhängenden Einstellung durch eine Fachkraft;

6. die Kosten verbundener Heizungs- und Warmwasserversorgungsanlagen

a) bei zentralen Heizungsanlagen entsprechend Nummer 4 Buchstabe a und entsprechend Nummer 2, soweit sie nicht dort bereits berücksichtigt sind,

oder

Anhang: I. Betriebskostenverordnung

b) bei der eigenständig gewerblichen Lieferung von Wärme entsprechend Nummer 4 Buchstabe c und entsprechend Nummer 2, soweit sie nicht dort bereits berücksichtigt sind,

oder

c) bei verbundenen Etagenheizungen und Warmwasserversorgungsanlagen entsprechend Nummer 4 Buchstabe d und entsprechend Nummer 2, soweit sie nicht dort bereits berücksichtigt sind;

7. die Kosten des Betriebs des Personen- oder Lastenaufzugs,
hierzu gehören die Kosten des Betriebsstroms, die Kosten der Beaufsichtigung, der Bedienung, Überwachung und Pflege der Anlage, der regelmäßigen Prüfung ihrer Betriebsbereitschaft und Betriebssicherheit einschließlich der Einstellung durch eine Fachkraft sowie die Kosten der Reinigung der Anlage;

8. die Kosten der Straßenreinigung und Müllbeseitigung,
zu den Kosten der Straßenreinigung gehören die für die öffentliche Straßenreinigung zu entrichtenden Gebühren und die Kosten entsprechender nicht öffentlicher Maßnahmen; zu den Kosten der Müllbeseitigung gehören namentlich die für die Müllabfuhr zu entrichtenden Gebühren, die Kosten entsprechender nicht öffentlicher Maßnahmen, die Kosten des Betriebs von Müllkompressoren, Müllschluckern, Müllabsauganlagen sowie des Betriebs von Müllmengenerfassungsanlagen einschließlich der Kosten der Berechnung und Aufteilung;

9. die Kosten der Gebäudereinigung und Ungezieferbekämpfung,
zu den Kosten der Gebäudereinigung gehören die Kosten für die Säuberung der von den Bewohnern gemeinsam genutzten Gebäudeteile, wie Zugänge, Flure, Treppen, Keller, Bodenräume, Waschküchen, Fahrkorb des Aufzugs;

10. die Kosten der Gartenpflege, hierzu gehören die Kosten der Pflege gärtnerisch angelegter Flächen einschließlich der Erneuerung von Pflanzen und Gehölzen, der Pflege von Spielplätzen einschließlich der Erneuerung von Sand und der Pflege von Plätzen, Zugängen und Zufahrten, die dem nicht öffentlichen Verkehr dienen;

11. die Kosten der Beleuchtung,
hierzu gehören die Kosten des Stroms für die Außenbeleuchtung und die Beleuchtung der von den Bewohnern gemeinsam genutzten Gebäudeteile, wie Zugänge, Flure, Treppen, Keller, Bodenräume, Waschküchen;

12. die Kosten der Schornsteinreinigung,
hierzu gehören die Kehrgebühren nach der maßgebenden Gebührenordnung, soweit sie nicht bereits als Kosten nach Nummer 4 Buchstabe a berücksichtigt sind;

13. die Kosten der Sach- und Haftpflichtversicherung,
hierzu gehören namentlich die Kosten der Versicherung des Gebäudes gegen Feuer-, Sturm-, Wasser- sowie sonstige Elementarschäden, der Glasversicherung, der Haftpflichtversicherung für das Gebäude, den Öltank und den Aufzug;

14. die Kosten für den Hauswart,
hierzu gehören die Vergütung, die Sozialbeiträge und alle geldwerten Leistungen, die der Eigentümer oder Erbbauberechtigte dem Hauswart für seine Arbeit gewährt, soweit diese nicht die Instandhaltung, Instandsetzung, Erneuerung, Schönheitsreparaturen oder die Hausverwaltung betrifft; soweit Arbeiten vom Hauswart ausgeführt werden, dürfen Kosten für Arbeitsleistungen nach den Nummern 2 bis 10 und 16 nicht angesetzt werden;

15. die Kosten
   a) des Betriebs der Gemeinschafts-Antennenanlage,
      hierzu gehören die Kosten des Betriebsstroms und die Kosten der regelmäßigen Prüfung ihrer Betriebsbereitschaft einschließlich der Einstellung durch eine Fachkraft oder das Nutzungsentgelt für eine nicht zu dem Gebäude gehörende Antennenanlage sowie die Gebühren, die nach dem Urheberrechtsgesetz für die Kabelweitersendung entstehen,

      oder

   b) des Betriebs der mit einem Breitbandkabelnetz verbundenen privaten Verteilanlage,
      hierzu gehören die Kosten entsprechend Buchstabe a, ferner die laufenden monatlichen Grundgebühren für Breitbandkabelanschlüsse;
16. die Kosten des Betriebs der Einrichtungen für die Wäschepflege, hierzu gehören die Kosten des Betriebsstroms, die Kosten der Überwachung, Pflege und Reinigung der Einrichtungen, der regelmäßigen Prüfung ihrer Betriebsbereitschaft und Betriebssicherheit sowie die Kosten der Wasserversorgung entsprechend Nummer 2, soweit sie nicht dort bereits berücksichtigt sind;
17. sonstige Betriebskosten,
   hierzu gehören Betriebskosten i.S.d. § 1, die von den Nummern 1 bis 16 nicht erfasst sind.

II. Anlage 3 zu § 27 Zweite Berechnungsverordnung[1]

Betriebskosten sind nachstehende Kosten, die dem Eigentümer (Erbbauberechtigten) durch das Eigentum (Erbbaurecht) am Grundstück oder durch den bestimmungsmäßigen Gebrauch des Gebäudes oder der Wirtschaftseinheit, der Nebengebäude, Anlagen, Einrichtungen und des Grundstücks laufend entstehen, es sei denn, daß sie üblicherweise vom Mieter außerhalb der Miete unmittelbar getragen werden:

1. Die laufenden öffentlichen Lasten des Grundstücks

Hierzu gehört namentlich die Grundsteuer, jedoch nicht die Hypothekengewinnabgabe.

2. Die Kosten der Wasserversorgung

Hierzu gehören die Kosten des Wasserverbrauchs, die Grundgebühren, die Kosten der Anmietung oder anderer Arten der Gebrauchsüberlassung von Wasserzählern sowie die Kosten ihrer Verwendung einschließlich der Kosten der Berechnung und Aufteilung, die Kosten des Betriebs einer hauseigenen Wasserversorgungsanlage und einer Wasseraufbereitungsanlage einschließlich der Aufbereitungsstoffe.

3. Die Kosten der Entwässerung

Hierzu gehören die Gebühren für die Haus- und Grundstücksentwässerung, die Kosten des Betriebs einer entsprechenden nicht öffentlichen Anlage und die Kosten des Betriebs einer Entwässerungspumpe.

---

1 Außer Kraft, von Bedeutung aber für Altverträge.

4. Die Kosten

a. des Betriebs der zentralen Heizungsanlage einschließlich der Abgasanlage;
hierzu gehören die Kosten der verbrauchten Brennstoffe und ihrer Lieferung, die Kosten des Betriebsstroms, die Kosten der Bedienung, Überwachung und Pflege der Anlage, der regelmäßigen Prüfung ihrer Betriebsbereitschaft und Betriebssicherheit einschließlich der Einstellung durch einen Fachmann, der Reinigung der Anlage und des Betriebsraumes, die Kosten der Messungen nach dem Bundes-Immissionsschutzgesetz, die Kosten der Anmietung oder anderer Arten der Gebrauchsüberlassung einer Ausstattung zur Verbrauchserfassung sowie die Kosten der Verwendung einer Ausstattung zur Verbrauchserfassung einschließlich der Kosten der Berechnung und Aufteilung; oder

b. des Betriebs der zentralen Brennstoffversorgungsanlage;
hierzu gehören die Kosten der verbrauchten Brennstoffe und ihrer Lieferung, die Kosten des Betriebsstroms und die Kosten der Überwachung sowie die Kosten der Reinigung der Anlage und des Betriebsraums; oder

c. der eigenständig gewerblichen Lieferung von Wärme, auch aus Anlagen i.S.d. Buchstabens a;
hierzu gehören das Entgelt für die Wärmelieferung und die Kosten des Betriebs der zugehörigen Hausanlagen entsprechend Buchstabe a: oder

d. der Reinigung und Wartung von Etagenheizungen;
hierzu gehören die Kosten der Beseitigung von Wasserablagerungen und Verbrennungsrückständen in der Anlage, die Kosten der regelmäßigen Prüfung der Betriebsbereitschaft und Betriebssicherheit und der damit zusammenhängenden Einstellung durch einen Fachmann sowie die Kosten der Messungen nach dem Bundes-Immissionsschutzgesetz.

5. Die Kosten

a. des Betriebs der zentralen Warmwasserversorgungsanlage;
hierzu gehören die Kosten der Wasserversorgung entsprechend Nummer 2, soweit sie nicht dort bereits berücksichtigt sind, und die Kosten der Wassererwärmung entsprechend Nummer 4 Buchstabe a; oder

b. der eigenständig gewerblichen Lieferung von Warmwasser, auch aus
Anlagen i.S.d. Buchstabens a; hierzu gehören das Entgelt für die Lieferung des Warmwassers und die Kosten des Betriebs der zugehörigen Hausanlagen entsprechend Nummer 4 Buchstabe a; oder

c. der Reinigung und Wartung von Warmwassergeräten;
hierzu gehören die Kosten der Beseitigung von Wasserablagerungen und Verbrennungsrückständen im Innern der Geräte sowie die Kosten der regelmäßigen Prüfung der Betriebsbereitschaft und Betriebssicherheit und der damit zusammenhängenden Einstellung durch einen Fachmann.

6. Die Kosten verbundener Heizungs- und Warmwasserversorgungsanlagen

a. bei zentralen Heizungsanlagen entsprechend Nummer 4 Buchstabe a und entsprechend Nummer 2, soweit sie nicht dort bereits berücksichtigt sind; oder

b. bei der eigenständig gewerblichen Lieferung von Wärme entsprechend Nummer 4 Buchstabe c und entsprechend Nummer 2, soweit sie nicht dort bereits berücksichtigt sind; oder

c. bei verbundenen Etagenheizungen und Warmwasserversorgungsanlagen entsprechend Nummer 4 Buchstabe d und entsprechend Nummer 2, soweit sie nicht dort bereits berücksichtigt sind.

7. Die Kosten des Betriebs des maschinellen Personen- oder Lastenaufzugs

Hierzu gehören die Kosten des Betriebsstroms, die Kosten der Beaufsichtigung, der Bedienung, Überwachung und Pflege der Anlage, der regelmäßigen Prüfung ihrer Betriebsbereitschaft und Betriebssicherheit einschließlich der Einstellung durch einen Fachmann sowie die Kosten der Reinigung der Anlage.

8. Die Kosten der Straßenreinigung und Müllabfuhr

Hierzu gehören die für die öffentliche Straßenreinigung und Müllabfuhr zu entrichtenden Gebühren oder die Kosten entsprechender nichtöffentlicher Maßnahmen.

9. Die Kosten der Hausreinigung und Ungezieferbekämpfung

Zu den Kosten der Hausreinigung gehören die Kosten für die Säuberung der von den Bewohnern gemeinsam benutzten Gebäudeteile, wie Zugänge, Flure, Treppen, Keller, Bodenräume, Waschküchen, Fahrkorb des Aufzuges.

10. Die Kosten der Gartenpflege

Hierzu gehören die Kosten der Pflege gärtnerisch angelegter Flächen einschließlich der Erneuerung von Pflanzen und Gehölzen, der Pflege von Spielplätzen einschließlich der Erneuerung von Sand und der Pflege von Plätzen, Zugängen und Zufahrten, die dem nichtöffentlichen Verkehr dienen.

11. Die Kosten der Beleuchtung

Hierzu gehören die Kosten des Stroms für die Außenbeleuchtung und die Beleuchtung der von den Bewohnern gemeinsam benutzten Gebäudeteile, wie Zugänge, Flure, Treppen, Keller, Bodenräume, Waschküchen.

12. Die Kosten der Schornsteinreinigung

Hierzu gehören die Kehrgebühren nach der maßgebenden Gebührenordnung, soweit sie nicht bereits als Kosten nach Nummer 4 Buchstabe a berücksichtigt sind.

13. Die Kosten der Sach- und Haftpflichtversicherung

Hierzu gehören namentlich die Kosten der Versicherung des Gebäudes gegen Feuer-, Sturm- und Wasserschäden, der Glasversicherung, der Haftpflichtversicherung für das Gebäude, den Öltank und den Aufzug.

14. Die Kosten für den Hauswart

Hierzu gehören die Vergütung, die Sozialbeiträge und alle geldwerten Leistungen, die der Eigentümer (Erbbauberechtigte) dem Hauswart für seine Arbeit gewährt, soweit diese nicht die Instandhaltung, Instandsetzung, Erneuerung, Schönheitsreparaturen oder die Hausverwaltung betrifft. Soweit Arbeiten vom Hauswart ausgeführt werden, dürfen Kosten für Arbeitsleistungen nach den Nummer 2 bis 10 nicht angesetzt werden.

15. Die Kosten

a. des Betriebs der Gemeinschafts-Antennenanlage;
hierzu gehören die Kosten des Betriebsstroms und die Kosten der regelmäßigen Prüfung ihrer Betriebsbereitschaft einschließlich der Einstellung durch einen Fachmann oder das Nutzungsentgelt für eine nicht zur Wirtschaftseinheit gehörende Antennenanlage; oder

b. des Betriebs der mit einem Breitbandkabelnetz verbundenen privaten Verteilanlage;
hierzu gehören die Kosten entsprechend Buchstabe a, ferner die laufenden monatlichen Grundgebühren für Breitbandanschlüsse.

16. Die Kosten des Betriebs der maschinellen Wascheinrichtung

Hierzu gehören die Kosten des Betriebsstroms, die Kosten der Überwachung, Pflege und Reinigung der maschinellen Einrichtung, der regelmäßigen Prüfung ihrer Betriebsbereitschaft und Betriebssicherheit sowie die Kosten der Wasserversorgung entsprechend Nummer 2, soweit sie nicht dort bereits berücksichtigt sind.

17. Sonstige Betriebskosten

Das sind die in den Nummern 1 bis 16 nicht genannten Betriebskosten, namentlich die Betriebskosten von Nebengebäuden, Anlagen und Einrichtungen.

III. Preisklauselverordnung (PrKV)[1]

§ 1 Genehmigungsfreie Klauseln

Das Verbot von Preisklauseln nach § 2 Abs. 1 Satz 1 des Preisangaben- und Preisklauselgesetzes – nachfolgend Gesetz genannt – gilt nicht für

1. Klauseln, die hinsichtlich des Ausmaßes der Änderung des geschuldeten Betrages einen Ermessensspielraum lassen, der es ermöglicht, die neue Höhe der Geldschuld nach Billigkeitsgrundsätzen zu bestimmen (Leistungsvorbehaltsklauseln),

2. Klauseln, bei denen die in ein Verhältnis zueinander gesetzten Güter oder Leistungen im wesentlichen gleichartig oder zumindest vergleichbar sind (Spannungsklauseln),

3. Klauseln, nach denen der geschuldete Betrag insoweit von der Entwicklung der Preise oder Werte für Güter oder Leistungen abhängig gemacht wird, als diese die Selbstkosten des Gläubigers bei der Erbringung der Gegenleistung unmittelbar beeinflussen (Kostenelementeklauseln),

4. Klauseln in Erbbaurechtsbestellungsverträgen und Erbbauzinsreallasten mit einer Laufzeit von mindestens 30 Jahren, wobei § 9a der Verordnung über das Erbbaurecht, § 46 des Sachenrechtsbereinigungsgesetzes vom 21. September 1994 (BGBl. I S. 2457), zuletzt geändert durch Artikel 11 des Gesetzes vom 9. Juni 1998 (BGBl. I S. 1242), und § 4 des Erholungsnutzungsrechtsgesetzes vom 21. September 1994 (BGBl. I S. 2538, 2548) unberührt bleiben.

---

1 Vom 23.9.1998 (BGBl. I, S. 3043), geändert durch Gesetze v. 21.12.2000 (BGBl. I, S. 1956), v. 19.6.2001 (BGBl. I, S. 1149).

§ 2 Allgemeine Genehmigungsvoraussetzungen

(1) Die Genehmigung setzt voraus, daß die Preisklausel hinreichend bestimmt ist. Das ist nicht der Fall, wenn ein geschuldeter Betrag allgemein von der künftigen Preisentwicklung oder einem anderen Maßstab abhängen soll, der nicht erkennen läßt, welche Preise oder Werte bestimmend sein sollen.

(2) Preisklauseln werden nicht genehmigt, wenn sie eine Vertragspartei unangemessen benachteiligen. Eine unangemessene Benachteiligung liegt insbesondere vor, wenn

1. einseitig ein Preis- oder Wertanstieg eine Erhöhung, nicht aber umgekehrt ein Preis- oder Wertrückgang eine entsprechende Ermäßigung des Zahlungsanspruchs bewirkt oder
2. der geschuldete Betrag sich gegenüber der Entwicklung der Bezugsgröße überproportional ändern kann.

§ 3 Genehmigungsfähigkeit bei langfristigen Zahlungen

(1) Nach § 2 Abs. 1 Satz 2 des Gesetzes können Preisklauseln genehmigt werden, wenn Zahlungen langfristig zu erbringen sind. Dies gilt insbesondere für Preisklauseln, nach denen der geschuldete Betrag durch die Änderung eines von dem Statistischen Bundesamt oder einem Statistischen Landesamt ermittelten Preisindexes für die Gesamtlebenshaltung oder eines vom Statistischen Amt der Europäischen Gemeinschaft ermittelten Verbraucherpreisindexes bestimmt werden soll, wenn

1. es sich um wiederkehrende Zahlungen handelt, die
    a) auf Lebenszeit des Gläubigers oder des Schuldners,
    b) bis zum Erreichen der Erwerbsfähigkeit oder eines bestimmten Ausbildungszieles des Empfängers,
    c) bis zum Beginn der Altersversorgung des Empfängers,
    d) für die Dauer von mindestens zehn Jahren, gerechnet vom Vertragsabschluß bis zur Fälligkeit der letzten Zahlung, oder
    e) auf Grund von Verträgen zu erbringen sind, bei denen der Gläubiger für die Dauer von mindestens zehn Jahren auf das Recht zur ordentlichen Kündigung verzichtet oder der Schuldner das Recht hat, die Vertragsdauer auf mindestens zehn Jahre zu verlängern oder
2. es sich um Zahlungen handelt, die
    a) auf Grund einer Verbindlichkeit aus der Auseinandersetzung zwischen Miterben, Ehegatten, Eltern und Kindern, auf Grund einer letztwilligen Verfügung oder
    b) von dem Übernehmer eines Betriebes oder eines sonstigen Sachvermögens zur Abfindung eines Dritten zu entrichten sind, sofern zwischen der Begründung der Verbindlichkeit und der Endfälligkeit ein Zeitraum von mindestens zehn Jahren liegt oder die Zahlungen nach dem Tode eines Beteiligten zu erbringen sind.

(2) Preisklauseln können ferner genehmigt werden, wenn der geschuldete Betrag von der künftigen Einzel- oder Durchschnittsentwicklung von Löhnen, Gehältern, Ruhegehältern oder Renten abhängig sein soll, wenn es sich um regelmäßig wiederkehrende Zahlungen handelt, die

1. für die Lebenszeit,
2. bis zum Erreichen der Erwerbsfähigkeit oder eines bestimmten Ausbildungszieles oder
3. bis zum Beginn der Altersversorgung des Empfängers zu erbringen sind.

(3) Preisklauseln können ferner genehmigt werden, wenn der geschuldete Betrag von der künftigen Einzel- oder Durchschnittsentwicklung der Preise oder Werte für Güter oder Leistungen abhängig gemacht wird, die der Schuldner in seinem Betrieb erzeugt, veräußert oder erbringt und es sich um wiederkehrende Zahlungen handelt, die

1. für die Dauer von mindestens zehn Jahren, gerechnet vom Vertragsabschluß bis zur Fälligkeit der letzten Zahlung, oder
2. auf Grund von Verträgen zu erbringen sind, bei denen der Gläubiger für die Dauer von mindestens zehn Jahren auf das Recht zur ordentlichen Kündigung verzichtet, oder der Schuldner das Recht hat, die Vertragsdauer auf mindestens zehn Jahre zu verlängern.

(4) Preisklauseln können ferner genehmigt werden, wenn der geschuldete Betrag von der künftigen Einzel- oder Durchschnittsentwicklung des Preises oder des Wertes von Grundstücken abhängig sein soll, wenn sich das Schuldverhältnis auf die land- oder forstwirtschaftliche Nutzung beschränkt und es sich um wiederkehrende Zahlungen handelt, die

1. für die Dauer von mindestens zehn Jahren, gerechnet vom Vertragsabschluß bis zur Fälligkeit der letzten Zahlung, oder
2. auf Grund von Verträgen zu erbringen sind, bei denen der Gläubiger für die Dauer von mindestens zehn Jahren auf das Recht zur ordentlichen Kündigung verzichtet, oder der Schuldner das Recht hat, die Vertragsdauer auf mindestens zehn Jahre zu verlängern.

(5) Die Verwendung weiterer Klauseln kann genehmigt werden, wenn schutzwürdige Interessen eines Beteiligten dies erfordern.

§ 4 Vertragsspezifische Klauseln

(1) Preisklauseln in Miet- und Pachtverträgen über Gebäude oder Räume, soweit es sich nicht um Mietverträge über Wohnraum handelt, gelten als genehmigt, wenn

1. die Entwicklung des Miet- und Pachtzinses
   a) durch die Änderung eines von dem Statistischen Bundesamt oder einem Statistischen Landesamt ermittelten Preisindexes für die Gesamtlebenshaltung oder eines vom Statistischen Amt der Europäischen Gemeinschaft ermittelten Verbraucherpreisindexes,
   b) durch die Änderung der künftigen Einzel- oder Durchschnittsentwicklung der Preise oder Werte für Güter oder Leistungen, die der Schuldner in seinem Betrieb erzeugt, veräußert oder erbringt oder
   c) durch die künftige Einzel- oder Durchschnittsentwicklung des Preises oder des Wertes von Grundstücken, wenn sich das Schuldverhältnis auf die land- und forstwirtschaftliche Nutzung beschränkt, bestimmt werden soll und
2. der Vermieter oder Verpächter für die Dauer von mindestens zehn Jahren auf das Recht zur ordentlichen Kündigung verzichtet oder der Mieter oder Pächter das Recht hat, die Vertragsdauer auf mindestens zehn Jahre zu verlängern.

(2) Für Mietanpassungsvereinbarungen in Verträgen über Wohnraum gilt § 557b des Bürgerlichen Gesetzbuchs.

§ 5 Genehmigungsfähigkeit aus Wettbewerbsgründen

Daneben können Preisklauseln genehmigt werden, wenn besondere Gründe des nationalen oder internationalen Wettbewerbs sie rechtfertigen.

§ 6 Geld- und Kapitalverkehr

Die Freistellung vom Indexierungsverbot nach § 2 Abs. 1 Satz 3 des Gesetzes gilt nicht für Kreditverträge mit Verbrauchern i.S.d. § 1 des Verbraucherkreditgesetzes. Die Genehmigung solcher Klauseln setzt voraus, daß die Anforderungen des § 2 erfüllt sind.

§ 7 Genehmigungsbehörde

Zuständig für die Genehmigung von Preisklauseln ist das Bundesamt für Wirtschaft und Ausfuhrkontrolle (BAFA).

§ 8 Übergangsvorschrift

Bereits nach § 3 des Währungsgesetzes erteilte Genehmigungen gelten fort. Genehmigungsanträge nach § 3 des Währungsgesetzes, die am 31. Dezember 1998 noch nicht erledigt sind, werden auf das Bundesamt für Wirtschaft und Ausfuhrkontrolle (BAFA) übergeleitet. Über Genehmigungsanträge, die nach dem 31. Dezember 1998 gestellt werden, ist, auch wenn sie sich auf früher geschlossene Verträge beziehen, nach dieser Verordnung zu entscheiden.

§ 9 Inkrafttreten

Diese Verordnung tritt am 1. Januar 1999 in Kraft.

IV. Verordnung zur Berechnung der Wohnfläche (Wohnflächenverordnung – WoFlV)[1]

§ 1 Anwendungsbereich, Berechnung der Wohnfläche

(1) Wird nach dem Wohnraumförderungsgesetz die Wohnfläche berechnet, sind die Vorschriften dieser Verordnung anzuwenden.

(2) Zur Berechnung der Wohnfläche sind die nach § 2 zur Wohnfläche gehörenden Grundflächen nach § 3 zu ermitteln und nach § 4 auf die Wohnfläche anzurechnen.

§ 2 Zur Wohnfläche gehörende Grundflächen

(1) Die Wohnfläche einer Wohnung umfasst die Grundflächen der Räume, die ausschließlich zu dieser Wohnung gehören. Die Wohnfläche eines Wohnheims umfasst die Grundflächen der Räume, die zur alleinigen und gemeinschaftlichen Nutzung durch die Bewohner bestimmt sind.

(2) Zur Wohnfläche gehören auch die Grundflächen von

---

1 Vom 25.11.2003 (BGBl. I, S. 2346) in Kraft seit 1.1.2004.

1. Wintergärten, Schwimmbädern und ähnlichen nach allen Seiten geschlossenen Räumen sowie
2. Balkonen, Loggien, Dachgärten und Terrassen, wenn sie ausschließlich zu der Wohnung oder dem Wohnheim gehören.

(3) Zur Wohnfläche gehören nicht die Grundflächen folgender Räume:
1. Zubehörräume, insbesondere:
    a) Kellerräume,
    b) Abstellräume und Kellerersatzräume außerhalb der Wohnung,
    c) Waschküchen,
    d) Bodenräume,
    e) Trockenräume,
    f) Heizungsräume und
    g) Garagen,
2. Räume, die nicht den an ihre Nutzung zu stellenden Anforderungen des Bauordnungsrechts der Länder genügen, sowie
3. Geschäftsräume.

§ 3 Ermittlung der Grundfläche

(1) Die Grundfläche ist nach den lichten Maßen zwischen den Bauteilen zu ermitteln; dabei ist von der Vorderkante der Bekleidung der Bauteile auszugehen. Bei fehlenden begrenzenden Bauteilen ist der bauliche Abschluss zu Grunde zu legen.

(2) Bei der Ermittlung der Grundfläche sind namentlich einzubeziehen die Grundflächen von
1. Tür- und Fensterbekleidungen sowie Tür- und Fensterumrahmungen,
2. Fuß-, Sockel- und Schrammleisten,
3. fest eingebauten Gegenständen, wie z.B. Öfen, Heiz- und Klimageräten, Herden, Bade- oder Duschwannen,
4. freiliegenden Installationen,
5. Einbaumöbeln und
6. nicht ortsgebundenen, versetzbaren Raumteilern.

(3) Bei der Ermittlung der Grundflächen bleiben außer Betracht die Grundflächen von
1. Schornsteinen, Vormauerungen, Bekleidungen, freistehenden Pfeilern und Säulen, wenn sie eine Höhe von mehr als 1,50 Meter aufweisen und ihre Grundfläche mehr als 0,1 Quadratmeter beträgt,
2. Treppen mit über drei Steigungen und deren Treppenabsätze,
3. Türnischen und
4. Fenster- und offenen Wandnischen, die nicht bis zum Fußboden herunterreichen oder bis zum Fußboden herunterreichen und 0,13 Meter oder weniger tief sind.

(4) Die Grundfläche ist durch Ausmessung im fertig gestellten Wohnraum oder auf Grund einer Bauzeichnung zu ermitteln. Wird die Grundfläche auf Grund einer Bauzeichnung ermittelt, muss diese

1. für ein Genehmigungs-, Anzeige-, Genehmigungsfreistellungs- oder ähnliches Verfahren nach dem Bauordnungsrecht der Länder gefertigt oder, wenn ein bauordnungsrechtliches Verfahren nicht erforderlich ist, für ein solches geeignet sein und
2. die Ermittlung der lichten Maße zwischen den Bauteilen i.S.d. Absatzes 1 ermöglichen.

Ist die Grundfläche nach einer Bauzeichnung ermittelt worden und ist abweichend von dieser Bauzeichnung gebaut worden, ist die Grundfläche durch Ausmessung im fertig gestellten Wohnraum oder auf Grund einer berichtigten Bauzeichnung neu zu ermitteln.

§ 4 Anrechnung der Grundflächen

Die Grundflächen
1. von Räumen und Raumteilen mit einer lichten Höhe von mindestens zwei Metern sind vollständig,
2. von Räumen und Raumteilen mit einer lichten Höhe von mindestens einem Meter und weniger als zwei Metern sind zur Hälfte,
3. von unbeheizbaren Wintergärten, Schwimmbädern und ähnlichen nach allen Seiten geschlossenen Räumen sind zur Hälfte,
4. von Balkonen, Loggien, Dachgärten und Terrassen sind in der Regel zu einem Viertel, höchstens jedoch zur Hälfte anzurechnen.

§ 5 Überleitungsvorschrift

Ist die Wohnfläche bis zum 31. Dezember 2003 nach der Zweiten Berechnungsverordnung in der Fassung der Bekanntmachung vom 12. Oktober 1990 (BGBl. I S. 2178), zuletzt geändert durch Artikel 3 der Verordnung vom 25. November 2003 (BGBl. I S. 2346), in der jeweils geltenden Fassung berechnet worden, bleibt es bei dieser Berechnung. Soweit in den in Satz 1 genannten Fällen nach dem 31. Dezember 2003 bauliche Änderungen an dem Wohnraum vorgenommen werden, die eine Neuberechnung der Wohnfläche erforderlich machen, sind die Vorschriften dieser Verordnung anzuwenden.

V. Gesetz zur Regelung der Miethöhe[1] (MHRG)

§ 1 *[Ausschluss der Kündigung]*

Die Kündigung eines Mietverhältnisses über Wohnraum zum Zwecke der Mieterhöhung ist ausgeschlossen. Der Vermieter kann eine Erhöhung des Mietzinses nach Maßgabe der §§ 2 bis 7 verlangen. Das Recht steht dem Vermieter nicht zu, soweit und solange eine Erhöhung durch Vereinbarung ausgeschlossen ist oder der Ausschluß sich aus den Umständen, insbesondere der Vereinbarung eines Mietverhältnisses auf bestimmte Zeit mit festem Mietzins ergibt.

---

1 Vom 18.12.1974 (BGBl. I, S. 3603, 3604), aufgehoben durch Gesetz vom 19.6.2001 ([Mietrechtsreformgesetz] BGBl. I S. 1149).

§ 2 *[Zustimmung zur Mieterhöhung]*

(1) Der Vermieter kann die Zustimmung zu einer Erhöhung des Mietzinses verlangen, wenn

1. der Mietzins, von Erhöhungen nach den §§ 3 bis 5 abgesehen, seit einem Jahr unverändert ist,

2. der verlangte Mietzins die üblichen Entgelte nicht übersteigt, die in der Gemeinde oder in vergleichbaren Gemeinden für nicht preisgebundenen Wohnraum vergleichbarer Art, Größe, Ausstattung, Beschaffenheit und Lage in den letzten vier Jahren vereinbart oder, von Erhöhungen nach § 4 abgesehen, geändert worden sind, und

3. der Mietzins sich innerhalb eines Zeitraums von drei Jahren, von Erhöhungen nach den §§ 3 bis 5 abgesehen, nicht um mehr als 30 vom Hundert erhöht. Der Vomhundertsatz beträgt bei Wohnraum, der vor dem 1. Januar 1981 fertiggestellt worden ist, 20 vom Hundert, wenn

    a) das Mieterhöhungsverlangen dem Mieter vor dem 1. September 1998 zugeht und

    b) der Mietzins, dessen Erhöhung verlangt wird, ohne Betriebskostenanteil monatlich mehr als 8,00 Deutsche Mark je Quadratmeter Wohnfläche beträgt. Ist der Mietzins geringer, so verbleibt es bei 30 vom Hundert; jedoch darf in diesem Fall der verlangte Mietzins ohne Betriebskostenanteil monatlich 9,60 Deutsche Mark je Quadratmeter Wohnfläche nicht übersteigen. Von dem Jahresbetrag des nach Satz 1 Ziff. 2 zulässigen Mietzinses sind die Kürzungsbeträge nach § 3 Abs.1 Satz 3 bis 7 abzuziehen, im Fall des § 3 Abs. 1 Satz 6 mit 11 vom Hundert des Zuschusses.

(1a) Absatz 1 Satz 1 Ziff. 3 ist nicht anzuwenden,

1. wenn eine Verpflichtung des Mieters zur Ausgleichszahlung nach den Vorschriften über den Abbau der Fehlsubventionierung im Wohnungswesen wegen des Wegfalls der öffentlichen Bindung erloschen ist und

2. soweit die Erhöhung den Betrag der zuletzt zu entrichtenden Ausgleichszahlung nicht übersteigt. Der Mieter hat dem Vermieter auf dessen Verlangen, das frühestens vier Monate vor dem Wegfall der öffentlichen Bindung gestellt werden kann, innerhalb eines Monats über die Verpflichtung zur Ausgleichszahlung und über deren Höhe Auskunft zu erteilen.

(2) Der Anspruch nach Absatz 1 ist dem Mieter gegenüber schriftlich geltend zu machen und zu begründen. Dabei kann insbesondere Bezug genommen werden auf eine Übersicht über die üblichen Entgelte nach Absatz 1 Satz 1 Ziff. 2 in der Gemeinde oder in einer vergleichbaren Gemeinde, soweit die Übersicht von der Gemeinde oder von Interessenvertretern der Vermieter und der Mieter gemeinsam erstellt oder anerkannt worden ist (Mietspiegel); enthält die Übersicht Mietzinsspannen, so genügt es, wenn der verlangte Mietzins innerhalb der Spanne liegt. Ferner kann auf ein mit Gründen versehenes Gutachten eines öffentlich bestellten oder vereidigten Sachverständigen verwiesen werden. Begründet der Vermieter sein Erhöhungsverlangen mit dem Hinweis auf entsprechende Entgelte für einzelne vergleichbare Wohnungen, so genügt die Benennung von drei Wohnungen.

(3) Stimmt der Mieter dem Erhöhungsverlangen nicht bis zum Ablauf des zweiten Kalendermonats zu, der auf den Zugang des Verlangens folgt, so kann der Vermieter bis zum Ablauf von weiteren zwei Monaten auf Erteilung der Zustimmung klagen. Ist die Klage erhoben worden, jedoch kein wirksames Erhöhungs-

verlangen vorausgegangen, so kann der Vermieter das Erhöhungsverlangen im Rechtsstreit nachholen; dem Mieter steht auch in diesem Fall die Zustimmungsfrist nach Satz 1 zu.

(4) Ist die Zustimmung erteilt, so schuldet der Mieter den erhöhten Mietzins von dem Beginn des dritten Kalendermonats ab, der auf den Zugang des Erhöhungsverlangens folgt.

(5) Gemeinden sollen, soweit hierfür ein Bedürfnis besteht und dies mit einem für sie vertretbaren Aufwand möglich ist, Mietspiegel erstellen. Bei der Aufstellung von Mietspiegeln sollen Entgelte, die auf Grund gesetzlicher Bestimmungen an Höchstbeträge gebunden sind, außer Betracht bleiben. Die Mietspiegel sollen im Abstand von zwei Jahren der Marktentwicklung angepaßt werden. Die Bundesregierung wird ermächtigt, durch Rechtsverordnung mit Zustimmung des Bundesrates Vorschriften über den näheren Inhalt und das Verfahren zur Aufstellung und Anpassung von Mietspiegeln zu erlassen. Die Mietspiegel und ihre Änderungen sollen öffentlich bekanntgemacht werden.

(6) Liegt im Zeitpunkt des Erhöhungsverlangens kein Mietspiegel nach Absatz 5 vor, so führt die Verwendung anderer Mietspiegel, insbesondere auch die Verwendung veralteter Mietspiegel, nicht zur Unwirksamkeit des Mieterhöhungsverlangens.

§ 3 *[Mieterhöhung bei baulichen Änderungen]*

(1) Hat der Vermieter bauliche Maßnahmen durchgeführt, die den Gebrauchswert der Mietsache nachhaltig erhöhen, die allgemeinen Wohnverhältnisse auf die Dauer verbessern oder nachhaltig Einsparungen von Heizenergie oder Wasser bewirken (Modernisierung), oder hat er andere bauliche Änderungen auf Grund von Umständen, die er nicht zu vertreten hat, durchgeführt, so kann er eine Erhöhung der jährlichen Miete um elf vom Hundert der für die Wohnung aufgewendeten Kosten verlangen. Sind die baulichen Änderungen für mehrere Wohnungen durchgeführt worden, so sind die dafür aufgewendeten Kosten vom Vermieter angemessen auf die einzelnen Wohnungen aufzuteilen. Werden die Kosten für die baulichen Änderungen ganz oder teilweise durch zinsverbilligte oder zinslose Darlehn aus öffentlichen Haushalten gedeckt, so verringert sich der Erhöhungsbetrag nach Satz 1 um den Jahresbetrag der Zinsermäßigung, der sich für den Ursprungsbetrag des Darlehns aus dem Unterschied im Zinssatz gegenüber dem marktüblichen Zinssatz für erststellige Hypotheken zum Zeitpunkt der Beendigung der Maßnahmen ergibt; werden Zuschüsse oder Darlehn zur Deckung von laufenden Aufwendungen gewährt, so verringert sich der Erhöhungsbetrag um den Jahresbetrag des Zuschusses oder Darlehns. Ein Mieterdarlehn, eine Mietvorauszahlung oder eine von einem Dritten für den Mieter erbrachte Leistung für die baulichen Änderungen steht einem Darlehn aus öffentlichen Haushalten gleich. Kann nicht festgestellt werden, in welcher Höhe Zuschüsse oder Darlehn für einzelne Wohnungen gewährt worden sind, so sind sie nach dem Verhältnis der für die einzelnen Wohnungen aufgewendeten Kosten aufzuteilen. Kosten, die vom Mieter oder für diesen von einem Dritten übernommen oder die mit Zuschüssen aus öffentlichen Haushalten gedeckt werden, gehören nicht zu den aufgewendeten Kosten i.S.d. Satzes 1. Mittel der Finanzierungsinstitute des Bundes oder eines Landes gelten als Mittel aus öffentlichen Haushalten.

(2) *(aufgehoben)*

(3) Der Anspruch nach Absatz 1 ist vom Vermieter durch schriftliche Erklärung gegenüber dem Mieter geltend zu machen. Die Erklärung ist nur wirksam, wenn

in ihr die Erhöhung auf Grund der entstandenen Kosten berechnet und entsprechend den Voraussetzungen nach Absatz 1 erläutert wird.

(4) Die Erklärung des Vermieters hat die Wirkung, daß von dem Beginn des auf die Erklärung folgenden übernächsten Monats an der erhöhte Mietzins an die Stelle des bisher zu entrichtenden Mietzinses tritt. Diese Frist verlängert sich um sechs Monate, wenn der Vermieter dem Mieter die zu erwartende Erhöhung des Mietzinses nicht nach § 541b Abs. 2 Satz 1 des Bürgerlichen Gesetzbuches mitgeteilt hat oder wenn die tatsächliche Mieterhöhung gegenüber dieser Mitteilung um mehr als zehn vom Hundert nach oben abweicht.

§ 4 *[Betriebskostenänderung]*

(1) Für Betriebskosten i.S.d. § 27 der Zweiten Berechnungsverordnung dürfen Vorauszahlungen nur in angemessener Höhe vereinbart werden. Über die Vorauszahlungen ist jährlich abzurechnen.

(2) Der Vermieter ist berechtigt, Erhöhungen der Betriebskosten durch schriftliche Erklärung anteilig auf den Mieter umzulegen. Die Erklärung ist nur wirksam, wenn in ihr der Grund für die Umlage bezeichnet und erläutert wird.

(3) Der Mieter schuldet den auf ihn entfallenden Teil der Umlage vom Ersten des auf die Erklärung folgenden Monats oder, wenn die Erklärung erst nach dem Fünfzehnten eines Monats abgegeben worden ist, vom Ersten des übernächsten Monats an. Soweit die Erklärung darauf beruht, daß sich die Betriebskosten rückwirkend erhöht haben, wirkt sie auf den Zeitpunkt der Erhöhung der Betriebskosten, höchstens jedoch auf den Beginn des der Erklärung vorausgehenden Kalenderjahres zurück, sofern der Vermieter die Erklärung innerhalb von drei Monaten nach Kenntnis von der Erhöhung abgibt.

(4) Ermäßigen sich die Betriebskosten, so ist der Mietzins vom Zeitpunkt der Ermäßigung ab entsprechend herabzusetzen. Die Ermäßigung ist dem Mieter unverzüglich mitzuteilen.

(5) Der Vermieter kann durch schriftliche Erklärung bestimmen,

1. daß die Kosten der Wasserversorgung und der Entwässerung ganz oder teilweise nach dem erfassten unterschiedlichen Wasserverbrauch der Mieter und die Kosten der Müllabfuhr nach einem Maßstab umgelegt werden dürfen, der der unterschiedlichen Müllverursachung Rechnung trägt, oder

2. daß die in Nr. 1 bezeichneten Kosten unmittelbar zwischen den Mietern und denjenigen abgerechnet werden, die die entsprechenden Leistungen erbringen. Die Erklärung kann nur für zukünftige Abrechnungszeiträume abgegeben werden und ist nur mit Wirkung zum Beginn eines Abrechnungszeitraums zulässig. Sind die Kosten im Mietzins enthalten, so ist dieser entsprechend herabzusetzen.

§ 5 *[Kapitalkostenänderung]*

(1) Der Vermieter ist berechtigt, Erhöhungen der Kapitalkosten, die nach Inkrafttreten dieses Gesetzes infolge einer Erhöhung des Zinssatzes aus einem dinglich gesicherten Darlehn fällig werden, durch schriftliche Erklärung anteilig auf den Mieter umzulegen, wenn

1. der Zinssatz sich

   a) bei Mietverhältnissen, die vor dem 1. Januar 1973 begründet worden sind, gegenüber dem am 1. Januar 1973 maßgebenden Zinssatz,

b) bei Mietverhältnissen, die nach dem 31. Dezember 1972 begründet worden sind, gegenüber dem bei Begründung maßgebenden Zinssatz erhöht hat,
2. die Erhöhung auf Umständen beruht, die der Vermieter nicht zu vertreten hat,
3. das Darlehn der Finanzierung des Neubaues, des Wiederaufbaues, der Wiederherstellung, des Ausbaues, der Erweiterung oder des Erwerbs des Gebäudes oder des Wohnraums oder von baulichen Maßnahmen i.S.d. § 3 Abs. 1 gedient hat.

(2) § 4 Abs. 2 Satz 2 und Absatz 3 Satz 1 gilt entsprechend.

(3) Ermäßigt sich der Zinssatz nach einer Erhöhung des Mietzinses nach Absatz 1, so ist der Mietzins vom Zeitpunkt der Ermäßigung ab entsprechend, höchstens aber um die Erhöhung nach Absatz 1, herabzusetzen. Ist das Darlehn getilgt, so ist der Mietzins um den Erhöhungsbetrag herabzusetzen. Die Herabsetzung ist dem Mieter unverzüglich mitzuteilen.

(4) Das Recht nach Absatz 1 steht dem Vermieter nicht zu, wenn er die Höhe der dinglich gesicherten Darlehn, für die sich der Zinssatz erhöhen kann, auf eine Anfrage des Mieters nicht offengelegt hat.

(5) Geht das Eigentum an dem vermieteten Wohnraum von dem Vermieter auf einen Dritten über und tritt dieser anstelle des Vermieters in das Mietverhältnis ein, so darf der Mieter durch die Ausübung des Rechts nach Absatz 1 nicht höher belastet werden, als dies ohne den Eigentumsübergang möglich gewesen wäre.

§ 6 *[Saarland]*

(1) Hat sich der Vermieter von öffentlich gefördertem oder steuerbegünstigtem Wohnraum nach dem Wohnungsbaugesetz für das Saarland in der Fassung der Bekanntmachung vom 7. März 1972 (Amtsblatt des Saarlandes S. 149), zuletzt geändert durch Artikel 3 des Wohnungsbauänderungsgesetzes 1973 vom 21. Dezember 1973 (Bundesgesetzbl. I S. 1970), verpflichtet, keine höhere Miete als die Kostenmiete zu vereinbaren, so kann eine Erhöhung bis zu dem Betrag verlangen, der zur Deckung der laufenden Aufwendungen für das Gebäude oder die Wirtschaftseinheit erforderlich ist. Eine Erhöhung des Mietzinses nach den §§ 2, 3 und 5 ist ausgeschlossen.

(2) Die Erhöhung nach Absatz 1 ist vom Vermieter durch schriftliche Erklärung gegenüber dem Mieter geltend zu machen. Die Erklärung ist nur wirksam, wenn in ihr die Erhöhung berechnet und erläutert wird. Die Erklärung hat die Wirkung, daß von dem Ersten des auf die Erklärung folgenden Monats an der erhöhte Mietzins an die Stelle des bisher zu entrichtenden Mietzinses tritt; wird die Erklärung erst nach dem Fünfzehnten eines Monats abgegeben, so tritt diese Wirkung erst von dem Ersten des übernächsten Monats an ein.

(3) Soweit im Rahmen der Kostenmiete Betriebskosten i.S.d. § 27 der Zweiten Berechnungsverordnung durch Umlagen erhoben werden, kann der Vermieter Erhöhungen der Betriebskosten in entsprechender Anwendung des § 4 umlegen.

(4) Ermäßigen sich die laufenden Aufwendungen, so hat der Vermieter die Kostenmiete mit Wirkung vom Zeitpunkt der Ermäßigung ab entsprechend herabzusetzen. Die Herabsetzung ist dem Mieter unverzüglich mitzuteilen.

(5) Die Absätze 1 bis 4 gelten entsprechend für Wohnraum, der mit Wohnungsfürsorgemitteln für Angehörige des öffentlichen Dienstes oder ähnliche Personengruppen unter Vereinbarung eines Wohnungsbesetzungsrechtes gefördert

worden ist, wenn der Vermieter sich in der in Absatz 1 Satz 1 bezeichneten Weise verpflichtet hat.

§ 7 *[Bergmannswohnungen]*

(1) Für Bergmannswohnungen, die von Bergbauunternehmen entsprechend dem Vertrag über Bergmannswohnungen, Anlage 8 zum Grundvertrag zwischen der Bundesrepublik Deutschland, den vertragschließenden Bergbauunternehmen und der Ruhrkohle Aktiengesellschaft vom 18. Juli 1969 (Bundesanzeiger Nr. 174 vom 18. September 1974), bewirtschaftet werden, kann die Miete bei einer Erhöhung der Verwaltungskosten und der Instandhaltungskosten in entsprechender Anwendung des § 30 Abs. 1 der Zweiten Berechnungsverordnung und des § 5 Abs. 3 Buchstabe c des Vertrages über Bergmannswohnungen erhöht werden. Eine Erhöhung des Mietzinses nach § 2 ist ausgeschlossen.

(2) Der Anspruch nach Absatz 1 ist vom Vermieter durch schriftliche Erklärung gegenüber dem Mieter geltend zu machen. Die Erklärung ist nur wirksam, wenn in ihr die Erhöhung berechnet und erläutert wird.

(3) Die Erklärung des Vermieters hat die Wirkung, daß von dem Ersten des auf die Erklärung folgenden Monats an der erhöhte Mietzins an die Stelle des bisher zu entrichtenden Mietzinses tritt; wird die Erklärung erst nach dem Fünfzehnten eines Monats abgegeben, so tritt diese Wirkung erst von dem Ersten des übernächsten Monats an ein.

(4) Im übrigen gelten die §§ 3 bis 5.

§ 8

(weggefallen)

§ 9 *[Kündigungsrecht des Mieters]*

(1) Verlangt der Vermieter eine Mieterhöhung nach § 2, so ist der Mieter berechtigt, bis zum Ablauf des zweiten Monats, der auf den Zugang des Erhöhungsverlangens folgt, für den Ablauf des übernächsten Monats zu kündigen. Verlangt der Vermieter eine Mieterhöhung nach den §§ 3, 5 bis 7, so ist der Mieter berechtigt, das Mietverhältnis spätestens am dritten Werktag des Kalendermonats, von dem an der Mietzins erhöht werden soll, für den Ablauf des übernächsten Monats zu kündigen. Kündigt der Mieter, so tritt die Mieterhöhung nicht ein.

(2) Ist der Mieter rechtskräftig zur Zahlung eines erhöhten Mietzinses nach den §§ 2 bis 7 verurteilt worden, so kann der Vermieter das Mietverhältnis wegen Zahlungsverzugs des Mieters nicht vor Ablauf von zwei Monaten nach rechtskräftiger Verurteilung kündigen, wenn nicht die Voraussetzungen des § 554 des Bürgerlichen Gesetzbuchs schon wegen des bisher geschuldeten Mietzinses erfüllt sind.

§ 10 *[Abweichende Vereinbarungen]*

(1) Vereinbarungen, die zum Nachteil des Mieters von den Vorschriften der §§ 1 bis 9 abweichen, sind unwirksam, es sei denn, daß der Mieter während des Bestehens des Mietverhältnisses einer Mieterhöhung um einen bestimmten Betrag zugestimmt hat.

(2) Abweichend von Absatz 1 kann der Mietzins für bestimmte Zeiträume in unterschiedlicher Höhe schriftlich vereinbart werden. Die Vereinbarung eines gestaffelten Mietzinses darf nur einen Zeitraum bis zu jeweils zehn Jahren umfas-

sen. Während dieser Zeit ist eine Erhöhung des Mietzinses nach den §§ 2, 3 und 5 ausgeschlossen. Der Mietzins muß jeweils mindestens ein Jahr unverändert bleiben. Der jeweilige Mietzins oder die jeweilige Erhöhung muß betragsmäßig ausgewiesen sein. Eine Beschränkung des Kündigungsrechts des Mieters ist unwirksam, soweit sie sich auf einen Zeitraum von mehr als vier Jahren seit Abschluß der Vereinbarung erstreckt.

(3) Die Vorschriften der §§ 1 bis 9 gelten nicht für Mietverhältnisse

1. über preisgebundenen Wohnraum, soweit nicht in § 2 Abs. 1a Satz 2 etwas anderes bestimmt ist,
2. über Wohnraum, der zu nur vorübergehendem Gebrauch vermietet ist,
3. über Wohnraum, der Teil der vom Vermieter selbst bewohnten Wohnung ist und den der Vermieter ganz oder überwiegend mit Einrichtungsgegenständen auszustatten hat, sofern der Wohnraum nicht zum dauernden Gebrauch für eine Familie überlassen ist,
4. über Wohnraum, der Teil eines Studenten- oder Jugendwohnheims ist.

§ 10a *[Mietanpassungsvereinbarungen]*

(1) Abweichend von § 10 Abs. 1 kann schriftlich vereinbart werden, daß die weitere Entwicklung des Mietzinses durch den Preis von anderen Gütern oder Leistungen bestimmt werden soll (Mietanpassungsvereinbarung). Die Vereinbarung ist nur wirksam, wenn die Genehmigung nach § 3 des Währungsgesetzes oder entsprechenden Währungsrechtlichen Vorschriften erteilt wird.

(2) Während der Geltungsdauer einer Mietanpassungsvereinbarung muß der Mietzins, von Erhöhungen nach den §§ 3 und 4 abgesehen, jeweils mindestens ein Jahr unverändert bleiben. Eine Erhöhung des Mietzinses nach § 3 kann nur verlangt werden, soweit der Vermieter bauliche Änderungen aufgrund von Umständen durchgeführt hat, die er nicht zu vertreten hat. Eine Erhöhung des Mietzinses nach den §§ 2 und 5 ist ausgeschlossen.

(3) Eine Änderung des Mietzinses aufgrund einer Vereinbarung nach Absatz 1 muß durch schriftliche Erklärung geltend gemacht werden, die auch die Änderung der nach der Mietanpassungsvereinbarung maßgebenden Preise nennt. Der geänderte Mietzins ist vom Beginn des auf die Erklärung folgenden übernächsten Monats an zu zahlen.

§ 11 *[Beitrittsgebiet]*

(1) In dem in Artikel 3 des Einigungsvertrages genannten Gebiet sind die §§ 1 bis 10a auf Wohnraum anzuwenden, der nicht mit Mitteln aus öffentlichen Haushalten gefördert wurde und seit dem 3. Oktober 1990

1. in neu errichteten Gebäuden fertiggestellt wurde oder
2. aus Räumen wiederhergestellt wurde, die auf Dauer zu Wohnzwecken nicht mehr benutzbar waren, oder aus Räumen geschaffen wurde, die nach ihrer baulichen Anlage und Ausstattung anderen als Wohnzwecken dienten. Bei der Vermietung dieses Wohnraums sind Preisvorschriften nicht anzuwenden. Die §§ 1 bis 10a sind auch auf Wohnraum anzuwenden, dessen Errichtung mit Mitteln der vereinbarten Förderung i.S.d. § 88d des Zweiten Wohnungsbaugesetzes gefördert wurde.

(2) Auf anderen als den in Absatz 1 bezeichneten Wohnraum in dem in Artikel 3 des Einigungsvertrages genannten Gebiet sind die §§ 1 bis 10a ab 11. Juni 1995 anzuwenden, soweit sich aus den §§ 12 bis 17 nichts anderes ergibt.

§ 12 *[Bestandteile ohne erhebliche Schäden]*

(1) Abweichend von § 2 Abs. 1 Satz 1 Ziff. 2 kann bis zum 31. Dezember 1997 die Zustimmung zu einer Erhöhung des am 11. Juni 1995 ohne Erhöhungen nach Modernisierung oder Instandsetzungsvereinbarung geschuldeten Mietzinses um 20 vom Hundert verlangt werden, wenn an dem Gebäude mindestens drei der fünf folgenden Bestandteile keine erheblichen Schäden aufweisen:

1. Dach,
2. Fenster,
3. Außenwände,
4. Hausflure oder Treppenräume oder
5. Elektro-, Gas- oder Wasser- und Sanitärinstallationen.

Der Erhöhungssatz ermäßigt sich auf 15 vom Hundert bei Wohnraum, bei dem die Zentralheizung oder das Bad oder beide Ausstattungsmerkmale fehlen.

(1a) Absatz 1 Satz 2 gilt auch für Ansprüche, die der Vermieter vor dem 1. Januar 1996 geltend gemacht hat. Hat der Mieter einem nicht ermäßigten Erhöhungssatz zugestimmt oder ist er zur Zustimmung verurteilt worden, obwohl die Zentralheizung oder das Bad fehlte, kann er seine Zustimmung insoweit widerrufen. Der Widerruf ist dem Vermieter bis zum 31. März 1996 schriftlich zu erklären. Er wirkt ab dem Zeitpunkt, zu dem das Mieterhöhungsverlangen wirksam geworden ist. Soweit die Zustimmung widerrufen wird, hat der Vermieter den Mietzins zurückzuzahlen. Auf diese Änderung des Mietzinses ist § 2 Abs. 1 Satz 1 Ziff. 1 nicht anzuwenden.

(2) Von dem in Absatz 2 genannten Erhöhungssatz können 5 vom Hundert erst zum 1. Januar 1997 und nur für Wohnraum verlangt werden, der in einer Gemeinde mit mindestens 20 000 Einwohnern oder in einer Gemeinde liegt, die an eine Gemeinde mit mindestens 100 000 Einwohnern angrenzt.

(3) Die Erhöhung nach Absatz 1 darf jeweils weitere 5 vom Hundert betragen bei

1. Wohnraum in einem Einfamilienhaus,
2. Wohnraum, der im komplexen Wohnungsbau geplant war und der nach dem 30. Juni 1990 fertiggestellt worden ist, sofern seine Ausstattung über den im komplexen Wohnungsbau üblichen Standard erheblich hinausgeht.

(4) Die Vom-Hundert-Sätze des § 2 Abs. 1 Satz 1 Ziff. 3 sind aus dem drei Jahre zuvor geschuldeten Mietzins zuzüglich der Mieterhöhungen nach der Ersten und nach den §§ 1, 2, und 4 der Zweiten Grundmietenverordnung zu berechnen. Im übrigen bleiben diese Erhöhungen bei der Anwendung des § 2 Abs. 1 Satz 1 Ziff. 1 und 3 außer Betracht.

(5) Der Mieter kann die Zustimmung zu dem Erhöhungsverlangen verweigern, wenn der verlangte Mietzins die üblichen Entgelte übersteigt, die in der Gemeinde oder in vergleichbaren Gemeinden für Wohnraum vergleichbarer Art, Größe, Ausstattung, Beschaffenheit und Lage seit dem 11. Juni 1995 vereinbart werden. Dann schuldet er die Zustimmung zu einer Erhöhung bis zur Höhe der in Satz 1 bezeichneten Entgelte, höchstens jedoch bis zu der sich aus den Absätzen 1 bis 4 ergebenden Höhe.

(6) Abweichend von § 2 Abs. 2 und 4 gilt:

1. Der Anspruch ist gegenüber dem Mieter schriftlich geltend zu machen und zu erläutern.

2. Die zweimalige Entrichtung eines erhöhten Mietzinses oder die zweimalige Duldung des Einzugs des Mietzinses im Lastschriftverfahren gilt in dieser Höhe als Zustimmung.

3. Ist das Mieterhöhungsverlangen dem Mieter vor dem 1. Juli 1995 zugegangen, so schuldet er den erhöhten Mietzins ab 1. August 1995.

(7) Abweichend von § 2 Abs. 5 Satz 2 dürfen bei der Erstellung eines Mietspiegels, der nicht über den 30. Juni 1999 hinaus gilt, auch die nach den Absätzen 1 bis 4 zulässigen Entgelte zugrunde gelegt werden.

§ 13 [Erhöhungseinschränkungen bei baulichen Änderungen]

(1) Bei der Anwendung des § 3 auf Wohnraum i.S.d. § 11 Abs. 2 dürfen Mieterhöhungen, die bis zum 31. Dezember 1997 erklärt werden, insgesamt drei Deutsche Mark je Quadratmeter Wohnfläche monatlich nicht übersteigen, es sei denn, der Mieter stimmt im Rahmen einer Vereinbarung nach § 17 einer weitergehenden Mieterhöhung zu.

(2) Absatz 1 ist nicht anzuwenden,

1. soweit der Vermieter bauliche Änderungen auf Grund von Umständen durchgeführt hat, die er nicht zu vertreten hat,

2. wenn mit der baulichen Maßnahme vor dem 1. Juli 1995 begonnen worden ist oder

3. wenn die bauliche Änderung mit Mitteln der einkommensorientierten Förderung i.S.d. § 88e des Zweiten Wohnungsbaugesetzes gefördert wurde.

§ 14 [Betriebskostenumlage]

(1) Betriebskosten i.S.d. § 27 der Zweiten Berechnungsverordnung dürfen bei Mietverhältnissen auf Grund von Verträgen, die vor dem 11. Juni 1995 abgeschlossen worden sind, auch nach diesem Zeitpunkt bis zum 31. Dezember 1997 durch schriftliche Erklärung auf die Mieter umgelegt und hierfür Vorauszahlungen in angemessener Höhe verlangt werden. Sind bis zu diesem Zeitpunkt Betriebskosten umgelegt oder angemessene Vorauszahlungen verlangt worden, so gilt dies als vertraglich vereinbart. § 8 ist entsprechen anzuwenden.

(2) Betriebskosten, die auf Zeiträume vor dem 11. Juni 1995 entfallen, sind nach den bisherigen Vorschriften abzurechnen. Später angefallene Betriebskosten aus einem Abrechnungszeitraum, der vor dem 11. Juni 1995 begonnen hat, können nach den bisherigen Vorschriften abgerechnet werden.

§ 15 [Kapitalkostenerhöhung bei Altverbindlichkeiten]

Auf Erhöhungen der Kapitalkosten für Altverbindlichkeiten i.S.d. § 3 des Altschuldenhilfegesetzes ist § 5 nicht anzuwenden.

§ 16 [Erhöhung für einzelne Bestandteile]

(1) Bis zum 31. Dezember 1997 kann der Vermieter durch schriftliche Erklärung eine Erhöhung des Mietzinses entsprechend § 2 der Zweiten Grundmietenverordnung um 0,30 Deutsche Mark je Quadratmeter Wohnfläche monatlich für jeden Bestandteil i.S.d. § 12 Abs. 1 zum Ersten des auf die Erklärung folgenden übernächsten Monats verlangen, wenn an dem Bestandteil erhebliche Schäden nicht vorhanden sind und dafür eine Erhöhung bisher nicht vorgenommen wurde. § 8 ist entsprechend anzuwenden.

(2) Vor dem 11. Juni 1995 getroffene Vereinbarungen über Mieterhöhungen nach Instandsetzung i.S.d. § 3 der Zweiten Grundmietenverordnung bleiben wirksam.

§ 17 [Abweichende Vereinbarungen, Geltungsbereich]

§ 10 Abs. 1 gilt mit der Maßgabe, daß Vereinbarungen, die zum Nachteil des Mieters von den Vorschriften der §§ 1 bis 9, § 10 Abs. 2, §§ 10a bis 16 abweichen, unwirksam sind, es sei denn, daß der Mieter während des Bestehens des Mietverhältnisses einer Mieterhöhung um einen bestimmten Betrag zugestimmt hat.

VI. § 15a EGZPO [Gütestellen]

(1) Durch Landesgesetz kann bestimmt werden, dass die Erhebung der Klage erst zulässig ist, nachdem von einer durch die Landesjustizverwaltung eingerichteten oder anerkannten Gütestelle versucht worden ist, die Streitigkeit einvernehmlich beizulegen

1. in vermögensrechtlichen Streitigkeiten vor dem Amtsgericht über Ansprüche, deren Gegenstand an Geld oder Geldeswert die Summe von 750 Euro nicht übersteigt,

2. in Streitigkeiten über Ansprüche aus dem Nachbarrecht nach den §§ 910, 911, 923 des Bürgerlichen Gesetzbuchs und nach § 906 des Bürgerlichen Gesetzbuchs sowie nach den landesgesetzlichen Vorschriften i.S.d. Artikels 124 des Einführungsgesetzes zum Bürgerlichen Gesetzbuche, sofern es sich nicht um Einwirkungen von einem gewerblichen Betrieb handelt,

3. in Streitigkeiten über Ansprüche wegen Verletzung der persönlichen Ehre, die nicht in Presse oder Rundfunk begangen worden sind.

Der Kläger hat eine von der Gütestelle ausgestellte Bescheinigung über einen erfolglosen Einigungsversuch mit der Klage einzureichen. 3 Diese Bescheinigung ist ihm auf Antrag auch auszustellen, wenn binnen einer Frist von drei Monaten das von ihm beantragte Einigungsverfahren nicht durchgeführt worden ist.

(2) Absatz 1 findet keine Anwendung auf

1. Klagen nach den §§ 323, 324, 328 der Zivilprozessordnung, Widerklagen und Klagen, die binnen einer gesetzlichen oder gerichtlich angeordneten Frist zu erheben sind,

2. Streitigkeiten in Familiensachen,

3. Wiederaufnahmeverfahren,

4. Ansprüche, die im Urkunden- oder Wechselprozess geltend gemacht werden,

5. die Durchführung des streitigen Verfahrens, wenn ein Anspruch im Mahnverfahren geltend gemacht worden ist,

6. Klagen wegen vollstreckungsrechtlicher Maßnahmen, insbesondere nach dem Achten Buch der Zivilprozessordnung.

Das Gleiche gilt, wenn die Parteien nicht in demselben Land wohnen oder ihren Sitz oder eine Niederlassung haben.

(3) Das Erfordernis eines Einigungsversuchs vor einer von der Landesjustizverwaltung eingerichteten oder anerkannten Gütestelle entfällt, wenn die Parteien einvernehmlich einen Einigungsversuch vor einer sonstigen Gütestelle, die Streitbeilegungen betreibt, unternommen haben. Das Einvernehmen nach Satz 1

wird unwiderleglich vermutet, wenn der Verbraucher eine branchengebundene Gütestelle, eine Gütestelle der Industrie- und Handelskammer, der Handwerkskammer oder der Innung angerufen hat. Absatz 1 Satz 2 gilt entsprechend.

(4) Zu den Kosten des Rechtsstreits i.S.d. § 91 Abs. 1, 2 der Zivilprozessordnung gehören die Kosten der Gütestelle, die durch das Einigungsverfahren nach Absatz 1 entstanden sind.

(5) Das Nähere regelt das Landesrecht; es kann auch den Anwendungsbereich des Absatzes 1 einschränken, die Ausschlussgründe des Absatzes 2 erweitern und bestimmen, dass die Gütestelle ihre Tätigkeit von der Einzahlung eines angemessenen Kostenvorschusses abhängig machen und gegen eine im Gütetermin nicht erschienene Partei ein Ordnungsgeld festsetzen darf.

(6) Gütestellen im Sinne dieser Bestimmung können auch durch Landesrecht anerkannt werden. Die vor diesen Gütestellen geschlossenen Vergleiche gelten als Vergleiche i.S.d. § 794 Abs. 1 Ziff. 1 der Zivilprozessordnung.

VII. Art. 229 § 3 EGBGB
[Übergangsvorschriften zur Mietrechtsreform]

(1) Auf ein am 1. September 2001 bestehendes Mietverhältnis oder Pachtverhältnis sind

1. im Falle einer vor dem 1. September 2001 zugegangenen Kündigung § 554 Abs. 2 Ziff. 2, §§ 565, 565c Satz 1 Ziff. 1b, § 565d Abs. 2, § 570 des Bürgerlichen Gesetzbuchs sowie § 9 Abs. 1 des Gesetzes zur Regelung der Miethöhe jeweils in der bis zu diesem Zeitpunkt geltenden Fassung anzuwenden;

2. im Falle eines vor dem 1. September 2001 zugegangenen Mieterhöhungsverlangens oder einer vor diesem Zeitpunkt zugegangenen Mieterhöhungserklärung die §§ 2, 3, 5, 7, 11 bis 13, 15 und 16 des Gesetzes zur Regelung der Miethöhe in der bis zu diesem Zeitpunkt geltenden Fassung anzuwenden; darüber hinaus richten sich auch nach dem in Satz 1 genannten Zeitpunkt Mieterhöhungen nach § 7 Abs. 1 bis 3 des Gesetzes zur Regelung der Miethöhe in der bis zu diesem Zeitpunkt geltenden Fassung, soweit es sich um Mietverhältnisse i.S.d. § 7 Abs. 1 jenes Gesetzes handelt;

3. im Falle einer vor dem 1. September 2001 zugegangenen Erklärung über eine Betriebskostenänderung § 4 Abs. 2 bis 4 des Gesetzes zur Regelung der Miethöhe in der bis zu diesem Zeitpunkt geltenden Fassung anzuwenden;

4. im Falle einer vor dem 1. September 2001 zugegangenen Erklärung über die Abrechnung von Betriebskosten § 4 Abs. 5 Satz 1 Ziff. 2 und § 14 des Gesetzes zur Regelung der Miethöhe in der bis zu diesem Zeitpunkt geltenden Fassung anzuwenden;

5. im Falle des Todes des Mieters oder Pächters die §§ 569 bis 569b, 570b Abs. 3 und § 594d Abs. 1 des Bürgerlichen Gesetzbuchs in der bis zum 1. September 2001 geltenden Fassung anzuwenden, wenn der Mieter oder Pächter vor diesem Zeitpunkt verstorben ist, im Falle der Vermieterkündigung eines Mietverhältnisses über Wohnraum gegenüber dem Erben jedoch nur, wenn auch die Kündigungserklärung dem Erben vor diesem Zeitpunkt zugegangen ist;

6. im Falle einer vor dem 1. September 2001 zugegangenen Mitteilung über die Durchführung von Modernisierungsmaßnahmen § 541b des Bürgerlichen Gesetzbuchs in der bis zu diesem Zeitpunkt geltenden Fassung anzuwenden;

7. hinsichtlich der Fälligkeit § 551 des Bürgerlichen Gesetzbuchs in der bis zum 1. September 2001 geltenden Fassung anzuwenden.

(2) Ein am 1. September 2001 bestehendes Mietverhältnis i.S.d. § 564b Abs. 4 Ziff. 2 oder Abs. 7 Ziff. 4 des Bürgerlichen Gesetzbuchs in der bis zum 1. September 2001 geltenden Fassung kann noch bis zum 31. August 2006 nach § 564b des Bürgerlichen Gesetzbuchs in der vorstehend genannten Fassung gekündigt werden.

(3) Auf ein am 1. September 2001 bestehendes Mietverhältnis auf bestimmte Zeit sind § 564c in Verbindung mit § 564b sowie die §§ 556a bis 556c, 565a Abs. 1 und § 570 des Bürgerlichen Gesetzbuchs in der bis zu diesem Zeitpunkt geltenden Fassung anzuwenden.

(4) Auf ein am 1. September 2001 bestehendes Mietverhältnis, bei dem die Betriebskosten ganz oder teilweise in der Miete enthalten sind, ist wegen Erhöhungen der Betriebskosten § 560 Abs. 1, 2, 5 und 6 des Bürgerlichen Gesetzbuchs entsprechend anzuwenden, soweit im Mietvertrag vereinbart ist, dass der Mieter Erhöhungen der Betriebskosten zu tragen hat; bei Ermäßigungen der Betriebskosten gilt § 560 Abs. 3 des Bürgerlichen Gesetzbuchs entsprechend.

(5) Auf einen Mietspiegel, der vor dem 1. September 2001 unter Voraussetzungen erstellt worden ist, die § 558d Abs. 1 und 2 des Bürgerlichen Gesetzbuchs entsprechen, sind die Vorschriften über den qualifizierten Mietspiegel anzuwenden, wenn die Gemeinde ihn nach dem 1. September 2001 als solchen veröffentlicht hat. War der Mietspiegel vor diesem Zeitpunkt bereits veröffentlicht worden, so ist es ausreichend, wenn die Gemeinde ihn später öffentlich als qualifizierten Mietspiegel bezeichnet hat. In jedem Fall sind § 558a Abs. 3 und § 558d Abs. 3 des Bürgerlichen Gesetzbuchs nicht anzuwenden auf Mieterhöhungsverlangen, die dem Mieter vor dieser Veröffentlichung zugegangen sind.

(6) Auf vermieteten Wohnraum, der sich in einem Gebiet befindet, das aufgrund

1. des § 564b Abs. 2 Ziff. 2, auch in Verbindung mit Ziff. 3, des Bürgerlichen Gesetzbuchs in der bis zum 1. September 2001 geltenden Fassung oder

2. des Gesetzes über eine Sozialklausel in Gebieten mit gefährdeter Wohnungsversorgung vom 22. April 1993 (BGBl. I S. 466, 487) bestimmt ist, sind die am 31. August 2001 geltenden vorstehend genannten Bestimmungen über Beschränkungen des Kündigungsrechts des Vermieters bis zum 31. August 2004 weiter anzuwenden. Ein am 1. September 2001 bereits verstrichener Teil einer Frist nach den vorstehend genannten Bestimmungen wird auf die Frist nach § 577a des Bürgerlichen Gesetzbuchs angerechnet. § 577a des Bürgerlichen Gesetzbuchs ist jedoch nicht anzuwenden im Falle einer Kündigung des Erwerbers nach § 573 Abs. 2 Ziff. 3 jenes Gesetzes, wenn die Veräußerung vor dem 1. September 2001 erfolgt ist und sich die veräußerte Wohnung nicht in einem nach Satz 1 bezeichneten Gebiet befindet.

(7) § 548 Abs. 3 des Bürgerlichen Gesetzbuchs ist nicht anzuwenden, wenn das selbständige Beweisverfahren vor dem 1. September 2001 beantragt worden ist.

(8) § 551 Abs. 3 Satz 1 des Bürgerlichen Gesetzbuchs ist nicht anzuwenden, wenn die Verzinsung vor dem 1. Januar 1983 durch Vertrag ausgeschlossen worden ist.

(9) § 556 Abs. 3 Satz 2 bis 6 und § 556a Abs. 1 des Bürgerlichen Gesetzbuchs sind nicht anzuwenden auf Abrechnungszeiträume, die vor dem 1. September 2001 beendet waren.

(10) § 573c Abs. 4 des Bürgerlichen Gesetzbuchs ist nicht anzuwenden, wenn die Kündigungsfristen vor dem 1. September 2001 durch Vertrag vereinbart worden

sind. Für Kündigungen, die ab dem 1. Juni 2005 zugehen, gilt dies nicht, wenn die Kündigungsfristen des § 565 Abs. 2 Satz 1 und 2 des Bürgerlichen Gesetzbuchs in der bis zum 1. September 2001 geltenden Fassung durch Allgemeine Geschäftsbedingungen vereinbart worden sind.

Stichwortverzeichnis

Halbfette Zahlen verweisen auf die Teile, magere auf die Randziffern innerhalb der Teile.

Abgeltungsklausel
- siehe Schönheitsreparaturen
Ablauf der Preisbindung **II** 181
Ablösevereinbarung **II** 62
Abstandsvereinbarung **II** 62
Abwasser
- siehe Betriebskosten, Kostenpositionen
AGB-Gesetz **II** 234
Allg. Genehmigung der Dt. Bundesbank **II** 148
Allgemeine Geschäftsbedingungen **I** 325 ff.; **II** 234 ff.
- Begriff **I** 325, 327
- Abnahmeprotokolle **I** 341
- Abweichen vom Verhandlungsinhalt **I** 329
- Aushandeln **I** 327
- Aushöhlung **I** 330
- Ausschluss von Mietänderung **I** 338
- Beschränkung des Zurückbehaltungsrechts **I** 340
- blue-pencil-test **I** 333
- Einbeziehung in den Vertrag **I** 328
- Flächendefinitionen **I** 336
- Gefährdung des Vertragszwecks **I** 330
- gesetzliches Leitbild **I** 330
- Gewährleistungsbeschränkungen **I** 340
- Haftungsbegrenzungen **I** 340
- in alten Verträgen **I** 342
- Klauseln mit Wertungsmöglichkeit **I** 330
- Klauseln ohne Wertungsmöglichkeit **I** 330
- kundenfeindlichste Auslegung **I** 330
- Kündigungsausschluss **I** 340
- Mehrdeutige Klauseln **I** 329
- Nebenkosten **I** 334
- Nebenkosten, Umfang **I** 339
- Preisvereinbarung **I** 334
- Schönheitsreparaturen **I** 340
- Summierungseffekt **I** 332
- Teilunwirksamkeit von Klauseln **I** 333
- Transparenzgebot **I** 116, 330; **II** 669 ff.
- Übergabeprotokolle **I** 341
- Überraschende Klauseln **I** 329
- Überwälzung von Kernpflichten **I** 334
- Unangemessene Benachteiligung **I** 330
- Unklare Regelungen über Vertragszweck **I** 336
- Unternehmer **I** 325, 331
- Unwirksamkeit von Klauseln **I** 327
- Verbraucher **I** 325
- Vertragsverlängerung **I** 341
- Verwender **I** 325
- zum Vertragsgegenstand **I** 336
allgemeines Mietniveau **II** 242
Änderung der Bewirtschaftungskosten
- Begriff **II** 724
- Abschreibung **II** 725
- Betriebskosten **II** 727
- Checkliste **II** 726

– Instandhaltungskosten
  II 728 ff.
– Mietausfallwagnis II 734
Änderung der Finanzierungskosten
– Freiwillige Rückzahlung
  II 718
– nicht vom Vermieter zu vertreten II 709, 711
– Umschuldungen durch Eigenmittel II 714, 715
– Umschuldungen durch Fremdmittel II 716 ff.
– vom Vermieter zu vertreten
  II 710
– Zinskonditionen Bankdarlehen II 719, 720
– Zinskonditionen öffentliche Darlehen II 719, 721
– *siehe* auch Mietänderungserklärung, Wirtschaftlichkeitsberechnung
Änderung der Gesamtkosten
  II 690 ff.
– durch Modernisierungen
  II 693
– ersparte Instandsetzungskosten II 695
– nicht vom Vermieter zu vertreten II 691
– öffentliche Zuschüsse II 694, 699
– Schaffung neuen Wohnraums
  II 696, 699
– Umbau von Zubehörräumen zu Wohnraum II 697 f.
– Vergrößerung von Wohnungen II 701
– vom Vermieter zu vertreten
  II 690
– Wirtschaftlichkeitsgebot
  II 693
– Checkliste II 702

– *siehe* auch Mietänderungserklärung, Wirtschaftlichkeitsberechnung
Änderung der Wirtschaftseinheit II 704 ff.
– Begründung von Wohnungseigentum II 706
– Wirtschaftseinheit
  II 704
Änderungen bei Zuschlägen
– *siehe* auch Zuschläge
  II 735 ff.
Änderungen infolge baulicher Maßnahmen
– Duldung II 741
– Modernisierung aller Wohnungen II 743
– Modernisierung einiger Wohnungen II 744
– nicht vom Vermieter zu vertreten II 740
– vom Vermieter zu vertreten
  II 739, 741
– Zustimmung der Bewilligungsstelle II 742
– *siehe* auch Mietänderungserklärung, Wirtschaftlichkeitsberechnung
Änderungskündigung II 3
Änderungsvertrag II 93
Angebotsknappheit II 201
angemessene Vergütung II 637
Anlagen zur Klage IV 41, 51, 60, 66, 73, 109, 131, 143, 154, 161, 193, 215, 223, 232
Anpassung der Miete
– außerordentliche Kündigung
  I 298
– Existenzgefährdung I 297
– Fallendes Mietniveau I 283
– Grobe Unbilligkeit I 285 ff.
– in Ausnahmefällen I 282 ff., 295

- Kaufkraftverlust I 283
- lange Vertragslaufzeit
  I 289 ff., 296
- nicht vorhersehbare Umstände I 297
- Risikosphären I 295
- Sicherung des Lebensunterhalts I 288
- Vergleich mit dem Erbbauzins
  I 289 ff.
- Versorgungszweck I 288
- Wegfall der Geschäftsgrundlage I 283 ff.
- weitgehende Geldentwertung
  I 290
- Zweckrichtung beider Vertragsseiten I 294

Anpassungsklauseln I 86 ff.
- Anpassungsverlangen I 88
- automatische Anpassung I 98
- Wertsicherungsklausel I 90 ff.
- *siehe* auch Kostenelementklausel
- *siehe* auch Leistungsbestimmung durch Dritte
- *siehe* auch Leistungsvorbehalt
- *siehe* auch Parameter
- *siehe* auch Umsatzmiete

Anwendbarkeit des Mietspiegels
  II 355
Aufhebung der Preisbindung
  II 221
Aufrechnung gegen Rückzahlungsansprüche
- im preisgebundenen Wohnraum II 813 f.
Aufwendungsdarlehen II 451, 453 ff.
Aufwendungszuschuß II 451, 456 f., 458
Aufzug
- *siehe* Betriebskosten, Kostenpositionen

Ausbau oder Erweiterung von Wohnungen II 661
ausdrückliche Mietänderungsvereinbarung II 75 ff.
Ausgangsmiete
- im preisfreien Wohnraum
  II 269
- im preisgebundenen Wohnraum II 647, 653
Aushandeln II 235
Auskunftsanspruch
- bei Mietüberhöhung II 217
- im preisfreien Wohnraum
  IV 126
- im preisgebundenen Wohnraum IV 187 ff., 196 f.
- in der Geschäftsraummiete
  IV 45
- über Betriebskostenentwicklung II 549 f.
Auskunftsanspruch des Mieters
- Auskunftspflicht des Rechtsnachfolgers II 786
- Belegprüfung II 785, 787
- Einsichtsrecht des Mieters
  II 786
- im preisgebundenen Wohnraum
  II 663, 679, 773, 780, 786 ff.
- Kopien II 788
Auskunftsklage IV 23
- im Geschäftsraummietverhältnis IV 44 ff.
- im preisfreien Wohnraum
  IV 125 ff.
- im preisgebundenen Wohnraum IV 187 ff., 196 ff.
Auslaufen der Preisbindung
  II 221
Ausnutzen II 227
Ausreißerwohnungen II 358
Ausschluss von Mieterhöhungen II 104 ff.

Außenarbeiten II 446
Ausstattungsmerkmal II 61
Ausstattungsstandard II 172
Auszugspauschale II 63

Basisjahr II 157
Bauherr II 422
Baukostendarlehen II 451, 453 ff.
Baukostenzuschuss II 451, 460
II 60
Bauliche Maßnahmen
– und Indexmiete II 163
Baunebenkosten II 436
Bearbeitungsgebühr II 64
Begründungsmittel II 250
Belegvorlage IV 46, 127, 191
Beleuchtung
– siehe Betriebskosten, Kostenpositionen
Berechnungsverordnung, II.
II 21, 523, 599, 651
Berufung
– siehe auch Zuständigkeit
IV 28, 119
Berufungsfähigkeit
– von Urteilen über Miethöhe
II 505
Bestandsmieten II 243
Besichtigungsrecht II 337
Bestimmungsrecht I 41
Betriebskosten I 245; II 11 f., 613 ff.
– Abrechnung von Vorschüssen
I 252
– Abrechnungsreife IV 135
– Auskunftsanspruch II 549 f.
– Betriebskostenpauschale
II 520
– Betriebskostenverordnung
I 247
– Betriebskostenvorauszahlung
II 521, 534 f.

– Bezugnahme auf BetriebskostenVO I 249
– Bezugnahme auf II. BerechnungsVO I 249
– Instandhaltungskosten II 572
– Kostenpositionen I 247
– Neueinführung nach Modernisierung II 480
– Pauschale I 250
– Pauschalenerhöhung I 251
– Senkung II 547 ff.
– Sonstige Betriebskosten I 248
– Umlagemaßstab II 469 f.
– Umstellung auf verbrauchsabhängige Abrechnung II 459 ff.
– Vereinbarung I 246
– Verwaltungskosten II 572
– Vorschuss I 252
– Vorschussanpassung I 252
– Vorwegabzug II 571
– siehe auch Wirtschaftlichkeit
Betriebskosten im Sozialen Wohnungsbau II 613 ff., 727
– Abrechnung II 615
– Ausschlussfrist II 616
– Erhöhung der Vorauszahlung
II 616
– Nachzahlungsforderung
II 615
– vertragliche Vereinbarung
II 614
– Vorauszahlung II 615
– Wirtschaftlichkeitsgebot
II 614
Betriebskostenaufstellung
II 379
Betriebskostenverordnung
I 245 ff., 334; II 523 f., 727
Bewachungskosten
– Vereinbarung I 264
– Allgemeine Geschäftsbedingungen I 264

Beweismittel II 409
Beweisverfahren, selbständiges
   IV 27
– Antragsbegründung IV 172
– im Geschäftsraummietverhältnis IV 86 ff.
– im preisfreien Wohnraum
   IV 169 ff.
– und Verjährung IV 95, 176
Bewirtschaftungskosten II 456
BGB-Gesellschaft
– als Mieter II 344; IV 16
– als Vermieter II 344; IV 6, 12
Bindungswirkung
– der behördlichen Genehmigung IV 182, 184
– der Förderzusage IV 183
Bindungszeit
– *siehe* Drittmittel
Breitbandkabel
– *siehe* Betriebskosten, Kostenpositionen
Bruttomiete
– *siehe* Mietstrukturen

Dauer der Preisbindung II 790 ff.
DIN 283 II 330
Diskriminierungsverbot II 9
Drittmittel II 294 ff.
– Aufwendungsdarlehen II 320
– Baukostenvorschuss II 320
– Bindungszeit II 310
– Darlehen II 319
– Förderbescheid II 295 ff.
– Fördervertrag II 295 ff.
– Grundstückserwerber II 297
– Kürzungsbetrag II 295
– und Begründung der Mieterhöhung II 370
– Vertrag zugunsten Dritter
   II 310
– Vorauszahlungsmittel II 320
– Zuschuss II 319

– *siehe* auch Kürzungsbetrag, Fördervertrag, Förderbescheid, Bindungszeit
Duldung
– *siehe* Modernisierungsmaßnahmen
Durchschnittsmiete II 683
– und Zuschlag zur Einzelmiete
   II 685

Eingruppierung II 359
Einigungsvorschlag II 410
Einrichtungsgegenstände, Übernahme II 62
Einschreiben / Rückschein
   II 385
Einseitiges Gestaltungsrecht
   II 93
Einseitiges Mieterhöhungsrecht
   II 607
Einsicht in Wirtschaftlichkeitsberechnung II 663
Einsparung von Heizenergie
   II 429
– *siehe* auch energiesparende Maßnahmen
Einsparung von Wasser II 430
Einwurf-Einschreiben II 385
Einzelmiete II 609 ff., 683
– Berechnung aus der Durchschnittsmiete II 611
– Berechnung durch den Vermieter II 655
– Durchschnittsmiete II 609, 664
– Genehmigung der Bewilligungsstelle II 611, 637, 643 ff., 687
– gerichtliche Prüfung II 645 f.;
   IV 185
– Kostenmiete II 609 ff.
– Vergleichsmiete im preisgebundenen Wohnraum II 610
Einzugspauschale II 63

Empfangsbekenntnis II 385
Empfangsvollmacht II 344
Energiesparende Maßnahme
  II 438
Entgeltlichkeit I 11 ff.
Entgeltlichkeit der Gebrauchs-
  überlassung II 2
Entwässerung
– *siehe* Betriebskosten, Kosten-
  positionen
Ergänzende Vertragsauslegung
  I 105, 126
Erhöhungserklärung bei Index-
  miete II 158 f.
– Begründung II 158
– Muster II 159
– Wirkungszeitpunkt II 161
– Zugang II 161
Erhöhungserklärung bei Moderni-
  sierung II 477 ff.
– Anlagen II 486
– Begründung II 479
– Muster II 488
– Prüfung II 490 ff., 500
– Wirkungszeitpunkt II 489
– Zugang II 487
Erhöhungserklärung bei veränder-
  ten Betriebskosten II 562 ff.
– Begründung II 567 ff.
– Prüfung II 577 ff.
– Wirkungszeitpunkt II 573 ff.
– Zugang II 573
Erhöhungserklärung ortsübliche
  Vergleichsmiete II 343 ff.
– Anlagen II 374 ff.
– Begründung II 349 ff.
– Muster II 373
– Prüfung II 389 ff.
– Wirkungszeitpunkt II 388
– Zugang II 383 ff.
Erhöhungsverlangen II 323 ff.
– Nachholen im Prozess
  IV 118

– Nachbessern im Prozess IV
  118
Euro-Einführungsgesetz II 147

Fälligkeit
– *siehe* Wirksamwerden
Fehlbeleger II 291
– Auskunftsklage IV 125
– Schadenersatzanspruch
  II 292
Fester Mietzins II 112
Festmiete
– Begriff I 18
– Anpassungsanspruch I 36
– Ausschluss von Mieterhöhun-
  gen I 23 ff.
– Investitionen einer Vertragspar-
  tei I 36
– Kalkulationsgrundlage I 36
– *siehe* auch Laufzeit
Feststellungsklage IV 26
– im Geschäftsraummietverhält-
  nis IV 76 ff.
– im preisfreien Wohnraum
  IV 165 ff.
– im preisgebundenen Wohn-
  raum IV 219 ff., 227 ff.
– negative IV 80 ff., 166 f.
– bei Modernisierungsumlage
  II 513
– positive IV 77 ff.
– und Zahlungsklage IV 165
Finanzierungsbeitrag II 60
Finanzierungsmiete II 457
Flächenabweichung II 100
Flächenmiete
– Begriff I 19
– Flächenabweichung als Mangel I 47
– Flächendefinitionen I 38
– Flächenpreise I 40
Förderbescheid
– *siehe* Drittmittel

Förderungsabbau II 184
Fördervertrag
– *siehe* Drittmittel
Förderzusage II 604, 677, 682
– Übernahme in den Mietvertrag II 678
Formulare II 348
Formularklausel I 83
Freistellung von der Belegungsbindung II 624
– Ausgleichszahlung II 624
– Zuschlag zur Miete II 624

Garagenmietvertrag II 51 f., 631, 635
Gartennutzung II 53
Gartenpflege
– *siehe* Betriebskosten, Kostenpositionen
GbR
– *siehe* BGB-Gesellschaft
Gebäudereinigung
– *siehe* Betriebskosten, Kostenpositionen
Gebrauchsüberlassung an Dritte
– *siehe* Untervermietung
Gebrauchswertverbesserung II 426 f.
Gefälligkeitsmiete II 116
Gemeinschaftsantenne
– *siehe* Betriebskosten, Kostenpositionen
Genehmigung
– einer Wertsicherungsklausel
Genehmigung der Bewilligungsstelle II 758
Genehmigung der Schaffung neuen Wohnraums II 698 ff.
Gerichtsvollzieherzustellung II 384
Geschäftsraummiete I 1 ff
– Abgrenzung zur Wohnraummiete I 6 f.

– Gerichtszuständigkeit I 4
– Kündigung I 10
– Mischmietverhältnis I 7
– Schriftform I 3
– Zwischenvermietung I 6
Gesetz zur Förderung der außergerichtlichen Streitbeilegung III 21 ff.
Gesetzliches Verbot I 305
Gewerbezuschlag II 45 ff.
Glaubhaftmachung IV 91
Gleitklausel
– im Geschäftsraummietrecht I 102, 105, 192
– im preisgebundenen Wohnraum II 667 ff., 761, 813, 815; IV 80
Grundsteuer
– *siehe* Betriebskosten, Kostenpositionen
Grundstückserwerber II 424
Gütestelle III 21 ff.
Güteverhandlung III 25 ff.

Haftpflichtversicherung
– *siehe* Betriebskosten, Kostenpositionen
Hausgarten II 631
Hausratsverordnung II 9
Haustürgeschäft II 103
Hauswart
– *siehe* Betriebskosten, Kostenpositionen
Heizkosten
– Abrechnung von Vorschüssen I 256
– Beheizung durch den Mieter I 253
– Beheizung durch den Vermieter I 254
– Heizkostenverordnung I 255
– Pauschalen I 254
– Vorschuss I 254

Stichwortverzeichnis

- Vorschussanpassung I 257
- *siehe* Betriebskosten, Kostenpositionen

Heizkostenverordnung I 255; II 14

Höchstmiete im preisgebundenen Wohnraum II 607

Indexmiete
- Basisjahr I 112
- Begriff II 72
- Erhöhungserklärung II 158
- im Geschäftsraummietrecht I 98 ff.
- im preisfreien Wohnraum II 72, 118, 142 ff. 176, 471
- Inhalt der Vereinbarung II 156 f.
- Mieterhöhungserklärung nicht erforderlich I 110
- nicht fortgeführter Index I 111
- veralteter Index I 111

Instandhaltungskosten
- Abwälzung der Reparaturpflicht I 232 ff., 237
- Abwälzung drittverursachter Schäden I 236
- Allgemeine Geschäftsbedingungen I 234 ff.
- bei Geschäftsraummiete I 230 ff.
- für Garagen und Stellplätze II 635
- Individualvereinbarung I 233
- Pauschale I 240
- Pauschalenerhöhung I 241 f.
- und Betriebskosten II 582, 613
- und Modernisierung II 442
- Vereinbarung I 232
- Vorschüsse I 244

Instandhaltungskosten im preisgebundenen Wohnraum II 728 ff.
- Garagen, Einstellplätze II 731
- Pauschalen, Erhöhung II 729, 732, 734
- Schönheitsreparaturen II 730
- und Wirtschaftlichkeitsberechnung II 661 f.

Instandhaltungspflicht II 15

Instandsetzung, Instandsetzungsmaßnahme II 425 ff.

Instandsetzungskosten
- ersparte II 437
- fiktive II 437
- *siehe* Instandhaltungskosten

Jahressperrfrist II 103

Juristische Personen des öffentlichen Rechts
- *siehe* Unternehmer

Kabinettsbeschluss
- *siehe* Mietrechtsreform

Kapitalkosten II 453 ff.

Kappungsgrenze II 84, 102 f., 138, 164, 183, 240, 280, 286 ff. 303 ff., 339, 346, 371, 391, 395, 443, 449, 475 f. 584, 796; IV 108
- und Zuschläge II 34, 39, 54

Kaution
- *siehe* Mietsicherheit

Klageandrohung II 347

Klageantrag IV 39, 49, 57, 63, 69, 77 ff., 90, 106 f., 129, 152, 157, 191, 213, 221, 230

Klagebegründung IV 40, 50, 59, 65, 72, 84, 108, 130, 140, 153, 160, 192, 200, 214, 222, 231
- bei Modernisierungsumlage II 507

Klagefrist IV 103
Kleinreparaturen II 21 ff.
Kleinreparaturzuschlag II 44
konkludente Mietänderungsvereinbarung II 86 ff.
Kostenelementklauseln
- Begriff I 76
- Kosten des Mieters I 81 ff.
- Kosten des Vermieters I 79
- Preisklauselgesetz I 78 ff., 93 ff.
- Preisklauselverordnung I 78 ff., 93, ff.
- Währungsschutz I 78 ff.
- *siehe* auch Anpassungsverlangen I 85
Kostenmiete II 601, 602, 640 ff.
- Begriff II 640 f.
- Änderungstatbestände II 682 ff.
- Ausgangsmiete II 647
- für den Wohnraum II 641
- Mietänderungserklärung II 648
- Nachzahlungsforderung II 648
- Vereinbarung geringerer Ausgangsmiete II 647
- *siehe* auch Einzelmiete
Kostenrisiko II 409, 416, 417 f.
- *siehe* auch Prozessrisiko
Kostenschutz
- der Rechtsschutzversicherung II 409
Kündigung zum Zweck der Mietänderung I 193
Kündigung, Verlängerung, Option I 216
Kündigungsrecht
- § 11 WoBindG
- bei Modernisierungsumlage II 501

- im preisfreien Wohnraum II 83, 411 ff.
Kündigungsrecht des Mieters
- im preisgebundenen Wohnraum II 781
Kündigungsverzicht II 113, 148, 155

Langfristiger Mietvertrag I 221
Lasten
- öffentlichrechtliche Lasten II 11
- privatrechtliche Lasten II 11
laufende Aufwendungen II 197
Laufzeit des Vertrages
- im Geschäftsraummietrecht I 11 ff., 193 ff.
Laufzeit und Mietanpassung I 194
Leeres Rasterfeld II 356
Leistungsbestimmung durch Dritte
- Justiz I 162, 174 ff.
- Schiedsgerichtsvereinbarung I 161
- Schiedsgutachten oder Schiedsgericht I 159, 174
- Schiedsgutachtenvereinbarung I 160
Leistungsvorbehalt
- Anpassung I 133
- Auslöser für Anpassungsverlangen I 136 ff.
- Begriff I 129, 153
- Billigkeit I 140, 146
- Checkliste Mietanpassung I 157
- keine Reaktion auf Anpassungsverlangen I 142
- klare Festlegung der Parameter I 144 f.
- marktübliche Miete I 150
- Maßstäbe I 131 ff.

- mehrere Bezugsgrößen I 147 ff.
- Neufestsetzung I 131
- Schiedsgutachten I 154
- selbständiger Akt der Leistungsbestimmung I 153
- Überlegungsfrist I 155
- und Währungsschutz I 130, 140
- Unzulässigkeit bei Wohnraum II 143, 180
- ursprüngliches Äquivalenzverhältnis I 133 ff.
- Zeitpunkt der Veränderung I 143
- *siehe* auch Anpassungsverlangen
- *siehe* auch Leistungsbestimmung durch Dritte I 142

Lieferungsannahme
- Vereinbarung I 266
- Allgemeine Geschäftsbedingungen I 266

Mängel und Mieterhöhung II 333
Mediation III 2 ff.
Mediation
- gerichtsnahe III 27
Mehrere Mieter II 506
Mietänderungserklärung
- Anlagen II 757
- Auskunftsrecht des Mieters II 760
- Berechnung und Erläuterung II 754 ff.
- EDV-Erklärung II 750
- Einsichtsrecht des Mieters II 760
- Erhöhungsbetrag II 751 f.
- Genehmigung der Bewilligungsstelle II 758
- Gleitklauseln II 761, 768

- im preisgebundenen Wohnraum II 648, 745 ff.
- Kostensenkungen II 772
- rückwirkende Erhöhung II 767 ff.
- rückwirkende Erhöhung bei Betriebskosten II 770
- Schriftform II 749
- Wirkungszeitpunkt II 753, 763 ff.
- *siehe* auch Erhöhungserklärung

Mietänderungstatbestände II 682 ff.
Mietänderungsvereinbarung II 75 ff.
- ausdrückliche II 75 ff.
- konkludente II 86 ff.
Mietenkalkulation– und Schönheitsreparaturen II 40
Mieterdarlehen II 60, 463
Mieterhöhung
- im Geschäftsraummietrecht I 13
- im preisfreien Wohnraum II 239 ff., 421 ff., 519 ff.
- im preisgebundenen Wohnraum II 602, 607, 648
Mieterhöhungserklärung
- im preisgebundenen Wohnraum II 745 ff.
Mieterhöhungsverlangen
- im preisfreien Wohnraum: *siehe* Erhöhungserklärung
Mietermehrheit
- *siehe* mehrere Mieter
Mietermodernisierung II 61
Mieterrechte bei Mieterhöhungen
- nach dem Wohnraumförderungsgesetz II 782 ff., 789
Mieterzuschüsse II 463
Mietfestlegung

- richterlicher Gestaltungsakt
  II 9
Miethöhe
- bestimmbare Höhe   I 11 ff.
- fehlende Festlegung   I 12.
- im Geschäftsraummietrecht
  I 11 ff.
Miethöhegesetz   II 68
Mietminderung   IV 122, 137 f.
Mietpreisüberhöhung   II 188 ff.
- bei Betriebskostenpauschale
  II 553
- bei Modernisierungsumlage
  II 476, 496
- bei Staffelmiete   II 164
- im preisgebundenen Wohnraum   II 803, 807
- und Änderungsvereinbarung
  II 103
- und Auskunft   IV 126
- und Rückzahlung   IV 151 f.
- und selbständiges Beweisverfahren   IV 169
- und Zuschläge   II 38
- *siehe* auch Wirtschaftsstrafgesetz
Mietrechtsreform   II 113
- Regierungsentwurf   II 113
- Kabinettsbeschluss   II 113, 198
- Rechtsausschuss, Bericht
  II 113
Mietrückstand   IV 156
Mietsenkung   II 75, 156, 217
- im preisgebundenen Wohnraum   II 688, 697, 707, 772
Mietsicherheit   II 65
Mietspiegel
- im Prozess   IV 113, 115 f.
  II 253 ff.
- Anerkennung des Mietspiegels   II 254, 260

- Anpassung des Mietspiegels
  II 261
- Ausreißerwohnungen   II 358
- Betriebskostenanteil   II 273
- Eingruppierung   II 359
- Hinweise zur Erstellung von Mietspiegeln   II 257
- leeres Rasterfeld   II
- Mietdatenbank   II 263 ff.
- Mietspiegelersteller   II 254
- Mietstruktur   II 270 ff.
- Neuerstellung des Mietspiegels   II 261
- qualifizierter Mietspiegel
  II 258 ff.
- Spanneneinordnung   II 360
- Stichtagsdifferenz   II 278
- Tabellenmietspiegel   II 253
- übliche Entgelte   II 255
- Vergleichswohnungen
  II 267 ff.
- wissenschaftliche Grundsätze
  II 259
- Zuschläge gemäß Mietspiegel
  II 276 ff.
- Zuschläge, rechnerische
  II 278
Mietspiegeleinordnung   II 173
Mietstrukturen   II 13
Mietüberzahlung   IV 61, 151, 206 ff., 212
- bei unwirksamer Staffelmietvereinbarung   II 134
Mietvertrag auf unbestimmte Zeit   I 221 ff.
- bei Vertrag über 30 Jahre
  I 221
- infolge Gebrauchsfortsetzung
  I 223
- infolge Schriftformmangels
  I 222
Mietvertragsaufhebung   II 75
Mietvorauszahlung   II 60

Stichwortverzeichnis

Mietwucher
- *siehe* auch Wucher
II 222 ff.
Mietzahlung, künftige IV 148
Minderungsrecht
- und Mieterhöhung II 137, 162
401 ff.
- Verwirkung II 137, 162
- und Kündigung II
Mindestinhalt der Erhöhungserklärung
- § 558 a BGB II 344
- § 559 b BGB II 478
- § 560 BGB II 563
- § 10 WoBindG II 745 ff.
Mischmietverhältnis II 48
- gerichtliche Zuständigkeit
IV 4
Missverhältnis, auffälliges II 62, 200, 228
Mitvermietete Einrichtung
II 632, 637
Möblierungszuschlag II 35 ff.
ModEnG II 426 f.
Modernisierung
- im Geschäftsraummietrecht
I 13
- im Wohnraummietrecht
II 84, 93, 100, 105, 130, 141, 172, 176, 180, 220, 425 ff.
- *siehe* auch Modernisierungsmaßnahmen
Modernisierung und öffentliche Förderung
- Aufwendungsdarlehen
II 451, 453 ff.
- Aufwendungszuschuss II 451, 456 f., 458
- Baukostendarlehen II 451, 453 ff.
- Baukostenzuschuss II 451, 460
- Finanzierungsmiete II 457

- im preisfreien Wohnraum: *siehe* Drittmittel
- im preisgebundenen Wohnraum II 450 ff.
- Vorbehaltsmittel II 451, 461
- *siehe* auch Mieterdarlehen, Mieterzuschuss
Modernisierungsmaßnahmen
- Ankündigung II 447
- Außenarbeiten II 446
- Duldung II 445 ff., 492
- Fertigstellung II 475, 493
Modernisierungsvereinbarung
- und Mieterhöhung II 83 ff.
Modernisierungszuschlag II 28
Müllbeseitigung
- *siehe* Betriebskosten, Kostenpositionen

Nachzahlungsforderung II 648
Nebenkosten
- bei Geschäftsraummiete
I 224 ff.
- Betriebskosten II 12
- Heizkosten II 12, 14
Nebenkosten, neu hinzukommende
- Abwälzung auf den Mieter
I 272
- Allgemeine Geschäftsbedingungen I 273
- fehlende Vereinbarung I 271
I 271 ff.
Nebenleistungen
- und Mietüberhöhung II 190
Nettokaltmiete II 13
Neubaumietenverordnung II 599, 603
Neueinführung von Nebenkosten
- *siehe* Nebenkosten I 271 ff.
Nicht fortgeführter Index
- *siehe* Index
Nichtigkeit

451

– bei Geschäftsraummiete
I 305 ff.
Nichtigkeit einer Miethöhervereinbarung
– im preisfreien Wohnraum
II 97, 134, 185, 188, 207, 213, 222, 231
– im preisgebundenen Wohnraum II 812
Nichtzulassungsbeschwerde
IV 32
Nutzungsart
– Vereinbarung der I 39 ff.
Nutzungsentschädigung, künftige IV 148

Öffentliche Förderung
– *siehe* Drittmittel
Öffentliche Körperschaften
– *siehe* Unternehmer
Öffentliche Lasten
– *siehe* Betriebskosten, Kostenpositionen
Öffentliche Zuschüsse
– im preisgebundenen Wohnraum II 605
Option, Verlängerung, Kündigung I 216
Optionsrecht
– Begriff I 210
– Anpassungsanspruch unterstellt I 215
– Ausübungsfrist I 211 f.
– Optionserklärung I 212
– Verlängerung mit Aushandlungsklausel I 214
– Verlängerung zu gleichen Bedingungen I 213
Ordnungswidrigkeit
– bei Mietüberhöhung II 218
Ordnungswidrigkeit der Mietüberschreitung
– *siehe* auch Strafbarkeit, Strafgeld, Rückforderung II 800 ff., 807
Ortsübliche Miete II 194
Ortsübliche Vergleichsmiete
– als unbestimmter Rechtsbegriff II 242
– Ausstattungsmerkmal II 246
– Mietermodernisierung II 517
Ortsüblicher Möblierungszuschlag II 195

Parabolantenne II 65
Parameter für ein Anpassungsverlangen
– allgemeine Preisentwicklung
I 89 ff.
– Kosten des Vermieters I 77 ff.
– Preise des Mieters I 101
– Preise nicht vergleichbarer Leistungen I 114 ff.
– Preise vergleichbarer Leistungen I 98 ff.
Parteien des Rechtsstreits
– *siehe* auch Rubrum IV 10 ff., 104
Persönliche Betreuung II 632, 638
Preisbindung
– außerplanmäßige Rückzahlung II 792
– Beginn II 790
– Bestätigung der Bewilligungsstelle II 793
– Ende II 791 ff.
– Freistellungen II 794
– kraft Vereinbarung II 665 ff.
– nach dem Wohnraumförderungsgesetz II 795
Preisgebundener Wohnraum
II 599 ff., 606
– Checkliste II 815
Preisgleitklauseln
– Bestimmtheit I 82 f., 98

– langfristige Mietverträge I 101
– unangemessene Benachteiligung I 82, 99
– zulässiger Index I 101
Preisklauselverordnung I 78, 93 ff., 114; II 149, 156
Privatisierung II 168
Proportionalität II 156
Prozessrisiko II 83, 416, 418; IV 226, 229

Quotenklausel
– siehe Schönheitsreparaturen

Räumungsfrist IV 163
Räumungsklage IV 25
– im Geschäftsraummietverhältnis IV 67 ff.
– im preisfreien Wohnraum IV 156 ff.
– im preisgebundenen Wohnraum IV 218
– und Zahlungsklage IV 70, 158
Rechtsausschuss
– siehe Mietrechtsreform
Rechtsnachfolge IV 13, 18
Regierungsentwurf
– siehe Mietrechtsreform
Renovierung
– siehe Schönheitsreparaturen
Revision IV 32
Rubrum IV 12, 38, 48, 56, 62, 71, 159, 190, 220
Rückforderung öffentlicher Mittel II 805, 811
Rückforderungsanspruch des Mieters
– im preisgebundenen Wohnraum II 780
Rückzahlungsklage
– im Geschäftsraummietverhältnis IV 22, 24, 61 ff.

– im preisfreien Wohnraum IV 22, 24, 151 ff.
– im preisgebundenen Wohnraum IV 205 ff.
– siehe auch Zahlungsklage
Rückzahlungspflicht bei Mietüberschreitung II 812 ff.

Sachversicherung
– siehe Betriebskosten, Kostenpositionen
Sachverständigengutachten I 163 ff.; II 266, 362 f.
– als Begründungsmittel II 362 f.
– im Prozess IV 114, 117, 173, 210
– Leitfaden des Instituts für Sachverständigenwesen II 266
– Orientierungshilfe des Bundesjustizministeriums II 266
– und ortsübliche Miete
– und Schiedsverfahren
– siehe auch Schiedsgutachten
Sachverständigenkosten II 363
Saldierung IV 72, 135 ff., 160
Salvatorische Klauseln I 105
Schaffung neuen Wohnraums II 658
Schiedsgericht
– Abgrenzung zum Schiedsgutachten I 159, 174
– Vereinbarung I 160,
– vollstreckbare Entscheidung I 187
Schiedsgerichtsklauseln II 180
Schiedsgerichtsverfahren III 13 ff.
– Einrede III 16
– Vereinbarung über III 14 f.
Schiedsgutachten III 6 ff.
– Auslöser für die Einleitung I 166

453

- Bestimmung des Gutachters
  I 165
- Folgen   III 11
- Gutachten als Grundlage für Verhandlung   I 183
- Gutachtenauftrag   I 169 ff.
- Kosten   III 11
- Kostenregelung   I 182
- Mängel eines Gutachtens
  I 177 ff.
- Maßstäbe für das Gutachten
  I 169 ff.
- nachvollziehbare Darstellung
  I 180
- Neufestsetzung oder Anpassung   I 167
- Neutralität des Gutachters
  I 170
- objektive Feststellung   I 170 f.
- offenbare Unbilligkeit   I 177, 180
- offenbare Unrichtigkeit   I 181
- Vereinbarung   I 160
- Verfahrensvereinbarung   I 168
- Verweigerung der Mitwirkung
  I 185
- Verwendung des Gutachtens im Prozess   I 184
- Checkliste   I 186

Schiedsgutachter
- Person   III 10
- Vergütung   III 12

Schiedsgutachterklauseln
II 180

Schiedsspruch
- Aufhebung   III 18 ff.
- Zustandekommen   III 17

Schiedsurteil
- siehe auch Schiedsgericht
  I 159, 187

Schiedsverfahren
- gesetzlich angeordnetes
  III 21 ff.

Schlichtung im Gerichtsverfahren   III 25 ff.
Schlussabrechnung   II 653
Schönheitsreparaturen   II 15 ff.
- Abgeltungsklausel   II 18 ff.
- Eigenleistung   II 18 f.
- Kostenvoranschlag   II 18 f.
- Quotenklausel   II 18 ff.
- Renovierungsfristen   II 19
- Schönheitsreparaturzuschlag
  II 40 ff.
Schornsteinreinigung
- siehe Betriebskosten, Kostenpositionen
Schriftform   II 87
- Aufhebung durch nachträgliche Änderung   I 3
- Auflockerungsrechtsprechung
- Erfordernis   I 3
- und befristeter Vertrag
- und mündliche Änderungen
Schutzgesetz   II 219
Schwellenwert   II 157
Sittenwidrigkeit   I 9; II 232
Sonderkündigungsrecht
- siehe Kündigungsrecht
Sonstige Betriebskosten
- siehe Betriebskosten, Kostenpositionen
Sonstige Vergütungen im Sozialen Wohnungsbau
- angemessene Vergütung   II 637
- Garage   II 631, 635
- Hausgarten   II 631
- mitvermietete Einrichtung
  II 632, 637
- persönliche Betreuung   II 632, 638
- Stellplatz   II 631, 635
- Verpflegung   II 632, 638
- vertragliche Vereinbarung
  II 634 II 630 ff.
Sozialer Wohnungsbau

- Bestandteile der Miete
  II 608 ff.
- Gründe für Mietänderungen im sozialen Wohnungsbau
  II 682 ff.
- Kostenmiete   II 640 ff.
- Mieterhöhungserklärung
  II 745 ff., 763 ff.
- Vereinbarungen über die Miethöhe   II 665 ff., 665 ff.
- Wirtschaftlichkeitsberechnung   II 650 ff.
- Checkliste   II 815 ff.
- *siehe* auch preisgebundener Wohnraum

Spanne   II 241
Spanneneinordnung   II 360
Spannungsklausel
- Begriff   I 114
- Bestimmtheit   I 116
- gleiche oder vergleichbare Leistungen   I 117 ff.
- nicht im Wohnraummietrecht
  II 143, 180
- unangemessene Benachteiligung   I 115
- Zulässigkeit   I 114

Staffelmiete
- automatische Mieterhöhung
  I 59
- Begriff   I 20, 50
- Betragsstaffel   I 54
- Dynamische Prozentstaffel
  I 56
- Lineare Prozentstaffel   I 55

Staffelmietvereinbarung   II 68, 72, 117
- Auslaufen der Staffelmietvereinbarung   II 132
- betragsmäßige Festlegung
  II 121 f.
- Gültigkeitsdauer   II 127
- und Kündigungsrecht   II 133

Stellplatz
- *siehe* auch Garagenmietvertrag
Stellplatz   II 631, 635
Stellvertretung   II 344
Steuerbegünstigter Wohnungsbau   II 599, 653 f.
Strafbarkeit der Mietüberschreitung
- *siehe* auch Ordnungswidrigkeit, Strafgeld, Rückforderung
  II 222, 804, 807
Strafgeld bei Mietüberschreitung   II 805
Straßenreinigung
- *siehe* Betriebskosten, Kostenpositionen
Streitbeilegung
- *siehe* Mediation, Schiedsgerichtsverfahren, Schiedsgutachten
Streitschlichtungsformen
- *siehe* Mediation, Schiedsgerichtsverfahren, Schiedsgutachten
Streitwert   II 418; IV 42, 52, 70, 74, 85, 97, 105, 119, 133, 149, 162, 168, 178, 195, 201, 224, 234
Stufenklage   IV 46, 128, 211

Teilinklusivmiete   II 13
Teilmarkt   II 202
Teilnichtigkeit   II 185
Teilwirtschaftlichkeitsberechnung   II 658
- *siehe* auch Wirtschaftlichkeitsberechnung
Teilzustimmung   II 394 ff.
Telefax   II 385
Textform   II 345
Transparenzgebot   I 116; II 669 ff.; 768

- ungerechtfertigte Beurteilungsspielräume II 671

Überhöhung der Ausgangsmiete II 178
Überlegungsfrist
- als Sachurteilsvoraussetzung II 307
- und Fälligkeit der Mieterhöhung II 388
Überraschende Klauseln II 236
Umbasieren I 112
Umbau von Zubehörräumen zu Wohnraum II 659
- mit Genehmigung II 660
- ohne Genehmigung II 659
Umlagemaßstab
- siehe Betriebskosten, Modernisierung
Umlagen
- siehe Betriebskosten, Zuschläge II 613 ff.
Umsatzmiete
- Begriff I 62
- Abschläge und Nachberechnung I 67
- Apotheken, Verbot der Umsatzmiete I 62
- Auskunftspflicht I 69
- Ausschluss anderer Mieterhöhungen I 75
- Ermittlung des Umsatzes I 69
- laufende Anpassung der Miete I 65 ff., 72 ff.
- Umsatz und Ertrag I 63
- siehe auch Anpassungsklausel I 74
Umsatzsteuer
- Ausweisung in der Rechnung I 278 ff.
- gültiger Steuersatz I 281
- Vorsteuerabzug I 279

Umsatzsteueroption
- des Vermieters I 276 f.
Umsatzsteuerpflicht
- des Vermieters I 274 f.
Umstellung der Mietstruktur
- siehe Mietstruktur II 342
Umwandlung in Wohnungseigentum II 644 f.
Unangemessen hohes Entgelt II 188, 192 f.
Ungezieferbekämpfung
- siehe Betriebskosten, Kostenpositionen
Unklarheitenregel II 236
Untermietzuschlag II 29 ff.
Untervermietung II 29 ff.
- Untervermietungserlaubnis II 29
- Untermietzuschlag II 29 ff.
Urkundenprozess III 22; IV 24, 58, 64, 144 ff.

Verbraucher, Verbrauchervertrag I 83; II 234
Verbraucherpreisindex II 142
Vergleichsmietensystem
- siehe auch ortsübliche Vergleichsmiete II 249 f.
Vergleichswohnungen II 267, 364 ff.
- Anzahl II 365
- Auffindbarkeit II 366
- Flächen II 367
- Miethöhe II 368
- Mietstruktur II 367
Verjährung
- im preisgebundenen Wohnraum II 813 f.
Verlangen auf Mietänderung
- bei Geschäftsraummiete, Checkliste I 192
Verlängerung
- siehe Vertragsverlängerung

Verlängerung, Option, Kündigung   I 216
Verlängerungsklausel   I 206 ff.
Vermittlungsgebühr   II 64
Verordnungen zum Sozialen Wohnungsbau   II 602
Verpflegung   II 632, 638
Vertrag zugunsten Dritter   II 310, 679
Vertragliche Vereinbarungen
- im preisgebundenen Wohnraum   II 614, 629, 634, 665 ff., 673 ff.
Vertragsaufhebungsgebühr   II 63
Vertragsgestaltung
- in der Geschäftsraummiete   I 9
Vertragslaufzeit
- Schriftform   I 201
- *siehe* Laufzeit
Vertragsstrafen
- bei öffentlicher Förderung   II 811
Vertragsverlängerung
- mit Anpassungsklausel   I 209
- mit Aushandlungsklausel   I 209
- und Mietanpassung   I 198
Vertretung, anwaltliche   IV 19
Verwaltungskosten
- Allgemeine Geschäftsbedingungen   I 261
- bei Geschäftsraummiete   I 259 ff.
- bei Wohnraum *siehe* auch Betriebskosten
- für Garagen und Stellplätze   II 635
Verwaltungszwang   II 810
Verwender   I 84; II 234
Verwirkung
- der Modernisierungsumlage   II 499   II 88

Verzicht auf Erhöhungen   II 647
Verzinsung
- im preisgebundenen Wohnraum   II 813 f.
Vollmacht
- *siehe* auch Stellvertretung   II 374
Vollstreckbarer Titel   III 6, 17, 24, 26
Vorbehalt   II 404
Vorbehaltlose Zahlung   II 91
Vorbehaltsmittel   II 451, 461
Vorläufiger Mietverzicht   II 183
Vorrang der Individualvereinbarung   II 236
Vorwegabzug
- *siehe* Betriebskosten
Vorzeitige Vertragsbeendigung   I 202 f.

Währungsgesetz   II 146 f.
Wärmebedarfsberechnung   II 440
Wärmedämmmaßnahme   II 440, 444
Warmmiete   II 14
Warmwasser
- *siehe* Betriebskosten, Kostenpositionen
Warmwasserkosten
- *siehe* Heizkosten
Wartefrist   II 102, 138, 161, 282 ff., 346, 475; IV 108, 118
Wartungskosten   II 24
Wäschepflege
- *siehe* Betriebskosten, Kostenpositionen
Wasserversorgung
- *siehe* Betriebskosten, Kostenpositionen
Wegfall der Geschäftsgrundlage   II 293
Wegfall der Zuschlagsgründe   II 628

Werbegemeinschaft
- Abrechnung von Vorschüssen
 I 270
- Allgemeine Geschäftsbedingungen I 268
- Kosten I 268
- Mitgliedschaft I 268
- Pauschalen I 269
- Vereinbarung I 268
- Vorschuss *siehe* auch Abrechnung I 270

Werbekosten
- *siehe* Werbegemeinschaft

Wertmaßstab bei Spannungsklauseln
- Miete Geschäftsraum / Wohnraum I 118 ff.

Wertsicherungsklausel I 90 ff., II 25, 143, 180
- Bundesamt für Wirtschaft I 95, 102
- Einzelgenehmigung I 102
- Genehmigung I 101 ff.
- Gleitklausel I 98 ff.
- Spannungsklausel I 114 ff.
- Vertrag auf Lebenszeit des Vermieters I 104
- Vertrag bis zum Ruhestand I 104
- Vertrag bis zur Erwerbsfähigkeit I 104
- Verträge auf Lebenszeit des Mieters I 104
- Währungsschutz I 92 ff.
- Zeitpunkt der Mietanpassung I 106
- *siehe* auch Leistungsvorbehalt

Wesentlichkeitsgrenze II 213

Widerspruch
- bei Verlängerungsklausel I 206 ff.

Wirkungszeitpunkt einer Mieterhöhung
- im preisfreien Wohnraum II 282 ff, 489, 573 ff.
- im preisgebundenen Wohnraum II 763 ff.
- *siehe* auch Wartefrist

wirtschaftlich verbundene Unternehmen
- bei Instandhaltungskosten I 238
- bei Verwaltungskosten I 259

Wirtschaftlichkeit
- bei Betriebskosten II 546, 556 ff.
- bei Modernisierung II 438
- und Modernisierungsmieterhöhung II 693

Wirtschaftlichkeitsberechnung II 650 ff., 705
- Änderung der Wirtschaftseinheit II 656
- Ausbau von Zubehörräumen zu Wohnraum II 656
- Ausgangsmiete II 653
- bauliche Änderung aller Wohnungen II 656
- behördliche Genehmigung II 657
- Beispiel II 661
- Berechnungsverordnung, II. II 651
- Erhöhung laufender Aufwendungen II 656
- gerichtliche Prüfung IV 185
- Kostenpositionen II 651
- Notwendige Angaben II 662
- Schlussabrechnung II 653
- Verringerung laufender Aufwendungen II 656
- Wohnungsvergrößerung II 656

Wirtschaftseinheit II 565

Wirtschaftsstrafgesetz

– bei Geschäftsraummiete
I 319 ff.
– bei Wohnraummiete   II 34
Wohnfläche   II 106, 324 ff.
– Aufmaß   II 328
– DIN 283   II 330
– Verordnung zur Berechnung der Wohnfläche   II 330
– Wohnflächenabweichung
II 325 f.
– Wohnflächenangabe   II 327
– Wohnflächenberechnung
II 329 f.
Wohnflächenverordnung   II 330
Wohnraum
– Gerichtszuständigkeit   IV 4 ff.
– und Mietpreisüberhöhung
II 189
Wohnraumförderungsgesetz
II 7, 525, 604
Wohnungsbaugesetz, II.   II 7,
599, 601, 651
Wohnungsbindungsgesetz   II 7,
599, 602
Wohnungsmangelsituation
II 188
Wohnungsmerkmale   II 334
Wohnungsvermittlungsgesetz
II 62
Wohnwertmerkmal   II 244 ff.
Wohnwertverbesserung
II 425 ff.
– siehe auch Modernisierung, Gebrauchswertverbesserung
Wucher   I 322 ff; II 222 ff.

Zahlungsklage
– bei Modernisierungsumlage
II 504
– im Geschäftsraummietverhältnis   IV 22, 24, 53 ff.
– im preisfreien Wohnraum
IV 22, 24, 134 ff.

– im preisgebundenen Wohnraum   IV 202 ff.
– siehe auch Rückzahlungsklage   II 133
Zeitpunkt der Erhöhung
– siehe Mietänderungserklärung, Mieterhöhungserklärung
ZPO-Reform   III 25 ff.
Zugang
– des Mieterhöhungsverlangens
II 383
– der Zustimmungserklärung
II 398
Zurückbehaltungsrecht   II 403;
IV 122
Zuschläge   II 27 ff.
– Garagennutzung   II 51 f.
– Gartennutzung   II 53
– Gewerbezuschlag   II 45 ff.
– Kleinreparaturzuschlag
II 44
– Möblierungszuschlag   II 35 ff.
– Modernisierungszuschlag
II 28
– Schönheitsreparaturzuschlag
II 40 ff.
– Untermietzuschlag   II 29 ff.
Zuschläge gemäß Mietspiegel
II 357
Zuschläge im Sozialen Wohnungsbau   II 618 ff., 624, 644
– besondere Bewirtschaftungskosten   II 625
– für besondere Nebenleistungen   II 626
– für zusätzlichen Wohnraum
II 627
– Gewerbe- oder Freiberuflerzuschlag   II 620
– Mietänderungserklärung
II 629
– Modernisierung der Einzelwohnung   II 625

- nur ausdrücklich zugelassene **II** 618 ff.
- Untervermietungszuschlag **II** 623
- vertragliche Vereinbarung **II** 629
- Wegfall der Zuschlagsgründe **II** 628
- Zuschlag für besondere Aufwendungen **II** 625
- Zuschlag für besondere Einrichtungen **II** 625
- Zuschlag wegen Ausgleichszahlung **II** 624

Zuständigkeit
- des Gerichts **IV** 1 ff.
- örtliche **IV** 2
- sachliche **IV** 2
- für Geschäftsraummiete **IV** 3
- für Wohnraummietsachen **IV** 4 ff.
- Berufung **IV** 9, 29 f.

Zustellung demnächst **II** 420

Zustimmung
- Teilzustimmung **II** 394 ff. **II** 89

Zustimmungsanspruch **II** 280

Zustimmungsklage **II** 415 ff.; **IV** 22
- Ausschlußfrist **II** 420
- im Geschäftsraummietverhältnis **IV** 35 ff.
- im preisfreien Wohnraum **IV** 100 ff.
- Streitwert **II** 418
- und Auskunftsklage **IV** 101

Zwangslage **II** 226

Zwangsverwaltung **IV** 156

Kunze/Tietzsch, Miethöhe und Mieterhöhung

- Hinweise und Anregungen: _____
  _____
  _____
  _____
  _____

- In Teil _____ Rz. _____ Zeile _____ von oben/unten
muss es statt _____
  _____
  _____

richtig heißen: _____
  _____
  _____

Kunze/Tietzsch, Miethöhe und Mieterhöhung

- Hinweise und Anregungen: _____
  _____
  _____
  _____
  _____

- In Teil _____ Rz. _____ Zeile _____ von oben/unten
muss es statt _____
  _____
  _____

richtig heißen: _____
  _____
  _____

Absender:

_____

_____

_____

Antwortkarte

Verlag Dr. Otto Schmidt KG
– Lektorat –
Gustav-Heinemann-Ufer 58

50968 Köln

So können Sie uns auch erreichen:
lektorat@otto-schmidt.de

Wichtig: Bitte immer den Titel
des Werks angeben!

Absender:

_____

_____

_____

Antwortkarte

Verlag Dr. Otto Schmidt KG
– Lektorat –
Gustav-Heinemann-Ufer 58

50968 Köln

So können Sie uns auch erreichen:
lektorat@otto-schmidt.de

Wichtig: Bitte immer den Titel
des Werks angeben!